COMANDO E CONTROLE

 A marca FSC® é a garantia de que a madeira utilizada na fabricação do papel deste livro provém de florestas que foram gerenciadas de maneira ambientalmente correta, socialmente justa e economicamente viável, além de outras fontes de origem controlada.

ERIC SCHLOSSER

Comando e controle
*Armas nucleares, o acidente de Damasco
e a ilusão de segurança*

Tradução
Laura Teixeira Motta

COMPANHIA DAS LETRAS

Copyright © 2013 by Eric Schlosser
Todos os direitos mundiais reservados ao proprietário.

Grafia atualizada segundo o Acordo Ortográfico da Língua Portuguesa de 1990, que entrou em vigor no Brasil em 2009.

Título original
Command and Control: Nuclear Weapons, the Damascus Accident, and the Illusion of Safety

Capa
© Design by Matthew Young

Ilustração de miolo
© Gideon Kendall

Preparação
Eliana Medeiros

Índice remissivo
Luciano Marchiori

Revisão
Huendel Viana
Ana Maria Barbosa

Dados Internacionais de Catalogação na Publicação (CIP)
(Câmara Brasileira do Livro, SP, Brasil)

Schlosser, Eric
  Comando e controle : armas nucleares, o acidente de Damasco e a ilusão de segurança / Eric Schlosser ; tradução Laura Teixeira Motta. — 1ª ed. — São Paulo : Companhia das Letras, 2015.

Título original: Command and Control: Nuclear Weapons, the Damascus Accident, and the Illusion of Safety

Bibliografia.
ISBN 978-85-359-2638-5

1. Armas nucleares — Acidentes — Arkansas — História 2. Armas nucleares — Acidentes — Estados Unidos — História 3. Armas nucleares — Estados Unidos — Medidas de segurança 4. Armas nucleares — Política governamental — Estados Unidos 5. Estados Unidos. Força aérea. Comando aéreo estratégico. Estratégico de mísseis Asa, 308 6. Titan (Míssil) — História I. Título.

15-07086   CDD-363.17990976774

Índice para catálogo sistemático:
1. Estados Unidos : Controle de armas nucleares :
   Problemas sociais   363.17990976774

[2015]
Todos os direitos desta edição reservados à
EDITORA SCHWARCZ S.A.
Rua Bandeira Paulista, 702, cj. 32
04532-002 — São Paulo — SP
Telefone: (11) 3707-3500
Fax: (11) 3707-3501
www.companhiadasletras.com.br
www.blogdacompanhia.com.br

Para meu pai

Ring the bells that still can ring
Forget your perfect offering
There is a crack, a crack in everything
That's how the light gets in
[Toque os sinos que ainda podem tocar
Esqueça a oferenda perfeita
Há uma brecha, uma brecha em tudo
É assim que a luz entra]

        Leonard Cohen

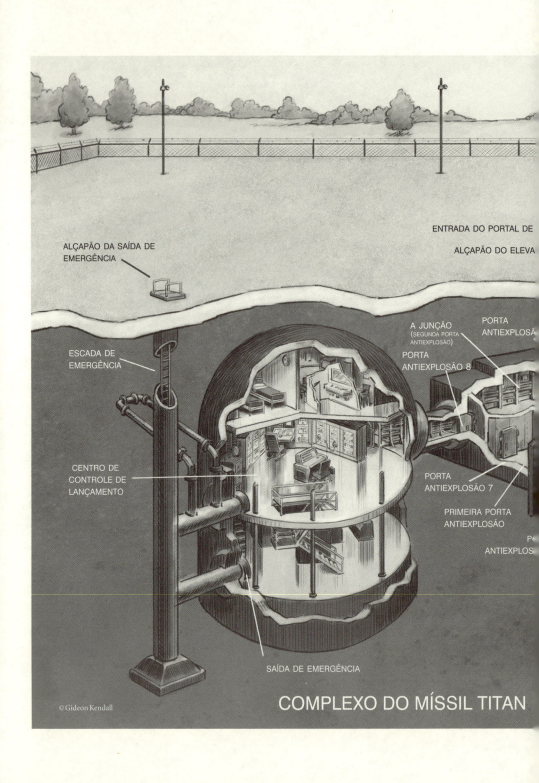

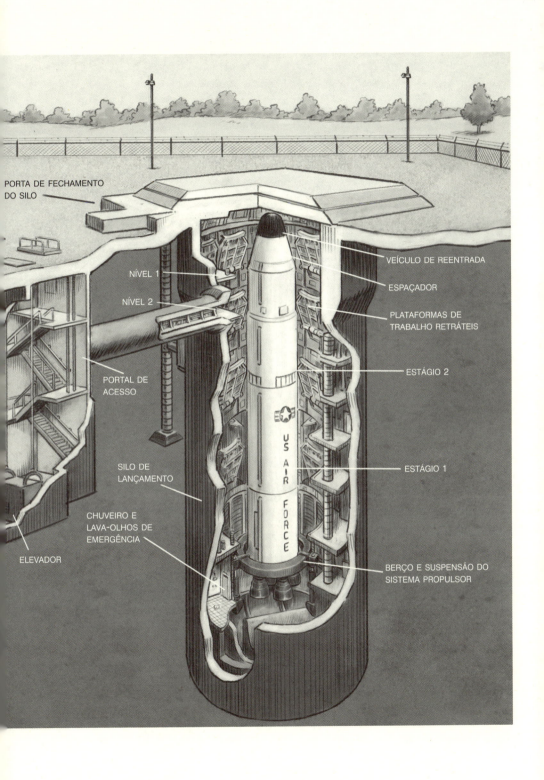

Sumário

Nota do autor 13
Lista de personagens selecionados 15
Siglas, abreviaturas e termos 19

PARTE UM — O TITAN

Isso não é nada bom 27
New Wave 32
Proibido circular desacompanhado 42
Esferas dentro de esferas 59
Perigos potenciais 80

PARTE DOIS — MAQUINARIA DE CONTROLE

As melhores, as maiores e as mais numerosas 99
Transgressão 127
Megamorte 145

PARTE TRÊS — ACIDENTES ACONTECERÃO

Riscos aceitáveis 175

Combinação ótima 203
Invasão 237

PARTE QUATRO — FORA DE CONTROLE

Decapitação 273
O limiar 304
Ambiente anormal. 334

PARTE CINCO — DAMASCO

Equilíbrio e desequilíbrio 365
A fita errada 388
Como o inferno 415
Confirmar ou negar. 440
Fim 458
Epílogo 484

Agradecimentos 510
Notas. 515
Referências bibliográficas 621
Índice remissivo 659

Nota do autor

Este é um livro sobre o esforço para controlar as armas nucleares — para assegurar que não aconteça uma detonação por acidente, erro ou qualquer outro meio não autorizado. A ênfase nestas páginas não é sobre a diplomacia de alto escalão por trás dos tratados de controle de armas. É sobre os sistemas operacionais e a mentalidade que há quase setenta anos norteiam a administração do arsenal nuclear americano. A história de esforços semelhantes na União Soviética é quase ausente aqui. Embora não seja menos importante, ela exige um conhecimento sobre arquivos e fontes russos que não possuo. *Comando e controle* explora o precário equilíbrio entre a necessidade de segurança das armas nucleares e a necessidade de defender os Estados Unidos de ataques. Examina as tentativas de cientistas, planejadores e militares americanos de conciliar essas duas demandas, desde o advento da era nuclear até o fim da Guerra Fria. E, por meio da história de um incidente esquecido há tempos, procura lançar luz sobre um tema mais amplo: a mistura da falibilidade humana e da complexidade tecnológica que pode levar ao desastre.

Embora a maioria dos acontecimentos aqui mencionados tenha ocorrido muito tempo atrás, infelizmente sua relevância permanece. Milhares de ogivas nucleares ainda encabeçam mísseis pertencentes aos Estados Unidos e à Rússia, prontas para ser lançadas logo depois de dada a ordem. Outras centenas estão em posse da Índia, China, Paquistão, Israel, Coreia do Norte, Grã-Bretanha e França. Até o momento em que este livro foi escrito, uma arma nuclear não destrói uma cidade desde agosto de 1945. Mas não há garantia de que essa sorte vá durar.

A queda do Muro de Berlim parece hoje história antiga. Toda uma geração cresceu sem o pavor e a angústia causados pela Guerra Fria, um conflito que durou quase meio século e ameaçou aniquilar a humanidade. Este livro supõe que a maioria de seus leitores sabe pouco sobre armas nucleares, seu funcionamento ou o pensamento estratégico que justifica seu uso. Espero que os leitores familiarizados com o assunto também possam descobrir aqui algumas coisas novas. Minha própria ignorância era profunda, como agora vejo. Não se construiu nenhum grande monumento em honra aos que serviram durante a Guerra Fria, arriscaram a vida e às vezes a perderam em nome da liberdade. Foram homens e mulheres comuns, e não apenas diplomatas e estadistas, que ajudaram a evitar um holocausto nuclear. Sua coragem e seu sacrifício devem ser lembrados.

Lista de personagens selecionados

TRIPULAÇÃO DE COMBATE DO MÍSSIL TITAN II

Capitão Michael T. Mazzaro, o comandante, um jovem oficial de Massachussetts cuja esposa estava grávida

Segundo-tenente Allan D. Childers, o subcomandante, cresceu em Okinawa, ex--DJ de vinte e tantos anos

Sargento Rodney L. Holder, técnico analista de sistemas de mísseis balísticos, filho de um oficial da Marinha, responsável por manter o Titan II pronto para ser lançado

Sargento Ronald O. Fuller, técnico de instalação de mísseis, responsável pelo equipamento no complexo de lançamento

Segundo-tenente Miguel Serrano, oficial em treinamento para se tornar subcomandante

EQUIPE A DO SISTEMA DE TRANSFERÊNCIA DE PROPELENTE

Cabo da Força Aérea Charles T. Heineman, o chefe da equipe

Cabo da Força Aérea David Powell, de 21 anos, experiente técnico em reparos do Titan II, criado no Kentucky

Soldado da Força Aérea Jeffrey L. Plumb, de Detroit, um novato de dezenove anos, em treinamento em campo

EQUIPE B DO SISTEMA DE TRANSFERÊNCIA DE PROPELENTE
Sargento Jeff Kennedy, avaliador de controle de qualidade da 308ª Ala de Mísseis Estratégicos, talvez o melhor mecânico de mísseis da Base da Força Aérea em Little Rock, ex-marujo do Maine com vinte e poucos anos
Coronel James L. Morris, chefe de manutenção da 308ª Ala de Mísseis Estratégicos
Cabo da Força Aérea James R. Sandaker, jovem técnico de mísseis de Evansville, Minnesota
Sargento Michael A. Hanson, o chefe da equipe
Cabo da Força Aérea Greg Devlin, peso-médio júnior em competições de boxe amador
Cabo da Força Aérea David L. Livingston, técnico de reparos de 22 anos nascido em Ohio e aficionado por motocicletas

CIVIS EM DAMASCO E ARREDORES
Sid King, de 27 anos, gerente de uma emissora de rádio local
Gus Anglin, xerife do condado de Van Buren
Sam Hutto, produtor de leite com terras defronte ao complexo do míssil

FORÇA DE ATENDIMENTO EM DESASTRES
Coronel William A. Jones, chefe da força e comandante da base
Capitão Donald P. Mueller, cirurgião de voo integrante da ambulância da força
Richard L. English, chefe da Divisão de Prontidão em Emergências, um civil de cinquenta e tantos anos ainda em boa forma e atlético, apelidado de "Coronel". Serviu por muitos anos na Força Aérea
Sargento David G. Rossborough, socorrista experiente

OFICIAIS DA POLÍCIA DE SEGURANÇA
Sargento Thomas A. Brocksmith, supervisor da polícia no local do incidente
Sargento Donald V. Green, oficial na casa dos trinta anos que se ofereceu para escoltar uma carreta até o Complexo de Lançamento 374-7
Sargento Jimmy E. Roberts, amigo de Green, que o acompanhou no trajeto até Damasco

NO POSTO DE COMANDO EM LITTLE ROCK
Coronel John T. Moser, comandante da 308ª Ala de Mísseis Estratégicos

NO POSTO DE COMANDO DO SAC EM OMAHA

Major-brigadeiro Lloyd R. Leavitt Jr., vice-comandante em chefe do Comando Aéreo Estratégico

NA BASE DA FORÇA AÉREA EM BARKSDALE, LOUISIANA

Coronel Ben G. Scallorn, especialista em Titan II da Oitava Força Aérea que trabalhou com os mísseis desde a construção dos primeiros silos

PROJETO MANHATTAN

General de divisão Leslie R. Groves, diretor do projeto. Liderou os trabalhos da criação de uma bomba atômica

J. Robert Oppenheimer, físico teórico conhecido depois como "o pai da bomba atômica". Foi o primeiro diretor do Laboratório Los Alamos

Edward Teller, físico depois conhecido como "o pai da bomba de hidrogênio", frequentemente em desacordo com os cientistas de Los Alamos

George B. Kistiakowsky, químico e talvez o maior especialista em explosivos do país, depois consultor científico do presidente Dwight D. Eisenhower

CIENTISTAS E ENGENHEIROS DOS LABORATÓRIOS DE ARMAS

Bob Peurifoy, engenheiro do Texas que foi trabalhar no Sandia em 1952 e posteriormente se tornou o principal defensor da segurança nuclear no laboratório

Harold Agnew, físico do Colorado que ajudou a criar a primeira reação em cadeia nuclear provocada pelo homem, filmou a destruição de Hiroshima de um avião de observação e teve papel importante nos esforços para garantir a segurança de armas nucleares no Laboratório Los Alamos

Carl Carlson, jovem físico do Sandia que, em fins dos anos 1950, reconheceu a vulnerabilidade de um sistema elétrico de arma nuclear durante um acidente

Bill Stevens, engenheiro que se tornou o primeiro chefe do departamento de segurança nuclear do Sandia e trabalhou de perto com Bob Peurifoy

Stan Spray, engenheiro do Sandia que rotineiramente queimava, esmagava e destroçava componentes de armas nucleares para descobrir falhas

LÍDERES MILITARES

Tenente-brigadeiro Curtis E. LeMay, engenheiro que revolucionou os métodos de bombardeio americanos durante a Segunda Guerra Mundial e transformou o Comando Aéreo Estratégico na mais poderosa organização militar da história

Tenente-brigadeiro Thomas S. Power, oficial da Força Aérea que liderou o ataque a Tóquio com bombas incendiárias durante a Segunda Guerra Mundial. Sucedeu LeMay no Comando Aéreo Estratégico e ganhou a reputação de carrasco

General de exército Maxwell D. Taylor, oficial do Exército que defendeu a estratégia de guerra nuclear limitada e foi um influente consultor do presidente John F. Kennedy

AUTORIDADES EM WASHINGTON, DC

David E. Lilienthal, primeiro presidente da Comissão de Energia Atômica e ferrenho defensor do controle civil das armas nucleares

Fred Charles Iklé, analista do RAND que estudou as possíveis consequências de uma detonação nuclear acidental e mais tarde foi subsecretário da Defesa no governo Reagan

Donald A. Quarles, engenheiro cujo trabalho no Sandia, no Departamento da Força Aérea e no Departamento de Defesa ajudou a promover a segurança das armas nucleares

Robert S. McNamara, ex-executivo da indústria automobilística que, como secretário da Defesa durante os governos Kennedy e Johnson, empenhou-se em formular uma estratégia nuclear racional

Siglas, abreviaturas e termos

AEC — Atomic Energy Comission [Comissão de Energia Atômica], o órgão civil criado em 1947 para supervisionar as armas nucleares e a energia nuclear
AFSWP — Armed Forces Special Weapons Project [Projeto de Armas Especiais das Forças Armadas], órgão militar criado em 1947 para lidar com armas nucleares
BMEWS — Ballistic Missile Early Warning System [Sistema de Alerta Prévio de Mísseis Balísticos], o sistema de radar construído depois do *Sputnik* para detectar mísseis soviéticos lançados contra os Estados Unidos
BOMARC — míssil antiaéreo com lançamento por terra com uma ogiva atômica, projetado pela Boeing (BO) e pelo Centro de Pesquisas Aeroespaciais de Michigan (na sigla em inglês, MARC), que foi instalado em bases dos Estados Unidos e do Canadá
Bomba A — bomba atômica, arma cujo poder explosivo provém da fissão de átomos de urânio e plutônio
Bomba H — bomba de hidrogênio, a arma mais potente já inventada, cuja força explosiva deriva não só da fissão nuclear, mas também da fusão nuclear, o poder elementar do Sol
Brigada Móvel de Incêndio — equipe de quatro oficiais da Força Aérea munidos de armamento pesado

CND — Campaign for Nuclear Disarmament [Campanha pelo Desarmamento Nuclear], um grupo antiguerra britânico cujo logotipo posteriormente se tornou conhecido como o "símbolo da paz"

DEFCON — Defense Readiness Condition [Condição de Prontidão de Defesa], a prontidão das Forças Armadas americanas em caso de hostilidades, classificadas em uma escala que vai de DEFCON 5 (o mais baixo nível de alerta) a DEFCON 1 (guerra nuclear)

DIRECT — Defense Improved Emergency Message Automatic Transmission System Replacement Command and Control Terminal [Sistema Sobressalente de Transmissão Automática de Mensagens de Emergência para o Sistema Terminal de Comando e Controle de Defesa], o sistema de computadores do Pentágono atualmente usado para enviar e receber uma ordem de ataque nuclear

DUL — Deliberate, Unauthorized Launch [lançamento deliberado não autorizado (de um míssil)]

ENIAC — Electronic Numerical Integrator and Computer [Integrador e Computador Numérico Eletrônico], o primeiro computador eletrônico digital em grande escala dos Estados Unidos, construído para permitir ao Exército calcular a trajetória de projéteis de artilharia e posteriormente usado em Los Alamos para ajudar a projetar uma arma termonuclear

EOD — Explosive Ordnance Disposal [Remoção de Armas Explosivas], o trabalho de tornar seguras as ogivas, bombas e tudo o que possa ser detonado

Equipe de Atendimento a Alarme de Míssil — a polícia de segurança criada para resolver problemas em bases do míssil Titan II

Equipe K — equipe de apoio do míssil Titan II, a postos para dar orientações durante uma emergência

Esquadrão de Inspeção e Manutenção de Mísseis — as equipes de manutenção que mantinham os mísseis Titan II prontos para lançamento

FCDA — Federal Civil Defense Administration [Administração Federal da Defesa Civil], que de 1951 a 1979 orientou o cidadão americano sobre como sobreviver a uma guerra nuclear

ICBM — Intercontinental Ballistic Missile [Míssil Balístico Intercontinental], um míssil capaz de propelir uma ogiva nuclear por mais de 5,4 mil quilômetros

JAG — apelido de um advogado militar, membro da Procuradoria-Geral da Justiça Militar (em inglês, *Judge Advocate General's Corps*)

Linha DEW — Distant Early Warning Line [Linha Remota de Alerta Prévio], um sistema de radar instalado na América do Norte, que se estendeia pelo Ártico, para detectar bombardeiros soviéticos

LOX — Liquid Oxygen, oxigênio líquido, um propelente que era usado como oxidante, em combinação com combustível de foguete, para lançar os mísseis Atlas e Titan I

MAD — Mutually Assured Destruction [Destruição Mútua Assegurada], uma estratégia nuclear que procura manter a paz assegurando que os adversários tenham capacidade de destruir um ao outro

MANIAC — Mathematical Analyzer, Numerical Integrator, and Computer [Analisador Matemático, Integrador Numérico e Computador], um dos primeiros computadores eletrônicos digitais, usado em Los Alamos para ajudar a projetar as primeiras bombas de hidrogênio

MIRV — Multiple Independently Targetable Reentry Vehicle [Veículo de Reentrada Múltipla Independentemente Dirigível], um míssil balístico dotado de duas ou mais ogivas que podem ser direcionadas para diferentes alvos

MIT — Massachusetts Institute of Technology

MSA — apelido do equipamento de detecção de vapor construído pela Mine Safety Appliance Company e instalado em silos do Titan II

NORAD — North American Air Defense Command [Comando de Defesa Aeroespacial da América do Norte], uma organização criada em 1958 pelos Estados Unidos e pelo Canadá para se defenderem de um ataque soviético, posteriormente rebatizada como North American Aerospace Defense Command [Comando Norte-Americano de Defesa Aeroespacial]

NRC — Nuclear Regulatory Commission [Comissão de Regulamentação Nuclear], o órgão governamental que autoriza e regula usinas nucleares civis

Número B. E. — um número único, de oito dígitos, que identifica cada um dos alvos na *Bombing Encyclopedia* da Força Aérea

OPLAN — Operations Plan [Plano de Operações], termo usado desde 2003 para designar os planos americanos para a guerra nuclear

Otan — Organização do Tratado do Atlântico Norte, a aliança militar formada em 1949 para defender a Europa Ocidental contra um ataque da União Soviética

PAL — Permissive Action Link [Conector de Ação Permitida], dispositivo codificado instalado no interior de uma ogiva ou bomba nuclear, semelhante a uma trava, para impedir o uso não autorizado da arma

PK — Probability of Kill [Probabilidade de Matar], a probabilidade de um alvo ser destruído

PPM — partes por milhão

PTPMU — Propellant Tank Pressure Monitor Unit [Unidade de Monitoração de Pressão do Tanque de Propelente], o medidor em um centro de controle de lançamento do Titan II com um mostrador digital da pressão do combustível e do oxigênio dentro do míssil

PTS — Propellant Transfer System [Sistema de Transferência de Propelente], as instalações e o equipamento usados para transferir combustível e oxigênio para um míssil Titan II

RAF — Royal Air Force, a Real Força Aérea da Grã-Bretanha, que, durante a Guerra Fria, foi responsável por mísseis e aeronaves em terra

RAND — Instituto de Pesquisa em Santa Mônica, Califórnia, criado pela Força Aérea depois da Segunda Guerra Mundial, cujo nome deriva do termo "Research and Development", ou seja, pesquisa e desenvolvimento

RFHCO — Rocket Fuel Handler's Clothing Outfit [Traje para Manuseio de Combustível de Foguete], um traje impermeável a líquido e vapor, com um cilindro de oxigênio com máscara e um capacete esférico, parecido com um traje espacial, comumente conhecido entre as equipes do Titan II como "ref-co"

SAC — Strategic Air Command [Comando Aéreo Estratégico], a organização que até 1992 foi responsável pelos bombardeiros de longo alcance, pelos mísseis terrestres e pela maioria das armas nucleares mantidos de prontidão pela Força Aérea dos Estados Unidos

SAGE — Semi-Automatic Ground Environment [Ambiente Terrestre Semiautomático], um sistema de defesa aérea construído em fins dos anos 1950 para conectar centenas de radares a uma rede orientada em tempo real por computadores

SIOP — Single Integrated Operational Plan [Plano Operacional Integrado Único], nome dado a um plano de guerra nuclear dos Estados Unidos de 1960 a 2003

SOCS — Strategic Operational Control System [Sistema de Controle Operacional

Estratégico], uma rede de comunicação usada pelo Comando Aéreo Estratégico nos anos 1950, com um telefone vermelho em sua sede, em Omaha, que podia ser usado para falar com todas as bases aéreas do SAC simultaneamente e transmitir uma ordem de guerra por seus alto-falantes

SRAM — Short-Range Attack Missile [Míssil de Ataque de Curto Alcance], um míssil com uma ogiva nuclear lançado do ar contra alvos no solo, transportado principalmente por bombardeiros B-52 do começo dos anos 1970 até 1993

TAC — Tactical Air Command [Comando Aéreo Tático], a organização que de 1946 a 1992 foi responsável pelos aviões de combate do apoio terrestre da Força Aérea americana

TACAMO — Take Charge and Move Out [Assuma o Comando e Avance], um sistema de comunicação criado pela Marinha americana que utiliza aviões para transmitir uma ordem de ataque nuclear durante uma emergência

TASS — Telegrafnoe Agentstvo Sovetskogo Soyuza [Agência Telegráfica da União Soviética], a agência oficial de notícias do governo soviético

TATB — 1,3,5-triamino-2,4,6-trinitrobenzeno, um alto-explosivo "insensível" que não pode ser facilmente detonado por fogo, choque ou impacto

USAAF — United States Army Air Forces [Forças Aéreas do Exército dos Estados Unidos], a organização responsável pelos bombardeiros americanos de prontidão em terra durante a Segunda Guerra Mundial

USAF — United States Air Force [Força Aérea dos Estados Unidos], a nova e independente força armada que substituiu a Usaaf em 1947

Veículo de reentrada — o nariz onde fica a ogiva de um míssil

WSEG — Weapon Systems Evaluation Group [Grupo de Avaliação de Sistemas de Armas], uma unidade de pesquisas de alto nível, com pessoal militar e civil que de 1948 a 1976 assessorou o Estado-Maior das Forças Armadas

WWMCCS — World Wide Military Command and Control System [Sistema Mundial de Comando e Controle Militar], uma organização formada durante o governo Kennedy para reunir, em um único sistema centralizado, os sensores, computadores, postos de comando e redes de comunicação das diferentes Forças Armadas

ZI — Zona do Interior, termo usado pelas Forças Armadas para designar o território continental dos Estados Unidos

PARTE UM

O TITAN

Isso não é nada bom

Em 18 de setembro de 1980, por volta das 18h30, o cabo da Força Aérea David F. Powell e o soldado Jeffrey L. Plumb[1] entraram no silo do Complexo de Lançamento 374-7, situado alguns quilômetros a norte de Damasco, no Arkansas. Pretendiam executar um procedimento de manutenção de rotina em um míssil Titan II. Haviam passado incontáveis horas no subsolo em complexos iguais a esse. Mas não importava quantas vezes entrassem no silo, o Titan II sempre os impressionava. Era o maior míssil balístico intercontinental já construído nos Estados Unidos: três metros de diâmetro por trinta metros de altura,[2] o tamanho aproximado de um prédio de nove andares. Seu revestimento de alumínio com acabamento fosco tinha os dizeres US AIR FORCE pintados em letras grandes na lateral. O cone do nariz no alto do Titan II era totalmente preto, e lá dentro estava uma ogiva termonuclear W-53, a arma mais poderosa já transportada por um míssil americano. A ogiva tinha potência de nove megatons,[3] mais ou menos o triplo da força explosiva de todas as bombas lançadas durante a Segunda Guerra Mundial,[4] incluindo as duas bombas atômicas.

Dia ou noite, inverno ou primavera, o silo parecia sempre igual. Era inquietantemente silencioso, com lâmpadas de vapor de mercúrio nas paredes banhando o míssil em um intenso fulgor branco. Ao abrir a porta em um nível inferior e entrar no tubo de lançamento, o Titan II se agigantava sobre você como uma imensa bala de prata com a ponta preta, carregada em um tambor de concreto, preparada, empinada, pronta para partir em direção ao céu.

O míssil foi projetado para ser lançado dentro de um minuto e atingir um alvo à distância de até 9,6 mil quilômetros. Para isso, o Titan II possuía um par de propelentes líquidos — um combustível de foguete e um oxidante —, que eram "hipergólicos":[5] assim que entravam em contato um com o outro, ocorria uma ignição instantânea inevitável. O míssil tinha dois estágios, e no interior de ambos um tanque de oxidante se sobrepunha a um de combustível, com tubos que desciam até um motor. O estágio 1, que subia por cerca de vinte metros a partir da base do míssil, continha aproximadamente 38 toneladas de combustível e 73 toneladas de oxidante. O estágio 2, a seção superior que abrigava a ogiva, era menor e continha mais ou menos um quarto dessas quantidades. Se o míssil fosse lançado, o combustível e o oxidante fluiriam pelos tubos do estágio 1, se misturariam dentro das câmaras de combustão do motor, entrariam em combustão, emitiriam gases quentes e enviariam quase 230 toneladas de força propulsora pelos bocais supersônicos convergentes-divergentes abaixo deles.[6] Em poucos minutos, o Titan II estaria a oitenta quilômetros do solo.

Os dois propelentes eram extremamente eficientes. E extremamente perigosos. O combustível, Aerozine-50, entrava em combustão espontânea quando em contato com materiais comuns, como lã, trapos ou ferrugem.[7] No estado líquido, o Aerozine-50 era cristalino e incolor. Como vapor, reagia com a água e o oxigênio do ar, transformando-se em uma nuvem esbranquiçada com cheiro de peixe. Esse vapor de combustível podia ser explosivo em proporções baixíssimas de até 2%. Se inalado, podia provocar problemas respiratórios, redução dos batimentos cardíacos, vômitos, convulsões, tremores e morte. Além disso, o combustível era carcinogênico e facilmente absorvível pela pele.

O oxidante do míssil, tetróxido de nitrogênio, era ainda mais perigoso. Por lei federal, classificava-se como "veneno A", a mais letal categoria de substâncias químicas produzidas pelo homem. Na forma líquida, seu oxidante era marrom-amarelado e translúcido. Embora não tão inflamável quanto o combustível, podia ter ignição espontânea se entrasse em contato com couro, papel, tecido ou madeira. E seu ponto de ebulição era apenas 21 graus. A temperaturas superiores a essa, o oxidante líquido entrava em ebulição, transformando-se em um vapor marrom-avermelhado com cheiro parecido com o do amoníaco. O contato com a água transformava o vapor em um ácido corrosivo capaz de reagir com a umidade dos olhos ou da pele e provocar queimaduras graves. Se inalado, o oxidante podia destruir tecidos na parte superior do sistema respiratório e nos pulmões. O dano talvez não fosse sentido de imediato. Seis a doze horas depois de inalar o produto, a pessoa podia ter dor de cabeça, tontura, dificuldade para respirar, pneumonia e edema pulmonar, levando à morte.

Powell e Plumb eram encarregados de reparos em mísseis. Faziam parte da Equipe A do Sistema de Transferência de Propelente (na sigla em inglês, PTS) da 308ª Ala de Mísseis Estratégicos, cujo quartel-general ficava a cerca de uma hora de distância, na Base da Força Aérea em Little Rock. Tinham sido chamados ao local naquele dia porque uma luz de alerta acendera, indicando que a pressão estava baixa no tanque de oxidante do estágio 2. Se a pressão caísse demais, o oxidante não fluiria com facilidade para o motor. Uma "luz baixa" podia significar problema sério: ruptura, vazamento. Mas era bem mais provável que uma ligeira alteração de temperatura houvesse diminuído a pressão no interior do tanque. As unidades de ar condicionado no silo deviam manter o míssil resfriado a cerca de quinze graus. Se Powell e Plumb não encontrassem nenhum vazamento, simplesmente abririam a tampa do tanque de oxidante e acrescentariam um pouco de nitrogênio gasoso. O nitrogênio exerce uma pressão constante sobre o líquido no interior do tanque, empurrando-o para baixo. Era uma tarefa corriqueira, como calibrar os pneus do carro depois de uma longa viagem.

Powell servira em uma equipe do PTS por quase três anos e conhecia bem os riscos do Titan II. Na primeira vez em que estivera em um complexo de lançamento, um vazamento de oxidante criou uma nuvem tóxica que interrompeu as operações por três dias. Ele tinha 21 anos, era um matuto orgulhoso da zona rural de Kentucky, adorava aquele trabalho e pretendia se realistar no fim do ano.

Plumb estava na 308ª fazia apenas nove meses. Não fora treinado para esse tipo de manutenção de míssil nem para lidar com aqueles propelentes. Acompanhar Powell e observar tudo o que ele fazia era considerado o treinamento prático de Plumb. Ele tinha dezenove anos e crescera em um bairro residencial de Detroit.

Apesar de a luz baixa para o oxidante não ser coisa incomum, as ordens técnicas da Força Aérea requeriam que os dois homens usassem equipamento de proteção da Categoria I ao entrar no silo para investigar. "Pôr a Categoria I" significava vestir um traje para manuseio de combustível de foguete — em inglês, *rocket fuel handler's clothing outfit* (RFHCO): uma combinação de equipamentos à prova de ar, líquido, vapor e fogo destinada a protegê-los do oxidante e do combustível.[8] O pessoal chamava o traje de "ref-co". Lembrava um traje espacial de um filme de ficção científica do começo dos anos 1960. Tinha um capacete esférico branco destacável com rádio acionado por voz e visor de acrílico transparente. A roupa era quase branca, com um zíper comprido que começava no alto do ombro esquerdo, passava pelo tronco e ia até o joelho direito. Por baixo do RFHCO se usava uma segunda pele. Como as luvas e as botas pretas de vinil não eram acopladas, para manter a hermeticidade os punhos do traje se desenrolavam até encobrir os pulsos e os tornozelos. O RFHCO pesava quase dez quilos. O cilindro de oxigênio que o acompanhava pesava outros dezesseis e fornecia em torno de uma hora de ar. Era um equipamento pesado e desajeitado. Podia ser quente, grudento e desconfortável, especialmente quando usado fora do silo climatizado. Mas também podia salvar a vida de quem o usasse.

A tampa de pressão do oxidante do estágio 2 ficava no terço superior do míssil. Para alcançá-la, Powell e Plumb tinham de andar por uma plataforma de aço retrátil que saía da parede do silo. O cilindro alto e oco que continha o Titan II era envolto por outro cilindro de concreto com nove níveis internos onde eram guardados equipamentos. O nível 1 ficava quase no topo do míssil; o nível 9, quase seis metros abaixo do Titan II. As plataformas de trabalho, de aço, eram recolhidas às paredes por força hidráulica. Cada uma possuía uma borda de borracha rígida para não arranhar o Titan II e manter a menor distância possível entre a plataforma e o míssil.

Os dois homens entraram no tubo de lançamento no nível 2. Bem acima de suas cabeças, via-se uma porta de concreto do silo. Sua função era proteger o míssil de vento, chuva e efeitos de uma arma nuclear que detonasse nas proximidades. A porta pesava 740 toneladas. Bem abaixo deles, sob o Titan II, havia um defletor de chamas de concreto no formato de um W que direcionaria os gases quentes para baixo na hora do lançamento, e depois para cima e para fora do silo através de respiradouros. O míssil jazia no berço do sistema propulsor, um anel de aço no nível 7 que pesava aproximadamente doze toneladas. O berço era ligado às paredes por grandes molas, para que o Titan II fosse capaz de suportar um ataque nuclear, balançando-se sem tocar nas paredes em vez de se quebrar, e então decolar.

Além da ogiva W-53 e de algumas centenas de milhares de quilos de propelentes, muitas outras coisas ali no silo podiam detonar. Dispositivos eletroexplosivos⁹ eram usados após a ignição para libertar o míssil do berço do sistema propulsor, separar o estágio 2 do 1, liberar o nariz. Além disso, o míssil continha numerosos motores de pequeno porte, com combustível sólido inflamável para ajustar a inclinação e o balanço da ogiva no meio do trajeto. O complexo de lançamento do Titan II fora cuidadosamente projetado para minimizar os riscos trazidos pela existência de tantos agentes inflamáveis e explosivos em seu interior. Detectores de fogo, sistemas de supressão de incêndio, detectores de vapor tóxico e chuveiros de descontaminação espalhavam-se por todos os nove níveis do silo. E eram reforçados por rigorosas regras de segurança.

Toda vez que um membro de uma equipe do PTS vestia um RFHCO, tinha de ser acompanhado por alguém usando um traje igual, e dois outros ficavam a postos, prontos para também usar seus trajes e dar apoio. Cada tarefa da Categoria I devia ser executada de acordo com uma checklist padronizada, que o chefe de equipe costumava ler em voz alta pela rede de comunicação de rádio. Tudo tinha de ser feito de um modo, e só um modo. A Ordem Técnica 21M-LGM25C-2-12, Figura 2-18, informava a Powell e Plumb exatamente o que fazer quando eles se encontrassem na plataforma próxima do míssil.[10]

"Passo 4", disse o chefe de equipe do PTS pelo rádio. "Remova a tampa de pressão de desconexão no ar."

"Entendido", replicou Plumb.

"Cuidado. Ao executar o passo 4, não exceder 160 pés-libras* de torque. Torque excessivo pode danificar o revestimento do míssil."

"Entendido."

Quando Powell estava usando uma chave de soquete para desatarraxar a tampa de pressão, o soquete se desprendeu da chave, caiu, bateu na plataforma e quicou. Powell tentou pegá-lo, mas não conseguiu.

Plumb viu o soquete de quatro quilos passar pelo estreito espaço entre a plataforma e o míssil, cair por uns vinte metros, bater no berço do sistema propulsor e ricochetear no Titan II. Pareceu acontecer em câmera lenta. Um momento depois, começou a jorrar combustível do míssil como água de uma mangueira de jardim.

"Ai, ai, ai", pensou Plumb. "Isso não é nada bom."[11]

---

* Unidade do antigo sistema imperial britânico. Os 160 pés-libras equivalem aproximadamente a 217 joules. (N. E.)

New Wave

Antes disso, naquele dia, o segundo-tenente Allan D. Childers se levantou por volta das cinco da manhã, tomou banho, vestiu a farda, deu um beijo de despedida na mulher, pegou sua mala com uma muda de roupa e saiu rumo à Base da Força Aérea em Little Rock para ouvir as instruções preparatórias.[1] Childers era o subcomandante de uma equipe de combate do míssil Titan II. Toda manhã, às sete horas, as equipes escaladas para ficar de prontidão se reuniam em um salão no quartel-general da 308ª Ala de Mísseis Estratégicos. A 308ª operava dezoito complexos de lançamento do Titan II no Arkansas, cada um com um único míssil e uma equipe de quatro homens. O lema da ala era *Non sibi sed aliis* — "não para si, mas para os outros". Enquanto os oficiais mais graduados e os assessores se postavam na frente da sala de instrução, cada equipe de combate se sentava a uma mesinha própria.

Childers se sentou com seu grupo. O comandante era o capitão Michael T. Mazzaro, um brilhante jovem oficial de Massachusetts de cerca de 1,73 metro de altura e cabelos castanhos ralos. O sargento Rodney L. Holder era o técnico analista de sistemas de míssil, responsável por assegurar que o míssil estivesse sempre pronto para ser lançado. Parecido com Childers, era alto, magro, louro e usava óculos. O sargento Ronald O. Fuller, bem-apessoado e com cara de bebê, era de Elmira, Nova York, e era o técnico de instalações do míssil. Cuidava dos mecanismos internos da base de lançamento. Uma ou duas vezes por semana, os quatro começavam o dia em uma dessas reuniões de instrução, depois passavam as 24 horas seguintes juntos no subsolo, monitorando seu míssil, supervisionando a manutenção do local, em constante prática e treinamento, à espera da ordem de lançamento.

Childers não se encaixava no estereótipo do belicoso oficial do Comando Aéreo Estratégico (na sigla em inglês, SAC), ávido por bombardear os soviéticos e dar início ao Armagedom. Antes de entrar para a Força Aérea, por um ano ele usou cabelos até os ombros, trabalhava como DJ de madrugada numa rádio tocando acid rock e surfava o dia inteiro. Não era um hippie, mas também não acalentava nenhuma ambição de passar a vida como um oficial militar arrumadinho. Vivera a maior parte da infância na ilha japonesa de Okinawa, onde seu pai era mecânico de manutenção de aviões da Força Aérea. A família morava em uma *quonset hut*, uma construção de aço pré-fabricada da época da Segunda Guerra Mundial. Embora as acomodações não fossem nada luxuosas, crescer naquela ilha nos anos 1960 foi idílico. Childers passava um bom tempo deitado na praia ou mergulhando com cilindro de oxigênio. Na Base da Força Aérea em Kadena era quase impossível transpor a divisão social entre os oficiais e os soldados, como seu pai. Os dois grupos não se misturavam. Mas na escola de nível médio local ninguém parecia se importar com hierarquia militar ou distinções raciais. Os jovens brancos, negros e asiáticos andavam juntos, e em vários momentos Childers namorou filha de major e até filha de coronel. A maioria dos alunos tinha mãe ou pai no serviço militar. A Guerra do Vietnã não era um conflito distante e abstrato estudado na sala de aula; afetava diretamente quase todas as famílias. Childers tinha dois irmãos e uma irmã, e todos se orgulhavam do pai. Mas nenhum deles queria nada com as Forças Armadas.

Após concluir o ensino médio, em 1971, Childers se matriculou na Universidade do Arizona. Queria ser engenheiro. Desistiu depois de alguns semestres e voltou para Okinawa, onde foi trabalhar como disc jockey em uma emissora de rádio da ilha. Com dezenove anos, ele era o empregado mais novo da emissora, e lhe deram o turno da madrugada. Era o emprego dos seus sonhos. Da meia-noite às seis da manhã, Childers tocava suas músicas favoritas: Led Zeppelin, Neil Young, Janis Joplin, Jimi Hendrix, Creedence Clearwater Revival. Os recrutas telefonavam pedindo músicas. Ele adorava dedicar canções a eles, ler mensagens pelo rádio às suas famílias e namoradas. Terminado o trabalho, dormia até meio-dia, depois ia à praia.

A emissora de rádio de Okinawa saiu do ar em 1973. Childers foi para Tampa, na Flórida, onde esperava se matricular em um curso de rádio. Mas não tinha dinheiro para pagar os estudos e, depois de alguns meses procurando emprego, decidiu se alistar na Força Aérea. Previa que, de um jeito ou de outro, acabaria sendo mandado para o Vietnã. Servir numa base aérea parecia bem melhor do que carregar um fuzil e combater na selva. Quando Childers se alistou, preencheu um formulário solicitando que o alocassem no Serviço de Rádio e Televisão das Forças Armadas. Achava que a Força Aérea talvez lhe proporcionasse o treinamento para se tornar locutor de rádio. Mas errou no preenchimento e foi mandado para o jornal da Base Aérea de Norton, em San Bernardino, Califórnia. Gostou do serviço e se apaixonou por Diane Brandeburg, a analista de orçamento que trabalhava numa sala no fim do corredor. Em 1975 seu comandante o persuadiu a se tornar oficial, o que exigia diploma universitário. Por intermédio do Programa de Bolsa de Estudos e Comissionamento de Aeronautas, ele foi para o Chaminade College, em Honolulu, um ótimo lugar para se estudar e surfar. Diane estava servindo ali perto, na Base da Força Aérea em Hickam, e eles se casaram em 1977.

Os três irmãos de Childers acabaram servindo nas Forças Armadas. Seu irmão mais velho se alistou no Exército, sua irmã, na Força Aérea, e o caçula, na Marinha. E todos se casaram com militar ou alguém de uma família de militares. Childers percebeu depois que haviam sido atraídos de volta a um modo de vida com o qual tinham familiaridade. A carreira militar oferecia uma boa educação, um sentimento de missão, a oportunidade de fazer algo útil e um forte companheirismo com outros que haviam escolhido servir.

Os pilotos de combate e os pilotos de bombardeiro se consideravam, cada qual, no topo da hierarquia dos oficiais da Força Aérea. Apesar da intensa rivalidade, em uma coisa pelo menos eles concordavam: os missilheiros estavam muito abaixo deles. Servir em um centro de controle subterrâneo não tinha o glamour de incursionar pelo espaço aéreo inimigo ou ganhar o comando dos céus. A visão precária de Childers o desqualificava para a função de piloto da Força Aérea, e o corpo de missilheiros precisava de oficiais. Embora ele nada soubesse sobre mísseis balísticos intercontinentais (na sigla em inglês, ICBM) e menos ainda sobre o que fazia um oficial missilheiro, alistou-se no programa antes de se formar na universidade. Não ligava para status nem para o esnobismo tradicional da Força Aérea. O trabalho parecia interessante e oferecia a oportunidade de comandar.

Childers passou seis meses estudando as operações do Titan II na Base da Força Aérea em Sheppard, no Texas, e na Base da Força Aérea em Vandenberg, na Califórnia. Como todos os que estavam em treinamento para trabalhar com o Titan II, ele leu com atenção o *Dash-1*, o manual técnico que explicava cada aspecto do sistema do míssil.² Passou horas em simuladores do centro de controle, onde eram praticados à exaustão os procedimentos que constavam nas checklists de lançamento e de riscos. Mas ele só viu um míssil Titan II de verdade quando cumpriu seu primeiro turno de prontidão no Arkansas e entrou no silo. Era frio lá dentro, como entrar numa geladeira, e o míssil parecia enorme.

Se uma ordem emergencial de guerra chegasse do quartel-general do SAC, cada oficial missilheiro teria de tomar uma decisão de consequências quase inimagináveis. Recebendo a ordem de lançar, Childers obedeceria sem hesitação. Ele não queria cometer assassinato em massa. No entanto, a única coisa que impedia a União Soviética de destruir os Estados Unidos com armas nucleares, segundo a teoria da dissuasão da Guerra Fria, era a ameaça de também ser aniquilada. Childers tinha fé na lógica da dissuasão nuclear: sua disposição para lançar o míssil assegurava que ele nunca seria lançado. Em Vandenberg ele aprendera as categorias e localizações gerais dos alvos do Titan II. Alguns ficavam na União Soviética, outros na China. Mas nunca se informava a uma equipe para onde seu míssil apontava. Esse tipo de conhecimento poderia gerar hesitações. Como quatro integrantes de um pelotão de fuzilamento em que um deles portasse um fuzil sem munição, uma equipe de missilheiros devia obedecer à ordem de disparar, porém cada membro não tinha responsabilidade pessoal pelo resultado.

Depois de seis semanas de treinamento em Little Rock, em 1979 Childers se tornou subcomandante em um complexo do Titan II. No ano seguinte, foi promovido e se juntou a Mazzaro, Holder e Fuller em uma equipe de instrutores. Em vez de passar meses ou anos em turnos de prontidão no mesmo complexo de lançamento como as equipes típicas, uma equipe de instrutores levava o pessoal em treinamento a complexos diferentes. Naquela manhã de 18 de setembro, Childers e seu grupo planejavam levar um estudante, o segundo-tenente Miguel Serrano, a um turno de prontidão de 24 horas no Complexo de

Lançamento 374-5, nos arredores da cidade de Springhill. Os homens sempre gostavam de ir ao "4-5". Como era mais próximo da base do que alguns dos outros complexos, eles podiam chegar lá mais rápido e voltar para casa mais cedo no dia seguinte.

As instruções preparatórias sempre começavam com a chamada. Quando se certificavam de que cada complexo de lançamento estaria com o pessoal completo, os oficiais graduados da unidade conversavam com os cerca de oitenta membros da equipe de combate a respeito de questões de manutenção, novas diretrizes de segurança, mudanças na ordem emergencial de guerra e a previsão do tempo mais recente. O clima era um fator crucial em qualquer trabalho de manutenção que envolvesse combustível, oxidante ou o veículo de reentrada. Algumas reuniões de instrução incluíam uma apresentação de slides sobre questões de inteligência e a situação do mundo.

Em 18 de setembro de 1980 o mundo estava conturbado. O presidente do Iraque, Saddam Hussein, anunciara no dia anterior que o tratado que definia a fronteira entre seu país e o Irã não valia mais. Tropas dos dois países já estavam combatendo em escaramuças no Cuzistão, uma província meridional iraniana. O ministro das Relações Exteriores do Irã condenara a "invasão hostil [...] pelo regime iraquiano",[3] e parecia iminente uma guerra pelo território em disputa. Em Teerã, 52 americanos continuavam em cativeiro, quase um ano depois de terem sido capturados na embaixada americana local. Uma tentativa fracassada de resgate por militares americanos na primavera de 1980 levara os Guardas Revolucionários do Irã a tirar os reféns da embaixada e espalhá-los por toda a cidade. Imagens de multidões de iranianos queimando bandeiras americanas e gritando "morte ao Grande Satã!" tinham virado rotina na TV toda noite, e o governo americano parecia impotente para tomar qualquer providência.

Enquanto isso, as relações entre os Estados Unidos e a União Soviética haviam atingido o ponto mais baixo desde a Crise dos Mísseis de Cuba, em 1962. Os soviéticos tinham invadido o Afeganistão nove meses antes, mobilizando mais de 100 mil soldados em uma campanha que muitos temiam ser apenas a primeira etapa de um ataque mais abrangente aos países produtores de petróleo do Oriente Médio. Os Estados Unidos haviam reagido à invasão, impondo um embargo de grãos à União Soviética e boicotando os Jogos Olímpicos disputados na ocasião em Moscou. Mas nada dizia que alguma dessas punições forçaria a retirada soviética de Cabul. Por toda parte, a influência dos Estados Unidos parecia declinar. Em 17 de setembro, o International Institute for Strategical Studies, um renomado *think tank* britânico, publicou um relatório argumentando que os novos e mais precisos ICBMs da União Soviética haviam tornado os ICBMs americanos vulneráveis a ataques.[4] Os Estados Unidos estavam ficando para trás não apenas em armamento nuclear, dizia o relatório, mas também em aviões, tanques e forças terrestres.

Em meio a esse cenário internacional desalentador, o povo americano parecia igualmente desacorçoado. A economia dos Estados Unidos estava em recessão, com inflação alta e taxa de desemprego em torno de 8%.[5] A escassez de gasolina trazia a perspectiva de racionamento e de medidas federais para limitar o uso do automóvel. Watergate, a Guerra do Vietnã e a crise de energia haviam abalado a fé na capacidade do governo de realizar qualquer coisa. O presidente dos Estados Unidos, Jimmy Carter, fizera uma dura crítica ao estado de espírito nacional. Em um discurso transmitido no horário nobre pelas três principais redes de TV, o presidente alertou que os Estados Unidos estavam diante de uma ameaça invisível: "uma crise de confiança".[6] O bom e velho otimismo americano fora substituído por um desesperançado e egocêntrico culto ao consumo. "Acumular bens materiais não pode preencher o vazio de vidas sem significado nem propósito", disse Carter. Ele concluiu o discurso em um tom mais prático, esboçando meia dúzia de medidas para favorecer a energia renovável e eliminar a dependência do petróleo estrangeiro. Mas a mensagem subjacente era que os problemas mais importantes do país nunca poderiam ser resolvidos pelo Congresso ou pelo presidente, e Carter exortou os ouvintes a assumir a responsabilidade por seu próprio destino. "Nem toda a legislação do mundo é capaz de consertar o que está errado nos Estados Unidos", ele ponderou.

Muitos democratas e republicanos discordavam. Para eles, o problema era Jimmy Carter, e não uma vaga crise existencial da alma americana. Estavam em ano de eleição presidencial, e Carter conseguira ser escolhido candidato dos democratas depois de uma acirrada disputa nas primárias com o senador Edward M. Kennedy. Apesar dessa vitória, os índices de aprovação de Carter despencaram. A crise dos reféns no Irã trazia más notícias a cada dia. E um relatório oficial sobre a malograda tentativa de resgate, descrevendo como oito soldados americanos morreram e meia dúzia de helicópteros dos Estados Unidos carregados de documentos secretos tinham sido abandonados no deserto, suscitou dúvidas sobre o preparo das Forças Armadas.[7] Embora Carter fosse cristão devoto, um grupo evangélico recém-criado, a Maioria Moral, criticava seu apoio à legalização do aborto e a uma emenda constitucional para garantir a igualdade de direitos às mulheres. Uma pesquisa feita em meados do ano indicou que 77% da opinião pública americana desaprovava a atuação do presidente Carter na Casa Branca: uma taxa de desaprovação maior que a do presidente Nixon no auge de Watergate.[8]

O candidato republicano à presidência, Ronald Reagan, tinha um temperamento mais otimista. "Eu me recuso a aceitar a visão derrotista e pessimista [de Carter] sobre os Estados Unidos", disse Reagan.[9] O país não podia se dar ao luxo de "mais quatro anos de fraqueza, indecisão, mediocridade e incompetência".[10] Reagan propunha grandes cortes nos impostos, menos interferência do governo, desregulamentação, aumento dos gastos com defesa para confrontarem a ameaça soviética, e a renovação da fé no sonho americano. O popular candidato de um terceiro partido, o deputado John B. Anderson, apresentava-se como centrista e rotulava Reagan como extremista de direita e Carter como um "desastrado".[11] Anderson concordava que as coisas estavam fundamentalmente erradas nos Estados Unidos. "As pessoas acham que o país está desmoronando", ele disse.[12]

A inquietação latente do país impulsionou as vendas de um best-seller de não ficção em fins de setembro: *Crisis Investing: Opportunities and Profits in the Coming Great Depression* [Investir na crise: Oportunidades e lucros na Grande Depressão iminente].[13] Vários romances campeões de venda também abordavam os temores generalizados quanto ao futuro da nação americana. *A alternativa do diabo*, de Frederick Forsythe, descrevia um plano soviético para invadir a Europa Ocidental. *O quinto cavaleiro*, de Larry Collins e Dominique Lapierre, falava de uma trama líbia para chantagear os Estados Unidos com uma bomba de hidrogênio escondida na cidade de Nova York. *A traição*, de Arnaud de Borchgrave e Robert Moss, contava a história de um jornalista americano de esquerda que descobre planos soviéticos para dominar o mundo, mas não consegue persuadir seu editor liberal a publicá-los.

Talvez o mais influente campeão de vendas do ano tenha sido *A Terceira Guerra Mundial: Agosto de 1985*, um romance escrito por um general britânico da reserva, Sir John Hackett. O livro fazia um relato envolvente e realista de uma guerra total entre a Otan e o bloco soviético. Depois de uma longa série de batalhas de tanques na Europa, as cidades britânicas de Birmingham e Wolverhampton são incineradas por um ataque nuclear soviético. A cidade russa de Minsk é atingida por armas nucleares na retaliação, e o choque de sua destruição causa o rápido colapso da União Soviética. A moral da história era clara: os Estados Unidos e seus aliados precisavam aumentar seus gastos militares. "Nos últimos anos antes da eclosão da guerra, o Ocidente começou a acordar para o perigo que corria", escreveu Hackett, "e no tempo de que dispunha se empenhou apenas o suficiente para reparar suas defesas negligenciadas de modo a, por uma minúscula margem, sobreviver."[14] Ronald Reagan mais tarde enalteceu *A Terceira Guerra Mundial* como um livro excepcionalmente importante.[15] E a obra contribuiu para o surgimento de um novo gênero literário, o "techno thriller", que celebrava o heroísmo militar, dava papel central na narrativa aos intricados detalhes dos armamentos e atribuía as vitórias na Guerra Fria ao uso adequado da força.[16]

Na TV, *Os Waltons*, uma duradoura série sobre as dificuldades de uma família comum durante a Grande Depressão, estava ameaçada de cancelamento. Em vez de querer saber como o jovem protagonista, John Boy, venceria a adversidade, os telespectadores americanos estavam muito mais interessados em descobrir quem matara J. R., o bilionário personagem principal da nova série, *Dallas*. Outros dramas familiares sobre gente rica e problemática surgiram: *Dinastia*, *Falcon Crest*, *The Colbys*. Séries cômicas sobre problemas da atualidade ou o dia a dia das classes trabalhadoras, como *MASH*, *Maude*, *Sanford and Son*, *Tudo em família*, viraram relíquias de outra era. Em Hollywood, o ano de 1980 assinalou o fim do cinema de viés acentuadamente pessoal, com a marca imperiosa do diretor, predominante na década anterior. Com exceção de *Touro indomável*, de Martin Scorsese, e *Gente como a gente*, de Robert Redford, que estrearia em 19 de setembro, os filmes mais destacados foram comédias de produção milionária, filmes de ação e continuações como *Desta vez te agarro II*.

A música popular de um momento histórico pode ser mais memorável e evocativa do que os livros, a política ou os filmes. Várias músicas lançadas em 1980 tinham o dom de grudar na cabeça e resistir a todas as tentativas de esquecê-las: "Do That to Me One More Time", de Captain & Tenille; "You May Be Right", de Billy Joel; "Sailing" e "Ride Like the Wind", de Christopher Cross. A música de discoteca finalmente estava morta; seu destino fora selado pelo fechamento da danceteria Studio 54 e pelo lançamento do filme *A música não pode parar*, do grupo Village People. O punk também estava morto, substituído pela new wave mais leve e dançante de Devo, The Police, The B-52's e Talking Heads. O rock pesado dos Rolling Stones dera lugar aos sons pop mais suaves de "Emotional Rescue". O Led Zeppelin se desfez, transformando Van Hallen na banda de heavy metal favorita dos americanos. Girava-se o botão do rádio e em quase todas as emissoras FM se ouvia o selvagem se tornando suave. O *outlaw country* já não ameaçava o establishment de Nashville. Passara a integrar a corrente dominante com os sucessos "On the Road Again", de Willie Nelson, e "Theme from the Dukes of Hazzard", de Waylon Jennings. Bob Dylan se recusava a cantar qualquer uma de suas antigas canções. Renascido e na estrada, ele só tocava gospel. John Lennon estava em Nova York, gravando um novo álbum pela primeira vez em anos e na expectativa de seu quadragésimo aniversário dali a algumas semanas. "A vida começa aos quarenta, e a gente pensa: 'Uau! O que será que vem agora?'", disse Lennon numa entrevista.[17]

Em retrospectiva, é fácil dizer que determinado ano representa uma virada na história. No entanto, às vezes a importância de certos acontecimentos contemporâneos é percebida no próprio momento. Os Estados Unidos dos anos 1960 e 1970, com seu liberalismo e sua tumultuada contracultura, estavam prestes a se transformar em algo diferente. Mil novecentos e oitenta, o começo de uma nova década, foi quando essa mudança se tornou palpável, de maneiras ao mesmo tempo triviais e reveladoras. Na primeira semana de setembro, o ativista e radical antiguerra Abbie Hoffman se rendeu às autoridades federais depois de mais de seis anos em fuga. Antes de se entregar, Hoffman foi entrevistado por Barbara Walters no horário nobre da TV. Outro líder radical, Jerry Rubin, pouco antes escolhera um caminho diferente. Em 1967, Hoffman e Rubin haviam jogado dólares pela sacada da Bolsa de Valores de Nova York em protesto contra os males do capitalismo. Em 1980, Rubin foi trabalhar como analista de investimento em Wall Street. "Política e rebelião distinguiram os anos 60", ele se justificou no *New York Times*.[18] "O dinheiro e o interesse financeiro serão a paixão dos anos 80." Rubin mais uma vez detectara uma guinada na cultura e tentava se situar na vanguarda. Na época, o financista mais bem pago dos Estados Unidos era Roger E. Anderson, presidente do Continental Illinois National Bank, que ganhava cerca de 710 mil dólares por ano.[19] As remunerações logo se avultariam em Wall Street. Terno e gravata estavam de novo na moda. Bigode, barba e calças boca de sino agora eram cafonas, e um irônico guia do novo Zeitgeist, *The Official Preppy Handbook* [Manual oficial do mauricinho], acabava de chegar às livrarias. Em um discurso na convenção dos republicanos naquele verão, o deputado Jack Kemp salientara o que outros ainda não admitiam ou percebiam: "Uma nova onda está chegando, uma onda política tão poderosa quanto a que surgiu em 1932, quando uma era de dominância republicana deu lugar ao New Deal".[20]

Proibido circular desacompanhado

Nas instruções preparatórias, Childers e sua equipe foram informados de que naquele dia estava programada uma "manutenção de grande porte" no Complexo de Lançamento 374-5. O míssil estava sendo tirado do alerta para permitir a substituição do veículo de reentrada, onde ficava a ogiva. Para uma equipe de instrutores, a manutenção de grande porte era perda de tempo. O segundo-tenente Serrano estava em treinamento para se tornar subcomandante de equipe de combate de míssil e precisava praticar tarefas de rotina em um centro de controle. O capitão Mazzaro encontrou um comandante que concordou em trocar de complexo. Em vez do 4-5, a equipe de instrutores iria para o 4-7, nos arredores de Damasco. Essa mudança de planos resolveu o problema do treinamento, mas atrasou a partida das duas equipes. Os códigos de entrada tiveram de ser trocados, as autorizações dos plantões precisaram ser reescritas e autenticadas. A única diferença importante entre os dois complexos de lançamento era sua distância em relação à Base Aérea de Little Rock. O 4-7 ficava bem mais longe, o que significava que no dia seguinte Childers e sua equipe provavelmente não chegariam em casa antes do meio-dia.

Mazzaro, Childers, Holder, Fuller e Serrano puseram suas malas na carroceria de uma Chevy Suburban azul da Força Aérea, embarcaram e começaram a viagem de uma hora para Damasco. Antes de percorrerem dois quilômetros, a luz do alternador da picape se acendeu. Tiveram de dar meia-volta, retornar à base, encontrar um novo veículo, transferir suas coisas e preencher papéis antes de partir novamente. O dia não estava começando muito bem.

Os dezoito complexos do míssil Titan II no Arkansas espalhavam-se por uma área que se estendia por mais de noventa quilômetros a norte da Base da Força Aérea em Little Rock e quase cinquenta quilômetros a leste e a oeste. Os mísseis distavam de onze a dezesseis quilômetros uns dos outros, para que, em caso de um ataque de surpresa, uma ogiva soviética não pudesse destruir mais de um silo do Titan II. No Oeste americano, os ICBMs geralmente eram instalados em meio a uma vasta área deserta, longe de regiões povoadas. No centro do Arkansas, os complexos do Titan II ficavam no subsolo, em áreas de estradas rurais remotas, perto de pequenas propriedades agrícolas e cidadezinhas com nomes como Velvet Ridge, Mountain Home, Wonderview e Old Texas. Era uma paisagem insólita para algumas das mais potentes armas nucleares do arsenal americano. A decisão de instalar os ICBMs no Arkansas rural foi influenciada por considerações políticas além de militares.[1] Um dos deputados desse estado, Wilbur D. Mills, presidia a Comissão de Tributação da Câmara quando estavam sendo escolhidos os locais para os Titan II.

Para chegar ao Complexo de Lançamento 374-7, os homens seguiram na direção oeste, atravessaram as cidades de Hamlet e Vilonia, prosseguiram a norte pela Highway 65, uma estrada de duas pistas que subia pelos contrafortes das montanhas Ozark. A escravidão nunca chegara àquela parte do Arkansas, e a imensa maioria de seus habitantes era pobre, branca, laboriosa e autossuficiente. Era o tipo de pobreza que não envergonhava, pois quase todos pareciam estar no mesmo barco. As propriedades agrícolas da área tinham entre doze e dezesseis hectares e estavam em posse das mesmas famílias por várias gerações. Os agricultores criavam bois e alguns porcos e plantavam hortaliças no quintal. Era uma gente patriota que raramente reclamava por ter mísseis nas vizinhanças. A maior parte da renda gerada pela 308ª era gasta no entorno de Little Rock. Afora uma ou outra compra de café e donuts, as equipes de missilheiros que passavam por aquelas comunidades rurais pouco acrescentavam à economia local. Na maior parte das vezes, os soldados da Força Aérea passavam quase despercebidos ou eram tratados com simpatia. Apesar da pobreza, o lugar era bucólico. No começo do outono os campos ficavam verde-escuros e pontilhados de fardos redondos de feno; as folhas nas árvores — tupelos, liquidâmbares, bordos e carvalhos — começavam a mudar de cor.

Damasco tinha aproximadamente quatrocentos habitantes. A cidade consistia em um posto de gasolina, uma pequena mercearia e não muita coisa além disso. Alguns quilômetros ao norte pela Highway 65, logo depois de uma velha casa rural branca com telhado de latão enferrujado, a equipe de combate virou à esquerda, entrou em uma estrada pavimentada estreita, atravessou uma porteira e prosseguiu por pouco mais de meio quilômetro. Não se avistava o complexo de lançamento antes que a estrada alcançasse o cume de um morro baixo. Lá estava ele: um trecho de terra plano e quadrado de um hectare coberto por cascalho, rodeado por uma cerca de metal, com a grande porta do silo no meio, áreas retangulares de estacionamento pavimentadas nas laterais, meia dúzia de antenas que emergiam do chão, um alto poste de madeira com três luzes sinalizadoras no topo — verde, amarela e vermelha — e uma sirene. O verde significava que estava tudo bem, o amarelo alertava sobre um possível perigo e o vermelho indicava problema. A sinaleira girava como as luzes dos antigos carros da patrulha rodoviária e, se acompanhada pelo ecoar da sirene, alertava que havia uma emergência no local — ou que o míssil estava prestes a alçar voo.

O complexo de lançamento não parecia um posto avançado militar de alta segurança. A porta de concreto cinzento do silo, para um olhar não treinado, poderia ser confundida com a tampa de uma estação de tratamento de esgoto municipal. A placa no portão de entrada esclarecia. ATENÇÃO, avisava em letras maiúsculas vermelhas, seguidas pelas palavras, em maiúsculas azuis: INSTALAÇÃO DA FORÇA AÉREA DOS ESTADOS UNIDOS. A ENTRADA NESTA ÁREA É ILEGAL SEM PERMISSÃO DO COMANDANTE DA INSTALAÇÃO. O arame farpado no alto da cerca de anéis metálicos desencorajava qualquer incursão pela propriedade, e o mesmo faziam as unidades de radar triangulares AN/TPS-39. Instaladas em hastes de metal curtas batizadas de "tipsies", elas detectavam até os menores movimentos próximos à porta do silo ou ao duto de entrada de ar e disparavam um alarme.

O capitão Mazzaro saiu da picape e, pelo telefone no portão, avisou o centro de controle que tinham chegado. O portão fora destravado pela equipe no subsolo, e ele atravessou o complexo até o portal de acesso, uma laje de concreto de 1,5 metro quadrado elevada a trinta centímetros do chão. Sobre a laje viam-se duas portas de aço; abaixo de uma delas havia um elevador, e abaixo da outra, uma escada. Mazzaro abriu a porta da esquerda, desceu um lance de degraus de concreto e aguardou um momento antes de autorizarem sua entrada por outra porta de aço. Assim que ele a atravessou, a porta se fechou. Mazzaro estava na área de retenção, um patamar de metal fechado de um lado por uma parede e do outro por uma malha de aço que se estendia até o teto. Parecia que ele tinha entrado numa gaiola.

Na base da escada havia outra porta fechada, e acima dela uma câmera de TV. Mazzaro pegou o telefone na parede, tornou a ligar para o centro de controle, tirou um cartão de código do bolso e leu em voz alta o código de seis letras. Depois de obter a permissão para entrar, pegou fósforos e pôs fogo no cartão. Jogou o cartão em chamas em uma lata presa à malha de aço. O resto da equipe recebeu permissão para entrar no complexo. Estacionaram a picape, examinaram o local em busca de sinais de danos causados pelas intempéries ou de vazamento de propelente, seguiram para o portal de acesso, aguardaram um momento na área de retenção e foram admitidos pela porta na base da escada.

Os homens desceram mais dois lances e chegaram a uma enorme porta antiexplosão na base da escada, uns nove metros abaixo da superfície. O portal de acesso e sua escada de metal não eram projetados para resistir a uma explosão nuclear. Mas se esperava que tudo o que estivesse do outro lado daquela porta, sim. A porta de aço tinha dois metros de altura por 1,5 metro de largura e trinta centímetros de espessura. Pesava em torno de 2,7 toneladas.[2] O par de batentes de aço que a sustentavam pesava catorze toneladas.[3] A porta era operada hidraulicamente, com um interruptor elétrico. Quando fechada, quatro grandes pinos de aço se projetavam dela para dentro do batente, criando uma poderosa vedação hermética. Ao ser destrancada, podia ser aberta ou fechada manualmente sem dificuldades. O complexo de lançamento possuía quatro portas antiexplosão idênticas. É curioso notar que essa primeira porta, na base do portal de acesso, era a porta antiexplosão 6.

Mazzaro pegou o telefone próximo à porta e tornou a ligar para o centro de controle. Apertou um botão na parede, alguém no centro de controle apertou um botão simultaneamente, e os pinos da porta se retraíram e saíram do batente. Os homens abriram a imensa porta e entraram no compartimento hermético, de cerca de três metros de comprimento por 3,5 metros de largura. Era um espaço de transição entre o portal de acesso e o resto do complexo subterrâneo. A porta antiexplosão 6 ficava em uma ponta, a porta antiexplosão 7 na outra. Para proteger o míssil e o centro de controle de uma explosão, as portas tinham sido projetadas de modo que não pudessem ser abertas ao mesmo tempo. Do outro lado da porta antiexplosão 7 havia mais um compartimento hermético, "a junção". À direita dele, um longo corredor revestido de aço, "o túnel", levava ao míssil. À esquerda, um túnel mais curto desembocava no centro de controle. Esses dois corredores eram bloqueados por portas antiexplosão nas extremidades, as portas 8 e 9, que também não podiam ser abertas ao mesmo tempo.

Cada complexo de lançamento do Titan II tinha exatamente as mesmas disposições: portal de acesso, porta antiexplosão, outra porta antiexplosão, míssil no fim do corredor à direita, centro de controle no fim do corredor à esquerda, portas antiexplosão nos pontos de entrada mais vulneráveis. Cada complexo tinha o mesmo equipamento, a mesma instalação elétrica, iluminação e design. No entanto, cada um tinha suas peculiaridades. A porta antiexplosão 9 em um complexo exigia manutenção frequente; em outro, o ar-condicionado do centro de controle era temperamental. Em geral, uma equipe era alocada para um único complexo e nele cumpria seus plantões. Alguns integrantes haviam passado duas noites por semana, durante dez anos ou mais, na mesma instalação subterrânea. Mas uma equipe de instrutores servia em locais diferentes, dependendo de sua disponibilidade. Al Childers acabara conhecendo todos os complexos do Titan II do Arkansas e, de modo geral, não via distinção entre eles. Às vezes ele precisava olhar no mapa afixado na parede do centro de controle para se lembrar de onde estava. Mas um complexo de lançamento se destacava dos demais. O 373-4 era conhecido como o "complexo fantasma". Foi o primeiro complexo para onde Childers foi designado, e coisas estranhas pareciam acontecer por lá. Bombas que só podiam ser acionadas manualmente de repente começavam a funcionar por conta própria. Luzes se acendiam e apagavam sem explicação. Childers não acreditava no sobrenatural, e a maioria dos oficiais ria da ideia de que o complexo podia ser mal-assombrado. Mas alguns pensavam que, de vez em quando, as coisas eram bem estranhas ali dentro. Rodney Holder uma ocasião trabalhava no silo à noite com outro membro de sua equipe.[4] O silo tinha um elevador operado manualmente que transitava entre os níveis 2 e 8, e eles haviam deixado sua porta aberta. A campainha do elevador começou a tocar. Tocava toda vez que a porta estava aberta e alguém do outro nível precisava do elevador. Holder não se lembrava de ninguém que pudesse estar precisando do elevador. Ligou para o centro de controle e lhe disseram que não havia mais ninguém no silo. A campainha continuava a tocar. Holder e seu parceiro ficaram arrepiados, concluíram depressa seu trabalho e voltaram para o centro de controle.

O Complexo de Lançamento 373-4 fora até então o local do pior incidente com um Titan II.[5] Em 9 de agosto de 1965, o complexo, nos arredores de Searcy, Arkansas, estava sendo modificado para aumentar suas chances de resistir a um ataque nuclear. Trabalhadores estavam reforçando o silo, aperfeiçoando as portas antiexplosão, ajustando a parte hidráulica, instalando luzes de emergência. O veículo de reentrada e a ogiva tinham sido removidos do míssil (número de série 62-0006).[6] Mas seus tanques de combustível e de oxidante estavam cheios. Quatro membros de uma equipe operavam o centro de controle enquanto numerosos operários trabalhavam ao ar livre e no subsolo na escaldante tarde de verão.

Era o primeiro dia de Gary Lay no emprego. Ele tinha dezessete anos e acabara de concluir o ensino médio em Searcy. Seu pai arranjara para ele o trabalho no complexo. Lay estava satisfeito. O pagamento era bom, e a temperatura dentro do silo era deliciosamente mais fresca do que lá fora. Lay fora contratado para uma temporada de verão, na qual devia executar trabalhos simples e cuidar da limpeza. Nunca tinha estado em um complexo de míssil. Seu treinamento de segurança consistira em assistir a um filme de uma hora intitulado *Você e o Titan II*.[7] Quando o filme terminou, Lay recebeu uma máscara com filtro e foi instruído a usar o elevador em caso de emergência. Ele passou a manhã na parte inferior do silo, saiu para almoçar ao meio-dia e voltou uma hora depois.

Por volta de uma da tarde, Lay estava no túnel subterrâneo quando alguém lhe pediu para ir pegar um balde e um escovão no silo. Ele seguiu pelo corredor, que desembocava no nível 2 do silo. Poucos minutos depois, conversava com um grupo de operários na área de equipamentos do nível 2, perto da escada de emergência. Havia homens trabalhando em todos os nove níveis do silo; uns pintavam, outros acionavam o sistema hidráulico que erguia e baixava as plataformas de aço ao lado do míssil. Lay ouviu uma forte lufada, como quando se acende um forno a gás, e sentiu uma brisa morna. Viu então vivas labaredas amarelas que subiam do chão ao teto. Correu para a escada de emergência e tentou subir, mas a escada estava bloqueada pelos operários. Momentos depois, as luzes se apagaram. Fumaça preta encheu o silo, que logo pareceu o lugar mais escuro do planeta. Operários gritavam em pânico, tentando desesperadamente encontrar uma saída. Lay deu um jeito de voltar para a área de equipamentos do nível 2. Às cegas, foi tateando pela parede, caiu, levantou-se e por instinto seguiu em direção à origem do fogo, enquanto os outros fugiam de lá.

Mais ou menos no mesmo momento em que Lay ouviu a forte lufada e sentiu o calor, a luz de advertência FOGO NA ÁREA DE DIESEL começou a piscar em vermelho no centro de controle. Sirenes soaram por todo o complexo, e a luz vermelha giratória se acendeu no poste lá fora. O capitão David A. Yount, comandante da equipe, mandou evacuar o local, repetindo a ordem três vezes pelos alto-falantes. Em seguida, acabou a energia.

Os encanadores, que estavam trabalhando nas portas antiexplosão, subiram correndo a escada do portal de acesso. A fumaça que saía por um respiradouro na porta do silo sinalizava aos operários na superfície que alguma coisa estava errada. Alguns tentaram entrar no silo, mas foram rechaçados pela fumaceira. Lay conseguiu chegar ao túnel, depois ao centro de controle, sofrendo queimaduras de segundo e terceiro graus. Foi posto em um chuveiro de descontaminação. Enquanto ele era enxaguado com água fria, dois membros da equipe, o sargento Ronald O. Wallace e o sargento Donald E. Hastings, puseram equipamento de respiração, pegaram extintores de incêndio e se prepararam para entrar no silo. Em meio à comoção, notaram que outro operário, Hubert A. Saunders, estava calmamente sentado no centro de controle. Saunders estivera pintando no nível 1A do silo, próximo ao topo do míssil, quando a fumaça começou a vir em sua direção. As luzes se apagaram justamente quando ele acabara de chegar à escada, e ele desceu por seis metros na escuridão de breu. Como Saunders trabalhava em complexos do Titan II fazia anos, conhecia a planta dos silos. Prendeu a respiração enquanto atravessava a área de equipamentos do nível 2 e seguiu engatinhando pelo túnel. Exceto por ter inalado um pouco de fumaça, ele estava bem. E não se separara de seu pincel e sua lata de tinta. Wallace e Hastings correram pelo túnel longo e escuro para combater o fogo e resgatar os sobreviventes. A fumaça era tão densa que eles não viam o chão.

Saunders e Lay foram tirados do complexo e levados de ambulância ao hospital em Searcy, onde se faziam às pressas os preparativos para tratar dezenas de operários feridos. As horas se passavam, mas ninguém chegava. O incêndio abrupto na área de equipamentos no nível 2 enchera o silo de fumaça e depois expulsara o oxigênio do recinto. A saída para o túnel no nível 2 era a única possibilidade de fuga. Alguns operários cometeram o erro de descer a escada em direção ao fundo do silo. Outros ficaram confinados ao tentar subir. Um ficou preso no elevador quando a energia acabou. Não morreram operários queimados. Foram asfixiados pela fumaça. Dos 55 homens que tinham voltado para o silo depois do almoço, apenas Saunders e Lay saíram de lá vivos.

Helicópteros trouxeram bombeiros da Base da Força Aérea em Little Rock para o 373-4, mas a visibilidade ruim prejudicou seu trabalho. Conseguiram extinguir alguns pequenos focos de incêndio no nível 2, porém o fogo já não era o verdadeiro perigo. Sem energia, o local ficava sem ar condicionado e, conforme a temperatura no silo subia, aumentava também a pressão nos tanques de oxidante do míssil. O tetróxido de nitrogênio se expande no calor, pois seu ponto de ebulição é de apenas 21 graus. Às cinco da tarde, a temperatura no silo era de 25,5 graus e continuava a subir. Se abrissem a porta do silo, isso ajudaria a resfriar o míssil e a fumaça poderia sair, mas era impossível abrir a porta sem energia elétrica. A fumaça se infiltrara também no centro de controle, complicando os esforços para lidar com a crise. As quatro portas de incêndio tinham sido escancaradas, para que os operários pudessem se deslocar livremente pelo complexo. De propósito, os pinos da porta antiexplosão 8, na entrada do centro de controle, haviam sido deixados para fora, assim a porta não se trancaria. E, sem energia, não seria possível retraí-los. Às sete horas, o quartel-general do SAC em Omaha alertou que, se a temperatura do silo não fosse reduzida, provavelmente o tanque de oxidante no estágio 2 do míssil atingiria uma "situação explosiva" por volta da meia-noite.[8]

Bombeiros e equipes do PTS trabalharam no complexo quente e enfumaçado para resgatar os corpos, restaurar a energia elétrica e impedir uma explosão. Às dez da noite, a temperatura do silo atingiu 26,7 graus, depois começou a cair. Torres de iluminação portáteis, geradores e aparelhos de ar condicionado industriais foram ligados e, de madrugada, conseguira-se evitar um desastre ainda pior. O 53º corpo foi tirado do silo ao amanhecer.

Uma Junta de Investigação de Acidentes da Força Aérea concluiu depois que um operário que estava soldando no nível 2 atingira inadvertidamente uma linha hidráulica temporária. O jato de fluido hidráulico entrou em contato com o arco do soldador elétrico e pegou fogo. A Força Aérea atribuiu o acidente a erro humano. Mas Gary Lay afirmou que ninguém estivera soldando no nível 2 e que uma falha mecânica havia começado o fogo.[9] Ele achava que uma linha hidráulica devia ter se rompido e aspergido óleo inflamável sobre equipamento elétrico. O míssil no silo não foi danificado, e as áreas de equipamentos foram reparadas. Cerca de um ano depois do incidente, equipes de lançamento estavam novamente de plantão no complexo vizinho de Searcy. Ele se parecia com os demais, exceto por algumas paredes enegrecidas no silo, que alguém se esquecera de pintar.

    Childers e sua equipe passaram pela porta antiexplosão 8, atravessaram o curto túnel e entraram no centro de controle de lançamento. A sala era redonda, com pouco mais de dez metros de diâmetro. Ficava no segundo nível de uma estrutura de aço de três andares, suspensa por enormes molas, dentro de um cilindro de concreto embutido. As paredes tinham sessenta centímetros de espessura. Um labirinto de dutos e canos cobria o teto. O esquema de cores era um misto de azul-turquesa-claro, cinza-claro e um prateado fosco de aço sem pintura. A sala tinha a vibração forte, confiante da ciência e tecnologia da era Eisenhower. Era repleta de maquinário e aparelhos eletrônicos com ligações intricadas, mas não tinha computador. À direita havia uma série de armários de aço que exibiam a situação e abrigavam os controles do sistema de guiagem, dos sistemas de força e eletricidade, e do alarme da superfície. Os armários tinham em torno de dois metros de altura, e neles se via todo tipo de comutadores, reguladores, mostradores e luzinhas redondas. No centro da sala ficava o console do comandante, uma mesinha de aço pintada de azul-turquesa e cinza, com fileiras de botões quadrados e luzes de advertência. Ali eram monitoradas e controladas as funções mais importantes do complexo. Dali o comandante podia abrir o portão de entrada, mudar o alvo da ogiva, permitir ou abortar um lançamento. No meio do console estava o comutador que acionava o lançamento. Passava despercebido, encoberto por um lacre de segurança, e era ativado por uma chave. Em cima do console estava um medidor digital que indicava a pressão nos tanques de combustível e oxidante do míssil. Dois pequenos alto-falantes estavam aparafusados na lateral da mesa. Transmitiam o dia todo mensagens de teste do quartel-general do SAC e, em tempo de guerra, emitiriam a ordem de lançamento.

    À esquerda do console do comandante havia outra mesinha azul-turquesa e cinza, o console do subcomandante. Nela eram operados os sistemas de comunicação do complexo. Exatamente acima do console ficava um grande relógio redondo com números de 00 a 23 no mostrador e uma caixa preta grossa. Marcava a hora do meridiano de Greenwich, para que os lançamentos nos complexos do Titan II no Arkansas, Kansas e Arizona pudessem estar perfeitamente sincronizados. O comutador de lançamento na mesa do subcomandante ficava na parte superior esquerda do console. Era redondo, prateado, sem identificação e parecia o botão de ignição de um carro antigo. Os códigos e as chaves de lançamento eram guardados em um cofre vermelho-vivo protegido por duas fechaduras metálicas de combinação, uma pertencente ao comandante, a outra ao subcomandante. Fora apelidado de "o cofre da guerra".

Se dos alto-falantes viesse a ordem de lançamento, os oficiais deveriam destravar suas fechaduras, abrir o cofre, pegar seus códigos e chaves e voltar aos seus consoles. As chaves pareciam comuns, do tipo usado para destrancar milhões de portas de casas americanas. Os códigos ficavam ocultos no interior de discos plásticos chamados de "cookies" [biscoitos]. Os discos eram abertos manualmente, como um biscoito da sorte, e os códigos eram lidos em voz alta. E, se os códigos validassem a ordem emergencial de guerra transmitida pelo quartel-general do SAC, a checklist de lançamento diria mais ou menos o seguinte:[10]

CONTROLE DE ALERTA NA SUPERFÍCIE ... Luz vermelha acesa.
Remover lacres de segurança e inserir chaves nos comutadores.
Chaves de lançamento ... Inseridas.
Disjuntor 103 ligado ... Pronto.
Código BVLC — OPERAR ... Inserido.
Simultaneamente (dentro de dois segundos) girar chaves por cinco segundos ou até iniciar sequência.
HABILITAR LANÇAMENTO ... Aceso.
BATERIAS ATIVADAS ... Aceso.
ENERGIA DO APS ... Aceso.*
SOFT** DO SILO... Aceso.

---

* Sistema Avançado de Potência. (N. T.)
** A parte do complexo de lançamento que ficava na superfície, vulnerável a um ataque, era chamada de "soft". (N. T.)

GUIAGEM ACIONADO ... Aceso.
ACIONAR MOTOR ... Aceso.
LANÇAR ... Aceso.

Supondo que tudo funcionasse como planejado, o Titan II partiria em segundos. Sua ogiva atingiria o alvo em aproximadamente meia hora. Assim que o míssil deixasse o silo, o trabalho da equipe de missilheiros estaria concluído. Não poderiam destruir um míssil em pleno voo nem lançar outro. O complexo era projetado para ser usado uma única vez.

Mas o Titan II não seria lançado se as duas chaves não fossem giradas ao mesmo tempo. E os comutadores do lançamento estavam distantes o suficiente para que fosse impossível uma pessoa ativar ambos. A "política de dois homens" do SAC fora adotada para impedir que um missilheiro enlouquecido ou fanático começasse uma guerra nuclear. A trava da válvula borboleta no motor do foguete no estágio 1 permitia algum controle adicional sobre quem podia lançar o míssil. O oxidante não fluiria para aquele motor enquanto o código correto da trava da válvula borboleta (na sigla em inglês, BVLC) não fosse usado durante a checklist de lançamento; e, sem o oxidante, o míssil permaneceria no silo. Esse código não era mantido no cofre nem em nenhum outro lugar do silo. Era transmitido pelo SAC junto com a ordem emergencial de guerra. E a trava da válvula borboleta continha um pequeno dispositivo explosivo. Qualquer tentativa de violar a trava detonaria o explosivo e selaria o conduto do oxidante.

A regra dos dois homens imposta pelo SAC regia não só o modo como o míssil era lançado, mas também como o complexo era administrado. Era preciso que no mínimo duas pessoas autorizadas estivessem sempre presentes e à vista uma da outra dentro do centro de controle. Uma não podia perder a outra de vista. A mesma regra se aplicava no silo, sempre que o míssil estivesse com a ogiva. Nas entradas do centro de controle e do silo, um aviso escrito em letras vermelhas graúdas dizia: PROIBIDO CIRCULAR DESACOMPANHADO NESTA ZONA. OBRIGATÓRIO REGRA DOS DOIS HOMENS, DO SAC.

O comandante e o subcomandante em cada complexo do Titan II recebiam revólveres calibre .38, para o caso de um invasor penetrar no complexo subterrâneo ou de algum missilheiro desobedecer às ordens. Transferir as armas fazia parte da checklist da mudança de turno, quando uma nova equipe chegava ao trabalho. Além dos revólveres e coldres, Mazzaro e Childers receberam algumas más notícias da equipe que se preparava para sair do 4-7. A pressão estava baixa no tanque de oxidante do estágio 2. Uma equipe do PTS teria de vir ao local e grande parte do dia teria de ser destinada a importantes trabalhos de manutenção. Antes que a outra equipe partisse, Mazzaro e Childers abriram o cofre, asseguraram-se de que os "cookies" e as chaves de lançamento estavam lá dentro, fecharam-no e o travaram com suas próprias combinações.

Durante cerca de uma hora, Mazzaro, Childers, Holder e Fuller seguiram a checklist de verificação diária de turno (na sigla em inglês, DSV) no centro de controle. Conferiram cada equipamento nos três níveis do centro, cada medidor, comutador e luz de advertência. O nível 3 era mais baixo. Lá ficavam as fontes de alimentação DC e as baterias de reserva, equipamentos de comutação dos sistemas de comunicação, os sistemas de ar condicionado e ventilação. Ar fresco era trazido de fora para o centro de controle, filtrado, resfriado e então enviado para o resto do complexo. O fluxo positivo de ar ajudava a proteger as pessoas de vapores tóxicos que pudessem emanar do silo. O cofre de ir para a guerra, os altos armários de aço e os consoles de lançamento ficavam no nível 2. O piso superior, no nível 1, tinha uma cozinha, uma mesinha redonda, quatro cadeiras, banheiro e quatro camas. O complexo dispunha de alimentos suficientes para um mês, mas seu gerador a diesel de emergência continha combustível para apenas duas semanas. Em tempo de guerra, os ocupantes do silo poderiam ter de comer no escuro rações enlatadas e desidratadas.

A Equipe A do PTS chegou ao complexo para pressurizar o tanque de oxidante do estágio 2. Eram oito homens, comandados pelo cabo da Força Aérea Charles T. Heineman, que ficaria no centro de controle dirigindo o trabalho. Os soldados David W. Aderhold, Eric Ayala e Richard D. Willinghurst permaneceriam na superfície para operar o tanque de nitrogênio. Aderhold e Ayala usariam trajes RFHCO. Os soldados Roger A. Hamm e Gregory W. Lester ficariam no compartimento hermético, de prontidão para vestir seus RFHCO e dar apoio aos homens que trabalhavam no silo em caso de emergência. E os soldados David Powell e Jeffrey Plumb entrariam no silo em trajes RFHCO, removeriam a tampa de pressão e acoplariam o duto de hidrogênio.

Powell e Plumb esperavam começar o trabalho no míssil no início da tarde. Mas as plataformas de trabalho não desciam das paredes do silo. Estavam emperradas na posição vertical. Uma equipe de manutenção procurava consertá-las. Havia algum problema no sistema hidráulico, e as instruções nos manuais técnicos não serviram para resolvê-lo. Os contratempos não pararam por aí. O acumulador hidropneumático estava quebrado, e sem ele não era possível baixar as plataformas — e a equipe de manutenção não tinha as peças certas. Se a pressão no estágio 2 do tanque de oxidante caísse mais, seria preciso tirar o míssil do alerta. O quartel-general do SAC não gostava nada quando um míssil era tirado do alerta. Por isso, a Base Aérea de Little Rock enviou um helicóptero com as peças.

Enquanto isso, Rodney Holder e Ron Fuller retomaram a checklist de verificação diária do turno, percorrendo o corredor longo do silo. O túnel era essencialmente um grande tubo de aço preso a traves e molas, que se estendia por quase cinquenta metros do compartimento hermético até o silo. O piso era pintado de cinza, as paredes e o teto, de azul-turquesa. Feixes de canos e cabos serpenteavam acima de suas cabeças e dos dois lados. Parecia o interior de um submarino, só que debaixo da terra, e não da água. Os nove níveis do silo eram abarrotados de equipamentos, e cumprir a checklist do local demorava duas horas. Havia centenas de passos. Às vezes, o pessoal dava um jeito de agilizar. Dividiam as tarefas — você verifica aquele compressor de ar, eu verifico este — e violavam a regra dos dois homens do SAC, andando separados pelo silo e comparando as anotações depois. Assim o trabalho ia mais depressa, a violação parecia sem importância, e os oficiais do centro de controle não tinham como saber o que o pessoal alistado estava fazendo no silo. A câmera de TV no portal de acesso, voltada para a área de retenção, era a única no complexo. Do centro de controle não se podia ver o que estava acontecendo nos túneis, no compartimento hermético, no silo ou na superfície. Não havia periscópio. E um oficial não podia deixar o outro sozinho no centro de controle para ver o que o pessoal estava fazendo em outros lugares. Seria uma violação grave da regra dos dois homens.

Holder e Fuller fizeram tudo conforme as regras naquele dia. Como membros de uma equipe de instrução, orgulhavam-se de estar classificados entre os melhores no trabalho. Uma equipe de avaliação de padronização logo julgaria seu desempenho, e Holder queria tirar uma nota alta. Fazer as coisas do modo apropriado só acrescentava uns quinze minutos à missão. Antes de entrar para a Força Aérea, ele fora operário da construção civil e construíra pontes em rodovias da zona rural do Arkansas. De início, a carreira militar não o atraíra. Seu pai era um ex-jogador profissional de futebol americano que entrou para a Reserva Naval durante a Guerra da Coreia e acabou passando mais de duas décadas como oficial naval. Holder cursara o ensino fundamental em três países e o ensino médio em quatro estados diferentes. Aos dezenove anos, gostava do trabalho na construção civil, mas se preocupava com o futuro. A vida militar prometia ser mais interessante e gratificante. Entrar para a Marinha não era uma opção: Holder enjoava facilmente no mar. Assim, ele foi para a Força Aérea, ávido para aprender sobre mísseis. Trabalhar no Titan II revelara que, no íntimo, ele era viciado em tecnologia. Dentro do complexo, Holder se orientava melhor do que qualquer outro missilheiro. Não só sabia a localização de tudo, mas também era capaz de explicar como tudo funcionava. Em 18 de setembro de 1980, ele estava com 25 anos e se casara havia dez meses.

Os motores da porta do silo no nível 1A precisavam ser verificados, assim como a fossa no fundo do nível 9B e tudo o que havia entre eles. As áreas de equipamentos do silo tendiam a ser barulhentas, mas o tubo de lançamento era revestido com abafadores de som, para que o ronco dos motores não causasse vibrações que danificassem o míssil. O silêncio era tanto no tubo de lançamento que, em dias quentes de verão, quando o ar-condicionado quase não dava conta, ouvia-se o oxidante morno borbulhando dentro dos tanques. O único problema que Holder e Fuller notaram naquele dia era um regulador com defeito no tanque de água "hard".* O complexo tinha dois grandes tanques de água: um dentro do silo, que ia do nível 3 ao 6, e outro na superfície, além da cerca do perímetro. O tanque dentro do silo era considerado "hard", pois ficava no subsolo e, portanto, protegido de uma explosão nuclear. Continha 100 mil galões de água que jorrariam no interior do silo momentos antes do lançamento. A água ajudava a suprimir o som dos motores e impediria que as chamas subissem pelo silo e destruíssem o míssil. Os dois tanques de água também eram essenciais para apagar um incêndio de grandes proporções no complexo. Tal qual uma boia quebrada numa caixa-d'água do banheiro que só permite uma descarga, um regulador defeituoso no tanque de água "hard" poderia impedir que o tanque tornasse a se encher automaticamente. Holder e Fuller anotaram o problema na checklist e prosseguiram na tarefa.

* Resistente a ataque nuclear, em contraste com "soft", vulnerável a ataque nuclear. (N. T.)

A Equipe A do PTS chegou ao complexo por volta das 15h30, mas as plataformas ainda não estavam descendo. Como não tinham nada melhor para fazer, os homens ficaram por lá mesmo, jogando cartas na mesa do nível 1 do centro de controle. Jeffrey Plumb, que era novo no grupo, deitou-se numa das camas. Haviam trabalhado desde cedo e estavam ávidos para terminar o expediente. As equipes do PTS e as de lançamento não costumavam socializar entre si. O pessoal do PTS era de outra estirpe. Tinham a reputação de serem truculentos e desordeiros nas horas de folga. Seu trabalho era um dos mais perigosos da Força Aérea, e no fim do dia gostavam de extravasar, bebendo e farreando mais do que quase todo mundo na base. Tendiam mais a andar de moto, desrespeitar limites de velocidade, violar toques de recolher e jogar um oficial comandante debaixo do chuveiro, de roupa e tudo, depois de beberem além da conta. Chamavam os mísseis de "pássaros", afeiçoavam-se a eles e tinham orgulho daquelas armas como um bom mecânico se orgulha de seus carros. O perigo do oxidante e do combustível não era teórico. Fazia parte do trabalho. Os riscos diários costumavam inspirar uma atitude desafiadora e desabrida no pessoal do PTS. Diziam que alguns enchiam uma bola de pingue-pongue com oxidante e jogavam num balde de combustível. A destruição do balde de aço, acompanhada de chamas, era um bom lembrete do material com que trabalhavam. E quem tivesse medo de propelentes, como a maioria das pessoas, que fosse procurar outro tipo de trabalho.

Embora a pressão baixa em um tanque de oxidante pudesse significar vazamento, a Equipe A do PTS não estava preocupada com isso. Era o terceiro dia seguido que estava sendo chamada ao 4-7. O míssil no silo fora reciclado pouco tempo antes. A ogiva e os propelentes eram removidos durante uma reciclagem, e o míssil era içado para fora do silo, levado para a base e cuidadosamente examinado em busca de corrosão e vazamentos. Mais tarde, o mesmo míssil podia ser devolvido ao complexo, ou algum outro era mandado do depósito. O combustível e a pressão do oxidante com frequência não se estabilizavam nos níveis apropriados por semanas após uma reciclagem. As equipes do PTS estavam acostumadas a adicionar mais nitrogênio duas, três, quatro vezes, até a pressão do tanque se estabilizar.

No fim da reciclagem no 4-7, um Titan II foi instalado no silo, abastecido com propelentes e armado com ogiva. O número de série do míssil era 62-0006.[11] O mesmo míssil que estivera no silo durante o incêndio no complexo próximo a Searcy agora se encontrava no berço do sistema propulsor do Complexo de Lançamento 374-7, ao norte de Damasco. Era pequena a probabilidade de que a mesma fuselagem de Titan II, em dezenas, fosse parar nesses dois lugares. Azar, destino, pura coincidência, seja qual for a explicação, nem a equipe de lançamento nem a do PTS sabiam que aquele míssil já estivera em um silo cheio de fumaça e homens agonizando.

Às seis da tarde, as plataformas finalmente tinham sido consertadas, e a equipe do PTS estava pronta para fazer seu trabalho. Childers estava no centro de controle, instruindo o missilheiro em treinamento. Mazzaro e Heineman, o chefe da equipe do PTS, também estavam lá, seguindo a checklist para o procedimento. Holder decidiu dormir por algumas horas. Embora o centro de controle estivesse no subsolo, afastado do mundo, era sempre barulhento. Motores, ventiladores e bombas ligavam e desligavam constantemente. Mensagens de teste do SAC eram transmitidas em alto volume pelos alto-falantes, telefones tocavam. O som não tinha para onde ir e ricocheteava nas paredes. Holder nunca dormia bem ali, mesmo com protetores auriculares. A vibração o incomodava mais do que o barulho. O lugar era todo sustentado por molas, e havia tantas máquinas funcionando que as paredes e os pisos pareciam estar sempre vibrando. Era o tipo de coisa que não se nota até que se fica bem quieto, e então se torna difícil ignorar.

Holder tirou as meias e os sapatos, vestiu uma camiseta e uma calça de um uniforme velho, comeu alguma coisa antes de se deitar. Estava lavando pratos quando a sirene tocou. O som era excruciantemente alto, como um alarme de incêndio, uma cigarra elétrica dentro da cabeça. Ele não se preocupou muito. Sempre que um duto de nitrogênio era ligado a um tanque de oxidante, escapava um pouco de vapor. Os detectores de vapor no silo eram extremamente sensíveis e disparavam a sirene. Acontecia quase sempre que uma equipe do PTS realizava esse procedimento. A equipe de lançamento reajustava o alarme, e a sirene parava. Não era nada de mais. Holder continuou a lavar os pratos, a sirene parou — mas dali a dez ou quinze segundos recomeçou.

"Ué", Holder pensou, "por que disparou de novo?"[12] Ouviu gente correndo no nível de baixo e se perguntou o que poderia estar acontecendo. Desceu metade dos degraus, olhou para o console do comandante e viu todo tipo de luz piscando. Pensou que talvez a equipe do PTS tivesse desativado o MSA, o detector de vapor fabricado pela Mine Safety Appliance Company. Quando ficava saturado com excesso de vapor, o detector travava, se desarranjava e disparava numerosos alarmes. Isso não significava que alguma coisa estava errada. Mas era mais um contratempo. Agora a equipe teria de fazer uma investigação formal dos detectores de vapor portáteis.

Holder tornou a subir as escadas e pegou as botas. Quando desceu, o capitão Mazzaro estava em pé, falando ao telefone com o posto de comando em Little Rock. Childers dava ordens à equipe do PTS na superfície. Alguma coisa não estava certa. Holder se sentou diante do console do comandante e olhou as fileiras de luzes de advertência. VAPOR DE OXIDANTE NO TUBO estava acesa. VAPOR DE COMBUSTÍVEL NO TUBO DE LANÇAMENTO estava acesa. VAPOR NA ÁREA DE EQUIPAMENTOS DO SILO, VAPOR DE OXIDANTE NA SALA DAS BOMBAS e VAPOR DE COMBUSTÍVEL NA SALA DAS BOMBAS estavam acesas. Ele já vira isso antes, quando o MSA enguiçava. Mas nunca tinha visto duas outras luzes vermelhas piscando: FOGO NA SALA DA BOMBA DE COMBUSTÍVEL e FOGO NO TUBO DE LANÇAMENTO. Isso era sério. Havia um problema, Holder pensou. E podia ser dos grandes.

Esferas dentro de esferas

Na velha foto preto e branco, um rapaz está à porta do quarto de uma casa modesta. Veste calça cáqui e camiseta branca, tem nas mãos uma pequena caixa de metal e não sorri para a câmera. Podia ser um carpinteiro chegando para trabalhar com seu almoço ou suas ferramentas na caixa. Pendurado na parede há um chapéu de caubói, e na porta, escrita com giz branco, uma mensagem diz: FAVOR USAR A OUTRA PORTA — MANTENHA ESTE RECINTO LIMPO. A foto foi tirada na noite de 12 de julho de 1945 no Rancho McDonald, próximo a Carrizozo, Novo México. O sargento Herbert M. Lehr acabara de chegar com o núcleo de plutônio desmontado do primeiro dispositivo nuclear do mundo.[1] A casa pertencera a um fazendeiro da região, George McDonald, e o Exército a comprara em 1942, junto com cerca de 20 mil hectares de terra para criar a Área de Bombas e Artilharia de Alamogordo. O núcleo de plutônio tinha passado a noite na casa, guardado por seguranças. Uma equipe de físicos do Projeto Manhattan deveria chegar às nove da manhã seguinte, sexta-feira 13. Depois de bilhões de dólares do governo federal gastos nesse projeto ultrassecreto, depois do recrutamento de prêmios Nobel e de muitas das melhores mentes científicas do planeta, depois de revolucionárias descobertas em física de partículas, química e metalurgia, depois da construção de laboratórios e reatores e instalações de processamento, empregando dezenas de milhares de pessoas, e tudo isso realizado em três anos, a parte mais importante da arma mais cara já construída seria montada no quarto principal de uma casinha rural de adobe.² O núcleo do primeiro dispositivo nuclear não só seria feito em casa, mas também à mão. Na véspera, o sargento Lehr selara as janelas com folhas de plástico e fita-crepe para impedir a entrada de pó.

Embora a questão de como controlar uma bomba atômica tivesse dado muito o que pensar, agora outro problema parecia mais urgente: a coisa funcionaria? Antes de partir de Los Alamos, mais de trezentos quilômetros a norte, alguns dos físicos do Projeto Manhattan haviam feito uma aposta sobre o resultado do teste iminente, de codinome "Trinity". Norman F. Ramsey apostou que o dispositivo falharia.³ J. Robert Oppenheimer, o diretor científico do projeto, predisse uma liberação de energia equivalente a trezentas toneladas de TNT; Edward Teller achava que a liberação de energia ficaria mais próxima de 45 mil toneladas. Nos primeiros tempos do projeto, Teller receava que o calor intenso de uma explosão nuclear incendiasse a atmosfera e matasse todos os seres vivos da Terra. Um ano de cálculos concluiu que isso era improvável, e o físico Hans Bethe descartou a ideia, argumentando que o calor da explosão logo se dissiparia no ar e não o incendiaria. Mas não havia como ter certeza. Durante a viagem de carro desde Los Alamos na sexta-feira 13, Enrico Fermi, que já recebera um prêmio Nobel por descobertas em física, supôs que a probabilidade de a atmosfera se incendiar era de aproximadamente uma em dez.⁴ Victor Weisskopf não sabia se Fermi estava brincando ou não. Weisskopf havia feito alguns dos cálculos com Teller e ainda se preocupava com o risco.

Louis Slotin se preparava para montar o núcleo de plutônio com precauções de segurança tão rudimentares quanto o seu local de trabalho. Jipes aguardavam lá fora, com o motor ligado, para o caso todo mundo ter de sair às pressas. Slotin era um físico canadense de trinta e poucos anos. Nos dois últimos anos em Los Alamos ele fizera parte do trabalho mais perigoso: experimentos críticos, nos quais materiais radioativos eram levados ao limiar de uma reação em cadeia. Esses experimentos eram chamados de "cutucar a cauda do dragão",⁵ e o mínimo erro poderia produzir uma quantidade letal de radioatividade. Na casa do rancho, Slotin inseriu um iniciador de nêutron, mais ou menos do tamanho de uma bola de golfe, em um dos hemisférios de plutônio, fixou-o com fita adesiva, ajustou o outro hemisfério em cima e selou um orifício com um tampão de plutônio. O núcleo montado tinha aproximadamente o tamanho de uma bola de tênis, mas pesava como uma bola de boliche. Antes de entregá-lo ao general de brigada Thomas F. Farrell, Slotin pediu um recibo. O Projeto Manhattan era uma inédita mistura de pessoal civil e militar, e aquela era a primeira transferência de custódia nuclear no país. O brigadeiro decidiu que, se precisava assinar para receber, devia ter a chance de ter a coisa nas mãos. "Então peguei aquela bola pesada e senti que ela se aquecia na minha mão", Farrell recordou. "Tive a sensação de seu poder oculto."[6]

A ideia de uma "bomba atômica", como a de tantas outras inovações tecnológicas, ocorreu primeiro ao escritor de ficção científica H. G. Wells. Em seu romance The World Set Free [O mundo libertado], de 1914, Wells descreve o "supremo explosivo", acionado por radioatividade.[7] O explosivo permite que uma única pessoa "leve em uma bolsa uma quantidade de energia latente suficiente para destruir metade de uma cidade".[8] Essas bombas atômicas ameaçam a sobrevivência da humanidade, pois todos os países procuram obtê-las e usá--las antes de serem atacados. Milhões morrem, as maiores capitais do mundo são destruídas e a civilização beira o colapso. Mas o romance termina com um tom otimista, pois o medo de um apocalipse nuclear leva ao estabelecimento de um governo mundial. "A catástrofe da bomba atômica, que arrancou os homens das cidades [...] também os arrancou de seus velhos hábitos de pensamento arraigados", escreveu Wells, esperançoso, às vésperas da Primeira Guerra Mundial.[9]

As bombas atômicas de The World Set Free detonavam devagar e emitiam radioatividade por anos. Na década de 1930, o físico húngaro Leó Szilárd — que se encontrara com H. G. Wells em 1929 e tentara, em vão, obter os direitos autorais de seus romances na Europa Central — concebeu uma arma nuclear que explodiria instantaneamente. Refugiado judeu da Alemanha nazista, Szilárd temia que Hitler pudesse iniciar um programa para a bomba atômica e conseguir a arma primeiro. Szilárd falou de seus receios a Albert Einstein no verão de 1939 e ajudou a redigir uma carta ao presidente Franklin D. Roosevelt. A carta alertava que "pode vir a ser possível desencadear uma reação nuclear em cadeia em uma grande massa de urânio",[10] levando à criação de "um novo tipo de bombas extremamente poderosas".[11] Einstein assinou a carta, que foi entregue em mãos ao presidente por um amigo de ambos. Depois de pesquisadores britânicos concluírem que armas assim de fato poderiam ser criadas e de relatórios do serviço de inteligência indicarem que físicos alemães estavam tentando inventá-las, o Projeto Manhattan foi instituído em 1942. Chefiado por Leslie R. Groves, general de brigada do Exército dos Estados Unidos, o projeto reuniu secretamente renomados cientistas do Canadá, Grã-Bretanha e Estados Unidos com o objetivo de criar bombas atômicas.

Explosivos convencionais, como a dinamite, detonam por meio de reação química.[12] São substâncias instáveis, que em pouco tempo podem ser convertidas em gases de volume muito maior. O processo da detonação se assemelha à queima de lenha numa lareira, só que a combustão de um explosivo, em vez de ser lenta e constante como a da lenha, é quase instantânea.[13] No ponto de detonação, as temperaturas podem chegar a quase 5 mil graus.[14] Conforme os gases quentes se expandem pela atmosfera circundante, criam uma "onda de choque" de ar comprimido, também conhecida como "onda explosiva", capaz de uma enorme força destrutiva. A pressão atmosférica ao nível do mar é de 14,7 libras por polegada quadrada (psi).[15] Uma explosão convencional pode produzir uma onda explosiva com pressão atmosférica de 1,4 milhão de psi. Embora os efeitos térmicos dessa explosão causem queimaduras e incêndios, é a onda de choque, que se irradia do ponto de detonação como uma parede sólida de ar comprimido, que pode derrubar um prédio.

O atrativo de uma explosão nuclear para os cientistas do Projeto Manhattan era a possibilidade de uma força destrutiva ainda maior. Um núcleo de plutônio do tamanho de uma bola de tênis tinha o potencial de elevar a temperatura, no ponto de detonação, a dezenas de milhões de graus[16] e aumentar a pressão do ar para muitos milhões de psi.[17]

Mas criar uma explosão assim não era tarefa simples. A diferença entre uma reação química e uma reação nuclear é que, nesta, os átomos não são apenas rearranjados: são divididos. O núcleo de um átomo contém prótons e nêutrons fortemente ligados. A "energia de ligação" dentro do núcleo é muito mais forte do que a energia que liga os átomos uns aos outros. Quando um núcleo se divide, libera parte dessa energia de ligação. Essa divisão é chamada de "fissão", e alguns elementos são mais fissionáveis do que outros, dependendo de seu peso. O elemento mais leve, hidrogênio, tem um próton; o elemento mais pesado encontrado na natureza, urânio, tem 92.

Em 1933, Leó Szilárd percebeu que bombardear certos elementos pesados com nêutrons podia não só provocar sua fissão, mas também iniciar uma reação em cadeia. Nêutrons liberados de um átomo atingiriam o núcleo de um átomo próximo, liberando ainda mais nêutrons. O processo poderia se tornar autossustentável. Se a energia fosse liberada gradualmente, poderia ser usada como fonte de alimentação de geradores elétricos. Mas, se fosse usada de uma só vez, poderia causar uma explosão com temperaturas muitas vezes superiores à da superfície do Sol.

Logo se descobriu que dois elementos eram físseis, ou seja, capazes de sustentar uma rápida reação em cadeia: o urânio-235 e o plutônio-239. Ambos eram difíceis de obter. O plutônio, em grande medida, é um elemento feito pelo homem, criado quando se bombardeia urânio com nêutrons. O urânio-235 existe na natureza, mas em quantidades pequenas. Uma amostra típica de urânio consiste em aproximadamente 0,07% de urânio-235, e para conseguir esse material físsil o Projeto Manhattan construiu uma instalação de processamento em Oak Ridge, Tennessee. Concluída em dois anos, era a maior edificação do mundo.[18] O plutônio para o Projeto Manhattan veio de três reatores em Hanford, Washington.

Uma série de experimentos revelou os tamanhos, formas e densidades ideais para uma reação em cadeia. Quando a massa era pequena demais, os nêutrons produzidos por fissão escapavam. Se fosse grande o suficiente, a massa se tornava crítica, começava uma reação em cadeia, e o número de nêutrons que eram produzidos excedia o de nêutrons que escapavam. E, teoricamente, quando uma massa ainda maior se tornava supercrítica, explodia. Foi essa a suposição em que se baseou o Projeto Manhattan. Para controlar uma arma nuclear, era preciso descobrir como fazer o material físsil se tornar supercrítico — sem estar perto dele.

O primeiro projeto de arma nuclear era uma montagem como a das armas de fogo. Duas porções de material físsil seriam instaladas nos extremos opostos de um grande cano de arma, e então disparadas uma contra a outra. Quando colidissem, essas porções criariam uma massa supercrítica. Alguns dos cálculos mais difíceis envolviam o tempo dessas interações nucleares. Um nanossegundo é um bilionésimo de segundo, e a fissão do átomo de plutônio acontece em dez nanossegundos. Um problema com o design da arma do tipo pistola era sua ineficiência: as duas porções colidiam e iniciavam uma reação em cadeia, mas detonavam antes que a maior parte do material tivesse a chance de fissionar. Outro problema era que o plutônio se revelou inadequado para ser usado em montagens como essa. O plutônio emite nêutrons dispersos e, em consequência, poderia iniciar prematuramente uma reação em cadeia no cano da arma, destruindo-a sem gerar uma explosão em grande escala.

Um segundo projeto prometia vencer esses problemas aumentando a velocidade em que cada porção de plutônio poderia se tornar supercrítica. O novo projeto de arma foi apelidado primeiro de "Introvert".[19] Uma esfera de plutônio seria cercada por explosivos convencionais. A onda de choque causada pela detonação desses explosivos comprimiria a esfera e, quanto mais densa a esfera se tornasse, mais eficientemente prenderia os nêutrons. "Quanto mais nêutrons, mais fissão", explicou mais tarde um manual secreto do governo sobre armas nucleares.[20] "Nós nos interessamos pelos nêutrons!"[21] Implodir uma esfera de plutônio para produzir uma explosão era uma ideia brilhante. Mas era mais fácil falar do que fazer. Se os explosivos convencionais não produzissem uma onda de choque perfeitamente simétrica, o plutônio não implodiria. Explodiria em pedaços.

Muitos dos físicos que trabalharam no Projeto Manhattan — Oppenheimer, Fermi, Teller, Bethe — tornaram-se depois bem conhecidos. No entanto, uma das características cruciais de quase toda arma nuclear construída desde então foi aperfeiçoada por George B. Kistiakowsky, um químico alto e elegante. Nascido na Ucrânia e criado em uma família de acadêmicos, Kistiakowsky lutara contra os bolcheviques na Guerra Civil Russa. Mais tarde se formou pela Universidade de Berlim, emigrou para os Estados Unidos e foi lecionar química, primeiro em Princeton, depois em Harvard. Em meados dos anos 1940 ele era o principal especialista em explosivos dos Estados Unidos. Criar uma onda de choque perfeitamente simétrica requeria não só a combinação correta de explosivos, mas também os tamanhos e as formas certos. Kistiakowsky e sua equipe em Los Alamos moldaram cargas explosivas em lentes tridimensionais, tentando focalizar a onda de choque do modo como a lente de uma câmera focaliza a luz. Toneladas de explosivos foram rotineiramente detonadas nas encostas de Los Alamos em testes de diferentes configurações de lentes. Kistiakowsky considerava as lentes "dispositivos de precisão",[22] e não explosivos brutos. Cada uma pesava entre 32 e 45 quilos. Aproximando-se a data do teste Trinity, ele passava longas horas no laboratório com uma broca de dentista, eliminando as bolhas de ar nas lentes e enchendo os orifícios com explosivo derretido. A menor imperfeição poderia distorcer a trajetória de uma onda de choque. O projeto final foi uma esfera composta de 32 cargas moldadas — doze pentágonos e vinte hexágonos. Parecia uma gigantesca bola de futebol e pesava cerca de duas toneladas.

Mas a forma e a composição das lentes explosivas não importavam se elas não detonassem exatamente ao mesmo tempo. A onda de choque se propagaria pelo dispositivo à velocidade de um milímetro por milionésimo de segundo. Se uma única lente detonasse alguns décimos de milionésimos de segundo antes das demais, despedaçaria o plutônio sem iniciar a reação em cadeia. Cápsulas explosivas e estopim comum eram os detonadores geralmente empregados em explosivos convencionais, porém ambos se revelaram incapazes de disparar 32 cargas ao mesmo tempo. O físico Luis Alvarez e seu assistente, Lawrence Johnston, inventaram um novo tipo para essa tarefa: o detonador *exploding-bridgewire*.*[23] Ele enviava uma corrente de alta voltagem através de um fino fio de prata inserido em um explosivo. A corrente evaporava o fio, criava uma pequena onda de choque e detonava o explosivo. Donald F. Hornig, um dos cientistas mais jovens de Los Alamos, inventou uma engenhoca, a "unidade X", capaz de armazenar 5,6 mil volts em um conjunto de capacitores e depois enviar essa eletricidade instantaneamente a todos os detonadores.

Em teoria, a unidade X e os dispositivos *exploding-bridgewire* detonariam 32 lentes explosivas ao mesmo tempo, criando a onda de choque perfeita e implodindo o núcleo de plutônio. Na realidade, porém, essas novas invenções eram imprevisíveis. Falhas no isolamento com frequência provocavam curto-circuito nos detonadores. Quando isso ocorria, eles não funcionavam. E, uma semana antes do teste Trinity, uma unidade X disparou prematuramente durante uma tempestade de raios. Havia sido acionada pela eletricidade estática no ar. Esse disparo fora de hora sugeriu que uma arma nuclear poderia ser acionada por um raio.

Às 15h18 de 13 de julho de 1945, o núcleo de plutônio foi entregue a uma torre de aço a alguns quilômetros do Rancho McDonald. Erguia-se a cerca de trinta metros no deserto e lembrava uma torre de petróleo com um pequeno galpão no topo. O resto do dispositivo nuclear estava dentro de uma barraca na base da torre, aguardando para ser concluído. No começo, o núcleo não coube em seu interior. Por alguns minutos, ninguém entendeu por quê, mas depois a razão ficou clara. O plutônio estava quente, porém o invólucro em que ele de-

---

* Detonador de precisão de alta simultaneidade. (N. E.)

veria entrar havia sido resfriado pela sombra no interior da barraca. Assim que o invólucro se aqueceu, o núcleo se encaixou com facilidade. Por volta das quatro da tarde, estava ameaçando uma tempestade, e a barraca sacudia violentamente com o vento. O pequeno grupo de cientistas saiu da base da torre e aguardou meia hora na casa do rancho até a tempestade passar. Quando voltaram, Kistiakowsky supervisionou a instalação das últimas lentes explosivas, e ao entardecer o dispositivo foi fechado. Na manhã seguinte, quando ele foi içado lentamente até o alto da torre, havia uma pilha de cinco metros de colchões do Exército bem embaixo, para o caso de o cabo se partir.

O dispositivo nuclear era uma porção de esferas dentro de esferas: primeiro, um invólucro externo de alumínio, em seguida duas camadas de explosivos, depois uma camada fina de boro e plástico para capturar nêutrons que pudessem vir de fora do núcleo, depois mais alumínio, depois um *tamper* [blindagem] de urânio-238 para refletir nêutrons que pudessem escapar de dentro do núcleo, em seguida a esfera de plutônio e, por fim, no centro de tudo, o iniciador de nêutrons, do tamanho de uma bola de golfe, uma mistura de berílio e polônio que inundaria o dispositivo com nêutrons, como um fusível nuclear, quando acontecesse a onda de choque vinda das lentes. Dentro do galpão de metal no alto da torre, os detonadores seriam instalados manualmente, dois para cada lente explosiva, ligados a um par de unidades X. Agora o dispositivo parecia algo saído do laboratório de um cientista maluco: um globo de alumínio de quase dois metros de altura com um par de caixas grandes acopladas, as unidades X, e 32 cabos elétricos grossos que saíam de cada caixa, enrolavam-se em torno da esfera e entravam em orifícios regularmente espaçados na superfície dela.

O teste Trinity estava marcado para as quatro da madrugada de 16 de julho, mas a meteorologia previa mau tempo. Prosseguir no teste poderia ser desastroso. Além da ameaça de raios, ventos fortes e chuva poderiam levar a precipitação radioativa até Amarillo, no Texas, a quase quinhentos quilômetros de distância. Postergar o teste traria outros problemas: o dispositivo poderia ser danificado pela chuva, e o presidente Harry S. Truman estava em Potsdam, Alemanha, preparando-se para se encontrar com Winston Churchill, o primeiro-ministro britânico, e Ióssif Stálin, o secretário-geral do Partido Comunista da União Soviética. A Alemanha nazista fora derrotada pouco tempo antes, e Truman estava prestes a exigir a rendição incondicional dos japoneses. Seria mais fácil apresentar essa exigência estando em posse de uma bomba atômica. O general de divisão Groves argumentou que o teste deveria prosseguir como planejado, e Oppenheimer concordou. Ambos foram ficando cada vez mais nervosos na noite do dia 15, não só por causa do mau tempo, mas também em razão do risco de sabotagem. Por isso, disseram a Donald Hornig para "pajear a bomba".[24]

Às nove da noite, Hornig subiu ao topo da torre de trinta metros, e a chuva começou. Ele levou consigo uma coletânea de ensaios humorísticos, *Desert Island Decameron* [Decamerão na ilha deserta]. Sua leitura foi interrompida por uma violenta tempestade elétrica. No alto da torre, em um frágil galpão de metal, Hornig sentou-se sozinho com o livro, o dispositivo totalmente armado, um telefone e uma única lâmpada pendente de um fio. Tinha 24 anos e pouco antes obtivera o doutorado em química em Harvard. Sendo autor do projeto da unidade X, ele sabia melhor do que ninguém que ela podia ser facilmente acionada por eletricidade estática. Toda vez que via um relâmpago, ele contava os segundos — um, dois, três — até ouvir o trovão. Alguns raios pareciam pavorosamente próximos. À meia-noite tocou o telefone. Disseram a Hornig para descer. Ele o fez, dando graças, debaixo da chuvarada, e foi a última pessoa a ver o dispositivo.

O teste foi adiado para as 5h30, pouco antes do amanhecer. A chuva parou e o céu se desanuviou. A frequência de rádio usada para anunciar a contagem final era semelhante à de uma emissora local. Graças à interferência, no momento da detonação tocava no bunker do controle a *Serenata para cordas*, de Tchaikóvski. Kistiakowsky saiu do bunker para ver a bola de fogo e foi derrubado pela onda de choque. Ele estava a quase dez quilômetros do local onde a torre se encontrava instantes atrás. "É assim que vai ser o fim do mundo", ele pensou, "essa é a última coisa que o último homem verá."[25] Victor Weisskopf, distante dezesseis quilômetros, viu o clarão e sentiu o calor no rosto. Gelou. Por um momento, ele pensou que tinha errado os cálculos e que a atmosfera estava pegando fogo.[26] "Os morros estavam banhados em luz fulgurante",[27] observou Otto Frisch, físico britânico, "como se alguém tivesse acendido o sol com um interruptor." O general de brigada Farrell expressou um misto de medo, assombro e orgulho, junto com uma latente atração inspirada por aquele novo poder:

> Toda a região foi tomada por uma luz áurea muitas vezes mais forte que a do sol do meio-dia. Era dourada, roxa, violeta, cinza e azul. Iluminou cada pico, fenda e

cume da cordilheira próxima com uma claridade e beleza impossíveis de descrever. [...] Era a beleza com que os grandes poetas sonham mas só conseguem descrever mal e impropriamente. Trinta segundos depois, a explosão veio primeiro, a rajada de ar bateu com força nas pessoas e coisas, seguida quase imediatamente pelo estrondo, tremendo, prolongado, assombroso, que avisava sobre o Juízo Final e nos fazia sentir que nós, coisinhas insignificantes, blasfemávamos ao ousar mexer com as forças até então reservadas ao Todo-Poderoso.[28]

Kenneth Bainbridge, o supervisor do teste, virou-se para Oppenheimer e comentou: "Agora somos todos filhos da puta".[29] Dali a minutos, a nuvem em forma de cogumelo subiu por quase treze quilômetros.

A bomba atômica não era mais personagem de ficção científica, e a questão era o que fazer com ela. Em 1º de setembro de 1939, o presidente Franklin D. Roosevelt promulgara uma declaração condenando o "barbarismo desumano" dos ataques aéreos a populações civis.[30] A Alemanha nazista invadira a Polônia naquele dia, e começara a Segunda Guerra Mundial. Os bombardeios aéreos prometiam fazer a guerra de trincheiras do conflito mundial anterior, por muito tempo um símbolo de matança cruel e sem sentido, parecer quase civilizada e pitoresca. Em abril de 1937, a Força Aérea alemã, a Luftwaffe, atacara a cidade espanhola de Guernica, matando centenas de civis.[31] Oito meses depois, os japoneses haviam bombardeado e invadido Nanquim, na China, matando muitos milhares de pessoas.[32] Despontava uma era de "guerra total", e as regras tradicionais da luta armada pareciam ter perdido a importância. O presidente Roosevelt pediu que as potências europeias se contivessem. "O impiedoso bombardeio aéreo de civis em centros populacionais não fortificados horrorizou profundamente a consciência da humanidade", ele declarou.[33]

O apelo de Roosevelt por decência e moralidade não surtiu efeito. Logo a cidade de Varsóvia foi destruída por aviões e artilharia alemães e Londres sofreu ataques aéreos. Os britânicos retaliaram bombardeando Berlim. Novas teorias sobre o poderio aéreo eram aplicadas em uma escala sem precedentes. Em contraste com ataques "táticos", que miravam forças militares do inimigo, o bombardeio "estratégico" se concentrava nos sistemas de transporte e fábricas, a infraestrutura econômica necessária para fazer a guerra. O patrimônio estratégico geralmente se encontrava no coração das cidades.

De início, os britânicos evitaram ataques deliberados a civis alemães. Mas a política da Real Força Aérea (na sigla em inglês, RAF) mudou em meados de 1941. A Luftwaffe atacara a cidade inglesa de Coventry, sede de uma catedral, e a maior parte das bombas da RAF lançadas contra instalações industriais alemãs estava errando o alvo por uma grande margem. O novo alvo da RAF seria agora algo mais intangível do que estações ferroviárias ou fábricas de munição: seria o moral do povo alemão. A esperança era que bombardear bairros residenciais diminuiria a disposição para lutar. "O objetivo imediato, portanto, é duplo", explicou um comunicado da RAF, "causar (1) destruição e (2) o medo de morrer."[34] O Comando de Bombardeios da RAF, dirigido pelo major-brigadeiro Arthur "Bombardeiro" Harris, fez uma série de devastadores ataques noturnos a cidades alemãs. Durante a Operação Gomorra, em julho de 1943, bombas da RAF começaram um incêndio em Hamburgo com ventos que tinham a força de um furacão. Primeira "tempestade de fogo"[35] causada por um bombardeio aéreo, ela matou cerca de 40 mil civis.[36]

Bombardeiros americanos participaram da Operação Gomorra e de ataques subsequentes da RAF a Dresden, nos quais talvez 20 mil civis tenham sido mortos.[37] Mas a Força Aérea do Exército dos Estados Unidos (USAAF) se opôs à política britânica de atacar áreas residenciais, conhecida como *de-housing*, ou seja, desabrigar.[38] Em vez do bombardeio aéreo noturno "de área" da RAF, a doutrina estratégica da USAAF preconizava o bombardeio diurno "de precisão".[39] Baseando-se na mira de bombardeiro Norden,[40] um dispositivo que combinava telescópio, computador mecânico e piloto automático, a USAAF tentou destruir fábricas, portos, bases militares e linhas de comunicação alemãs. O bombardeio de precisão raramente era preciso, e a grande maioria das bombas continuava a errar o alvo. Mesmo assim, tripulações de aviões americanos arriscavam a vida em ataques à luz do dia para não matar civis alemães.

Na guerra do Pacífico aplicou-se um conjunto diferente de regras. Os japoneses eram considerados racialmente inferiores, muitas vezes retratados como macacos ou escória na propaganda americana. Os nipônicos tinham atacado os Estados Unidos sem avisar. Haviam tratado com brutalidade prisioneiros de guerra aliados, usado trabalho escravo e feito ataques suicidas em vez de se render. Haviam forçado 200 mil coreanas a servir como prostitutas em bordéis militares.⁴¹ Tinham matado quase 1 milhão de civis chineses com armas químicas e biológicas.⁴² Aniquilaram milhões de civis na China, Birmânia, Coreia, Cingapura, Malásia, Camboja, Vietnã e Filipinas, crimes de guerra movidos pela crença dos japoneses em sua superioridade racial.⁴³

De início, os Estados Unidos fizeram apenas bombardeios de precisão contra o Japão. Mas uma pesada cobertura de nuvens e ventos de grande altitude dificultavam atingir alvos industriais. Na noite de 9 de março de 1945, a USAAF tentou outra abordagem.⁴⁴ Aviões americanos atacaram Tóquio com 2 mil toneladas de bombas contendo napalm e gasolina gelatinosa.⁴⁵ Embora uma importante área industrial fosse destruída, os verdadeiros alvos eram quarteirões e mais quarteirões de construções japonesas feitas de madeira, papel e bambu. Em algumas horas a tempestade de fogo consumiu um quarto da cidade. Matou cerca de 100 mil civis⁴⁶ e desabrigou cerca de 1 milhão.⁴⁷ Era de fato uma "guerra inclemente",⁴⁸ nas palavras do historiador John W. Dower.

O bombardeio incendiário de Tóquio não foi condenado pelo presidente Roosevelt. Ao contrário, logo foi seguido por ataques iguais a Nagoya, Osaka, Kobe, Kawasaki e Yokohama. Em meados de junho, os Estados Unidos haviam devastado seis importantes cidades industriais do Japão. Aviões americanos passaram então a fazer ataques incendiários contra dezenas de cidades menores. O nível de destruição era bem variado. O fogo destruiu cerca de um quarto de Osaka,⁴⁹ um terço de Kawasaki, mais da metade de Kobe. Toyama, uma cidade na costa do mar do Japão com fábricas químicas e população aproximada de 125 mil pessoas, foi a mais duramente atingida. Depois de um ataque noturno por bombardeiros B-29, estimou-se em 0,5% a parcela de Toyama ainda de pé.⁵⁰

Vendo as cidades japonesas desaparecer nas chamas, Leó Szilárd começou a ter dúvidas a respeito da bomba atômica. Ele havia sido o primeiro a se empenhar por sua criação nos Estados Unidos, mas agora não queria que a usassem contra civis japoneses. Em junho de 1945, Szilárd e um grupo de cientistas da Universidade de Chicago enviaram um comunicado à liderança do Projeto Manhattan pedindo que o poder das armas nucleares fosse demonstrado ao mundo em "uma área desabitada apropriadamente escolhida".⁵¹ Argumentaram que um ataque nuclear contra o Japão mancharia a reputação dos Estados Unidos, tornaria difícil assegurar o controle internacional desse "novo meio de destruição indiscriminada"⁵² e começaria uma perigosa corrida armamentista. Mas a sorte estava lançada. Uma comissão de conselheiros da presidência já havia deliberado: uma demonstração pública da bomba atômica seria arriscada demais, pois a arma poderia não funcionar; o Japão não devia ser alertado sobre um ataque nuclear, pela mesma razão; a bomba devia ser lançada contra uma fábrica de material bélico cercada por habitações de trabalhadores; o objetivo do bombardeio seria "causar profunda impressão psicológica"[53] sobre o maior número possível de trabalhadores.

O alvo ideal da bomba atômica seria uma cidade grande que ainda não tivesse sofrido bombardeios incendiários, para que os efeitos da nova arma pudessem ser confiavelmente avaliados. As quatro primeiras escolhas da Comissão do Alvo, que assessorava o presidente, foram Kyoto, Hiroshima, Yokohama e Kokura. O secretário da Guerra, Henry Stimson, insistiu para que Kyoto fosse tirada da lista, argumentando que a cidade havia desempenhado um papel muito importante na arte, história e cultura do Japão para ser aniquilada. Nagasaki entrou em seu lugar. No dia seguinte ao do teste Trinity, Szilárd e mais de 68 outros cientistas do Projeto Manhattan assinaram uma petição ao presidente. Alertavam que usar a bomba atômica contra o Japão abriria a porta para "uma era de devastação em uma escala inimaginável"[54] e poria as cidades americanas em "contínuo perigo de aniquilação súbita".[55] A petição não chegou ao presidente. Mesmo se chegasse, provavelmente não mudaria sua opinião.

Franklin Roosevelt não havia contado ao seu vice-presidente, Harry Truman, sobre o Projeto Manhattan, nem sobre a inusitada arma que o projeto estava criando. Quando Roosevelt morreu inesperadamente, em 12 de abril de 1945, coube a Truman a ingrata tarefa de substituir em tempo de guerra um líder amado e carismático. Não era provável que o novo presidente revertesse uma política nuclear posta em movimento anos antes, a um custo enorme, porque um grupo de cientistas relativamente desconhecidos agora a considerava má ideia. A decisão de Truman de usar a bomba atômica foi influenciada por muitos fatores,[56] e o desejo de salvar vidas americanas estava entre os mais importantes. Marcou-se a invasão do Japão para 1º de novembro. O ex-presidente Herbert Hoover alertou Truman de que uma invasão como essa custaria entre "500 mil e 1 milhão de vidas americanas".[57] No Departamento de Guerra, muitos calculavam que as baixas americanas chegariam a 500 mil.[58] Durante a recente batalha de Okinawa, o saldo de mortos e feridos fora mais de um terço da força americana que desembarcou[59] — e para uma invasão total do Japão seriam necessários no mínimo 1,8 milhão de americanos.[60] Em uma reunião com os chefes do Estado-Maior Conjunto em junho de 1945, Truman disse que esperava evitar "uma Okinawa de uma ponta a outra do Japão".[61]

Em contraste com a maioria dos presidentes, Truman tinha experiência pessoal em batalhas. Durante a Primeira Guerra Mundial, metade dos homens de sua divisão de infantaria foi morta ou ferida na ofensiva de Meuse-Argonne. Em meio a pilhas de soldados americanos mortos, o sargento de seu pelotão gritava para os sobreviventes: "Agora [...] vocês acreditarão que estão numa guerra".[62] Não agradava a Truman a morte de civis japoneses. Mas, se era para morrer, antes eles do que jovens soldados americanos. Ele decidiu que bombas atômicas seriam lançadas contra o Japão assim que ficassem prontas.

O teste Trinity fora precedido por semanas de cuidadosa preparação, com todo o empenho para controlar o resultado. O dispositivo tinha sido montado sem pressa, pacientemente. A instalação e os explosivos haviam sido verificados muitas vezes. Tinham construído a torre, escolhido o local do teste e organizado cada etapa da contagem regressiva como parte de um complexo experimento científico. Transformar um dispositivo experimental em uma arma usável apresentava uma série de novos desafios. Era preciso encontrar um modo de lançar as bombas atômicas, e as tripulações dos aviões americanos tinham de sobreviver às detonações. Bombardeiros B-29 foram secretamente reequipados para comportar as armas nucleares. E, também em segredo, foram recrutados homens para pilotar aqueles B-29 "Silverplate". Durante os treinos, os pilotos praticavam lançando bombas simuladas e logo em seguida dando uma guinada brusca para escapar da explosão. Preparou-se material físsil suficiente para duas armas nucleares a serem usadas contra os japoneses: um dispositivo do tipo pistola carregado com urânio-235 e um dispositivo de implosão com um núcleo de plutônio. Os mecanismos para armar e detonar as bombas determinariam quando elas explodiriam, se explodiriam e quanto tempo a tripulação do bombardeiro teria para se distanciar o mais possível.

Ambos os projetos se baseavam no mesmo sistema de detonação em três estágios. Quando uma bomba era lançada de uma altitude de aproximadamente 9 mil metros, os fios de armar que a ligavam ao avião eram puxados e arrancados, acionando, dentro da bomba, um conjunto de relógios mecânicos movidos por corda. Passados quinze segundos, os relógios fechavam um comutador elétrico e enviavam energia aos circuitos disparadores. A uma altitude de 2,1 mil metros, um conjunto de interruptores barométricos, detectando a mudança na pressão atmosférica, fechava outro circuito, acionando quatro unidades de radar, apelidadas de "Archies", que apontavam para o solo. Quando as Archies detectavam que a bomba se encontrava a uma altitude de 564 metros, outro comutador se fechava, e o sinal para disparar era enviado. No dispositivo do tipo pistola, esse sinal detonava pequenos invólucros de cordite, um explosivo que não produz fumaça, e disparava um fragmento de urânio contra o outro através do cano. No dispositivo de implosão, o sinal para disparar acionava as unidades X. Ambos os tipos de bomba foram montados para detonar a aproximadamente 550 metros do solo. Era essa, segundo J. Robert Oppenheimer, a altitude "apropriada para a máxima demolição de estruturas leves".[63] Se as bombas tivessem por alvo construções industriais em vez de casas, a altura da explosão aérea teria sido ajustada para menos de 550 metros.

Os mecanismos de armar e detonar foram testados repetidas vezes em uma área militar em Wendover, Utah. No fim de um teste bem-sucedido, a bomba simulada soltava uma lufada de fumaça. Mas nem toda a prática do mundo podia dissipar o medo de que uma bomba atômica viesse a ser detonada por acidente. Oppenheimer estava especialmente preocupado com esse risco. Ele escreveu a um agente de ligação da USAAF em 1944: "Gostaríamos de saber se será possível organizar a decolagem em um local onde os efeitos de uma explosão nuclear não fossem desastrosos para a base e o esquadrão".[64] A bomba de implosão poderia ser detonada inadvertidamente por um incêndio, uma bala que atingisse uma lente explosiva ou um pequeno erro de montagem.

Se um B-29 que transportava um mecanismo de implosão fosse forçado a voltar para a base, a tripulação deveria lançar a bomba em águas rasas de uma altitude baixa, decidiu a Comissão Presidencial do Alvo.[65] O procedimento de emergência para uma bomba do tipo pistola era mais problemático. Era provável que a bomba do tipo pistola detonasse depois de colidir com o oceano. A água é um moderador de nêutrons, e sua presença no interior da bomba iniciaria uma reação em cadeia, independentemente de os dois fragmentos de urânio colidirem ou não um com o outro. Em maio de 1945, a comissão concluiu:

> Não foi encontrada [...] nenhuma área adequada de lançamento que seja suficientemente desprovida de umidade, suficientemente macia para que o projétil com certeza não ceda com o impacto, e suficientemente distante de instalações

americanas de extrema importância, cujo dano por uma explosão nuclear poderia afetar seriamente o esforço de guerra americano.[66]

A melhor recomendação que a comissão podia dar não era nada tranquilizadora para as tripulações dos bombardeiros que atravessariam o oceano Pacífico por milhares de quilômetros: tentem remover as cargas de cordite da bomba durante o voo e se assegurem de que o avião caia em terra firme.[67]

O capitão de mar e guerra William S. Parsons foi escolhido para ser o "comandante e ativador da bomba" no primeiro uso militar de uma arma nuclear.[68] Oficial naval que passara anos pesquisando sobre detonadores de bomba, Parsons chefiava a divisão de material bélico do Projeto Manhattan. Em Los Alamos, supervisionara a criação da bomba do tipo pistola, que deveria ser lançada sobre a cidade de Hiroshima. A bomba, codinome "Little Boy", tinha três metros de comprimento e pesava cerca de 4,5 toneladas. Continha quase todo o urânio processado que existia, quase 64 quilos. A relativa ineficiência de seu design era compensada por sua simplicidade. Embora uma bomba do tipo pistola nunca tivesse sido testada, Oppenheimer assegurou a Parsons que a probabilidade de "um desempenho aquém do ótimo [...] é muito pequena e deve ser desconsiderada".[69]

A bomba foi montada em um galpão climatizado na ilha de Tinian, que servia de base para os B-29 Silverplate do 509º Grupo Composto. Tinian era o maior e mais movimentado campo de aviação do mundo, situado a 2 mil quilômetros a sudeste de Tóquio e construído em alguns meses após a ilha ter sido tomada dos japoneses no ano anterior. As quatro pistas principais tinham 2,4 quilômetros de comprimento. Por insistência do general Groves, o sigilo em torno do Projeto Manhattan era tão rigoroso que nem o oficial da Força Aérea do Exército que comandava Tinian foi informado sobre a bomba atômica ou a missão dos inusitados B-29 ali pousados. Receando que um acidente nuclear pudesse matar milhares de soldados americanos e destruir um campo de aviação crucial para o esforço de guerra, o capitão Parsons decidiu, sem informar Groves, que as etapas finais da montagem de Little Boy só seriam completadas quando o avião que carregasse a bomba já estivesse no ar, a uma distância segura da ilha.

Às três da manhã de 6 de agosto de 1945, Parsons e outro ativador da bomba atômica, Morris Jeppson, deixaram a cabine e subiram ao compartimento da bomba de um B-29 chamado *Enola Gay*, em homenagem à mãe do piloto.[70] O avião estava a 1,5 mil metros de altitude, a mais de 95 quilômetros da costa de

Tinian. Depois de se assegurar de que os três plugues de segurança verdes estavam inseridos na bomba, Parsons desatarraxou a parte posterior de Little Boy enquanto Jeppson segurava uma lanterna e o avião balançava com a turbulência aérea. Ninguém jamais executara esse procedimento em uma arma contendo material físsil, muito menos com ela pendurada em um gancho num escuro compartimento de bomba. Os homens trabalharam ajoelhados em uma estreita plataforma de alumínio que fora instalada no dia anterior. Parsons levou uns vinte minutos para pôr quatro saquinhos de seda de cordite na culatra do cano, religar os fios da escorva e fechar a parte posterior da bomba. Quatro horas e meia depois, Jeppson voltou sozinho ao compartimento da bomba. Agora o avião estava a quase 2,7 mil metros, aproximando-se da costa do Japão, e o compartimento estava bem mais frio. Os plugues verdes de segurança bloqueavam o circuito elétrico entre o sistema de detonação e a cordite. Jeppson substituiu-os pelos plugues vermelhos de armar. Agora Little Boy estava completamente armada, usando energia de suas próprias baterias, e não do avião.

A cidade de Hiroshima se espalhava por meia dúzia de ilhas no delta do rio Ota. Boa parte da população tinha fugido para a zona rural, e restavam na cidade cerca de 300 mil pessoas.[71] O alvo de Little Boy era a ponte Aioi, distante das instalações industriais das outras ilhas. A ponte ficava no centro da cidade, próxima do quartel-general do Segundo Exército, em meio a um distrito residencial e comercial. A bomba foi lançada do *Enola Gay* às 8h16, caiu por cerca de 45 segundos e detonou a uma altitude aproximada de 580 metros.

No ponto zero, diretamente abaixo da explosão aérea, a temperatura talvez tenha chegado a 5,5 mil graus.[72] Todos que estavam na ponte foram incinerados e centenas de incêndios começaram. A rajada de vento arrasou as construções, uma tempestade de fogo engolfou a cidade e uma nuvem em forma de cogumelo subiu por quase dezesseis quilômetros. Do avião, Hiroshima parecia um mar revolto e borbulhante de fumaça preta e fogo.[73] Uma pequena quantidade de material físsil foi responsável pela devastação. Do urânio existente em Little Boy, 98,62% explodiu antes de se tornar supercrítico.[74] Apenas 1,38% de fato sofreu fissão,[75] e a maior parte desse urânio foi transformada em dezenas de elementos mais leves. Aproximadamente 80 mil pessoas foram mortas em Hiroshima[76] e mais de dois terços das construções foram destruídos[77] porque 0,7 grama de urânio-235 se transformou em pura energia.[78] Uma nota de um dólar pesa quase o dobro.[79]

O teste Trinity fora mantido em segredo, e o Departamento de Guerra não dera importância ao clarão no deserto, classificando-o como uma explosão em um depósito de munição. Mas já não havia necessidade de segredo, e a divulgação sobre a nova arma enviaria uma clara mensagem sobre o poder militar dos Estados Unidos não só ao Japão, mas também à União Soviética. Em 6 de agosto, o presidente Truman anunciou que uma bomba atômica, que utilizava "o poder elementar do universo", acabara de destruir Hiroshima.[80] "Estamos agora preparados para obliterar mais rapidamente e por completo cada atividade produtiva que os japoneses possuem na superfície em qualquer cidade",[81] Truman alertou. "Se eles não aceitarem nossas condições, podem esperar uma tempestade de destruição vinda dos ares como nunca se viu neste planeta." Mas o governo japonês ainda assim não concordou com uma rendição incondicional e insistiu para que o imperador permanecesse no trono. No dia seguinte ao da destruição de Hiroshima, o governador da prefeitura local exortou os sobreviventes a buscar "um exacerbado espírito de luta para exterminar os demoníacos americanos".[82]

Nesse meio-tempo, outra bomba atômica, apelidada de "Fat Man", estava sendo montada em uma construção especial em Tinian. O piso do prédio fora revestido com borracha e forrado com fios de cobre para minimizar a probabilidade de que a eletricidade estática causasse alguma fagulha. A bomba era um dispositivo de implosão Mark 3 e sua montagem era mais difícil que a de Little Boy.[83] O capitão Parsons comparou o esforço a "reconstruir um avião em pleno voo".[84] O dia 11 de agosto foi marcado para o lançamento de Fat Man, e o alvo seria a cidade de Kokura. A perspectiva de mau tempo fez a data ser antecipada para o dia 9.

Por volta de meia-noite, na véspera de colocarem a bomba em um Silverplate B-29, um técnico chamado Bernard J. O'Keefe notou algo errado no principal cabo disparador que deveria ligar as Archies à unidade X.[85] O cabo e a unidade X tinham plugues do tipo fêmea. Por alguma razão desconhecida, o cabo fora instalado de trás para a frente. Seriam necessários dois dias para desmontar as camadas de esferas e explosivos, remover o cabo e reinstalá-lo adequadamente. "Eu gelei, depois comecei a suar na sala com ar condicionado",[86] recordou O'Keefe. Ele decidiu improvisar. Com a ajuda de outro técnico, violou uma regra de segurança após outra: manteve a porta aberta para trazer fios de extensão, usou um ferro de soldar para ligar os plugues corretos. Era arriscado fundir solda em uma sala com mais de duas toneladas de explosivos. Os dois homens consertaram o cabo, ligaram os plugues e não contaram a ninguém o que tinham feito.

A tentativa de lançar Fat Man sobre Kokura, onde estava o maior arsenal do Japão, encontrou entraves. Depois de a bomba ter sido posta em um B-29 chamado *Bockscar*, uma das bombas de combustível do avião apresentou falha antes da decolagem. O major Charles W. Sweeney, piloto de 25 anos que comandava sua primeira missão de combate, decidiu prosseguir com seiscentos galões de combustível inacessíveis em um tanque de reserva. Quatro horas depois de deixar Tinian, luzes vermelhas começaram a piscar de repente na caixa de teste do voo, indicando que os detonadores da bomba haviam sido ativados.[87] As luzes vermelhas podiam significar que a bomba estava completamente armada e pronta para explodir. Sweeney pensou em lançá-la no oceano, mas deixou que Philip Barnes, o ativador de bomba assistente, tentasse mexer na caixa de teste de voo. Barnes logo verificou os esquemas, olhou no interior da caixa e descobriu que dois comutadores rotativos haviam sido ajustados na posição errada. A bomba não estava armada, ouviu a tripulação com alívio.

O mau tempo perseguiu o voo, com nuvens escuras e forte turbulência. O *Bockscar* circulou durante quarenta minutos sobre o Japão no local combinado, gastando combustível, à espera de um avião que viria para tirar fotos; ele não apareceu. Sweeney abriu as portas do compartimento da bomba sobre Kokura, mas a cidade estava envolta em fumaça e névoa. Ele tinha ordens categóricas para lançar a bomba visualmente, e não por radar. O *Bockscar* passou quase uma hora sobre Kokura, fez três aproximações com o objetivo de bombardear e não atacou. A cidade foi poupada graças à má visibilidade. Sweeney tinha combustível suficiente para fazer mais uma aproximação de ataque sobre o segundo alvo, Nagasaki; lançou a bomba, receoso de que o avião tivesse de ser abandonado no oceano, e a muito custo conseguiu chegar à base aérea americana em Okinawa.

Fat Man errou o alvo planejado por mais de 1,5 quilômetro. Em vez de ser detonada sobre o distrito comercial central, a bomba explodiu sobre uma área industrial na periferia oeste de Nagasaki. Cerca de um quinto do plutônio sofreu fissão,[88] e a força da explosão foi equivalente a 21 mil toneladas de TNT (21 quilotons).[89] A bomba se revelou mais potente e eficiente do que o dispositivo do tipo pistola usado em Hiroshima, cuja força explosiva ficou entre doze e dezoito quilotons. Mas os danos foram menores em Nagasaki. Uma série de morros protegeu boa parte da cidade contra a onda de choque e não houve tempestade de fogo, apesar dos ventos que atingiram quase mil quilômetros por hora. Morreram em torno de 40 mil pessoas em Nagasaki,[90] no mínimo duas vezes mais foram feridas e mais de um terço das casas foi destruído.[91] O ponto zero foi aproximadamente 150 metros ao sul da Siderúrgica Mitsubishi. Segundo um relato, a fábrica ficou "dobrada e retorcida como geleia".[92] Nas proximidades, a bomba também arrasou a Fábrica de Material Bélico Mitsubishi, onde foram feitos os torpedos disparados contra Pearl Harbor.

A maior parte das vítimas em Hiroshima e Nagasaki sucumbiu a efeitos parecidos com os de bombas incendiárias e convencionais.[93] Cerca de metade delas morreu queimada, e um terço foi morto por escombros. Além disso, surgiram dois novos tipos de vítima. Um deles foram pessoas queimadas por uma exposição ao calor extraordinariamente intenso, porém breve, da detonação das bombas atômicas. A radiação térmica, que se propaga em linhas retas à velocidade da luz, foi forte o suficiente para matar todos os que estavam a menos de dois quilômetros do ponto zero sem a proteção de paredes ou outros objetos capazes de bloquear os raios ultravioleta e infravermelhos. Queimaduras graves podiam ocorrer a três quilômetros de distância.[94] Roupas grossas ofereceram alguma proteção, pois o clarão durou menos de um segundo. Roupas brancas tenderam a refletir a radiação térmica, enquanto as cores escuras absorveram-na. Várias vítimas sofreram queimaduras instantâneas que reproduziram os padrões claros e escuros de seus quimonos.

Os efeitos da radiação ionizante — sobretudo raios gama emitidos no primeiro minuto após a detonação — foram ainda mais perturbadores. Talvez um quinto das mortes em Hiroshima e Nagasaki tenha resultado da "doença da radiação".[95] As pessoas que sobreviveram à explosão e aos incêndios logo se sentiram nauseadas e exaustas. Algumas adoeceram em poucas horas, enquanto outras pareceram estar em saúde perfeita por dias antes de sobrevir o mal-estar. Os raios gama haviam prejudicado a capacidade de replicação das suas células. Os sintomas que precediam a morte eram pavorosos: febre, vômitos, delírios, diarreia com sangue, hemorragia interna, sangramento nos olhos e na boca.

Por décadas, alguns historiadores questionaram a necessidade de usar a bomba.[96] Argumentaram que o Japão já estava derrotado na esfera militar, que o bloqueio dos portos japoneses estrangulara a economia do país, que uma invasão americana não teria sido necessária, que uma campanha de bombardeios convencionais teria, sozinha, forçado a rendição, que a declaração de guerra da União Soviética ao Japão produzira maior impacto do que as bombas atômicas, que a demonstração de uma única bomba atômica já teria produzido um choque suficiente sobre o espírito japonês, que a promessa de que o imperador poderia conservar seu trono teria salvado centenas de milhares de vidas.

Esses argumentos contrafactuais, embora interessantes, nunca poderão ser comprovados. Mas os fatos históricos permanecem. Hiroshima foi destruída em 6 de agosto. Dois dias depois, a União Soviética declarou guerra ao Japão. Nagasaki foi destruída no dia 9, e no dia seguinte o general Korechika Anami, ministro da Guerra, ainda exortava os japoneses a lutar, "mesmo se tivermos que comer capim, mastigar terra e dormir nos campos".[97] No dia 14 de agosto, o imperador Hiroito passou por cima de seus generais e concordou com uma rendição incondicional. "O inimigo pela primeira vez usou bombas cruéis", ele declarou, "e a perda de vidas foi incomensurável."[98]

Perigos potenciais

Por um momento, Powell e Plumb apenas se quedaram estupefatos, olhando para o combustível que jorrava do míssil e para a névoa esbranquiçada que flutuava, subia ao nível 6, ao nível 5, ao nível 4.

Deus do céu, Plumb pensou, temos que cair fora daqui.

Powell chamou o centro de controle pelo rádio. O ar no nível 7 está com algum tipo de substância branca leitosa, ele informou. E foi tudo o que disse.

O capitão Mazzaro disse ao chefe da equipe do PTS, Charles Heineman, que seus homens deviam deixar o silo imediatamente. Heineman ordenou a evacuação e voltou ao compartimento hermético.

Powell fez sinal a Plumb: vamos embora. O míssil agora estava envolto em vapor de combustível, e a nuvem se aproximava da plataforma onde eles se encontravam.

Mazzaro ficou intrigado. Ele se perguntava que substância branca seria aquela. Pensou na manutenção que fora feita no silo no começo do dia. O que poderia ser? Não queria informar o posto de comando na Base Aérea de Little Rock antes de saber melhor o que estava acontecendo. Perguntou a Heineman, sentado ali perto, se ele tinha alguma ideia.

A sirene parou, e o aviso em vermelho VAPOR DE COMBUSTÍVEL NO TUBO DE LANÇAMENTO começou a piscar no console do comandante.

Powell e Plumb saíram do silo e fecharam a porta. Powell queria pegar o elevador e descer, examinar a base do míssil e avaliar o dano. Mas o chefe da equipe ordenou que ele e Plumb saíssem do corredor e entrassem no compartimento hermético, onde se encontrava a equipe de apoio. Roger Hamm e Gregory Lester abriram a porta antiexplosão 9 para eles, deixando-nos entrar, e Lester fechou a porta depressa. Assim que Hamm a fechou, eles tiraram os capacetes do RFHCO. Powell jogou a haste da chave no chão e disse um palavrão.

Mazzaro desligou a sirene. O aviso VAPOR DE COMBUSTÍVEL NO TUBO DE LANÇAMENTO não fazia sentido. Por que ela se acenderia, quando a equipe do PTS estava pressurizando o tanque de oxidante no estágio 2? Ele perguntou quais eram os dados informados pelo detector de vapor MSA em um painel no compartimento hermético. Três mostradores antiquados indicavam os níveis de vapor no silo. Ponteiros nos mostradores se moviam para a direita conforme aumentava a quantidade de vapor. A equipe do PTS informou que o nível de oxidante era dez partes por milhão — e que o nível de vapor de combustível era quarenta partes por milhão, quase no ponto máximo de leitura do mostrador. Uma das duas leituras tinha de estar errada. Não podia haver vapores de combustível e vapores de oxidante no silo ao mesmo tempo; os dois teriam se misturado e causado uma explosão. Mazzaro se perguntou: qual mostrador estará correto? E então o ponteiro do mostrador do vapor de combustível disparou totalmente para a direita, e o MSA não se mexeu mais a partir dali.

A sirene voltou a tocar, e Al Childers olhou para cima. Da primeira vez ele não fizera caso, mas agora percebia que havia alguma coisa errada. Ele estava sentado a uma mesa atrás do console de controle do lançamento, preenchendo papéis que recomendavam seu aluno Miguel Serrano para outro plantão. De repente, o console se acendeu como uma árvore de Natal. Fileiras de luzes de alerta vermelhas estavam piscando. Childers ouviu alguém dizer que havia fogo no poço,[1] levantou-se, pegou uma cópia do *Dash-1* e folheou o manual em busca da checklist para o caso de incêndio; encontrou-a e começou a executar cada etapa. Agora as luzes SPRAY estavam acesas, o que significava que o sistema de combate a incêndio fora acionado automaticamente. Milhares de litros de água jorravam no tubo de lançamento. Childers apertou o botão CONTROLE DE ALERTA NA SUPERFÍCIE, ligando o holofote vermelho lá fora, e entrou em contato com a equipe do PTS na superfície.

Eric Ayala, que usava um traje RFHCO, estava perto do tanque de nitrogênio no estacionamento quando ouviu pelo rádio que Powell e Plumb estavam saindo do silo. Depois ouviu "fogo no poço" e a ordem de Childers para o pessoal na superfície evacuar o local. Ayala e seu parceiro, Richard Willinghurst, pegaram depressa seus RFHCOs. O terceiro membro da equipe, David Aderhold, estava sentado em um caminhão estacionado perto do portal de acesso, monitorando o rádio. O caminhão continha quatro RFHCOs adicionais, cilindros de oxigênio com máscara, recipientes para reabastecê-los de ar e um chuveiro portátil. Depois de ouvir a ordem de evacuar, ele ajudou Ayala e Willinghurst a embalar seus trajes. Todos entraram no caminhão, deixaram uma picape vazia para trás, e Willinghurst dirigiu em direção ao portão. Uma nuvem branca emanava do poço de exaustão do silo, como fumaça saindo de chaminé.

Childers ligou para o posto de comando e avisou que havia um incêndio no silo. Mazzaro já estava ao telefone falando com Little Rock. Holder desceu a escada, notou a comoção e se sentou diante do console do comandante. As luzes de alerta não faziam sentido: VAPOR DE COMBUSTÍVEL NO TUBO DE LANÇAMENTO, VAPOR DE OXIDANTE NO TUBO DE LANÇAMENTO, FOGO NO TUBO DE LANÇAMENTO. Uma delas podia estar certa, mas não as três ao mesmo tempo. Holder decidiu executar as checklists para vazamento de combustível, para vazamento de oxidante e para fogo. Um dos primeiros passos no caso de vazamento de propelente era verificar a unidade de monitoração de pressão do tanque de propelente (na sigla em inglês, PTPMU), cujos dados digitais eram mostrados na parte de cima do console. Ela indicava os níveis de pressão em cada um dos quatro tanques do míssil. Holder apertou os botões da PTPMU e anotou os números em seu diário de serviço. Curiosamente, a pressão no tanque de combustível do estágio 1 parecia baixa.

Eram 18h40, cerca de dez minutos após soar a primeira sirene. Ronald Fuller também estava executando as três checklists. Ele fechou a válvula antiexplosão para lacrar o sistema de ventilação e isolar do ar de fora o centro de controle, e começou a ligar um detector de vapor portátil próximo à porta antiexplosão 8. Isso lhes avisaria se vapores tóxicos penetrassem na sala.

O telefone do portão tocou, Childers atendeu. A equipe do PTS na superfície queria deixar o complexo. Childers abriu o portão para eles, depois voltou à checklist do vapor de combustível. Não entendia por que o exaustor do silo não funcionava. Ele era projetado para eliminar vapores de combustível. Childers pressionou repetidas vezes o botão DEPURAR, mas nada aconteceu. Lembrou-se então de que, se houvesse um incêndio, era melhor que o exaustor não fosse acionado. Ele traria ar fresco para o silo e alimentaria o fogo.

"Meu pessoal pode voltar para o centro de controle?",[2] perguntou Heineman. Childers disse que sim. Achava que seria útil manter Powell, Plumb e os outros no compartimento hermético, monitorando os níveis de vapor no painel. Mas se lembrou de que o MSA se desligava automaticamente toda vez que os aspersores eram acionados, para que a água não fosse sugada para dentro dos sensores de vapor. Parecia que estavam acontecendo coisas demais ao mesmo tempo; era difícil se manter a par de todas elas. Powell e Plumb entraram no centro de controle em trajes RFHCO; Hamm e Lester vestiam traje térmicos. Na corrida para sair do compartimento hermético, os dois tinham deixado seus RFHCOs, lá mesmo, em caixas no chão. A porta antiexplosão 8 foi rapidamente fechada e trancada. Heineman se juntou a seus homens, e o grupo se amontoou perto da porta.

"Só pode ser uma falha",[3] disse Childers, três ou quatro vezes. Havia demasiadas luzes de alerta piscando ao mesmo tempo. Porém, ainda que houvesse falha, os homens precisavam agir como se os perigos fossem reais. Childers perguntou a Serrano se ele alguma vez já traçara um corredor tóxico num mapa.

Serrano respondeu que já tivera uma aula sobre o assunto.

"Então venha cá", Childers disse.[4] "Vai me ver fazendo um."

Com um mapa, um compasso, um lápis de cera e um transferidor, Childers começou a traçar num mapa a trajetória que o combustível, fumaça ou oxidante percorreria até o exterior do silo. A velocidade do vento era quase zero: boa notícia para as casas e fazendas próximas, mas não para os homens dentro do silo. Uma nuvem tóxica ficaria pairando e girando diretamente acima do complexo do míssil.

O capitão Mazzaro continuava falando ao telefone com o posto de comando, onde estava sendo formada uma Equipe para Mísseis em Risco Potencial. Sob a direção do comandante da unidade, os oficiais e soldados na base com mais conhecimentos sobre o Titan II estavam sendo chamados de volta ao serviço: supervisores de manutenção e operações, o chefe da segurança, o chefe dos engenheiros de mísseis, um engenheiro elétrico, um engenheiro bioambiental, uma equipe de combate do míssil reserva, entre outros. A polícia de segurança estava telefonando para as casas e procurando salas de aula para reunir a equipe. E estava sendo formada uma Rede para Mísseis em Risco Potencial: uma conferência por telefone ligando o posto de comando em Little Rock com especialistas no quartel-general do SAC, em Omaha, o Centro de Logística Aérea em Ogden, na Base Aérea de Hill, em Utah, e o quartel-general da Oitava Força Aérea na Base Aérea de Barksdale, Louisiana. Uma das primeiras decisões do posto de comando foi enviar ao complexo de lançamento uma Equipe de Atendimento a Alarme de Míssil. Dois oficiais de segurança em serviço em um complexo de míssil próximo pegaram suas máscaras antigases e correram para Damasco.

Quando instalava o detector de vapor portátil perto da porta antiexplosão, Fuller entreouviu alguém da equipe do PTS comentar alguma coisa a respeito de um soquete de chave derrubado. Perguntou o que acontecera no silo. Depois de ouvir o relato, Fuller disse que precisavam contar ao comandante. Powell admitiu ter derrubado o soquete e desatou a chorar. Descreveu como a ferramenta havia caído, batido no berço do sistema propulsor, falou sobre o combustível que jorrara do míssil como água de uma mangueira. Quando ele parou, foi um silêncio total na sala.

"Merda", pensou Holder.[5]

O capitão Mazzaro ordenou a Powell que pegasse o telefone e relatasse ao posto de comando exatamente o que tinha acontecido. Powell repetiu sua história. Os detalhes eram incríveis, mas plausíveis.

Era muito comum caírem objetos no silo: parafusos, porcas, chaves de fenda, lanternas, todo tipo de ferramenta. Sempre despencavam sem fazer mal algum no W lá no fundo do silo, e era só descer e ir buscar. Podia-se derrubar um soquete mil vezes de uma plataforma no nível 2 sem que ele ricocheteasse do berço do sistema propulsor e batesse no míssil. E mesmo se atingisse o míssil, provavelmente causaria apenas um pequeno amassado e ninguém jamais perceberia.

Meia hora depois do acidente, todos atinaram com o que estavam lidando: um grande vazamento de combustível, talvez um incêndio. O *Dash-1* não tinha uma checklist para esse cenário. Era hora de improvisar, descobrir o que poderiam fazer para salvar o míssil, a ogiva e os dez homens no centro de controle subterrâneo.

Sid King estava jantando na casa de um amigo quando recebeu um telefonema de um técnico da KGFL, a estação de rádio AM em Clinton, Arkansas.[6] Parece que há algum problema no silo do Titan II em Damasco, disse o técnico, um vazamento ou coisa parecida. King era o administrador e coproprietário da KGFL, além de repórter itinerante da emissora. Seu amigo, Tom Phillips, era o representante de vendas da estação. Clinton ficava quase trinta quilômetros ao norte de Damasco, pela Highway 65. E Choctaw, onde Phillips morava, era ainda mais próximo do local do míssil.

"Vamos dar um pulo até lá, ver o que há", King sugeriu. Phillips achou boa ideia. Despediram-se de suas mulheres e entraram na unidade móvel da KGFL, um Omni Dodge que King equipara com transmissor de VHF e uma grande antena. O apelido do subcompacto, "Live Ear" [ouvido ao vivo], estava pintado dos dois lados, junto ao prefixo da emissora.

King tinha 27 anos. Crescera a uma hora de Damasco, na cidade de Providence, cuja população aproximada era de cem pessoas. Seu pai fazia de tudo: lecionava matemática, vendia imóveis, cortava cabelo e dirigia um cinema para sustentar a família e sua pequena propriedade agrícola. King tivera uma infância idílica de cidade pequena, mas também sonhava em um dia trocar o Arkansas rural por Hollywood. Na Universidade Estadual do Arkansas, estudou rádio e TV, incentivado por um tio-avô que havia sido um dos primeiros apresentadores de previsões meteorológicas no Arkansas. No verão, King era o baterista da banda da casa no Dogpatch USA, um parque de diversões nas montanhas Ozarks onde uma das atrações era Li'l Abner e outros personagens criados pelo cartunista Al Capp. A banda da casa tocava durante horas toda noite, principalmente jazz Dixieland, soft rock como "Joy to the World" e composições de musicais, como "Sunrise, Sunset", de *Um violinista no telhado*.

Trabalhar no Dogpatch era muito divertido, e King se empregou lá em tempo integral quando terminou a faculdade. Apaixonou-se por Judi Clark, dançarina de sapateado no parque, e logo os dois se casaram. Com a ajuda de um cunhado, King começou a procurar no Arkansas um bom lugar para abrir uma nova estação de rádio. Decidiram que seria em Clinton. Sede do condado de Van Buren, Clinton ficava no contraforte das montanhas Ozarks, tinha uma população aproximada de 1,6 mil pessoas e seu centro comercial atraía fregueses de toda a região. Em 1977 a KGFL iniciou suas transmissões como uma emissora *sunset* de 250 watts, autorizada a transmitir apenas durante o dia. King queria que sua estação assumisse o papel que um jornal de cidade pequena teria desempenhado uma geração antes. A KGFL iniciava o dia com o hino nacional.

Transmitia música gospel por cerca de meia hora, depois mudava para country e western. Durante a manhã, veiculava programas que atendiam pedidos telefônicos dos ouvintes, como o "Trading Post", um mercado de pulgas radiofônico em que as pessoas compravam e vendiam coisas. À tarde, quando os jovens saíam da escola, a emissora começava a tocar rock'n'roll e assim continuava até sair do ar, ao pôr do sol. A mulher de King abriu uma escola de dança perto da emissora e ensinava jazz, sapateado e balé a crianças. A escola ficava no piso superior de um prédio de dois andares no centro de Clinton.

Sid King e Tom Phillips tinham mais ou menos a mesma idade. Conheceram-se no Dogpatch, onde Phillips fazia o papel de Li'l Abner. E os dois já tinham estado no local do Titan II em Damasco. A KGFL cobrira um acidente que acontecera lá dois anos antes. Por volta das três da manhã de 27 de janeiro de 1978, começou um vazamento em um trailer com oxidante estacionado na área cimentada.[7] O trailer era aquecido, para assegurar que o oxidante permanecesse a mais de cinco graus durante o inverno. Mas o termostato estava quebrado. Em vez de manter o oxidante a cerca de quinze graus, o aquecedor aumentou a temperatura para quase quarenta graus, muito além do ponto de ebulição. Um acúmulo de fumaça marrom-avermelhada de oxidante subiu do trailer e acabou formando uma nuvem de quase um quilômetro de extensão e cem metros de largura.

No centro de controle subterrâneo, os homens não sabiam que o trailer na superfície estava com vazamento de oxidante. O vazamento só foi descoberto cerca de cinco horas mais tarde, pela equipe de missilheiros que chegou ao local de manhã para o plantão. Ainda na estrada, a equipe viu a nuvem de oxidante, deu meia-volta, retornou a Damasco e ligou de um telefone público para o posto de comando. Uma equipe do PTS com trajes RFHCO chegou de helicóptero ao Complexo de Lançamento 374-7. Consertaram o vazamento e baixaram a temperatura do oxidante jogando água fria no trailer por horas. Os moradores vizinhos do míssil não gostaram nada desse incidente. Uma nuvem de oxidante atingiu as fazendas vizinhas: doze bois foram mortos, um agricultor que se levantara cedo para ordenhar vacas adoeceu e a escola primária local foi forçada a mandar seus alunos para casa. O agricultor entrou depois com uma ação judicial de milhões de dólares contra a Força Aérea e as empresas fabricantes do trailer.

Gus Anglin, o xerife do condado de Van Buren, estava com um soldado da força estadual no acostamento da Highway 65, próximo à estrada de acesso ao silo, quando King e Phillips passaram com seu Live Ear.[8] Anglin, um quarentão magro e musculoso, era o tipo do xerife rural que sabia o nome de cada adolescente da cidade, conhecia os pais deles e sabia exatamente qual a ameaça certa para fazer a moçada desacelerar, ir para casa ou parar de fazer o que estava fazendo. Não aconteciam muitos crimes no condado de Van Buren, além de pequenos furtos, algum cultivo de maconha e uma ou outra briga doméstica. Mesmo assim, Anglin vivia atendendo o telefone às três da manhã e saindo de casa para resolver todo tipo de problema inesperado. Ele usava distintivo e se locomovia em uma viatura oficial, mas não andava armado, a menos que a situação exigisse. Ele e alguns agentes tinham de cobrir milhares de quilômetros quadrados do condado, e isso o mantinha longe da mulher e dois filhos por longos períodos. Anglin se sentia na obrigação de atender pessoalmente a todos os chamados, dos menos importantes aos mais urgentes. Esse era o dever do xerife do condado de Van Buren, uma lição que ele aprendera com o sogro, que o antecedera na função e o contratara como agente.

Na manhã do vazamento de 1978, Anglin mandara evacuar de Damasco os moradores que viviam na rota do oxidante. A experiência o deixara frustrado com a Força Aérea. De início, a Força Aérea não sabia o que estava acontecendo, e depois não quis lhe contar. Asseguraram-lhe vezes sem conta que a nuvem marrom-avermelhada não representava nenhuma ameaça grave. Ele e um de seus agentes inalaram uma boa quantidade de oxidante enquanto acompanhavam as pessoas durante a evacuação. Os dois sofreram náuseas. Depois que Anglin teve ânsias e vomitou na estrada, os dois foram levados de helicóptero ao hospital da Base da Força Aérea em Little Rock. Foram informados de que estavam em perfeita saúde e liberados em poucas horas. Mas Anglin sentiu dor de cabeça e mal-estar por semanas. Agora uma coluna que parecia ser fumaça branca subia do mesmo complexo de míssil. Mais uma vez, ninguém da Força Aérea se deu ao trabalho de telefonar para ele.

King cumprimentou o xerife e o soldado da força estadual. Vamos lá ver o que está acontecendo, Anglin sugeriu. Perguntando-se qual seria o problema dessa vez, os quatro seguiram pela estrada de acesso enquanto escurecia. Chegaram à cerca do perímetro e pararam por um segundo. De repente, dois agentes de segurança da Força Aérea apareceram com fuzis M-16 e perguntaram o que eles estavam fazendo ali.

"Sou o xerife do condado", Anglin respondeu.[9] "E parece que vocês estão de novo com um problema. Estamos tentando descobrir o que temos de fazer. Precisamos retirar os moradores?"

"Não, não, temos tudo sob controle", replicou um dos agentes.[10] O posto de comando em Little Rock estava cuidando de tudo.

Anglin e o soldado da força estadual deram meia-volta e começaram a andar em direção à rodovia. O xerife parecia contrariado. King crivou de perguntas os agentes de segurança: qual era exatamente o problema? Aquilo é fumaça? Há incêndio? Um dos agentes estava prestes a responder, mas perguntou a King e Phillips se eles trabalhavam para a delegacia. Quando King disse não, somos da KGFL, o policial foi brusco: "Senhor, caia fora daqui".[11]

Os dois jovens voltaram rindo para o carro. "Nossa, ele não estava muito bem-humorado", disse Phillips.[12] Decidiram ficar lá por algum tempo, no acostamento da rodovia, e ver o que aconteceria. Mas primeiro tinham de mandar uma mensagem para a emissora. Como o transmissor do Omni não tinha potência suficiente para enviar um sinal capaz de transpor o monte próximo, na Highway 65, eles foram até o topo da elevação. King pediu ao técnico da estação que entrasse em contato com a Associated Press e a KATV, a coligada da ABC em Little Rock. Diga a eles que há algum problema no complexo do Titan II em Damasco, King pediu. Em seguida, tornaram a descer o morro, estacionaram perto da estrada de acesso e esperaram.

Childers e Holder se revezavam no console onde normalmente o comandante se sentava. Mazzaro ficava no outro console ou andava de um lado para o outro da sala. Ele era um dos melhores comandantes da equipe de combate de míssil que os dois já tinham visto, mas agora parecia perturbado. Em intervalos de poucos minutos, um deles apertava o botão REINICIAR ESTADO DE ALERTA DE PERIGO. Isso deveria desligar quaisquer luzes de alerta que estivessem com defeito, indicando um problema inexistente. Pouco depois de Powell admitir que deixara cair o soquete, o botão REINICIAR fora apertado, e a luz VAPOR DE OXIDANTE NO TUBO DE LANÇAMENTO se apagara. Isso confirmou o que Childers e Holder já suspeitavam: não havia vazamento de oxidante. Pelo menos um possível perigo podia ser descartado. Eles sabiam que o tanque de combustível do estágio 1 estava vazando e que vapores de combustível estavam preenchendo o silo. Mas havia mesmo fogo?

Holder achava que, quando o tanque fora perfurado, vapores de combustível tinham começado a interagir com painéis de alumínio oxidado no silo. Supunha que não havia um grande incêndio. Era mais provável que fosse alguma combustão sem chama, quente o suficiente para acionar os detectores de fogo. A equipe do PTS na superfície fizera relatos conflitantes sobre a nuvem que estava saindo do orifício de ventilação; a princípio, descrevera-a como fumaça "branca", depois como "verde".[13] Childers achava que se tratava apenas de um vazamento de combustível que, por engano, fora registrado como fogo. Vapores de combustível eram facilmente confundidos com fumaça. Mas ele não conseguia explicar por que os detectores de fogo tinham sido acionados. Eram dispositivos mecânicos contendo um filete metálico que derretia a sessenta graus. Deviam ser confiáveis. Talvez os circuitos de alerta de perigo estivessem com defeito, indicando que os detectores tinham sido acionados quando isso não acontecera. Fosse como fosse, os jatos de água no silo ajudariam. A água diluiria o combustível, tornando-o menos inflamável e explosivo. E, se de fato houvesse um fogo oculto, a água o apagaria.

Logo surgiu uma nova série de problemas. A cada cinco minutos, Holder vinha registrando as pressões do tanque do estágio 1, indicadas pela PTPMU. A pressão ideal para os tanques de combustível e oxidante era 11,5 libras por polegada quadrada (psi). Cerca de meia hora depois do acidente, a pressão do combustível caíra para 5,5, enquanto a do oxidante subira para 18,6. A combinação de água e combustível no silo gerava calor, elevando a pressão no tanque de oxidante. Se a pressão aumentasse demais, o tanque se romperia, o oxidante escaparia em enormes quantidades, misturando-se ao combustível no silo e causando uma explosão.

Nesse meio-tempo, o vazamento estava reduzindo a pressão no tanque de combustível do estágio 1. O pequeno furo permitia que o combustível saísse do tanque, mas não que o ar entrasse. O tanque de combustível do estágio 1 ficava na base do míssil e sustentava boa parte de seu peso. O revestimento de alumínio do Titan II tinha uma espessura equivalente à de uma moeda pequena. Mais ou menos como um carro é sustentado pelo ar de seus pneus, e não pela borracha, o gigantesco míssil era mantido em pé pelas 39 toneladas de combustível em seu tanque do estágio 1. Esse tanque nunca deveria ficar vazio quando os demais estivessem cheios — a menos que o míssil estivesse voando a centenas de quilômetros do solo. Se o tanque de combustível da base desmoronasse, o tanque de oxidante acima dele despencaria e se romperia. Os dois propelentes então se misturariam, e o míssil explodiria.

Os níveis de pressão em ambos os tanques do estágio 1 agora seguiam direções opostas: um aumentava devido ao calor; o outro caía por causa do vazamento. O tanque de oxidante provavelmente se romperia quando sua pressão aumentasse para 25 ou trinta psi. E o tanque de combustível provavelmente ruiria quando sua pressão caísse para dois psi negativos ou três psi negativos.

Às 7h30, mais ou menos uma hora depois do acidente, a pressão no tanque de combustível estava em 2,6, e no tanque de oxidante em 18,8.

Holder sugeriu que interrompessem o fornecimento de energia ao míssil. O soquete talvez tivesse atingido um painel elétrico e começado um incêndio. Mas, mesmo que isso não tivesse acontecido, a energia no interior do silo poderia gerar uma fagulha que acabasse inflamando o vapor de combustível. Ainda que a sugestão parecesse uma tentativa inútil, Holder achava que pelo menos era algo que eles poderiam fazer em vez de apenas ficar ali sentados. Prepararam então uma checklist com a ajuda da Equipe para Mísseis em Risco Potencial. Todos concordaram que o disjuntor 13, que fornecia energia à PTPMU, devia ser mantido aberto, para que eles pudessem ler os registros da pressão no tanque.

Quando Holder estava lendo a primeira linha da checklist e se preparando para desligar os disjuntores, uma luz no console do comandante indicou que as aspersões tinham cessado. O tanque de água "hard" no silo estava vazio. Deveria ter sido reabastecido automaticamente pelo tanque de água "soft" da superfície. Mas o regulador com defeito no tanque de água "hard", que Holder e Fuller haviam notado durante a inspeção da manhã, levara alguém, meses ou até anos antes, a fechar o cano que ligava os dois tanques. Quase 380 mil litros de água haviam sido aspergidos no silo, e outros 380 mil ainda estavam na superfície. Só que os homens não tinham como obter essa água adicional. O indicador dizia que a bomba no silo continuava bombeando, mas não saía água nenhuma. Childers tentou desligar a bomba, receando que seu motor elétrico produzisse alguma fagulha. Apertou o botão repetidamente, mas a bomba não parou.

Um pouco depois das oito, acendeu-se a luz vermelha TEMPERATURA ELEVADA NO TUBO DE LANÇAMENTO. A temperatura chegara a 27 graus no silo e, sem as aspersões de água fria, continuaria a subir. A pressão no tanque de combustível caíra para 0,4 psi. A pressão no tanque de oxidante estava em 19,5 e aumentava com rapidez.

O capitão Mazzaro pediu permissão para evacuar o centro de controle. A permissão foi negada.

A Equipe de Mísseis em Risco Potencial de Little Rock propôs um plano. Os RFHCOs que Powell e Plumb haviam usado ainda continham uns quarenta minutos de ar. Os trajes no compartimento hermético não tinham sido usados. Durariam no mínimo uma hora. Segundo o plano de Little Rock, a equipe do PTS pegaria os RFHCOs no compartimento hermético e, depois de vesti-los, verificaria o detector MSA e informaria os níveis de vapor na área de equipamentos do silo. Se os níveis estivessem suficientemente baixos, os homens seguiriam para a área de equipamentos e ligariam a ventoinha do depurador. Isso talvez removesse do silo parte dos vapores de combustível.

Valia a pena tentar. Fuller, Lester e Powell se postaram ao lado da porta antiexplosão 8. Powell mantinha a mão no botão. Destrancou a porta, e Lester abriu-a devagar. O compartimento hermético estava cheio de névoa branca com cheiro de combustível e fumaça. Lester fechou depressa a porta e Powell a trancou.

Os RFHCOs do compartimento hermético agora estavam inutilizados, contaminados, e o centro de controle não tinha trajes suficientes para a tarefa. Pelas regras de segurança, no mínimo duas pessoas usando RFHCO deviam permanecer como apoio sempre que uma equipe fosse para a Categoria I. A equipe do PTS na superfície tinha quatro RFHCOs no caminhão, mas ninguém conseguia falar com ela pelo rádio.

Eram 8h20. A pressão no tanque de combustível estava em 0,4 psi negativo. Pelo menos era o que dizia o medidor. A PTPMU não tinha sido calibrada para valores negativos, portanto a pressão real podia ser até menor. No tanque de oxidante, a pressão subira para 23,4.

O chefe da equipe do PTS, Heineman, perguntou se podiam evacuar o local.

Childers e Holder acabaram de desligar a energia do míssil e, por ordem do posto de comando, desligaram também o ar-condicionado do silo. Apesar de resfriar o silo, ele também poderia produzir uma fagulha e causar um incêndio. Childers não queria a evacuação, Holders tampouco. Eles queriam permanecer ali. Eram bons amigos, conversaram discretamente sobre o assunto e combinaram o que deveria ser feito. As mulheres de Mazzaro e Fuller estavam grávidas; a de Mazzaro teria o bebê a qualquer momento. "Temos que deixar o resto do pessoal ir embora", decidiram Childers e Holder. "Vamos ficar aqui para resolver isso." Ofereceram-se para permanecer no centro de controle. Era importante que alguém ficasse lá. Os dois poderiam monitorar a PTPMU, ficar de olho nas luzes de advertência ou até manter aberta a porta do silo. Eles tinham certeza de que as portas antiexplosão aguentariam. "Se o míssil explodir, acho que ficaremos a salvo", disse Holder.[14]

A força de uma onda explosiva é medida pela sobrepressão que ela produz: o valor da pressão atmosférica que excede a existente ao nível do mar, medida em libras por polegada quadrada. Uma sobrepressão de 0,5 psi despedaça vidraças. Uma sobrepressão de dois psi destrói casas de madeira, e uma sobrepressão de oito psi derruba paredes de tijolo. A porta do silo do Titan II era projetada para suportar uma detonação nuclear com sobrepressão de trezentos psi.[15] As portas antiexplosão no subsolo eram ainda mais fortes. Deviam proteger os homens não só de uma detonação nuclear do lado de fora, mas também de uma explosão do míssil dentro do silo. Teoricamente, as enormes portas dos dois lados do compartimento hermético suportariam uma sobrepressão de 1130 psi.[16]

Às 8h30, cerca de duas horas depois do acidente, o comandante da ala ordenou a evacuação total do complexo. A pressão no tanque de combustível do estágio 1 caíra para 0,7 psi negativo. Não era possível garantir a segurança dos homens. O míssil podia explodir a qualquer momento.

Enquanto Mazzaro e Childers guardavam documentos altamente secretos no cofre instalado no piso, Holder e Fuller puseram máscaras antigases e desceram ao nível 3 do centro de controle para abrir o alçapão da saída de emergência. Não era fácil. O alçapão consistia em uma cúpula de metal ligada à parede por parafusos grossos. Os homens se revezaram para desaparafusá-los com uma grande chave catraca. O alçapão se abria um pouco a cada giro da ferramenta. Holder tirou a máscara antigases. Estava sem fôlego e achava que a máscara não era necessária — ainda. Algumas vezes, durante inspeções, ele abrira a saída de emergência. Mas nunca estivera no túnel estreito de três metros que havia além dela. O túnel desembocava em uma escada de aço, embutida na parede de concreto de um duto de ar que subia por uns quinze metros até a superfície.

Childers não conseguia fechar a porta do cofre. Havia documentos demais lá dentro. O posto de comando disse para ele não se preocupar e deixar a porta aberta. Mas Childers não gostava dessa ideia. Embora as chaves de lançamento e os "cookies" estivessem a salvo, trancados em outro cofre, as checklists da ordem emergencial de guerra estavam no meio daqueles documentos. Quem se apoderasse deles aprenderia um bocado sobre como dar e como anular uma ordem de lançamento. Mas logo essa questão deixou de fazer sentido: o cofre não fechava, a equipe tinha de evacuar o local e provavelmente ninguém entraria tão cedo naquele centro de controle.

Assim que o alçapão da saída foi aberto, a equipe do PTS desceu ao nível 3 usando máscaras antigases. Os membros da equipe de combate do míssil pegaram seus revólveres e os puseram no coldre. Antes de deixar o centro de controle, tiraram o telefone do gancho, para que os oficiais em Little Rock que estivessem na linha pudessem ouvir toques de sirenes, alarmes ou detectores de vapor portáteis. E ajustaram o gerador a diesel para o modo manual. Assim ele não se ligaria automaticamente se a energia de todo o complexo fosse depois interrompida, uma opção a ser considerada. Motores e bombas nas áreas de equipamento do silo continuavam funcionando, pois os disjuntores que os desligavam ficavam dentro do silo. O ideal seria que os homens não deixassem funcionando coisa alguma que pudesse provocar fagulhas. Mas tinham feito o melhor possível. Puseram as máscaras antigases e desceram a escada correndo.

Fuller entrou primeiro pela escotilha, levando uma lanterna. Engatinhou pelo corredor negro e estreito em direção ao duto de ar. A equipe do PTS e Serrano foram em seguida. Childers lhes disse para tomar conta do aluno em treinamento.

"Ponham-no no meio de vocês", Childers disse, "pois não quero que ele se machuque."[17]

Holder foi em seguida. Opusera-se veementemente à evacuação do lugar, mas, agora que chegara a hora de ir, ele mal podia esperar para cair fora. Lá em cima, no centro de controle, o alarme contra invasores disparou. Fuller devia ter chegado à superfície e aberto o portão, interrompendo os feixes do radar direcionados para o duto de ar. A unidade "tipsie" havia detectado o movimento e ativado o alarme, como se houvesse alguém tentando entrar no centro de controle, e não sair dele.

Childers passou pelo alçapão, e o capitão Mazzaro ficou por último. O túnel era úmido e escuro, como um cano de esgoto. E era preciso rastejar por uma poça de água oxidada até o duto de ar. Childers estava apavorado. Os degraus da escada ficavam no outro extremo do duto, o qual era preciso atravessar para chegar lá, e a escuridão era inacreditável. Childers, arfando dentro da máscara antigases enquanto subia, não enxergava os degraus. Levantava uma mão e tateava acima da cabeça à procura de cada degrau, ansioso para se mover o mais rápido possível, temendo escorregar e cair no fundo do duto. O centro de controle parecia seguro; agora eles estavam realmente vulneráveis e desprotegidos. No alto da escada, Holder e Fuller o puxaram para fora do duto de ar e o puseram no cascalho. Os três esperaram por Mazzaro, tiraram-no do duto e saíram correndo.

O vento parecia soprar para leste, levando a nuvem branca que saía dos respiradouros em direção ao portão de entrada. Por isso, os homens seguiram para oeste. A equipe do PTS já tinha achado por onde escapar pela cerca, tirado os pinos de remoção rápida e aberto o caminho. Mazzaro, Childers, Fuller e Holder seguiram-nos pela abertura da cerca, tentando contornar o local no escuro e chegar ao portão da frente sem passar pela nuvem. As máscaras protegeriam os pulmões, mas a pele poderia absorver em pouco tempo o vapor do combustível. Os homens conseguiram contornar três quartos da cerca antes que o vento mudasse de direção e soprasse a névoa direto contra eles. "Não acredito!", pensou Holder, louco por estar a quilômetros daquele lugar.[18]

Quando o sargento Thomas A. Brocksmith chegou à estrada que dava acesso ao complexo, viu que já havia agentes da lei e repórteres por lá. Apresentou-se ao xerife do condado de Van Buren. Brocksmith era o supervisor de campo do míssil, responsável pela segurança que a Força Aérea devia proporcionar ao local. O xerife perguntou-lhe o que estava acontecendo. "A única informação que temos", respondeu Brocksmith, "é que há um possível perigo no complexo, mas por enquanto não há necessidade de evacuação." Uns vinte minutos depois, o posto de comando ordenou a Brocksmith que fosse de carro até o complexo. Ele pôs a máscara antigases, foi com sua picape pela estrada de acesso e então pôde ver que alguma coisa estava muito errada. Fumaça cinza se enovelava por quinze metros no ar e era soprada em direção ao portão de entrada. Ele estacionou a picape na zona isolada ao redor da cerca. O complexo estava vazio, silencioso, sossegado. Olhou em volta à procura de alguma coisa extraordinária. Além da fumaça, nada parecia diferente no complexo. Então alguém bateu com força na porta do passageiro da picape e gritou: "Saia daqui, saia daqui".[19] O barulho sobressaltou Brocksmith, que olhou para a porta e viu dez homens no escuro, com uniformes da Força Aérea e máscaras antigases. Conseguiram se amontoar todos na picape, e ele dirigiu o mais depressa que pôde para longe dali.

No centro de controle abandonado, as luzes de perigo piscavam, o alarme anti-invasores soava, o alçapão de fuga jazia escancarado, e a água pingava lentamente do túnel sobre o piso de concreto.

PARTE DOIS

MAQUINARIA DE CONTROLE

As melhores, as maiores e as mais numerosas

O sonho da paz mundial de Hamilton Holt parecia que finalmente poderia ser alcançado.[1] Suas décadas de campanha em um grupo cívico atrás do outro haviam tentado pôr fim ao perpétuo conflito entre países, raças e religiões. Formado em Yale, de família rica, Holt trabalhara com Andrew Carnegie na New York Peace Society antes da Primeira Guerra Mundial. Mais tarde, trabalhara para a American Peace Society, World Peace Foundation, League to Enforce Peace, Liga das Nações, Conciliation Internationale e American Society of International Law. Foi também um dos fundadores da National Association for the Advancement of Colored People. Editou um jornal reformista, concorreu ao Senado americano em 1924 perdendo por grande margem, presidiu o Rollins College no ano seguinte e lá criou um sistema educacional singular. Não havia aulas, e quem contratava o corpo docente eram os próprios alunos. A vida universitária não encerrou seu trabalho em prol do desarmamento. Nos anos 1930, Holt erigiu um monumento à paz no campus do Rollins em Winter Park, Flórida. O monumento era um projétil de artilharia alemão da Primeira Guerra Mundial em cima de um pedestal de mármore. A inscrição começava assim: PARE, PASSANTE, E BAIXE A CABEÇA DE VERGONHA.[2]

Na primavera de 1946, Holt sediou no Rollins uma conferência sobre um governo mundial. Na época, muitos consideravam essencial essa ideia, descartada fazia muito tempo como inviável e ingênua. Boa parte da Europa, Rússia, China e Japão estava em ruínas. Cerca de 50 milhões de pessoas tinham sido mortas na recente guerra.[3] Os Estados Unidos haviam sido poupados da destruição de suas cidades e, no começo, a assombrosa notícia da bomba atômica trouxera um alívio com a rápida derrota do Japão, além de orgulho pelo know-how americano. Mas logo o povo começou a se dar conta das implicações. O marechal do ar Henry H. "Hap" Arnold, comandante das Forças Aéreas do Exército dos Estados Unidos, alertou o público de que, no futuro, armas nucleares "mais destrutivas que o pior pesadelo imaginável"[4] poderiam ser instaladas em mísseis, guiadas por radar e direcionadas a cidades americanas. Um ataque assim, uma vez iniciado, não poderia ser interrompido. Apesar de emergir do conflito com poder econômico e militar sem precedentes, os Estados Unidos de súbito se sentiam mais vulneráveis do que em qualquer outro período de sua história. "Raramente ou nunca uma guerra terminou deixando os vitoriosos com tamanha sensação de incerteza e medo",[5] comentou o correspondente da CBS Edward R. Murrow, "com tamanha sensação de que o futuro é obscuro e a sobrevivência não está assegurada."

Hamilton Holt estivera na Conferência de San Francisco, que criara as Nações Unidas, apenas algumas semanas antes do bombardeio de Hiroshima e Nagasaki. Mas as Nações Unidas não eram um governo mundial de verdade, Holt pensou. Eram só mais uma liga de Estados soberanos condenada ao fracasso. Os homens que estiveram na conferência no Rollins College pensavam do mesmo modo, e não eram nenhum bando de radicais fanáticos. Entre os que assinaram o "Apelo aos Povos do Mundo", redigido por Holt, estavam o presidente da Standard Oil Company de Ohio, o presidente da Associação Nacional dos Industriais, três senadores americanos, um juiz da Suprema Corte dos Estados Unidos, um deputado e Albert Einstein. O apelo era para que a Assembleia Geral das Nações Unidas fosse transformada no Poder Legislativo de um governo mundial.[6] A Assembleia Geral teria jurisdição para proibir armas de destruição em massa, fazer inspeções à procura dessas armas e usar a força militar para impor a lei internacional. Concluía o apelo: "Acreditamos que esses são os requisitos mínimos de um governo mundial capaz de evitar outra guerra na era atômica".[7]

Semanas depois da conferência no Rollins, uma coletânea de ensaios que exigiam o controle internacional da bomba atômica foi para a lista dos mais vendidos do *New York Times*. Seu título era *Um mundo ou nenhum*. E, alguns meses depois, uma pesquisa de opinião constatou que 54% do povo americano queria que as Nações Unidas se tornassem "um governo mundial com poder para controlar as Forças Armadas de todos os países, incluindo a dos Estados Unidos".[8]

Até uma considerável parcela dos militares americanos achava que a bomba atômica deveria ser proibida ou submetida a alguma forma de injunção internacional. O marechal do ar Arnold foi um dos colaboradores da coletânea *Um mundo ou nenhum*. Ele tinha sido um dos principais defensores do poderio aéreo estratégico e supervisionara o bombardeio dos Estados Unidos à Alemanha e ao Japão. Toda essa tensão tivera um preço alto. Arnold sofreu quatro ataques cardíacos durante a guerra, e o ensaio que publicara em *Um mundo ou nenhum* foi seu último pronunciamento público antes da aposentadoria. O atrativo das armas nucleares era simplesmente uma questão econômica, ele escreveu. Elas haviam baixado "o custo da destruição",[9] que se tornara "barata e fácil demais".[10] Um ataque aéreo que antes requeria quinhentos bombardeiros agora só precisava de um. As bombas atômicas eram baratíssimas em comparação com o preço de reconstruir cidades. A única defesa concebível contra armas assim era uma estratégia de dissuasão: a ameaça de usá-las prontamente como retaliação contra um inimigo. Arnold concluiu: "Uma proteção muito melhor seria criar controles e salvaguardas fortes o suficiente para impedir seu uso indiscriminado".[11]

O tenente-brigadeiro Carl A. Spaatz, que substituiu Arnold no comando das Forças Aéreas do Exército, defendia veementemente o governo mundial. O tenente-brigadeiro George C. Kenney, chefe do recém-criado Comando Aéreo Estratégico, passava boa parte do tempo trabalhando na delegação militar das Nações Unidas. O general de divisão Leslie Groves, diretor militar do Projeto Manhattan, ferrenho anticomunista e antissoviético, dizia que a própria existência da bomba atômica "deveria tornar a guerra impensável".[12] Ele defendia o controle internacional das armas nucleares e duras punições para os países que tentassem produzi-las. Sem um sistema como esse, via apenas uma saída para os Estados Unidos. "Se for para existirem bombas atômicas no mundo", Groves argumentou, "temos que ter as melhores, as maiores e as mais numerosas."[13]

Em uma reunião de gabinete em 21 de setembro de 1945, membros do governo Truman havia debatido o que fazer com aquela nova arma poderosa. A questão do controle trazia ainda outra complicação: os segredos da bomba atômica deviam ser dados à União Soviética? Os soviéticos eram um aliado de guerra, tinham perdido mais de 20 milhões de pessoas lutando contra os nazistas e agora possuíam as Forças Armadas mais poderosas que as de qualquer outro país, com exceção dos Estados Unidos. O Canadá e a Grã-Bretanha haviam sido convidados a participar do Projeto Manhattan, enquanto os soviéticos nem sequer haviam sido informados da existência do projeto. Em comunicado ao presidente Truman, Henry Stimson, o secretário da Guerra, prestes a deixar o cargo, declarou-se preocupado com a possibilidade de que, se os soviéticos fossem excluídos do clube nuclear, haveria "uma corrida armamentista secreta de natureza extremamente perigosa".[14] Ele propôs tratarem direto com a União Soviética, sem passar por nenhum fórum internacional, e compartilhar as informações técnicas sobre a bomba, como um primeiro passo no processo de proibi--la. Do contrário, provavelmente os soviéticos procurariam produzir suas próprias armas nucleares. Stimson achava que uma parceria entre Estados Unidos e União Soviética poderia assegurar uma paz duradoura. "O único modo de tornar um homem confiável é confiar nele",[15] Stimson disse ao presidente.

O secretário da Marinha, James Forrestal, opôs-se energicamente à proposta de Stimson. "Já tentamos isso com Hitler", contrapôs Forrestal.[16] "Política de apaziguamento não traz retorno." A reunião terminou com o gabinete dividido entre partilhar ou não os segredos atômicos com a União Soviética. Algumas semanas depois, George F. Kennan, um dos especialistas em União Soviética do Departamento de Estado, deu sua opinião em um telegrama enviado de Moscou, onde ele servia como embaixador dos Estados Unidos. "Não há nada — repito, nada — na história do regime soviético que justifique supormos que os homens hoje no poder na Rússia, ou mesmo aqueles que têm chances de assumir o poder em um futuro previsível, hesitariam por um momento em usar esse poder [atômico] contra nós se achassem que, com isso, poderiam melhorar de forma substancial sua própria posição no mundo", escreveu Kennan.[17] Na ausência de garantias formais ou controles rigorosos, seria "imensamente perigoso"[18] entregar aos soviéticos quaisquer informações técnicas sobre como fazer uma bomba atômica. O presidente Truman chegou à mesma conclusão, e a questão logo foi posta de lado.

Os Estados Unidos tinham boas razões para desconfiar da União Soviética. Em 1939, o pacto de não agressão dos soviéticos com os alemães foi seguido pelas invasões nazistas da Polônia, Bélgica e França. Dois anos depois, o pacto de neutralidade dos soviéticos com os japoneses foi seguido pelo ataque do Japão a Pearl Harbor. Durante a guerra a União Soviética desferira ataques de surpresa contra a Finlândia, os estados bálticos e a Polônia e executara dezenas de milhares de cidadãos desses países.[19] Depois de encorajarem diplomatas japoneses a acreditar que a União Soviética estava tentando mediar um acordo de paz com os Estados Unidos, os soviéticos atacaram e ocuparam a Manchúria, causando a morte de talvez 300 mil soldados e civis japoneses.[20] A ideologia da União Soviética visava derrubar governos capitalistas como o dos Estados Unidos. E o líder soviético, Ióssif Stálin, além de ser paranoico e megalomaníaco, já matara quase tantos russos quanto os próprios nazistas tinham liquidado.[21]

Por sua vez, os soviéticos também tinham razões para desconfiar dos Estados Unidos. Os americanos haviam interferido na Guerra Civil Russa, enviando soldados americanos para combater o Exército Vermelho até 1920. Haviam negado o reconhecimento diplomático à União Soviética até 1933. Tinham sofrido muito menos baixas lutando contra os nazistas na Segunda Guerra Mundial e no entanto queriam um papel igual na administração da Alemanha ocupada. O governo americano tinha uma longa história de oposição a quase todas as formas de socialismo e comunismo. Em posse de armas nucleares, os Estados Unidos agora eram o maior impedimento à influência soviética na Europa, Ásia e Oriente Médio.

O presidente Truman decidiu que era preciso adotar uma política interna para a energia atômica antes de procurar resolver a questão do controle internacional. O Departamento de Guerra defendia o projeto de lei May-Johnson, que daria às Forças Armadas um papel de destaque em questões atômicas. O projeto de lei também tinha apoio de J. Robert Oppenheimer, que desde o fim da guerra era uma celebridade, conhecido como "o pai da bomba atômica". No entanto, a maioria dos cientistas jovens que haviam trabalhado no Projeto Manhattan se opunha veementemente à legislação. Fazia anos que eles se ressentiam do sigilo rigoroso e compartimentalizado imposto pelo general Groves. Poucos dos cientistas do Projeto Manhattan tinham sido autorizados a saber como a bomba atômica seria usada. Agora muitos lamentavam a destruição de Hiroshima e Nagasaki. Consideravam-se bem mais qualificados do que qualquer um no Exército para tomar decisões ligadas à energia atômica, e alertavam que a aprovação do projeto de lei May-Johnson poderia transformar os Estados

Unidos em um país fechado e totalitário. Alguns ainda tinham uma visão idealizada da União Soviética e achavam que o projeto de lei do Departamento de Guerra poria em risco a paz mundial. No cerne desse debate estavam noções bem díspares sobre quem devia controlar a bomba atômica: civis ou militares.

Físicos que representavam grupos como a Federação dos Cientistas Americanos e a Associação dos Cientistas de Los Alamos viajaram para Washington, prestaram depoimento ao Congresso, escreveram editoriais, fizeram discursos arrebatados e criticaram publicamente o general Groves. Um ambicioso senador por Connecticut, Brien McMahon, em seu primeiro mandato, logo abraçou a causa e asseverou que a bomba atômica era importante demais para ser deixada nas mãos de uma "oligarquia militarista".[22] Preocupava-o sobretudo o fato de o general Groves não querer contar a ninguém do Congresso quantas bombas atômicas os Estados Unidos possuíam nem onde elas estavam armazenadas. Ainda por cima, Groves se recusava a partilhar essas informações com membros do Gabinete, com os chefes do Estado-Maior Conjunto e até com o secretário da Guerra. O presidente Truman apoiou a exigência do Exército de que os detalhes sobre o arsenal de armas nucleares permanecessem ultrassecretos, pelo bem da segurança nacional. Mas ficou do lado dos jovens cientistas na questão do controle civil e apoiou o projeto de lei apresentado pelo senador McMahon.

O projeto de lei de McMahon, a Lei de Energia Atômica de 1946, foi aprovado pelo Congresso com algumas emendas e transformado em lei pelo presidente. Criava uma Comissão de Energia Atômica (na sigla em inglês, AEC), dirigida por civis, e uma Comissão Conjunta de Energia Atômica, que se encarregava da supervisão pelo Congresso. Membros das Forças Armadas poderiam servir em uma comissão de articulação que daria assessoria à AEC, mas não poderiam determinar as políticas do órgão.

O presidente seria a única autoridade a decidir quantas bombas atômicas os Estados Unidos deveriam possuir, quando elas deveriam ser entregues aos militares e se deveriam ser usadas contra um inimigo.[23] Agora uma pessoa tinha o poder de dar fim à vida de milhões com um só comando. Todos os laboratórios, reatores, usinas de processamento, material físsil e partes de bombas atômicas pertencentes ao Projeto Manhattan foram transferidos para a AEC. O controle civil da bomba atômica passou a ser um princípio americano solidamente estabelecido em lei — mas isso não impediu que os militares, quase na mesma hora, procurassem solapá-lo.

* * *

"Estamos aqui para fazer uma escolha entre os vivos e os mortos", disse Bernard Baruch a uma assembleia de delegados das Nações Unidas em 14 de junho de 1946, no ginásio do Hunter College, no Bronx.[24] "Temos de escolher entre a Paz Mundial e a Destruição Mundial." Baruch, um elegante septuagenário de cabelos grisalhos, era um financista que o presidente Truman incumbira de apresentar uma proposta para o controle internacional da bomba atômica. O "plano Baruch" propunha a criação de uma agência filiada às Nações Unidas para executar ou controlar "todas as atividades relacionadas à energia atômica potencialmente perigosas para a segurança mundial".[25] A agência teria o poder de inspecionar instalações nucleares no mundo todo, para que qualquer tentativa de produzir armas nucleares pudesse ser descoberta e punida com severidade. O novo sistema de controle internacional seria imposto em etapas, e por fim proibiria a fabricação, posse e uso de bombas atômicas. Os Estados Unidos estavam dispostos a entregar suas "armas vencedoras",[26] disse Baruch, mas exigiriam uma "garantia de segurança" mais contundente do que meras palavras.

A escolha de Bernard Baruch para ajudar a formular o plano americano gerara polêmica no governo Truman. Muitos liberais criticavam Baruch por ser demasiado velho, ignorante sobre os assuntos atômicos e desconfiado da União Soviética. Oppenheimer, entre outros, censurou o plano Baruch por falta de ousadia, enfatizando inspeções e punições em vez de cooperação com os soviéticos. Oppenheimer preferia um plano que partilhasse informações técnicas sobre a energia atômica e promovesse a boa vontade. Em 19 de junho a União Soviética apresentou seu próprio plano. Andrei Gromyko, primeiro-ministro soviético, propôs que antes os Estados Unidos destruíssem todas as suas armas nucleares, após o que se faria um acordo destinado a impedir que outros países as obtivessem. A resposta soviética confirmou tanto as dúvidas dos liberais sobre o plano Baruch quanto as dúvidas dos conservadores sobre a União Soviética.

No verão de 1946 ainda parecia estar ao alcance alguma forma de acordo internacional para proibir a bomba atômica. Embora os soviéticos reclamassem que os Estados Unidos estavam tentando prolongar seu monopólio nuclear, as políticas de defesa americanas não eram as de uma potência imperialista que tentava dominar o mundo. Na verdade, os Estados Unidos estavam rapidamente desmobilizando suas Forças Armadas. O número de soldados do

Exército americano logo caiu de quase 8 milhões para menos de 1 milhão;[27] o número de aviões nas Forças Aéreas do Exército caiu de quase 80 mil para menos de 25 mil,[28] e apenas um quinto dessas aeronaves[29] estava pronto para ação. Houve descarte de navios e tanques e um corte de quase 90% no orçamento da defesa.[30]

Os soldados americanos estavam ansiosos para voltar para casa depois da guerra e retomar a vida normal. Quando o ritmo da desmobilização lhes pareceu lento demais, fizeram passeatas de protesto na Alemanha ocupada. O povo americano não expressava nenhum desejo de construir um império nem de manter uma forte presença militar em outros países. Embora o Departamento de Guerra procurasse obter um vasto conjunto de bases no exterior, parecia remota a probabilidade de qualquer desafio militar aos Estados Unidos. "Não existe agora nenhuma grande ameaça ou exigência estratégica, na opinião dos melhores estrategistas do nosso país",[31] declarou em julho de 1946 o brigadeiro St. Clair Street, subcomandante do SAC. "E uma exigência como essa não há de existir nos próximos três a cinco anos."

Justamente quando chegavam ao auge as esperanças de um governo mundial, de paz no mundo e de um controle internacional da bomba atômica, começou a Guerra Fria. Sem uma Alemanha nazista como inimigo comum, a aliança entre União Soviética e Estados Unidos se esfacelou. A União Soviética saqueou a Manchúria, demorou a retirar tropas do Irã e exigiu território turco na costa do Mediterrâneo, inquietando o governo Truman. Mas as raízes da Guerra Fria estavam na Alemanha e no Leste Europeu, onde os soviéticos desejavam criar uma zona-tampão contra futuras invasões. Sem fazer caso das promessas de eleições livres e autodeterminação, a União Soviética impôs um governo comunista fantoche na Polônia. George Kennan disse ao Departamento de Estado que os soviéticos estavam "fanaticamente" empenhados em destruir "nosso modo de vida tradicional",[32] e Winston Churchill alertou que uma "cortina de ferro"[33] havia descido sobre a Europa junto com a expansão do domínio comunista totalitário.

Em março de 1947, as relações entre americanos e soviéticos estavam gélidas. Em discurso ao Congresso, Truman ofereceu ajuda econômica a países ameaçados por um sistema baseado no "terror e na opressão, no controle da imprensa e do rádio, em eleições de fachada e na supressão das liberdades individuais".[34] Ainda que o discurso nunca mencionasse claramente a União Soviética, o alvo da Doutrina Truman era óbvio. Os Estados Unidos agora prometiam conter o poder soviético no mundo. Alguns meses depois a divisão entre leste e oeste europeu se ampliou, quando os soviéticos impediram que seus aliados aceitassem a ajuda dos Estados Unidos por meio do Plano Marshall. Em fevereiro de 1948, os comunistas depuseram o governo livremente eleito da Tchecoslováquia, horrorizando o povo americano. Esse golpe, apoiado pelos soviéticos, reavivou memórias do ataque nazista aos tchecos em 1938, da débil reação europeia e da guerra mundial que logo sobreveio.

No entanto, as duras palavras do presidente Truman não se fizeram acompanhar de uma estratégia militar capaz de defender a Europa Ocidental. Nos primeiros meses de 1947, quando Truman formulou sua doutrina anticomunista, o Pentágono não tinha nenhum plano de guerra para combater a União Soviética.[35] E a rápida desmobilização das forças americanas parecia ter dado aos soviéticos uma enorme vantagem em campo. O Exército dos Estados Unidos possuía apenas uma divisão a postos na Alemanha,[36] além de dez regimentos de polícia, para um total de talvez 100 mil soldados.[37] O Exército britânico possuía também uma divisão em solo alemão.[38] Segundo relatórios da inteligência americana, o Exército soviético tinha aproximadamente cem divisões,[39] com cerca de 1,2 milhão de soldados, capazes de invadir a Europa Ocidental.[40] E poderia mobilizar mais de 150 divisões adicionais dentro de um mês.[41]

Em vez de ser proibida pelas Nações Unidas, a bomba atômica logo se tornou essencial aos planos de guerra americanos para defender a Europa. Em junho de 1947, os chefes do Estado-Maior Conjunto enviaram ao presidente Truman um relatório ultrassecreto, "Avaliação da bomba atômica como arma militar". O documento trazia as mais recentes reflexões sobre como usar armas nucleares em batalha. Os primeiros testes atômicos do pós-guerra, realizados no ano anterior no atol de Bikini, nas ilhas Marshall,[42] haviam demonstrado algumas das limitações da arma. Lançada sobre uma frota de navios de guerra japoneses e americanos vazios, uma bomba de implosão Mark 3, como a usada em Nagasaki, errara o alvo por quase um quilômetro e deixara de afundar 83 dos 88 navios. "Em geral, embarcações no mar e soldados provavelmente não serão vistos como principais alvos da bomba atômica",[43] concluiu o relatório. "A bomba é sobretudo uma arma a ser usada contra a vida e atividades humanas em grandes áreas urbanas e industriais."[44] Era uma arma útil, em especial para matar e aterrorizar civis. O relatório aventava que um ataque nuclear suscitaria "os temores primordiais do homem"[45] e "abateria o ânimo das nações".[46] No aspecto militar, o significado da bomba era claro: ela não seria apontada para os militares. Armas nucleares seriam usadas para aniquilar o moral do inimigo, e o melhor alvo eram "cidades de especial significado sentimental".[47]

Os chefes do Estado-Maior Conjunto não gostaram dessa conclusão, mas acharam-na verdadeira: a nova e dura realidade da estratégia na era nuclear. Se outros países obtivessem a bomba, poderiam usá-la de maneiras semelhantes contra os Estados Unidos. O poder destrutivo dessas armas era tamanho que a lógica de travar uma guerra preventiva, de atacar o inimigo de surpresa, podia se revelar difícil de resistir. Como um duelo no Velho Oeste, uma guerra nuclear poderia ser vencida por quem atirasse primeiro. Um país com menos bombas atômicas do que seu adversário teria um incentivo particularmente forte para atacar de repente. E por essa razão, entre outras, vários altos oficiais americanos argumentavam que os Estados Unidos deviam bombardear os soviéticos antes que eles conseguissem ter qualquer arma nuclear. O general Groves achava que essa opinião fazia sentido, disse ele, se "formos implacavelmente realistas".[48] O brigadeiro Orvil Anderson, comandante da Air University, apoiou em público a ideia de atacar os soviéticos. "Não sou a favor de guerra preventiva",[49] Anderson declarou a um repórter. "Sou a favor de descartarmos as ilusões." Em sua opinião, Jesus Cristo aprovaria o lançamento de bombas atômicas contra a União Soviética: "Acho que eu poderia explicar a Ele que eu havia salvado a civilização".[50] Anderson foi suspenso por causa desses comentários.

Não foram só os altos escalões das Forças Armadas americanas que apoiaram a ideia de atacar primeiro.[51] Bertrand Russell, o filósofo e pacifista britânico que fora preso por fazer oposição à Primeira Guerra Mundial, exortou as democracias ocidentais a atacar os soviéticos antes que eles tivessem a bomba atômica.[52] Ele reconhecia que um ataque nuclear contra a União Soviética seria horrível, mas "qualquer coisa é melhor do que a submissão".[53] Winston Churchill concordou[54] e propôs que se desse um ultimato aos soviéticos: retirem seus soldados da Alemanha ou vejam suas cidades ser destruídas. Até Hamilton Holt, o adorador da paz, o cruzado do governo mundial, o defensor vitalício da resolução de disputas por mediação, diplomacia e compreensão mútua, já não acreditava que esse tipo de abordagem daria resultado.[55] As armas nucleares tinham mudado tudo, e não se podia confiar na União Soviética. Qualquer país que rejeitasse o controle da energia atômica pelas Nações Unidas, disse Holt, "deve ser varrido da face da Terra com bombas atômicas".[56]

Na primavera de 1948 os chefes do Estado-Maior Conjunto aprovaram o Halfmoon,[57] o primeiro plano emergencial de guerra voltado para a União Soviética. O plano tinha como pressuposto que os soviéticos iniciariam uma guerra na Europa, desencadeada por um acidente ou mal-entendido. O conflito começaria com o Estados Unidos perdendo uma série de batalhas em terra. O Exército americano, muito inferior numericamente e incapaz de defender a Alemanha Ocidental, teria de bater em retirada combatendo até os portos marítimos da França e da Itália, e lá aguardar a remoção pela Marinha americana. Previa-se que o Exército Vermelho dominaria a Europa, o Oriente Médio e a Coreia. Quinze dias depois de terem sido disparados os primeiro tiros, os Estados Unidos contra-atacariam com uma "blitz atômica".[58] O plano originalmente determinava que fossem lançadas cinquenta bombas atômicas contra a União Soviética. Mais tarde esse número aumentou para 133, tendo por alvo setenta cidades soviéticas. Leningrado seria atingida por sete, Moscou, por oito.[59] A teoria que baseava o contra-ataque era chamada de "conceito de matar nações".[60] Depois de uma blitz atômica, explicou o coronel Dale O. Smith, "uma nação morre exatamente como um homem morre se uma bala perfurar seu coração".[61]

Defender a Grã-Bretanha era um dos principais objetivos do Halfmoon, e boa parte da blitz atômica seria lançada a partir de bases aéreas britânicas. Mas isso só serviria para encorajar os soviéticos a começar a guerra com um "ataque devastador, aniquilador"[62] à Grã-Bretanha, alertou um oficial do Pentágono. Sem acesso aos campos de aviação britânicos, os aviões americanos seriam forçados a usar bases no Egito, Índia, Islândia, Groenlândia, Okinawa ou Alasca. A limitada autonomia de voo dos bombardeiros B-29 e B-50 poderia exigir que algumas tripulações americanas embarcassem em missões "suicidas" só de ida. "Seria o serviço mais porco que já fizemos",[63] comentou o brigadeiro Earle E. Partridge. "Usar a tripulação, usar a bomba, usar o avião, tudo de uma vez. Dizer adeus e deixá-los ir."

O presidente Truman recebeu as informações sobre o Halfmoon e a blitz atômica em maio de 1948. Não gostou nem de uma coisa nem de outra. Ele ordenou aos chefes do Estado-Maior Conjunto que preparassem um plano para defender a Europa Ocidental — sem usar armas nucleares. Ainda tinha esperança de que algum tipo de acordo internacional viesse a decretar sua proibição. Os chefes do Estado-Maior Conjunto começaram a formular o ERASER, um plano emergencial de guerra totalmente baseado em forças convencionais.

Um mês depois, os soviéticos bloquearam o acesso aos setores ocidentais de Berlim por ferrovias, rodovias e hidrovias. Truman se viu então diante de uma escolha difícil. Violar o bloqueio poderia provocar a guerra com a União Soviética. Mas ceder e abandonar Berlim traria o risco de deixar a Europa ser dominada pelos soviéticos. O comandante militar americano da Alemanha, general de exército Lucius D. Clay, decidiu criar uma ponte aérea para abastecer a cidade. Truman apoiou essa iniciativa, mas os chefes do Estado-Maior Conjunto ficaram em dúvida, receando que os Estados Unidos talvez não estivessem à altura de um confronto militar com os soviéticos. Em meio à crise de Berlim, os trabalhos do ERASER foram suspensos, Truman promulgou uma série de diretrizes sobre como as armas nucleares deveriam ser usadas, e a blitz atômica passou a ser a resposta mais provável dos Estados Unidos a uma invasão soviética da Europa Ocidental.

A nova estratégia despertou uma oposição veemente de George F. Kennan e outros no Departamento de Estado, que levantaram questões sobre as consequências. "Os resultados psicossociais negativos de um ataque atômico desse tipo poderiam pôr em perigo a paz do pós-guerra por cem anos!",[64] alertou uma autoridade. Mas a mais ferrenha oposição ao Halfmoon e a outros planos de guerra semelhantes que se seguiram — FLEETWOOD, DOUBLESTAR, TROJAN e OFFTACKLE — foi a dos oficiais da Marinha americana. Eles argumentaram que os lentos bombardeiros americanos seriam derrubados antes de chegar às cidades soviéticas. Disseram que as bases aéreas americanas no exterior eram vulneráveis a ataques soviéticos. E, sobretudo, chocava-os a ideia de usar armas nucleares contra alvos civis.

A Marinha tinha razões práticas além de éticas para se opor aos novos planos de guerra. As bombas atômicas ainda eram pesadas demais para ser transportadas por aparelhos que decolassem de porta-aviões da Marinha. Esse fato deu à recém-independente Força Aérea dos Estados Unidos a prioridade nos gastos com defesa. Por mais de um século os oficiais da Marinha tinham se considerado a elite das Forças Armadas. Agora se ressentiam das ousadas manobras de relações públicas da Força Aérea, dos comentários depreciativos sobre o poderio marítimo, dos livros e artigos que apontavam os bombardeiros de longo alcance como os vencedores da Segunda Guerra Mundial, dos filmes de propaganda como *Victory through Air Power* [A vitória pela Força Aérea], de Walt Disney, com suas animadas sequências de cidades em chamas e o bordão "Há uma vibração no ar!". Para a Marinha, a blitz atômica era a maneira errada de defender o mundo livre, e logo eclodiu no Pentágono uma batalha pelo modo como devia ser travada a próxima guerra na Europa.

Tentando resolver a disputa, James Forrestal, agora secretário da Defesa, encomendou a um oficial da Força Aérea, o major-brigadeiro Hubert R. Harmon, um estudo para determinar se um ataque nuclear derrotaria a União Soviética. Em maio de 1949, a Comissão Harmon concluiu[65] que o mais recente plano de guerra americano, o TROJAN, reduziria de 30% a 40% a produção industrial soviética.[66] Além disso, mataria talvez 2,7 milhões de civis[67] e deixaria feridos outros 4 milhões.[68] Eram estimativas conservadoras que não levavam em conta os incêndios iniciados por mais de cem bombas atômicas. Mas o TROJAN não impediria o Exército Vermelho de conquistar a Europa e o Oriente Médio. Tampouco levaria ao colapso da União Soviética. "Para a maioria do povo soviético", salientou a comissão, "o ataque atômico validaria a propaganda soviética contra as potências estrangeiras, estimularia o ressentimento contra os Estados Unidos, unificaria o povo e aumentaria sua vontade de lutar."[69] Entretanto, Harmon não via nenhuma alternativa realista ao plano de guerra do momento. A blitz atômica era "o único modo de infligir choque e graves danos"[70] ao esforço militar soviético, e "as vantagens de pô-la em prática logo seriam transcendentes".

Em 29 de agosto de 1949 os soviéticos detonaram seu primeiro dispositivo atômico,[71] o RDS-1, em um local de testes no leste do Cazaquistão. A energia liberada foi de aproximadamente vinte quílotons,[72] semelhante à da bomba jogada em Nagasaki — e por uma boa razão. O RDS-1 era uma cópia da bomba de implosão Mark 3. Enquanto os preocupados planejadores americanos discutiam se deviam ou não compartilhar as informações atômicas com os soviéticos, uma rede de espiões comunistas se infiltrou nos laboratórios do Projeto Manhattan e as roubou. A União Soviética tinha físicos brilhantes e inventivos, como Yuli Borisovich Khariton, mas sua tarefa foi facilitada pelos conhecimentos técnicos ganhos através da espionagem em Los Alamos, Hanford e Oak Ridge.

Os Estados Unidos também forneceram à União Soviética os meios para lançar a bomba atômica. Em 1944, três bombardeiros americanos B-29 precisaram fazer pousos de emergência na Sibéria depois de atacar forças japonesas na Manchúria. Os aviões foram confiscados pelos soviéticos, e um deles, *The General H. H. Arnold Special*, foi cuidadosamente desmontado. Cada uma das cerca de 105 mil peças do aparelho foi medida, fotografada e submetida à engenharia reversa.[73] Dali a dois anos a União Soviética tinha seu primeiro bombardeiro de longo alcance, o Tupolev-4. O avião era quase idêntico ao B-29 capturado; possuía até um remendo metálico no mesmo ponto em que o *General Arnold* fora submetido a reparo.

A notícia da bomba soviética chegou em péssima hora. O general Groves havia assegurado ao povo americano que a União Soviética não faria uma bomba atômica antes do começo dos anos 1960.[74] Os Estados Unidos tinham acabado de assinar o Tratado do Atlântico Norte prometendo defender a Europa Ocidental, e o monopólio nuclear americano fora a base da promessa. A China estava prestes a cair nas mãos do Exército comunista de Mao Tsé-tung. E agora, pela primeira vez desde a Guerra de 1812, um ataque devastador aos Estados Unidos em sua porção continental parecia possível. A rápida desmobilização após a Segunda Guerra Mundial havia deixado a América do Norte por mais de um ano sem um único radar militar que pudesse detectar aviões inimigos.[75] No outono de 1949, o Comando de Defesa Aérea dos Estados Unidos possuía apenas 23 radares para vigiar o nordeste do país,[76] e em grande medida eram aparelhos obsoletos, incapazes de detectar bombardeiros soviéticos a baixas altitudes. Se houvesse uma guerra, a segurança das cidades americanas dependeria do Corpo de Observação Terrestre da Força Aérea: milhares de voluntários civis que vasculhariam o céu com binóculos.

A notícia da bomba soviética pareceu ainda mais ameaçadora por causa da confusão reinante no Pentágono. Sucumbindo à tensão, à privação de sono e ao receio do comunismo internacional, Forrestal, o secretário da Defesa, sofrera pouco tempo antes um colapso nervoso e se suicidara pulando pela janela do 16º andar do Hospital Naval de Bethesda. Quando o novo secretário da Defesa, Louis A. Johnson, cancelou os planos para a construção do gigantesco porta-aviões *United States*, irados oficiais da Marinha espalharam o rumor de que havia graves falhas no B-36, o novo bombardeiro de longa distância da Força Aérea. O que começou como uma rivalidade entre setores das Forças Armadas por causa de gastos militares logo descambou para uma raivosa disputa pública pela estratégia nuclear do país,[77] com planos de guerra ultrassecretos vazando para os jornais e heróis de guerra pondo em dúvida o patriotismo uns dos outros.

Em sessões do Congresso em outubro de 1949, uma série de almirantes condenou a blitz atômica, argumentando que bombardear cidades soviéticas seria não só inútil, mas também imoral. Propuseram o bombardeio tático "de precisão"[78] contra tropas soviéticas e linhas de abastecimento, baseado em bombardeiros que partiriam de porta-aviões americanos. O almirante William F. Halsey comparou o novo bombardeiro da Força Aérea às armas de cerco usadas no passado para destruir castelos e cidades medievais. "Sou contra a matança em massa de não combatentes",[79] declarou o almirante Arthur W. Radford em seu depoimento. "Uma guerra de extermínio poderia levar a uma vitória militar que superasse os benefícios esperados, mas seria política e economicamente sem sentido." A crítica mais dura à Força Aérea veio do contra-almirante Ralph A. Ofstie, que depois da guerra tinha feito uma inspeção das cidades aniquiladas do Japão. Ele descreveu a blitz atômica como "uma chacina aleatória de homens, mulheres e crianças".[80] A ideia toda era "impiedosa e bárbara",[81] contrária aos valores americanos. "Temos de assegurar que nossos métodos militares não nos tirem o respeito próprio", exortou Ofstie.[82]

A oposição da Marinha ao bombardeio estratégico, logo chamada de "a revolta dos almirantes", enfureceu o governo Truman. Parecia impossível defender a Europa com métodos convencionais. O Congresso não conseguira renovar o recrutamento militar, os gastos com a defesa sofriam cortes, e até o Exército, carente de efetivo, apoiava os planos de bombardeio propostos pela Força Aérea. Os argumentos morais da Marinha eram solapados pela principal justificativa para se construir um porta-aviões do porte do *United States*: ele seria grande o suficiente para permitir a decolagem de aviões que transportassem bombas atômicas. O chefe do Estado-Maior Conjunto, general de exército Omar Bradley, finalmente acabou com a revolta fazendo um dramático pronunciamento ao Congresso. Bradley conquistara imenso respeito durante a Segunda Guerra Mundial por comandar o Exército com fala mansa e conduta humanitária, e sua reputação de imparcialidade deu ainda mais credibilidade ao seu depoimento. Bradley acusou a Marinha de "rebelião aberta"[83] contra a liderança civil dos Estados Unidos. Os almirantes eram "exibicionistas"[84] e "aspirantes a mártires"[85] que detestavam obedecer ordens. Quanto à acusação de que bombardear cidades era imoral, Bradley retrucou: "No meu entender, a guerra em si é imoral".⁸⁶

Embora a Força Aérea e a Marinha estivessem dispostas a travar uma infame guerra burocrática para decidir como a bomba atômica deveria ser usada, tanto uma como a outra concordavam totalmente quanto a quem deveria controlá-la. David E. Lilienthal, o chefe da Comissão de Energia Atômica, desde seu primeiro dia no cargo sofreu pressão incessante para entregar às Forças Armadas o arsenal nuclear americano. Os chefes do Estado-Maior Conjunto frisaram repetidas vezes que as armas mais poderosas do país deveriam ser mantidas sob a segura custódia dos oficiais que um dia talvez precisassem usá-las. No auge da crise de Berlim, Forrestal, o secretário da Defesa, pediu ao presidente Truman para transferir todo o arsenal atômico para a Força Aérea, alertando que os Estados Unidos poderiam acabar indefesos se os soviéticos atacassem os depósitos da AEC. James Webb, um dos assessores de Truman, não se convenceu com esse argumento, e disse a Lilienthal: "A ideia de entregar a custódia de bombas atômicas a essas armas rivais, ciumentas e insubordinadas que lutam entre si pelo poder é uma perspectiva terrível".⁸⁷ O presidente negou o pedido dos militares e reafirmou publicamente seu apoio ao controle civil da bomba atômica. Em âmbito privado, Truman explicou que não queria "ver nenhum tenente-coronel apressadinho decidir quando é a hora certa de lançá-la".⁸⁸

A aprovação da blitz atômica pela Casa Branca deu ao Comando Aéreo Estratégico um papel de importância singular: o SAC tinha os únicos aviões capazes de lançar bombas atômicas. "A destruição está a apenas alguns instantes para qualquer futuro agressor dos Estados Unidos",⁸⁹ avisou um comunicado da Força Aérea à imprensa. "A pronta retaliação será nossa resposta, na forma de um nocaute aéreo desferido pelo Comando Aéreo Estratégico." Mas entre teoria e prática havia um grande abismo. A desmobilização fizera do SAC uma força frágil,⁹⁰ carente de pilotos e mecânicos habilidosos. Durante um exercício importante em 1948, quase metade dos B-29 do SAC não conseguiu decolar ou chegar ao alvo.⁹¹ A controvérsia pública em torno da blitz atômica tirou o foco de uma questão crucial: os Estados Unidos não eram capazes de executá-la. Os planos de guerra de emergência requeriam um contra-ataque à União Soviética com mais de cem bombas atômicas, mas o SAC possuía apenas 26 tripulações disponíveis para lançá-las.⁹² Talvez metade dessas tripulações seria abatida tentando chegar ao alvo,⁹³ enquanto outras precisariam abandonar o avião quando o combustível acabasse. A retaliação do SAC ainda assim poderia ser devastadora, mas não seria rápida. Calculava-se que seriam necessários de 34 a 45 dias de preparação antes de ser possível um ataque nuclear total.⁹⁴

Os problemas do Comando Aéreo Estratégico se estendiam do pessoal alistado aos principais oficiais. O tenente-brigadeiro George C. Kenney, chefe do SAC, tinha pouca experiência com bombardeiros, e seu vice-comandante não servia em uma unidade de combate desde fins dos anos 1920. No segundo trimestre de 1948, quando aumentaram as tensões com os soviéticos, pediu-se a Charles A. Lindbergh uma avaliação secreta da prontidão do SAC para a guerra. Lindbergh constatou que o pessoal estava com o moral baixo,⁹⁵ aterrissava mal, os treinamentos eram fracos, a manutenção do equipamento era ruim e os acidentes eram frequentes. Um mês depois de Lindbergh apresentar suas conclusões, o tenente-brigadeiro Kenney foi destituído do comando.

O sucessor de Kenney, o então major-brigadeiro Curtis LeMay, era um oficial intrépido e inovador, que tinha revolucionado as práticas de bombardeio nas campanhas da Europa e do Pacífico na Segunda Guerra Mundial. Admirado, temido, aclamado como herói de guerra, considerado um grande patriota por seus partidários e um assassino de multidões por seus detratores, LeMay logo transformou o Comando Aéreo Estratégico em um modelo de eficiência letal. Criou uma vasta organização dedicada exclusivamente ao combate nuclear e lhe deu uma capacidade destrutiva jamais igualada na história da guerra. A personalidade, a dureza e a visão de mundo de Curtis LeMay não só moldaram uma nova cultura institucional no SAC, mas também influenciaram as operações nucleares americanas em aspectos que perduram até hoje. E seu apelido, "Iron Ass" [cu de ferro], era bem merecido.

Curtis LeMay nasceu em 1906 e cresceu principalmente em Columbus, Ohio. Seu pai, um operário que não parava muito tempo nos empregos, vivia se mudando com a família para novos endereços em Ohio, Montana, Califórnia e Pensilvânia. A mãe às vezes trabalhava como empregada doméstica. O menino constantemente se via como o aluno novo na escola, retraído, desajeitado, intimidado. Para contrabalançar sua vida familiar nômade e anárquica, LeMay aprendeu a ter autodisciplina e a trabalhar duro. Aos nove anos conseguiu seu primeiro emprego remunerado: matar pardais a cinco centavos por cabeça para alimentar o gato de um vizinho. Entregava jornais e telegramas, tirava notas excelentes na escola, mas, em suas palavras, sentia-se "apartado da vida normal",[96] pois enquanto os outros garotos praticavam esportes e faziam amigos ele estava ganhando e poupando dinheiro. Formou-se no ensino médio sem nunca ter ido a um baile. Por outro lado, havia economizado o suficiente para pagar o começo de seus estudos na Universidade do Estado de Ohio. Nos quatro anos seguintes, LeMay assistia às aulas durante o dia e, do anoitecer até duas ou três da manhã, trabalhava em uma siderúrgica; depois ia para casa, dormia poucas horas e voltava ao campus para sua aula das nove horas.

Após se formar engenheiro civil, em 1929, LeMay entrou para a Divisão da Aeronáutica do Exército. Voar se tornou sua atividade favorita, seguida, em ordem de preferência, por caçar, dirigir carros esportivos e pescar. A vida social ficava muito abaixo na lista. Enquanto outros oficiais ansiavam por se tornar pilotos de combate, como os ases da aviação da Primeira Guerra Mundial, LeMay achava que os bombardeiros de longo alcance se revelariam decisivos no futuro. Aprendeu a pilotá-los, tornou-se um dos melhores navegadores americanos e mostrou que aviões podiam encontrar e destruir navios de guerra no mar. Em 1942, quando liderou um grupo de bombardeiros dos Estados Unidos à Inglaterra, LeMay era o único piloto que já havia atravessado um oceano no comando de um avião.

Dias depois de chegar à Grã-Bretanha, LeMay começou a questionar a tática que estava sendo usada em bombardeios diurnos contra os nazistas. Os B-17 americanos voavam em zigue-zague para evitar as baterias antiaéreas; julgava-se na época que, se o avião voasse em linha reta e na mesma altitude por mais de dez segundos, seria abatido. As manobras evasivas, contudo, impediam que as bombas acertassem o alvo. Depois de varar madrugadas fazendo cálculos de velocidade, distância e média de disparos, LeMay chegou a um método radicalmente novo. Constatou que, em trajetória reta, os aviões voavam muito mais rápido do que em zigue-zague — portanto, passavam menos tempo expostos ao fogo inimigo. Inventou então uma "caixa de combate": uma formação de voo para dezoito a 21 bombardeiros que otimizava sua capacidade de lançar bombas e se defender dos caças inimigos. Quando seus homens questionaram a ideia de voar na direção dos tiros do inimigo, LeMay replicou que ele mesmo pilotaria o avião líder, que tinha maior probabilidade de ser alvejado.

Em 23 de novembro de 1942, durante a descida final sobre as estações ferroviárias e bases de submarinos em St. Nazaire, França, os B-17 do grupo de bombardeiros de LeMay voaram em linha reta e na mesma altitude por nada menos do que sete minutos. Nenhum foi atingido pela artilharia antiaérea. A melhora na precisão dos bombardeios foi acentuada. Em semanas, a tática adotada por LeMay em sua primeira missão de combate se tornou o procedimento-padrão para todas as tripulações de bombardeiros americanos na Europa.

O ponto forte de LeMay como comandante não era uma compreensão refinada dos aspectos históricos, políticos ou psicológicos do inimigo. Era seu foco na interação do homem com a máquina, a visão da guerra por um engenheiro. Além disso, ele se preocupava muito com a segurança e o moral de seus homens. O bombardeio estratégico requeria uma forma especial de coragem.[97] Em contraste com os pilotos de combate, que voavam sozinhos, livres para rondar os céus atrás de alvos, as tripulações de bombardeiros tinham de trabalhar em estrita sintonia umas com as outras, seguir uma rota predeterminada e se manter em formação. Os sete minutos decorridos do ponto de mira inicial até o alvo podiam induzir sentimentos de impotência e imenso terror, com o fogo antiaéreo explodindo em volta do avião e os caças inimigos tentando derrubá-lo. A taxa da mortes para as tripulações de bombardeiros americanos era altíssima: mais da metade morria em ação antes de completar seu turno de serviço.[98]

Curtis LeMay não tinha nada de cordial ou carinhoso. Era ríspido, seco e sarcástico; socialmente desajeitado, homem de poucas palavras, tinha o cenho sempre franzido porque sofria de paralisia de Bell, e trazia um charuto apagado perpetuamente enfiado na boca. Mas conquistou a total lealdade de seus homens porque se recusava a tolerar a incompetência e porque fazia todo o possível para mantê-los vivos. Em vez de lhes pedir coragem, ele a demonstrava, comandando o esquadrão de voo em algumas das mais perigosas missões da guerra, como faziam no passado os oficiais durante uma ação da cavalaria.

Aos 36 anos, LeMay se tornou o mais jovem general de brigada do Exército. No verão de 1944, foi transferido da Europa para ajudar no combate contra o Japão. Embora já tivessem sido usadas bombas incendiárias em pequena escala, foi LeMay quem ordenou o bombardeio incendiário contra Tóquio. "O Japão seria incinerado se conseguíssemos atear fogo lá", explicou um de seus auxiliares.[99]

LeMay tomou parte na elaboração de quase todos os detalhes do plano, desde selecionar a combinação de bombas — magnésio para altas temperaturas, napalm para aspergir — até escolher um tipo de bomba capaz de desencadear uma tempestade de fogo. Ele esperava que o bombardeio incendiário abatesse o ânimo do povo japonês, evitasse a invasão pelos Estados Unidos e logo pusesse fim à guerra, salvando vidas americanas. A enorme quantidade de baixas civis era lamentável, pensava LeMay, mas prolongar a guerra só faria aumentar o número de mortos. A destruição de cidades japonesas, uma após outra, encaixava-se perfeitamente em sua filosofia sobre o uso da força militar. "Vou lhe explicar o que é guerra",[100] LeMay disse numa ocasião. "Você tem que matar pessoas, e quando as mata em número suficiente, elas param de lutar."

As habilidades administrativas e logísticas de LeMay faziam dele o candidato ideal para chefiar o Comando Aéreo Estratégico. Sua missão mais recente fora organizar o transporte aéreo tático em Berlim. Mas ele também era um grande conhecedor da bomba atômica. Participara dos preparativos para lançar Little Boy e Fat Man, depois servira como consultor militar do Projeto Manhattan, supervisionara o avião durante o teste atômico no atol de Bikini — e, como subchefe da equipe de pesquisa e desenvolvimento da Força Aérea, ajudou a formular a blitz atômica. LeMay reconhecia o poder destrutivo das armas nucleares, mas não se sentia nem um pouco intimidado por elas. "Em Tóquio nós chamuscamos, fervemos e assamos mais pessoas do que as que foram vaporizadas em Hiroshima e Nagasaki",[101] ele recordou mais tarde. E a moralidade da decisão de Truman não lhe tirou o sono. Matar era matar, fosse com uma pedra, um fuzil ou uma bomba atômica. A nomeação de LeMay para chefiar o SAC mandava uma mensagem clara aos soviéticos: se necessário, os Estados Unidos não hesitariam em desencadear uma guerra nuclear.

Chegando ao quartel-general do SAC em Omaha, Nebraska, no outono de 1948, LeMay se enfureceu com o que encontrou. As tripulações dos bombardeiros não tinham ideia de quais seriam seus alvos se a guerra eclodisse. Não havia mapas atualizados para os navegadores, e os pilotos quase nunca consultavam as checklists antes de decolar. Como exercício, LeMay ordenou que cada tripulação do SAC no país fizesse um ataque simulado ao campo de aviação Wright Field, em Dayton, Ohio, à noite, a grande altitude, sob pesada cobertura de nuvens, em condições semelhantes às que poderiam encontrar sobrevoando a União Soviética. Muitos dos aviões nem sequer chegaram perto de Ohio — e nenhum atingiu o alvo. Os bombardeiros que simularam o lançamento de uma bomba atômica contra Wright Field, mirando seu radar em refletores no solo, erraram em média por três quilômetros. LeMay proclamou a operação "provavelmente a noite mais negra da história da aviação militar americana".[102]

Os altos oficiais do SAC foram substituídos. No lugar deles, LeMay nomeou veteranos de suas campanhas de bombardeio na Alemanha e no Japão. Esperava criar um esprit de corps semelhante. As promoções não eram dadas individualmente, mas para uma equipe inteira, às vezes de imediato. E, quando alguém cometia um erro, o resto da equipe também pagava o preço. Oficiais perderam o emprego por causa de acidentes e erros bobos. "Não posso me dar ao luxo de fazer distinção entre os incompetentes e os desafortunados",[103] LeMay explicou. "Padronização" se tornou a palavra de ordem no SAC, repetida como um mantra e buscada implacavelmente, com manuais, checklists e aferições numéricas bem-sucedidos criados para cada tarefa. Quem trabalhava bem em equipe era recompensado, os iconoclastas e as prima-donas eram instados a pedir transferência. LeMay queria que o SAC funcionasse com a precisão do complexo maquinário de um bombardeiro moderno. "Cada homem, um engate ou uma válvula;[104] cada organização, uma trincheira de transistores, uma bateria de condensadores", ele escreveu em suas memórias. "Tudo polido, sem corrosão. Alerta."

Horas depois da rendição japonesa, LeMay sobrevoara de perto as cidades que seus aviões tinham destruído. A experiência confirmou sua convicção de que os Estados Unidos precisavam de uma Força Aérea tão esmagadoramente poderosa que nenhum inimigo jamais ousaria fazer um ataque de surpresa. Depois de Pearl Harbor, os Estados Unidos haviam levado anos para se mobilizar por completo para a guerra. As armas nucleares eliminavam essa opção. Se o contra-ataque não pudesse ser rápido, talvez nunca chegasse a acontecer. LeMay queria que todos no SAC sentissem a urgência, que estivessem prontos para a guerra não na semana que vem, não amanhã, mas naquele instante — que sentissem que "estamos em guerra neste exato momento".[105] Seu objetivo era formar um Comando Aéreo Estratégico capaz de atacar a União Soviética com aviões decolando dos Estados Unidos e lançar cada bomba nuclear de imediato. As tripulações de bombardeiros do SAC treinavam e se preparavam constantemente para esse ataque em massa. Simulavam ataques a todas as cidades americanas com mais de 25 mil habitantes, praticavam o lançamento de bombas atômicas sobre alvos urbanos no meio da noite. San Francisco foi bombardeada mais de seiscentas vezes em um mês.[106]

Uma das maiores preocupações de LeMay era o comando e controle das armas nucleares — o sistema de regras e procedimentos que norteavam seus homens, a rede de radares, sensores e linhas de comunicação que permitiam o trânsito das informações entre os quartéis-generais e os homens em combate, os mecanismos que impediam as detonações acidentais e permitiam as deliberadas, tudo isso projetado para assegurar que as ordens pudessem ser adequadamente dadas, recebidas e executadas. Para retaliar depois de um ataque de surpresa, o comandante precisava saber que o ataque tinha acontecido. Precisava dar a notícia às suas próprias forças e garantir que elas fossem capazes de responder de imediato. Comando e controle sempre foram um elemento crucial na guerra. Mas em uma guerra nuclear, em que talvez fosse necessário tomar decisões em minutos e em que as armas podiam destruir cidades num átimo, a confiabilidade desses sistemas administrativos podia ser a diferença entre a vitória e a aniquilação. Uma falha no comando e controle poderia impossibilitar o lançamento de um ataque nuclear ou ordená-lo por engano.

LeMay propunha que o Comando Aéreo Estratégico controlasse todas as bombas atômicas e selecionasse seus alvos. Esse sistema simplificaria as coisas, criando uma cadeia de comando unificada. A supervisão e a responsabilidade estariam a cargo de uma só organização militar: a dele. O arsenal atômico, segundo a doutrina do SAC, devia ser visto como "um único instrumento [...] dirigido, controlado, se preciso, por uma única fonte".[107] O Exército, a Marinha e outras unidades da Força Aérea não gostaram da ideia. Enquanto LeMay lutava para obter o controle das armas nucleares americanas, seus rivais no Pentágono se empenhavam para ganhar influência e ampliá-la, e para limitar o poder do Comando Aéreo Estratégico.

Em um laboratório de Los Alamos, Louis Slotin cutucava a cauda do dragão,[108] baixando cuidadosamente uma concha de berílio sobre o núcleo de plutônio de uma bomba de implosão Mark 3. O berílio servia como um calcador; refletia os nêutrons, aumentava o número de fissões e deixava o conjunto mais próximo de uma reação em cadeia. Os estalidos de um contador Geiger forneciam uma medida audível da rapidez com que as fissões se multiplicavam. Slotin sabia o que estava fazendo. Tinha montado o núcleo para o teste Trinity e já fizera dezenas de experimentos críticos como esse. Um colega pediu para ver o procedimento e, sem pensar, Slotin decidiu lhe mostrar. O núcleo parecia uma enorme pérola cinzenta dentro de uma reluzente concha de berílio. Com uma chave de fenda, Slotin baixou a metade de cima da concha — e então, por volta das 15h20 de 21 de maio de 1946, a chave de fenda escorregou, a concha se fechou, o núcleo se tornou supercrítico e um clarão azul encheu o recinto. Slotin imediatamente jogou no chão a metade superior do invólucro, interrompendo a reação em cadeia. Mas era tarde demais: ele tinha absorvido uma quantidade letal de radiação. E, mais do que qualquer outro ali, ele sabia disso.

Algumas horas depois, Slotin estava vomitando, as mãos estavam ficando vermelhas e inchadas, as unhas azuis. O general Groves foi a Winnipeg buscar os pais de Slotin em um avião militar para se despedirem dele. Uma semana depois, Slotin sucumbia em uma morte excruciante, como tantas dezenas de milhares em Hiroshima e Nagasaki. Foi tudo filmado, com seu consentimento, como uma tenebrosa lição sobre a importância da segurança nuclear. Três dos outros sete homens presentes no laboratório aquele dia acabaram morrendo de doenças induzidas pela radiação. Mas Slotin lhes acrescentara anos de vida pensando rápido e interrompendo a reação em cadeia. Na ausência de qualquer mecanismo de segurança de ação rápida no laboratório, "Slotin foi o dispositivo de segurança", concluiu depois um relatório sobre o acidente.[109]

O mesmo núcleo de plutônio que tirara a vida de Slotin já tinha matado um de seus assistentes, Harry Daghlian. Uma pequena pastilha de tungstênio caíra da mão de Daghlian quando ele fazia um experimento em agosto, sozinho à noite no laboratório. A pastilha foi parar perto do núcleo, que se tornou supercrítico por um momento, e dali a um mês Daghlian morreu. Depois de tirar a vida de dois promissores jovens físicos, o núcleo foi apelidado de "Núcleo do Demônio", posto em uma bomba Mark 3 e detonado durante um teste no atol de Bikini.

O revés de Slotin foi o quarto acidente crítico em Los Alamos no período de um ano e gerou preocupação com as práticas de gerenciamento das instalações de armas nucleares nos Estados Unidos. Os reatores em Hanford não eram só perigosos, mas também, em grande medida, incapazes de produzir plutônio. A maioria dos cientistas famosos que haviam trabalhado no Projeto Manhattan tinha deixado o governo depois da guerra. Fabricar bombas atômicas não se afigurava uma escolha sábia de carreira, numa época em que o mundo parecia disposto a proibi-las.

Em abril de 1947, David Lilienthal visitou Los Alamos pela primeira vez depois de se tornar chefe da Comissão de Energia Atômica. Horrorizou-se com o que viu: equipamento rudimentar, prédios dilapidados, alojamentos ruins, ruas lamacentas e sem pavimentação — e núcleos de plutônio guardados em gaiolas em um velho frigorífico.[110] Lilienthal era um liberal, um dos últimos "New Dealers" do governo Truman, e já vira muita pobreza rural na época em que era chefe da Autoridade do Vale do Tennessee, durante a Grande Depressão. Mas aquele primeiro dia em Los Alamos, comentou depois, "foi um dos dias mais tristes da minha vida".[111] As armas nucleares agora eram consideradas indispensáveis para a defesa dos Estados Unidos; Lilienthal tinha pensado que as encontraria muito bem guardadas e organizadas para uso imediato. "O substancial arsenal de bombas atômicas que eu e os militares de alto escalão supúnhamos que estivesse lá, de prontidão, não existia",[112] ele escreveu mais tarde. "Além disso, as instalações de produção, que poderiam permitir a fabricação de grandes quantidades de armas atômicas [...], também não existiam."

O número de bombas atômicas no arsenal americano era considerado tão secreto que não podia ser comunicado nem mesmo aos chefes do Estado-Maior Conjunto, ou registrado em papel. Depois de visitar Los Alamos, Lilienthal se reuniu com o presidente Truman no Salão Oval e lhe informou quantas bombas atômicas estariam disponíveis na eventualidade de uma guerra com a União Soviética: no máximo uma.[113] A bomba estava desmontada, mas, pelo que Lilienthal pudera avaliar, "provavelmente operável".[114] O presidente ficou pasmo. Ele tinha acabado de anunciar a Doutrina Truman ao Congresso, prometendo conter a disseminação mundial do comunismo. Almirantes e generais estavam se digladiando por causa do arsenal atômico, totalmente alheios ao fato de que ele inexistia. "Não nos faltava apenas um arsenal",[115] lembrou Lilienthal, "faltava-nos até um mínimo de bombas." A ameaça de destruir a União Soviética se a Europa Ocidental fosse invadida era um blefe.

Na visita ao Novo México, Lilienthal também descobriu que havia escassez de cientistas treinados para fazer bombas atômicas. Os físicos, químicos e engenheiros que haviam montado as bombas no final da Segunda Guerra Mundial agora estavam dispersos pelos Estados Unidos. A bomba de implosão Mark 3, nas palavras de Oppenheimer, era "uma engenhoca emaranhada"[116] de montagem difícil e perigosa. Mas pelo menos alguns cientistas de Los Alamos ainda sabiam como produzir uma dessas. Ninguém tinha se dado o trabalho de guardar todos os desenhos técnicos necessários para construir outra Little Boy, a bomba baseada em urânio com mecanismo do tipo balístico lançada contra Hiroshima.[117] A configuração exata das várias partes nunca fora registrada em papel — um descuido que, em meio à escassez corrente de plutônio, era preocupante. Arquivos e depósitos de Los Alamos começaram a ser vasculhados em busca de informações sobre o projeto da Little Boy, e um mecânico se ofereceu para demonstrar como tinha sido forjado um dos tubos de alumínio do dispositivo: enrolou o metal em volta de uma garrafa de coca-cola.[118]

Depois da guerra, a Divisão Z de Los Alamos, que tinha projetado os mecanismos de armar e detonar das duas bombas atômicas, foi transferida para uma antiga base aérea do Exército próximo a Albuquerque, a uma hora e meia de viagem no sentido sul. O quartel-general da Divisão Z logo foi rebatizado de Laboratório Sandia, e na base também se instalou uma nova unidade militar, o Projeto de Armas Especiais das Forças Armadas (na sigla em inglês, AFSWP). Retomada a produção das bombas Mark 3, o trabalho passou a ser dividido entre as três organizações. Los Alamos fabricava os núcleos e as lentes explosivas, o Sandia se incumbia das demais partes da arma, e o AFSWP ensinava ao pessoal militar como completar a montagem durante a ação. Norris Bradbury, o diretor de Los Alamos, pediu que os projetos fossem aperfeiçoados para tornar as bombas atômicas mais simples, menores, mais leves e mais seguras de manusear. Esses melhoramentos levariam anos. Enquanto isso, a segurança das armas nucleares americanas dependeria de checklists, procedimentos padronizados e uma cultura de laboratório baseada na baixa tolerância a erros.

Bradbury se preocupava com o que aconteceria se um bombardeiro B-29 levando uma bomba Mark 3 totalmente montada caísse em território americano. A taxa de acidentes dos B-29 era alta: dois haviam caído e se incendiado nas pistas de Tinian durante a decolagem na noite anterior ao bombardeio de Nagasaki. Em 1947, o Projeto de Armas Especiais das Forças Armadas decidira que a etapa final da montagem das bombas Mark 3 deveria ocorrer sempre fora dos Estados Unidos.[119] Desconhecia-se a confiabilidade dos componentes eletrônicos, mecânicos e explosivos das armas, e Bradbury achava que uma queda durante a decolagem significaria "um risco potencial muito grave para uma vasta área próxima".[120]

A Mark 3 era considerada perigosa demais para ser transportada já montada sobre o território americano. Mas nenhuma restrição de segurança foi imposta aos voos da bomba sobre a Grã-Bretanha. Secretamente, construíram-

-se instalações para a fabricação da bomba em duas bases da Real Força Aérea,[121] Sculthorpe e Lakenheath. Antes de atacar a União Soviética, os B-29 partiriam dos Estados Unidos com bombas Mark-3 parcialmente montadas e aterrissariam nas bases britânicas. Lá os núcleos de plutônio seriam inseridos nas armas, e os B-29 seguiriam para seus alvos soviéticos. Se um dos B-29 caísse durante a decolagem, a base da RAF, assim como as cidades próximas, poderia ser arrasada. Prevendo essa possibilidade, a Força Aérea americana explorou locais na área rural de Norfolk e Suffolk onde fosse possível esconder as bombas atômicas, de modo que, "se uma explodisse, as outras resistissem".[122]

Na primeira tentativa do AFSWP para montar uma bomba atômica, uma equipe de 36 homens precisou trabalhar por duas semanas para concluir a tarefa. Mau presságio para uma rápida retaliação contra um ataque soviético. Depois de muita prática, o tempo de montagem foi reduzido para aproximadamente um dia. Mas a bomba Mark 3 tinha várias desvantagens. Era um objeto complicado e delicado feito à mão, e tinha prazo de validade curto. A energia do sistema elétrico provinha de uma bateria de automóvel, que precisava ser carregada por três dias antes de instalada na bomba. A bateria podia ser recarregada por duas vezes no interior da Mark 3, mas dentro de uma semana era necessário substituí-la — e, para trocar a bateria, a arma inteira devia ser desmontada. Os núcleos de plutônio irradiavam tanto calor que derretiam as lentes explosivas se deixados por tempo demais na bomba. E os iniciadores de polônio dentro dos núcleos tinham de ser substituídos em poucos meses. Em fins de 1948, os Estados Unidos possuíam as peças e os núcleos necessários para montar 56 bombas atômicas,[123] o suficiente para uma blitz. Mas o Projeto de Armas Especiais das Forças Armadas só podia mobilizar uma equipe de montagem de bombas fora do país.[124] Levaria meses para essa única equipe montar tantas bombas atômicas — e um fio solto, alguma eletricidade estática ou o menor erro poderia pôr fim a toda a operação num átimo.

Robert Peurifoy estava no último ano da Universidade Texas A&M quando um recrutador do Sandia veio ao campus.[125] O programa de armas nucleares dos Estados Unidos estava em expansão e precisava de engenheiros. Peurifoy ficou fascinado. Ele não seguira os passos do pai, um renomado engenheiro civil que projetava estradas, prédios, represas e outras estruturas de concreto.

Interessava-se pelo estudo da eletricidade. Invenções recentes, como o radar, a televisão, o transistor e o computador, prometiam transformar a sociedade americana. Geralmente os estudantes de engenharia elétrica da A&M, depois de formados, iam trabalhar para a Dallas Power & Light ou outras concessionárias de energia elétrica. Projetar armas nucleares em um misterioso laboratório ultrassecreto pareceu muito mais interessante a Peurifoy. E ele era um grande patriota. Na primavera de 1952, os Estados Unidos estavam em guerra. Dois anos antes, com o endosso de Ióssif Stálin e Mao Tsé-tung, o regime comunista da Coreia do Norte invadira a Coreia do Sul, dando início a um conflito que acabaria por matar 2 milhões de civis.[126] A ameaça da agressão comunista deixava de ser hipotética; jovens soldados americanos mais uma vez estavam combatendo e morrendo fora do país. Quando o Sandia ofereceu um emprego a Peurifoy, ele mais que depressa aceitou. Parecia um bom modo de servir o país — e de satisfazer sua curiosidade.

Logo depois da formatura, Peurifoy e a mulher, Barbara, pegaram seus pertences na cidade de College Station e se mudaram para uma casinha alugada em Albuquerque, perto do laboratório. Ele tinha 21 anos, estava ansioso para ajudar no esforço de guerra e feliz por ter um emprego de 395 dólares por mês. Mas nos primeiros noventa dias foi obrigado a trabalhar na "colônia de leprosos" do Sandia, sem acesso às áreas secretas do laboratório. Enquanto o FBI investigava seus antecedentes, ele passava seis dias por semana registrando a lápis informações meteorológicas em cartões de computador IBM. Uma tarefa nada empolgante. No outono de 1952, Peurifoy obteve a "Q clearance", a licença que lhe permitia ter acesso a material ultrassecreto e à Tech Area I, as instalações de pesquisa do laboratório. Mas seu trabalho inicial no Sandia não lhe permitia ir à Tech Area II, um grupo separado de prédios cercado e com guaritas em todo o perímetro. Ali funcionava a primeira fábrica de bombas atômicas dos Estados Unidos.

Testes realizados alguns anos antes nas ilhas Marshall tinham mostrado que núcleos "compostos", feitos de uma mistura de plutônio e urânio, detonariam, o que pôs fim aos receios do Pentágono quanto a uma possível escassez de material físsil. Os Estados Unidos teriam mais que o suficiente para um grande arsenal de bombas atômicas. Em 1949 começara no Sandia a produção completa de uma nova bomba de implosão: a Mark 4. Ela possuía um núcleo composto. Podia ser montada em algumas horas, depois armazenada por algumas semanas. E era bem mais segura que os modelos anteriores. Segundo o relatório de avaliação final, a Mark 4 tinha uma variedade de características para "impedir a detonação prematura em todas as circunstâncias previsíveis".[127] A unidade X não era carregada antes que a bomba caísse do avião, o que reduzia imensamente o risco para a tripulação. Mais importante era que o núcleo do reator ficava na cabine do piloto durante a decolagem e era inserido no nariz da bomba através de uma escotilha durante o voo. Enquanto o núcleo se mantivesse fisicamente separado do resto da bomba, era impossível que uma queda do avião causasse uma explosão nuclear.

Os dias de armas nucleares feitas à mão tinham terminado. No Sandia, a Mark 4 agora era produzida com peças padronizadas, intercambiáveis. O mesmo vale para sua substituta, Mark 6, uma arma mais leve e bem-acabada, com um potencial de liberação de energia dez vezes maior que o da bomba que destruíra Hiroshima. Assim que uma arma era montada na Tech Area II, mandavam-na para o Site Able, um depósito da AEC instalado em um túnel na montanha Manzano, ali próxima, ou para o Site Baker, em Killeen, Texas, ou para o Site Charlie, em Clarksville, Tennessee. Os depósitos se situavam perto de bases do SAC, de modo que as bombas pudessem ser rapidamente buscadas e postas em aviões no caso de uma emergência.

A demanda por armas nucleares nas Forças Armadas era tamanha que o Sandia já não dava conta da produção. Estava em formação um "complexo fornecedor integrado",[128] com terceirização para fábricas em todo o país. Iniciadores de polônio seriam feitos pela Monsanto Chemical Company, em Miamisburg, Ohio; lentes explosivas, pela Silas Mason Company, em Burlington, Iowa; componentes elétricos, pela Bendix Aviation Corporation, em Kansas City, Missouri, e assim por diante. O que começara como um experimento artesanal em laboratório agora era o foco de um florescente sistema industrial. E a ideia de pôr as bombas atômicas sob controle internacional, a ideia de proibi-las, toda a noção de um governo mundial e paz global agora pareciam uma fantasia absurda.

Pediram a Bob Peurifoy que ajudasse a redesenhar os mecanismos de armar e detonar para as novas bombas, Mark 5 e Mark 7, pequenas o suficiente para ser transportadas por embarcações da Marinha. O trabalho já tinha começado para a Mark 12, a Mark 13 e a Mark 15, uma bomba que prometia ser mais potente que todas as outras.

Transgressão

Jeff Kennedy tinha acabado de voltar para casa depois de um jogo de raquetebol quando o telefone tocou.[1] Eram umas sete da noite, e ele estava se preparando para jantar com a mulher e os dois filhos pequenos. Era do comando em serviço.

Há um problema lá no 4-7, disse a telefonista. As sirenes dispararam, e tem uma nuvem branca subindo dos respiradouros. Achamos que há um incêndio no silo.

Kennedy já lidara com vazamentos de combustível, vazamentos de oxidante e todo tipo de falha mecânica. Mas nunca vira um incêndio em um complexo do Titan II.

Apresente-se imediatamente ao posto de comando, ordenaram-lhe do comando em serviço. Mandaremos você de helicóptero para o complexo.

A coisa deve estar feia, pensou Kennedy. Em todos os seus anos servindo na Força Aérea, essa era a primeira vez que alguém lhe oferecia carona de helicóptero. Ele conhecia Charles Heineman, o chefe de equipe do PTS que estava trabalhando no 4-7 naquele dia. Heineman era bom, Heineman sabia distinguir entre combustível, fumaça e oxidante. Talvez houvesse um incêndio no silo. Seria espantoso.

Kennedy vestiu o uniforme, despediu-se da família e seguiu para o posto de comando. Ele era avaliador de controle de qualidade no 308º Esquadrão de Inspeção e Manutenção de Míssil. Mais importante do que esse título oficial era um fato amplamente reconhecido no 308º: Kennedy era o melhor mecânico de míssil da base. Conhecia o sistema de propulsão do Titan II melhor do que quase todos ali. Sabia consertá-lo. E parecia incorporar a autoconfiança e audácia das equipes do PTS. Kennedy era resoluto, destemido e franco. Robusto, com 1,95 metro de altura, ele era um líder para os recrutas que arriscavam a vida todos os dias nos silos. Nem sempre agradava aos oficiais comandantes. Mas eles o ouviam.

Na Base da Força Aérea em Little Rock, Kennedy recebeu as informações do coronel John T. Moser, comandante da unidade, e do coronel James L. Morris, chefe do esquadrão de manutenção. Tinham deixado cair um soquete grande dentro do silo, e o soquete perfurara o míssil e causara um vazamento no tanque de combustível do estágio 1. Os aspersores estavam ligados, inundando o silo de água. A equipe de combate do míssil estava tentando entender todas as luzes de advertência que piscavam no centro de controle. O subcomandante, Al Childers, achava que era só um vazamento de combustível. O técnico analista de sistemas de mísseis, Rodney Holder, achava que era um incêndio. A equipe do PTS na superfície informara que tinha visto fumaça — mas depois deixara o local às pressas e ficara incomunicável. Ninguém sabia seu paradeiro. A pressão estava caindo no tanque de combustível do estágio 1. E subindo no tanque de oxidante do estágio 1. Um poderia entrar em colapso e o outro, explodir.

Kennedy se surpreendeu quando lhe contaram sobre a rapidez com que os níveis de pressão tinham mudado durante a hora e meia desde que o soquete fora derrubado. O tanque de combustível do estágio 1 agora estava com 2,2 psi, cerca de um quinto do nível correto; o oxidante do estágio 1 estava em 18,8 psi, quase o dobro do que deveria ter. Ele nunca vira níveis de pressão se alterarem tão depressa.

O coronel Morris estava se preparando para seguir de helicóptero para o 4-7 e queria que Kennedy fosse com ele. Os dois não eram os melhores amigos. O quarentão Morris, cauteloso e metódico, era o tipo de sujeito que o pessoal do PTS gostava de menosprezar. Ele precisava saber o que estava acontecendo no complexo de lançamento, e julgava Kennedy o homem certo para descobrir. A Equipe para Mísseis em Risco Potencial improvisara um plano de ação: entrar no silo, determinar o tamanho do rombo no míssil, dar vazão aos vapores de combustível e tentar estabilizar o tanque de combustível do estágio 1 para impedir seu colapso. Obviamente nada disso seria possível se o silo estivesse em chamas. Dos respiradouros estava saindo fumaça, vapor de combustível ou ambos? Essa era a questão crucial. Morris e Kennedy partiram do posto de comando, foram para o pátio das aeronaves, entraram no helicóptero e decolaram.

Kennedy nunca tinha andado em um helicóptero da Força Aérea. Seu trabalho era mais voltado para equipamentos que ficavam no subsolo e, como a maioria do pessoal do PTS, sua carreira na manutenção de mísseis acontecera de surpresa, e não como a realização de uma velha ambição. Kennedy nascera e fora criado em South Portland, no Maine. Jogara basquete na escola, formara-se, casara-se e fora marujo na Casco Bay Lines, um serviço de transporte por balsas que ligava Portland às ilhas vizinhas. Em 1976 ele concluiu que com aquele trabalho não conseguiria mais pagar as contas. Tinha uma filha de um ano e outro filho a caminho. Precisava ganhar mais. Seu irmão sugeriu que entrasse para as Forças Armadas. Kennedy procurou recrutadores da Marinha, da Força Aérea e dos Fuzileiros Navais. Escolheu a Força Aérea porque o treinamento básico era o mais rápido.

Depois de se alistar, Kennedy esperava se tornar mecânico de aviões e ser designado para trabalhar na Flórida ou na Califórnia. Em vez disso, acabou sendo posto para aprender sobre transferência de propelente de míssil na Base da Força Aérea em Chanute, em Rantoul, Illinois. O curso lhe deu um excelente treinamento em detalhes técnicos do sistema de mísseis. Mas não a noção do quanto seria perigoso aquele trabalho. O Titan II simulado em Chanute era carregado com água, e não com oxidante ou combustível, e vazamentos acidentais não pareciam ser grande coisa. Kennedy aprendeu sobre os riscos durante seu treinamento prático no 308º, em Arkansas. Durante uma de suas primeiras idas ao complexo de lançamento, a equipe do PTS estava fazendo uma "reciclagem", removendo oxidante do míssil. Na vertical, perto da porta do silo, um enorme tanque de propano, conhecido como *burn bot*,* queimava o excesso de propelente que saía pelo respiradouro, rugindo como um motor de avião a jato e lançando rajadas de chamas. Esse tipo de queima controlada era rotineiro, como as labaredas de um campo petrolífero. Mas a chama se apagou, o oxidan-

---

* Burnbot, personagem de uma série da TV americana, era um robô equipado com lança-chamas. (N. E.)

te vazou, uma nuvem alaranjada escura pairou sobre o complexo, e o sargento ao lado de Kennedy comentou: "Está vendo aquela porcaria ali? Se encostar na sua pele, vira ácido nítrico".

Kennedy pensou: "Nossa!", e ficou observando, meio preocupado, enquanto a nuvem passava sobre o centro de controle e o resto da equipe do PTS continuava seu trabalho sem ligar muito.[2] Ele tinha vontade de sair correndo, sumir nas montanhas. Estava claro que os manuais de Chanute não explicavam o que realmente acontecia no trabalho. Kennedy logo aprendeu que uma coisa eram as regras para o modo de fazer as coisas, e outra era o modo como elas eram feitas. Os trajes RFHCO eram quentes e pesadões, horríveis de usar, e se uma tarefa de manutenção pudesse ser feita rapidamente e sem que um superior notasse, às vezes o traje não era vestido. A equipe do PTS entrava no compartimento hermético, escondia seus RFHCOs atrás de uma porta antiexplosão e entrava sem proteção no silo. O risco parecia menos importante do que evitar o incômodo. Uma vez Kennedy se esqueceu de fechar uma válvula quando desacoplava uma mangueira de respiradouro no silo, inalou oxidante e ficou cuspindo uma coisa nojenta durante uma semana. Em outra ocasião, ele teve a pele da parte superior da mão esquerda arrancada por uma queimadura com oxidante. Trabalhar sem o RFHCO violava uma vasta série de ordens técnicas. Mas forçava o sujeito a pensar a respeito do combustível, do oxidante e da tênue linha que havia entre ganhar tempo e fazer algo inacreditavelmente estúpido.

Em poucos anos, Kennedy assumiu a chefia de uma equipe do PTS. Ele adorava o trabalho e a responsabilidade. E adorava a Força Aérea. Onde mais um rapaz de 25 anos, sem diploma universitário, seria encarregado de operações complexas, arriscadas e essenciais em um complexo de míssil de centenas de milhões de dólares? E o fato de ali haver uma ogiva nuclear fazia o trabalho parecer ainda mais sensacional. Com o tempo, Kennedy aprendeu a valorizar o Titan II, a vê-lo como algo belo, temperamental mas imponente. Ele achava que era preciso tratar o míssil com respeito, como se faz com as moças. Manter os Titan II abastecidos e prontos para partir, garantir a segurança de seus comandados — essas eram suas prioridades, e ele gostava de cumprir seu dever.

As reciclagens eram uma das partes favoritas do trabalho para Kennedy. Requeriam semanas de preparação. As condições meteorológicas tinham de ser ideais, com o vento a, no mínimo, três nós e a temperatura ao ar livre em elevação, para que um vazamento não ficasse pairando sobre o complexo. Assim que as válvulas eram abertas e o combustível ou oxidante começava a sair, o chefe da equipe ficava encarregado da operação, e a adrenalina ia às alturas. O perigo era maior durante a carga e a descarga de propelentes; era quando havia a maior probabilidade de acontecer alguma coisa inesperada e potencialmente catastrófica. Ao fim de um longo dia, era sempre uma delícia terminar uma reciclagem, guardar as ferramentas, carregar os caminhões e mandar a equipe do PTS de volta para Little Rock.

Era um prazer trabalhar com alguns dos comandantes da equipe de combate de míssil, Kennedy pensava, mas outros eram uns babacas, oficiais que gostavam de se intrometer em coisas que não sabiam. O centro de controle de lançamento e o silo estavam a algumas centenas de metros um do outro, mas a distância entre os homens que trabalhavam neles muitas vezes parecia ser de quilômetros. Uma ocasião, quando Kennedy estava aprendendo seu ofício, o chefe de sua equipe foi criticado pelo rádio por um comandante da equipe de missilheiros por pular algumas linhas em uma ordem técnica. "Comandante, se quer me dizer como devo fazer meu trabalho, tire a bunda da sua cadeira e venha aqui sentar na minha",[3] replicou o chefe. Kennedy logo adotou um modo semelhante de lidar com os oficiais da equipe de combate, muitos dos quais pareciam temer os propelentes: me deixe em paz, o trabalho será feito como tem que ser, e depois eu caio fora do seu complexo de lançamento.

Acima de tudo, Kennedy apreciava a forte lealdade entre as equipes do PTS, laços reforçados pelas tensões e perigos do trabalho. Eles cuidavam uns dos outros. No fim de um turno da noite, os membros da equipe de Kennedy às vezes jogavam cara ou coroa para decidir quem tomaria conta dos filhos dele. Então a mulher de Kennedy vestia farda, entrava sorrateiramente na base e se juntava ao pessoal para um rango à meia-noite no refeitório. As equipes do PTS não gostavam de quem não sabia aceitar uma piada. Não gostavam quando alguém não sabia trabalhar bem com os outros. E achavam mil modos extraoficiais de impor disciplina. Em um complexo de míssil, uma equipe de PTS esperou até que um soldado que não estava agindo direito vestisse seu RFHCO. Então o agarraram, meteram uma mangueira pelo pescoço do seu traje, encheram-no de água fria e deixaram o soldado estatelado no chão, berrando por socorro, incapaz de se levantar ou de tirar o RFHCO, rolando como um enorme balão de água. Ele entendeu o recado.

Fazia um ano que Kennedy vinha trabalhando como avaliador do controle de qualidade, um cargo que requeria visitar todos os complexos de lançamento e assegurar que o trabalho estivesse sendo feito apropriadamente. Ele já estivera no 4-7 muitas vezes. Quando o helicóptero se aproximava, o posto de comando informou pelo rádio os níveis de pressão mais recentes: o do tanque de oxidante do estágio 1 tinha subido para 23,4 psi, e o de combustível do estágio 1 caíra para 0,7 psi negativo. O nível de combustível deixou Kennedy apreensivo. A pressão negativa significava que estava se formando um vácuo no interior do tanque que sustentava o resto do míssil. O tanque de combustível do estágio 1 era como uma lata de conserva com o ar sendo tirado lá de dentro — com um latão de cinco quilos por cima. Primeiro o tanque ficaria amassado, depois ruiria. A notícia de que a equipe de combate acabara de evacuar o local deixou-o furioso. Cagões, Kennedy pensou. Isso iria tornar tudo muito mais difícil. Eles teriam ficado em segurança atrás das portas antiexplosão.

O piloto do helicóptero sobrevoou em círculo o complexo e apontou um holofote para o solo. Em meio à escuridão, Kennedy viu uma densa nuvem branca saindo dos respiradouros. Comentou com o coronel Morris que a nuvem parecia ser vapor de combustível, e não fumaça. Era vazamento de combustível, Kennedy pensou, não incêndio. E isso significava que talvez — talvez — eles pudessem descobrir um modo de resolver a situação.

Mais ou menos na mesma hora em que Kennedy recebeu o telefonema do comando em serviço, Jim Sandaker também foi contatado. Sandaker, de 21 anos, era técnico do PTS.[4] Tinha mulher e filha de um ano, e o telefonema pegou-o em casa, na base. O comando em serviço disse que havia um vazamento de combustível no 4-7 e lhe pediu que convocasse alguns outros membros do PTS e fossem para lá. Sandaker desligou e disse à mulher: "Vou ter que ir".[5] Vestiu o uniforme e seguiu para o quartel. Ele era um sujeito afável e benquisto, discreto, sensato, um matuto de Evansville, Minnesota, que largara os estudos no ensino médio e se alistara na Força Aérea aos dezessete anos. Quando chegou ao quartel e pediu voluntários dizendo que era uma emergência, ninguém acreditou. Pensaram que fosse brincadeira.

"Pois então liguem para o comando em serviço e perguntem", disse Sandaker.[6]

Alguém ligou e constatou que Sandaker não estava pregando nenhuma peça. Homens começaram a vestir o uniforme e a correr para o almoxarifado do PTS, não porque fossem obrigados a ir, mas por acharem que era o certo. Seus colegas do 4-7 precisavam de ajuda. Formou-se a equipe "B" do PTS com um grupo improvisado de voluntários, o pessoal mais entusiasmado. Pegaram as coisas que talvez viessem a ser necessárias no complexo do míssil: trajes RFHCO, cilindros de oxigênio com máscara, garrafas térmicas contendo ar líquido, ferramentas, rádios. O chefe da equipe, o sargento Michael A. Hanson, disse-lhes para partirem do princípio de que não seria possível usar nada do 4-7, portanto deviam começar do zero. O almoxarifado do PTS era um hangar de aviões com tamanho suficiente para conter alguns Titan II e salas menores destinadas a tarefas especiais. Os homens da Equipe B puseram seu equipamento em meia dúzia de caminhões e ansiavam por partir logo, como reforços seguindo para o salvamento.

Além da equipe do PTS, foram mandados para Damasco um caminhão com 1,7 mil litros de alvejante e um trator-trailer com uns 19 mil litros de óleo mineral. O alvejante poderia ser usado para neutralizar o combustível de foguete e torná-lo menos explosivo. O óleo mineral, despejado por mangueira nos respiradouros do silo, poderia formar uma camada sobre o combustível, aprisionando os vapores. O "trailer de óleo de bebê",[7] como alguns chamaram o veículo, era novinho — e ninguém jamais tinha tentado usar óleo de bebê para impedir uma explosão em um complexo do míssil Titan II.

Em outra parte da Base da Força Aérea em Little Rock, a Força de Atendimento em Desastres estava pronta para partir. Seu comandante, o coronel William A. Jones, era também o comandante da base e chefe do 314º Grupo de Apoio em Combate, um esquadrão de aviões de carga ali estacionados. Jones era novo em Little Rock; chegara havia dois meses. Ainda não fizera um curso de controle de desastres e não tinha muita experiência em mísseis Titan II. Seus aviões de carga faziam parte do Comando de Transporte Aéreo Militar, os mísseis eram do Comando Aéreo Estratégico, e, embora ambos os comandos dividissem a mesma base, suas missões raramente se cruzavam. A Força de Atendimento em Desastres se destinava a lidar com qualquer emergência militar, grande ou pequena, que envolvesse unidades em Little Rock. Durante seu breve período no comando dessa tropa, a única emergência que Jones enfrentara tinha sido a busca por um artilheiro de cauda de um bombardeiro B-52. Ele se ejetara do avião por engano, temendo que o aparelho fosse cair. O B-52 aterrissou em segurança, e o mesmo se deu com o artilheiro, cujo paraquedas foi facilmente avistado flutuando no rio Arkansas.

Depois de ser informado sobre o problema no 4-7, Jones decidiu não convocar toda a Força de Atendimento em Desastres. Achava que o desastre ainda não tinha acontecido. A tropa não levou máscaras antigases, detectores de vapores tóxicos, detectores de radiação, equipamento de combate a incêndio. Entretanto, Jones levou um assessor de imprensa para falar com a mídia e um procurador-geral da Justiça Militar (na sigla em inglês, JAG), para lidar com eventuais ações legais dos vizinhos do complexo do míssil.

Por volta das nove horas, os cerca de dez integrantes da força partiram da base em um pequeno comboio. Alguns deles foram no posto de comando móvel, uma picape com duas fileiras de assentos e um módulo de camping acoplado. Um bioengenheiro seguiu em uma van que levava equipamento para monitorar o vapor de vazamento de combustível. Um médico e dois paramédicos foram numa ambulância. E o assessor de imprensa se juntou ao coronel Jones no carro do comandante da base, em companhia do procurador-geral da Justiça Militar, munido de seu kit para ações judiciais por desastres.

Sid King permaneceu no escuro ao lado do Live Ear, no acostamento da Highway 65, com vista para a entrada do complexo do míssil. Uma equipe de filmagem da KATV estava a caminho, e repórteres de outras emissoras de TV de Little Rock e de jornais locais não estavam muito longe. Não parecia estar acontecendo grande coisa. A nuvem branca ainda subia do complexo, mas aparentemente ninguém estava tomando providência nenhuma. Havia uns doze homens com uniforme da Força Aérea em volta de uma picape azul no fim da estrada de acesso. Um oficial de segurança estava na cabine, falando pelo rádio com o posto de comando. E um helicóptero sobrevoava o local, de holofote apontado para o chão, à procura de lugar para pousar.

A equipe de combate do míssil se sentia aliviada por estar ao ar livre, a quase um quilômetro de distância do silo. Era uma noite amena, a ajuda estava a caminho, e todo mundo conseguira sair a salvo do complexo. O problema do míssil não tinha sido resolvido, mas o pessoal estava calmo. Foi então que Rodney Holder olhou para o alto e viu que o helicóptero estava prestes a atingir alguns fios de alta-tensão. O piloto não os enxergava na escuridão, e o aparelho estava descendo na direção exata dos fios. Holder começou a gritar e a agitar os braços, e com isso Mazzaro, seu comandante, também notou o que estava acontecendo. "Diga ao helicóptero para não aterrissar",[8] os dois gritaram em desespero para o agente de segurança na picape. "Diga para não aterrissar!" Num instante, Holder passara de tranquilo e relaxado a absolutamente aterrorizado, certo de que o helicóptero atingiria os fios de alta-tensão, perderia o controle e explodiria. Não aconteceu. No último instante, o piloto viu os fios, desviou e aterrissou em segurança numa plantação perto de uma casa rural do outro lado da rodovia.

Morris e Kennedy desceram do helicóptero e se juntaram aos homens que esperavam na estrada de acesso. Enquanto Mazzaro passava ao coronel as informações sobre o acidente, Kennedy e Holder discutiam o que deveria ser feito a seguir. Kennedy não tinha Mazzaro em alta conta e achava um absurdo sua equipe ter abandonado o complexo. Mas com Holder ele se dava bem. Os dois tinham feito juntos alguns cursos na universidade da base e respeitavam um ao outro. No entanto, agora discordavam sobre haver ou não um incêndio no silo. Por isso, Kennedy decidiu verificar pessoalmente. Pediu permissão ao coronel Morris para entrar no complexo — levando com ele David Powell, o homem que tinha derrubado o soquete.

Powell era um dos melhores amigos de Kennedy na Força Aérea. Quando Kennedy foi chefe de equipe do PTS, Powell fora seu braço direito. Kennedy podia contar com Powell para fazer praticamente qualquer coisa. Pedia-lhe para treinar novos técnicos do PTS, e Powell esperava se tornar chefe de equipe também, talvez um oficial subalterno. Powell era sempre calmo e confiável. Mas agora parecia nervoso, agitado, aborrecido. Depois que o helicóptero aterrissou, Powell fora correndo dizer a Kennedy: "Jeff, você não vai acreditar na merda que eu fiz".[9]

Powell acrescentou um detalhe: não só tinha derrubado o soquete, mas ainda por cima havia usado a ferramenta errada com ele. Uma ordem técnica recente determinava que, para apertar ou desapertar uma tampa de combustível no silo, sempre devia ser usada uma chave de torção. Antes, naquela noite, Powell e Plumb tinham chegado ao nível 2 do silo totalmente vestidos em seus RFHCOS e só então percebido que tinham esquecido a chave de torção no caminhão.

A Equipe A do PTS já tinha passado dez horas trabalhando naquele dia. Estavam todos cansados e, em vez de mandarem alguém lá para cima buscar a chave de torção e assim perder mais dez ou quinze minutos, Powell pegou a chave catraca pendurada na parede perto da porta antiexplosão 9. O soquete se encaixava na chave catraca, e fazia anos que equipes do PTS usavam aquela catraca em vez de uma chave de torção, sem problema nenhum. Powell já fizera isso, Kennedy também, praticamente todas as equipes do PTS já tinham feito isso. Dessa vez, o soquete se desprendeu. E ter usado a ferramenta errada poderia significar ainda mais encrenca para Powell.

"Ah, David", disse Kennedy. "David, David, David."[10]

O coronel Morris gostou da ideia de Kennedy. Seria ótimo poderem examinar melhor o que estava saindo dos respiradouros. Mas Morris não queria que ninguém se arriscasse perto demais do silo. O capitão Mazzaro também aprovou o plano. Tecnicamente, ele ainda estava no comando do complexo de lançamento. Antes de chegar ao complexo do míssil pela manhã, tinha assinado a declaração de responsabilidade pelo míssil e pela ogiva, e não queria que Kennedy e Powell se aproximassem desacompanhados do complexo. Mazzaro e seu subcomandante, Al Childers, ainda portando seus revólveres, iriam com eles. Os dois oficiais e os dois soldados partiram pela estrada de acesso na escuridão, levando lanternas.

A família de Sam Hutto cultivava a mesma terra por gerações.[11] Na sepultura de seu trisavô, a inscrição da lápide dizia: PIONEIRO DO CONDADO DE VAN BUREN E FUNDADOR DE DAMASCO. Os Hutto chegaram ao Arkansas antes da Guerra de Secessão, e a cidade onde se instalaram originalmente foi chamada Huttotown. Isso até que outro grupo de ancestrais de Sam, os Brown, decidissem procurar um nome mais bíblico. "Damasco" parecia ser um lugar que um dia já fora importante, um rival à altura de Jerusalém, no Arkansas, uns cinquenta quilômetros a leste. Por décadas a vida em Damasco permaneceu praticamente igual, com os agricultores lutando com o escasso solo arável em suas pequenas porções de terra. A pobreza parecia tão imutável quanto a paisagem. Nem a Grande Depressão deixou ali uma marca digna do nome. "Entramos, atravessamos e deixamos a Depressão sem jamais saber que estávamos em uma", disse certa ocasião o pai de Hutto.[12]

Apesar das agruras da vida rural, Sam Hutto achava que sua infância tinha sido perfeita. Ele nasceu em 1954, o mesmo ano em que seu pai deixou de criar galinhas e abriu uma fábrica de ração em Damasco. Todos na cidade, ao que parecia, se conheciam e eram aparentados. A criançada perambulava à vontade pelas terras de qualquer proprietário e caçava onde lhe desse na telha. A fábrica de ração ficava a uns três quilômetros da casa de Hutto, e seus pais lhe permitiam sair de casa de manhã com uma vara de pescar e seguir devagarinho para a fábrica, contanto que ele chegasse antes da hora da saída. Hutto frequentou uma escola a alguns quilômetros da plantação, deixou a cidade para estudar na universidade do Arkansas, em Fayetteville, passou mais ou menos um ano por lá; desistiu, permaneceu um ano na Arkansas Tech University, em Russellville, e voltou para casa. Não havia nada que desejasse no mundo fora de Damasco. Trabalhando na fábrica do pai ele tinha a chance de participar de encontros e conferências sobre ração por todo o país — e Hutto nunca foi a nenhum lugar que não lhe desse vontade de voltar para casa.

Durante anos as bases do Titan II no condado de Van Buren não chamaram muito a atenção. Sua construção proporcionara alguns empregos bem remunerados por um breve período, e o incêndio no silo de Searcy tirara a vida de alguns homens de Damasco. Mas, assim que os complexos de lançamento entraram em funcionamento, a maioria das pessoas parou de pensar neles. Sam Hutto às vezes via grupos indo para o complexo próximo de Damasco ou vindo de lá em suas picapes azuis da Força Aérea. Às vezes paravam na mercearia da cidade para comprar refrigerantes e doces. O complexo de lançamento era apenas mais um ponto de referência da região, útil para explicar o caminho. Quando alguém queria visitar Ralph e Reba Jo Parish, ensinavam-lhe: siga na direção norte a partir de Damasco pela Highway 65 por alguns quilômetros, passe a estrada de acesso da base do míssil, e a casa deles será a primeira à esquerda.

O vazamento de oxidante em janeiro de 1978 foi o primeiro sinal de que ter um Titan II na vizinhança podia ser um problema. Hutto estava trabalhando no celeiro quando ouviu a respeito do vazamento. Tinha 23 anos e ajudava o pai e o irmão mais velho, Tommy, no trabalho da fazenda. Alguns anos antes, a família vendera a fábrica de ração e entrara para o ramo dos laticínios. Um caminhão de leite entrou de ré no celeiro, e o motorista comentou alguma coisa sobre ter passado por uma nuvem alaranjada pelo caminho. Hutto foi lá fora dar uma olhada. A fazenda ficava em uma encosta a pouco mais de um quilômetro do complexo de lançamento, do outro lado da Highway 65. Hutto viu lá embaixo uma nuvem cor de laranja circundando o complexo e indo lentamente para o sul. Não achou que fosse nada muito importante e voltou ao trabalho. Seu pai, que estava cortando lenha a uns três quilômetros ao sul do 4-7, pensou que a nuvem parecia esquisita quando passou por lá. Deu-lhe dor de cabeça, mas não náuseas. Quando se espalhou a notícia de que a fumaça laranja tinha matado algumas cabeças de gado e mandado o xerife Anglin para o hospital, os habitantes de Damasco começaram a ter receio sobre a segurança do míssil Titan II, instalado a pouco mais de um quilômetro da escola primária da cidade. A resposta da Força Aérea ao vazamento — garantias de que estava tudo sob controle e de que o míssil estava perfeitamente a salvo — não os tranquilizou.

Sam Hutto estava em casa na noite de 18 de setembro de 1980 com sua mulher grávida e sua filha de um ano. O bebê poderia nascer a qualquer momento. Seu pai telefonou por volta das 19h30 e lhe disse para sair da casa. Era outro vazamento ou coisa parecida no complexo do míssil. O xerife Anglin tinha ido lá para ver o que estava acontecendo, encontrara um oficial da segurança da Força Aérea perto da cerca e perguntara se seria preciso evacuar a cidade. Não, está tudo sob controle, dissera o oficial de segurança. O xerife pegou o rádio e ordenou a evacuação de todas as casas em um raio de 1,5 quilômetro do complexo de lançamento. Os Parish eram os que moravam mais próximo do local, e talvez houvesse outras 25 casas na zona de evacuação, a maioria do lado leste da rodovia. A oeste do complexo, bosques e campinas se estendiam por centenas de hectares. Agentes do xerife bateram às portas, e vizinhos telefonaram uns aos outros para transmitir a ordem. Sam Hutto levou sua família de carro para a casa de seu irmão Tommy em Damasco, ajudou-os a se acomodar e saiu.

Era uma noite ruim para deixar a fazenda. O ciclo reprodutivo das vacas fora sincronizado, e agora havia umas vinte prestes a parir. Elas estavam em um pasto perto da estrada defronte ao 4-7. Hutto queria ver se as vacas e seus bezerros estavam bem. Conhecia perfeitamente as estradas vicinais de Damasco e tinha certeza de que conseguiria chegar à sua propriedade.

O Departamento de Serviços de Emergência do Arkansas tinha sido notificado pela Força Aérea às 18h47 de que havia um vazamento de combustível e possivelmente um incêndio no complexo do Titan II próximo a Damasco. Mas pelo resto da noite a Força Aérea forneceu pouquíssimos detalhes adicionais sobre o que estava acontecendo e se o vazamento poderia representar ou não uma ameaça à segurança da população.[13] Apesar de repetidos telefonemas à Base da Força Aérea em Little Rock, o Departamento de Serviços de Emergência só recebeu a resposta de que estavam cuidando do problema, e mais informações seriam fornecidas em breve. Os porta-vozes do quartel-general do SAC em Omaha também não elucidaram nada mais; disseram que a Força Aérea não sabia o que tinha causado o vazamento de combustível, que a nuvem branca que saía do silo não era tóxica e que não havia perigo de um incidente nuclear.

As autoridades estaduais tinham boas razões para encarar com ceticismo as palavras tranquilizadoras do governo federal. Alguns meses antes, quando cerca de 190 mil litros de água radioativa vazaram em uma usina nuclear próxima de Russellville,[14] a Comissão de Regulamentação Nuclear (na sigla em inglês, NRC) esperara cinco horas para informar o Departamento de Serviços de Emergência sobre o acidente. E então a NRC permitira que o gás fosse ventilado para fora do reator e se espalhasse pelo ar acima do condado de Pope, sem fazer caso das objeções do Departamento de Saúde do Arkansas.

As diferenças culturais entre o Comando Aéreo Estratégico e o governo do estado do Arkansas podem ter contribuído para o clima de desconfiança. A devoção do SAC à ordem, à disciplina, ao sigilo e a checklists destoava do jeito mais livre e irreverente que orientava a tomada de decisões em Little Rock. Steve Clark, o procurador-geral do Arkansas, tinha 33 anos. Paul Revere, o secretário de Estado, também. E William Jefferson Clinton, aos 34, era o mais novo governador dos Estados Unidos.

Educado na Universidade de Georgetown, na Universidade de Oxford e na Faculdade de Direito de Yale, Bill Clinton não era o tipo de pessoa que a Força Aérea incluiria nas deliberações sobre o destino de um míssil balístico.[15] Ele tinha organizado uma manifestação contra a Guerra do Vietnã, nunca servira nas Forças Armadas e defendia a descriminação da maconha. Durante a campanha de Clinton para governador em 1978, o *New York Times* descrevera-o como "um liberal populista alto e bem-apessoado, com um estilo e um modo de falar suaves como a palha do milho do Arkansas".[16] Sua vitória esmagadora naquele ano pareceu marcar uma mudança de geração — a ascensão ao poder de um brilhante e carismático representante da contracultura dos anos 1960. Muitos conservadores se indignaram com a ideia de Clinton e seus amigos jovens e idealistas governarem o estado. "Ele era um rapazola punk e cabeludo",[17] disse um legislador do Arkansas. "Tinha um monte de cabeludos trabalhando para ele, e era um liberal."

O governador Clinton começou seu mandato de dois anos com um programa ambicioso para um dos estados mais pobres do país. Conseguiu a aprovação do maior aumento de gastos com educação pública da história do Arkansas. Criou um Departamento de Energia para subsidiar pesquisas sobre conservação, combustíveis alternativos e energia solar. Propôs uma política de saúde para as áreas rurais que levaria médicos e assistência médica a comunidades de baixa renda. E deu início a providências para reparar a deteriorada rede de estradas do estado, prometendo investimentos em infraestrutura para criar empregos e melhorar a vida do cidadão comum. Vários dos principais assessores e oficiais de gabinete de Clinton foram recrutados fora do estado — uma clara mensagem de que os cargos em seu governo seriam ocupados com base no mérito, e não como recompensa por favores políticos. Em vez de ter um chefe de gabinete, Clinton recorria aos serviços de três assessores amigos, cabeludos, barbudos e avessos a paletó e gravata. Apelidados de "os Três Barbas",[18] eles pareciam professores universitários novatos de Berkeley. Para altos funcionários democratas do país todo, Little Rock agora era considerado um lugar bacana para se trabalhar, e o jovem governador virou convidado frequente na Casa Branca de Carter.

No segundo ano do governo Clinton, grande parte do entusiasmo e idealismo desaparecera. Diferenças pessoais, disputas políticas e sentimentos de traição haviam levado os Três Barbas a pedir demissão. Grupos industriais se empenharam para bloquear ou diluir muitas das reformas de Clinton, e a disposição do governador para fazer concessões descontentou muitos de seus aliados. Em vez de subsidiar a construção de estradas com impostos mais elevados sobre o uso de caminhões pesados — uma medida que enfrentou a oposição de empresas de transporte e dos avicultores do estado —, Clinton concordou em aumentar os impostos para os proprietários de picapes e carros velhos. A retórica e as ambições grandiosas do jovem governador perderam muito de seu atrativo assim que as pessoas perceberam que teriam de pagar mais para renovar a licença de seus veículos. Na primavera de 1980 uma série de tornados atingiu o Arkansas. No verão, o estado foi assolado por uma onda de calor e pela pior seca em meio século. Houve centenas de incêndios florestais. Refugiados cubanos, detidos pelo governo federal em uma base do Exército no estado, começaram uma rebelião. Tentaram fugir da base e tiveram uma breve escaramuça com a Guarda Nacional do Arkansas, aterrorizando os moradores da cidade vizinha, Barling. Cada novo dia parecia trazer mais uma crise ou desastre natural.

Depois de ter recebido quase dois terços dos votos populares em 1978, agora Bill Clinton enfrentava uma dura campanha pela reeleição, confrontando-se não só com a raiva e a frustração em seu próprio estado, mas também com a maré conservadora em alta por todo o país. Frank White, o candidato republicano ao governo do estado, contava com o forte apoio da direita religiosa e de muitos dos grupos industriais que Clinton antagonizara. A campanha de White apoiava a candidatura de Ronald Reagan, criticava Clinton por ter fortes ligações com Jimmy Carter, veiculava anúncios apresentando cubanos de pele escura em revolta na estrada para Barling, levantava questões a respeito daquele bando de cabeludos de fora do estado que parecia estar governando o Arkansas e criticava a mulher do governador, Hillary Rodham, por ser uma feminista que se recusava a adotar o sobrenome do marido.

Enquanto Lee Epperson, diretor do Departamento de Serviços de Emergência, tentava descobrir o que estava acontecendo na base do Titan II em Damasco, o governador Clinton passava a noite em Hot Springs. A Convenção Democrata do estado estava prestes a começar, e o vice-presidente Walter Mondale chegaria pela manhã para participar. Hillary Rodham permanecia em Little Rock, onde pretendia passar o fim de semana na mansão do governador com a filha de sete meses, Chelsea.

Jeff Kennedy queria ver mais de perto a nuvem branca que era levada pelo vento a uns sessenta metros dali.

"Capitão Mazzaro, temos de tirar aquele tanque de propano do complexo", disse Kennedy.[19] Com um incêndio no silo ele poderia pegar fogo. O tanque estava na área de estacionamento de veículos, perto dos respiradouros, preso a uma picape. Kennedy sugeriu que entrassem no complexo e rebocassem o tanque para longe dali.

Mazzaro achou boa a ideia. Mas ele e Childers não tinham a menor vontade de fazer aquilo. Não haviam trazido máscaras antigases, e pensar em atravessar nuvens de vapor de combustível sem máscara não era nada tentador. Kennedy e Powell pareciam ansiosos para mover o tanque; Mazzaro disse-lhes que fossem. Ele e Childers esperariam perto da cerca.

O portão continuava trancado, por isso Kennedy e Powell tinham de sair da estrada de acesso, contornar o complexo e entrar pela abertura da cerca. Kennedy estava de farda e botas de combate. Powell, ainda de ceroulas e com as botas pretas de vinil do seu RFHCO. Foram andando ao longo da cerca de arame, à procura da abertura.

Kennedy não tinha intenção de mover o tanque de propano. O que pretendia era entrar no centro de controle subterrâneo e ver os registros mais recentes da pressão nos tanques do estágio 1. Eram informações cruciais. Para salvar o míssil, precisavam saber o que estava acontecendo dentro dele. Mazzaro não gostaria desse plano, por isso Kennedy não lhe contara. A finalidade era evitar uma catástrofe. "Se Mazzaro não tivesse abandonado o centro de controle, eu não precisaria fazer isso", Kennedy pensou.

Vapores de combustível faziam um redemoinho sobre o portal de acesso, mas o alçapão da saída de emergência parecia livre deles. Kennedy correu para lá, com Powell alguns passos atrás. Em todas as suas visitas a complexos do Titan II ao longo dos anos, para consertar isso ou aquilo, Kennedy nunca tinha estado no alçapão de emergência. A grade de metal tinha sido removida na superfície, e os dois homens entraram no duto de ar, com Kennedy na frente.

"Fique aqui", Kennedy disse.[20]

"De jeito nenhum!", Powell replicou.[21]

"Será mais seguro se eu descer sozinho", disse Kennedy. "Vou poder sair mais rápido."

"Vou dar três minutos a você, depois vou descer."[22]

Kennedy desceu a escada e seguiu rastejando pelo estreito túnel de aço. Usava máscara antigases. Tinha certeza de que as portas antiexplosão estavam lacradas e de que o centro de controle não tinha sido contaminado. Mas não queria ficar tempo demais lá embaixo. O ar do nível 3 parecia limpo, e as luzes ainda estavam acesas. Ele saiu pelo alçapão e subiu correndo as escadas. Tudo parecia bem, não havia sinal de que a porta antiexplosão 8 estivesse danificada. Kennedy se sentou diante do console de lançamento do comandante e apertou os botões da PTPMU. Anotou em um papel as pressões do tanque de propelente indicadas pela máquina.

"Temos merda das grandes aqui", Kennedy pensou.

A pressão no tanque de oxidante do estágio 1 subira para 29,6 psi. Nunca deveria exceder dezessete psi. E o disco ruptor no topo do tanque era projetado para se romper quando a pressão atingisse cinquenta psi. Se até então o tanque não tivesse se rompido, o disco ruptor atuaria como uma válvula de segurança e liberaria oxidante no interior do silo, atenuando parte da pressão. Em condições normais, isso seria bom, só que no momento havia milhares de litros de combustível no silo.

A pressão no tanque de combustível do estágio 1 caíra para dois psi negativos. Tinham dito a Kennedy que o tanque provavelmente se romperia quando sua pressão atingisse entre dois e três psi negativos. Ele se surpreendeu com a grande queda de pressão na última hora.

Eu nem trouxe relógio, Powell percebeu, momentos depois de Kennedy desaparecer pelo alçapão. Após contar os segundos por algum tempo, Powell calculou que os três minutos já tinham passado. Desceu a escada até a metade para procurar Kennedy e então ouviu-o gritar: "Não há espaço para dois!".[23] Kennedy estava subindo a escada às pressas.

"Meu Deus!", exclamou Powell depois de saber sobre as pressões mais recentes dos tanques.[24] Eles saíram do alçapão de emergência, deixaram o complexo pela abertura da cerca e voltaram para o portão.

Kennedy disse a Mazzaro que não tinham conseguido mover o tanque de propano, e nada mais. Os quatro andaram pela estrada de acesso até a Highway 65. O coronel Morris estava sentado em uma picape à beira da estrada. Kennedy chamou-o e se afastou com ele para conversarem.

"Coronel, estes são os registros das pressões", disse Kennedy.[25]

Morris perguntou: "Mas como foi que você conseguiu isso?".[26]

Kennedy contou que tinha entrado no centro de controle. A situação era urgente. Precisavam fazer alguma coisa a respeito daquele míssil, e imediatamente.

Morris ficou satisfeito por ter os novos dados, mas contrariado com o que Kennedy acabara de fazer.

Era preciso tomar alguma providência, e já, Kennedy falou. Antes, ainda naquela noite, ele tinha suposto que as pressões nos tanques se estabilizariam, mas não foi o que aconteceu. Explicou a Morris como a situação estava perigosa. Havia um grande vazamento de combustível, e não um incêndio, e o tanque de combustível do estágio 1 não aguentaria por muito mais tempo. Se não fizessem alguma coisa logo, ele seria comprimido como uma sanfona. Se não fizéssemos alguma coisa depressa, aquele troço explodiria.

O coronel Morris perguntou a Mazzaro se ele sabia o que Kennedy acabara de fazer. Contou-lhe, e Mazzaro ficou furioso.

Morris ligou para o posto de comando pelo rádio e mencionou os últimos dados sobre a pressão dos tanques, sem dizer como os tinha obtido. Mazzaro então pegou o rádio e contou a Little Rock que Kennedy tinha desobedecido às ordens e transgredido a regra dos dois homens.

Kennedy não se importava com aquela baboseira toda. Queria salvar o míssil. E tinha um plano, um bom plano, que poderia dar certo.

Morris concordou em ouvi-lo.

Precisamos abrir a porta do silo, disse Kennedy. Isso liberaria bastante vapor de combustível, diminuiria o calor no silo e aliviaria a pressão no tanque de oxidante do estágio 1. Depois precisamos baixar as plataformas de trabalho — todos os nove níveis — para sustentar o míssil e mantê-lo em pé. As plataformas podem impedir que o míssil desabe ou tombe contra a parede do silo. E então precisamos enviar uma equipe do PTS lá para baixo, para estabilizar o tanque de combustível do estágio 1, enchê-lo de nitrogênio e restaurar a pressão positiva.

Para o plano de Kennedy funcionar, alguém teria de entrar novamente no centro de controle para que fosse possível baixar as plataformas e abrir a porta do silo. Al Childers e Rodney Holder se declararam dispostos a ir, se houvesse alguma chance de salvar o míssil.

O coronel Morris ouviu com atenção e em seguida falou com o posto de comando.

Uns quinze minutos depois, Morris informou a Kennedy a resposta do posto de comando: nada, absolutamente nada deveria ser feito sem a aprovação do quartel-general do SAC, em Omaha. O major-brigadeiro Lloyd R. Leavitt Jr., vice-comandante em chefe do Comando Aéreo Estratégico, agora era o responsável pelo complexo de lançamento em Damasco. O problema do míssil e as ideias sobre como resolvê-lo estavam sendo discutidos. Eram 21h30, quase três horas desde a queda do soquete. Enquanto não chegassem novas ordens de Omaha, todo mundo teria de esperar, disse Morris.

Megamorte

Fred Charles Iklé começou sua pesquisa sobre destruição por bombas quando fazia pós-graduação na Universidade de Chicago.[1] Nascido e criado em um vilarejo alpino próximo a St. Moritz, ele passou a Segunda Guerra Mundial em segurança graças à neutralidade da Suíça. Em 1949 Iklé largou os estudos em Chicago e viajou pela Alemanha arrasada por bombardeios. A guerra não afetara diretamente sua família, e ele queria saber como as pessoas enfrentavam a devastação em tão grande escala. Uma das cidades que ele visitou, Hamburgo, tivera quase o mesmo número de vítimas que Nagasaki e perdera uma parcela ainda maior de moradias. Uma série de bombardeios pelos Aliados matara por volta de 3,3% da população de Hamburgo[2] e destruíra aproximadamente metade de suas casas.[3] No entanto, Iklé descobriu que os habitantes de Hamburgo eram resilientes. Não fugiram em pânico da cidade. Tentaram preservar as rotinas bem conhecidas do cotidiano e agora pareciam decididos a reconstruir as casas, firmas e lojas em suas localizações originais. "Uma cidade reajusta-se à destruição mais ou menos como um organismo vivo reage a uma lesão", Iklé observou mais tarde.[4]

Depois de voltar para os Estados Unidos, Iklé escreveu uma tese de doutorado analisando a relação entre a intensidade do bombardeio aéreo e a densidade da população sobrevivente de uma cidade. Concluiu que os defensores do poderio aéreo tinham superestimado seus efeitos letais. Antes da Segunda Guerra Mundial, os planejadores britânicos supunham que, para cada tonelada métrica de altos-explosivos lançados sobre uma cidade, cerca de 72 pessoas seriam mortas ou feridas.[5] A proporção real, Iklé descobriu, era de apenas quinze a vinte vítimas por tonelada. E a estratégia da Real Força Aérea de atacar áreas residenciais e desalojar civis se revelou decepcionante. A oferta de alojamento na cidade era muito mais ampla que o previsto, pois quem ainda possuía sua casa convidava amigos, vizinhos e parentes desabrigados para lá ficar.

Iklé concebeu uma fórmula simples para prever como poderia vir a ser o grau de adensamento habitacional de uma cidade bombardeada.[6] Se P1 = a população de uma cidade antes da destruição, P2 = a população de uma cidade depois da destruição, H1 = número de casas antes da destruição, H2 = número de casas depois da destruição, e F = número de mortes, o "aumento que restabeleceria totalmente a densidade habitacional"[7] podia ser expresso por uma equação matemática:

$$\frac{P1-F}{H2} - \frac{P1}{H1}$$

Iklé ficou impressionado com a imensa capacidade das pessoas para suportar adversidades e superlotação. Mas havia limites. O ponto decisivo parecia ser atingido quando aproximadamente 70% das habitações da cidade eram destruídas.[8] É quando as pessoas começam a partir em massa e procurar abrigo na zona rural.

A dissertação de Iklé atraiu a atenção da RAND Corporation, e logo ele foi convidado a participar do departamento de ciências sociais da instituição. Criado em 1946 numa parceria entre a Força Aérea do Exército e a Douglas Aircraft Company, o Projeto RAND se tornou um dos primeiros *think tanks* dos Estados Unidos,[9] uma universidade sem alunos onde acadêmicos e laureados com o prêmio Nobel de várias disciplinas podiam passar seus dias pensando sobre o futuro do poderio aéreo. A organização logo recebeu apoio do major-brigadeiro Curtis LeMay, cuja formação como engenheiro civil influenciara imensamente suas ideias na área militar. LeMay queria que as melhores cabeças civis do país criassem novas armas, táticas e tecnologias para a Força Aérea.

O primeiro estudo da RAND, "Preliminary Design of an Experimental World-Circling Space-Ship" [Projeto preliminar para uma nave espacial experimental de circum-navegação mundial], destacou a importância militar dos satélites mais de uma década antes do lançamento do primeiro deles. Posteriormente a RAND realizou estudos pioneiros sobre teoria dos jogos, redes de computadores, inteligência artificial, análise de sistemas e estratégia nuclear. Depois de cortar sua ligação com a Douglas Aircraft, a RAND se tornou uma organização sem fins lucrativos e passou a trabalhar sob contrato exclusivo para a Força Aérea. Na sede da RAND, em Santa Mônica, Califórnia, próximo da praia, em meio a uma exuberante atmosfera intelectual onde nenhuma ideia parecia absurda demais para ser investigada, físicos, matemáticos, economistas, sociólogos, psicólogos, cientistas da computação e historiadores colaboravam em estudos ultrassecretos. Por trás de todo o empreendimento estava uma grande fé na aplicação da ciência e da inteligência à guerra. A cultura da organização era rigorosamente destituída de sentimentalismo. Os analistas da RAND eram incentivados a considerar todas as possibilidades com calma, com racionalidade e sem emoção — a pensar sobre o impensável em defesa dos Estados Unidos.

Enquanto estava imerso em vários projetos da RAND, Fred Iklé continuou a estudar o que acontece quando cidades são bombardeadas. Seu livro sobre o tema, *The Social Impact of Bomb Destruction*, foi lançado em 1958. Incluía seu estudo anterior sobre a devastação de Hamburgo e analisava a questão de como as populações urbanas reagiriam a ataques nucleares. Iklé alertou que o planejamento da guerra nuclear estava recebendo muito mais atenção do que a preparação para as consequências dela. "Não é tarefa agradável lidar de modo realista com uma potencial destruição macabra e em larga escala",[10] Iklé escreveu no prefácio. "Mas, já que vivemos à sombra de uma guerra nuclear, temos de encarar com inteligência suas consequências e nos preparar para lidar com elas."

Baseado sobretudo em estatísticas, excluindo considerações morais ou humanitárias e escrevendo com fria precisão suíça, Iklé afirmou que a estratégia de atacar civis na Segunda Guerra Mundial fracassara em seus objetivos. Foram vítimas muito mais mulheres, crianças e idosos do que trabalhadores essenciais ao esforço de guerra.[11] As cidades se adaptaram aos bombardeios, e seu moral não foi facilmente abatido. Até em Hiroshima o desejo de revidar sobreviveu à explosão:[12] quando se espalharam rumores de que San Francisco, San Diego e Los Angeles tinham sido destruídas por bombas atômicas japonesas, as pessoas ficaram exultantes e animadas, com esperança de que ainda seria possível ganhar a guerra.

Mas um embate nuclear entre Estados Unidos e União Soviética traria uma nova série de dilemas. A primeira bomba atômica a atingir uma cidade poderia não ser a única. Fugir para o campo e permanecer lá poderia ser uma ação lógica. Iklé conjurou uma visão horripilante de ataques nucleares contínuos, milhões de vítimas, tempestades de fogo, "o indizível terror da enorme destruição",[13] atritos entre os habitantes rurais e os refugiados das cidades, vítimas da síndrome de radiação esperando angustiadas durante dias ou semanas para saber se haviam recebido uma quantidade fatal. Era ingenuidade pensar que a única escolha agora para os americanos era "um mundo ou nenhum". Talvez nunca fosse possível abolir as armas nucleares e seu uso talvez não significasse o fim da humanidade. Iklé queria que as pessoas confrontassem a ameaça de uma guerra nuclear com realismo, sem utopia ou desespero apocalíptico. Um país disposto a se preparar para o pior poderia sobreviver — de um jeito ou de outro.

Iklé passara anos analisando os horríveis detalhes de como cidades americanas poderiam ser destruídas. Seu interesse pelo assunto era mais do que acadêmico. Ele tinha mulher e duas filhas pequenas. Se os planos de guerra dos Estados Unidos ou da União Soviética fossem deliberadamente postos em prática, Iklé sabia, tão bem quanto qualquer pessoa, os horrores que sobreviriam. Um novo e perturbador receio lhe veio à cabeça: e se uma arma nuclear detonasse por acidente? E se uma arma fosse usada sem a aprovação do presidente — detonada por um erro técnico, um sabotador, um oficial traidor ou apenas por erro? Isso poderia de fato acontecer? E poderia inadvertidamente começar uma guerra nuclear? Com apoio da RAND, Iklé se pôs a investigar o risco de uma detonação acidental ou não autorizada. E o que concluiu não foi tranquilizador.

A ameaça de acidentes aumentara na década anterior, pois as armas nucleares se tornaram mais numerosas, mais disseminadas e imensamente mais potentes. No outono de 1949, cientistas americanos haviam travado um acirrado debate sobre criar ou não uma bomba de hidrogênio, apelidada de "Superbomba" ou "a Super". Ela prometia gerar uma força destrutiva milhares de vezes maior que a das bombas lançadas contra Hiroshima e Nagasaki. Enquanto estas últimas derivavam seu poder explosivo unicamente da fissão nuclear (a divisão de elementos pesados em outros mais leves), a bomba de hidrogênio recorreria a uma fonte adicional de energia, a fusão termonuclear (a combinação de elementos leves com outros mais pesados). Tanto a fissão como a fusão liberavam os nêutrons essenciais para uma reação em cadeia, porém a fusão liberava muito mais. O potencial de liberação de energia de uma bomba atômica era limitado pela quantidade de seu material físsil. Mas o potencial de liberação de energia de uma arma termonuclear parecia ilimitado; talvez fosse preciso apenas mais hidrogênio como combustível. A mesma energia que abastecia o Sol e as estrelas podia ser empregada para fazer desaparecer cidades.

O físico Edward Teller dedicara grande parte de seu tempo durante o Projeto Manhattan ao trabalho teórico em torno da Super. Mas o problema de como desencadear e sustentar reações de fusão nunca fora resolvido. Depois que a União Soviética detonou uma bomba atômica, em setembro de 1949, Teller começou a se empenhar pela aprovação de um programa intensivo para a construção de uma bomba de hidrogênio. Ele foi incansável, obstinado, brilhante e decidido a alcançar seu objetivo. "Tenho a convicção de que um acordo pacífico com a Rússia só será possível se conseguirmos uma superioridade esmagadora", Teller argumentou.[14] "Se os russos mostrarem uma Super antes de possuirmos uma, nossa situação será desesperadora."

O Comitê Consultivo Geral da Comissão de Energia Atômica deliberou sobre a proposta de Teller e decidiu por unanimidade se opor a ela. Chefiado por J. Robert Oppenheimer, o comitê argumentou que a bomba de hidrogênio não tinha realmente nenhum valor militar e encorajaria "a política de exterminar populações civis".[15] Seis membros do comitê assinaram uma declaração alertando que a bomba poderia se tornar "uma arma de genocídio".[16] Outros dois membros, os físicos Enrico Fermi e Isidor Rabi, esperavam que a Super fosse proibida por um acordo internacional e advertiram que uma bomba assim poderia ser "um perigo para a humanidade [...] uma coisa perversa sob qualquer luz que a consideremos".[17]

David Lilienthal, o chefe da AEC, foi contra a criação de uma bomba de hidrogênio, assim como a maioria dos membros da entidade. Mas um deles, Lewis L. Strauss, logo emergiu como um influente defensor da arma. Strauss não era físico nem ex-cientista do Projeto Manhattan. Era um financista aposentado de Wall Street que estudara até o ensino médio, tinha paixão pela ciência e profunda desconfiança da União Soviética. Na AEC ele fora o grande responsável por monitorar o sistema que detectou o teste da bomba atômica soviética. Agora queria que os Estados Unidos dessem um "salto quântico"[18] à frente dos soviéticos e "se dedicassem com a máxima urgência à criação da arma termonuclear".[19]

O senador Brien McMahon, chefe da Comissão Conjunta de Energia Atômica, concordava com Strauss. Alguns anos antes, McMahon tinha sido um crítico da bomba atômica e um destacado oponente dos esforços militares para controlá-la. Mas o clima político havia mudado: os democratas estavam sendo censurados por serem "lenientes com o comunismo", e a União Soviética agora assomava como um inimigo perigoso e implacável — além disso, McMahon era candidato à reeleição. Ele alertava que, se os soviéticos criassem uma bomba de hidrogênio e os americanos não, "poder total nas mãos do mal total seria igual a destruição".[20] A Força Aérea apoiou a iniciativa de construir uma Superbomba, e o mesmo fizeram o Projeto de Armas Especiais das Forças Armadas e os chefes do Estado-Maior Conjunto — embora seu presidente, o general de exército Omar Bradley, reconhecesse que a maior vantagem dessa arma provavelmente seria "psicológica".[21]

Em 31 de janeiro de 1950, o presidente Truman se reuniu com David Lilienthal, o secretário de Estado Dean Acheson e o secretário da Defesa Louis Johnson para deliberarem sobre a Superbomba. Acheson e Johnson já haviam expressado seu apoio à criação da arma. O presidente perguntou se os soviéticos seriam capazes de desenvolvê-la. Seus consultores supunham que sim. "Nesse caso, não temos escolha", Truman decidiu. "Vamos em frente."[22]

Duas semanas depois do anúncio público dessa resolução, Albert Einstein leu uma declaração sobre a bomba de hidrogênio em rede nacional de televisão.[23] Criticou a militarização da sociedade americana, a intimidação de todos os que se opunham a ela, as exigências de lealdade e sigilo, o "caráter histérico"[24] da corrida armamentista nuclear e a "desastrosa ilusão"[25] de que essa nova arma traria maior segurança aos Estados Unidos. "Cada passo parece ser a consequência inevitável do passo anterior", disse Einstein. "No fim, cada vez mais claramente nos acena a aniquilação geral."[26]

A decisão presidencial de construir a bomba de hidrogênio teve uma grande importância simbólica. Enviou uma mensagem à liderança soviética — e ao povo americano. Em uma guerra fria sem derramamento de sangue nem campos de batalha, a percepção de força era tão importante quanto a realidade. Um relatório secreto do Pentágono salientou mais tarde o papel central que as "condições psicológicas"[27] tinham na dissuasão nuclear. "Os sistemas de armas propriamente ditos contam apenas uma parte da história necessária", afirma o relatório.[28] O êxito dos planos de defesa dos Estados Unidos se baseava em um "programa de informação"[29] eficaz voltado para o povo: "O que dissuade não são as capacidades e intenções que temos, mas as capacidades e intenções que o inimigo pensa que temos. Portanto, o principal objetivo de um sistema de arma dissuasivo é psicológico. A missão é a persuasão".[30] A questão não era a utilidade da Super, e sim a intenção de construí-la. E esse tipo de lógica pautaria a corrida armamentista nuclear nos quarenta anos seguintes.

O debate sobre a bomba de hidrogênio fortaleceu a influência das Forças Armadas na política das armas nucleares, diminuiu a ascendência da Comissão de Energia Atômica e gerou um duradouro ressentimento entre muitos dos cientistas e físicos que haviam trabalhado no Projeto Manhattan. Mas todos os exaltados argumentos sobre genocídio, moralidade e o destino da humanidade se mostraram irrelevantes. A União Soviética vinha trabalhando em segredo na criação de uma bomba de hidrogênio no mínimo desde 1948. Segundo o físico Andrei Sakharov, considerado o pai da bomba H soviética, Ióssif Stálin estava decidido a ter uma arma dessas, independentemente do que os Estados Unidos fizessem. "Qualquer iniciativa americana de abandonar ou suspender os trabalhos para criar uma arma termonuclear teria sido interpretada ou como uma manobra astuciosa, enganosa, ou como prova de estupidez ou de fraqueza", escreveu Sakharov em suas memórias.[31] "Em qualquer dos casos, a reação soviética teria sido a mesma: evitar uma possível armadilha e explorar a insensatez do adversário."

Duas semanas depois que tropas norte-coreanas cruzaram a fronteira e invadiram a Coreia do Sul, o presidente Truman aprovou a transferência de 89 bombas atômicas para bases aéreas americanas na Grã-Bretanha.[32] Os chefes do Estado-Maior Conjunto temiam que a eclosão da guerra na Coreia fosse um prelúdio para uma invasão soviética da Europa Ocidental. A Comissão de Energia Atômica concordou imediatamente em entregar as bombas, menos um componente crucial: os núcleos dos reatores. Eles permaneceram em depósitos nos Estados Unidos, prontos para ser transportados de avião se uma guerra parecesse iminente. O Departamento de Defesa ainda se empenhava com veemência pela custódia do arsenal nuclear. O general de brigada Kenneth D. Nichols, chefe do Projeto de Armas Especiais das Forças Armadas, declarou que os militares deviam não só ter o controle das bombas atômicas, mas também projetá-las e fabricá-las. Frustrado pelo fato de tantos cientistas de Los Alamos se oporem à Super, Edward Teller batalhou pela criação de um novo laboratório de armas, apoiado pela Força Aérea, em Boulder, Colorado.

A AEC combateu essas propostas, mesmo reconhecendo a necessidade da prontidão militar. Em agosto de 1950, Truman aprovou a transferência de quinze bombas atômicas sem núcleo para o porta-aviões *Coral Sea*, que seguia para o Mediterrâneo.[33] A Força Aérea não gostou do precedente e insistiu para que, no futuro, todas as armas nucleares guardadas em porta-aviões ficassem sob o controle formal do Comando Aéreo Estratégico, e não da Marinha. No ano seguinte, quando soldados das Nações Unidas combatiam o Exército chinês na Coreia, a Força Aérea finalmente obteve a custódia das bombas atômicas com os núcleos do reator. Permitir que os militares tivessem a posse das bombas pareceu, na época, um passo fundamental. O tenente-brigadeiro Hoyt Vandenberg, chefe do Estado-Maior da Força Aérea, assumiu a responsabilidade pessoal pelas nove armas.[34] Elas foram transportadas para uma base aérea em Guam e permaneceram prontas para ser usadas contra os chineses, se necessário.

Em fins de 1950, os Estados Unidos possuíam cerca de trezentas bombas atômicas,[35] mais de um terço delas guardadas, sem o núcleo do reator, em porta-aviões ou em bases aéreas no exterior.[36] As demais eram guardadas nos três depósitos da AEC em território americano, ostensivamente sob controle civil. No entanto, essa custódia, determinada pela Lei de Energia Atômica, em muitos aspectos se tornara uma ficção jurídica. Por exemplo, no Site Baker, o depósito em Kileen, Texas, a AEC tinha onze funcionários[37] — e os militares, quinhentos, incluindo os duzentos que integravam a equipe de segurança. Os depósitos eram bem defendidos contra sabotadores e invasores, mas não contra todo tipo de uso não autorizado. O tenente-brigadeiro LeMay admitiu mais tarde que no Site Able, as instalações nas montanhas Manzano próximas do Sandia, havia disposições especiais:

> Nossos soldados guardavam [as bombas atômicas], mas não tínhamos a posse delas. [...] Controladas pelos civis, completamente. Eu me lembro de mandar alguém [...] para conversar com o sujeito que tinha a chave. Eu achava que, em certas condições — por exemplo, se acordássemos um belo dia e não houvesse

Washington ou coisa parecida —, eu iria pegar as bombas. O homem não teve nenhuma reação. Nunca tive de fazer isso, nem coisa alguma, mas tínhamos nos entendido.[38]

Esse acordo parecia necessário, considerando a natureza rudimentar do comando e controle na época. "Se eu estivesse sozinho e metade do país estivesse destruída e eu não pudesse receber ordens etc.", explicou LeMay, "não iria ficar lá de braços cruzados feito um palerma, sem fazer nada."[39]

Trabalhar na bomba de hidrogênio se tornou mais urgente quando ficou claro que a União Soviética estava tentando produzir uma. Poucos dias depois de Truman anunciar que os Estados Unidos fariam a Super, o físico britânico Klaus Fuchs confessou que havia espionado para os soviéticos. Em Los Alamos, Fuchs trabalhara no projeto original da bomba de implosão e fizera algumas das primeiras pesquisas sobre armas termonucleares. Em janeiro de 1951, apesar de um ano de muitos esforços, os cientistas americanos não tinham avançado na criação de uma bomba de hidrogênio. Teller propusera o uso de um dispositivo de fissão para iniciar o processo de fusão. Mas não conseguia descobrir um modo de conter a reação termonuclear por tempo suficiente para produzir uma liberação de energia significativa. O matemático Stanislaw Ulam deu duas novas ideias: o hidrogênio combustível deveria ser comprimido antes da ignição, e a detonação da bomba deveria acontecer em etapas. Teller foi fortemente influenciado pelas sugestões de Ulam e, em março de 1951, os dois apresentaram um texto em Los Alamos expondo o funcionamento básico de uma arma termonuclear, "On Heterocatalytic Detonations I: Hydrodynamic Lenses and Radiation Mirrors" [Sobre detonações heterocatalíticas I: Lentes hidrodinâmicas e espelhos de radiação]. Em seguida, requereram a patente de seu projeto de bomba H.[40]

Ulam descrevera sua proposta inicial como "uma bomba em uma caixa".[41] O projeto de Teller-Ulam derivado dessa combinação basicamente punha duas bombas de fissão em uma caixa, junto com isótopos de hidrogênio, como deutério e trítio, para servirem como combustível termonuclear. Eis o que aconteceria se tudo funcionasse como planejado: um mecanismo de implosão detonaria dentro de um cilindro grosso de metal revestido de chumbo. Os raios X emitidos por essa explosão seriam canalizados através do cilindro em direção ao combustível de hidrogênio que envolvia uma "vela de ignição" de urânio-235. O combustível e a vela de ignição estariam encaixotados dentro de uma camada cilíndrica de urânio-238, como cerveja num barril. Os raios X comprimiriam a caixa de urânio e o combustível de hidrogênio. Essa compressão tornaria o combustível tremendamente denso e então detonaria a vela de ignição de urânio no centro dele. Apanhados entre duas explosões nucleares, a primeira pressionando para dentro, a segunda empurrando para fora, os átomos de hidrogênio se fundiriam. Liberariam subitamente quantidades imensas de nêutrons, e esse dilúvio de nêutrons aceleraria a fissão da vela de ignição de urânio. Além disso, causaria a fissão da caixa de urânio. Tudo isso ocorreria em alguns milionésimos de segundo. E então o cilindro de metal contendo tudo explodiria.

A física e a ciência de materiais por trás do projeto de Teller-Ulam eram altamente complexas, e não havia garantias de que a bomba viesse a funcionar. Ela se baseava em um conceito, "implosão por radiação", que parecia plausível na teoria, mas nunca fora posto em prática. Os raios X da detonação do primeiro mecanismo, chamado "primário", teriam de ser focados e refletidos com precisão sobre o "secundário", o cilindro que continha o combustível e a vela de ignição. Usar raios X para implodir o secundário era uma ideia brilhante: os raios X se deslocariam à velocidade da luz, muito mais rápido do que a onda explosiva do primário. A diferença de velocidade prolongaria o processo da fusão — se a interação dos vários materiais pudesse ser compreendida adequadamente.

O aço, o chumbo, a espuma de plástico, o urânio e outros sólidos no interior da bomba seriam submetidos a pressões que chegariam a bilhões de libras por polegada quadrada. Seriam transformados em plasmas, e predizer seu comportamento dependia de uma compreensão minuciosa da hidrodinâmica — a ciência dos fluidos em movimento. Os cálculos matemáticos necessários para determinar o tamanho, a forma e a disposição apropriados dos componentes da bomba pareciam intimidantes. "Além de todos os problemas da fissão [...] neutrônica, termodinâmica, hidrodinâmica", Ulam recordou mais tarde, "surgiram outros, sobretudo problemas termonucleares: o comportamento de outros materiais, a questão das escalas temporais e a interação de todos os fatores geométricos e físicos."[42] No entanto, o projeto de Teller-Ulam era essencialmente simples. Com exceção do mecanismo de armar e explodir que detonava o primário, não havia partes móveis.

Em maio de 1951, dois testes nucleares no sul do Pacífico demonstraram que uma explosão nuclear podia desencadear a fusão termonuclear. Um dispositivo apelidado de "George", contendo trítio e deutério liquefeitos, produziu a maior liberação de energia nuclear já obtida: 225 quilotons, mais de dez vezes a da bomba de Nagasaki. Embora a fusão fosse responsável só por uma pequena parte dessa liberação de energia, a implosão por radiação realmente ocorreu. A detonação de "Item" alguns dias depois resultou em uma liberação de energia muito menor, porém de enorme importância. Ela confirmou a suposição de Teller de que as bombas de fissão podiam ser "turbinadas" — que sua força explosiva poderia ser imensamente ampliada inserindo-se uma pequena quantidade de trítio e deutério gasosos em seus núcleos, logo antes do momento da detonação. Quando um núcleo "turbinado" implodia, os isótopos de hidrogênio se fundiam e o inundavam de nêutrons, tornando a subsequente explosão por fissão entre dez e cem vezes mais potente. Armas turbinadas prometiam ser menores e mais eficientes do que as já existentes, liberando mais energia com muito menos material físsil.

Um teste em escala real do projeto de Teller-Ulam foi feito em 1º de novembro de 1952. Um dos primeiros computadores eletrônicos digitais fora montado em Los Alamos para fazer muitos dos cálculos necessários. A máquina se chamava MANIAC (sigla do termo em inglês "Mathematical Analyzer, Numerical Integrator, and Computer", ou Analisador Matemático, Integrador Numérico e Computador),[43] e o dispositivo que ela ajudou a criar, "Mike", parecia mais um grande alambique cilíndrico de uísque do que uma arma de destruição em massa. Mike media aproximadamente seis metros de altura e pesava mais de cinquenta toneladas. O dispositivo estava guardado em uma construção de alumínio corrugado na ilha de Elugelab. Quando Mike foi detonado, a ilha desapareceu. Transformou-se em pó e cinzas, que, puxados para o alto, criaram uma nuvem em forma de cogumelo que se ergueu por cerca de 44 quilômetros no céu.[44] A bola de fogo criada pela explosão tinha cinco quilômetros de largura.[45] Tudo o que restou da pequena Elugelab foi uma cratera circular cheia de água do mar, com pouco menos de dois quilômetros de diâmetro e quinze andares de profundidade.[46] O dispositivo liberou cerca de 10,4 megatons de energia,[47] aproximadamente quinhentas vezes mais potente que a bomba de Nagasaki.

O projeto de Teller-Ulam funcionou, e na época os Estados Unidos pareciam capazes de construir bombas de hidrogênio. "A guerra do futuro seria tal que o homem poderia extinguir milhões de vidas ao mesmo tempo, demolir as grandes cidades do mundo, aniquilar as realizações culturais do passado",[48] disse o presidente Truman dois meses depois, em seu discurso de despedida. Em seguida acrescentou, meio esperançoso: "Uma guerra assim não é uma política possível para homens racionais".

A ideia de usar armas nucleares pode ter parecido irracional para Truman, mas a base da política de dissuasão era a ameaça crível de usá-las. E planejar seu uso se tornara uma ocupação em tempo integral para muitas das mais brilhantes mentes americanas. Questões fundamentais de estratégia nuclear ainda aguardavam solução. O Projeto Vista, um estudo ultrassecreto do Instituto de Tecnologia da Califórnia, reviveu o debate militar sobre como defender a Europa Ocidental de uma invasão soviética.[49] Em 1950 a Organização do Tratado do Atlântico Norte (Otan) concordara em criar um exército aliado com 54 divisões[50] — o suficiente para deter o Exército Vermelho, que supostamente possuía 175 divisões.[51] Mas os membros europeus da Otan não enviaram os soldados necessários, e em 1952 a aliança parecia incapaz de pôr em ação até muito menos do que o número requerido. O pequeno contingente do Exército americano na Europa Ocidental servia na linha de frente como um "cordão de tropeçar" ou uma "parede de vidro".[52] Os soldados americanos estariam entre os primeiros a defrontar um ataque soviético, e em pouco tempo seriam subjugados, forçando os Estados Unidos a entrar na guerra. O Comando Aéreo Estratégico reagiria destruindo a maior parte da União Soviética. Mas ainda assim o Exército Vermelho conquistaria a maior parte da Europa, e as vítimas civis seriam extraordinariamente numerosas.

Os renomados acadêmicos e oficiais militares responsáveis pelo Projeto Vista, incluindo Robert Oppenheimer, concluíram que a blitz atômica do SAC era a resposta errada a uma invasão soviética. Bombardear as cidades da União Soviética poderia provocar uma retaliação nuclear contra as cidades da Europa Ocidental e os Estados Unidos. Em vez de recorrer ao bombardeio estratégico, os membros do Projeto Vista exortaram a Otan a substituir soldados por tecnologia, usar armas atômicas táticas de baixa potência contra as tropas soviéticas que avançassem e trazer "a batalha de volta ao campo de batalha".[53] Essa política poderia limitar a escala de qualquer guerra nuclear e poupar vidas, "*impedindo ataques a cidades amigas*".[54] Os oficiais superiores do Exército americano e os pilotos de combate do Comando Tático Aéreo (na sigla em inglês, TAC) da Força

Aérea dos Estados Unidos concordaram plenamente com essas conclusões, por razões humanitárias. Eles também se beneficiariam de qualquer política que reduzisse a influência do Comando Aéreo Estratégico.

Como seria de esperar, Curtis LeMay detestou a ideia das armas táticas de baixa potência. Achava que elas eram um desperdício de material físsil, que provavelmente não se mostrariam decisivas em batalha e seriam difíceis de manter sob controle centralizado. O único modo de vencer uma guerra nuclear, segundo o SAC, era atacar primeiro, e com força. "Uma ofensiva bem-sucedida traz a vitória. Uma defesa bem-sucedida agora só pode amenizar a derrota",[55] LeMay disse a seus comandantes. Além disso, uma blitz atômica direcionada a cidades soviéticas já não era a prioridade do SAC. Agora LeMay julgava muito mais importante destruir a capacidade soviética de usar suas armas nucleares. Os campos de aviação, bombardeiros, centros de comando e instalações nucleares da União Soviética se tornaram os principais alvos do SAC. LeMay não preconizava a guerra preventiva, um ataque de surpresa e sem motivo contra a União Soviética. Mas a estratégia da "contraforça"[56] que ele defendia era uma forma de guerra preventiva: o SAC planejava atacar no momento em que os soviéticos parecessem estar se preparando para usar suas forças nucleares. A morte de civis, embora inevitável, não era mais o objetivo. "O objetivo do poderio aéreo ofensivo agora tem de ser impedir o lançamento de armas de destruição em massa contra os Estados Unidos ou seus aliados",[57] argumentou LeMay. "Isso transcende todas as outras considerações, pois o preço do fracasso pode vir a ser pago com a sobrevivência nacional."

O presidente recém-eleito, Dwight D. Eisenhower, precisava, além de conciliar as demandas concorrentes de suas Forças Armadas, elaborar uma estratégia nuclear sensata. Eisenhower era bem preparado para a tarefa. Fora o comandante supremo das forças aliadas na Europa durante a Segunda Guerra Mundial, chefe do Estado-Maior do Exército depois da guerra e, mais recentemente, comandante supremo das forças da Otan. Compreendia as dificuldades militares para defender a Europa Ocidental e o impacto revolucionário das armas nucleares. O Projeto Manhattan prestava contas a ele antes de a AEC assumir seu papel. Ele trabalhara em estreita colaboração com LeMay durante anos, e Oppenheimer informara-o sobre as descobertas do Projeto Vista. Eisenhower não gostava da União Soviética, mas não tinha a menor vontade de entrar em uma terceira guerra mundial. Depois de ser informado sobre os detalhes de como Mike fizera uma ilha inteira desaparecer, ele questionou, extraoficialmente, a necessidade de "acumularmos poder destrutivo suficiente para arrasar tudo".⁵⁸

Após trocar os chefes nomeados por Truman no Estado-Maior Conjunto, Eisenhower pediu à sua assessoria de segurança nacional uma "nova análise" sobre as políticas de defesa americanas. Em sua campanha presidencial ele havia prometido reduzir impostos e o tamanho do governo federal. Apesar de sua bagagem militar, estava ansioso para fazer cortes no orçamento da defesa, que triplicara durante o governo Truman. Em junho de 1953, enquanto uma ampla gama de propostas estava em estudo, os soviéticos esmagaram uma revolta popular na Alemanha Oriental. Dois meses depois, detonaram a RDS-6, uma arma termonuclear. Embora a potência da RDS-6 não fosse tão alta e seu projeto fosse rudimentar, esse teste tinha implicações assustadoras. Eisenhower era totalmente a favor de preservar a liberdade da Europa Ocidental e refrear o poder da União Soviética, mas sem levar os Estados Unidos à falência. A seu ver, o modo mais simples e menos dispendioso de atingir esses objetivos era possuir mais armas nucleares prontas para uso. E em vez de escolher entre uma estratégia baseada em grandes armas termonucleares e outra baseada em armas táticas menores, Eisenhower decidiu que os Estados Unidos teriam ambas.

No outono de 1953, a política de segurança nacional de seu governo foi exposta em um documento ultrassecreto, NSC 162/2. Reconhecia que os Estados Unidos não tinham efetivo suficiente para proteger a Europa Ocidental de uma invasão em massa dos soviéticos. E deixava claro que um ataque soviético provocaria uma resposta avassaladora: "Em caso de hostilidades, os Estados Unidos considerarão as armas nucleares disponíveis para uso, tanto quanto as demais munições de guerra".⁵⁹

Durante seu discurso sobre o Estado da União em janeiro de 1954, o presidente Eisenhower anunciou sua nova política, declarando que os Estados Unidos e seus aliados manteriam "uma enorme capacidade de contra-atacar".⁶⁰ Cinco dias depois, seu secretário de Estado, John Foster Dulles, declarou que a segurança dos Estados Unidos dependeria de "uma grande capacidade de retaliar, instantaneamente, pelos meios e nos lugares de nossa escolha".⁶¹ Esses dois discursos deixaram a impressão de que os Estados Unidos reagiriam a qualquer ataque soviético com um ataque nuclear fulminante, uma estratégia que logo passou a ser conhecida como "retaliação em massa".⁶²

A Força Aérea e o Comando Aéreo Estratégico foram os mais beneficiados pelo "new look" de Eisenhower. O SAC tornou-se a organização militar predominante nos Estados Unidos; sua missão era considerada essencial à segurança nacional e seu comandante prestava contas diretamente aos chefes do Estado-Maior Conjunto. Enquanto o resto das Forças Armadas sofria cortes de gastos e efetivo, o orçamento do SAC crescia. Em alguns anos, o pessoal do SAC cresceu quase um terço,[63] e o número de aeronaves quase dobrou. A demanda do SAC por armas nucleares também foi à estratosfera, impelida pelo novo enfoque sobre os alvos da contraforça. A União Soviética possuía bem mais campos de aviação do que grandes cidades, e destruí-los exigiria muito mais bombas. O orçamento da Marinha para a construção de navios ficou estagnado, mas o new look não inspirou outra revolta dos almirantes. A Marinha já não parecia obsoleta. Conseguira a aprovação para novos porta-aviões, cada um deles equipado para levar armas nucleares. A Marinha também se empenhou por substitutos de alta tecnologia para muitas armas convencionais: cargas de profundidade atômicas, torpedos atômicos, mísseis atômicos antinavio.

Apesar dos quase quarenta anos de serviço de Eisenhower no Exército, a instituição foi a que sofreu os maiores cortes no orçamento e perdeu mais de um quinto de suas verbas e cerca de um quarto de seu efetivo.[64] O general de exército Matthew B. Ridgway, chefe do Estado-Maior do Exército, tornou-se um crítico veemente da retaliação em massa. Ridgway demonstrara grande liderança e integridade comandando forças terrestres na Segunda Guerra Mundial e na Coreia. Defendia os seguintes pontos de vista: os Estados Unidos ainda precisavam de um Exército forte para lutar em guerras convencionais; a excessiva dependência de armas nucleares era algo perigoso e imoral; sem a menor necessidade, a política de Eisenhower ameaçaria civis; e "a falência fiscal nacional seria incomparavelmente preferível à falência espiritual nacional".[65] A crítica inflexível de Ridgway ao new look acarretou sua reforma precoce. Mas o Exército encontrou modos de se adaptar. Fez um forte lobby em favor de projéteis de artilharia atômicos, mísseis antiaéreos atômicos, minas terrestres atômicas. Em depoimento secreto a uma comissão do Congresso, um dos ajudantes mais próximos de Ridgway, o general de divisão James M. Gavin, explicitou mais tarde exatamente o que o Exército requeria: 151 mil armas nucleares.[66] Segundo Gavin, o Exército precisava de 106 mil para uso em campo de batalha e mais 25 mil para defesa aérea. As 20 mil restantes podiam ser partilhadas com aliados dos Estados Unidos.

* * *

Em Los Alamos e no Sandia, um programa intensivo para produzir bombas de hidrogênio tinha começado muito antes de estar claro que o projeto de Teller-Ulam funcionaria. A semana de seis dias se tornou rotina, e os laboratórios frequentemente ficavam movimentados também aos domingos. O objetivo era produzir um punhado de bombas H que a Força Aérea pudesse usar caso a Europa Ocidental fosse invadida de súbito. Em contraste com as bombas de fissão, que eram produzidas em fábricas espalhadas pelo território americano, essas armas da "capacidade de emergência"[67] seriam montadas manualmente no Sandia e guardadas nas proximidades, no Site Able. Seus componentes não teriam de passar pelos mesmos testes em campo usados para as outras bombas do arsenal. Enquanto Teller e Ulam se engalfinhavam com as questões teóricas de como sustentar a fusão termonuclear, os engenheiros do Sandia lidavam com uma questão mais prática: como lançar uma bomba de hidrogênio sem destruir o avião que a levaria até o alvo?

Os cálculos mais recentes indicavam que uma bomba H pesaria umas dezoito toneladas, e o único bombardeiro americano suficientemente grande para transportá-la até a União Soviética, o B-36, era lento demais para escapar da onda de choque. A Força Aérea estudou a possibilidade de transformar o B-47, o novo bombardeiro a jato de médio alcance, em um drone sem piloto. O B-47 seria carregado com uma bomba de hidrogênio e transportado até a União Soviética em um navio de abastecimento B-36. O plano, que ganhou o codinome de Project Brass Ring [Projeto Anel de Bronze],[68] emperrou devido ao custo e à complexidade de criar um sistema de guiagem para o drone.

Harold Agnew, jovem físico de Los Alamos, propôs algo mais simples. Agnew era um pensador independente e iconoclasta do Colorado e estivera presente em alguns dos momentos cruciais da era nuclear. Quando fazia pós-graduação em Chicago, ajudara Enrico Fermi a produzir em 1942 a primeira reação nuclear em cadeia provocada pelo homem. Depois trabalhou no Projeto Manhattan, foi a Hiroshima como observador científico quando Little Boy foi lançada, levou às escondidas sua filmadora no avião e fez o único filme da nuvem em forma de cogumelo. Ele ajudou a construir Mike e assistiu à sua detonação de um navio a cerca de cinquenta quilômetros de distância, atônito por ver a ilha desaparecer. O calor da onda de choque foi aumentando, aumentando, como se nunca fosse terminar. Agnew lembrou que, enquanto investigava como se poderia lançar uma bomba H em segurança, ele assistiu a filmes de tanques nazistas sendo lançados de aviões presos a paraquedas.[69] Procurou um amigo da Força Aérea e disse: "Temos que descobrir como eles fizeram isso".[70]

A Força Aérea já tinha se interessado por aqueles paraquedas. Theodor W. Knacke, seu inventor, fora levado para os Estados Unidos depois da Segunda Guerra Mundial, durante um esforço ultrassecreto para recrutar cientistas nazistas especializados em foguetes e aeroespaço. O programa, conhecido como Project Paperclip [Projeto Clipe de Papel],[71] fora dirigido por Curtis LeMay, que mais tarde explicou seus objetivos: "resgatar aqueles Jerries* capazes e inteligentes de trás do arame farpado, pô-los para trabalhar em nossos vários projetos militares e fornecê-los à indústria americana".[72] Theodore Knacke agora trabalhava para a Marinha dos Estados Unidos em uma base aérea em El Centro, Califórnia. Agnew imediatamente foi para lá, reuniu-se com Knacke e perguntou, em termos hipotéticos, se ele seria capaz de projetar um paraquedas forte o suficiente para suportar o peso de um objeto de dezoito toneladas. "Claro! Sem problemas!", Knacke respondeu.[73]

Inspirado em projetos alemães, o Project Caucasian, uma parceria entre a Força Aérea e o Sandia, criou um sistema de três paraquedas que desaceleraria a queda de uma bomba de hidrogênio e daria ao bombardeiro americano tempo suficiente para se afastar. A bomba seria lançada por um B-36 de uma altitude aproximada de 12 mil metros. Um pequeno paraquedas-piloto se abriria imediatamente, seguido por um paraquedas de extração um pouco maior. Esses dois primeiros protegeriam a bomba de sacolejos violentos, e então se abriria o terceiro, um enorme paraquedas em forma de tira, invenção de Theodore Knacke, com aberturas estreitas no tecido para permitir a passagem do ar, impedindo assim que o equipamento se rasgasse. A bomba de hidrogênio flutuaria de maneira suave em direção ao solo por cerca de dois minutos: apenas um pontinho no céu. E então, a aproximadamente 2,5 quilômetros do solo, ela explodiria.

Bob Peurifoy chefiou a equipe do Sandia que projetou os mecanismos de armar, espoletar e disparar para as armas do arsenal de emergência.[74] A espoleta de radar prometia ser o modo mais preciso de detonar as bombas; mas exatidão

---

* Gíria britânica que designa alemão, especialmente soldado alemão. (N. T.)

no alcance do alvo não era o essencial para uma arma que supostamente liberaria cerca de dez megatons de energia. Era muito provável que Klaus Fuchs tivesse dado à União Soviética informações sobre as Archies e outras espoletas de radar usadas em bombas atômicas, e isso trazia a preocupação de que os soviéticos pudessem interferir no funcionamento dos radares e inutilizar as bombas H americanas. Um interruptor barométrico ou um timer mecânico parecia ser um modo mais confiável de acionar a unidade X, ligar os detonadores e desencadear uma explosão termonuclear. No entanto, cada uma dessas espoletas tinha suas desvantagens. Se fosse usado um timer mecânico e o paraquedas principal falhasse, a bomba despencaria no solo e ficaria em pedaços antes que o timer marcasse o tempo desejado. Mas, se fosse usado um interruptor barométrico e o paraquedas principal falhasse, a bomba cairia depressa demais até a altitude designada e explodiria prematuramente, destruindo o B-36 antes que ele tivesse chance de escapar.

Peurifoy pediu que a Força Aérea ponderasse os riscos das duas espoletas e então escolhesse. Uma espoleta poderia falhar, não detonando a bomba; a outra poderia matar a tripulação. A Força Aérea não conseguiu decidir, e Peurifoy ordenou que as duas espoletas fossem adicionadas ao mecanismo de disparo. A decisão poderia ser tomada antes que a bomba fosse posta no avião, com ou sem o conhecimento da tripulação.

O Sandia já não era uma pequena ramificação de Los Alamos. Agora tinha mais de 4 mil empregados, prédios modernos com paredes antiexplosão para o trabalho com explosivos e um local permanente de testes no deserto da Califórnia. Havia planos para abrir outra divisão em Livermore, Califórnia, onde pouco tempo antes a Comissão de Energia Atômica estabelecera um novo laboratório de armas para competir com Los Alamos. A Universidade da Califórnia administrava os laboratórios de Livermore e Los Alamos, mas o Sandia era uma organização sem fins lucrativos gerida pela AT&T. A mistura de gestão pública e privada e de investigação acadêmica e produção industrial ajudou a gerar uma cultura única e insular no Sandia: rigorosa, bem fundamentada e pragmática, ávida por avançar nas barreiras tecnológicas, mas cética quanto a planos impetuosos e abstratos; uma cultura marcada pela motivação, pela atitude acadêmica e pelo patriotismo. Ninguém ia trabalhar no Sandia para enriquecer. Os atrativos do emprego eram sua urgência e importância, os problemas técnicos a resolver, o sentimento de comunidade inspirado pela necessidade de manter segredo. A maioria dos engenheiros, como Peurifoy, era jovem. Eles não podiam contar aos amigos, parentes e até cônjuge coisa alguma sobre seu trabalho. Divertiam-se no Clube Coronado, dentro dos muros do Sandia, faziam caminhadas, esquiavam nas montanhas próximas e realizavam experimentos com novas espoletas, detonadores e caixas de bomba. Eles aperfeiçoaram as armas de destruição americanas para que elas nunca tivessem de ser usadas.

O dispositivo termonuclear que vaporizou Elugelab era grande demais para ser lançado de avião. E esse tipo de arma envolvia vários problemas logísticos. O combustível termonuclear de Mike, deutério liquefeito, precisava ser mantido a uma temperatura constante de 252 graus negativos.[75] Embora estivesse em estudo a viabilidade de bombas de hidrogênio com combustível líquido, seria muito mais fácil manusear armas que usassem combustível sólido, como o deuterídio de lítio. Em 1º de março de 1954 foi feito o teste de um dispositivo com combustível sólido chamado "Shrimp" [camarão], em um recife de coral no atol de Bikini. O codinome do teste era Bravo, e o dispositivo funcionou. Mas erros de cálculo de Los Alamos produziram uma liberação de energia muito maior do que a prevista. O primeiro sinal de que alguma coisa dera errado foi detectado no bunker de disparo na ilha de Enyu, a pouco mais de trinta quilômetros da explosão. Enquanto aguardava a onda de choque, o cientista chefe no bunker, Bernard O'Keefe, foi ficando preocupado. Ele não era um homem nervoso. Na noite anterior ao bombardeio de Nagasaki, ele transgredira regras de segurança e secretamente trocara os plugues do cabo de ignição principal da bomba Fat Man. Em 1953, depois que um dispositivo de implosão não detonou na base de testes em Nevada, ele subiu por sessenta metros até o topo da torre de disparo e puxou manualmente os cabos de disparo.[76] Mas agora ele estava receoso. Uns dez segundos depois que o Shrimp explodiu, o chão do bunker pareceu se mover. Isso era incompreensível. O bunker de concreto estava ancorado à ilha, e suas paredes tinham quase um metro de espessura.

"Este lugar está se movendo ou estou ficando tonto?", perguntou outro cientista.[77]

"Meu Deus, está mesmo", disse O'Keefe. "Está se movendo!"[78]

O'Keefe começou a sentir náusea, como a do enjoo marítimo, e se segurou em uma bancada. Objetos deslizavam pela sala. O bunker oscilava e sacudia, como lembrou O'Keefe depois, "parecia estar dentro de uma tigela de gelatina".[79] A onda de choque da explosão se propagara pelo solo e os atingira mais rápido do que a onda que se propagava pelo ar.

O Shrimp liberou quinze megatons de energia[80] — quase três vezes mais do que seus criadores haviam previsto.[81] O diâmetro da bola de fogo superou seis quilômetros, e aproximadamente 90 milhões de toneladas de recife de coral e solo oceânico foram deslocados,[82] boa parte subindo em uma nuvem em forma de cogumelo que logo se espalhou por quase cem quilômetros no céu.[83] Quinze minutos depois da explosão, O'Keefe e os outros oito homens de sua equipe de detonação saíram do bunker. A ilha estava cercada por uma névoa baça e cinzenta. As árvores tinham caído, havia ramos de palmeira por toda parte, todas as aves tinham sumido — a mais de trinta quilômetros do ponto zero. O'Keefe olhou seu dosímetro e viu que o nível de radioatividade estava subindo depressa. Começou a cair uma chuva leve de cinza branca, parecida com flocos de neve. Pedregulhos e pedras maiores passaram a cair do céu. Os homens correram de volta para o bunker e fecharam a porta. Detectaram altos níveis de radioatividade lá dentro. Depois de alguns momentos de confusão, eles desligaram o ar-condicionado. Os níveis de radioatividade caíram logo no interior do bunker, mas lá fora continuaram a subir. Estavam presos ali.

Os perigos da precipitação radioativa já eram conhecidos desde a época do Projeto Manhattan, mas nunca haviam sido plenamente avaliados.[84] Uma explosão nuclear gera uma liberação súbita de raios gama — a fonte do envenenamento por radiação em Hiroshima e Nagasaki. Além disso, produz radiação residual, quando os produtos da fissão e nêutrons de alta energia interagem com tudo o que é engolfado pela bola de fogo. O material radioativo formado pela explosão pode emitir partículas beta, raios gama ou ambos. As partículas beta são relativamente fracas e não podem penetrar pelas roupas. Mas os raios gama podem ser letais. Atravessam as paredes das casas e matam quem está lá dentro.

Alguns elementos se tornam letais depois de uma explosão nuclear, enquanto outros continuam inofensivos. Por exemplo, quando o oxigênio é bombardeado por nêutrons de alta energia, transforma-se em um isótopo do nitrogênio com meia-vida de apenas sete segundos; isso significa que em sete segundos metade de sua radioatividade é liberada. Por isso uma arma nuclear que explode muito acima do solo — uma explosão aérea, como as detonações sobre Hiroshima e Nagasaki — não produz muita precipitação radioativa. Mas, quando se bombardeia manganês com nêutrons de alta energia, ele se transforma em manganês-56, um isótopo que emite raios gama e tem meia-vida de duas horas e meia. O manganês é comumente encontrado no solo, e essa é uma das razões por que a explosão em terra de uma arma nuclear pode gerar uma quantidade enorme de partículas radioativas letais. Rochas, terra e até a água do mar se transformam em elementos radioativos dentro da bola de fogo, são puxadas para o alto, levadas pelo vento e por fim caem do céu.

A precipitação radioativa inicial de uma explosão nuclear costuma ser a mais perigosa.[85] As partículas mais graúdas de material radioativo caem da nuvem de cogumelo nas primeiras 24 horas e aterrissam onde quer que o vento ou a chuva as tenha levado. No solo, os níveis de radiação aumentam constantemente conforme as partículas radioativas se acumulam. Em contraste com a liberação inicial de raios gama por uma explosão nuclear, a radiação residual pode permanecer perigosa por dias, meses ou até anos. Uma quantidade de aproximadamente setecentos roentgens quase sempre é fatal para o ser humano, mesmo que não seja recebida de uma só vez.[86] O envenenamento por radiação, como uma queimadura de sol, pode acontecer gradualmente. Os raios gama são invisíveis, e a poeira radioativa se parece com qualquer pó. Quando a pessoa sente os efeitos dos danos por radiação, já não se pode fazer mais nada para revertê-los.

A precipitação radioativa retardada traz outro tipo de risco.[87] Minúsculas partículas de material radioativo podem ser puxadas para a camada superior da atmosfera e se deslocar por milhares de quilômetros a partir do local da explosão nuclear. A maioria dos raios gama é emitida muito antes de essa precipitação radioativa aterrissar. Mas alguns isótopos radioativos podem emitir partículas beta por muito tempo. O estrôncio-90 é um metal leve, como o chumbo, com meia-vida radioativa de 29,1 anos. Costuma estar presente nas partículas radioativas decorrentes de explosões termonucleares. Quando o estrôncio-90 penetra no solo, é absorvido pelas plantas e pelos animais que as comem. Uma vez dentro do corpo humano, o estrôncio-90 imita o cálcio, acumula-se nos ossos e continua a emitir radiação, frequentemente causando leucemia ou câncer ósseo. O estrôncio-90 representa riscos mais graves para crianças e adolescentes, cujos ossos ainda estão em crescimento. Do mesmo modo que o césio-137, um isótopo radioativo com meia-vida de trinta anos, ele pode contaminar as terras agrícolas por gerações.

Em 1952, a explosão termonuclear de Mike depositara altos níveis de precipitação radioativa no oceano, nas imediações do local de teste. No ano seguinte, em Nova York, leite contaminado com estrôncio-90 foi associado à detonação de dispositivos de fissão na base de testes de Nevada. Mas o tamanho imprevisto da liberação de energia do Shrimp, o volume de recifes de coral e leito marinho deslocados e os ventos mais fortes que o previsto se combinaram e geraram uma quantidade de partículas radioativas que surpreendeu todos os envolvidos no teste Bravo.[88] Milhares de cientistas e militares que assistiam à detonação em navios a cinquenta quilômetros de distância foram forçados a se abrigar sob o convés e lá permanecer por horas no calor sufocante. O'Keefe e seus homens tiveram de ser resgatados de helicóptero. Cobriram-se totalmente com roupas de cama antes de fugir do bunker, tentando evitar qualquer contato com as partículas radioativas.

Aviões anfíbios evacuaram a estação meteorológica a quase 250 quilômetros do ponto zero, e dois dias depois da explosão a Marinha removeu grande número de habitantes do atol de Rongelap, nas ilhas Marshall. As pessoas tinham visto o brilho da explosão a 185 quilômetros de distância,[89] mas não imaginavam que a poeira branca que caiu mais tarde do céu poderia ser perigosa. Ela se depositou na pele e nos cabelos das pessoas, e muitos andaram descalços sobre ela durante horas. Cerca de oitenta indivíduos contraíram doenças causadas pela radiação. Muitos também sofreram queimaduras, lesões e descoloração de pigmentos decorrentes do contato entre a pele e partículas beta emitidas pela precipitação radioativa. E Rongelap foi coberta por tanta poeira branca que os habitantes da ilha não puderam voltar lá por três anos.

Os perigos da precipitação radioativa vieram a público inadvertidamente quando um barco pesqueiro japonês, o *Dragão Afortunado*, chegou a seu porto natal em Yaizu, duas semanas depois do teste Bravo.[90] Os 23 tripulantes foram envenenados por radiação. O barco estava tomado pela radioatividade, assim como os atuns pescados. O *Dragão Afortunado* estivera a quase 130 quilômetros do local da detonação, bem distante da zona de isolamento militar. Um tripulante morreu, e os demais ficaram hospitalizados por oito meses. Esse incidente reviveu as memórias de Hiroshima e Nagasaki e desencadeou protestos em todo o Japão. Quando médicos japoneses pediram informações sobre a precipitação radioativa, o governo americano se recusou a dar, com receio de que os detalhes da onda de choque pudessem revelar o uso de deuterídio de lítio como o combustível da arma. Em meio à indignação mundial com os envenenamentos por radiação, a União Soviética saiu ganhando com a propaganda. Nas Nações Unidas, os soviéticos exigiram o fim imediato dos testes nucleares e a abolição de todas as armas nucleares. O presidente Eisenhower dificilmente poderia concordar, pois agora toda a política de segurança nacional dos Estados Unidos dependia de suas armas nucleares.

O caso do *Dragão Afortunado* logo caiu no esquecimento. Mas o teste Bravo deu aos laboratórios bélicos, ao Pentágono e à Casa Branca uma assustadora percepção: a precipitação radioativa de uma bomba de hidrogênio provavelmente mataria mais pessoas do que a explosão inicial. Na Comissão de Energia Atômica, o padrão de precipitação radioativa do teste Bravo foi sobreposto a um mapa do nordeste dos Estados Unidos, tendo a capital, Washington, como ponto zero.[91] Segundo o mapa, se uma explosão semelhante de quinze megatons acontecesse no solo da capital, todos em Washington, Baltimore e Filadélfia poderiam receber uma quantidade fatal de radioatividade.[92] Os habitantes da cidade de Nova York poderiam ser expostos a quinhentos roentgens, o suficiente para matar mais da metade deles. Até mais ao norte, a população de Boston ou mesmo da fronteira canadense poderia sofrer envenenamento por radiação.

O primeiro-ministro britânico, Winston Churchill, perturbou-se com os resultados do teste Bravo. Ele fora um dos primeiros a propor que a Europa Ocidental fosse defendida com armas nucleares em vez de forças convencionais. Em 1952 a Grã-Bretanha detonou um dispositivo de fissão, e sua primeira bomba atômica, a Blue Danube [Danúbio Azul], fora transferida pouco tempo antes para a Real Força Aérea.[93] A Blue Danube, com uma força explosiva aproximada de dezesseis quilotons,[94] agora parecia minúscula e obsoleta. "Apesar de todos os seus horrores, a bomba atômica não parecia um instrumento de guerra ingovernável",[95] Churchill declarou à Câmara dos Comuns um mês depois do teste Bravo. "Mas a bomba de hidrogênio nos leva a dimensões que [...] estavam restritas aos reinos da fantasia e da imaginação." Um país pequeno e com densa população seria especialmente vulnerável a uma arma dessas. Churchill encomendou a William Strath, alto funcionário do Secretariado Central de Planos de Guerra, um estudo ultrassecreto sobre os possíveis efeitos de um ataque termonuclear ao Reino Unido.

Strath apresentou seu relatório na primavera de 1955, e suas conclusões foram sinistramente apocalípticas.[96] Segundo as informações mais recentes da inteligência, um ataque soviético ao Reino Unido teria três objetivos principais: destruir campos de aviação que abrigassem bombardeiros americanos ou britânicos, destruir o governo britânico e "inutilizar o Reino Unido como base para qualquer forma de operação militar".[97] Seriam objetivos até fáceis de atingir. "A rajada de calor de uma bomba de hidrogênio provocaria até 100 mil incêndios em uma área densamente construída, com um perímetro de cem a 160 quilômetros",[98] indicou o relatório Strath. Se os soviéticos detonassem dez bombas de hidrogênio na costa oeste do Reino Unido, os ventos habituais cobririam a maior parte do país com partículas radioativas.[99] Quase um terço da população britânica morreria ou imediatamente ficaria ferida.[100] A maior parte das terras agrícolas do país seria inutilizada por dois meses, parte das terras mais produtivas poderia se tornar "perdida por muito tempo"[101] e as fontes de água potável seriam contaminadas. Em uma seção intitulada "Mecanismo de controle",[102] o relatório alertava que a sociedade entraria em colapso em boa parte do Reino Unido. Aos comandantes militares regionais seriam conferidos "drásticos poderes de emergência",[103] e talvez fosse preciso restaurar a ordem civil com "métodos improvisados". Strath exortou o governo a divulgar informações precisas sobre a bomba de hidrogênio, para que as famílias pudessem construir abrigos nucleares, armazenar comida enlatada e se preparar para o pior.

O relatório Strath foi mantido em sigilo e sua recomendação de divulgação foi desconsiderada. Em vez disso, o primeiro-ministro Churchill ordenou que a BBC não transmitisse nenhuma notícia sobre a bomba de hidrogênio que pudesse desanimar o povo.[104] O governo temia que dizer a verdade sobre as armas nucleares viesse a enfraquecer o apoio popular a uma política de defesa que as exigia. Churchill já escolhera um tipo diferente de resposta à ameaça termonuclear. "A influência dependia de se ter força",[105] ele disse a assessores não muito tempo depois do teste Bravo. A Grã-Bretanha criaria suas próprias bombas de hidrogênio. Mais uma vez, o atrativo da bomba H estava em seu simbolismo. "Temos de fazer isso. É o preço a ser pago para se sentar à mesa principal."[106]

O governo Eisenhower também teve dificuldade para decidir como lidar com o medo da população em relação à bomba de hidrogênio. O novo chefe da Comissão de Energia Atômica, Lewis Strauss, esperou quase um ano para reconhecer que o teste Bravo espalhara partículas radioativas letais por milhares de quilômetros quadrados. Enquanto Strauss tentou limitar a divulgação dos perigos da precipitação nuclear, a Administração Federal da Defesa Civil (na sigla em inglês, FCDA) transmitiu uma mensagem diferente. Val Peterson, o chefe da FCDA, aconselhou todas as famílias americanas a construir um abrigo subterrâneo "imediatamente".[107] Uma vez que os soviéticos têm suas bombas de hidrogênio prontas para uso, acrescentou Peterson, "é melhor cavar e rezar".[108]

A FCDA afirmara durante anos que as pessoas poderiam sobreviver a um ataque nuclear se procurassem algum tipo de abrigo. Bert, a Tartaruga, um personagem de desenho animado, ensinava aos escolares americanos: "Agache-se e cubra-se", orientando-os a se esconder debaixo de mesas ou carteiras na escola assim que vissem o clarão de uma bomba atômica. E um folheto de grande circulação da defesa civil, "Sobrevivência a um ataque atômico", trazia dicas domésticas úteis e alentadoras:

SUAS CHANCES DE SOBREVIVER A UM ATAQUE ATÔMICO SÃO MAIORES DO QUE VOCÊ PODE IMAGINAR [...].[109] ATÉ UM POUCO DE TECIDO PODE SER UMA PROTEÇÃO CONTRA QUEIMADURAS POR RADIAÇÃO,[110] PORTANTO CUIDE PARA ESTAR VESTIDO APROPRIADAMENTE [...]. SABEMOS MAIS SOBRE RADIOATIVIDADE DO QUE SOBRE RESFRIADOS [...].[111] MANTENHA UMA LANTERNA À MÃO [...][112] EVITE SE MOLHAR DEPOIS DE EXPLOSÕES SUBAQUÁTICAS [...][113] CUIDADO PARA NÃO TRAZER MATERIAIS RADIOATIVOS PARA DENTRO DE CASA.[114]

O poder destrutivo da bomba de hidrogênio forçou os planejadores da defesa civil a mudar suas recomendações. As famílias dos subúrbios foram aconselhadas a permanecer em abrigos subterrâneos, porões sem janelas ou trincheiras cavadas no quintal durante quatro ou cinco dias depois de uma explosão termonuclear. As famílias urbanas foram orientadas a sair de casa se um ataque parecesse provável. Os planos de Eisenhower para uma rede rodoviária interestadual foram justificados pela necessidade de evacuar as cidades americanas em tempo de guerra. Val Peterson recomendou a instalação de dutos de concreto ao longo das novas rodovias, para que os refugiados pudessem dormir em seu interior e evitar as partículas radioativas.[115] O "agache-se e cubra-se", observou um jornalista, foi substituído por um novo lema da defesa civil: "Corra para as montanhas".[116]

Na esperança de elevar o moral e demonstrar que uma guerra nuclear não significaria o fim do mundo, a FCDA lançou a Operação Alerta 1955 em junho daquele ano.[117] Foi o maior exercício de defesa civil na história do país. Durante um ataque simulado, 61 cidades foram atingidas por armas nucleares[118] cuja potência variava de vinte quilotons a cinco megatons. Sirenes de ataque aéreo alertaram que bombardeiros soviéticos se aproximavam e 15 mil funcionários federais foram evacuados de Washington. O presidente e membros de seu gabinete foram levados para locais secretos e lá permaneceram por três dias. Por todo o país, famílias se refugiaram em abrigos ou ensaiaram suas rotas de fuga. Na cidade de Nova York todos foram tirados das ruas e mantidos em ambiente fechado por dez minutos, preparando-se para a chegada de uma bomba de hidrogênio soviética — cujo ponto zero, não sei por quê, seria a esquina da rua Sete Norte com a avenida Kent, em Williamsburg, Brooklyn.[119]

As autoridades governamentais classificaram a Operação Alerta como um grande sucesso. O secretário do Tesouro, George M. Humphrey, declarou que o exercício provava que os Estados Unidos seriam "capazes de se aguentar" e "se recuperar de maneira surpreendentemente rápida".[120] Em uma população aproximada de 165 milhões de pessoas, apenas 8,2 milhões seriam mortas e 6,6 milhões ficariam feridas;[121] mais da metade dessas vítimas estaria na cidade de Nova York.[122] "Se todos tomarem as precauções corretas", Val Peterson assegurou aos repórteres, "poderíamos — teoricamente — escapar sem perder nenhuma vida pela precipitação radioativa."[123]

Eisenhower anunciou em pronunciamento público que para ele o exercício tinha sido "muito encorajador".[124] Mas, em uma reunião de gabinete, resumiu seus sentimentos em uma palavra: "estarrecedor".[125] No primeiro dia da Operação Alerta, o presidente declarara lei marcial e transferira o poder dos governos estaduais para meia dúzia de comandos do Exército. As estimativas de vítimas apresentadas à imprensa subestimaram imensamente o impacto provável de uma guerra termonuclear. Uma nova palavra entrara para o léxico do planejamento de guerra nuclear: "megamorte".[126] Era uma unidade de medida. Uma megamorte equivalia a 1 milhão de vítimas fatais — e o país sem dúvida sofreria muitas megamortes em uma guerra nuclear. Em 23 de janeiro de 1956, o presidente Eisenhower anotou em seu diário os resultados de um estudo ultrassecreto sobre o que verdadeiramente aconteceria depois de um ataque soviético:

[...] os Estados Unidos sofreram um colapso quase total da economia, que não poderia ser restabelecida a nenhuma condição operacional no prazo de seis meses a um ano. [...] Os membros do governo federal foram exterminados e os estados precisaram improvisar um novo governo [...]. Calculou-se que algo como 65% da população necessitará de algum tipo de assistência médica e, na maioria dos casos, não terá oportunidade de obtê-la.[127]

Eisenhower se enfurecia com o Exército por suas constantes requisições de mais soldados para ajudar a defender a Europa Ocidental. "Seria um absurdo falar em mandar soldados para o exterior quando quinze cidades nossas estão em ruínas", ele disse a um assessor.[128] O Exército seria necessário no país, para lidar com o caos. "Não dá para ter esse tipo de guerra",[129] Eisenhower declarou alguns anos depois em uma reunião de segurança nacional. "Não há buldôzeres suficientes para recolher os corpos das ruas."

PARTE TRÊS

ACIDENTES ACONTECERÃO

Riscos aceitáveis

Três semanas depois de ganhar o Oscar de melhor ator por *Núpcias de escândalo*, Jimmy Stewart se alistou no Exército.[1] Era o primeiro semestre de 1941, bem antes de Pearl Harbor, mas Stewart achava que os Estados Unidos logo entrariam na guerra e queria oferecer suas habilidades de piloto. No ano anterior ele fora reprovado no exame físico do Exército por estar 4,5 quilos abaixo do peso. Dessa vez, passou raspando, e aos 32 anos entrou para a Divisão de Aeronáutica do Exército como soldado raso. Em 1944, o major Jimmy Stewart liderava ataques de bombardeiros à Alemanha. Enquanto outros astros de Hollywood, como Ronald Reagan e John Wayne, conseguiram evitar o combate durante a Segunda Guerra Mundial, Stewart ganhou a reputação de comandante "sortudo" da Oitava Força Aérea porque sempre trazia seus homens de volta em missões perigosas. Ele voou em dezenas dessas missões,[2] evitou a publicidade sobre suas façanhas de guerra e nunca conversou sobre elas com a família. "Ele mantinha uma conduta serena", recordou um colega oficial.[3] "Seus pilotos tinham fé absoluta nele e se dispunham a segui-lo aonde quer que ele os levasse."

Depois da guerra, o coronel Jimmy Stewart voltou para Hollywood e protagonizou uma série de filmes aclamados — *A felicidade não se compra, Meu amigo Harvey, Janela indiscreta* — enquanto servia na reserva da Força Aérea. Preocupadíssimo com a ameaça soviética, ele decidiu fazer um filme sobre a importância da dissuasão nuclear americana. Stewart visitou o quartel-general do SAC em 1952 para discutir essa ideia com o tenente-brigadeiro Curtis LeMay.[4] Os dois se conheceram na Inglaterra quando serviam na Oitava Força Aérea. LeMay deu sua bênção ao projeto, colaborou de perto com o roteirista Beirne Lay Jr. e permitiu que as filmagens fossem feitas em bases aéreas do SAC.

Comandos do ar foi lançado em 1955. O filme conta a história de um jogador da liga principal de beisebol nos Estados Unidos, Dutch Holland, cuja carreira no esporte é interrompida quando a Força Aérea o convoca de volta ao serviço. Durante boa parte do filme, Holland, representado por Jimmy Stewart, vê-se dividido entre seu desejo de desfrutar a vida civil e seu dever de proteger os Estados Unidos de um ataque soviético. *Comandos do ar* enfoca as agruras sofridas pelas tripulações do SAC, os perigos do trabalho, os sacrifícios que as missões fora do país impunham às suas famílias. Até o apoio esfuziantemente otimista da atriz June Allyson, no papel da mulher de Stewart, esmorece temporariamente diante das agruras de ser casada com um oficial do SAC. Filmado em cores e com maior definição, com espetaculares fotografias aéreas e uma trilha sonora emocionante, o filme é uma franca celebração do poderio aéreo americano. "É a coisa mais bonita que já vi", diz Stewart quando vê pela primeira vez um novo bombardeiro B-47.

Mais empolgante do que o enredo, a química na tela entre Allyson e Stewart ou as cenas de bombardeiros do SAC em pleno voo é a interpretação do ator Frank Lovejoy como o general Ennis C. Hawkes. Ríspido, frio, apreciador de charutos, intolerante a erros e sempre pronto a desferir em um instante uma retaliação colossal, o personagem é um lisonjeiro e quase totalmente verossímil retrato de Curtis LeMay. Essa foi mais uma demonstração da habilidade do SAC para as relações públicas. LeMay já se tornara uma celebridade nacional, um símbolo vivo do poder americano. A revista *Life* o descreveu como "o policial mais durão do mundo ocidental"[5] e repetiu uma conhecida história sobre sua autoconfiança ilimitada. Quando o alertaram de que, se ele não apagasse o charuto, um bombardeiro em que ele se encontrava poderia explodir enquanto era reabastecido, LeMay retrucou: "Ele não se atreveria".[6]

A première de *Comandos do ar*, transmitida ao vivo pela TV, foi na Times Square de Nova York, com holofotes cruzando o céu e mais de 3 mil convidados, entre eles generais da Força Aérea, políticos, empresários, estrelas de Hollywood e Arthur Godfrey no saguão do cinema Paramount. Godfrey era um figurão do rádio e da TV, além de grande amigo de LeMay, e frequentemente promovia o SAC em seus programas. *Comandos do ar* foi um dos filmes mais rentáveis de 1955. Condizia com o espírito nacional. E alguns anos depois Jimmy Stewart, como membro da reserva da Força Aérea, foi nomeado vice-diretor de operações do SAC, um dos mais altos cargos de comando.

Por trás da fachada pública de invencibilidade, secretamente se questionava no Pentágono se o SAC sobreviveria a um ataque soviético. LeMay passara anos construindo bases aéreas fora do país — na Groenlândia, Grã-Bretanha, Espanha, Marrocos, Arábia Saudita e Japão —, onde seus aviões começariam e terminariam missões de bombardeios contra a União Soviética. Mas um estudo do analista Albert Wohlstetter, da RAND, concluiu que um ataque de surpresa a essas bases poderia tirar o SAC da guerra de um só golpe e deixar os Estados Unidos indefesos.[7] LeMay estava confiante de que uma coisa dessas nunca aconteceria, de que seus aviões de reconhecimento, que voavam diariamente em missões nas fronteiras da União Soviética, detectariam qualquer atividade anormal. Mesmo assim, ele acelerou os planos do SAC para estacionar a maior parte de sua frota aérea nos Estados Unidos e reabastecer os aviões durante a viagem para os alvos soviéticos. E LeMay continuava a exigir perfeição de seus oficiais. "Treinar no SAC era mais duro do que a guerra", lembrou um deles.[8] "Ir para a guerra talvez até tivesse sido um alívio."

A cidade de Rhinelander, em Wisconsin, tornou-se um dos alvos favoritos do SAC e foi secretamente bombardeada por radar centenas de vezes, graças ao terreno coberto de neve semelhante ao da União Soviética.[9] Em 1955, o plano de batalha do SAC requeria 180 bombardeiros,[10] a maioria partindo dos Estados Unidos, para atacar a União Soviética dentro de doze horas a partir do recebimento de uma ordem emergencial de guerra emitida pelo presidente. Mas o constante treinamento e o bombardeio por radar de Wisconsin não poderiam garantir o desempenho das tripulações aéreas em batalha, com armas reais. Durante testes no atol de Bikini em maio de 1956, a Força Aérea teve sua primeira oportunidade de lançar de avião uma bomba de hidrogênio. A arma, de 3,8 megatons, foi levada por um dos novos bombardeiros B-52 de longo alcance do SAC, tendo como alvo a ilha de Namu. O B-52 escapou em segurança da onda de choque, só que mirou a ilha errada, e a bomba H foi cair a seis quilômetros de Namu.[11]

Entretanto, remover a maioria dos aviões do SAC das bases no exterior não eliminou a ameaça de um ataque de surpresa. A porção continental dos

Estados Unidos — codinome "Zona do Interior" (ZI) — também era considerada altamente vulnerável a bombardeiros soviéticos. Durante a Operação Tailwind [Vento de Popa], 94 bombardeiros do SAC testaram o sistema de defesa aérea da ZI aproximando-se a partir do Canadá, voando à noite e usando medidas defensivas eletrônicas para simular um ataque soviético.[12] Apenas sete dos aviões foram detectados por radar e "abatidos". A falha em interceptar os outros 87 aviões sugeriu a possibilidade de um ataque devastador aos Estados Unidos. Agora que os soviéticos tinham bombas de hidrogênio e jatos bombardeiros, os chefes do Estado-Maior Conjunto recomendaram um vultoso investimento na defesa aérea e no sistema de alerta prévio para os Estados Unidos. O tenente-brigadeiro LeMay discordou veementemente dessa proposta, argumentando que na era nuclear não tinha sentido desperdiçar dinheiro "brincando de defesa". Se os soviéticos desferissem um ataque com duzentos bombardeiros e as forças americanas conseguissem abater 90% deles, os Estados Unidos ainda seriam atingidos por no mínimo vinte bombas H, ou mais.

Em vez de defesa aérea, LeMay queria que cada dólar disponível fosse gasto em mais bombas e mais bombardeiros para o Comando Aéreo Estratégico: assim os aviões soviéticos poderiam ser destruídos antes mesmo de saírem do chão. Sua proposta ganhou apoio no Congresso depois que a União Soviética demonstrou em 1955 seu novo jato bombardeiro de longo alcance, o Bison, no "Dia da Aviação" em Moscou. Dez Bisons passaram voando para ser vistos da arquibancada de inspeção, fizeram meia-volta, passaram outra vez em formação diferente, e assim lograram os observadores americanos,[13] fazendo-os pensar que a Força Aérea soviética possuía mais de cem daqueles aviões.[14] A CIA previu que em poucos anos os soviéticos poderiam atacar os Estados Unidos com setecentos bombardeiros.[15] Democratas no Senado americano, liderados pelo aspirante à presidência Stuart Symington, bradaram que logo os soviéticos teriam mais bombardeiros de longo alcance do que os americanos, despertaram temores de uma "disparidade de bombardeiros" e acusaram o governo Eisenhower de vacilar na defesa. "É evidente que os Estados Unidos e seus aliados podem ter perdido o controle do ar",[16] alertou Symington. O Congresso, contrariando Eisenhower, aprovou a alocação de 900 milhões de dólares adicionais para novos B-52.[17] O blefe soviético produziu um efeito involuntário: aumentou a diferença de bombardeiros, com enorme vantagem para os Estados Unidos. Em fins da década, a União Soviética possuía cerca de 150 bombardeiros de longo alcance,[18] e o Comando Aéreo Estratégico, quase 2 mil.[19]

Apesar das sérias dúvidas de que os Estados Unidos pudessem vir a ser protegidos de um ataque nuclear, começaram os trabalhos para construir uma defesa aérea e um sistema de alerta prévio. Pelo menos, concluíram os chefes do Estado-Maior Conjunto, esse sistema "daria um grau razoável de proteção aos componentes essenciais da capacidade bélica":[20] bases do SAC, bases navais, centros de comando e locais de armazenagem de armas nucleares na ZI. O Exército montou baterias de mísseis antiaéreos Nike para defender instalações militares e cidades americanas. A Marinha obteve "navios-piquete" que levavam radares e construiu as "torres Texas" para detectar bombardeiros soviéticos que se aproximassem pelo outro lado do oceano. Os navios-piquete ficavam a postos a cerca de oitocentos quilômetros da costa dos Estados Unidos; as torres do Texas foram ancoradas no leito oceânico, como plataformas petrolíferas, mais perto do litoral. A Força Aérea criou esquadrões de interceptadores, como o F-89 Scorpion, e produziu seu próprio míssil antiaéreo, o BOMARC — enfurecendo o Exército, que tradicionalmente controlava o armamento antiaéreo do país.

Mais importante foi o início da construção da Linha Remota de Alerta Prévio (na sigla em inglês, DEW) pela Força Aérea: uma rede de estações de radar 320 quilômetros ao norte do Círculo Ártico. A Linha DEW se estendia a partir das ilhas Aleutas, na orla do Alasca, passava pelo Canadá e seguia até a Groenlândia. Seu objetivo era vigiar a rota polar que partia da União Soviética e dar um alerta no mínimo duas horas antes de um ataque.[21] Posteriormente ela foi ampliada para o oeste, até a ilha Midway, no Pacífico, e para o leste até Mormond Hill, na Escócia, a uma distância aproximada de quase 20 mil quilômetros.[22] O empreendimento demandou o transporte de quase meio milhão de toneladas de material de construção para o Ártico,[23] onde milhares de operários labutaram sob temperaturas que chegavam a 56 graus negativos.[24] Uma sensação de urgência impulsionava os esforços; os Estados Unidos pareciam completamente desprotegidos contra aviões soviéticos armados com bombas de hidrogênio. Iniciada em fevereiro de 1955, a construção de 57 estações de radar da Linha DEW — algumas munidas de antenas de rádio com altura de quarenta andares, pistas de pouso de quase dois quilômetros e alojamento para o pessoal civil e da Força Aérea que trabalhava nas instalações 24 horas por dia — foi quase totalmente concluída em cerca de dois anos e meio.

Em 1957, através de um acordo com o governo canadense, foi organizado o Comando de Defesa Aeroespacial da América do Norte (na sigla em inglês, NORAD), sediado em Colorado Springs, Colorado. Sua missão era dar o alerta prévio em caso de ataque e organizar a defesa. Se fossem detectados bombardeiros soviéticos se aproximando do espaço aéreo norte-americano, seriam mandados interceptadores para abatê-los o mais longe possível dos Estados Unidos. Mísseis antiaéreos seriam lançados contra aviões inimigos que conseguissem passar pelos interceptadores — primeiro mísseis BOMARC, depois Nike. Coordenar os numerosos elementos do sistema durante um ataque seria uma tarefa extraordinariamente complexa. Chegariam sinais de navios-piquete, torres Texas, locais de linhas DEW, radares aéreos. Centenas de bombardeiros soviéticos poderiam ter de ser detectados e seguidos, suas posições, informadas às baterias antiaéreas e bases de caças separadas por milhares de quilômetros. Durante a Segunda Guerra Mundial, operadores de radar do Exército haviam detectado aviões inimigos e usado informações compartilhadas verbalmente sobre suas trajetórias de voo. Esse tipo de interação humana seria impossível se um grande contingente de bombardeiros de alta velocidade se aproximasse dos Estados Unidos vindo de diversas direções. A Força Aérea propôs uma solução radical: automatizar o sistema e transferir boa parte de suas funções de comando e controle para máquinas.

"A computadorização da sociedade", escreveu mais tarde Frank Rose, autor de obras sobre tecnologia, "foi essencialmente um efeito colateral da computadorização da guerra."[25] O primeiro computador eletrônico digital em grande escala dos Estados Unidos, o ENIAC,[26] fora construído nos anos 1940 para ajudar o Exército a determinar a trajetória de projéteis de artilharia e antiaéreos. A guerra terminou antes de o ENIAC ser concluído, e seu primeiro uso oficial foi ajudar Los Alamos com os cálculos iniciais do projeto de uma arma termonuclear. Los Alamos posteriormente se valeu de computadores mais avançados, o MANIAC e seu sucessor, MANIAC II, para o trabalho na bomba de hidrogênio. Impelido pelas necessidades dos projetistas de armas e de outros planejadores militares, o Departamento de Defesa americano logo se tornou responsável pelo grosso do investimento mundial em computação eletrônica.

No Instituto de Tecnologia de Massachusetts (MIT), pesquisadores concluíram que o computador Whirlwind,[27] originalmente construído para a Marinha como simulador de voo, poderia ser usado para automatizar as tarefas de defesa aérea e alerta prévio. Em contraste com computadores que levavam dias ou semanas para efetuar cálculos, o Whirlwind fora projetado para operar em tempo real. Depois de muitos testes pela Força Aérea, escolheu-se uma versão atualizada do Whirlwind para ser o coração do Ambiente Terrestre Semiautomático (na sigla em inglês, SAGE), um sistema centralizado de comando e controle que ligava os radares de alerta prévio diretamente a mísseis antiaéreos e interceptadores de combate; o sistema não só processava em tempo real as informações, como também as transmitia. Substituía-se assim o trabalho humano pela tecnologia em uma escala que lembrava as histórias populares de ficção científica. Nascia a primeira rede de computadores.[28]

Construído aproximadamente nos mesmos anos da implantação da Linha DEW, o SAGE consistia em 24 "centros de direção" e três "centros de combate" espalhados pelos Estados Unidos. Os centros de direção eram enormes blocos de quatro andares sem janelas que abrigavam dois computadores AN/FSQ-7, os primeiros computadores produzidos pela IBM. Eram os maiores, mais rápidos e mais caros do mundo. Cada um continha cerca de 25 mil válvulas eletrônicas e ocupava mais de 5 mil metros quadrados de espaço no solo.[29]

Sinais analógicos enviados das bases de radar de alerta prévio eram convertidos em bites digitais e transmitidos por linhas telefônicas da AT&T a centros de direção do SAGE, onde gigantescos computadores decidiam se um avião era amigo ou inimigo. Se parecesse ser um bombardeiro inimigo, os computadores automaticamente enviavam detalhes sobre sua trajetória de voo às baterias de mísseis e jatos de combate mais próximos. Esses detalhes também eram comunicados à sede do NORAD. Seres humanos decidiriam se o avião seria ou não abatido. Mas essa decisão teria por base informações coligidas, classificadas e analisadas por máquinas. Em muitos aspectos, o SAGE criou o gabarito para a indústria de computadores moderna,[30] introduzindo tecnologias que mais tarde se tornariam comuns: conversão de analógico para digital, transmissão de dados por linha telefônica, monitores de vídeo, monitores gráficos, memória central magnética, circuitos dúplex, multiprocessamento, programação de software em grande escala e o canhão de luz, uma versão manual anterior ao mouse. A tentativa de formar uma defesa contra os bombardeiros soviéticos ajudou a desencadear uma revolução tecnológica.

Mesmo em dúvida quanto à utilidade do SAGE, o tenente-brigadeiro LeMay achava que o sistema de comando e controle do SAC também precisava ser aperfeiçoado. Ele queria saber onde estavam todos os seus aviões, em todos os momentos. E queria falar com todos os seus comandantes de base ao mesmo tempo se a guerra parecesse iminente. Desenvolver essas capacidades levou anos.

Quando o Sistema de Controle Operacional Estratégico (na sigla em inglês, SOCS) do SAC foi divulgado, em 1950, suas mensagens por teletipo não seguiam à velocidade da luz de uma base à outra. Durante um teste inicial do sistema, foram recebidas quase cinco horas depois do envio.[31] E podia demorar até meia hora para a American Telephone and Telegraph Company habilitar a operação dos circuitos do SOCS. Essa defasagem temporal dificultava uma reação imediata a um ataque soviético. A velocidade de transmissão melhorou gradualmente, e o sistema permitia a LeMay pegar um telefone vermelho especial no quartel-general do SAC em Omaha,[32] discar um número, obter o controle de todos os circuitos e fazer um anúncio por alto-falante em todas as bases do SAC nos Estados Unidos. A introdução do rádio de banda lateral única posteriormente lhe permitiu se comunicar por voz com os comandantes de bases do SAC fora do país e com cada um de seus pilotos de bombardeiro em pleno voo. A quantidade de informações que chegava continuamente ao quartel-general do SAC, enviadas de aviões e bases aéreas no mundo todo, levou à criação de um sistema automatizado de comando e controle[33] que usava os mesmos mainframes da IBM projetados para o SAGE. O sistema tinha por objetivo rastrear em tempo real os bombardeiros do SAC durante as missões de voo. Mas até o começo dos anos 1960 as informações mostradas pelos computadores permaneciam obstinadamente atrasadas de uma hora e meia a seis horas em relação aos aviões.[34]

Porém, todos esses avanços no comando e controle seriam inúteis se o comandante do SAC não sobrevivesse a um primeiro ataque soviético. A atitude do tenente-brigadeiro LeMay em relação à defesa civil estava no mesmo patamar da sua opinião sobre a defesa aérea. "Eu não poria tanto dinheiro em buracos no chão para se entrar",[35] ele comentou. "Prefiro gastar mais em armas ofensivas para dissuadir da guerra." Apesar disso, os planos para o novo prédio do quartel-general do SAC incluíram um enorme bunker de comando. Possuía três níveis subterrâneos e podia abrigar cerca de oitocentas pessoas durante duas semanas.³⁶ Uma de suas características mais notáveis era uma parede de aproximadamente seis metros de altura e quase 45 metros de comprimento, coberta por mapas, diagramas, gráficos e um mapa-múndi. O mapa mostrava as trajetórias de voo de bombardeiros do SAC. De início, soldados subiam em escadas e moviam os aviões manualmente; mais tarde, as informações passaram a ser projetadas em telas de cinema. Uma longa cortina era aberta e fechada por controle remoto, ocultando ou revelando diferentes partes das telas. Isso dava ao centro de controle subterrâneo um ambiente silencioso, teatral, com fileiras de soldados sentados diante de terminais de computador abaixo do mapa-múndi e altos oficiais observando a cena de um balcão envidraçado no segundo andar.

Enquanto as famílias comuns eram incentivadas a cavar um abrigo nuclear no quintal, as autoridades militares e civis dos Estados Unidos recebiam acomodações elaboradas e ultrassecretas. Durante a Segunda Guerra Mundial, para o caso de os nazistas atacarem Washington, fora construído um pequeno abrigo antiaéreo para o presidente Franklin Roosevelt, sob a Ala Leste da Casa Branca.³⁷ O governo Truman expandiu esse abrigo, transformando-o em um complexo subterrâneo com vinte salas.³⁸ Esse novo bunker poderia sobreviver à onda de choque de uma bomba atômica de vinte quilotons.³⁹ Mas, com a ameaça das bombas de hidrogênio soviéticas, pareceu necessário levar o comandante em chefe dos Estados Unidos para algum lugar ainda mais recôndito. Nas entranhas da montanha Raven Rock, no sul da Pensilvânia, a cerca de 130 quilômetros da Casa Branca e dez quilômetros de Camp David, foi escavado um enorme bunker em granito sólido. Conhecido como Site R,⁴⁰ ficava a cerca de oitocentos metros montanha adentro e oitocentos metros abaixo do cume. Possuía usinas de força, reservatórios subterrâneos de água, uma pequena capela, grupos de construções de três andares erguidas dentro de grandes cavernas e camas suficientes para acomodar 2 mil autoridades do Pentágono, do Departamento de Estado e do Conselho de Segurança Nacional.⁴¹ Embora o bunker fosse colossal, o mesmo se podia dizer da competição por seu espaço; durante anos, a Força Aérea e as outras armas discutiram sobre quem deveria ser autorizado a permanecer ali.⁴²

O presidente também poderia encontrar abrigo no monte Weather, uma instalação semelhante nas montanhas Blue Ridge, próxima à cidade de Berryville, na Virgínia.⁴³ Apelidado de "High Point", o bunker deveria assegurar a "continuidade do governo". Abrigaria juízes da Suprema Corte e membros do gabinete do presidente, e centenas de autoridades de repartições civis. Eisenhower, além de tomar providências para a lei marcial, secretamente conferira a nove cidadãos eminentes a autoridade legal para governar boa parte da sociedade americana depois de uma guerra nuclear.[44] O secretário da Agricultura, Ezra Taft Benson, concordara em ser o administrador da Agência de Alimentos de Emergência; Harold Boeschenstein, presidente da Owens Corning Fiberglas Company, chefiaria a Agência de Produção de Emergência; Frank Stanton, o presidente da CBS, dirigiria a Agência de Comunicações de Emergência; e Theodore F. Koop, um vice-presidente da CBS, lideraria a Agência de Censura de Emergência. High Point possuía um estúdio de TV, de onde poderiam ser transmitidas a todo o país as mais recentes notícias sobre a guerra. Mensagens patrióticas de Arthur Godfrey e Edward R. Murrow já estavam pré-gravadas, a pedido de Eisenhower, para elevar o moral do povo americano depois de um ataque nuclear.[45]

Sob o Hotel Greenbrier, em White Sulphur Springs, na Virgínia Ocidental, foi construído um bunker para membros do Senado, da Câmara dos Deputados e para centenas de assessores.[46] Conhecido como Project Greek Island, o abrigo possuía portas antiexplosão de 25 toneladas, salões de reunião separados onde a Câmara e o Senado poderiam se encontrar, chuveiros para descontaminação e um incinerador de lixo que também poderia servir como crematório. Mais tarde foi construído um bunker para o Federal Reserve no monte Pony, em Culpeper, Virgínia, onde foram guardados bilhões de dólares em dinheiro vivo, embalados em plásticos a vácuo, para ajudar a revigorar a economia no pós-guerra.[47] A Otan instalou seu centro de comando e controle de emergência no interior da caverna Kindsbach, um complexo subterrâneo na Alemanha Ocidental com 67 salas.[48] A caverna servira anteriormente como quartel-general militar dos nazistas na frente ocidental.

O governo britânico planejara usar uma série de abrigos subterrâneos profundos construídos em Londres durante a Segunda Guerra Mundial. Mas o relatório Strath indicou a necessidade de uma sede do governo alternativa longe da capital. Na zona rural de Wiltshire, a aproximadamente 160 quilômetros a oeste de Londres, uma fábrica secreta de motores de avião escondida no interior de uma mina de calcário foi transformada, para a Guerra Fria, em um bunker maior do que qualquer um nos Estados Unidos. Conhecido em vários momentos por codinomes como SUBTERFUGE, BURLINGTON e TURNSTYLE,[49] o abrigo oferecia mais de 92 mil metros quadrados de espaço para escritórios e alojamentos que abrigariam quase 80 mil pessoas. Embora os planos originais sofressem uma redução de escala, o bunker completo possuía quilômetros de estradas subterrâneas, acomodações para o primeiro-ministro e centenas de autoridades, um estúdio da BBC, um cofre para guardar as reservas em ouro do Banco da Inglaterra e um pub chamado Rose & Crown.[50]

Nas derradeiras semanas do governo Truman, os chefes do Estado-Maior Conjunto mais uma vez pediram o controle das armas nucleares americanas. E mais uma vez a solicitação foi negada. Mas a ameaça dos bombardeiros soviéticos e as exigências logísticas do New Look fortaleceram o argumento a favor da custódia militar. Guardando as armas em meia dúzia de grandes depósitos,[51] a Comissão de Energia Atômica mantinha centralizado o controle civil do arsenal nuclear. Essa disposição minimizava o risco de que uma bomba atômica viesse a ser roubada ou posta em local errado. Mas esses lugares tinham se tornado um alvo convidativo para a União Soviética e, se fossem atacados de surpresa, o arsenal nuclear americano poderia ser aniquilado. Os chefes do Estado-Maior Conjunto aconselhavam que as armas nucleares fossem armazenadas em bases militares e recomendavam a abolição dos demorados procedimentos para autorizar seu uso. Retratavam a custódia civil como uma grave ameaça à prontidão e à segurança nacional. Um princípio democrático que parecia admirável na teoria poderia se revelar desastroso em uma emergência.

Pelas regras da AEC, se o Comando Aéreo Estratégico quisesse obter os núcleos dos reatores das bombas atômicas, o presidente dos Estados Unidos teria de assinar uma autorização.[52] As autoridades locais da AEC e do Departamento de Defesa deveriam ser notificadas sobre essa autorização. Representantes de suas repartições deveriam então entrar em contato com os locais de armazenagem da AEC. Depois de os códigos apropriados serem informados pelas partes, seria preciso pegar as chaves, destrancar os depósitos, levar os núcleos para fora em seus contêineres metálicos. Na melhor das hipóteses, o SAC obteria os núcleos em aproximadamente doze minutos.[53] Mas o processo poderia demorar muito mais. Talvez fosse preciso encontrar as autoridades locais se elas estivessem em férias ou se fosse necessário acordá-las no meio da noite. Talvez elas tivessem de ser persuadidas de que não se tratava de um teste, mas de um ataque real.

Em junho de 1953, o presidente Eisenhower aprovou o envio de núcleos de reator a navios da Marinha americana e bases no exterior, onde os outros componentes de bombas atômicas já estavam armazenados — e onde governos estrangeiros não tinham autoridade para ordenar como as bombas poderiam ser usadas.[54] Os núcleos foram removidos do arsenal atômico da AEC, postos sob controle militar e remetidos para locais que atendiam a esses critérios: navios americanos e a ilha de Guam. No ano seguinte, os chefes do Estado-Maior Conjunto pediram permissão para que os componentes de bombas e núcleos de reator fossem guardados em bases do SAC. O Pentágono argumentou que dispersar as armas por vários locais deixaria o arsenal atômico muito menos vulnerável a ataques.[55] A AEC não fez objeção à entrega de mais núcleos de reatores. O presidente da comissão, Lewis Strauss, concordava com a maioria dos pontos de vista estratégicos de LeMay. E o novo administrador geral da AEC, o general de brigada Kenneth Nichols, não só vinha preconizando, fazia anos, que as Forças Armadas deviam ter o controle das bombas atômicas dos Estados Unidos, mas também havia insistido para que elas fossem lançadas contra tropas chinesas durante a Guerra da Coreia.[56]

O presidente Eisenhower autorizou o Exército, a Marinha e a Força Aérea a começar a transferência de núcleos de reatores para seus próprios locais de armazenagem nos Estados Unidos e no exterior. Mas a fé do presidente na custódia militar tinha limites. Eisenhower fez questão de que a AEC conservasse o controle dos núcleos de todas as bombas de hidrogênio do país, mesmo durante uma emergência. "Nenhuma cápsula ativa será inserida em uma arma de alta potência", determinavam as novas regras, "a não ser com a aprovação expressa do guardião da AEC e na sua presença."[57] Funcionários civis da Comissão de Energia Atômica foram designados para servir em porta-aviões, navios de munição e bases aéreas onde havia bombas H armazenadas. Esses guardiões da AEC deveriam manter os núcleos seguramente trancados e levar consigo as chaves até que o presidente lhes desse ordem em contrário. Mas os chefes do Estado-Maior Conjunto consideravam essas disposições inconvenientes, quase simbólicas e ofensivas às Forças Armadas. O secretário da Defesa, Charles Wilson, era da mesma opinião, e em 1956 os guardiões da AEC foram removidos dos navios e bases aéreas. O presidente Eisenhower permitiu que os capitães desses navios da Marinha e os comandantes daquelas bases da Força Aérea atuassem como "representantes militares da Comissão de Energia Atômica".[58] E foram entregues a eles as chaves dos depósitos nucleares.

Legalmente, as bombas de hidrogênio continuavam sob a custódia civil. Na realidade, porém, depois de quase uma década de esforços incessantes, os militares haviam obtido o controle das armas nucleares americanas. A Marinha transportou-as de navio pelo Atlântico, Pacífico e Mediterrâneo. O Comando Aéreo Estratégico armazenou-as em bases aéreas na ZI e no exterior[59] — em Homestead, na Flórida, e em Ellsworth, Dakota do Sul, em Carswell, Texas, e em Biggs, Carolina do Sul, em Plattsburgh, Nova York, e em Castle, Califórnia; em Whiteman, Missouri, Schilling, Kansas, e Pease, New Hampshire; em Fairford, Lakenheat, Greeham Common, Brize Norton e Mildenhall, na Grã-Bretanha; em Nouasseur, Ben Guerir e Sidi Slimane, no Marrocos francês; em Torrejón e Morón e Zaragoza, na Espanha; em Kadena, Okinawa, e em pelo menos outros dezenove lugares. As bombas atômicas e as de hidrogênio tinham sido libertadas da supervisão civil e estavam espalhadas pelo mundo todo, prontas para ser montadas por militares.

Por segurança, os núcleos de reatores e os componentes das bombas ficavam armazenados separadamente. Em embarcações da Marinha, eram mantidos em salas diferentes. Nas bases do SAC, ficavam guardados em bunkers distintos, protegidos por trincheiras de terra e paredes de três metros de espessura. Os bunkers de armazenagem, conhecidos como "iglus", ficavam próximos a rodovias, por ordem dos chefes do Estado-Maior Conjunto, a fim de "permitir a rápida disponibilidade para uso" e reduzir a "possibilidade de captura".[60]

Além de obter a custódia das armas nucleares, as Forças Armadas assumiram um papel muito mais relevante em sua criação. A autoridade da AEC declinara com uma revisão da Lei de Energia Atômica em 1954 e com a assinatura de um acordo com o Departamento de Defesa no ano anterior. Um órgão civil que já tivera total controle sobre o arsenal atômico se tornou, na prática, um fornecedor de armas nucleares para as Forças Armadas. O Exército, a Marinha e a Força Aérea eram agora clientes cuja demanda precisava ser atendida. Os laboratórios da AEC em Livermore e em Los Alamos competiam acirradamente por contratos de armamentos, e isso dava às Forças Armadas uma influência ainda maior sobre o processo de desenvolvimento das armas. A rivalidade entre os dois laboratórios se intensificou a tal ponto que às vezes sua aversão mútua parecia superar a animosidade contra a União Soviética. Quando os três primeiros projetos de bomba de hidrogênio do laboratório de Livermore fracassaram, o programa de armamento dos Estados Unidos sofreu um grande revés, mas Los Alamos achou graça.

Com a multiplicação dos locais de armazenagem, cresceu também a necessidade de armas fáceis de montar e conservar. Agora homens comuns, do pessoal alistado, iriam manusear bombas de hidrogênio. As armas do arsenal nuclear em meados dos anos 1950 eram bem mais simples do que a primeira geração de bombas atômicas, mas ainda requeriam muita manutenção. Tinham baterias grandes e pesadonas que podiam conservar a carga por apenas um mês, aproximadamente. Quando uma bateria descarregava, era preciso desmontar a bomba e examinar seu sistema elétrico. Recarregada a bateria, devia-se remontar a bomba e verificar o sistema elétrico. Uma das etapas finais era um teste para assegurar que todos os detonadores tinham sido adequadamente conectados. Se os detonadores não funcionassem, a bomba falharia; mas, se por acaso fossem acionados durante o procedimento da manutenção, a bomba poderia explodir. Em pelo menos três ocasiões nos anos 1950 os detonadores de *exploding-bridgewire* de bombas atômicas foram acionados sem querer durante testes do sistema elétrico.[61] Esses acidentes aconteceram durante exercícios de treinamento, e nenhum resultou em perda de vidas. No entanto, revelaram uma preocupante falha de projeto. Um erro durante uma manutenção de rotina ou em afobados preparativos para a guerra poderia detonar uma bomba atômica.

Bob Peurifoy chefiava uma equipe no Sandia empenhada em criar uma "bomba de madeira"[62] — uma arma nuclear que não exigisse manutenção ou testes frequentes, capaz de ficar guardada por anos, totalmente inerte, como uma tábua, e um belo dia ser pega no arsenal, pronta para uso. Peurifoy ouvira falar em um novo tipo de bateria que dispensava recarga. As "baterias térmicas" tinham sido inventadas por um cientista nazista pesquisador de foguetes, Georg Otto Erb, para ser usadas nos mísseis V-2, que aterrorizaram a Grã-Bretanha na Segunda Guerra Mundial.[63] Erb revelou o funcionamento das baterias durante um interrogatório feito por agentes da inteligência americana depois da guerra. Em vez de eletrólitos líquidos, a bateria térmica continha eletrólitos sólidos, que não geravam eletricidade antes de atingir uma alta temperatura interna e se fundir. Peurifoy achava que as baterias térmicas seriam uma fonte de energia ideal para uma arma nuclear. Eram pequenas, resistentes e leves. Tinham prazo de validade de no mínimo 25 anos, se não mais.[64] E podiam gerar grandes níveis de corrente rapidamente, depois de acionadas por um impulso elétrico. A principal desvantagem da bateria térmica, na maioria dos usos civis, era não poder ser reutilizada ou recarregada. Mas na opinião de Peurifoy isso não era problema, já que em uma arma nuclear as baterias só precisariam funcionar uma vez.

Mais ou menos na mesma época em que as baterias térmicas estavam sendo adicionadas às bombas atômicas e de hidrogênio americanas, outra importante mudança de design estava sendo preparada em Los Alamos. Uma arma "turbinada" por trítio e deutério gasosos usaria muito menos material físsil para gerar uma grande explosão. Pouco antes do momento da detonação, esses gases de hidrogênio seriam liberados no núcleo da arma. Quando o núcleo implodisse, os gases se fundiriam, liberariam nêutrons, multiplicariam o número de fissões e aumentariam imensamente a potência. E como o núcleo físsil seria oco e fino, seria necessário uma quantidade menor de explosivos para implodi-lo. Em consequência, as armas turbinadas poderiam ser leves e pequenas. A primeira bomba de hidrogênio totalmente disponibilizada para uso, a Mark 17, tinha mais de sete metros de comprimento e pesava cerca de dezoito toneladas. A Mark 17 era tão grande e pesada que o maior bombardeiro da Força Aérea só podia carregar uma. O Comando Aéreo Estratégico esperava um dia substituí-la pela Mark 28, uma arma turbinada. A Mark 18 tinha de 2,5 a 3,5 metros de comprimento e pesava apenas novecentos quilos. Era suficientemente pequena e leve para ser transportada por um avião de combate. E um único B-52 poderia levar no mínimo quatro.

As vantagens militares das armas turbinadas eram óbvias. Mas o novo design revolucionário gerava algumas preocupações com a segurança. O núcleo do reator de uma arma turbinada não seria armazenado separadamente. Ficaria selado dentro da arma, como o caroço em uma ameixa. Armas turbinadas do tipo "sealed pit" [núcleo selado] seriam guardadas totalmente montadas, com o núcleo já cercado por potentes explosivos e a bateria térmica pronta para a ignição. Em muitos aspectos, seriam bombas de madeira. E era isso que podia torná-las potencialmente tão perigosas no caso de um acidente.

A primeira arma de núcleo selado programada para entrar no arsenal nuclear foi o Genie, um foguete para defesa aérea.[65] As armas antiaéreas convencionais pareciam inadequadas para destruir centenas de bombardeiros soviéticos durante um ataque termonuclear. E um único avião que deixasse de ser abatido poderia significar a perda de uma cidade americana. A Força Aérea achava que detonar ogivas atômicas no céu dos Estados Unidos e do Canadá seria a melhor esperança de êxito. Essa opinião foi endossada em março de 1955 por James R. Killian, presidente do MIT, que chefiou um painel ultrassecreto para estudar a ameaça de um ataque de surpresa.[66] No auge dos temores americanos em torno da "disparidade de bombardeiros", as armas atômicas antiaéreas prometiam contrabalançar a vantagem numérica da União Soviética em bombardeiros de longo alcance, mais ou menos como as armas nucleares táticas deveriam compensar a superioridade em soldados do Exército Vermelho na Europa. O Genie seria transportado por caças interceptadores da Força Aérea. A arma possuía uma ogiva pequena de 1,5 quiloton e um motor de foguete de combustível sólido. Em contraste com as armas de defesa aérea convencionais, ela não precisava atingir diretamente o alvo para eliminá-lo. E poderia se mostrar útil tanto contra um único bombardeiro soviético como contra uma grande formação deles.

Assim que o inimigo fosse avistado, o sistema de controle de disparo do avião americano poderia calcular a distância até o atacante e ajustar o timer da ogiva do Genie. O piloto de combate lançaria o Genie, o motor de foguete da arma queimaria por uns dois segundos, e ela partiria em direção ao alvo com uma velocidade aproximadamente três vezes maior que a do som. A ogiva nuclear do Genie detonaria quando o timer chegasse ao fim do tempo estipulado. A bola de fogo resultante destruiria qualquer avião em um raio de quase cem metros, e a onda de choque causaria graves danos por uma distância ainda maior. Mas a onda de radiação liberada pela explosão seria a ameaça mais letal para as tripulações soviéticas. O Genie poderia errar grosseiramente o alvo e ainda assim ser eficaz. Ele possuía um "envoltório letal" de cerca de 1,5 quilômetro em todas as direções,[67] e a "probabilidade de matar"[68] (na sigla em inglês, PK) dentro desse raio era de 92%. A morte de tripulantes soviéticos por radiação poderia levar até cinco minutos, uma demora que aumentava ainda mais a importância de lançar o Genie o mais longe possível de áreas urbanas. Detonada em grande altitude, a arma produziria poucas partículas radioativas e não levantaria detritos do solo que criassem uma nuvem na forma de cogumelo. Depois do clarão branco, uma nuvem circular se afastaria do ponto da detonação e formaria um imenso anel de fumaça no céu.

A Força Aérea queria o Genie pronto para uso a partir de 1º de janeiro de 1957. Mas primeiro a Comissão de Energia Atômica precisava determinar se a arma era segura. Milhares de Genies seriam guardados em campos de aviação americanos. Além disso, milhares de mísseis Nike, e também centenas de BOMARCS, armados com pequenas ogivas nucleares, logo seriam postos de prontidão em 25 cidades americanas e ao seu redor. Todas essas armas tinham sido desenhadas para explodir nos céus da América do Norte; se detonassem no solo, seria catastrófico. "O Departamento de Defesa necessita com máxima urgência de informações sobre a segurança de armas nucleares",[69] escreveu uma autoridade da AEC em um memorando ultrassecreto quando se aproximava a data em que o Genie seria implantado. Na década decorrida desde o lançamento da primeira bomba atômica, o tema da segurança das armas nucleares recebera pouca atenção. As bombas sempre haviam sido armazenadas e transportadas sem o núcleo do reator. O que aconteceria com uma arma de núcleo selado se entrasse em combustão, ou se ocorresse uma colisão em alta velocidade, ou se ela fosse atingida por estilhaços de uma explosão nas proximidades? A AEC começou a fazer às pressas uma série de testes para descobrir.

Projeto 56 era o codinome de uma investigação sobre a segurança das armas de núcleo selado, feita em segredo pela AEC em um vale remoto do local de testes em Nevada.[70] Os computadores ainda não tinham capacidade de processamento para simular o comportamento de uma arma nuclear durante um acidente, por isso era preciso usar armas reais. Em condições normais, uma arma de núcleo selado detonaria totalmente quando todas as lentes explosivas em torno de seu núcleo disparassem ao mesmo tempo, causando uma implosão simétrica. A maior preocupação da AEC era que uma implosão imperfeita, assimétrica — causada, por exemplo, por uma bala que detonasse alguns dos altos-explosivos —, pudesse liberar energia nuclear.

Os testes do Projeto 56 se concentraram no que aconteceria se uma das lentes explosivas detonasse em um único ponto. Julgava-se quase impossível que mais de uma bala ou mais de um estilhaço atingisse uma arma em pontos diferentes simultaneamente durante um acidente. A velocidade desses altos-explosivos era tamanha que uma lente explodiria em microssegundos depois de atingida, não dando tempo para que alguma outra coisa a atingisse. Se os altos-explosivos da arma explodissem em um único ponto, o núcleo do reator poderia simplesmente se fazer em pedaços, sem liberação de energia atômica.

Era isso que os cientistas do Projeto 56 esperavam observar: armas que oferecessem "segurança de ponto único".⁷¹ Mas o núcleo também poderia implodir o suficiente para causar uma detonação nuclear.

Entre novembro de 1955 e janeiro de 1956, os componentes nucleares de quatro projetos de armas foram submetidos a testes de segurança no deserto de Nevada. Cada dispositivo foi posto dentro de uma pequena construção de madeira, acionando-se então um único detonador. Três dos projetos passaram no teste; a detonação de ponto único não resultou em liberação de energia nuclear. O quarto foi reprovado⁷² e surpreendeu a todos com uma detonação considerável. A ogiva do Genie estava entre os dispositivos que, segundo declarado, ofereciam segurança de ponto único. Mas o Projeto 56 revelou que uma detonação nuclear não era o único perigo que um acidente com uma arma nuclear poderia causar. O núcleo do Genie continha plutônio. E, quando rompido, a poeira de plutônio se espalhava no ar.

Os riscos da exposição ao plutônio se tornaram mais perceptíveis em meados dos anos 1950. Embora as partículas alfa emitidas por esse elemento sejam fracas demais para penetrar na pele humana, podem destruir o tecido pulmonar se houver inalação de poeira de plutônio. Em um raio de algumas centenas de metros de um acidente nuclear que espalhe plutônio, qualquer um está sujeito a inalar uma quantidade rapidamente letal. A inalação de minúsculas quantidades dessas partículas pode provocar câncer no pulmão, no fígado, nos gânglios linfáticos e nos ossos. E a precipitação radioativa de um acidente desse tipo pode contaminar uma grande área por muito tempo. O plutônio tem meia-vida de aproximadamente 24 mil anos. Permanece nocivo durante todo esse período, e sua poeira é difícil de eliminar. "O problema de descontaminar o local de um acidente pode ser insolúvel, e o local talvez venha a constituir uma 'perda total' permanente", salientou um relatório secreto de Los Alamos um mês depois do teste da segurança de ponto único com o Genie.⁷³

A AEC debateu se deveriam remover o plutônio do núcleo do Genie e substituí-lo por urânio altamente enriquecido. Em um aspecto, o urânio-235 parecia ser mais seguro. Ele tem meia-vida aproximada de 700 milhões de anos, mas emite radiação a um ritmo muito mais lento do que o plutônio, e assim reduz de maneira considerável o perigo da inalação. No entanto, um núcleo do Genie feito só de urânio tinha seus próprios riscos. Norris Bradbury, o diretor de Los Alamos, alertou a AEC de que um núcleo desse tipo "provavelmente NÃO é seguro contra a detonação de ponto único".⁷⁴ Considerando a escolha entre um acidente que poderia causar uma explosão nuclear e outro que poderia produzir uma nuvem de plutônio sobre uma cidade americana, a Força Aérea preferiu a segunda. Teve início, às pressas, a produção artesanal de Genies com núcleos contendo plutônio para a reserva de emergência.

Assim que aparecessem bombardeiros soviéticos na área de alcance, as armas de defesa aérea como o Genie teriam de ser disparadas imediatamente. Qualquer atraso na autorização de seu uso poderia permitir que alguns aviões atingissem seus alvos. Em fins de 1955, os chefes do Estado-Maior Conjunto requisitaram permissão para usar armas atômicas de defesa aérea sem precisar da autorização presidencial. Argumentaram que, se essa autoridade fosse "pré-delegada", as Forças Armadas poderiam reagir instantaneamente a um ataque.⁷⁵ O secretário da Defesa Wilson apoiou os chefes do Estado-Maior Conjunto, afirmando que era "crucial" para a Força Aérea ter algum tipo de autorização prévia.⁷⁶

Harry Truman repetidas vezes insistira que o presidente dos Estados Unidos devia ser a única pessoa com poder para ordenar o uso de uma arma nuclear. Mas a natureza da ameaça soviética havia mudado, e o presidente Eisenhower punha mais fé na disciplina dos militares americanos. Em abril de 1956, Eisenhower assinou uma ordem de pré-delegação autorizando o uso de armas atômicas para a defesa aérea dentro dos Estados Unidos e ao longo de suas fronteiras. A ordem entrou em vigor em dezembro seguinte, depois que o secretário da Defesa aprovou as regras de entrada em combate. Essas regras permitiam que aviões americanos lançassem Genies contra qualquer avião soviético que parecesse "hostil".⁷⁷ Deu-se aos comandantes da Força Aérea uma ampla margem de manobra para decidirem quando essas armas poderiam ser usadas. Mas os chefes do Estado-Maior Conjunto exigiam "rigoroso comando e controle das forças envolvidas na defesa aérea".⁷⁸ Os Genies teriam de ser mantidos em iglus de armazenagem, nunca poderiam ser transportados sobre território americano até que o país estivesse sob ataque.

Durante anos o Departamento de Defesa se recusara a discutir o assunto da localização das armas nucleares instaladas nos Estados Unidos. "Não confirmamos nem negamos" era a resposta clássica sempre que um jornalista perguntava se havia bombas atômicas ou de hidrogênio em determinado local. Justificava-se essa política com a necessidade do sigilo militar. No entanto, o desejo de evitar polêmica e manter boas relações públicas era igualmente importante. Quando pela primeira vez houve a transferência de bombas atômicas para bases do SAC no Marrocos francês, o governo da França não foi informado.[79] Mas, quando Genies foram instalados em bases aéreas de todo o território dos Estados Unidos, a Força Aérea anunciou o fato à imprensa. Segundo um memorando secreto do Pentágono, publicidade enfatizando a segurança e a eficácia da nova arma teria um "efeito positivo sobre o moral da nação".[80] E informações sobre o raio letal do Genie poderiam desencorajar as tripulações aéreas soviéticas.

"A possibilidade de ocorrer qualquer explosão nuclear em decorrência de um acidente envolvendo impacto ou fogo é quase inexistente",[81] assegurou ao povo o secretário da Defesa Wilson. Seu comunicado sobre o Genie à imprensa não mencionou o risco da contaminação por plutônio. Mas ressaltou que quem se encontrasse no solo diretamente debaixo da detonação em grande altitude de um Genie seria exposto a menos radiação do que "um centésimo da quantidade recebida em um raio X comum (médico)".[82] Para provar, detonou-se um Genie a 5,5 mil metros acima da cabeça de cinco oficiais da Força Aérea e um fotógrafo no local dos testes, em Nevada. Os oficiais estavam de uniforme de verão e sem equipamento protetor. Uma fotografia tirada no momento da detonação mostra que dois dos homens instintivamente se agacharam, dois protegeram os olhos e um olhou direto para a explosão no alto. "Por um instante houve a claridade de um sol nascente",[83] relatou a revista *Time*, "que depois esmaeceu em uma nuvem rosada em forma de rosquinha."

Em janeiro de 1957 o secretário da Força Aérea, Donald A. Quarles, foi ao Sandia para ouvir informes sobre as mais recentes armas de núcleo selado. Quarles saiu dessas reuniões preocupado com a segurança do Genie, e ele estava mais do que apto a julgar.[84] Fora por dois anos o secretário assistente da Defesa na área de pesquisa e desenvolvimento e ajudara a selecionar novos sistemas de armas, guiando o investimento do Pentágono em novas tecnologias e realizando estudos sobre o futuro da guerra. Também passara um ano como presidente do Sandia, imerso nas minúcias das bombas atômicas. Miúdo, rijo, brilhante e impetuoso, Quarles, que concluíra o ensino médio aos quinze anos e depois estudara matemática e física em Yale, sentia o peso de seu trabalho, de seu lugar no epicentro da corrida armamentista. Quase nunca tirava férias,[85] e frequentemente era visto em sua sala no Pentágono, tarde da noite, seis ou sete dias por semana. Só um punhado de pessoas entendia tão bem quanto Quarles como funcionavam as armas nucleares americanas e como os militares planejavam usá-las.

Algumas semanas depois das reuniões com Quarles no Sandia,[86] o Projeto de Armas Especiais das Forças Armadas instituiu uma comissão de segurança para examinar pormenorizadamente todos os projetos de armas de núcleo selado em andamento. A Força Aérea logo encomendou estudos abrangentes sobre a possibilidade de uma arma nuclear ser detonada por acidente. E em julho de 1957 Quarles pediu à Comissão de Energia Atômica que fizesse a primeira investigação de alcance nacional sobre as "possibilidades de aumentar a segurança das armas nucleares".[87] A AEC concordou, e uma equipe de engenheiros do Sandia foi incumbida do trabalho.

Uma das primeiras tarefas do estudo era fazer uma lista dos acidentes já ocorridos com armas nucleares. A lista seria útil para predizer não só o que poderia acontecer com os novos projetos de núcleo selado no calor da ação, mas também a frequência dos acidentes. O Departamento de Defesa nem sempre notificava a AEC sobre os acidentes com armas nucleares, e foi difícil obter um cômputo rigoroso dos casos. A Força Aérea por fim entregou uma lista de 87 acidentes ocorridos entre 1950 e fins de 1957.[88] O Sandia encontrou mais sete que a Força Aérea, por alguma razão, não fez questão de incluir.[89] Nem o Exército nem a Marinha apresentaram uma relação; não tinham registro de seus acidentes nucleares. Mais de um terço dos acidentes na lista da Força Aérea envolvia bombas atômicas ou de hidrogênio da "reserva de guerra":[90] armas que poderiam ser usadas em batalha. Os demais tinham acontecido com armas de treinamento.[91] E todos os acidentes esclareceram as numerosas e imprevisíveis maneiras de as coisas darem errado.

Um acidente pode ser causado por um problema mecânico. Em 13 de fevereiro de 1950, um bombardeiro B-36 decolou da Base da Força Aérea em Eielson, cerca de cinquenta quilômetros ao sul de Fairbanks, no Alasca.[92] A tripulação estava em missão de treinamento, aprendendo a operar a partir de uma base avançada próxima do Ártico. Nevava e ventava em Eielson, e a temperatura no solo, 33 graus negativos, havia subido nas horas anteriores. O capitão Harold L. Barry e dezesseis tripulantes tinham sido totalmente informados sobre a missão: voar para Montana, dar meia-volta, ir até o sul da Califórnia, dar meia-volta, seguir em direção norte até San Francisco, simular o lançamento de uma bomba atômica Mark 4 sobre a cidade e por fim aterrissar na base do SAC em Forth Worth, Texas. A missão levaria cerca de vinte horas.

No meio da noite, quando o B-36 atingiu a altitude de 4,5 mil metros, começou a perder força. Estava com gelo acumulado nos motores, asas e hélices. A tripulação não enxergava o gelo, pois a visibilidade era ruim por causa da escuridão, da cobertura de nuvens e das janelas congeladas. Mas se ouviam pedaços de gelo atingindo o avião. Parecia uma tempestade de granizo.

O gelo entupiu os carburadores, três dos seis motores pegaram fogo e o bombardeiro perdeu altitude rapidamente. O capitão Barry conseguiu pilotar o aparelho sobre o mar, não muito longe da ilha Princess Royal, na Colúmbia Britânica, Canadá. Ordenou ao copiloto que abrisse as portas do compartimento da bomba e jogasse a Mark 4 no mar. As portas não se abriram, estavam emperradas. O copiloto tentou de novo, as portas se abriram e a Mark 4 despencou do avião. Seus altos-explosivos detonaram a quase mil metros da superfície do oceano, e um clarão iluminou o céu. A bomba não continha um reator nuclear.

Navegando apenas por radar, o capitão Barry direcionou o avião para terra firme e ordenou que a tripulação saltasse. Um dos copilotos, o capitão Theodore Schreier, vestiu por engano um colete salva-vidas por cima do paraquedas. Nunca mais foi visto. Os quatro primeiros homens que pularam do avião também desapareceram, talvez carregados para o mar pelo vento. O capitão Barry, último a saltar, desceu em segurança em um lago congelado e caminhou quilômetros através da neve profunda até a costa. Ele sobreviveu, juntamente com o resto de sua tripulação. O B-36 abandonado ainda voou por mais trezentos quilômetros antes de despencar na ilha Vancouver.

Um acidente poderia ocorrer enquanto as armas fossem carregadas, descarregadas ou movidas. No mínimo em quatro ocasiões,[93] os detonadores *exploding-bridgewire* das bombas atômicas Mark 6 dispararam quando as armas foram removidas inadequadamente do avião. Eram armas de treinamento, e ninguém se feriu. Mas com as novas armas de núcleo selado esse tipo de erro poderia provocar uma detonação nuclear completa. Em pelo menos meia dúzia de ocasiões,[94] as carretas que transportavam bombas Mark 6 se separaram dos veículos que as rebocavam. Em um incidente, a carreta rolou para dentro de uma vala; se tivesse rolado em outra direção, observou um relatório secreto, "uma arma Mk6 carregada" teria "despencado em uma barragem íngreme". Derrubar uma arma nuclear nunca era uma boa ideia.[95] Testes de impacto revelaram que, quando o Genie estava armado, não precisava de um sinal de disparo para detonar.[96] O Genie podia produzir uma explosão nuclear simplesmente batendo no chão.

Um acidente poderia ser agravado pela reação. No começo da Guerra da Coreia, em meio aos temores de que o Japão e Taiwan fossem atacados, um bombardeiro B-29 se preparou para decolar da Base da Força Aérea em Fairfield-Suisun, na Califórnia.[97] Eram dez horas da noite. A missão era considerada urgente, e a carga, ultrassecreta: transferência para Guam, por ordem do presidente Truman, de uma das nove bombas atômicas Mark 4. Os reatores seriam transportados de avião, separadamente. O brigadeiro Robert F. Travis sentou-se na cabine do piloto como uma escolta de alto escalão para a arma. Travis demonstrara grande coragem durante a Segunda Guerra Mundial, liderando 35 missões de bombardeio para a Oitava Força Aérea. Quando o B-29 ganhou velocidade, um de seus motores falhou quase no fim da pista de decolagem. O bombardeiro saiu do chão, e um segundo motor falhou.

O piloto, capitão Eugene Steffes, tentou recolher o trem de pouso e reduzir a resistência ao ar, mas as rodas estavam emperradas; o avião seguia diretamente rumo a um morro. Steffes fez o avião dar um giro de 180 graus, na esperança de aterrissar na base. O aparelho começou a estolar, e havia um estacionamento de trailers bem no seu caminho. O piloto inclinou o aparelho para a esquerda e por um triz não esbarrou nos trailers. O B-29 bateu no chão, deslizou por um campo, incendiou-se e se desfez em pedaços. Quando por fim parou, a tripulação se esforçou para deixar a aeronave, mas as saídas de emergência estavam bloqueadas.

O sargento Paul Ramoneda, um padeiro de 28 anos que servia no Nono Esquadrão de Serviços Alimentares, foi um dos primeiros a se aproximar do bombardeiro. Ajudou a tirar Steffes da cabine do piloto. O brigadeiro Travis foi encontrado no chão ali perto, inconsciente. Ambulâncias, caminhões de bombeiro e viaturas da polícia logo chegaram ao campo de aviação, junto com centenas de soldados e civis, muitos acordados pela queda do avião e agora ansiosos para ajudar ou apenas curiosos para ver o que estava acontecendo. O comandante do esquadrão, Ray Holsey, disse a todos para se afastarem do avião e ordenou aos bombeiros que deixassem o aparelho queimar. Labaredas se erguiam, e a munição calibre .50 começava a explodir em meio aos destroços — e Holsey temia que as mais de duas toneladas de altos-explosivos da bomba atômica logo detonassem. A multidão e os bombeiros não fizeram caso de sua ordem. Holsey, o oficial mais graduado no local, afastou-se correndo o mais depressa que podia.

O sargento Ramoneda enrolou seu avental de padeiro na cabeça para se proteger das chamas e voltou ao avião incendiado à procura de mais sobreviventes. Momentos depois, os altos-explosivos da Mark 4 detonaram. A explosão foi ouvida a cinquenta quilômetros de distância. Matou Ramoneda e cinco bombeiros, feriu quase duzentas pessoas, destruiu todos os caminhões de bombeiro da base, incendiou os prédios próximos e espalhou combustível em chamas e destroços de fuselagem fundida por uma área de aproximadamente cinco quilômetros quadrados. O capitão Steffes e outros sete que estavam no avião escaparam com pequenos ferimentos. Doze tripulantes e passageiros morreram, entre eles o brigadeiro Travis, em cuja honra a base logo foi rebatizada. A Força Aérea disse à imprensa que o B-29 estava em "uma longa missão de treinamento"[98] e não mencionou que uma bomba atômica tinha causado a explosão.

Um acidente poderia envolver mais de uma arma. Em 27 de julho de 1956, um bombardeiro B-47 americano decolou da Base Aérea de Lakenheath, em Suffolk, Inglaterra.[99] Era um voo de treinamento de rotina. O avião não levava arma nuclear. O capitão Russell Bowling e sua tripulação deveriam efetuar um reabastecimento no ar, uma sequência rápida de pousos e decolagens e um teste do sistema de radar do B-47. Foi tudo bem nas três primeiras séries de pousos e decolagens em Lakenheath. Na quarta, o avião saiu da pista e abalroou um iglu de armazenagem onde havia bombas atômicas Mark 6. Um oficial do SAC descreveu o acidente a LeMay em um telegrama secreto:

> O B-47 arrebentou o iglu e derrubou três Mark 6. Em seguida explodiu e derramou combustível em chamas por cima de tudo. A tripulação morreu. A maior parte dos destroços do avião girou em torno do iglu e parou, junto com o nariz do avião, logo atrás da barreira do iglu, que manteve a maior parte do fogo do combustível separada do iglu despedaçado. Exame preliminar por especialistas em remoção de bombas considera milagre que uma Mark 6 com detonadores cortados e expostos não tenha detonado. Bombeiros extinguiram rapidamente o fogo ao redor das Mark 6.[100]

Os núcleos estavam armazenados em outro iglu. Se o B-47 houvesse trombado com esse, fazendo-o em pedaços e incendiando-o, uma nuvem de plutônio teria percorrido o interior da Inglaterra.

Os engenheiros do Sandia sabiam que nunca seria possível tornar armas nucleares perfeitamente seguras. Oskar Morgenstern, renomado economista de Princeton, estrategista militar e assessor do Pentágono, salientou mais tarde a inutilidade de buscar esse objetivo. "Algum dia acontecerá uma explosão acidental de uma arma nuclear", ele escreveu.[101] "A mente humana é incapaz de construir algo que seja infalível [...] as leis da probabilidade quase garantem um acidente desse tipo." Todo país que possuísse armas nucleares tinha de confrontar o risco inerente. "Manter uma capacidade nuclear em algum estado de prontidão é fundamentalmente uma questão de jogar com porcentagens",[102] reconheceu um relatório do Sandia. Para reduzir o perigo, os projetistas de armas e as autoridades militares lutavam com duas questões difíceis, mas interligadas: qual era a probabilidade "aceitável" de uma explosão nuclear acidental? E quais os meios técnicos para manter as probabilidades no nível mais baixo possível?

O Departamento de Desenvolvimento de Armas Especiais do Exército abordou a primeira dessas questões em 1955 no relatório intitulado "Riscos militares aceitáveis de detonação acidental de armas atômicas".[103] O documento examinou a frequência de desastres naturais nos Estados Unidos nos cinquenta anos anteriores, quantificou seus efeitos deletérios em termos de danos à propriedade e de perda de vidas. Declarou então que as explosões nucleares acidentais deveriam ser permitidas em solo americano à mesma taxa de terremotos, inundações e tornados de igual poder devastador. Segundo essa fórmula, o Exército sugeriu que a probabilidade aceitável de uma bomba de hidrogênio detonar nos Estados Unidos deveria ser de uma em 100 mil no decorrer de um ano.[104] Calculou-se que o risco aceitável de uma bomba atômica explodir era de uma chance em 125.[105]

Depois que o secretário da Força Aérea, Quarles, declarou-se preocupado com a segurança das armas de núcleo selado, o Projeto de Armas Especiais das Forças Armadas começou seu próprio estudo sobre probabilidades aceitáveis. O Exército havia suposto que a população americana veria um acidente nuclear pelo mesmo prisma com que veria um ato de Deus. Um estudo do AFSWP questionou essa suposição e alertou que o "impacto psicológico de uma detonação nuclear poderá ser desastroso";[106] acrescentou que "provavelmente haverá a tendência de pôr a culpa em 'militares e cientistas irresponsáveis'".[107] Além do mais, o estudo salientou que a segurança de armas nucleares já existentes no arsenal americano fora medida unicamente segundo o risco de uma falha técnica. O erro humano fora excluído como possível causa de acidentes — era considerado complexo demais para ser quantificado.[108] O AFSWP criticou essa omissão: "O comportamento imprevisível dos seres humanos é um problema grave quando lidamos com armas nucleares".[109]

Em 1957 o Projeto de Armas Especiais das Forças Armadas apresentou um novo conjunto de probabilidades aceitáveis. Aventou, por exemplo, que a probabilidade de uma bomba de hidrogênio explodir acidentalmente — por todas as causas, enquanto armazenada, durante toda a vida da arma — deveria ser de uma em 10 milhões.[110] E supunha-se que a vida útil de uma arma típica era de dez anos. À primeira vista esses números faziam parecer remota a possibilidade de um desastre nuclear. Mas, se os Estados Unidos mantivessem 10 mil bombas de hidrogênio armazenadas por dez anos, a probabilidade de uma detonação acidental aumentava muito: uma em mil. E se essas armas fossem tiradas do depósito e colocadas em aviões, as probabilidades aceitáveis propostas pelo AFSWP não teriam sido aceitas pelo povo americano, se lhe fossem informadas. A probabilidade de uma bomba de hidrogênio detonar por acidente, a cada década, seria de uma em cinco.[111] E, durante esse mesmo período, a probabilidade de uma bomba atômica detonar por acidente nos Estados Unidos seria próxima de 100%.[112]

Todas essas probabilidades, aceitáveis ou não, eram meramente objetivos para os projetos. Baseavam-se em estimativas teóricas, não em dados reais, sobretudo no que dizia respeito ao comportamento humano. A segurança de ponto único de uma arma nuclear parecia uma questão mais séria. Ela seria determinada por fenômenos que eram quantificáveis: a velocidade de altos--explosivos, a massa e a geometria de um núcleo de reator, o número de fissões que podiam ocorrer durante uma implosão assimétrica. Mas mesmo esses aspectos eram perseguidos pela incerteza matemática. Os testes para verificação da segurança de ponto único realizados em Nevada haviam mostrado resultados alentadores, mas o comportamento de uma arma nuclear em "ambiente anormal" — como no caso de um incêndio de combustível causado pela queda de um avião — ainda não era bem compreendido. Durante um incêndio, os altos-explosivos de uma arma poderiam pegar fogo, poderiam detonar, ou as duas coisas.[113] E diferentes armas poderiam se comportar de modos distintos na presença de um mesmo padrão de incêndio, conforme o tipo, o peso e a configuração de seus altos-explosivos. Para os objetivos de combate ao fogo, atribuiu-se a cada arma um "fator temporal" — o tempo que se teria assim que uma arma fosse envolvida pelas chamas, ou para apagar o fogo ou para se afastar dela no mínimo por trezentos metros. O fator temporal para o Genie era três minutos.[114]

Mesmo se fosse possível produzir uma arma de ponto único totalmente segura, ela ainda assim poderia detonar por acidente. Uma falha no sistema elétrico seria capaz de armar uma bomba e acionar todos os seus detonadores. Carl Carlson, jovem físico do Sandia,[115] concluiu que o projeto do sistema elétrico de uma arma nuclear era "a verdadeira chave" para impedir detonações acidentais.[116] O calor de um incêndio poderia acionar as baterias térmicas, liberar eletricidade de alta voltagem na unidade de raio X e causar a explosão da bomba. Para eliminar esse risco, foram adicionados fusíveis sensíveis ao calor a todas as armas de núcleo selado. À temperatura de 149 graus, os fusíveis se fundiriam, derretendo as ligações entre as baterias e o sistema de armar. Esse era um modo direto e clássico de interromper um circuito elétrico, e prometia garantir que uma temperatura elevada não acionaria os detonadores. Mas Carlson ainda receava que, em outras situações, um sinal de disparo pudesse ser enviado por acidente ou por engano a uma arma nuclear.

Sendo grande admirador da análise de sistemas e do uso de várias disciplinas para resolver questões complexas, Carlson achava que não bastava adicionar fusíveis sensíveis ao calor a armas nucleares. O verdadeiro problema de segurança era mais fácil de enunciar do que de resolver: bombas eram estúpidas. Reagiam a simples impulsos elétricos e não tinham como saber se um sinal fora enviado deliberadamente ou não. Na cabine de um bombardeiro do SAC, a caixa de controle T-249 facilitava armar uma bomba.[117] Primeiro se punha um interruptor de balancim na posição "ligado", permitindo que a energia passasse do avião para a bomba. Depois se girava um botão, da posição SEGURO para a posição SOLO ou para a posição AR, determinando a altura em que a bomba detonaria. Não era preciso mais nada. E, se alguém se esquecesse de girar de novo o botão para a posição SEGURO, a bomba permaneceria armada, mesmo depois de o interruptor de força ser desligado. Carlson, escrevendo em nome do Sandia e de outros laboratórios de armas, alertou que um sistema elétrico extremamente simples aumentava o risco de uma detonação total durante um acidente: UMA ARMA QUE PRECISA APENAS RECEBER INFORMAÇÃO DO SISTEMA DE LANÇAMENTO PARA SE ARMAR ACEITARÁ ESSA INFORMAÇÃO E REAGIRÁ A ELA INDEPENDENTEMENTE DE OS SINAIS SEREM OU NÃO INTENCIONAIS.[118]

A necessidade de segurança para uma arma nuclear com frequência conflitava com a necessidade de confiabilidade. Um mecanismo de segurança que diminuísse a probabilidade de uma bomba explodir durante um acidente também poderia, na hora da guerra, aumentar a probabilidade de que ela falhasse. A contradição entre esses dois objetivos em um projeto era sucintamente expressa pela frase "sempre/nunca".[119] Em termos ideais, uma arma nuclear sempre detonaria quando fosse para detonar e nunca detonaria quando não fosse. O Comando Aéreo Estratégico queria bombas que fossem seguras e confiáveis. Mas, sobretudo, queria bombas que funcionassem. A disposição de correr riscos pessoais era profundamente arraigada na cultura institucional do SAC. As tripulações de bombardeiros arriscavam a vida toda vez que voavam em uma missão em tempos de paz, e as missões do plano emergencial de guerra para as quais essas tripulações treinavam seriam perigosíssimas. Seus membros teriam de enganar aviões e mísseis antiaéreos soviéticos no trajeto até seus alvos, sobreviver aos efeitos da onda de choque e da radiação depois de lançar suas bombas e por fim dar um jeito de encontrar uma base amiga que não tivesse sido destruída. Em meio ao caos de uma guerra termonuclear, não gostariam de saber que as bombas que eles tinham lançado não haviam detonado por causa de um dispositivo de segurança.

Os projetistas civis de armas, por sua vez, sem dúvida teriam uma perspectiva diferente: pensar no risco de um acidente em tempos de paz e errar para o lado do *nunca*. O secretário da Força Aérea, Quarles, compreendia os argumentos dos dois lados. Vivia preocupado com a ameaça soviética. E pressionara a Comissão de Energia Atômica a encontrar métodos de atingir "maior grau de segurança nuclear".[120] Mas se fosse preciso ceder para um dos lados, o sempre ou o nunca, ele deixou claro para que lado seria. "Essa segurança, evidentemente, deverá causar interferência mínima na prontidão e confiabilidade", Quarles determinou.[121]

Combinação ótima

"Um superfoguete balístico intercontinental de múltiplos estágios de longa distância foi lançado alguns dias atrás", anunciou a União Soviética na última semana de agosto de 1957.[1] A notícia não surpreendeu as autoridades do Pentágono, que secretamente monitoraram o voo de teste com a ajuda de uma estação de radar no Irã. Mas seis semanas depois o anúncio de que os soviéticos tinham posto em órbita o primeiro satélite feito pelo homem pegou os Estados Unidos desprevenidos e gerou pânico no povo americano. O *Sputinik 1* era uma esfera metálica mais ou menos do tamanho de uma bola de praia que pouco fazia além de circundar a Terra e transmitir um sinal de rádio, "bip-bip-bip".[2] Ainda assim, deu à União Soviética uma colossal vitória propagandística. Criou a impressão de que "a primeira sociedade socialista" ultrapassara os Estados Unidos na tecnologia de mísseis e na habilidade científica. O lançamento bem-sucedido do *Sputinik 2*, em 3 de novembro de 1957, pareceu ainda mais ameaçador. O novo satélite pesava cerca de quinhentos quilos, e seus motores de foguete, com impulso suficiente para erguer esse tipo de carga útil, poderiam ser usados para lançar uma ogiva nuclear. O *Sputinik 2* também transportou o primeiro animal a orbitar a Terra, a cadela Laika — indício de que a União Soviética planejava pôr um homem no espaço. Embora os soviéticos se gabassem de que Laika viveu em órbita por uma semana³ usando um pequeno traje espacial, abrigada em um compartimento pressurizado com farto suprimento de comida e água, na verdade ela morreu poucas horas depois do lançamento do foguete.⁴

Os democratas no Congresso atiçaram o medo dos mísseis soviéticos e criticaram o governo Eisenhower por permitir que os Estados Unidos fossem passados para trás. O Conselho Consultivo Democrata declarou que o presidente Eisenhower tinha "enfraquecido o mundo livre" e "matado de fome a defesa nacional".⁵ Henry "Scoop" Jackson, senador democrata de Washington, apontou o *Sputinik* como "um golpe devastador no prestígio dos Estados Unidos".⁶ Lyndon Baines Johnson, o líder da maioria no Senado, agendou sessões para investigar o que dera errado nas políticas de defesa dos Estados Unidos. O diretor de pessoal de Johnson, George Reedy, exortou-o a "mergulhar fundo" na polêmica do míssil,⁷ sugerindo que isso poderia "tirar os republicanos dos trilhos, unificar o Partido Democrata e elegê-lo presidente".⁸ Outro senador democrata, John F. Kennedy, mais tarde acusou Eisenhower de pôr a "segurança fiscal à frente da segurança nacional",⁹ e tornou a "disparidade de mísseis" uma das questões centrais de sua campanha presidencial.

O esforço dos democratas para gerar preocupação com a disparidade de mísseis foi facilitado por Nikita Khruschóv, primeiro-secretário do Partido Comunista da União Soviética. Em uma série de comentários públicos ao longo dos anos que se seguiram, Khruschóv menoscabou as Forças Armadas americanas e se vangloriou dos avanços tecnológicos de seu país:

> Os Estados Unidos não possuem um míssil intercontinental, ou já teriam facilmente lançado seu próprio satélite [...]. Agora somos capazes de direcionar um foguete para qualquer parte da Terra e, se preciso, com uma ogiva de hidrogênio [...] não é mera retórica quando dizemos que organizamos a produção em série de mísseis balísticos intercontinentais [...] que isso seja sabido fora do país, não faço segredo — em um ano, 250 mísseis com ogivas de hidrogênio saíram da linha de montagem na fábrica que visitamos [...]. O território do nosso país é imenso. Temos condições de dispersar nossas instalações de foguetes, de camuflá-las bem [...]. Duzentos foguetes bastam para destruir Inglaterra, França e Alemanha; e trezentos destruirão os Estados Unidos. No momento a União Soviética possui tantos foguetes que a produção em massa foi reduzida e apenas os modelos mais recentes estão sendo construídos.¹⁰

Khruschóv censurara os crimes de Stálin em 1956, libertara prisioneiros políticos, conquistara a reputação de reformador e propusera a proibição de armas nucleares na Europa Central. Mas também ordenara que tropas soviéticas invadissem a Hungria e derrubassem o governo democrático do país. Mais de 20 mil cidadãos húngaros foram mortos pelo Exército Vermelho[11] e centenas foram executados posteriormente.[12] A ideia de Khruschóv comandando tantos mísseis de longo alcance dava calafrios.

O presidente Eisenhower tentou acalmar a histeria em torno dos mísseis soviéticos e responder à crítica de que seu governo se tornara passivo, pusilânime e alheio à realidade. Sentia-se confiante de que eram desnecessários grandes aumentos de gastos com a defesa e de que o Comando Aéreo Estratégico possuía armas nucleares mais do que suficientes para dissuadir a União Soviética. Irritou-se sobremaneira com um relatório secreto que lhe foi apresentado na primeira semana de novembro.[13] Uma comissão de alto escalão chefiada por H. Rowan Gaither, ex-presidente da Fundação Ford, pleiteou gastos de dezenas de bilhões de dólares em novos programas de mísseis e em um sistema de abrigos atômicos por todo o país. Eisenhower achava que a Comissão Gaither tinha uma ideia exagerada da ameaça soviética. Em um discurso transmitido pela TV em 7 de novembro de 1957, frisou que não havia razão para pânico: a força militar do mundo livre era muito maior que a dos comunistas. E, exasperado, acrescentou: "É um grande equívoco dizer que agora precisamos aumentar nossos gastos com defesa e todo tipo de equipamento militar".[14]

O discurso foi em vão. Na manhã de 25 de novembro, Lyndon Johnson abriu as sessões no Senado afirmando que os Estados Unidos "estavam perigosamente defasados em relação à União Soviética em algumas áreas importantíssimas",[15] e um influente colunista de jornal descreveu o relatório Gaither como "um dos mais assustadores alertas" da história americana.[16] Nesse dia, enquanto trabalhava no Salão Oval, Eisenhower sofreu um derrame e perdeu subitamente a fala. Uma semana e meia depois, um foguete Vanguard transportando o primeiro satélite feito por americanos foi lançado em Cabo Canaveral, na Flórida, diante de centenas de repórteres e dos telespectadores, que assistiam ao vivo pela TV. O Vanguard subiu por pouco mais de um metro, hesitou, despencou sobre a plataforma de lançamento e explodiu.

O Pentágono tinha boas razões para se preocupar com os mísseis de longo alcance da União Soviética, independentemente de quantos eles de fato fossem.

Um bombardeiro soviético se aproximaria dos Estados Unidos a oitocentos quilômetros por hora, e a ogiva de um míssil soviético chegaria a mais de 25 mil quilômetros por hora. Com sorte, seria possível abater um bombardeiro. Mas ainda não existia tecnologia para destruir uma ogiva nuclear em pleno voo. E um ataque de míssil daria aos Estados Unidos pouco tempo para preparar a reação. Os bombardeiros soviéticos levariam oito ou nove horas para atingir os alvos americanos mais importantes; os mísseis soviéticos precisariam de trinta minutos ou menos. Seria necessário um alerta prévio sobre um ataque de míssil balístico intercontinental para proteger a liderança do país e assegurar que a força retaliatória do SAC pudesse decolar. Mas esse tipo de alerta podia não ser dado. Os radares da Linha DEW tinham sido projetados para detectar aviões inimigos, e não mísseis, e o Pentágono não tinha como detectar um ICBM depois de ele ter sido lançado.

Após o *Sputinik*, a Força Aérea conseguiu rapidamente a aprovação para construir o Sistema de Alerta Prévio de Mísseis Balísticos (na sigla em inglês, BMEWS): três radares enormes para detectar mísseis soviéticos a caminho dos Estados Unidos. Um dos radares seria construído em Thule, Groenlândia; outro na Base da Força Aérea em Clear, no Alasca; o terceiro em North Yorkshire Moors, na Inglaterra. Mas, enquanto o sistema não ficava pronto, o primeiro sinal de um ataque soviético provavelmente seriam nuvens em forma de cogumelo pairando sobre bases do SAC e de cidades americanas. Teve início sem demora o trabalho para criar um sistema de alarme de bombas que no mesmo instante informasse ao presidente quando cidades e bases aéreas fossem destruídas. Centenas de pequenos e aparentemente inócuos cilindros metálicos foram acoplados no alto de prédios e de postes telegráficos por todo o país. Dentro dos cilindros, segundo um relatório secreto do sistema, sensores ópticos detectariam o clarão característico de uma explosão nuclear, determinariam "as localizações exatas da explosão"[17] e indicariam "a intensidade e o padrão do ataque". No quartel-general do SAC, luzes verdes que pontilhavam um mapa dos Estados Unidos ficariam vermelhas, mostrando cada detonação nuclear. O tempo de alerta que o Sistema de Alarme de Bombas permitia estava longe do ideal — especialmente se os soviéticos conseguissem sincronizar o lançamento de seus mísseis de modo a fazer todas as suas ogivas cair ao mesmo tempo —, mas parecia melhor do que nada.

Já fazia anos que o tenente-brigadeiro LeMay se preocupava com a ameaça que os mísseis poderiam representar para o Comando Aéreo Estratégico. Em

1956 o SAC começara a testar um plano para manter seus bombardeiros em alerta constante e permitir que estivessem no ar meia hora depois de um aviso de ataque. A logística desse "alerta em terra" era de arrepiar.[18] As tripulações, que dormiam perto das pistas de decolagem, correriam para o avião assim que a sirene disparasse. Os bombardeiros ficavam estacionados já totalmente carregados com armas nucleares e abastecidos de combustível. Dizia-se que os aviões estavam "engatilhados", como uma arma pronta para disparar. Aviões-tanques para o reabastecimento aéreo também ficavam carregados e preparados para decolar. No outono de 1957 os alertas em terra já eram rotina nas bases do SAC nos Estados Unidos, na Grã-Bretanha e no Marrocos. E o Comando Aéreo Estratégico esperava que, dentro de um ano, no mínimo um terço de seus bombardeiros estaria sempre estacionado ao lado da pista de decolagem, engatilhado e pronto para partir em quinze minutos.

Com o êxito do lançamento dos dois *Sputnik*, surgiu a possibilidade de que, durante um ataque com mísseis, o SAC não dispusesse de quinze minutos para pôr no ar seus aviões do alerta em terra. LeMay fora promovido recentemente a vice-chefe do Estado-Maior da Força Aérea, e seu sucessor no SAC, o tenente-brigadeiro Thomas S. Power, empenhou-se pela aprovação de uma tática ainda mais ousada: o "alerta no ar". Muitos dos oficiais que eram colegas de Power no SAC viam-no como um carrasco.[19] Nascido na cidade de Nova York e criado em Great Neck, Long Island, ele abandonou os estudos no ensino médio, trabalhou na construção civil, retomou os estudos aos vinte anos, formou-se na universidade e entrou para a Divisão de Aeronáutica do Exército em 1928. Mais tarde, foi piloto líder durante o bombardeio incendiário de Tóquio e serviu como vice-comandante do SAC. Power muitas vezes cuidou das "execuções" para LeMay, demitindo, impondo a disciplina e assegurando que as ordens fossem cumpridas. Os dois oficiais tinham as mesmas ideias em matéria de estratégia, mas estilos diferentes de administrar. LeMay expressava desaprovação com um gélido silêncio ou com umas poucas palavras cuidadosamente escolhidas; Power gritava e xingava os subordinados. A simpatia por trás da fachada ríspida de LeMay e sua intensa devoção ao bem-estar de seus homens eram mais difíceis de encontrar em seu sucessor. Até LeMay admitia que Power era um sádico, "um patife autocrático",[20] mas "conseguia resultados". Bondade, sensibilidade e sociabilidade não eram essenciais para um comandante que planejava a vitória em uma guerra nuclear.

A premissa básica do alerta no ar do SAC era difícil de refutar: aviões que já estivessem voando não seriam destruídos por mísseis que atingissem as bases em terra.[21] Manter no ar uma parte da frota de bombardeiros em todos os momentos permitiria aos Estados Unidos retaliar após um ataque de surpresa. Durante um alerta no ar, bombardeiros americanos decolariam e voariam a uma distância que lhes permitisse atingir a União Soviética. Se não recebessem um código "Go" [a ordem codificada para bombardear], eles dariam meia-volta em um local combinado de antemão, ficariam circulando por horas e depois retornariam às suas bases. O plano pecava pela segurança: se ocorresse uma falha de comunicação entre o quartel-general do SAC e um dos bombardeiros, a missão poderia terminar sem nenhuma bomba ter sido lançada. A missão teria uma "falha segura",[22] um termo de engenharia usado para componentes projetados para fracassar sem causar danos. As medidas de falha segura em um alerta no ar podiam reduzir a eficácia de uma retaliação nuclear do SAC quando os Estados Unidos entrassem em guerra: os bombardeiros que não recebessem o código Go ficariam circulando, depois voltariam para casa deixando seus alvos intocados. Mas a alternativa — um alerta no ar no qual as tripulações decolassem com a ordem de sobrevoar a União Soviética e bombardeá-la a menos que recebessem do quartel-general algum tipo de ordem codificada "Don't Go" [não bombardear] — poderia facilmente começar uma guerra por engano. Esse tipo de missão estava fadado a, em algum momento, apresentar uma "falha letal".

"Dia e noite mantenho uma parte do meu comando no ar", disse o tenente-brigadeiro Power à imprensa na semana seguinte ao lançamento do *Sputnik*.[23] "Esses aviões contêm bombas e não levam arcos e flechas." A mensagem à União Soviética era inequívoca: a capacidade de retaliar do SAC não seria diminuída por mísseis balísticos intercontinentais. Mas Power estava blefando. O alerta no ar só existia no papel, e os Estados Unidos não mantinham bombardeiros voando dia e noite, prontos para atacar. Carregar armas nucleares sobre áreas povoadas ainda era considerado perigoso demais. Os projetistas dos laboratórios de armamentos se surpreenderam ao saber sobre o alerta em terra do SAC.[24] Exceto pelos ocasionais exercícios de treinamento, a Comissão de Energia Atômica sempre supusera que as bombas de hidrogênio e as bombas atômicas ficariam trancadas em segurança em iglus até que o país entrasse em guerra. A ideia de estacionar bombardeiros próximo a pistas de decolagem, carregados com armas nucleares e combustível, fora proposta por LeMay, apoiada pelos chefes do Estado-Maior Conjunto das Forças Armadas e aprovada pelo presidente Eisenhower sem o parecer de Los Alamos e do Sandia.

Um alerta no ar seria muito mais arriscado. As questões de segurança a respeito das novas armas de núcleo selado não tinham sido solucionadas. E, se fossem usadas armas mais antigas durante um alerta no ar, seus núcleos do reator teriam de ser instalados antes da decolagem, em um mecanismo de "inserção automática durante o voo". O mecanismo mantinha o núcleo a cerca de trinta centímetros da esfera de explosivos enquanto o avião estivesse a caminho do alvo e, quando a bomba estivesse prestes a ser lançada, empurraria o núcleo para o interior da esfera usando uma parafusadeira elétrica. Esse recurso tornava mais seguro o transporte da arma, porém não muito. Uma vez instalado o núcleo nesse mecanismo, segundo um relatório do Sandia, "a segurança nuclear não é 'absoluta'; é inexistente".[25] A probabilidade de uma detonação nuclear durante uma queda do avião ou de um incêndio era de aproximadamente uma em sete.[26]

A segurança das armas se tornou um tema de disputa contínua entre o Comando Aéreo Estratégico e a Comissão de Energia Atômica. O tenente-brigadeiro Power não só queria dar início a um alerta no ar o mais breve possível, como também propunha que os bombardeiros do SAC em alerta em terra decolassem e aterrissassem com armas totalmente montadas durante os treinamentos. Quando a AEC sugeriu o uso de armas simuladas nesses casos, a Força Aérea apresentou uma série de argumentos para explicar por que elas seriam "inadequadas do ponto de vista operacional".[27] Durante uma emergência, ter armas simuladas a bordo "diminuiria o tempo de reação em um grau inaceitável",[28] declarou o diretor de operações do SAC. Elas abateriam "o moral e a motivação" da tripulação,[29] e eram difíceis de obter. A base aérea típica possuía apenas sete armas simuladas,[30] afirmou o SAC, e essa escassez gerava a necessidade de treinar com armas reais. Embora a Comissão de Energia Atômica não tivesse mais a posse física das bombas de hidrogênio guardadas em bases do SAC, ainda tinha a custódia legal. A AEC se recusava a permitir que bombas totalmente montadas fossem transportadas em bombardeiros do SAC.[31] Essa proibição se aplicava às armas de núcleo selado e às armas mais antigas, de núcleo acoplado. No entanto, permitia-se que as tripulações treinassem com bombas totalmente montadas e as carregassem nos aviões, contanto que eles não saíssem do chão.

Os argumentos do SAC a favor do alerta no ar foram reforçados pelas evidentes deficiências no programa americano de mísseis. Uma semana antes do lançamento do *Sputinik 1*, um míssil Atlas de longo alcance falhara de maneira espetacular no céu acima de Cabo Canaveral, na Flórida. Foi a segunda falha do Atlas naquele ano. Em fins da Segunda Guerra Mundial, os Estados Unidos e a União Soviética haviam competido ferozmente para recrutar cientistas de foguetes entre os nazistas. Embora as três principais figuras do programa V-2 da Alemanha — Wernher von Braun, Arthur Rudolph e Walter Dornberger — tivessem sido levadas em segredo para os Estados Unidos e protegidas de julgamentos por crimes de guerra, por quase uma década após a guerra a Força Aérea mostrou pouco entusiasmo por mísseis de longo alcance. Os V-2 se revelaram tremendamente imprecisos, mais eficazes para aterrorizar os londrinos do que para atingir alvos específicos. Um míssil balístico intercontinental com a mesma precisão do V-2, disparado contra a União Soviética de uma plataforma de lançamento americana, decerto erraria o alvo por cerca de 160 quilômetros.[32] Curtis LeMay achava que os bombardeiros eram mais confiáveis do que os mísseis, mais versáteis e precisos. Ele queria que o SAC criasse bombardeiros movidos a energia nuclear, capazes de permanecer voando por semanas.[33] Mas, conforme as armas termonucleares foram se tornando suficientemente pequenas e leves para ser acopladas em um míssil, a precisão passou a ter menos importância. Uma bomba H podia errar um alvo por uma grande margem e ainda assim destruí-lo. Até LeMay admitiu que um míssil balístico intercontinental preciso seria "a arma suprema".[34]

No último trimestre de 1957, os Estados Unidos estavam desenvolvendo sete tipos de mísseis estratégicos, e burocracias rivais brigavam não só por verbas mas também por um papel de destaque no plano emergencial de guerra. Em nome do Exército, a equipe de Wernher von Braun estava projetando um míssil de alcance intermediário, o Jupiter, capaz de percorrer 2,4 mil quilômetros e atingir alvos soviéticos a partir de bases na Europa. A Força Aérea trabalhava em um míssil de alcance intermediário quase idêntico, o Thor, e em três mísseis de longo alcance, Atlas, Titan e Minuteman. A Marinha criava seu próprio míssil de alcance intermediário, o Polaris, depois de ter decidido não usar o Jupiter, do Exército, em submarinos. A rivalidade entre as três armas na questão dos mísseis se exacerbava pela competição entre os fornecedores da defesa para construí-los.[35] A General Dynamics Corporation fez uma campanha vigorosa para obter a encomenda do Atlas; a Martin Company, para o Titan; a Boeing, para o Minuteman; a Douglas Aircraft, para o Thor; a Chrysler, para o Jupiter; e a Lockheed, para o Polaris. O presidente Eisenhower planejava autorizar verbas para dois ou três desses programas e cancelar os demais, baseado nos méritos dos programas e nas necessidades estratégicas do país. Em meio às críticas dos democratas, que alegavam disparidade dos mísseis, Eisenhower decidiu liberar verbas para os seis.

O lançamento do *Sputinik* também complicou as relações dos Estados Unidos com seus aliados da Otan. A União Soviética pareceu ganhar uma vantagem tecnológica, e os Estados Unidos deixaram de parecer invencíveis. Ministros da Otan começaram a se perguntar se o presidente americano realmente defenderia Berlim ou Paris quando isso pudesse significar que ogivas aterrissariam em Nova York dentro de uma hora. As jactâncias de Khruschóv sobre os mísseis de longo alcance foram acompanhadas por uma "campanha pela paz",[36] na qual os soviéticos clamavam pelo desarmamento nuclear e o fim dos testes de armas atômicas. Durante anos, o Conselho Mundial da Paz, apoiado pela União Soviética e pela China comunista, empenhara-se pela "Proibição da Bomba". Esse lema era muito bem-visto por Grã-Bretanha, Alemanha, Holanda e França, países que se sentiam confinados entre as duas superpotências na corrida armamentista; já haviam suportado duas guerras mundiais e agora se rebelavam contra os preparativos para uma terceira. Enquanto a opinião pública na Europa Ocidental se opunha cada vez mais às armas nucleares, a liderança da Otan buscava cada vez mais se apoiar nelas. Os franceses, em especial, durante muito tempo vinham argumentando que os Estados Unidos deviam ceder o controle de suas armas nucleares instaladas na Europa. Dar as armas para a Otan permitiria que, em uma emergência, a aliança as usasse com rapidez — e impediria que um presidente americano se negasse a usá-las, independentemente de quaisquer dúvidas de última hora. Além disso, demonstraria que os destinos da Europa e dos Estados Unidos estavam inextricavelmente ligados.

Em dezembro de 1957, o presidente Eisenhower participou de uma reunião de cúpula em Paris, apenas algumas semanas depois de ter sofrido um derrame, e anunciou que os Estados Unidos dariam aos seus aliados europeus acesso às armas nucleares. Propôs a criação de um arsenal nuclear separado para a Otan e a construção de bases para mísseis de alcance intermediário em países-membros. A proposta só não mencionava entregar de fato os mísseis e as bombas. A Lei de

Energia Atômica proibia a transferência de armas nucleares para outros países, portanto a custódia dos arsenais da Otan teria de permanecer com os Estados Unidos. O governo Eisenhower tentou encontrar um equilíbrio entre o controle físico e a custódia legal, entre compartilhar as armas com os aliados de um modo significativo e obedecer aos ditames do Congresso.[37] Quando surgiram planos para instalar mísseis de alcance intermediário na Grã-Bretanha, na Itália e na Turquia e armazenar bombas atômicas, bombas de hidrogênio e projéteis atômicos em bases da Otan por toda a Europa, a espinhosa questão do comando e do controle foi resolvida com uma solução técnica. Os controles de lançamento dos mísseis e as travas dos iglus das armas exigiriam no mínimo duas chaves, uma das quais estaria em posse de um oficial americano.

A Mark 36 era uma bomba de hidrogênio de segunda geração.[38] Pesava aproximadamente metade das primeiras armas termonucleares, mas dez vezes mais do que as novas bombas de núcleo selado que logo seriam produzidas em massa para o SAC. Era uma arma de transição, que combinava novas e velhas tecnologias, continha baterias térmicas, núcleo removível e um detonador de contato a ser usado em alvos subterrâneos. A ogiva da bomba apresentava cristais piezelétricos, e quando atingia o chão, os cristais se deformavam, enviavam um sinal à unidade X, acionando os detonadores e fazendo um buraco muito profundo. A bomba tinha potência aproximada de dez megatons. Era uma das armas mais poderosas dos Estados Unidos.

Um bombardeiro B-47 taxiava pela pista em uma base do SAC em Sidi Slimane, no Marrocos, em 31 de janeiro de 1958.[39] O avião cumpria o alerta em terra, praticando manobras na pista, armado mas proibido de decolar. Levava uma bomba Mark 36. Para dar o maior realismo possível ao treino, um núcleo de reator fora instalado no mecanismo de inserção automática em voo da bomba. Quando o B-47 atingiu uma velocidade aproximada de trinta quilômetros por hora, um dos pneus traseiros estourou. O trem de pouso se incendiou, e o fogo se espalhou depressa pela fuselagem. A tripulação escapou ilesa, mas o avião se partiu em dois, totalmente envolto por labaredas. Os bombeiros jogaram água nos destroços em chamas por dez minutos — muito mais do que o fator temporal da Mark 36 — e depois se afastaram.[40] O fogo atingiu a bomba, e o brigadeiro no comando de Sidi Slimane ordenou a evacuação imediata da base. Carros lotados de soldados da Força Aérea e suas famílias dispararam pelo deserto marroquino, temendo um desastre nuclear.[41]

O incêndio durou duas horas e meia. Os altos-explosivos da Mark 36 queimaram, mas não detonaram. Segundo um relatório sobre o acidente, a bomba de hidrogênio e partes do bombardeiro B-47 se fundiram em "uma lâmina de material escoriáceo pesando mais de 3,5 toneladas, com aproximadamente dois a 2,5 metros de largura e 3,5 a 4,5 metros de comprimento, com uma espessura de 25 a trinta centímetros".[42] A escória foi fragmentada em pedaços menores com uma britadeira. Os "pedaços particularmente 'quentes'"[43] foram selados em latas, e o resto da escória radioativa foi incinerado à beira da pista. Sidi Slimane não possuía equipamento apropriado para medir o nível de contaminação, e vários soldados cujos sapatos carregavam plutônio espalharam-no não só em seus carros, mas também em outra base aérea.[44]

A Força Aérea pretendia apresentar um comunicado à imprensa sobre o acidente e ressaltar que o incêndio no avião não acarretara a "explosão da arma, radiação nem outros resultados inesperados".[45] O Departamento de Estado não gostou da ideia;[46] os detalhes do acidente não tinham chegado à Europa nem aos Estados Unidos. "Quanto menos se disser sobre o incidente marroquino, melhor", declarou uma autoridade do Departamento de Estado em uma reunião para deliberar sobre quanto deveria ser divulgado.[47] Um pronunciamento público poderia ser distorcido pela propaganda soviética e gerar preocupação desnecessária na Europa. O Departamento de Defesa concordou em manter segredo sobre o acidente, embora o rei do Marrocos tivesse sido informado do acontecido. Quando um diplomata americano servindo em Paris pediu detalhes sobre o que se passara em Sidi Slimane, o Departamento de Estado lhe disse que o comandante da base decidira executar um "treinamento de evacuação".[48]

Duas semanas depois de um acidente que poderia ter detonado uma bomba de hidrogênio no Marrocos, o Departamento de Defesa e a Comissão de Energia Atômica emitiram uma declaração conjunta sobre segurança de armas atômicas. "Em resposta a indagações sobre riscos que possam estar envolvidos na movimentação de armas nucleares", afirmaram, "pode-se garantir que a possibilidade de uma explosão nuclear acidental [...] é tão remota que chega a ser insignificante."[49]

Menos de um mês depois, Walter Gregg e seu filho, Walter Junior, estavam no barracão de ferramentas nos fundos de sua casa em Mars Bluff, Carolina do

Sul, quando uma bomba atômica Mark 6 despencou no quintal.⁵⁰ A mulher de Gregg estava costurando dentro de casa, e suas filhas, Helen e Frances, de seis e nove anos, brincavam lá fora com uma prima de nove anos. A Mark 6 tinha uma potência que variava entre oito e 160 quilotons, dependendo do tipo de núcleo do reator usado. A bomba que caiu no quintal não tinha núcleo. Mas os altos-explosivos detonaram quando a arma atingiu o solo, formando uma cratera de uns quinze metros de largura e dez de profundidade.⁵¹ A onda explosiva e os estilhaços derrubaram as portas da casa dos Gregg, arrancaram as janelas, destruíram o telhado, crivaram as paredes de buracos, destruíram o Chevrolet novo estacionado à entrada, mataram meia dúzia de galinhas e mandaram a família para o hospital com ferimentos leves.

A bomba atômica caíra de um B-47 que seguia da Base da Força Aérea em Hunter, próximo a Savannah, na Geórgia, para a Base Aérea de Bruntingthorpe, em Leicestershire, na Inglaterra. O pino de travamento fora removido da bomba antes da decolagem, como determinava o procedimento-padrão do SAC. As armas nucleares sempre eram desengatadas de seu suporte durante a decolagem e a aterrissagem, para o caso de ser preciso lançá-las durante uma emergência. Mas durante o resto do voo permaneciam engatadas no suporte. As bombas eram travadas e destravadas via controle remoto no B-47 por uma pequena alavanca na cabine de comando. A alavanca era ligada por uma correia ao pino de travamento da bomba. Quando o B-47 sobrevoava a Carolina do Sul a uma altitude aproximada de 4,6 mil metros, uma luz no painel de instrumentos avisou que o pino não havia sido reintroduzido. A alavanca parecia não estar funcionando. O piloto disse ao navegador, capitão Bruce Kulka, para entrar no compartimento da bomba e inserir manualmente o pino de travamento.

Kulka não gostou muito dessa ordem. O compartimento da bomba não era pressurizado, a porta de acesso era pequena demais para que ele entrasse usando um paraquedas — e ele não sabia onde ficava o pino de travamento, muito menos como reinseri-lo. Kulka passou uns dez minutos no compartimento da bomba procurando o pino, sem sucesso. Talvez estivesse em algum lugar acima da bomba, pensou. A Mark 6 era uma arma grande, com cerca de três metros de comprimento e 1,5 metro de diâmetro, e quando Kulka tentou ver por cima dela, sem querer se apoiou no desengate manual da bomba. A Mark 6 tombou de repente sobre as portas do compartimento da bomba, e Kulka caiu por cima dela. No instante seguinte, a arma de 3,6 toneladas despencou portas afora. Kulka escorregou para o lado, agarrou-se em alguma coisa no compartimento aberto e se segurou firme. Em meio às rajadas atroadoras do vento, cerca de 5 mil metros acima das pequenas plantações e dos algodoais de Mars Bluff, ele conseguiu se içar para dentro do avião. Nem o piloto nem o copiloto perceberam que a bomba havia caído, até que ela atingiu o solo e explodiu.

Foi impossível ocultar da imprensa o acidente de Mars Bluff. Embora Walter Gregg e sua família não tivessem ideia do que destruíra sua casa, o piloto do B-47, incapaz de se comunicar com a base da Força Aérea em Hunter, informou aos controladores de um aeroporto civil próximo que o avião acabara de perder um "dispositivo".[52] A notícia da explosão se espalhou depressa. A polícia estadual montou barreiras para impedir o acesso à propriedade dos Gregg, e uma equipe de descontaminação da Força Aérea chegou para procurar os restos da Mark 6. Ao contrário do acidente em Sidi Slimane, este não poderia ter liberado energia atômica, mas mesmo assim chamou a atenção do mundo e gerou muito medo. "Estamos a salvo das nossas próprias bombas atômicas?",[53] perguntou o *New York Times*. "Carolina não lhe sai da cabeça?",[54] ecoou o *Daily Mail* londrino. A União Soviética declarou que "por pura sorte" não acontecera uma detonação nuclear, e que a Carolina do Sul fora contaminada por partículas radioativas.[55]

O Comando Aéreo Estratégico tentou contra-atacar a propaganda soviética dizendo a verdade: não tinha havido risco de detonação nuclear nem de radioatividade prejudicial. Mas o SAC também deu informações erradas aos repórteres. Durante uma matéria intitulada "Bomba A 'morta' atinge cidade americana", Ed Herlihy, o apresentador de um popular cinejornal americano, repetiu a declaração oficial, dizendo a seu assustado público que aquele era "o primeiro acidente desse tipo na história".[56] Na verdade, uma bomba de hidrogênio fora lançada inadvertidamente sobre Albuquerque no ano anterior.[57] O navegador do avião, que estava em pé no compartimento da bomba de um B-36, desequilibrou-se durante uma turbulência atmosférica e precisou se agarrar no apoio mais próximo possível: o desengate manual da bomba. A arma caiu pelas portas, e o navegador se segurou na maçaneta. A bomba H atingiu uma área despovoada a uns quinhentos metros do Sandia. Os altos-explosivos detonaram, mas não liberaram energia nuclear. A arma estava sem núcleo.

A Força Aérea manteve em terra todos os seus bombardeiros depois do acidente de Mars Bluff e anunciou uma nova medida: os pinos de travamento não seriam removidos de armas nucleares durante voos em tempos de paz. Mas esse anúncio não foi capaz de arrefecer o crescente movimento antinuclear na Grã-Bretanha. O tenente-brigadeiro Power inflamara a opinião pública dizendo a um jornalista britânico, que perguntara se aviões americanos sobrevoavam regularmente a Inglaterra levando armas nucleares: "Ora, não construímos esses bombardeiros para transportar pétalas de rosa maceradas".[58] Oposicionistas membros do Partido Trabalhista criticaram o primeiro-ministro Harold Macmillan por permitir aqueles voos e exigiram que cessassem. Macmillan ficou em uma posição difícil.[59] Por razões de segurança, o SAC não lhe permitia revelar que as bombas não tinham núcleo, e nem mesmo lhe permitia saber quando havia aviões americanos transportando armas nucleares no espaço aéreo britânico.

Semanas depois do acidente em Mars Bluff, uma organização recém-fundada, a Campanha pelo Desarmamento Nuclear (na sigla em inglês, CND), liderou milhares de pessoas em uma passeata de protesto desde Trafalgar Square, em Londres, até a fábrica de armamentos nucleares britânica, em Aldermaston. A CND rejeitava totalmente o conceito de dissuasão nuclear e afirmava que as armas nucleares eram "moralmente erradas".[60] Em preparação para a marcha de quatro dias, o artista Gerald Holtom desenhou um símbolo para o movimento antinuclear. "Eu me desenhei representando um indivíduo desesperado, com as mãos espalmadas para baixo, como o camponês de Goya diante do pelotão de fuzilamento", recordou Holtom.[61] Ele traçou um círculo em torno desse autorretrato de boneco palito, e assim surgiu o logotipo que mais tarde ganharia fama como símbolo da paz.

A União Soviética se empenhou em chamar a atenção para os perigos do alerta no ar do SAC e a possibilidade de uma guerra nuclear acidental. "Imagine que um dos soldados, mesmo sem má intenção, mas devido a algum distúrbio mental nervoso ou a uma ordem mal compreendida, deixe cair essa carga letal no território de algum país", disse Khruschóv em um discurso.[62] "Nesse caso, segundo a lógica da guerra, um contragolpe viria imediatamente." Arkady A. Sobolev, o representante soviético na ONU, argumentou na mesma linha perante o Conselho de Segurança, alertando que "o mundo ainda desconhece um sistema totalmente seguro",[63] e que "os voos de bombardeiros americanos trazem um grave risco de uma guerra atômica". As preocupações soviéticas podem ter sido sinceras. Mas também fomentavam a ideia de que os bombardeiros americanos eram a maior ameaça à paz mundial, e não as centenas de mísseis soviéticos de médio alcance apontadas para as capitais da Europa Ocidental. Bertrand Russell, entre outros, mudara de ideia quanto a quem culpar. Ele, que antes clamara aos Estados Unidos por um ataque preventivo à União Soviética com bombas atômicas, agora se empenhava para que as bases aéreas americanas fossem removidas da Inglaterra e para que a Grã-Bretanha se livrasse unilateralmente de suas armas nucleares.

A instabilidade mental de oficiais do SAC se tornou um tema recorrente na propaganda soviética. Do pessoal da Força Aérea dos Estados Unidos, 67,3% sofria de psiconeurose, segundo um relatório do Pentágono obtido por um jornal da Alemanha Oriental e minuciosamente discutido na Rádio Moscou.[64] O relatório era uma falsificação comunista. Mas seu tom burocrático, seus dados sobre alcoolismo disseminado, perversão sexual, dependência de ópio e consumo de maconha no SAC pareceram convincentes para muitos europeus preocupados com a estratégia nuclear americana. E a ideia de que um lunático poderia deliberadamente iniciar uma guerra nuclear pareceu plausível pouco depois dessa falsificação, quando um mecânico americano roubou um bombardeiro B-45 da Base da Força Aérea em Alconbury, na Inglaterra, e decolou com ele para dar uma volta. O mecânico, que nunca tivera treinamento de pilotagem, despencou com o avião pouco depois da decolagem e morreu.[65]

Um ex-oficial da Real Força Aérea, Peter George, sintetizou o novo Zeitgeist em torno das armas nucleares, o medo disseminado de uma guerra acidental, em um romance publicado em meio aos debates sobre o alerta no ar do SAC. Revistas baratas de ficção como *One of Our H-Bombs is Missing* [Está faltando uma das nossas bombas H] já haviam abordado alguns desses temas. Mais de 250 mil exemplares do romance de George, *Alerta vermelho*, foram vendidos nos Estados Unidos, e mais tarde o livro inspirou um filme clássico de Hollywood.[66] Escrevendo sob o pseudônimo "Peter Bryant",[67] George descreveu como um brigadeiro americano desequilibrado poderia desencadear sozinho um ataque nuclear. As ideias do militar louco eram semelhantes às que Bertrand Russell expusera uma década antes: os Estados Unidos tinham que destruir a União Soviética antes que ela pudesse destruir o Ocidente. "Alguns sofrerão", o brigadeiro acredita, "mas milhões hão de viver."[68]

Quando o plano é descoberto, a base aérea do brigadeiro é atacada pelo Exército dos Estados Unidos. O presidente americano tenta em vão chamar de volta os bombardeiros do SAC, e os soviéticos ficam em dúvida quanto a ser mesmo um engano o ataque iminente. Em uma demonstração de boa-fé, o SAC revela as trajetórias de voo de seus B-52 para que possam ser abatidos. Depois de longas negociações entre os líderes dos dois países e de revelações sobre a "suprema dissuasão"[69] — armas do fim do mundo capazes de eliminar a vida na Terra, que seriam acionadas se os soviéticos se defrontassem com a derrota —, todos os bombardeiros do SAC são abatidos ou chamados de volta à base, exceto um. Chega-se então a um acordo: se o avião destruir uma cidade soviética, o presidente escolherá uma cidade americana para os soviéticos destruírem como retaliação. O presidente escolhe Atlantic City, em Nova Jersey. O solitário B-52 lança sua bomba de hidrogênio sobre a União Soviética — mas a arma falha e não atinge o alvo. Embora Atlantic City seja salva e o fim do mundo seja evitado, *Alerta vermelho* marcou uma importante mudança cultural. O Comando Aéreo Estratégico passou a ser cada vez mais retratado como um refúgio de lunáticos e belicosos, e não como o tipo de lugar onde se poderia encontrar Jimmy Stewart.

O tenente-brigadeiro Power não se abalou com as passeatas na Grã-Bretanha, os medos apocalípticos, as críticas da imprensa, os acidentes insólitos, a forte oposição na AEC, a relutância do presidente Eisenhower e nem mesmo com as dúvidas de LeMay sobre a ideia.[70] Power queria um alerta no ar. A decisão de autorizar esse alerta seria tomada pelo presidente Eisenhower. O termo "falha segura" fora removido das descrições do plano da Força Aérea. A palavra "falha" tinha as conotações erradas, e o novo termo, "controle positivo",[71] não soava tão negativo. Com grande apoio de membros do Congresso, o SAC propôs um teste do alerta no ar. Bombardeiros B-52 decolariam de bases em todo o território americano, levando armas de núcleo selado. Em um briefing na Casa Branca em julho de 1958, Eisenhower foi informado de que "a probabilidade de uma detonação nuclear durante uma queda é essencialmente zero".[72] No mês seguinte, o presidente deu sua aprovação provisória ao teste. Mas o novo chefe da AEC, John A. McCone, procurou limitar a escala. McCone argumentou que os bombardeiros só deveriam ter autorização para usar a Base da Força Aérea em Loring, no Maine[73] — de modo que um acidente ou o lançamento de uma arma tivesse maior probabilidade de ocorrer sobre o oceano Atlântico, e não sobre os Estados Unidos. Na primeira semana de outubro, o presidente Eisenhower autorizou o SAC a fazer decolagens e pousos em Loring com bombas de hidrogênio totalmente armadas. Os voos começaram em segredo, e o alerta no ar do SAC deixou de ser um blefe.

* * *

Fred Iklé completou seu relatório para a RAND, "Sobre o risco de uma detonação nuclear acidental ou não autorizada", duas semanas depois da decisão de Eisenhower. A autorização de Iklé para ter acesso a informações ultrassecretas lhe permitiu consultar os mais recentes estudos sobre segurança do Sandia, do Projeto de Armas Especiais das Forças Armadas e do Centro de Armas Especiais da Força Aérea.[74] Ele lera relatórios de acidentes, entrevistara projetistas de bombas do Sandia, mergulhara fundo na literatura técnica sobre armas nucleares. Conversara sobre os detalhes logísticos do alerta no ar do SAC não só com os oficiais que os comandariam, mas também com os analistas da RAND que tinham proposto essa estratégia em 1956. O relatório de Iklé foi a primeira análise pormenorizada, abrangente e independente sobre a segurança das armas nucleares nos Estados Unidos — e não confirmou as garantias otimistas que o presidente Eisenhower acabara de ouvir.

"Não podemos nos sentir muito confiantes pelo fato de *nenhuma* detonação não autorizada ter ocorrido até o momento", alertou Iklé.[75] "O histórico de segurança do passado nada significa para o futuro." A criação de armas nucleares tinha uma curva de aprendizado, e ele temia que alguns conhecimentos pudessem ser obtidos a um preço elevado. Falhas técnicas e avarias poderiam ser "eliminadas prontamente assim que descobertas[76] [...] mas preveni-las requer muito engenho e intuição". O risco não era ínfimo, como declaravam o Departamento de Defesa e a Força Aérea; era impossível de determinar, e era provável que os acidentes se tornariam mais frequentes no futuro. Durante exercícios de treinamento da Força Aérea em 1957, uma bomba atômica ou uma bomba de hidrogênio havia sido inadvertidamente lançada uma vez a cada 320 voos.[77] E os bombardeiros B-52 pareciam cair na proporção de um para cada 20 mil horas de voo.[78] Segundo cálculos de Iklé, isso significava que o alerta no ar do SAC acarretaria algo próximo de doze quedas de aviões com armas nucleares e sete lançamentos de bomba por ano.[79] "A tarefa mais importante", ele argumentou, "é aprender o suficiente com acidentes de menor importância para impedir um desastre catastrófico."[80]

Ainda mais preocupantes do que as dificuldades técnicas eram os riscos de erro humano e sabotagem. Iklé frisou que a escassez de pessoal da Força Aérea treinado para manusear a bomba "às vezes traz a necessidade de incumbir pessoas não especializadas de trabalhos complexos em armas nucleares".[81] Um único erro — ou, mais provavelmente, uma série de erros — poderia causar uma detonação nuclear. Medidas de segurança, como checklists, lacres que deviam ser quebrados antes de botões serem acionados e treinamento constante, poderiam reduzir a probabilidade de erro humano. Mas, para Iklé, nada disso poderia proteger contra uma ameaça que parecia coisa de revista barata de ficção: tentativas deliberadas e não autorizadas de detonar uma arma nuclear. As salvaguardas técnicas então em uso poderiam ser contornadas por "alguém que conhecesse o funcionamento dos mecanismos de armar e detonar".[82] No mínimo em uma ocasião um soldado, bêbado, dominou um guarda em um depósito de armas nucleares e tentou ter acesso às bombas. "Não se pode negar que existe um risco de atos não autorizados",[83] escreveu Iklé — e descobrir como impedi-los continuava a ser "um dos problemas mais desnorteantes da segurança de armas nucleares".[84]

Com a ajuda do psiquiatra Gerald J. Aronson, Iklé esboçou algumas das motivações que poderiam impelir alguém a desobedecer ordens e detonar uma arma nuclear. O risco não era hipotético. Aproximadamente 20 mil pessoas trabalhavam na Força Aérea com armas nucleares[85] e, para isso, tinham de ter autorização de acesso a dados secretos ou ultrassecretos. No entanto, não precisavam passar por nenhuma triagem psiquiátrica. Com efeito, "um histórico de distúrbios psicóticos transitórios"[86] não era mais impedimento para que um recruta entrasse para a Força Aérea. A cada ano, centenas de oficiais e soldados da Força Aérea eram hospitalizados por distúrbios psiquiátricos,[87] e talvez uns dez ou vinte que manuseavam armas nucleares pudessem sofrer um grave colapso mental.[88]

Em um apêndice do relatório, Aronson apresentou um "catálogo de transtornos mentais"[89] que pareciam importantes para a segurança nuclear. Os distúrbios mais perigosos envolviam a paranoia. Aronson citou um relato de caso sobre o tipo de oficial que precisava ser mantido longe de bombas atômicas:

> Um piloto de 23 anos, tenente, tinha dificuldade para manter contatos sociais, temia desaprovação e era ansioso por agradar. Algumas horas depois de ter que dizer "Sim, senhor" para alguém, era acometido por fantasias de fazer aquela pessoa em pedaços [...]. Tinha a sensação de que iria explodir em restaurantes lotados; essa sensação se atenuava quando lhe ocorriam fantasias de "acabar com o lugar".

Sofria ataques de ansiedade mais ou menos a cada duas semanas, ligados a pensamentos hostis ou de ordem sexual. Para ele, voar era excitante, gratificante em sua manifestação de hostilidade e poder.[90]

Em outro relato, Aronson descreveu um capitão da Força Aérea que aos 33 anos passou a apresentar um quadro completo de esquizofrenia paranoide. Seu comportamento se tornou "petulante, impróprio e exigente".[91] Ele se considerava o verdadeiro comandante de sua unidade e dava ordens a um oficial superior. Ainda assim, no auge desses delírios, o capitão conseguia trabalhar "oito horas no [bombardeiro] B-25 com a competência inalterada".

Aronson achava que uma detonação nuclear não autorizada exerceria uma atração sem igual sobre pessoas com diversos tipos de delírios paranoicos: os que ansiavam por fama, os que se acreditavam "incumbidos de uma missão especial que os destacava da sociedade",[92] os que queriam salvar o mundo e pensavam que "as autoridades [...] desejam em segredo a destruição do inimigo, mas são desagradavelmente reprimidas por convenções ultrapassadas".[93] A atração por armas nucleares poderia acometer não só doentes mentais, mas também oficiais e soldados com dificuldade para controlar seus impulsos. A mesma necessidade de gratificação imediata encontrada em muitos piromaníacos, "o desejo de ver o resultado tangível de seu poder ao provocar um holocausto visual",[94] podia encontrar expressão na detonação de uma bomba atômica. Alguns relatos de caso no relatório ilustravam a natureza imprevisível, frequentemente infantil, do comportamento movido por impulso:

> [Um] ajudante de cozinha obteve irregularmente uma carga de TNT para explodir peixes. Acendeu-a com um cigarro. Enquanto ele a examinava para se assegurar de que estava acesa, aconteceu a explosão. O homem foi feito em pedaços.[95]

> "O soldado B e eu encontramos uma granada de fuzil cada um. Levamos para nossa barraca. O soldado K disse que era melhor não brincar com granadas e que devíamos nos livrar delas. O soldado B disse: 'O que acontece se eu puxar este pino?'. E a granada explodiu."[96]

> Um fuzileiro naval achou um projétil de 37 milímetros que falhou e o entregou na barraca do oficial intendente. Mais tarde, um sargento entrou na barraca e viu o

projétil. Desconsiderando as ordens e a segurança, ele fez pontaria em um buraco no chão de madeira da barraca e jogou o projétil lá dentro. Comentou que daria "um bombardeiro muito bom". Deixou cair o projétil seis vezes. Por fim, inevitavelmente, o dispositivo explodiu. O sargento morreu e outros dois ficaram feridos.[97]

Até motivos relativamente inofensivos — como o impulso de desafiar a autoridade, o desejo de se exibir e "o tipo de curiosidade que leva a pessoa a não medir direito as consequências de seus atos"[98] — podiam causar uma detonação nuclear.

A destruição não autorizada de uma cidade ou base militar seria desastrosa, e Iklé analisou a possibilidade de um acontecimento desses precipitar coisa ainda pior. Nikita Khruschóv declarara recentemente que "uma explosão acidental de bomba atômica pode muito bem desencadear outra guerra mundial".[99] O cenário parecia exagerado, mas não podia ser descartado. Em meio ao caos decorrente de uma explosão, poderia não ficar claro se ela fora causada por um defeito técnico, um erro humano, um louco ou sabotadores. O país onde a detonação ocorreu poderia pensar que um ataque de surpresa estava começando e retaliar. Seu adversário, temendo esse tipo de retaliação, poderia tentar atacar primeiro.

Iklé acreditava que, naquele momento, o risco de guerra acidental era pequeno. Em sua opinião, a liderança dos Estados Unidos e a da União Soviética podiam investigar cuidadosamente a causa de uma detonação isolada antes de iniciar um ataque total. E ele tinha confiança que os Estados Unidos poderiam suportar a perda de uma grande cidade sem muita comoção social ou econômica a longo prazo. Mas uma detonação não autorizada nos Estados Unidos ou na Europa Ocidental poderia ter "consequências políticas lamentáveis".[100] Poderia fomentar o apoio ao desarmamento e à neutralidade, intensificar a oposição às bases americanas no exterior, enfraquecer a aliança da Otan e facilitar "uma expansão pacífica da esfera de influência soviética".[101] De fato, os benefícios militares e políticos para a União Soviética seriam tamanhos que o país poderia se sentir tentado a sabotar uma arma americana.

"A postura defensiva dos Estados Unidos poderia ser substancialmente fortalecida por salvaguardas para armas nucleares que representassem uma garantia quase absoluta contra detonações não autorizadas", Iklé concluiu.[102] Ele recomendava mais estudos sobre segurança de armas nucleares, a adoção de novos mecanismos de segurança em ogivas e bombas e um exame mais minucioso do pessoal da Força Aérea, para detectar problemas psiquiátricos. Além disso, Iklé propôs uma solução para o problema do uso não autorizado que parecia óbvia, mas não fora tentada: instalar travas com segredo em armas nucleares.[103] Assim elas só poderiam ser detonadas por alguém que conhecesse o código. Entretanto, nenhuma dessas medidas podia tornar as armas absolutamente seguras, e os Estados Unidos tinham de estar preparados para detonações acidentais ou não autorizadas.

Em um relatório subsequente da RAND, Iklé deu sugestões para minimizar os danos de uma explosão nuclear acidental:

> Se um acidente desse tipo ocorrer em uma área remota, sendo possível impedir o vazamento para a imprensa, nenhuma informação deve vir a público [...]. Se o acidente tiver sido exposto e forem necessárias declarações públicas, elas deverão qualificar o acidente como uma ocorrência que não influi na segurança de outras armas. Em algumas circunstâncias, será possível tratar o ocorrido como se ele fosse um experimento [...]. Internamente, é claro, as informações sobre o acidente não devem ser suprimidas.[104]

Uma "comissão de inquérito" oficial deveria ser constituída, chefiada por especialistas militares e políticos proeminentes, como "um recurso importante para contemporizar".[105] Tecnicamente, a comissão levaria alguns meses para chegar a quaisquer conclusões:

> Durante esse período, o programa de informações ao público deve fornecer aos meios de comunicação todas as possíveis notícias sobre reabilitação e reparação. Sempre há um interesse intenso e contínuo em notícias desse tipo depois de um desastre. Em relativamente pouco tempo, o interesse pela reabilitação tende a eclipsar as notícias sobre destruição e vítimas.[106]

Se um bombardeiro americano atacasse a União Soviética sem autorização, Iklé recomendava que os Estados Unidos evitassem "declarar seu envolvimento ao público" e postergassem "o fornecimento de quaisquer detalhes sobre o acidente".[107] Depois deveriam dar início a negociações diplomáticas secretas com os soviéticos. Em meio às tensões da Guerra Fria, graças a uma estratégia militar que tornava os Estados Unidos e seus aliados da Otan completamente dependentes de armas nucleares, o pensamento de Iklé levava a uma conclusão perversa, mas lógica: depois da detonação acidental de uma bomba atômica, o presidente poderia ter um forte incentivo para dizer a verdade à União Soviética — e mentir para o povo americano.

Os relatórios de Fred Iklé sobre a segurança das armas nucleares circularam pelos altos escalões da Força Aérea e do Departamento de Defesa. Mas seu trabalho permaneceu desconhecido para a maioria dos projetistas de armas e oficiais de médio escalão. Em 1958, Bob Peurifoy, então supervisor de seção no Sandia, trabalhava em um sistema elétrico da ogiva W-49.[108] A construção da W-49 era considerada urgente; leve e termonuclear, ela seria acoplada aos mísseis balísticos Atlas, Thor e Jupiter. Durante a corrida para iniciar sua produção, Peurifoy se surpreendeu com certas coisas que leu em um estudo preliminar da W-49. "Esta ogiva, como todas as demais estudadas, pode ser sabotada, isto é, totalmente detonada", mencionou de passagem o estudo da Força Aérea.[109] "Qualquer pessoa com conhecimentos sobre os circuitos elétricos da ogiva, algum equipamento, algum tempo e a intenção poderá detoná-la." Peurifoy não gastara muito tempo pensando na segurança de armas nucleares; seu trabalho no Sandia era garantir que as bombas explodiriam. Mas a facilidade com que alguém poderia explodir intencionalmente a W-49 lhe pareceu incrível. Era inaceitável. Também inaceitável era a Força Aérea se dispor a depender de segurança física — guardas armados, cercas etc. — como o único meio para impedir uma detonação não autorizada.

Peurifoy decidiu que a ogiva deveria ter um mecanismo interno para impedir a detonação por sabotagem ou erro humano. Já estavam em andamento planos para incorporar um interruptor sensível à trajetória na nova bomba Mark 28, e Peurifoy achava que a W-49 também deveria possuir um. O interruptor era sensível a mudanças na força gravitacional. Continha um acelerômetro — um pequeno peso no topo de uma mola, dentro de um cilindro. À medida que aumentavam as forças g, o peso empurrava a mola, como um passageiro que pressiona para trás o banco de um carro que está acelerando. Quando a mola ficava totalmente comprimida, um circuito elétrico se fechava, permitindo que a arma fosse detonada. Na bomba Mark 28, o interruptor seria acionado pelo movimento brusco no momento da abertura do paraquedas.

Peurifoy queria usar as intensas forças *g* da descida da ogiva para fechar o circuito. Um interruptor sensível à trajetória impediria que a arma detonasse enquanto fosse manuseada durante a manutenção, pois as forças *g* necessárias não estariam presentes no solo. Um técnico habilidoso poderia dar um jeito de contornar o interruptor, mas o fato de esse mecanismo estar profundamente embutido na ogiva dificultaria e retardaria um ato de sabotagem.

O Exército não gostou da ideia de Peurifoy. Um interruptor que funcionasse quando a W-49 caísse em direção à Terra, supôs o Exército, poderia, de alguma forma, tornar a arma menos confiável. E também não gostou do modo como os engenheiros do Sandia chamavam o interruptor: um "dispositivo de segurança para manuseio" ou "à prova de erros".[110] Ambos os termos implicavam que os militares eram capazes de cometer erros. Peurifoy achava uma estupidez pensar assim. Mas o Exército era o responsável pelo programa do míssil Jupiter e tinha a palavra final sobre o sistema de armar e detonar. Sob enorme pressão para concluir o projeto do sistema elétrico da ogiva, Peurifoy disse "dane-se" e simplesmente inverteu a direção das pequenas molas.[111] Agora o interruptor responderia às forças *g* do míssil na subida — e não às da ogiva na descida — e o Exército não poderia reclamar que seu controle do sistema de armar e detonar estava em disputa. Para evitar qualquer ressentimento, o Sandia rebatizou o interruptor, que passou a se chamar "sensor ambiental".[112]

Em Los Alamos, a questão da segurança de ponto único voltou ao centro das atenções quando o SAC passou a ter aviões voando com armas totalmente montadas. Um jovem físico, Robert K. Osborne, começou a recear que algumas das bombas transportadas durante os alertas no ar pudessem não oferecer segurança de ponto único.[113] Entre as que mais causavam preocupação estava a Mark 28, uma bomba de hidrogênio com potência aproximada de um megaton. Qualquer problema com a Mark 28 seria um grande problema. A Força Aérea escolhera essa bomba não só para que ela fosse a mais implantada pelo Comando Aéreo Estratégico, mas também para que servisse como uma arma "tática" para os jatos de combate da Otan. Em dezembro de 1957, a Comissão de Armas de Fissão em Los Alamos se desdobrara para definir o que deveria significar "segurança de ponto único" como um objetivo do projeto. Se os altos-explosivos de uma arma detonassem em um único ponto, fatalmente ocorreria alguma fissão no núcleo antes que ele explodisse — portanto, "liberação de energia zero" era considerado um objetivo inatingível.

Um oficial naval do Projeto de Armas Especiais das Forças Armadas sugeriu que a liberação de energia em um acidente com arma nuclear nunca deveria exceder a força explosiva decorrente de quase dois quilos de TNT. Esse limite se baseava no que poderia acontecer durante um acidente no mar. Se uma detonação nuclear com liberação de energia maior do que os quase dois quilos ocorresse na área de armazenamento de armas de um porta-aviões, poderia incapacitar o pessoal da casa de máquinas e inutilizar o navio.[114] Los Alamos propôs que a probabilidade de uma liberação de energia superior a dois quilos fosse de uma em 100 mil.[115] O Departamento de Defesa pediu uma definição ainda mais rigorosa da segurança de ponto único: probabilidade de uma em 1 milhão.[116]

A probabilidade de uma Mark 28 produzir uma grande detonação durante uma queda de avião ou um incêndio era preocupantemente alta, Osborne pensava agora. Os testes de segurança de ponto único feitos em Nevada supuseram que o lugar mais vulnerável de uma arma era o local onde um detonador se ligava a uma lente de alto poder explosivo. É por isso que os testes envolviam a explosão de uma única lente com um único detonador. Mas Osborne percebeu que as armas nucleares tinham um lugar ainda mais vulnerável: um canto onde três lentes se cruzavam na superfície da esfera alto-explosiva. Se uma bala ou um estilhaço atingisse um desses cantos, poderia detonar as três lentes simultaneamente. E isso poderia causar uma detonação nuclear muito maior do que os dois quilos de TNT.

Uma nova rodada de testes completos com a Mark 28 seria o melhor modo de confirmar ou refutar a teoria de Osborne. Mas seria difícil fazer esses testes. Apesar da forte oposição dos chefes do Estado-Maior Conjunto, o presidente Eisenhower declarara recentemente a suspensão dos testes nucleares americanos. Ele estava farto da corrida armamentista e procurava algum modo de sair dela. Desconfiava cada vez mais do que dizia o Pentágono. "Os testes são essenciais ao desenvolvimento de armas", afirmara o general de exército Charles H. Bonesteel, expressando sucintamente a opinião dos militares, "e a rápida criação de armas é essencial para nos mantermos à frente dos russos."[117] Mas Eisenhower duvidava que os Estados Unidos estivessem correndo o risco de ficar para trás. A Força Aérea e a CIA haviam afirmado que a União Soviética teria quinhentos mísseis balísticos de longo alcance até 1961,[118] superando os Estados Unidos em quase sete para um.[119] Eisenhower achava que esses números eram imensamente exagerados; voos ultrassecretos de aviões espiões U-2 sobre a União Soviética não tinham detectado nada que sequer se aproximasse desse número de mísseis.

Apesar das críticas dos democratas a seu governo e dos assustadores avisos sobre disparidade de mísseis, o presidente Eisenhower julgava mais importante preservar o segredo dos métodos da inteligência americana do que refutar seus críticos. A proibição aos testes nucleares era temporária, mas ele esperava torná-la permanente. Nas palavras de um assessor, Eisenhower andava "totalmente preocupado com os horrores da guerra nuclear".[120] As duras críticas à sua política, feitas não só pelos democratas mas também por fornecedores da Defesa,[121] levaram o presidente a acreditar em um "complexo militar-industrial",[122] um círculo de poderosos grupos de interesse que ameaçava a democracia americana e se empenhava por novas armas mesmo se fossem desnecessárias.

A Força Aérea estava numa sinuca. A bomba de hidrogênio escolhida para se tornar seu carro-chefe, a postos nas bases aéreas dos Estados Unidos e da Europa, corria o risco de detonar durante uma queda de avião. E testes completos da arma violariam a suspensão dos testes nucleares que Eisenhower acabara de prometer ao mundo. Enquanto a Força Aérea e a Comissão de Energia Atômica debatiam sobre o que fazer, a Mark 28 ficava em terra.

Norris Bradbury, diretor de Los Alamos, recomendou que uma série de testes fosse feita em sigilo. Eles se intitulariam "experimentos hidronucleares".[123] Núcleos da Mark 28 contendo pequenas quantidades de material físsil seriam submetidos a detonações de ponto único — e mais material físsil seria adicionado a cada novo disparo, até que ocorresse liberação de energia nuclear. A maior liberação de energia que pudesse ser produzida equivaleria aproximadamente à produzida por meio quilo de TNT. Nenhum desses "experimentos" aconteceria sem a aprovação do presidente. Eisenhower estava comprometido com a proibição aos testes, com o desarmamento e com a paz mundial, mas também compreendia a importância da Mark 28. Ele autorizou as detonações,[124] aceitando o argumento de que não se tratava de "um teste de arma nuclear"[125] porque as possíveis liberações de energia seriam muito baixas. Em um lugar remoto de Los Alamos, sem o conhecimento da maioria dos cientistas do laboratório, núcleos foram detonados em túneis, quinze a trinta metros abaixo da superfície. Os testes confirmaram as suspeitas de Osborne. A Mark 28 não oferecia segurança de ponto único. Um novo núcleo, com uma quantidade menor de plutônio, substituiu o anterior. E a bomba ganhou autorização para voar novamente.

Quatro anos depois de anunciar a política de retaliação em massa, o secretário de Estado John Foster Dulles estava em dúvida. "Estamos nos tornando prisioneiros do nosso conceito estratégico, presos num círculo vicioso?",[126] ele perguntou em uma reunião de assessores militares de Eisenhower. Uma política de defesa que dependia quase totalmente de armas nucleares tivera sua razão de ser nos primeiros tempos da Guerra Fria. As alternativas de então pareciam piores: manter um Exército enorme e caro ou ceder a Europa Ocidental aos comunistas. Mas agora a União Soviética possuía bombas de hidrogênio e mísseis de longo alcance — e já não parecia plausível a ameaça americana de responder a cada ato de agressão soviética, grande ou pequeno, com um ataque nuclear total. Isso poderia forçar o presidente a fazer uma "escolha dolorosa"[127] durante um conflito de menor importância e arriscar a sobrevivência dos Estados Unidos. Dulles exortou os chefes do Estado-Maior Conjunto a elaborar uma nova doutrina estratégica que pudesse dar ao presidente uma variedade de opções militares e que permitisse aos Estados Unidos combater em guerras limitadas, de pequena escala.

O general de exército Maxwell D. Taylor, chefe do Estado-Maior do Exército, concordava plenamente com Dulles. Por anos Taylor instara Eisenhower a alocar mais dinheiro para as forças convencionais e adotar uma estratégia de "resposta flexível".[128] O Exército detestava a ideia de servir meramente como um agente catalisador na Europa; ainda queria trazer o combate de volta ao campo de batalha. A necessidade de uma política mais flexível foi apoiada por analistas da RAND e por um jovem professor de Harvard, Henry Kissinger, cujo livro *Armas nucleares e política externa* entrara inesperadamente para a lista de best-sellers em 1957. Kissinger achava que uma guerra nuclear com a União Soviética não precisava acabar em aniquilação mútua. As regras de participação poderiam ser estabelecidas de maneira tácita entre as superpotências.[129] Elas proibiriam o uso de bombas de hidrogênio, incentivariam a confiança em armas nucleares táticas e declarariam imunes a ataques as cidades a mais de oitocentos quilômetros do campo de batalha. Diferentemente da retaliação em massa, uma estratégia de "dissuasão gradual"[130] permitiria à liderança dos dois lados "parar e calcular",[131] recuar da beira do precipício e negociar um acordo. Kissinger acreditava que em uma guerra limitada — combatida com uma estrutura de comando descentralizada que permitisse aos comandantes locais decidir como e quando usar suas armas nucleares —, os Estados Unidos sem dúvida triunfariam, graças à "ousadia e liderança"[132] superiores de seus oficiais.

A Marinha também começara a questionar os fundamentos da retaliação em massa. Estava prestes a introduzir um novo sistema de arma, o submarino Polaris, que poderia revolucionar o modo de combater em uma guerra nuclear. Os dezesseis mísseis transportados pelo Polaris eram imprecisos demais para ser direcionados para alvos militares, como campos de aviação. Mas suas bombas de um megaton eram ideais para destruir alvos "soft", ou seja, vulneráveis, como uma cidade. O Polaris teria melhor serventia como uma arma retaliatória para um segundo ataque,[133] e isso levava a Marinha a contestar a ideia de atacar a União Soviética primeiro.

O almirante Arleigh Burke, chefe de operações navais, tornou-se um franco defensor da "dissuasão limitada".[134] Em vez de manter milhares de armas estratégicas em bombardeiros da Força Aérea e mísseis em terra para destruir cada alvo militar soviético — uma tarefa que parecia impossível —, Burke sugeria que os Estados Unidos precisavam possuir centenas, e não milhares, de ogivas nucleares. Elas poderiam ser transportadas pelos submarinos Polaris da Marinha, ocultos no fundo do mar, invulneráveis a um ataque de surpresa. E estariam apontadas para as principais cidades da União Soviética, a fim de dissuadir um ataque. Pôr o arsenal nuclear do país em submarinos eliminaria a necessidade de tomar uma decisão em uma fração de segundo durante uma crise. Daria ao presidente tempo para pensar, permitiria aos Estados Unidos aplicar sua força gradativamente e reduziria a ameaça de uma guerra nuclear total. Burke argumentou que uma estratégia de retaliação em massa já não tinha sentido: "Ninguém vence em um pacto suicida".[135] Uma década antes, a Marinha criticara a Força Aérea por ter cidades soviéticas sob sua mira, chamando essa política de "impiedosa e bárbara". Agora argumentava que esse era o único modo sensato e ético de assegurar a paz mundial.

Enquanto esquentava o debate sobre a estratégia nuclear no governo Eisenhower e na imprensa, o tenente-brigadeiro Curtis LeMay não mostrava interesse algum por guerra limitada, dissuasão gradativa, dissuasão limitada nem por nenhum tipo de vitória total. Os Estados Unidos nunca deveriam entrar em guerra, achava LeMay, a menos que pretendessem ganhar. E uma política de contraforça cujos alvos fossem os recursos nucleares bélicos da União Soviética tinha probabilidade muito maior de prevenir uma guerra do que uma estratégia que ameaçasse suas cidades. Ao contrário da "opinião pública", que temia um holocausto nuclear, ele argumentou, "a opinião dos militares profissionais"[136] de ambos os países está mais voltada para a preservação da capacidade de combater, a perda de campos de aviação, as bases de mísseis, os centros de comando. O SAC alegava que uma estratégia da contraforça também constituía "o método mais humano de guerrear [...] pois não haveria necessidade de bombardear cidades".[137] No entanto, esse argumento não era totalmente sincero. Para atingir alvos militares, LeMay reconhecia, "seria preciso lançar as armas com altíssima precisão, com altíssima potência ou ambas as coisas".[138] Como a precisão de uma bomba era menos previsível do que sua potência, ele defendia o uso de armas potentes. Elas poderiam errar um alvo e ainda assim destruí-lo, ou destruir mais de um alvo de uma só vez. E também, inevitavelmente, matariam milhões de civis. LeMay queria que o SAC usasse uma bomba de hidrogênio com potência de sessenta megatons, mais de 4 mil vezes mais potente do que a bomba que destruíra Hiroshima.[139]

Em fins dos anos 1950, a ausência de uma política clara para os alvos e o tamanho do arsenal nuclear americano criaram sérios problemas de comando e controle. O Exército, a Marinha e a Força Aérea pretendiam, todos, atacar a União Soviética com armas nucleares, mas pouco haviam feito para coordenar seus esforços. Até 1957, o Comando Aéreo Estratégico se recusou a compartilhar sua lista de alvos com o resto das Forças Armadas.[140] No ano seguinte, quando as armas se reuniram para comparar planos, descobriram centenas de conflitos de tempo e alvo:[141] casos em que, por exemplo, a Força Aérea e a Marinha, de forma inadvertida, planejavam bombardear o mesmo alvo simultaneamente. Era provável que esses conflitos causariam *overkill** e ameaçariam vidas de aeronautas americanos. Os chefes do Estado-Maior Conjunto logo reconheceram que o caos da guerra já seria terrível sem planos nucleares concorrentes

---

* Uso de capacidade nuclear excessiva para destruir um alvo, levando a um número de mortes desproporcionalmente grande. (N. T.)

para piorar as coisas. Concluíram que os Estados Unidos precisavam criar um "mecanismo de coordenação atômica"[142] — um sistema administrativo para controlar quais alvos seriam atacados, quem faria os ataques, que armas seriam usadas e como seriam determinados os momentos dos ataques. Essa decisão impeliu o Exército, a Marinha e a Força Aérea a se digladiar ainda mais ferozmente para obter o controle do sistema.

A Força Aérea queria um plano atômico único, dirigido por um comando centralizado. O SAC encabeçaria esse comando — e assumiria o controle dos submarinos Polaris, da Marinha. Indignada com essa ideia, a Marinha se juntou às outras armas na apresentação de uma contraproposta: a Marinha, a Força Aérea e a Otan manteriam planos de guerra separados, mas os coordenariam com maior eficiência. Os problemas em jogo eram fundamentais, e era preciso resolver questões básicas: a estrutura de comando devia ser centralizada ou descentralizada, o ataque seria total ou em etapas, a estratégia seria a da contraforça ou a da destruição de cidades? Mais uma vez, cabia ao presidente dos Estados Unidos decidir o melhor modo não só de combater a União Soviética, mas de resolver uma disputa sobre as armas nucleares no Pentágono.

Durante uma reunião na Casa Branca em 1956, o presidente Eisenhower ouvira pacientemente os argumentos do general Taylor a favor de uma resposta flexível. Eisenhower não estava convencido de que seria possível ganhar uma guerra sem bombas de hidrogênio. "Era ilusório pensar que os Estados Unidos e a União Soviética se engalfinhariam em uma luta de vida ou morte sem usar essas armas",[143] ele disse a Taylor. Eisenhower achava que os dois lados as usariam imediatamente. Quatro anos depois, sua opinião pouco mudara. Se as forças da Otan fossem atacadas, ele disse durante outro debate na Casa Branca sobre a guerra limitada, "um ataque geral à União Soviética"[144] seria a única escolha "prática". Parar para negociar um acordo diplomático parecia irrealista; esse tipo de coisa só acontecia em histórias de ficção como *Alerta vermelho*. Confrontado com a escolha entre destruir alvos militares ou cidades da União Soviética, Eisenhower decidiu que os Estados Unidos deveriam destruir ambos. A nova filosofia de escolha de alvos combinou elementos da doutrina da Força Aérea e da Marinha. Ganhou o nome de "combinação ótima".[145]

Em agosto de 1960, o tenente-brigadeiro Nathan Twining, presidente do Estado-Maior Conjunto, decidiu a disputa escolhendo o modo de planejar e controlar uma guerra nuclear. Seria formada uma Comissão de Planejamento de Alvos Estratégicos, composta principalmente de oficiais da Força Aérea, embora as outras armas também fossem representadas. A comissão trabalharia no quartel-general do SAC em Omaha, chefiada pelo comandante do SAC. A Marinha poderia manter seus submarinos Polaris, mas os alvos de seus mísseis seriam escolhidos em Omaha. Twining ordenou que até o fim do ano fosse concluído um Plano Operacional Integrado Único (na sigla em inglês, SIOP). O SIOP era o plano dos Estados Unidos para a guerra nuclear. Definiria exatamente quando, como e por quem cada alvo inimigo seria atacado. E seria inflexível. Twining determinara que as "operações atômicas devem ser planejadas com antecedência para execução automática e o maior alcance possível".[146]

A Marinha se enfureceu com o novo sistema. Para o almirante Burke, representava a tomada do poder pela Força Aérea, e ele mais tarde acusou o Comando Aéreo Estratégico de usar "exatamente as mesmas técnicas [...] os métodos de controle"[147] preferidos dos comunistas. E assim que o SIOP fosse adotado, ele alertou, seria difícil mudar. "Os sistemas estarão preparados",[148] Burke disse a William B. Franke, o secretário da Marinha. "As rotinas estarão estabelecidas. E o poder estará lá porque o dinheiro estará lá. A indústria eletrônica e aquelas coisas todas. Arruinaremos este país. Se não tomarmos cuidado."[149] O presidente Eisenhower não se abalou com a crítica de Burke ao SIOP, à sua estratégia básica e ao seu mecanismo de comando e controle. "A coisa toda tem de funcionar em uma base completamente integrada", disse Eisenhower. "O ataque inicial tem de ser simultâneo."[150]

A comissão de planejamento estratégico se reuniu em Omaha para redigir o primeiro SIOP sob tremenda pressão para concluí-lo em quatro meses. Seu processo seria o mais racional, impessoal e automatizado possível.[151] O primeiro passo era criar uma Lista Nacional de Alvos Estratégicos. Começaram estudando minuciosamente a *Bombing Encyclopedia* da Força Aérea,[152] um compêndio de mais de 80 mil possíveis alvos situados no mundo todo.[153] O livro fazia uma breve descrição de cada alvo, sua longitude, latitude e altitude, sua categoria — por exemplo, militar ou industrial, campo de aviação, refinaria de petróleo — e seu "número B. E.", um identificador exclusivo de oito dígitos. Desse longo inventário, foram selecionados 1200 candidatos no bloco oriental da União Soviética[154] e na China. Para medir sua importância relativa, adotou-se um "sistema de ponderação de alvos".[155] A cada alvo foi atribuído um número de pontos; os de maior pontuação foram considerados os mais essenciais para destruição, e a

Lista Nacional de Alvos Estratégicos, como um todo, recebeu 5 milhões de pontos.[156] Todos esses dados — os números B. E., as localizações dos alvos e as pontuações — foram inseridos no mais recente computador IBM do SAC. O que emergiu foi uma série de "pontos zero desejados", com múltiplos alvos para os quais as armas nucleares dos Estados Unidos seriam apontadas.

Assim que a lista de alvos foi concluída e os pontos zero, identificados, os planejadores calcularam o modo mais eficiente de destruí-los. Foi preciso levar em consideração uma gama enorme de variáveis, entre elas a precisão e a confiabilidade de diferentes sistemas de armas, a eficácia das defesas aéreas soviéticas, o impacto da escuridão ou de condições climáticas adversas e a taxa provável da queda, por causas ignoradas, de aviões voando baixo, conhecida como "clobber factor".*[157] Os chefes do Estado-Maior Conjunto especificaram que a probabilidade mínima de um alvo ser destruído teria de ser 75%,[158] e para alguns alvos essa probabilidade precisaria ser ainda mais alta. Obter esse grau de confiança requeria o "cross-targeting", isto é, apontar mais de uma arma nuclear para um único ponto zero. Feitos os cálculos, o SIOP frequentemente exigia que um alvo fosse atingido por mais de uma arma, vindas de direções diferentes, em momentos distintos. Um alvo de grande valor na União Soviética seria atingido por um míssil Jupiter, um míssil Titan e um míssil Atlas,[159] e por bombas de hidrogênio lançadas por três B-52, simplesmente para garantir sua destruição.

O SIOP seria implementado em fases. Num primeiro momento ocorreria o lançamento da "força de alerta", e a "força total"[160] aconteceria em ondas ao longo de 28 horas. E então o SIOP estaria concluído. O Comando Aéreo Estratégico era o responsável pelo ataque à maioria dos pontos zero. "As táticas programadas para o SIOP classificam-se em duas categorias principais", explicou o chefe do Estado-Maior Conjunto, "a *fase de penetração* e a *fase de lançamento*."[161] O SAC atacaria a União Soviética "de frente para trás",[162] atingindo primeiro as defesas aéreas na fronteira e então penetrando no interior do país e destruindo alvos pelo caminho, uma tática conhecida como "bombardear conforme se avança".[163]

As armas estratégicas da Grã-Bretanha também eram controladas pelo SIOP. A Real Força Aérea não se interessou muito pelas ideias do SAC a respeito da contraforça. Os britânicos pouco haviam mudado sua filosofia de bombardeio estratégico desde a Segunda Guerra Mundial, e o Comando de Bombardeiros

---

* Em tradução livre, "fator paulada". (N. T.)

da RAF queria usar suas armas nucleares unicamente para destruir cidades.¹⁶⁴ O SIOP respeitou as preferências britânicas e pediu ao Comando de Bombardeiros que destruíssem três bases aéreas, seis alvos de defesa aérea e 48 cidades.¹⁶⁵

George Kistiakowsky, o consultor da presidência para a área científica, foi ao quartel-general do SAC em novembro de 1960 para ter uma ideia de como andavam os trabalhos do SIOP. Kistiakowsky não era nenhum pacifista. Fugira da União Soviética quando jovem, projetara as lentes alto-explosivas para o dispositivo de teste Trinity e mais tarde mostrara as mesmas preocupações da Força Aérea quanto à disparidade de mísseis. Mas ficou chocado com o poder destrutivo do SIOP. Os níveis de danos causados pela força de alerta já seriam, por si, tão grandes que quaisquer ataques nucleares adicionais pareceriam "uma destruição desnecessária e indesejável".¹⁶⁶ Kistiakowsky achava que a força total empregaria "megatons para matar quatro, cinco vezes alguém que já está morto",¹⁶⁷ e em sua opinião o SAC deveria ser autorizado a "apenas um ataque — e não dez ataques"¹⁶⁸ a cada alvo soviético. Ainda assim, ele disse a Eisenhower: "Acredito que o SIOP agora elaborado é o melhor que se poderia esperar nas circunstâncias presentes, e deve ser posto em execução".¹⁶⁹

No início dos trabalhos para elaborar um novo plano de guerra, Eisenhower se opusera expressamente a qualquer estratégia que requeresse "pulverizar cem por cento a União Soviética".¹⁷⁰ Ele ainda se lembrava da afirmação do Pentágono de que os soviéticos não possuíam mais do que setenta alvos cuja destruição valeria a pena. "Obviamente havia um limite", ele disse à sua assessoria de segurança nacional, "um limite humano à devastação que os seres humanos eram capazes de suportar."¹⁷¹ Em 2 de dezembro de 1960, Eisenhower aprovou o SIOP sem ordenar mudança alguma.

O SIOP passaria a vigorar em abril. Estipulava 3729 alvos,¹⁷² agrupados em mais de mil pontos zero, que seriam atingidos por 3423 armas nucleares.¹⁷³ Os alvos localizavam-se na União Soviética, China, Coreia do Norte e Europa Oriental. Cerca de 80% eram alvos militares¹⁷⁴ e os demais, civis. Dos "complexos urbano-industriais" marcados para destruição, 295 situavam-se na União Soviética e 78 na China.¹⁷⁵ As estimativas de danos e vítimas do SIOP eram conservadoras. Baseavam-se apenas nos efeitos da explosão. Excluíam os danos, difíceis de calcular com precisão, que poderiam provir da radiação térmica, de incêndios ou da exposição a partículas radioativas. No espaço de três dias após o ataque inicial, a força total do SIOP teria matado perto de 54% da população da União Soviética e 16% da população da China[176] — mais ou menos 220 milhões de pessoas.[177] Outros milhões morreriam depois em decorrência de queimaduras, envenenamento por radiação e falta de abrigo. O SIOP era um plano para uma emergência nacional, quando a sobrevivência dos Estados Unidos estivesse em jogo, e a decisão de implementá-lo seria um fardo quase insuportável. Assim que o SIOP fosse iniciado, não poderia ser alterado, desacelerado ou interrompido.

Logo o SIOP se tornou um dos mais bem guardados segredos dos Estados Unidos. Mas os procedimentos para autorizar um ataque nuclear eram mantidos sob sigilo ainda maior. Por anos os chefes do Estado-Maior Conjunto haviam pedido não só a custódia das armas nucleares americanas, mas também a autorização para usá-las. Em dezembro de 1956 as Forças Armadas obtiveram permissão para usar armas nucleares na defesa aérea. Em fevereiro de 1959, ganharam a custódia de todas as armas termonucleares armazenadas em instalações do Exército, Marinha e Força Aérea. A Comissão de Energia Atômica conservou a custódia apenas daquelas que se encontravam em seus próprios depósitos. E em dezembro de 1959 as Forças Armadas finalmente conseguiram o tipo de controle pelo qual ansiavam desde o fim da Segunda Guerra Mundial. Eisenhower permitiu que os altos comandantes decidissem usar ou não armas nucleares durante uma emergência quando não fosse possível consultar o presidente.[178] Eisenhower relutara em tomar essa decisão, sabendo muito bem que uma autorização de antemão como essa poderia permitir que alguém "mais abaixo na cadeia de comando fizesse alguma bobagem"[179] e começasse uma guerra nuclear total. Mas a alternativa seria permitir a derrota e a destruição das forças dos Estados Unidos e da Otan se as comunicações com Washington fossem interrompidas.

De início, Eisenhower disse aos chefes do Estado-Maior Conjunto que estava "muito receoso de ter esse assunto por escrito".[180] Mais tarde, concordou em assinar uma ordem de delegação prévia, frisando que a existência dela nunca deveria ser revelada. "É do interesse dos Estados Unidos manter a crença de que toda a autoridade [para usar armas nucleares] cabe ao presidente americano, sem delegação", ele salientou.[181] A ordem de Eisenhower foi mantida em sigilo para o Congresso, o povo americano e os aliados da Otan. Fazia sentido, como tática militar. Mas também introduzia um elemento de incerteza no processo de tomada de decisão. O SIOP era centralizado, inflexível e mecanicista.

A ordem de delegação prévia era exatamente o oposto. Dependeria de avaliações individuais, feitas no calor da batalha, a milhares de quilômetros da Casa Branca. Sob certas circunstâncias, um comandante americano atacado por armas convencionais estaria autorizado a reagir com armas nucleares. Eisenhower sabia muito bem que delegar a autoridade presidencial podia significar perder o poder de determinar se, como e por que uma guerra nuclear aconteceria. Ele entendia as contradições no cerne do sistema americano de comando e controle. Mas não foi capaz de resolvê-las durante suas últimas semanas no cargo.

Invasão

O coronel John T. Moser e sua mulher tinham acabado de jantar e se preparavam para ir a um concerto quando o telefone tocou.[1]

Há um problema no Complexo de Lançamento 374-7, disse o controlador. Pode ser um incêndio.

Moser disse à mulher que fosse sem ele, vestiu o uniforme, pegou o carro e seguiu para o posto de comando. Eles moravam na base, e a viagem não seria demorada. No caminho, Moser ordenou pelo rádio ao controlador que reunisse a Equipe para Mísseis em Risco Potencial. Eram 18h40, e fazia uns dez minutos que uma misteriosa nuvem branca aparecera no silo.

O posto de comando da 308ª Ala de Mísseis Estratégicos parecia uma sala de diretoria, com uma longa mesa de reuniões no centro, equipamento de comunicação e uma lousa. Comportava entre 25 e trinta pessoas. Moser era o comandante da ala; quando chegou ao posto não havia quase ninguém, e as condições do míssil eram desconhecidas. Continuavam a aspergir água no silo. A pressão do combustível no estágio 1 estava diminuindo, e a pressão do oxidante aumentava. Luzes vermelhas no centro de controle do 4-7 piscavam alertando que havia vazamento de combustível, vazamento de oxidante e fogo no silo — três coisas que não podiam acontecer simultaneamente. Para aumentar a confusão, o capitão Mazzaro e o segundo-tenente Childers, comandante e subcomandante da equipe de combate do míssil, haviam ambos telefonado ao posto de comando, usando linhas separadas, um mencionando vazamento de combustível, o outro, um incêndio. Agora Mazzaro, no viva-voz, informava as pressões no tanque do míssil. Sua equipe estava seguindo os procedimentos das checklists e tentando entender o que se passava.

Moser era grande adepto das checklists. Depois de se formar no Franklin & Marshall College, em 1955, entrara para o Comando Aéreo Estratégico. Dois anos mais tarde, tornara-se navegador de um Stratotanker KC-97, um avião que reabastecia bombardeiros B-47 durante o voo. O Stratotanker era um avião de hélice, e o B-47 era um jato e tendia a perder a potência a baixas velocidades. Os dois tinham de se encontrar em um local exato, com o bombardeiro voando atrás e ligeiramente abaixo do avião-tanque.[2] À altitude de 5,5 mil metros, eles se conectavam através de um tubo oco e voavam em sincronia por vinte minutos, executando um mergulho raso para que o avião-tanque pudesse acompanhar o bombardeiro. O reabastecimento aéreo era um procedimento delicado e com frequência perigoso. A tripulação do Stratotanker tinha de coordenar cuidadosamente cada passo, não só com a tripulação do B-47, mas também entre si. Manobras espontâneas ou improvisadas não eram bem-vindas. Moser depois seria navegador em aviões-tanque KC-135, que reabasteceriam bombardeiros B-52 durante alertas no ar. O êxito dessas missões dependia de checklists. Cada passo tinha de ser padronizado e previsível, pois dois grandes aviões a jato voavam a uma distância aproximada de doze metros, ligados por um cabo, um deles levando armas termonucleares, o outro descarregando quase 4 mil litros de combustível de jato por minuto, dia ou noite, em meio à turbulência aérea e ao mau tempo.

O coronel Moser perguntou a Mazzaro se a equipe do PTS fizera alguma coisa no silo que pudesse ter causado o problema. Mazzaro largou a ligação e retornou com uma explicação: o cabo Powell tinha derrubado um soquete dentro do silo, e o soquete fizera um furo no tanque de combustível do estágio 1. Mazzaro trouxe o cabo para a linha e lhe disse para descrever o que acontecera, uma decisão incomum que violava a cadeia de comando. Todos na sala emudeceram ao ouvir os detalhes. Moser percebeu que se tratava de um acidente grave, que exigia medidas urgentes. Ativou a Rede para Mísseis em Risco Potencial, uma conferência telefônica que o ligaria ao quartel-general do SAC em Omaha, ao Centro de Logística Aérea em Ogden, Utah, e ao quartel-general da

Oitava Força Aérea, na Louisiana. Mas o equipamento de comunicação não estava funcionando bem, e nos quarenta minutos seguintes o controlador em Little Rock tentou viabilizar a conferência.

Os membros da equipe de risco agora lotavam o posto de comando: oficiais e soldados que haviam passado anos trabalhando com o Titan II e seus propelentes. O chefe de segurança da ala do míssil se sentava à mesa de reunião junto com o chefe da divisão de engenharia técnica, um engenheiro bioambiental, um engenheiro elétrico e a Equipe K. O K significava "a postos", e a equipe de quatro homens — um comandante, um subcomandante, um técnico de instalações de míssil e um analista de sistemas de míssil — dava apoio à equipe de lançamento no 4-7. A Equipe K podia interpretar os dados provenientes do complexo do míssil, consultar o *Dash-1* e outros manuais de operação e dar uma segunda opinião. As habilidades de cada um na sala se concentravam na questão de como salvar o míssil. O SAC não tinha uma checklist para o problema que estavam enfrentando, por isso teriam de escrever uma.

Moser precisava de toda a assistência técnica que pudesse obter. Era novo no cargo, fazia apenas uns três meses que estava em Little Rock. Durante esse breve período, ganhara a reputação de inteligente, justo e compreensivo — um homem disposto a ouvir. Era estimado, coisa rara entre comandantes do SAC. Mas Moser não sabia muita coisa sobre mísseis Titan II. Antes fora vice-diretor de manutenção de mísseis no quartel-general do SAC e comandante de manutenção de mísseis na Base da Força Aérea em Whiteman, no Missouri. No entanto, esses cargos haviam exigido um amplo conhecimento de mísseis Minuteman, um sistema de arma totalmente diferente. O Minuteman usava combustível sólido, e não propelentes líquidos. Era menor que o Titan II e sua ogiva era menos potente. E cada complexo de Minuteman abrigava dez mísseis, em vez de um, com os silos dispersos por até 27 quilômetros do centro de controle de lançamento. Uma equipe do Minuteman podia passar meses sem visitar um silo. O Titan II era o único míssil balístico no arsenal americano que usava combustível líquido e tinha uma equipe de combate vivendo a poucos metros. Era uma "ave" rara, exótica. Dos mais de mil mísseis de longo alcance controlados pelo SAC, apenas 54 eram Titan II.

Moser não fingia ser especialista em Titan II, e desde seu primeiro dia em Little Rock mostrou-se ávido por aprender. Três ou quatro manhãs por semana ele assistia às instruções preparatórias das equipes de lançamento e das equipes do PTS antes de partirem para o trabalho. Prometera passar algum tempo em cada complexo de lançamento antes que o ano terminasse. Mas alguns dos complexos ficavam distantes de Little Rock, e ele ainda não visitara todos.

Quando o coronel James L. Morris chegou ao posto de comando, por volta das sete horas da noite, já sabia o que havia acontecido no silo. Morris era o subcomandante da manutenção, e cerca de meia hora antes ele entreouvira o capitão Mazzaro falando nervosamente alguma coisa pelo rádio. Morris disse ao comando em serviço para ligar para o 4-7 e perguntar a Charles Heineman, o chefe da Equipe A do PTS, o que estava se passando. Heineman disse que Powell tinha derrubado um soquete no silo e feito um furo no míssil. Contou que Powell viu muito vapor de combustível, mas não fogo. Morris digeriu a notícia, pediu ao comando em serviço que encontrasse Jeff Kennedy e ordenou ao auxiliar que não tornasse a fazer contato com o complexo de lançamento.

Antes que se passasse uma hora do acidente, a pressão no tanque de combustível do estágio 1 havia diminuído aproximadamente 80%. Estava se formando vácuo em seu interior, conforme o combustível saía. Se a pressão continuasse a baixar, o tanque poderia desabar. Depois que Jeff Kennedy se juntou a Morris no posto de comando, o coronel Moser pôs os dois a par da situação e ordenou que fossem de helicóptero para o 4-7. Morris atuaria como comandante no local, e Kennedy o ajudaria a descobrir o que estava acontecendo, se havia incêndio e o que precisava ser feito. Antes de deixar Little Rock, Kennedy pediu ao comando em serviço que ligasse para o complexo de lançamento para que providenciassem um traje RFHCO para ele. Temos ordem de não ligar para o complexo, disse o auxiliar, traga o seu traje. Kennedy não tinha tempo de juntar o equipamento necessário — capacete, cilindro abastecido de oxigênio com máscara, o traje RFHCO do seu tamanho. Partiu da base sem ele.

A equipe de risco propusera um plano: técnicos do PTS tornariam a entrar no silo, ventilariam o tanque de combustível do estágio 1, equalizariam a pressão e impediriam o colapso do míssil. Tempo era essencial, e a reentrada tinha de acontecer o mais depressa possível. Os homens do PTS na superfície tinham trajes RFHCO, suprimento de ar e equipamento completo em seus caminhões. Tecnicamente, eles entrariam no complexo. Mas ninguém sabia onde estavam. Depois de deixarem o complexo, com certeza haviam se afastado além do alcance dos rádios que levavam nos capacetes. E seus caminhões não possuíam rádios que pudessem fazer contato com a base. Se quisessem falar com o posto de comando, teriam de ir até Damasco e usar um telefone público ou ligar de alguma casa próxima.

A tripulação do PTS que se refugiara no centro de controle teria de fazer o serviço, usando os trajes RFHCO deixados no compartimento hermético. Como agora o soquete se encontrava em algum lugar no fundo do silo, precisariam remover a tampa de pressão do tanque de combustível do estágio 1 com um alicate. Se não conseguissem, talvez precisassem forçar a válvula tubular do tanque a abrir, empurrando-a com um cabo de vassoura.

Antes que o coronel Moser pudesse aprovar o plano e iniciar sua execução, o quartel-general do SAC se juntou às deliberações no viva-voz. Eram cerca de 19h45, a Rede para Mísseis em Risco Potencial finalmente estava a postos, e o major-brigadeiro Lloyd Leavitt, vice-comandante em chefe do Comando Aéreo Estratégico, estava na linha. Leavitt deixou claro que, dali por diante, nada seria feito sem sua aprovação no centro de controle de lançamento, no silo ou em qualquer outra parte do complexo.[3] E que não autorizaria nenhuma ação específica sem que se chegasse a um consenso de que seria a coisa certa a fazer.

Leavitt, de cinquenta e poucos anos, era baixo, musculoso e seguro de si. Participara da primeira equipe a entrar para West Point depois da Segunda Guerra Mundial. Enquanto o heroísmo daquela guerra era celebrado em livros e filmes aclamados, seus colegas de equipe arriscavam a vida em um conflito quase desconhecido do povo. Leavitt se tornou piloto de caça e voou em uma centena de missões de combate durante a Guerra da Coreia. Rotineiramente confrontara aviões inimigos e fogo antiaéreo. Durante uma missão, seu F-84 foi atingido e sofreu pane elétrica; Leavitt teve de voar por quatrocentos quilômetros sem instrumentos de voo nem rádio até aterrissar em segurança em uma base americana. Em outra ocasião, seu avião ficou fora de controle e rodopiou em meio a uma tempestade de neve; Leavitt precisou saltar de paraquedas a 2,5 mil metros de altitude e se considerou um felizardo quando foi encontrado por soldados sul-coreanos, e não guerrilheiros comunistas. No Vietnã, voou em 152 missões de combate. Os dois conflitos, além de voos de treinamento, custaram a vida de muitos bons amigos. Dos 119 que se formaram com Leavitt em West Point, sete foram mortos na Coreia, dois no Vietnã e treze em acidentes aéreos.[4] Para os de sua equipe, a probabilidade de morrer em serviço era de aproximadamente uma em seis.

Algumas das missões mais perigosas de Leavitt foram em tempos de paz. De 1957 a 1960 ele pilotou aviões espiões U-2. Esse avião era projetado para voar longas distâncias e tirar fotos a uma altitude de 21 mil metros sem ser detectado ou abatido. Para tanto, era preciso manter o aparelho o mais leve possível. E a exiguidade do equipamento de sobrevivência do piloto impunha certas restrições. Antes de partir em uma missão para fotografar campos de aviação soviéticos e bases de radar na Sibéria, Leavitt teve de escolher: levar um bote salva-vidas ou um bom agasalho. Não tinha autorização para levar as duas coisas. Leavitt escolheu o agasalho, calculando que, se tivesse que saltar de paraquedas no mar de Bering, morreria congelado, com ou sem o bote. Os pilotos do U-2 voavam sozinhos, numa cabine minúscula, metidos em um desajeitado traje pressurizado e em silêncio total no rádio por até nove horas. O avião, difícil de pilotar, era frágil e perdia a velocidade facilmente. Forças *g* intensas podiam destroçar o avião em pleno voo. Para ser mais leve, o aparelho possuía apenas dois trens de pouso, um na frente, outro atrás. "Aterrissar um U-2 era como aterrissar de bicicleta a 160 quilômetros por hora", escreveu Leavitt em suas memórias.[5] Dos 38 pilotos de U-2 com quem ele treinou, oito morreram pilotando esse avião.[6]

A Rede para Mísseis em Risco Potencial raramente era ativada e, em geral, o comandante do SAC a chefiava. Mas o tenente-brigadeiro Richard H. Ellis não estava na cidade, por isso Leavitt, o segundo em comando, assumiu. Olhando para o mapa-múndi, ele se comunicou com a rede da galeria do posto de comando subterrâneo do SAC. Embora houvesse pilotado aviões B-52 durante um ano, trabalhado no Pentágono, comandado um centro de treinamento da Força Aérea e servido no Estado-Maior de um general da Otan, ele ainda tinha os modos de um antigo piloto de combate: atrevido, decidido e autoconfiante. Mas não tinha experiência direta com mísseis Titan II. Nem ele nem o coronel Russell Kennedy, diretor de manutenção de mísseis no quartel-general do SAC, que se juntara a Leavitt na galeria. Eles dependeriam dos conselhos e dos conhecimentos de terceiros.

A presença de uma névoa esbranquiçada do outro lado da porta antiexplosão 8 era mau sinal. Independentemente de ser vapor de combustível ou fumaça, ela não devia estar lá quando Gregory Lester abriu a porta com a intenção de pegar os RFHCOS. Aquilo significava que a porta antiexplosão 9, que levava ao túnel e ao silo, apresentava alguma brecha. E isso significava que a porta antiexplosão 8 era tudo o que se interpunha entre os homens no centro de controle de lançamento e uma nuvem de vapores tóxicos, talvez explosivos. O plano de reentrar no silo foi descartado. O capitão Mazzaro já pedira permissão para evacuar o local. Agora tornava a pedir, e Heineman, falando em nome da equipe do PTS, apoiou veementemente o pedido.

No posto de comando de Little Rock, a equipe de risco discutia o que fazer a seguir. Por ora, suas opções eram limitadas. A equipe do PTS na superfície ainda não tinha sido encontrada. O coronel Morris e Jeff Kennedy estavam a caminho de helicóptero, mas não tinham trazido seus cilindros de oxigênio com máscara nem trajes RFHCO. Rodney Holder, o técnico analista de sistemas de míssil no 4-7, estava se preparando para desligar os circuitos elétricos do míssil, para impedir que uma fagulha elétrica escapasse e incendiasse o vapor de combustível no silo. Assim que os principais disjuntores fossem desligados, os homens no centro de controle não poderiam fazer nada além de assistir às mudanças na pressão do tanque na PTPMU.

A Equipe K preocupava-se com a segurança de seus colegas no 4-7. O capitão Jackie Wells, membro da Equipe K, achava que, se o míssil desmoronasse, o vapor de combustível que vazara pela porta antiexplosão poderia se incendiar e romper a porta antiexplosão 8. Mesmo que a porta aguentasse, os escombros de uma grande explosão poderiam prender todo mundo no centro de controle. As portas antiexplosão e o alçapão de saída deviam assegurar a sobrevivência dos homens, mesmo depois de uma detonação nuclear. Mas esse tipo de teste ainda não fora feito em nenhum complexo de Titan II, e Wells achava que os riscos de deixar pessoas no centro de controle suplantavam qualquer possível benefício.

A Equipe K aconselhou o coronel Moser a ordenar a evacuação. O sargento Michael Hanson — chefe da Equipe B do PTS, que estava no posto de comando, preparando-se para chefiar um comboio até o local — concordou. Em sua opinião, o centro de controle não sobreviveria a uma explosão. E ele queria seus companheiros fora dali imediatamente.

O capitão Charles E. Clark, chefe dos engenheiros técnicos da ala, disse que os homens deviam ficar onde estavam. Ele tinha fé nas portas antiexplosão. E alertou o coronel Moser de que, se os homens saíssem, o posto de comando não teria como ser informado sobre as pressões no tanque dentro do míssil nem sobre modos de operar o equipamento dentro do complexo. Clark argumentou que os homens deviam permanecer no centro de controle, monitorar as condições do míssil e abrir a grande porta do silo acima dele. Abrir a porta diluiria o vapor de combustível no ar, tornando-o menos inflamável. A temperatura no silo cairia e, à medida que os tanques de oxidante se resfriassem, diminuiria a probabilidade de que explodissem. Abrir a porta não representava um risco significativo para Damasco. Em contraste com o oxidante, o combustível se dissiparia rapidamente na atmosfera. Não se deslocaria por quilômetros, fazendo as pessoas adoecer e matando o gado. O primeiro-tenente Michael J. Rusden, engenheiro bioambiental, calculara que, com os ventos prevalecentes naquele momento, um corredor tóxico se estenderia por apenas cem a duzentos metros além do silo.

Depois de consultar o quartel-general do SAC, o coronel Moser ordenou que todos saíssem do centro de controle.[7] E perguntou ao SAC se antes de sair os homens deveriam abrir a porta do silo.

Aquela porta não deveria ser aberta em hipótese alguma, respondeu o major-brigadeiro Leavitt. Nem valia a pena discutir tal ideia. Leavitt queria que os vapores de combustível permanecessem dentro do silo. Não queria uma nuvem de Aerozine-50 pairando sobre casas e fazendas. Mais importante: ele não queria arriscar a perda do controle de uma arma termonuclear. Leavitt tinha certeza absoluta de que, se o míssil explodisse, a ogiva não detonaria. Convivia com armas nucleares já fazia quase trinta anos. Em 1952 fora secretamente treinado para lançar bombas atômicas de um avião de combate caso elas fossem necessárias durante a Guerra da Coreia. Ele tinha fé absoluta nos mecanismos de segurança da ogiva W-53, no topo do Titan II. Mas ninguém podia predizer a que distância a ogiva seria lançada se o míssil explodisse com a porta do silo aberta. Leavitt não queria que uma arma termonuclear aterrissasse num quintal em alguma parte entre Little Rock e St. Louis. Manter o controle da ogiva, na opinião dele, era muito mais importante do que qualquer outra medida.

A Equipe K aguardou, tensa, para saber se os homens tinham conseguido sair do centro de controle. Antes de abandonar o complexo, a equipe de lançamento deixara o telefone fora do gancho — e, quando o alarme contra invasores de repente disparou no 4-7, o som foi ouvido pelo telefone no posto de comando. Isso significava que alguém na superfície tinha aberto a porta para o alçapão da saída de emergência. Mais algum tempo se passou em total silêncio, e então o sargento Brocksmith falou pelo rádio que estavam todos em sua caminhonete.

O sargento Hanson deixou o posto de comando e foi à oficina do PTS, onde Sandaker e os outros voluntários estavam pegando seu equipamento. A Força de Atendimento em Desastres deixou a base por volta das nove horas, mas a Equipe B do PTS precisava de mais tempo para se preparar. Assim que chegaram ao 4-7, Hanson pensou que o plano funcionaria mais ou menos assim: dois homens vestiriam os RFHCOs, entrariam no complexo pelo portal de acesso, abririam as portas antiexplosão, desceriam pelo longo túnel até o silo e tentariam ventilar o míssil. Talvez também ligassem o exaustor para remover os vapores do silo.

Incerto quanto ao equipamento que estaria disponível no 4-7, Hanson decidiu que a Equipe B do PTS levaria tudo de que necessitaria. Precisavam reunir o equipamento, carregá-lo em cinco caminhões, parar em dois outros complexos de míssil e pegar o que faltava na oficina. Embora a Equipe B do PTS quisesse chegar ao 4-7 o mais rápido possível, problemas logísticos detiveram os homens, entre eles uma inesperada parada para pegar água. O caminhão de Hanson era o único com rádio. Sempre que ele precisava se comunicar com os demais, o comboio inteiro tinha de parar à beira da estrada, e alguém descia do caminhão para explicar o que fariam a seguir.

O posto de comando em Little Rock também continuava a ter dificuldades de comunicação. Assim que o centro de controle foi evacuado, o rádio no caminhão do sargento Brocksmith se tornou o único modo de falar com as pessoas que estavam na base do míssil. Infelizmente, as transmissões radiofônicas enviadas de seu caminhão não eram cifradas ou seguras. Qualquer um que conhecesse a frequência de rádio poderia ouvi-los, e a qualidade do som estava aquém do ideal. O major Joseph A. Kinderman, chefe da polícia de segurança da ala, que controlava o rádio no posto de comando, constatou que as conversas às vezes eram truncadas, difíceis de entender.

Por volta de 21h30, o major Kinderman informou os últimos dados sobre a pressão do tanque, e um sargento anotou-os na lousa. Por um momento, todos se concentraram na pressão no tanque de combustível do estágio 1. Durante a hora decorrida desde a leitura anterior, a pressão caíra de 0,7 psi negativo para 2 psi negativos. Eram números preocupantes, sugeriam que o tanque estava à beira do colapso. E então um membro da Equipe K estranhou: mas como é que alguém pode saber quais são as pressões do tanque? O centro de controle fora evacuado mais ou menos às 20h30. Kinderman perguntou ao coronel Morris de onde vinham aqueles dados.

Morris fornecera os números, mas não respondeu à pergunta. Ele estava sentado no caminhão da polícia de segurança de Brocksmith, estacionado no extremo da estrada de acesso, ao lado da Highway 65.

Kinderman esperou pela resposta, e então o capitão Mazzaro, pelo rádio, disse que Kennedy reentrara no centro de controle, sem permissão, violando a regra dos dois homens.

O pessoal da Equipe K ficou estarrecido com o ato de Kennedy. O coronel Moser, mais preocupado do que zangado, não gostava nada da ideia de comunicar o fato ao quartel-general. Mas as informações obtidas por Kennedy eram extremamente úteis. Moser compartilhou os dados com todos da rede e falou sobre o ato não autorizado de Kennedy. O major-brigadeiro Leavitt pareceu imperturbável. Embora uma das regras fundamentais do SAC acabasse de ter sido violada, Leavitt sabia o quanto era importante estar a par das mais recentes pressões do tanque, e também valorizava o risco pessoal que Kennedy correra para obtê-las.

O coronel Morris recebeu a ordem de não autorizar nenhuma outra ação no complexo de lançamento sem a aprovação do quartel-general do SAC. E, enquanto o comboio do PTS seguia para o 4-7, deliberava-se na rede se a energia deveria ser totalmente desligada no complexo. Os homens haviam desligado tudo o que puderam antes de sair, mas as bombas d'água no nível 8 do silo continuavam funcionando, assim como uma série de ventiladores, motores e relés dos sistemas de ar condicionado e ventilação. O major-brigadeiro Leavitt receava que alguma fagulha de um daqueles motores ou a mais ínfima formação de uma faísca elétrica pudesse atear fogo no vapor dentro do silo. O posto de comando telefonou para a Companhia Elétrica Petit Jean, que fornecia energia a Damasco, e pediu que mandassem funcionários para subir nos postes e desligar os conectores das linhas que enviavam energia ao complexo.

Na equipe de mísseis em risco de Little Rock, a maioria queria que a energia continuasse ligada. Se cortassem a força, o telefone no centro de controle emudeceria, e eles não poderiam monitorar o detector de vapor que estava lá. O som do detector, se parasse de soar, indicaria que o vapor de combustível se infiltrara para além da porta antiexplosão 8. Se alguém entrasse novamente no complexo para salvar o míssil, teria a tarefa dificultada pela falta de energia elétrica. Não seria possível verificar as pressões do tanque, ligar o exaustor ou fazer qualquer outra coisa no silo além de remover manualmente a tampa de pressão e ventilar o tanque de combustível do estágio 1.

Pediram então aos funcionários da Petit Jean que ficassem a postos, e por ora a energia permaneceu ligada. Um executivo da Martin Marietta, a fabricante do Titan II, juntara-se à rede e dera estimativas das pressões que provavelmente acarretariam o colapso do tanque de combustível do estágio 1 e a explosão do tanque de oxidante. A situação parecia tenebrosa. Mesmo assim, os membros da rede de mísseis em risco agora debatiam como a Equipe B do PTS deveria proceder, passo a passo, quando chegasse ao 4-7. Primeiro, todos teriam de concordar sobre a linha de ação apropriada, depois escrever uma checklist para segui-la. A qualidade do som no equipamento de viva-voz era medíocre, e com tantos participando da discussão em meia dúzia de lugares, com frequência era difícil saber quem estava dizendo o quê.

Uma das vozes mais imperativas tinha um sotaque texano carregado. Era do coronel Ben Scallorn, chefe interino da divisão de mísseis no quartel-general da Oitava Força Aérea, na Louisiana. Moser fora subordinado de Scallorn na Base da Força Aérea em Whiteman, e telefonara para ele assim que soube sobre o acidente em Damasco, pedindo sua opinião, em particular, sobre a gravidade da situação. Scallorn não dourou a pílula: achava que a coisa parecia muito feia. Poucos no SAC sabiam tanto quanto ele sobre o Titan II. Scallorn trabalhara longas horas em silos usando um RFHCO e vendo com os próprios olhos o quanto aquele míssil podia ser perigoso. Durante as deliberações da Rede de Mísseis em Risco Potencial, ele falou sem rodeios sobre o que precisava ser feito no 4-7, sem se importar se alguém lhe daria ouvidos.

Quando Ben Scallorn se apresentou pela primeira vez para trabalhar na Base da Força Aérea em Little Rock, em 1962, os silos do Titan II ainda estavam sendo escavados.[8] O departamento de manutenção do míssil era composto de três pessoas: um primeiro-tenente que chefiava, um sargento que o auxiliava e um secretário. A 308ª Ala de Mísseis Estratégicos ainda não fora ativada, e a Força Aérea ansiava por instalar os Titan II no subsolo. Scallorn estava satisfeito por ter ido para Little Rock e se preparava para estudar manutenção de mísseis.

Antes disso, sua função na Força Aérea fora em "serviços recreativos". Durante anos ele gerenciara campos de softball, piscinas, cinemas e clubes militares em bases do SAC do Mississippi ao Marrocos. Tinha 33 anos, mulher e três filhos pequenos. Ajudar na instalação do maior míssil balístico dos Estados Unidos, no despontar da era dos mísseis, parecia-lhe um caminho mais gratificante em sua carreira. Foi mandado para a Base da Força Aérea em Sheppard, em Wichita Falls, Texas, para aprender sobre o funcionamento do Titan II — e seis semanas depois voltou para Little Rock como chefe de treinamento em manutenção da 308ª.

Scallorn visitou os complexos de lançamento próximos de Little Rock quando estavam em construção. Cada um era um empreendimento vultoso, que requeria cerca de 2 mil toneladas de aço[9] e 14 mil toneladas de concreto.[10] Era preciso instalar complexas redes de água e energia e um sistema hidráulico no subsolo. A porta do silo era pesada demais para ser transportada pela estrada; chegava em oito partes para ser montada no local. Para pôr os mísseis em alerta o mais depressa possível, a Força Aérea seguia uma prática administrativa conhecida como "convergência":[11] o trabalho começava nos complexos do Titan II muito antes de um míssil Titan II ser transportado num avião. Os dois seriam concluídos mais ou menos ao mesmo tempo.

A Força Aérea também adotava a convergência para acelerar a preparação de outros mísseis balísticos. Chefiados pelo Corpo de Engenheiros do Exército, dezenas de milhares de operários cavaram centenas de silos para esconder mísseis sob a paisagem rural americana. Foi um dos maiores projetos de construção já executados pelo Departamento de Defesa.[12] Além do Arkansas, também ganharam complexos de lançamento subterrâneos Arizona, Califórnia, Colorado, Idaho, Kansas, Missouri, Nebraska, Novo México, Nova York, Oklahoma, Dakota do Sul, Texas, Washington e Wyoming. Entre as Bases da Força Aérea de Malmstrom, em Montana, e de Minot Air, em Dakota do Norte, silos de mísseis foram espalhados por uma área de 83 mil quilômetros quadrados.[13]

A cerca de uma hora ao norte de Santa Bárbara, em um trecho da costa da Califórnia central com 64 quilômetros de praias intocadas e paredões rochosos, a Força Aérea construiu um centro de pesquisas sobre mísseis e a primeira base operacional de mísseis. Conhecido mais tarde como Base da Força Aérea em Vandenberg, o local permitia atingir com facilidade alvos em Eniwetok e Kwajalein, nas ilhas Marshall. Como os complexos de mísseis no interior dos Estados Unidos, Vandenberg foi construído a toque de caixa. Poucos dias depois de sua inauguração, em 1957, a base possuía plataformas de lançamento, silos, centros de controle subterrâneos, depósitos, prédios administrativos e uma população aproximada de 10 mil pessoas.[14]

Embora a convergência acelerasse a introdução de novas armas, também criava problemas. Uma pequena alteração no projeto de um míssil poderia requerer mudanças dispendiosas em equipamentos que já tivessem sido instalados no silo. O protótipo de um novo avião podia ser submetido a repetidos testes de voo em busca de falhas, mas um míssil só podia ser lançado uma vez. E mísseis custavam caro, o que limitava o número de testes de voo e as oportunidades de saber o que podia dar errado. Um lançamento bem-sucedido dependia de uma intricada combinação de fatores humanos e tecnológicos. Erros de projeto costumavam ser mais fáceis de corrigir do que de prever. Em consequência, a confiabilidade dos mísseis americanos mais antigos deixava muito a desejar. "Como qualquer máquina, eles nem sempre funcionam", observou comedidamente o tenente-brigadeiro LeMay.[15]

O primeiro míssil intercontinental que os Estados Unidos puseram de prontidão, o Snark, tinha asas, motor a jato e um alcance aproximado de 10 mil quilômetros.[16] Era um míssil vistoso, vermelho brilhante, de linhas futuristas. Mas o Snark logo se tornou lendário por aterrissar longe do alvo. Em voos de longa distância, errava em média por trinta quilômetros.[17] Durante um teste de lançamento a partir de Cabo Canaveral, Flórida, um Snark que não deveria voar além de Porto Rico continuou no ar apesar de repetidas tentativas do pessoal de segurança de alcance para conseguir sua autodestruição.[18] Quando o míssil passou devagar ao largo de Porto Rico, aviões de combate procuraram afobadamente abatê-lo, mas não conseguiram encontrá-lo. Por fim, o combustível do Snark acabou e o míssil despencou em alguma parte da floresta amazônica brasileira. Testes posteriores da Força Aérea indicaram que, em tempo de guerra, somente um de cada três Snarks sairia do chão e apenas um em dez atingiria o alvo. Ainda assim, dezenas de Snarks foram postos em alerta na Base da Força Aérea da Ilha Presque, no Maine. O míssil levava uma ogiva de quatro megatons.

Em repetidas ocasiões, o simbolismo de um míssil pareceu mais importante do que sua utilidade militar. O míssil Redstone, do Exército,[19] foi posto às pressas de prontidão pouco tempo depois de a União Soviética lançar o *Sputnik*. Projetado por Wernher von Braun e sua equipe de cientistas alemães de foguetes no Arsenal de Redstone, em Huntsville, Alabama, o míssil era uma versão maior e mais avançada do V-2 nazista. O Redstone frequentemente levava uma ogiva de quatro megatons mas não era capaz de voar além de 280 quilômetros. A combinação de curto alcance com grande potência em uma arma termonuclear era infausta. Se fossem lançados de bases da Otan na Alemanha Ocidental, os mísseis Redstone destruiriam boa parte do país.[20]

Os mísseis de alcance intermediário que o presidente Eisenhower ofereceu à Otan também eram problemáticos. Os mísseis Thor mandados para a Grã-Bretanha ficavam armazenados horizontalmente na superfície. Tinham de ser posicionados na vertical e então abastecidos antes de decolar. Seria preciso no mínimo quinze minutos para lançar qualquer um dos mísseis de um esquadrão Thor, e até mais para pôr todos no ar.[21] A ausência de proteção física desses mísseis, sua lentidão nos procedimentos de contagem regressiva e sua proximidade com o bloco oriental garantiam que eles estariam entre os primeiros a ser destruídos por um ataque soviético. O alerta de quatro minutos dado pelo sistema de radares da Grã-Bretanha não seria de grande ajuda para os oficiais da RAF encarregados de um esquadrão Thor, que poderia precisar de até dois dias para completar sua missão.[22] Eles talvez não tivessem tempo para lançar nenhum Thor. No entanto, os mísseis seriam úteis para um ataque de surpresa à União Soviética[23] — e isso dava aos soviéticos incentivo ainda maior para atacar primeiro e destruí-los. Em vez de dissuadir, os mísseis Thor pareciam convidar a um ataque à Grã-Bretanha.

O valor militar dos mísseis Jupiter, oferecidos à Itália e à Turquia, era igualmente dúbio. Os mísseis Jupiter eram guardados na superfície, permaneciam expostos a ataques e seu lançamento era lento. Em contraste com os Thor, eles ficavam na perpendicular, rodeados por equipamento de lançamento oculto sob painéis metálicos. Quando os painéis se abriam para fora antes da decolagem, um Jupiter parecia o pistilo de uma gigantesca e sinistra flor branca. Com dezoito metros de altura, encabeçado por uma ogiva de 1,4 megaton e instalados na zona rural, esses mísseis eram especialmente vulneráveis à queda de raios.

Nos dias e meses seguintes ao lançamento do *Sputnik*, o míssil Atlas destacou-se como a grande esperança dos Estados Unidos,[24] seu primeiro míssil balístico intercontinental, projetado para atingir alvos soviéticos a partir de bases nos Estados Unidos. Mas produzir um míssil que pudesse chegar com segurança à União Soviética demorou muito mais do que o pretendido. Um especialista em mísseis da Força Aérea descreveu mais tarde o sistema de propelente do Atlas como "um incêndio esperando para acontecer".[25] O oxigênio líquido (LOX), o oxidante do míssil, era perigosamente instável. Cerca de 75 mil litros de LOX precisavam ser armazenados em tanques fora do Atlas, à temperatura de 182 graus negativos,[26] e bombeados para o míssil durante a contagem regressiva. A margem de erro era bem pequena. Em uma série de incidentes dramáticos e muito divulgados em Vandenberg, mísseis Atlas explodiram na plataforma de lançamento, desviaram-se descontroladamente do curso ou nem chegaram a sair do chão. Apesar disso, o primeiro Atlas foi posto em alerta em 1959. Em uma sessão ultrassecreta dois anos depois, um oficial da Força Aérea admitiu ao Congresso que a probabilidade de um míssil Atlas atingir um alvo na União Soviética não passava de 50%.[27] O tenente-brigadeiro Thomas Power, chefe do SAC, que tinha clara preferência pelos bombardeiros, achava que a probabilidade era próxima de zero.[28]

Desenvolvido como um apoio ao Atlas, o míssil Titan incorporou algumas novas tecnologias. Possuía um segundo estágio cuja ignição se dava na atmosfera superior, permitindo o lançamento de uma carga útil mais pesada. Embora usasse os mesmos propelentes que o Atlas, o Titan seria instalado em um silo subterrâneo, para ter alguma proteção contra um ataque soviético. Ele seria abastecido com propelentes no subsolo, cerca de quinze minutos antes do lançamento, depois subiria de elevador à superfície antes da ignição. O elevador era imenso, capaz de içar quase 230 toneladas. Mas nem sempre funcionava. Durante um teste feito no silo do primeiro Titan, com vista para o Pacífico em Vandenberg, uma válvula de controle no sistema hidráulico do elevador quebrou.[29] O elevador, o Titan e em torno de oitenta toneladas de oxigênio líquido e combustível despencaram no fundo do silo.[30] Ninguém se feriu na explosão, que lançou fragmentos a quase dois quilômetros do local. O silo foi destruído e nunca mais o reconstruíram.

Enquanto mísseis Atlas e Titan eram preparados para seus complexos de lançamento, a Força Aérea debatia se deviam ou não pôr de prontidão outro míssil de longo alcance de combustível líquido: o Titan II. Ele seria mais preciso e confiável, levaria uma ogiva maior, armazenaria propelentes no interior da fuselagem, seria lançado de dentro de um silo e decolaria em menos de um minuto. Eram argumentos poderosos em favor do Titan II, e no entanto os críticos do míssil fizeram uma excelente pergunta: a Força Aérea precisava mesmo de quatro tipos de míssil balístico intercontinental? Já havia o comprometimento com a construção do Minuteman, um míssil que seria pequeno, produzido em massa e barato. O combustível sólido do Minuteman queimava lentamente em um extremo, como um grande charuto, e não representava os mesmos riscos do propelente líquido.

Donald Quarles era um dos principais céticos do Pentágono, ávido por reduzir custos e evitar a duplicação desnecessária de sistemas de armas.[31] Ex-secretário da Força Aérea, agora ele era o segundo oficial mais graduado na hierarquia do Pentágono, e os rumores apontavam-no como a escolha de Eisenhower para ser o próximo secretário da Defesa. Mas Quarles, com uma longa jornada de trabalho e muito estresse, morreu subitamente de ataque cardíaco. Logo a verba para o Titan II foi aprovada, graças, em grande medida, ao tamanho de sua ogiva. O tenente-brigadeiro LeMay não era nenhum fã do Atlas, do Titan ou do Minuteman — mísseis cujo único uso estratégico era a aniquilação de cidades. Mas o Titan II, com seus nove megatons, era o tipo de arma de que ele apreciava. Era capaz de destruir bunkers escondidos no subsolo, bastante profundos, onde a liderança soviética poderia se abrigar — mesmo sem atingi-los diretamente.

Uma das principais dificuldades para os projetistas do Titan II era como levar a ogiva para perto de seu alvo.[32] Os motores de foguete do Titan II queimavam apenas durante os cinco primeiros minutos de voo.[33] Forneciam um bom impulso, forte o suficiente para pôr a ogiva acima da atmosfera terrestre. Mas na meia hora de voo restante ela era impelida pela gravidade e pelo momentum. Os mísseis balísticos eram máquinas extraordinariamente complexas, símbolos da era espacial, com milhares de partes móveis, e no entanto seus sistemas de guiagem se baseavam na física do século XVII e nas leis de movimento de Isaac Newton. Os princípios que determinavam a trajetória de uma ogiva eram os mesmos que guiavam uma pedra atirada numa vidraça. A precisão dependia da forma do projétil, da distância do alvo, da pontaria e da força do lançamento.

Versões anteriores de mísseis Atlas e Titan tinham um sistema de guiagem controlado por rádio. Depois do lançamento, estações em terra recebiam dados da trajetória de voo e transmitiam comandos ao míssil. O sistema revelou-se razoavelmente preciso, com cerca de 80% das ogivas lançadas caindo a quase 1,5 quilômetro do alvo.[34] Mas interferência radiofônica, obstrução deliberada e destruição das estações em terra tirariam o míssil de seu curso.

O Titan II foi o primeiro míssil de longo alcance americano projetado desde o início para ter um sistema de guiagem inercial. Não requeria sinais ou dados externos para encontrar o alvo. Era um sistema totalmente autônomo, imune a obstrução, fraude ou invasão. Baseava-se em antigas regras de navegação: se você sabe o ponto exato onde começou, há quanto tempo está viajando, a direção que está seguindo e a velocidade em que viaja o tempo todo, então pode calcular exatamente onde está e como chegar ao seu destino.

Esse tipo de cálculo de posição, conhecido como "navegação estimada", já vinha sendo usado de um jeito ou de outro há milênios, especialmente por capitães no mar, e a chave para seu êxito era a precisão de cada medida. Um cálculo malfeito de posição pode ter levado Cristóvão Colombo para a América do Norte em vez de para a Índia: um erro de navegação de quase de 13 mil quilômetros. Em um navio, os instrumentos essenciais para o cálculo de posição eram bússola, relógio e mapa. Em um míssil, acelerômetros mediam a velocidade em três direções. Giroscópios mantinham o sistema alinhado com o norte verdadeiro, a Estrela Polar, seu ponto de referência constante. E um pequeno computador contava o tempo decorrido desde o lançamento, calculava a trajetória e dava uma série de instruções.

O tamanho do computador de guiagem não fora importante nos sistemas controlados por rádio, pois o equipamento se situava na estação em terra. Mas se tornou importantíssimo para um computador que seria carregado pelo míssil. A demanda da Força Aérea por sistemas autônomos de guiagem inercial teve um papel fundamental na miniaturização de computadores[35] e no desenvolvimento de circuitos integrados, as bases da moderna indústria eletrônica. Em 1962 todos os circuitos integrados nos Estados Unidos[36] estavam sendo comprados pelo Departamento de Defesa, sobretudo para uso em sistemas de guiagem de mísseis. Embora o computador de bordo do Titan II não dependesse de circuitos integrados, com seus 3,6 quilos ele ainda era considerado um prodígio tecnológico, um dos mais potentes computadores de pequeno porte já construídos. Possuía aproximadamente 12,5 quilobytes de memória;[37] hoje a memória de muitos smartphones é mais de 5 milhões de vezes maior.[38]

O V-2, de curto alcance, fora o primeiro míssil a usar um sistema de guiagem inercial,[39] e os cientistas nazistas que o inventaram tinham sido recrutados pelo Arsenal do Exército em Redstone depois da Segunda Guerra Mundial.[40]

Mais tarde, eles ajudaram a dar ao míssil Jupiter um impressionante Erro Circular Provável[41] — o raio do círculo ao redor de um alvo no qual cairia metade dos mísseis apontados para ele — inferior a 1,5 quilômetro. No entanto, quanto mais longe o míssil voava, mais preciso tinha de ser seu sistema de guiagem inercial. O sistema de guiagem precisava levar em conta fatores como a rotação da Terra no sentido leste. Não só o alvo estaria se deslocando para o leste enquanto o planeta girava, mas o ponto a partir do qual o míssil era lançado estaria fazendo a mesma coisa. E em diferentes latitudes, a Terra gira a velocidades ligeiramente desiguais. Todos esses fatores tinham de ser medidos com precisão. Se houvesse um erro de apenas 0,05% no cálculo da velocidade do míssil, a ogiva poderia errar o alvo por cerca de trinta quilômetros.[42]

A precisão do lançamento de um Titan II seria determinada no início do voo.[43] A sequência de acontecimentos não dava margem a erro. Cinquenta e nove segundos depois de o comandante e o subcomandante girarem suas chaves, o Titan II emergiria do silo, lentamente de início, quase parando para pegar impulso acima da porta aberta, antes de partir com velocidade para o céu, deixando um rastro de fogo. Cerca de dois minutos e meio depois do lançamento, a uma altitude aproximada de 75 mil metros, o comutador de pressão da câmara propulsora registraria que a maior parte do oxidante no estágio 1 do tanque tinha sido usada. Desligaria o motor principal, incineraria as tarraxas da plataforma, deixando o estágio 1 do míssil despencar em direção à Terra, e causaria a ignição do motor do estágio 2. Cerca de três minutos depois, à altitude aproximada de 350 mil metros, o sistema de guiagem detectaria que o míssil atingira a velocidade correta. O computador desligaria o motor do estágio 2 e acionaria pequenos motores vernier para efetuar quaisquer ajustes de última hora na velocidade ou na direção. Os motores vernier funcionariam por cerca de quinze segundos. Em seguida, o computador removeria os injetores desses motores por meio de uma explosão e detonaria um estopim para libertar o cone do nariz do estágio 2. O cone do nariz, levando a ogiva, continuaria a subir enquanto o resto do míssil se afastaria em direção à Terra.

Cerca de catorze minutos depois, o cone do nariz atingiria sua altura máxima, o apogeu, a aproximadamente 1,3 mil quilômetros da Terra. E então começaria a cair, ganhando velocidade depressa. Continuaria em queda por cerca de dezesseis minutos. Atingiria uma velocidade em torno de 7 mil metros por segundo: de dez a vinte vezes mais rápido que uma bala de revólver.[44] E se tudo tivesse ocorrido na ordem certa, no tempo certo, com precisão, a ogiva detonaria no máximo a 1,6 quilômetro de seu alvo.

Além de criar um sistema de guiagem preciso, os projetistas de mísseis precisavam assegurar que a ogiva não se incineraria ao reentrar na atmosfera. O atrito gerado por um corpo daquele tamanho em queda, àquelas velocidades, produziria temperaturas de aproximadamente 8 mil graus na superfície,[45] superiores ao ponto de fusão de qualquer metal.[46] Nas versões iniciais do míssil Atlas, o cone do nariz — também chamado "veículo de reentrada" — continha um grande bloco de cobre que servia para dissipar o calor. O cobre absorvia o calor para que ele não chegasse à ogiva. Por outro lado, o cobre acrescentava muito peso ao míssil. O Titan II usava uma técnica diferente. Um espesso revestimento plástico foi adicionado ao cone do nariz; durante a reentrada, camadas de plástico sofriam ablação: queimavam, derretiam, vaporizavam-se e absorviam parte do calor. A nuvem de gases liberada pela ablação se tornava um amortecedor à frente do cone do nariz, uma forma de isolamento, reduzindo ainda mais sua temperatura.

O cone do nariz não só protegia a ogiva do calor, mas também continha o sistema de armar e detonar da arma. Durante a subida, um interruptor barométrico se fechava assim que era atingida uma dada altitude, permitindo que a eletricidade passasse das baterias térmicas para a ogiva.[47] Na descida, um acelerômetro acionava as baterias térmicas e armava a ogiva. Se ela tivesse sido preparada para explodir no ar, isso aconteceria à altitude de 4,2 mil metros, quando um interruptor barométrico se fechasse.[48] Se a ogiva houvesse sido preparada para explodir no solo — ou se, por alguma razão, o interruptor barométrico falhasse —, ela explodiria quando os cristais piezelétricos no cone do nariz fossem esmagados durante o impacto com o alvo. Em vez de ser vaporizada na reentrada, a ogiva era mantida fria e intacta por tempo suficiente para vaporizar tudo em um raio de quilômetros.

Três alas de mísseis estratégicos foram criadas para manter o Titan II de prontidão; cada uma estava incumbida de dezoito mísseis situados no Arkansas, Kansas e Arizona. A Força Aérea sentia-se confiante quanto ao desempenho superior do Titan II em relação aos seus predecessores. Previa-se que, de início, talvez 70% a 75% dos mísseis acertassem o alvo[49] e, à medida que as equipes adquirissem experiência, a proporção deveria chegar a 90%.[50] Em todo o país, jornais aclamaram o advento do Titan II, a superarma dos Estados Unidos, "as maiores peças de artilharia do mundo ocidental".[51] O míssil teria um duplo papel patriótico na rivalidade com a União Soviética. Ele transportaria a ogiva mais letal do SAC e também serviria, em uma forma ligeiramente modificada, de veículo de lançamento para enviar ao espaço os astronautas da Nasa a bordo da Gemini. Na Base da Força Aérea em Little Rock, a introdução do Titan II foi recebida com entusiasmo e nervosismo. As primeiras equipes de lançamento tinham de treinar com simulações do equipamento feitas de papelão,[52] e o número de complexos de lançamento operacionais no Arkansas logo excedeu o de equipes qualificadas para fazê-los funcionar. Checklists vitais ainda estavam sendo elaboradas e revistas quando os mísseis foram postos em alerta.

Ben Scallorn tornou-se oficial de manutenção na 308ª Ala de Mísseis Estratégicos, por fim supervisionando meia dúzia de complexos de lançamento do Titan II. Ele gostava desse novo cargo e não hesitava em usar um RFHCO e trabalhar longas horas ao lado dos subordinados. O Complexo de Lançamento 373-4, em Searcy, era um de seus locais de trabalho. Depois que um incêndio matou 53 trabalhadores ali, ele integrou a equipe que arrastou o míssil do silo. Foi uma experiência desalentadora. Uma grossa camada de fuligem recobria quase tudo. Mas ainda era possível ver marcas de mãos nos corrimãos das escadas, e os corpos de trabalhadores que haviam caído tinham deixado contornos nítidos no chão. Scallorn pôde distinguir a forma de braços e pernas, a posição dos corpos ao morrer, tudo cercado pelo negrume da fuligem. Daqueles homens restavam apenas as silhuetas pálidas e fantasmagóricas.

Jeff Kennedy estava furioso. Eles ali, sentados na escuridão no fim da estrada de acesso, coçando o saco enquanto o míssil estava prestes a explodir. O coronel Morris disse que tinham de esperar novas ordens, ponto. As decisões estavam sendo tomadas em outra parte, e nada, nada devia ser feito sem a aprovação do quartel-general do SAC. Morris não comunicara o mais recente plano de Kennedy ao posto de comando e ninguém pedira para ouvi-lo. Aliás, não fora pedida a ninguém do PTS, nem da equipe de lançamento presente no local, uma opinião sobre o que devia ser feito.

Kennedy achava isso uma besteira. Eles estavam ali. Dispostos a agir. Tinham todo o conhecimento e a experiência necessários. Esperavam o quê? Cada minuto de demora para fazer o trabalho tornava-o mais perigoso.

Por volta das 22h15, quase quatro horas depois do acidente, chegou a Força de Atendimento em Desastres. Mas seu comandante, o coronel William Jones, não tinha autoridade ali no complexo, pois ainda não havia acontecido nenhum desastre. Os cinco veículos de seu comboio saíram da Highway 65 e estacionaram à margem da estrada de acesso. Membros de sua equipe desembarcaram, apresentaram-se e distribuíram comida e água enlatada.

O coronel Morris pediu um favor ao capitão Donald P. Mueller, o cirurgião de voo que viera com a ambulância. Mueller nunca tinha trabalhado antes com a Força de Atendimento em Desastres. Aos 28 anos, ele era o médico de plantão no hospital da base naquela noite. Morris lhe pediu para falar com Mazzaro, o comandante da equipe de missilheiros. Ele estava preocupado com Mazzaro, que não parecia bem. Tinha um jeito nervoso, tenso. Mueller passou uns 25 minutos com Mazzaro, e este admitiu que se preocupava com sua mulher, que estava grávida. Mazzaro queria que alguém telefonasse para ela avisando que ele estava a salvo. Mueller assegurou-lhe que já haviam entrado em contato com ela e com a mulher de Fuller, grávida também. As duas sabiam que seus maridos estavam a salvo. Com essa notícia, Mazzaro se sentiu melhor e se deitou na ambulância para descansar.

O sargento Brocksmith estava com problemas para supervisionar a evacuação da área. Os coronéis Jones e Morris se sentavam de vez em quando em seus caminhões e falavam pelo rádio com o posto de comando. Quando um deles estava na Rede da Polícia de Segurança, os homens de Brocksmith não podiam se comunicar entre si. E eles não dispunham de mapas do local. Também não tinham um plano de evacuação dos moradores nem esquemas formais para pô-lo em prática. O único mapa que Brocksmith tinha no caminhão mostrava as localizações dos complexos do Titan II nas redondezas. Mas não mostrava onde estavam as casas, fazendas, escolas, nem mesmo as ruas.

A Rede para Mísseis em Risco Potencial orientou Brocksmith a postar homens em um raio aproximado de um quilômetro ao redor do 4-7. Duas Equipes de Atendimento a Alarme de Míssil estavam disponíveis para a tarefa, e duas Brigadas Móveis de Incêndio tinham sido mandadas de Little Rock. Isso dava a Brocksmith dez militares para proteger a área. O pessoal da Equipe de Atendimento a Alarme de Míssil era treinado para fazer a guarda das bases do

Titan II, e a brigada de incêndio, para defender a base aérea de sabotagem e de ataques, usando metralhadoras, lançadores de granada e fuzis M-16. Os homens da Brigada de Incêndio, que em sua maioria nunca tinham visto um complexo do Titan II, deixaram suas metralhadoras e lançadores de granada em Little Rock. Brocksmith instalou barreiras na Highway 65 e postou homens nas duas estradas vicinais de terra, a 836 e a 26, que cruzavam a rodovia ao norte e ao sul do complexo do míssil. Os homens da estrada 836 não conseguiram chegar à posição determinada, pois toparam com uma velha ponte de madeira e recearam passar por ela de caminhão.

A polícia militar não tinha jurisdição sobre a propriedade civil e não podia ordenar a ninguém que evacuasse a área. Os policiais bateram às portas no meio da noite, munidos de lanternas e fuzis M-16 e constataram que a maioria das casas estava vazia. O xerife Anglin, da polícia estadual, já tinha passado por lá. Em geral, o punhado de moradores que se recusara a deixar suas casas era de dois tipos: os teimosos e desafiadores, e os sorrateiros, como Sam Hutto. Ele voltava repetidas vezes à sua propriedade para tomar conta das vacas.

Aproximadamente duzentos homens do esquadrão da polícia de segurança tinham sido chamados de volta à Base da Força Aérea em Little Rock. O sargento Donald V. Green estava arbitrando um jogo de futebol americano quando soube da convocação.[53] Foi depressa para casa, vestiu o uniforme e se apresentou para o serviço. Tinha trinta e poucos anos, nascera e crescera em Old Town, Flórida, uma pequena comunidade rural pouco mais de sessenta quilômetros a oeste de Gainesville. Morava na base com a mulher e o filho de seis anos. Adorava ser policial militar, apesar da opinião que a maioria tinha desse trabalho. Ser cozinheiro ou policial eram os dois únicos cargos no SAC que ninguém parecia querer. Era bem comum, ele pensava, que quem fracassasse em todas as escolas técnicas da Força Aérea fosse designado para servir na polícia militar. Mas o companheirismo entre os policiais era forte e seu trabalho era interessante e importante, ainda que raramente valorizado.

Green era o oficial subalterno encarregado do treinamento na 308ª. Ensinava às Equipes de Atendimento a Alarme de Míssil tudo o que precisavam saber sobre o Titan II. As equipes escoltavam as ogivas nos trajetos fora das bases de lançamento, vigiavam as ogivas quando estavam sendo acopladas aos mísseis e atuavam sempre que um alarme disparava. Os integrantes aprendiam a lidar com manifestantes antiguerra, sabotadores e todo tipo de alarme falso. Um pássaro que passasse voando perto de uma *tipsy* podia acionar o alarme, e então dois homens da Equipe de Atendimento a Alarme de Míssil precisavam ir até o local e investigar o que fizera o alarme soar — pois os complexos não possuíam câmeras de segurança na superfície. A equipe de missilheiros não tinha como saber se as *tipsies* haviam sido acionadas por um esquilo ou por um comando soviético. Uma Equipe de Atendimento a Alarme de Míssil geralmente passava a noite em um centro de controle de lançamento em cada setor, usando esse "complexo-sede" como base para cuidar da segurança de três ou quatro complexos vizinhos.

Em geral o 4-7 era usado como o complexo-sede, e uma das equipes do sargento Green comunicara uma séria falha na segurança ali poucas semanas antes do acidente. Green ficara espantado com a descoberta: era possível entrar em um complexo do Titan II simplesmente com um cartão de crédito. Quando os homens lhe mostraram como fazer isso, Green solicitou permissão para simularem uma invasão não anunciada do 4-7 e demonstrar como se podia entrar furtivamente no centro de controle de lançamento sem ser descoberto. O SAC tinha uma longa história de simulações para testar a segurança de suas instalações. Equipes de invasão simulada instalavam explosivos ou bombas falsos, punham lanças de metal nas rodovias, infiltravam-se em um posto de comando e depois entregavam uma carta ao comandante da base dizendo "Você está morto". O tenente-brigadeiro LeMay gostava de fazer esses testes e punir os oficiais que eram reprovados.[54] Depois de Green obter a autorização para simular uma invasão do 4-7, seus homens agiram em sigilo para executá-la.

No dia do treinamento, Green e dois de seus homens, Donald G. Mowles Jr. e Larry Crowder, iniciaram a manobra secreta, provocando o disparo das *tipsies* no Complexo de Lançamento 374-8, a cerca de dezesseis quilômetros de Damasco, na cidade de Little Texas. Quando o alarme soou no local, a Equipe de Atendimento a Alarme de Míssil a postos no 4-7 recebeu um telefonema e saiu para ver qual era o problema. Green e seus homens correram para Damasco, pularam a cerca perimetral no 4-7, evitando cuidadosamente os feixes de radar que faziam disparar as *tipsies*, e entraram pelo portal de acesso. Green pegou o telefone e disse ao comandante da equipe de missilheiros que o "brigadeiro Wyatt" — um alto oficial fictício — precisava ver um esquema em um dos manuais técnicos. Quando o comandante da equipe hesitou, Green perguntou seu nome e avisou que o brigadeiro não iria gostar nada daquela atitude. O comandante disse que iria procurar o desenho imediatamente.

Aproveitando-se dessa distração, Crowder e Mowles abriram a fechadura da porta de aço com um cartão de identificação, desceram as escadas e em segundos abriram também a porta da área de retenção. Passaram correndo pela única câmera de segurança no complexo de lançamento. Mas os homens da equipe de missilheiros não estavam olhando para o monitor — provavelmente procuravam o tal desenho técnico — e a área de retenção não tinha microfone para captar os sons da invasão.

Green correu de volta para a cerca perimetral, pulou-a, entrou no caminhão, dirigiu até uma distância segura do complexo de lançamento e estacionou.

Crowder e Mowles se esconderam do lado de fora da porta antiexplosão 6 e aguardaram. Quando os homens da Equipe de Atendimento a Alarme de Míssil voltaram da verificação do alarme falso na outra base de lançamento, foram autorizados a entrar no 4-7. Passaram pelas duas primeiras portas e desceram a escada até a porta antiexplosão 6 — e foram surpreendidos por uma voz que declarou: "Vocês estão mortos".

Um dos homens de Green pegou o telefone e informou: "Equipe de segurança na porta antiexplosão 6".

A porta foi aberta, e também as portas antiexplosão 7 e 8. Crowder e Mowles entraram no centro de controle, felizes da vida.

Placas de aço foram logo soldadas nas portas externas dos complexos do Titan II para que os invasores precisassem de algo mais do que um cartão de crédito.

O trajeto até Damasco pareceu interminável enquanto o comboio do PTS pegava equipamento em dois complexos de lançamento, fazia três paradas e obedecia ao limite de velocidade.

"Estou com um mau pressentimento", comentou o cabo da Força Aérea David Livingston. "Alguém vai morrer lá esta noite."

Os outros integrantes da Equipe B não gostaram de ouvir isso de Livingston. Ele não era do tipo medroso ou tenso. Estava entre os mais tranquilos e despreocupados na base. Na verdade, Livingston era despreocupado demais. Era famoso por ser capaz de dormir praticamente em qualquer lugar, a qualquer momento, e, quando isso acontecia, era quase impossível acordá-lo. Às vezes Jeff Kennedy tinha que bater na porta de Livingston de manhã, berrar e arrastá-lo para fora da cama. Mas ninguém ligava, pois, quando estava desperto e alerta, Livingston trabalhava duro. Sabia consertar as coisas. Vivia montando e desmontando objetos mecânicos nas horas de folga: rádios de faixa civil, cortadores de grama, caixas de câmbio e o velho Fusca que comprara alguns anos antes, ao se formar no ensino médio. Ele adorava andar de moto, sabia dar cavalo de pau e desfilar sobre uma só roda.

No verão anterior, Livingston visitara sua família em Heath, Ohio, uma cidadezinha rodeada por milharais na região central do estado, onde seu pai era motorista de caminhão e sua mãe trabalhava no escritório da base da Força Aérea próxima. Livingston fora de moto, uma viagem de ida e volta de quase 2,4 mil quilômetros, para passar um fim de semana prolongado. Ele morava perto da base em uma casa móvel, tinha planos de pedir em casamento a sobrinha de seu senhorio e não conseguia decidir se mudaria com ela para a Califórnia ou se se alistaria para mais quatro anos de serviço no SAC. A pior parte de deixar a Força Aérea, pensava Livingston, seria dizer adeus a seus barulhentos e agitados companheiros do PTS. Eles se sentiam como uma família.

O cabo da Força Aérea Greg Devlin seguia ao lado de Livingston no caminhão. Primeiro pensou que Livingston estava brincando sobre o mau presságio e a premonição de morte. Mas não achou graça. E então Livingston repetiu:

"Alguém vai morrer esta noite, estou sentindo."

"Não se deve brincar com uma coisa dessas", disse Devlin. "Nem falar."

Devlin não era muito supersticioso. Simplesmente não gostava de ficar remoendo coisas ruins. O trabalho deles era arriscado e, quando precisavam fazer alguma coisa, a atitude era: tudo bem, vamos em frente. Não adiantava ficar falando muito sobre o assunto. Ele era do tipo que, durante um incêndio, instintivamente corria na direção do fogo, e não para longe. E não gostava de perder tempo se preocupando de antemão.

Devlin, como Livingston, crescera em Ohio, formara-se no ensino médio em 1977 e entrara para a Força Aérea naquele mesmo ano. Não pôde ir à sua formatura, que aconteceu no dia em que ele se apresentou para o serviço. Quando fez o treinamento básico, tinha dezessete anos. Seu pai e seus tios haviam sido fuzileiros navais, mas Devlin se sentiu atraído pela Força Aérea. Queira se tornar piloto ou mecânico de aviões. Porém a Força Aérea decidiu que ele seria técnico do sistema de transferência de propelente do Titan II. Na escola de treinamento, ele morria de saudade da namorada dos tempos de escola, Annette Buchanan. Com o consentimento da mãe dela, os dois logo se casaram, e Annette foi viver com ele no Arkansas. Tinha dezesseis anos. Os recém-casados começaram a vida em um pequeno trailer, depois deram entrada para comprar sua primeira casa, quando Devlin fez dezenove anos. A casa ficava em Jacksonville, perto da Base da Força Aérea em Little Rock. Seus amigos não gostavam de dar festas nos alojamentos, pois sempre tinham de se preocupar com os monitores e guardas. Por isso, quase todo fim de semana, faziam a festa na casa de Devlin. Consumiam álcool em quantidades consideráveis. E quando uma festa saía um pouco de controle, Devlin sabia o que fazer. Ele era gentil, educado, moderado até — além de ser campeão de boxe como seu pai, seus tios e um avô. Devlin treinava em um ginásio local. Lutava como peso-médio júnior e recentemente conseguira cinco nocautes seguidos. Quando ele pedia ao pessoal para maneirar numa festa, em geral era atendido.

No posto de comando, uma checklist estava lentamente em preparo. Cada passo tinha de ser discutido pela Rede para Mísseis em Risco Potencial, em seguida aprovado pelo major-brigadeiro Leavitt. O coronel Moser falava em nome de sua equipe, depois de ouvir as recomendações da Equipe K e de todos os demais na rede. Por volta das onze horas, pareciam ter chegado a um consenso. Moser leu o mais recente plano em voz alta:

1. Um soldado usando RFHCO levaria um detector de vapor portátil até uma das saídas de exaustão do silo, inseriria o sensor do detector na nuvem branca que emanava do exaustor e mediria a quantidade de vapor de combustível. A medida lhes daria uma noção sobre a segurança de entrar no silo. A um nível aproximado de 18 mil partes por milhão (ppm), o RFHCO começava a derreter. A 20 mil ppm, o vapor de combustível podia entrar em combustão espontânea, sem ser exposto a fagulhas ou chamas, simplesmente com o atrito causado pela movimentação de ar. Nessa concentração, bastava agitar a mão através do vapor de combustível para que ele pegasse fogo. O detector de vapor portátil — uma caixa retangular azul de aço que pesava uns cinco quilos, com um medidor no topo — não era o instrumento ideal para a tarefa. "Morria" e desligava quando o nível de vapor atingia no máximo 250 ppm. Mas era o melhor que tinham.

2. Se a proporção de vapor de combustível que saía do exaustor fosse inferior a 200 ppm, dois soldados usando RFHCO entrariam no complexo de lançamento pelo portal de acesso. Todos os membros da Rede para Mísseis em Risco Potencial concordavam que o alçapão da saída de emergência era estreito demais para alguém passar usando um RFHCO.

3. Depois de passar pelas duas portas mais externas, os soldados abririam as portas antiexplosão 6 e 7 manualmente, com uma bomba hidráulica portátil. Usar eletricidade para abrir essas portas poderia gerar uma faísca.

4. Os soldados passariam pela porta antiexplosão e verificariam os dados fornecidos pelo detector de vapor da Mine Safety Appliance para saber o nível de vapor no silo. Se estivesse abaixo de 220 ppm, eles abririam a porta antiexplosão 9, desceriam pelo longo túnel, entrariam no silo e arejariam o tanque de combustível do estágio 1.

5. Os soldados levariam um detector de vapor portátil. Se o aparelho registrasse um nível de vapor superior a 220 ppm em qualquer momento durante os quatro passos anteriores, os homens sairiam do complexo de lançamento o mais rápido possível, deixando as portas abertas.

O coronel Scallorn não estava satisfeito com parte desse plano. Preocupava-se com o calor crescente no silo, com o risco de um tanque de oxidante se romper em razão da temperatura elevada e com a tremenda explosão que ocorreria. Trabalhando ao ar livre com equipes do PTS, ele vira como o oxidante podia ser sensível a pequenas elevações de temperatura. Num dia frio e claro em uma base de lançamento no Arkansas, a malha de aço inoxidável de uma mangueira de oxidante podia se aquecer pela mera exposição ao sol, a ponto de arrancar o cabeçote da válvula da mangueira com uma explosão. Ele achava uma sandice entrar no silo desconhecendo as pressões do tanque no interior do míssil. Não valia a pena correr esse risco. Poria aqueles jovens em perigo. Ao longo dos anos ele constatara que havia no quartel-general do SAC quem visse os homens da manutenção e do PTS como descartáveis.

Scallorn sugeriu, na rede, que primeiro os dois soldados entrassem no centro de controle de lançamento, verificassem as pressões dos tanques na PTPMU e ligassem o exaustor para expulsar o vapor de combustível do silo. Depois poderiam entrar no silo.

O major-brigadeiro Leavitt não gostou da sugestão. "Scallorn, cale a boca e pare de dizer aos outros o que fazer",⁵⁵ ele esbravejou. "Estamos tentando resolver a situação."

"Sim, senhor", Scallorn replicou. "Ouviu isso, Moser?"⁵⁶

Foi um momento constrangedor. Ninguém gostou de ouvir um dos maiores especialistas em Titan II do SAC ser mandado calar a boca.

Não se passou muito tempo e Charles E. Carnahan, vice-presidente da Martin Marietta, que vinha escutando em silêncio a discussão, falou.

"Little Rock, aqui é a Martin-Denver", disse Carnahan.⁵⁷ "Estão interessados em nossa opinião sobre esse problema?"

Claro, disse Leavitt, pode falar.

"No lugar de vocês, consideraríamos seriamente a possibilidade de não entrar na área do silo por várias horas."

Perguntaram a Carnahan se ele se referia ao silo ou a todo o complexo de lançamento.

"Estou falando sobre o complexo de lançamento", ele respondeu. "É totalmente possível que o vazamento ainda esteja acontecendo. Achamos que, enquanto o vazamento prosseguir, o teor de vapor no silo e na área em geral continuará a aumentar. A possibilidade de uma explosão de monopropelente aumenta à medida que sobe o teor de vapor. Assim que o vazamento se esgotar, se não houver explosão, avaliamos que o teor de vapor na área diminuirá. Não conseguimos ver que vantagem poderia haver em uma entrada antes da hora, ou qualquer entrada a esta altura, na área do complexo."

Depois de horas discutindo sobre o que fazer, agora a Rede para Mísseis em Risco Potencial precisava deliberar sobre o conselho da empresa que havia construído o míssil: não fazer nada.

Um pequeno grupo de repórteres à beira da Highway 65 observava a passagem dos caminhões da Força Aérea. Eram umas 23h30, e Sid King estava impressionado com tanto pessoal e equipamento militar que apareceram de repente. Equipes das emissoras regionais de TV em Little Rock apontavam suas luzes e câmeras para os veículos, enquanto a polícia militar tentava manter a imprensa fora da estrada de acesso. Um mata-burro a cerca de dez metros da rodovia indicava o limite que os civis estavam proibidos de transpor. Ninguém dava atenção às perguntas que os repórteres gritavam. O sargento Joseph W.

Cotton, o oficial de relações públicas que chegara com a Força de Atendimento em Desastres, já informara à imprensa que havia um vazamento de combustível e estava sob controle. Cotton se recusou a dizer algo mais do que isso. E deu aos repórteres o número do telefone do quartel-general do SAC em Omaha, caso tivessem mais perguntas.

King e seu amigo Tom Phillips pensaram em se esgueirar para mais perto do complexo de lançamento, a fim de ver o que estava acontecendo. King conhecia Ralph e Reba Jo Parish, os donos da fazenda ao norte do complexo do míssil. Os Parish haviam sido obrigados a deixar o local, mas King tinha certeza de que não se importariam se ele entrasse na propriedade e atravessasse suas plantações na direção oeste para se aproximar do silo. King e Phillips conversaram discretamente sobre esse plano, certos de que não seriam pegos. Estava escuro por lá. Mas se perguntaram o que aconteceria se fossem descobertos e decidiram não fazer nada naquele momento.

A Equipe B do PTS descarregou seu equipamento logo depois do mata-burro, na estrada para o complexo de lançamento, recorrendo a lanternas para enxergar. As equipes das emissoras tinham iluminação melhor.

Nossa, olha só aqueles trajes espaciais, pensou Sid King vendo os homens desembrulhar os RFHCOS e os capacetes. Estava surpreso porque aquele pessoal da Força Aérea parecia ser muito jovem. Esperava ver cientistas e altos oficiais grisalhos da Força Aérea chegarem para consertar o míssil. Aqueles ali eram mais jovens do que ele. Eram garotos.

Assim que os RFHCOS foram desembalados, os cilindros de oxigênio abastecidos e tudo preparado para a tarefa, o sargento Hanson foi falar com o coronel Morris. Disse que duas pessoas seriam mandadas pelo portal de acesso para entrar no silo.

O coronel Morris não tinha sido informado sobre nenhum plano para voltar a entrar no complexo.

"Vamos com calma", disse Morris. "Não faremos nada antes de eu receber instruções."

Morris perguntou ao comando pelo rádio qual era o plano. Mandaram que aguardasse, ainda estavam resolvendo.

O coronel Moser perguntou ao quartel-general do SAC se deviam seguir o conselho da Martin Marietta.

"Vamos recapitular o que temos até aqui", respondeu Leavitt.

Cerca de meia hora depois, Leavitt telefonou ao governador Clinton em Hot Springs. A conversa foi breve e polida. Ele disse a Clinton que uma equipe estava prestes a entrar de novo no complexo e que a situação estava sob controle. Clinton agradeceu a notícia e foi dormir.

Mas Leavitt tinha mudado de ideia. Decidiu que deviam esperar e permitir que o vapor de combustível se dissipasse antes de mandar qualquer pessoa para perto do míssil. E pediu a todos da rede que examinassem o que acontecera no 4-7 a partir do momento em que o soquete fora derrubado.

Jeff Kennedy estava deitado na grama no topo de um morro baixo. Ao lado dele estava sentado Silas Spann, membro da Equipe B do PTS. Spann era um dos poucos afro-americanos que trabalhavam na manutenção de mísseis, e naquela região do Arkansas rural ele se destacava. Toda vez que entrava em alguma loja, as pessoas faziam cara de surpresa. Kennedy e Spann podiam ver lá embaixo o complexo de lançamento. Uma densa nuvem branca ainda saía dos respiradouros. Os dois se perguntavam o que aconteceria se o míssil explodisse. Será que as portas antiexplosão e a porta do silo aguentariam, conseguiriam conter totalmente o impacto? Os dois achavam que elas aguentariam. Tinham fé naquelas belezonas. Era uma linda noite quente, com uma brisa leve e uma porção de estrelas no céu.

Don Green estava na Base da Força Aérea em Little Rock, de vigia na área de armazenamento de armas. Por volta da meia-noite, chegaram os guardas do novo turno. Disseram a Green que ele podia ir para casa. Antes de partir, ele foi até o controle de segurança central para ver se alguém precisava de ajuda. Encontrou outro segurança, o sargento Jimmy Roberts, que viera pela mesma razão. Roberts trabalhava na sala em frente à de Green, e os dois eram amigos. Eles queriam ser úteis; era uma noite movimentada. Um terceiro segurança entrou no escritório e pediu um mapa. Ele devia escolher um caminhão que levaria uma carreta com uma empilhadeira ao Complexo de Lançamento 374-7, mas não sabia o caminho. A tarefa parecia urgente: precisavam da empilhadeira para levar ao complexo torres de iluminação portátil que permitissem à equipe do PTS ver o que fazia.

Green e Roberts disseram que gostariam de escoltar a carreta. Conheciam o caminho e levariam a empilhadeira até lá depressa. Em vez de irem para casa dormir, entraram numa picape e seguiram para Damasco.

O coronel Moser saiu da Rede para Mísseis em Risco Potencial e usou a Rede da Polícia de Segurança para falar diretamente com Morris. Era quase uma da manhã, e haviam chegado a uma decisão. Ele disse a Morris que três soldados deviam vestir trajes RFHCO. A checklist estava pronta, e Moser queria que Morris a copiasse, palavra por palavra.

Morris pegou papel, lápis e, sentado no banco dianteiro do caminhão de Brocksmith, anotou as instruções.

Era a mesma checklist que o posto de comando preparara duas horas antes, com a diferença de que o limite de 200 ppm para o vapor de combustível fora aumentado para 250 ppm.

Morris passou quinze minutos ouvindo atentamente e anotando com exatidão o que Moser dizia. Terminaram, Moser fez uma pausa, pediu a Morris para aguardar e desligou.

Morris esperou no caminhão. Vinte minutos depois, o coronel Moser estava novamente no rádio. Tinha havido uma pequena mudança no plano: em vez de entrar no silo, os dois soldados usando RFHCO deveriam entrar no centro de controle.

Moser frisou que os homens deviam evitar passar por vapor de combustível. Ele não queria que ninguém se prejudicasse. E transmitiu as instruções do major-brigadeiro Leavitt para que nenhum interruptor elétrico fosse ligado ou desligado sem permissão do quartel-general do SAC.

O coronel Morris saiu do caminhão, reuniu a Equipe B do PTS e leu para eles a checklist definitiva. Explicou cada passo. E avisou: não queremos nenhum herói por aqui. Faremos exatamente o que está no papel e acabou-se; depois, todos voltaremos.

"Coronel, isso é irreal", disse Jeff Kennedy, pasmo com aquele plano. Era insensato. Não tinha sentido algum mandar homens ao complexo de lançamento pelo portal de acesso, e não pelo alçapão da saída de emergência. O portal de acesso era uma rota muito mais perigosa. Pelo alçapão de saída, o trajeto até o centro de controle seria rápido e direto, e não seria preciso abrir nenhuma porta antiexplosão com uma porcaria de bomba manual. Indo pelo alçapão, eles estariam protegidos pelas portas antiexplosão, em vez de ser impedidos por elas. E o alçapão da saída de emergência ficava do lado oposto ao míssil no complexo. O portal de acesso estava muito mais próximo do míssil. Por que mandar alguém para lá? Obviamente seria preciso medir o vapor de combustível a cada passo do caminho, e a cada passo haveria perigo. Para chegarem ao centro de controle, os homens teriam de passar pelo compartimento hermético — e ele estava cheio de vapor de combustível seis horas antes, quando a Equipe A do PTS abriu uma fresta da porta, deu uma espiada e logo a fechou. Por que mandar alguém pela rota mais longa, mais perigosa e com maior probabilidade de estar contaminada? Kennedy achava que aquela checklist devia ter sido escrita por alguém que nunca pusera os pés em um complexo de Titan II. É claro que dava para um homem vestindo um RFHCO passar pelo alçapão da saída de emergência, Kennedy argumentou. Ele mesmo acabara de passar por lá, por isso sabia.

Kennedy, esse é o plano, Morris disse. Esse é o plano que mandaram e ponto. Fim de papo.

O sargento Hanson tinha escolhido os três homens que entrariam no complexo e os três que aguardariam usando os RFHCOs na estrada do caminho de acesso, como apoio. Kennedy não era um deles. Ele e Hanson não se davam bem. Hanson gostaria que Kennedy tivesse voltado para a base com o resto da Equipe A do PTS. Como chefe de equipe, Hanson estava encarregado da operação. Não achava possível passar pelo alçapão da saída de emergência usando um RFHCO. Gostava da checklist e, se ela não agradava a Kennedy, problema dele.

David Livingston, Greg Devlin e Rex Hukle, um jovem matuto do Kansas, embarcaram na carroceria de uma picape vestindo seus RFHCOs. O coronel Morris se sentou no banco da frente ao lado de Hanson e do capitão George Short, chefe de manutenção em campo da 308ª. Antes que a picape entrasse na estrada para o complexo, Jeff Kennedy pulou na carroceria.

Do lado de fora do portão, Livingston, Devlin e Hukle tiraram a sorte para ver quem seria o primeiro a entrar. Passar pela saída de exaustão sozinho com vapor de combustível jorrando iria requerer coragem. Todos estavam dispostos, mas o sorteio parecia ser o melhor modo de escolher.

A tarefa coube a David Livingston.

Antes de alguém poder entrar no complexo de lançamento, era preciso abrir um buraco na cerca de arame. O portão ainda estava trancado, ninguém tinha a chave, e pular a cerca usando um RFHCO poderia rasgar o traje. Morris, Hanson e Short levaram uns quinze minutos cortando a cerca com alicate. Terminaram às duas da manhã. Livingston pôs o capacete e o cilindro de oxigênio e se preparou para entrar. Embora o cilindro fosse projetado para fornecer ar por uma hora, o posto de comando ordenara que fosse usado por apenas meia hora. Os cilindros de oxigênio não eram considerados confiáveis, e ficar sem ar no meio de uma densa nuvem de vapor de combustível poderia ser letal.

Hanson e Morris se acomodaram no banco da frente da picape. Morris ficaria em contato com o posto de comando na Rede da Polícia de Segurança, e Hanson falaria com Livingston pela rede de rádio no complexo de lançamento. Os dois sistemas radiofônicos eram incompatíveis. Se o major-brigadeiro Leavitt quisesse dar uma ordem a Livingston, teria de falar com Moser, que teria de falar com Morris, que teria de falar com Hanson, que teria de falar com Livingston. Embora Hanson tivesse trazido um repetidor para fortalecer o sinal, a recepção no complexo era irregular.

Levando lanterna e detector de vapor, Livingston passou pelo buraco na cerca. Viu uma nuvem de vapor branco emanando das saídas do exaustor, como vapor a subir de uma chaleira fervente. Entrou no complexo, atravessou o trecho de cascalho perto do estacionamento e se aproximou de um dos respiradouros. Hanson lhe dissera para pôr o detector de vapor o mais perto possível da nuvem sem se deixar engolfar por ela caso o vento mudasse. Livingston introduziu a sonda na névoa, e a agulha do medidor pulou totalmente para a direita.

O detector de vapor portátil ultrapassou sua capacidade e emperrou, disse Livingston.

Hanson comunicou a Morris, que informou o posto de comando. A notícia foi dada a todos na rede.

O coronel Scallorn pensou que a missão tinha terminado — o detector ultrapassara sua capacidade.

O sargento Hanson disse a Livingston para pôr a mão por cima do respiradouro e tentar ter uma ideia da temperatura do vapor. Hanson tinha pensado em trazer um termômetro da base, mas acabara esquecendo.

Scallorn estava sempre à espera de que alguém da rede telefonasse para cancelar e chamar aquele rapaz de volta à picape. Não entendia por que estavam mandando alguém entrar no complexo às duas da manhã. Já tinham esperado mais de sete horas para fazer alguma coisa. Agora parecia tarde demais.

Livingston pôs a mão acima da grade metálica. Sentiu o calor através da luva.

O coronel Morris avisou o posto de comando que estava chamando Livingston de volta.

Livingston voltou do complexo, tirou o capacete e se reclinou no chão da picape.

"Está um calor infernal por lá", comentou.[58]

No posto de comando, membros da Equipe K supuseram que a missão tinha terminado. O vapor de combustível não se dissipara, contrariando o que eles tinham ouvido do pessoal da Martin Marietta — e o detector de vapor não podia revelar quão elevado o nível realmente estava. Seria no mínimo 250 ppm, o limite sobre o qual todos haviam concordado. O quartel-general do SAC ordenou a Devlin e a Hukle que entrassem no complexo de lançamento.

Os homens puseram os capacetes, os cilindros de oxigênio e as máscaras e pegaram o equipamento. Levavam muito mais coisas do que Livingston. Entre os dois, Devlin e Hukle carregaram um detector de vapor portátil, lanternas, a bomba hidráulica manual e uma caixa de ferramentas contendo chaves de fenda, chaves inglesas e alicates. E também dois pés de cabra.

A porta de aço externa e a porta na base da área de retenção estavam trancadas, e agora não podiam mais ser abertas com um cartão de crédito. Devlin e Hukle teriam de apelar para os pés de cabra para entrar no complexo de lançamento. Ninguém tinha ideia do grau de dificuldade da tarefa, pois ninguém jamais tentara.

Os dois rapazes, em seus trajes RFHCO, levando lanternas, pés de cabra e ferramentas, passaram pelo buraco da cerca.

PARTE QUATRO

FORA DE CONTROLE

Decapitação

Em 23 de janeiro de 1961, um bombardeiro B-52 decolou da Base da Força Aérea em Seymour Johnson, em Goldsboro, Carolina do Norte, para um alerta no ar.[1] O plano de voo era uma longa rota circular pela Costa Leste. No fim da primeira volta, o B-52 se encontrou com seu avião-tanque alguns minutos mais cedo e se reabasteceu. No fim da segunda volta, depois de mais de dez horas no ar, o bombardeiro foi novamente reabastecido. Era quase meia-noite. Na escuridão, o operador do cabo de abastecimento do avião-tanque notou um vazamento de combustível na asa direita do B-52. O combustível que vazava logo formou uma extensa nuvem e, em dois minutos, cerca de 150 litros de combustível de avião haviam jorrado da asa. O comandante do posto em Seymour Johnson disse ao piloto, major Walter S. Tulloch, para jogar o resto do combustível no mar e se preparar para uma aterrissagem de emergência. Mas o combustível não escoou do tanque no interior da asa esquerda, o que gerou um desequilíbrio de peso. À 0h30, com os flaps baixados e o trem de pouso estendido, o B-52 passou a girar descontroladamente.

O major Tulloch ouviu uma explosão e ordenou à tripulação que saltasse de paraquedas quando o avião começou a se desintegrar a uma altitude de 3 mil metros. Quatro dos homens pularam em segurança, entre eles Tulloch. O primeiro-tenente Adam C. Mattocks conseguiu pular pela saída de emergência enquanto o bombardeiro estava de cabeça para baixo e sobreviveu.[2] O major Eugene Shelton pulou, mas sofreu um trauma craniano fatal. O operador de radar, major Eugene H. Richards, e o sargento Francis R. Barnish morreram na queda.

O B-52 levava duas bombas de hidrogênio Mark 39, cada uma com uma ogiva de quatro megatons. Durante a queda giratória do avião, forças centrífugas puxaram um cordão de disparo na cabine de comando. O cordão estava ligado ao mecanismo de lançamento da bomba. Quando foi puxado, os pinos de travamento foram removidos de uma das bombas. A Mark 39 caiu do avião. Os fios de armar foram arrancados, e a bomba se comportou como se tivesse sido deliberadamente lançada pela tripulação sobre um alvo. O gerador de pulso ativou as baterias térmicas de baixa voltagem. O paraquedas de estabilização se abriu, em seguida se abriu o paraquedas principal. Os interruptores barométricos se desligaram. O timer chegou ao fim do tempo marcado, ativando as baterias térmicas de alta voltagem. A bomba chegou ao solo, e os cristais piezelétricos na ogiva foram pulverizados. Enviaram o sinal de disparo. Mas a arma não detonou.

Todos os mecanismos de segurança tinham falhado, menos um: o interruptor pronto/seguro na cabine. Ele se encontrava na posição SEGURO quando a bomba caiu. Se estivesse em SOLO ou AR, a unidade X teria sido carregada, os detonadores teriam sido acionados e uma arma termonuclear teria explodido em uma plantação perto de Faro, Carolina do Norte. Quando o pessoal da Força Aérea encontrou a Mark 39 mais tarde, naquela manhã, a bomba estava inofensivamente enterrada de nariz no chão, e seu paraquedas pendia dos galhos de uma árvore.

A outra Mark 39 caiu em linha reta e aterrissou em um prado ao lado da estrada Big Daddy, próximo ao pântano de Nahunta. Seu paraquedas não se abriu. Os altos-explosivos não detonaram, e o estágio primário estava quase intacto. Mas o denso estágio secundário de urânio penetrou mais de vinte metros no solo pantanoso. A equipe de recuperação nunca o encontrou, apesar de cavar por semanas.

A Força Aérea garantiu à população que as duas armas estavam desarmadas e nunca haveria o risco de uma explosão nuclear.[3] Eram declarações enganosas. A caixa de comando T-249 e o interruptor pronto/seguro, instalados em todos os bombardeiros do SAC, já haviam despertado preocupação no Sandia.[4] O interruptor requeria um sinal de baixa voltagem e de breve duração para funcionar — um tipo de sinal que podia facilmente provir de um fio solto ou de um curto-circuito quando um B-52 cheio de equipamentos eletrônicos se desintegrasse no ar.

Um ano depois do acidente na Carolina do Norte, uma equipe do SAC em terra removeu quatro bombas Mark 28 de um bombardeiro B-47 e notou que todas as quatro estavam armadas.[5] Mas o selo do interruptor pronto/seguro na cabine estava intacto, e o botão não fora posto na posição SOLO ou AR. As bombas não tinham sido armadas pela tripulação. Uma investigação de sete meses feita pelo Sandia constatou que uma minúscula porca metálica se soltara de um parafuso dentro do avião e se alojara junto a um circuito de aquecimento de radar fora de uso.[6] A porca criara um novo caminho elétrico, permitindo que a corrente chegasse a uma linha de armar — e se desviasse do interruptor pronto/seguro. Uma falha semelhante no B-52 que caiu próximo a Goldsboro teria causado uma explosão termonuclear de quatro megatons. "Seria uma encrenca fenomenal", escreveu Parker F. Jones, engenheiro de segurança do Sandia, em um memorando sobre o acidente.[7] "Um simples interruptor de baixa voltagem, da tecnologia do dínamo, foi o que protegeu os Estados Unidos de uma grande catástrofe!"[8]

Com fortes ventos soprando do norte, a detonação em terra de uma bomba de quatro megatons em Goldsboro teria depositado partículas radioativas letais nas cidades de Washington, Baltimore, Filadélfia e Nova York.[9] E o momento teria sido péssimo: o novo presidente dos Estados Unidos, John F. Kennedy, fizera seu discurso de posse apenas três dias antes, prometendo renovar e mudar, "pagar qualquer preço, suportar qualquer fardo, enfrentar qualquer dificuldade, combater qualquer inimigo para assegurar a sobrevivência e o êxito da liberdade".[10] O otimismo juvenil que arrebatava os Estados Unidos teria arrefecido com a detonação de uma bomba de hidrogênio na Carolina do Norte e a evacuação da capital nacional.

O acidente de Goldsboro, longe de ser um acontecimento isolado ou improvável, foi um arauto das ameaças nucleares que o governo Kennedy teria de confrontar. Robert S. McNamara, o novo secretário da Defesa, foi informado sobre o acidente em seu terceiro dia no cargo. Gelou.[11] McNamara sabia pouquíssimo sobre armas nucleares. No mês anterior, quando Kennedy o convidara para chefiar o Departamento de Defesa, McNamara era presidente da Ford Motor Company, um jovem homem de negócios extraordinariamente confiante, adepto da análise de sistemas e da eficiência. Na Harvard Business School, lecionara contabilidade. Exceto por três anos na Força Aérea do Exército — onde servira no Departamento de Controle Estatístico e ajudara o tenente-brigadeiro LeMay a calcular o consumo ótimo de combustível no bombardeio do Japão —, McNamara não tinha experiência militar. E não gastara muito tempo pensando em estratégia ou gestão de recursos militares. Decidido a revolucionar as coisas no Pentágono, McNamara ficou bastante abalado durante sua primeira semana no cargo.

A queda do B-52 na Carolina do Norte não foi o único acidente envolvendo armas de núcleo selado totalmente armadas. McNamara não tardou a ser posto a par de outros. Um B-47 levando uma bomba Mark 39 se incendiara durante a decolagem na Base da Força Aérea em Dyess, próximo a Abilene, Texas.[12] A cerca de sessenta metros de altitude, o piloto percebeu que o avião estava em chamas, inclinou o aparelho para evitar uma área povoada e ordenou que a tripulação saltasse de paraquedas. Três dos quatro tripulantes saíram em tempo. O avião fez um mergulho vertical, atingiu o solo e desapareceu numa bola de fogo. Os altos-explosivos da bomba de hidrogênio detonaram, mas não liberaram energia nuclear. Algumas semanas depois um B-47 que levava uma bomba Mark 39 pegou fogo na pista da Base da Força Aérea em Chennault, em Lake Charles, Louisiana.[13] A tripulação escapou, e a arma não explodiu. Fundiu-se em um lixo radioativo.

No céu de Hardinsburg, Kentucky, um B-52 levando duas bombas de hidrogênio colidiu com um avião-tanque durante uma tentativa de reabastecimento.[14] A tripulação do B-52 ouviu um som como se alguma coisa tivesse sido esmagada,[15] todas as luzes se apagaram, a cabine se descomprimiu rapidamente e o avião começou a se desintegrar. Quatro tripulantes se ejetaram em segurança. Os outros quatro morreram, assim como os quatro tripulantes do avião-tanque. Os destroços dos dois aviões se espalharam por setenta quilômetros quadrados. As bombas de hidrogênio se abriram com a queda. Os núcleos dos reatores em seus estágios primários foram descobertos, intactos, sobre montes de altos-explosivos rompidos.

Em uma base de defesa aérea no município de Jackson, Nova Jersey, um tanque de hélio se rompeu perto de um míssil BOMARC e começou um incêndio.[16] Logo sobrevieram duas explosões no galpão de concreto que abrigava o míssil. Nas proximidades, em galpões semelhantes, havia outros 55 BOMARC sob telhados de aço corrugado. O incêndio estava fora de controle quando chegaram os bombeiros. Eles puseram suas mangueiras nas entradas dos galpões em chamas e fugiram da área. Um agente de segurança da Força Aérea chamou a polícia estadual e, equivocadamente, informou que uma arma nuclear havia explodido, gerando pânico em toda a região central de Nova Jersey e impelindo as autoridades da defesa civil a entrar em alerta total na cidade de Nova York, 110 quilômetros ao norte.[17] Temeu-se que as partículas radioativas de uma ogiva de dez quilotons do BOMARC chegassem a Trenton, a capital do estado, a Princeton, a Newark — e possivelmente a Manhattan.[18] Os bombeiros voltaram à base dos mísseis cerca de uma hora e meia depois das explosões iniciais e extinguiram o fogo. A ogiva tinha caído do cone do nariz. Os altos-explosivos haviam queimado, em vez de detonar, e o núcleo do reator se derretera no chão. O galpão havia contido a maior parte da radioatividade. Mas a água das mangueiras varrera resíduos de plutônio por baixo das portas, pela rua e para dentro de uma vala de drenagem.

Os acidentes na Carolina do Norte e no Texas foram os que mais preocuparam Robert McNamara.[19] Em uma queda, a falha em um único interruptor mecânico poderia ter causado uma explosão termonuclear total; na outra, a detonação dos altos-explosivos da Mark 39 era o tipo de teste de segurança de ponto único que ninguém jamais iria querer fazer no mundo real. A Mark 39 passara no teste — dessa vez. McNamara não queria ver nada parecido de novo. As falhas na segurança das armas pareciam ser parte de um problema muito mais amplo: desordem e má administração no Pentágono, desde o processo orçamentário até o planejamento da guerra nuclear. Para McNamara, o Departamento de Defesa carregava ainda o fardo da "falência intelectual do governo anterior, tanto na política estratégica como na estrutura de força".[20] McNamara estava decidido a impor a ordem, a racionalidade administrativa e o bom senso a toda a operação do Pentágono, e o mais rápido possível.

Durante a campanha de 1960, John F. Kennedy criticara muitas vezes o presidente Eisenhower por permitir que a União Soviética superasse os Estados Unidos em poder militar. "Os comunistas terão uma perigosa vantagem em mísseis intercontinentais até 1963",[21] declarou a plataforma do Partido Democrata, e "o governo republicano não tem planos para alcançá-los". Kennedy disse que a estratégia da retaliação em massa de Eisenhower deixara os Estados Unidos de mãos atadas, incapazes de impedir que os soviéticos subvertessem e derrubassem governos amigos do Ocidente. A dependência excessiva das armas nucleares fizera as promessas americanas de defender o mundo livre parecerem vazias. "Acuamo-nos em uma posição na qual a única escolha é tudo ou nada, a devastação do mundo ou a submissão", ele alertou.[22]

O livro do general de exército Maxwell Taylor, *The Uncertain Trumpet* [A trombeta incerta], e seu clamor por uma estratégia nuclear de resposta flexível haviam impressionado Kennedy.[23] Ele concordava com a tese central de Taylor: em uma crise, o presidente devia ter uma ampla gama de opções militares. Kennedy queria a possibilidade de combater em guerras limitadas, guerras convencionais — e em uma guerra nuclear com os soviéticos que pudesse ser interrompida antes da aniquilação mútua. "Resposta controlada", "escalada controlada" e "pausas para negociação" se tornaram chavões no jargão do governo Kennedy. Se as Forças Armadas americanas tivessem meios para prevalecer de várias maneiras, com ou sem armas nucleares, os Estados Unidos poderiam resistir à influência soviética no mundo todo. "A história dos romanos deixou claro que o êxito deles dependeu de sua disposição e capacidade para combater com sucesso nas fronteiras do império", Kennedy disse mais tarde a seus assessores de segurança nacional.[24]

Apesar das duras críticas pessoais durante a campanha presidencial, Eisenhower ajudou o novo governo na reavaliação da estratégia nuclear. O memorando de seu consultor científico a respeito das deficiências do Plano Operacional Integrado Único [SIOP] foi entregue a McNamara e a Kennedy. O documento corroborava muitos dos argumentos contra o SIOP apresentados pelo general Taylor e por altos oficiais da Marinha. O chefe de operações navais, almirante Arleigh Burke, alertou que um ataque abrangente e indiscriminado à União Soviética como previsto no plano depositaria partículas radioativas letais não só sobre aliados dos Estados Unidos, como Coreia do Sul e Japão, mas também sobre a frota da Marinha americana no Pacífico.[25] Parecia urgente, portanto, uma reavaliação de toda a postura militar do país, e o presidente Kennedy pediu a McNamara que a dirigisse — levantasse as questões fundamentais sobre como eram obtidas as armas nucleares, que finalidade elas tinham e se eram mesmo necessárias.

Embora fosse um ano mais velho do que o presidente, McNamara, aos 44, era até então o mais jovem chefe do Departamento de Defesa. Ele recrutou um grupo de jovens arrogantes e iconoclastas para participarem da administração: acadêmicos de Harvard e do MIT, analistas da RAND, economistas, bolsistas do Rhodes Trust. Henry Rowen, pós-graduado em Harvard e Oxford que logo teria um papel importante no planejamento nuclear, estava com 36 anos. Harold Brown, escolhido para orientar os estudos do Pentágono sobre novos sistemas e tecnologias de armas, tinha 33. Alain Enthoven, economista que preconizava uma rigorosa análise de custo-benefício ao orçamento da Defesa, tinha trinta. Mais tarde chamados de "meninos prodígios", "intelectuais da defesa" e "os melhores e mais brilhantes",[26] os integrantes da equipe de McNamara estavam decididos a transformar a estratégia nuclear americana e os gastos com a defesa nos Estados Unidos.

Três dias depois do acidente de Goldsboro, McNamara se reuniu com membros do Grupo de Avaliação de Sistemas de Armas do Pentágono (na sigla em inglês, WSEG). Pouco tempo antes, o grupo concluíra um estudo, o Relatório n. 50 do WSEG,[27] descrevendo as forças soviéticas que os Estados Unidos mais provavelmente encontrariam em meados dos anos 1960 e comparando os méritos de diferentes táticas para combatê-las. O secretário da Defesa de Eisenhower, Thomas B. Gates, que tinha visto esse relatório alguns meses antes, achou que seria bom McNamara vê-lo também. A apresentação do Relatório n. 50 do WSEG a McNamara, programada para durar algumas horas, acabou levando o dia todo. Os autores do relatório haviam medido a eficiência econômica de vários sistemas de armas americanos; explicaram, por exemplo, que os custos operacionais anuais de manter um bombardeiro B-52 em alerta em terra eram cerca de nove vezes maiores do que os custos anuais de manutenção de um míssil Minuteman.[28] Era justamente o tipo de dado pelo qual McNamara ansiava. Mas os autores do WSEG R-50 também haviam chegado a uma conclusão que ninguém no governo Kennedy queria ouvir: o sistema de comando e controle dos Estados Unidos era tão complexo, ultrapassado e falível que uma resposta "controlada" ou "flexível" a um ataque soviético seria impossível.[29] Na verdade, talvez o presidente americano nem pudesse estar em condições de dar nenhuma resposta: provavelmente seria morto nos primeiros momentos de uma guerra nuclear.

Com um ataque de surpresa a cinco alvos — a Casa Branca, o Pentágono, Camp David, o Site R e High Point —, a União Soviética tinha boas chances de dizimar a liderança civil dos Estados Unidos. Nenhum dos bunkers nesses locais sobreviveria à explosão de uma arma com vários megatons.[30] E em dois dos postos de comando de emergência, Site R e High Point, não havia uma presença regular de altos oficiais. Se atingisse mais nove alvos, a União Soviética poderia eliminar a liderança militar americana.[31] A destruição do sistema de comando e controle americano poderia ser obtida, com 90% de probabilidade de êxito,[32] com apenas 35 mísseis soviéticos.[33] Quatro seriam lançados contra a Casa Branca[34] e cinco contra Camp David, para assegurar que o presidente fosse morto. O relatório concluía: "Em condições de um ataque de surpresa, é pouco provável que a decisão presidencial seja tomada e as ordens de execução aos miliares sejam recebidas pelos combatentes das forças nucleares estratégicas antes que o alto-comando seja desmantelado".[35]

Além disso, os bunkers de comando construídos nos anos Eisenhower não possuíam um equipamento de comunicação que permitisse a escalada controlada de uma guerra nuclear ou pausas para negociar com os soviéticos, mesmo se o presidente sobrevivesse ao ataque inicial. O sistema de rádio de alta frequência usado para a comunicação com os bombardeiros do SAC e o sistema de baixíssima frequência usado para o contato com os submarinos Polaris, da Marinha, dependiam de um punhado de terminais que podiam ser facilmente destruídos. Segundo um relatório secreto, o governo Eisenhower instalara "um sistema de comando, controle e comunicação de uso único".[36] O sistema não fora concebido para o combate em uma guerra nuclear limitada ou prolongada. O SIOP requeria tão somente a transmissão de um código "Go"; depois disso, nada precisava ser dito — porque nada poderia ser feito para mudar ou deter a execução do plano de guerra. Os postos de comando subterrâneos eram pouco mais do que esconderijos onde líderes militares e civis poderiam sobreviver a um ataque nuclear e depois sair, talvez, para reconstruir os Estados Unidos.

Os sistemas americanos de alerta prévio também eram deploravelmente inadequados. A Linha DEW de estações de radar através do Ártico, os centros de direção do SAGE, os poderosos computadores IBM — construídos com grande urgência a um custo enorme — tinham sido criados para perseguir bombardeiros soviéticos. Não eram capazes de detectar mísseis inimigos. O Sistema de Alerta Prévio de Mísseis Balísticos (BMEWS), criado para essa finalidade, acabara de entrar em funcionamento. Na melhor das hipóteses, o BMEWS poderia detectar mísseis lançados da União Soviética aproximadamente quinze minutos antes de eles atingirem os Estados Unidos. Mas, se os mísseis fossem lançados de submarinos soviéticos perto da costa, o tempo de alerta seria zero.[37] O BMEWS não era capaz de detectar mísseis que se aproximassem de tão baixa altitude. E a confiabilidade do sistema, McNamara ficou sabendo, ainda deixava muito a desejar.

Alguns meses antes, durante uma visita à sede do NORAD em Colorado Springs, no Colorado, Peter G. Peterson, vice-presidente executivo da Bell & Howell Company, pudera se sentar na cadeira do comandante.[38] Peterson estava percorrendo as instalações com o presidente da Bell & Howell, Charles H. Percy, e Thomas J. Watson Jr., presidente da IBM. O primeiro complexo de radares do BMEWS, instalado na Base Aérea de Thule, na Groenlândia, entrara no ar naquela semana, e os níveis numéricos de ameaça do novo sistema de alarme estavam sendo explicados aos executivos.

Se o número 1 piscasse em vermelho acima do mapa-múndi, objetos não identificados estariam vindo na direção dos Estados Unidos. Se piscasse o número 3, o nível de ameaça era maior; o quartel-general do SAC e os chefes do Estado-Maior Conjunto teriam de ser informados imediatamente. O nível máximo de ameaça era o 5 — um alerta gerado por computador, com 99,9% de certeza, de que os Estados Unidos estavam sendo atacados.[39] Enquanto Peterson se sentava na cadeira do comandante, o número acima do mapa começou a subir. Quando chegou ao 4, oficiais do NORAD entraram correndo na sala. Quando chegou ao 5, os outros executivos foram rapidamente levados para fora e postos em um pequeno escritório. A porta se fechou e os dois ficaram ali, certos de que uma guerra nuclear tinha começado.

O vice-comandante do NORAD, marechal do ar C. Roy Slemon, um elegante canadense de bigodinho, conseguiu encontrar o chefe do NORAD, tenente-brigadeiro Laurence S. Kuter, que estava em um avião da Força Aérea sobrevoando Dakota do Sul.

"Chefe, essa é quente", disse Slemon.[40]

O BMEWS indicava que os soviéticos tinham começado um ataque massivo de mísseis contra a América do Norte. Os chefes do Estado-Maior Conjunto estavam ao telefone, aguardando confirmação. Os Estados Unidos tinham só alguns minutos para responder.

"Onde está Khruschóv?", Slemon perguntou a seus oficiais.[41]

Khruschóv está em Nova York hoje, nas Nações Unidas, respondeu o chefe de inteligência do NORAD.

Slemon sentiu alívio imediato. Não era provável que a União Soviética começasse um ataque que mataria o secretário-geral do Partido Comunista. Passaram-se vinte minutos, e nenhum míssil soviético caiu. Os três executivos foram tirados do pequeno escritório, felizes por estar vivos. Quando a notícia do alarme falso vazou para a imprensa, a Força Aérea negou que o alerta de míssil tivesse sido levado a sério. Percy, que mais tarde seria senador republicano por Illinois, questionou essa interpretação. Recordou a sensação de pânico no NORAD.[42] Uma investigação subsequente descobriu a causa da falha de computador. A base do BMEWS em Thule confundira a Lua, que aparecia lentamente no céu da Noruega, com dezenas de mísseis de longo alcance lançados da Sibéria.

Os dois sistemas de alerta prévio dos Estados Unidos tinham falhas terríveis. Em consequência, o mais confiável indicador de um ataque soviético poderia ser a destruição desses sistemas por explosões nucleares. Sensores do Sistema de Alarme de Bomba seriam instalados nos centros de direção do SAGE e em Thule. No entanto, quando aqueles sensores de bomba disparassem, o presidente talvez já estivesse morto. Dos catorze possíveis sucessores, como especificado pelo Congresso, só o vice-presidente e o secretário da Defesa teriam alguma familiaridade com o SIOP. Se todos os catorze se encontrassem na capital do país durante um ataque de surpresa, provavelmente seriam mortos ou ficariam incapacitados.

Em meio à confusão, poderia ser impossível determinar quem era o comandante em chefe dos Estados Unidos. Todos na lista de sucessão presidencial tinham recebido um número de telefone para ligar em caso de emergência nacional. A ligação os poria em contato com a Sala de Guerra dos Chefes do Estado-Maior Conjunto, no Pentágono. Mas o serviço telefônico certamente seria interrompido por um ataque nuclear, o Pentágono poderia não mais existir — e, mesmo que existisse, a primeira pessoa a telefonar para a sala de guerra poderia ser nomeada presidente dos Estados Unidos, fosse ou não o próximo na lista. O Relatório n. 50 do WSEG resumiu o problema:

> Não existe um mecanismo nem uma organização para localizar, identificar e prover as comunicações essenciais de defesa para o membro mais graduado e não incapacitado dessa lista caso um ataque nuclear presumivelmente tenha removido

o presidente do controle [...]. Existe a possibilidade de que o homem que venha a assumir a autoridade presidencial em uma emergência calamitosa seja escolhido por um único oficial militar subalterno em campo.[43]

A ideia de um ataque de "decapitação" que liquidasse a liderança militar e civil americana não parecia totalmente improvável. Na verdade, era o cenário mais plausível para um ataque soviético aos Estados Unidos. E tinha as maiores chances de êxito. "No presente, nenhum outro critério de escolha de alvos pode oferecer retornos potenciais equivalentes para tão poucas armas", concluiu o relatório.[44]

McNamara descobriu depois que os problemas de comando e controle não se limitavam aos Estados Unidos. "Estamos preocupados com a vulnerabilidade do nosso sistema de defesa em território americano, mas isso não é nada em comparação com a situação na Europa", informou-lhe uma força-tarefa do Pentágono.[45] Todos os bunkers de comando da Otan, inclusive o centro de operações dentro da caverna Kindsbach, poderiam ser destruídos facilmente, até por um ataque com armas convencionais.[46] Embora a Otan mantivesse em alerta aviões de combate em terra, prontos para decolar em quinze minutos, não possuía um sistema de alerta prévio que pudesse detectar mísseis soviéticos. Também não tinha um sistema de alarme antibomba. Na melhor das hipóteses, depois de cinco ou dez minutos os comandantes da Otan poderiam receber um alerta de que um ataque soviético havia começado, mas esse tempo não era suficiente para pôr os aviões no ar.[47] E era muito provável que esse alerta nunca seria recebido, pois o sistema de comunicações da Otan era completamente vulnerável.[48] Sua destruição impediria a Otan de transmitir mensagens não só na Europa mas também entre a Europa e os Estados Unidos. Assim que a luta começasse, o presidente não teria como fazer contato com nenhum dos altos oficiais da Otan nem como lhes dar ordens.[49] E eles não teriam meios de se comunicar.

A força-tarefa do Pentágono constatou que a Otan não estava preparada para uma transmissão do comando em tempo de guerra:

É imperativo que cada comandante saiba quando um quartel-general superior foi arrasado ou isolado do comando; que conheça suas responsabilidades à medida que a situação se degradar; que esteja a par da situação dos comandos semelhantes em seu nível em outros lugares; e que conheça a situação de escalões inferiores, e que responsabilidades podem assumir. Parece que isso não se aplica à Europa atualmente.⁵⁰

A ausência de capacidades para enfrentar um alerta prévio, as comunicações deficientes e a inexistência de um plano de sucessão na Otan representavam um grave risco imediato. "Não só poderíamos iniciar uma guerra por causa de erros na Europa", McNamara foi informado, "mas também, possivelmente, poderíamos precipitar uma ação preventiva dos soviéticos em razão de um C&C [comando e controle] negligente na Europa."⁵¹ A situação se tornava ainda mais perigosa com a autoridade que, secretamente, Eisenhower pré-delegara às Forças Armadas. Unidades da Otan sob ataque tinham permissão para usar suas armas nucleares sem esperar a aprovação presidencial. O novo consultor de segurança nacional, McGeorge Bundy, explicou as regras ao presidente Kennedy em termos sucintos: "Um comandante subordinado que depare com uma ação militar russa considerável poderia iniciar o holocausto termonuclear por iniciativa própria se não conseguisse entrar em contato com o senhor (devido a falha de comunicação em qualquer uma das pontas da linha)".⁵²

McNamara agora acreditava que qualquer uso de armas nucleares na Europa significaria uma rápida escalada para uma guerra total. E, quanto mais ele ficava sabendo sobre as disposições para a guerra nuclear na Europa, mais se preocupava com uma catástrofe. Três semanas depois do acidente de Goldsboro, a Comissão Conjunta de Energia Atômica do Congresso enviou a Kennedy e McNamara um relatório ultrassecreto baseado em uma inspeção recente de bases da Otan.⁵³ O relatório alertava que o risco de uma detonação acidental ou não autorizada na Europa era inaceitavelmente alto, não só em tempo de guerra, mas também durante manobras de rotina da Otan. Os problemas de comando e controle da Otan eram tão graves, descobriu a comissão bipartidária, que em muitos aspectos os Estados Unidos já não tinham a custódia de suas próprias armas nucleares. Dali a meses o arsenal nuclear da Otan incluiria bombas atômicas, bombas de hidrogênio, ogivas termonucleares, projéteis de artilharia nucleares, cargas nucleares de profundidade, minas terrestres nucleares e o Davy Crockett, um fuzil sem recuo, carregado como uma bazuca por um soldado de infantaria, que disparava pequenos projéteis nucleares. Mas nenhuma dessas armas, exceto as minas terrestres — formalmente conhecidas como Munições de Demolição Atômica —, possuía algum tipo de trava para impedir que alguém as detonasse sem permissão. E as travas mecânicas de três dígitos nas minas terrestres, como as dos cadeados de vestiário, eram fáceis de abrir. Segundo um assessor, quando o secretário da Defesa McNamara soube que centenas de armas nucleares americanas armazenadas na Europa eram mal guardadas, vulneráveis a roubo e desprovidas de trava, "ele quase caiu da cadeira".[54]

Fazia quase um ano que a Comissão Conjunta de Energia Atômica andava preocupada porque as disposições de custódia da Otan eram inadequadas e violavam a lei americana.[55] A Lei de Energia Atômica de 1946 proibia a transferência de armas nucleares e de informações sigilosas sobre elas para outros países. A lei sofreu uma emenda em 1954 para que as forças da Otan pudessem ser treinadas no uso de armas táticas. Depois do lançamento do *Sputinik*, o presidente Eisenhower pediu ao Congresso que tornasse a mudar a lei de modo a permitir a criação de um arsenal atômico para a Otan. "Sempre achei que não devemos negar aos nossos aliados o que nosso inimigo em potencial já possui", disse Eisenhower.[56] Muitos no Congresso se opuseram a essa proposta do presidente, pois temiam que isso dificultasse para os Estados Unidos conservar o controle das armas nucleares localizadas na Europa. A União Soviética também se opôs com veemência à ideia. Os ódios inspirados pela Segunda Guerra Mundial perduravam, e os soviéticos se preocupavam especialmente com a perspectiva de soldados alemães serem armados com dispositivos nucleares. Para conseguir a aprovação do Congresso, o governo Eisenhower prometeu que as armas permaneceriam sempre sob a supervisão de militares americanos. Os núcleos dos reatores seriam entregues a forças da Otan. O secretário de Estado Christian A. Herter garantiu à União Soviética que "um fator essencial" do arsenal nuclear da Otan seria que "a custódia das ogivas atômicas permanece exclusivamente com os Estados Unidos".[57]

Em 1º de janeiro de 1960, sem consultar o Congresso, o tenente-brigadeiro Lauris Norstad, supremo comandante aliado na Europa, pôs todas as unidades da Otan com capacidade nuclear em alerta de quinze minutos. Cada esquadrão aéreo da Otan recebeu ordem de manter no mínimo dois aviões de combate, abastecidos e carregados com uma arma nuclear, estacionados próximo a uma pista de decolagem. E ogivas termonucleares foram acopladas aos mísseis Jupiter, de alcance intermediário, na Itália e a mísseis Thor na Grã-Bretanha. A nova estratégia de alerta contava com todo o apoio do presidente Eisenhower, em cuja opinião a Otan devia ser capaz de reagir prontamente a um ataque soviético. Eisenhower tinha fé na disciplina das forças da Otan. E era bem provável que tivesse algum entendimento particular com Norstad,[58] semelhante ao que tinha com LeMay, concedendo-lhe permissão para usar armas nucleares se Washington fosse destruída ou não pudesse ser contatada durante uma emergência de guerra. O supremo comandante da Otan prestava contas diretamente ao presidente, e não aos chefes do Estado-Maior Conjunto, e Norstad defendia sua autoridade com unhas e dentes. Não gostava do tenente-brigadeiro Thomas Power, o chefe do Comando Aéreo Estratégico, e queria preservar para a Otan a capacidade de destruir a União Soviética sem ajuda do SAC. As ogivas termonucleares nos mísseis Jupiter da Otan estavam apontadas para cidades soviéticas. Com aqueles mísseis e as centenas de outras armas nucleares sob o comando da Otan, seria possível para Norstad fazer sua própria guerra contra os soviéticos do jeito que achasse melhor.

Membros da Comissão Conjunta de Energia Atômica visitaram quinze bases da Otan em dezembro de 1960, ansiosos para ver como as armas nucleares americanas estavam instaladas. O grupo foi acompanhado por Harold Agnew, o físico de Los Alamos que tivera a ideia de instalar paraquedas nas bombas de hidrogênio e mais tarde ajudara a elaborar os critérios da segurança de ponto único. Agnew era especialista em projetar bombas — e em manejá-las apropriadamente. "Quase molhei as calças", ele conta, quando olhou a pista de decolagem em uma base da Otan na Alemanha.[59] Os aviões de combate F-84F em alerta, cada um contendo uma bomba Mark 7 totalmente montada, estavam sendo guardados por um único soldado americano. Agnew foi até lá e perguntou ao jovem soldado, que portava um antiquado fuzil de repetição, o que ele faria se alguém pulasse para dentro de um dos aviões e tentasse decolar. Atiraria no piloto ou na bomba? O soldado nunca recebera instruções sobre o que fazer. As asas dos aviões eram decoradas com a Cruz de Ferro, um símbolo que evocava poderosamente as duas guerras mundiais. Agnew percebeu que pouco havia ali que impedisse um piloto alemão de pegar um avião, voar até a União Soviética e jogar uma bomba atômica.

As disposições para a custódia nos locais que abrigavam mísseis Jupiter na Itália eram ainda mais assustadoras. Cada local continha três mísseis encimados por uma ogiva de 1,4 megaton — uma arma capaz de provocar tempestades de fogo e arrasar qualquer estrutura de tijolos em uma área de quase oitenta quilômetros quadrados. Toda a segurança era feita por soldados italianos. O oficial de autenticação de lançamento era o único americano no local. O lançamento dos mísseis requeria duas chaves; uma ficava com o americano, a outra com um oficial italiano. Costumavam usá-las penduradas no pescoço por um cordão, como uma coleira de identificação canina.

O deputado Chet Holifield, presidente da comissão conjunta, estarreceu-se ao encontrar três mísseis balísticos contendo armas termonucleares guardados por um único oficial americano armado com um revólver. "Basta [os italianos] acertarem uma paulada na cabeça dele para pegar a chave", disse Holifield após a viagem, durante uma sessão a portas fechadas da comissão.[60] Os Jupiters ficavam próximos a uma floresta, sem manta protetora e fortemente iluminados à noite. Seriam alvos facílimos para um atirador de tocaia. "Lá estavam os três Jupiters, a céu aberto, todos apontando para o céu", disse Holifield à comissão.[61] "Mais de 300 milhões de dólares foram gastos para montar esse pequeno espetáculo, e ele pode ser destruído com três balas de fuzil."

Não era permitida a entrada de estrangeiros nos iglus das armas nucleares nas bases da Otan. Mas pouco havia para impedi-los. Um único soldado americano se postava à entrada dos iglus: o guarda das armas, e não uma escolta armada. Também aqui a segurança, assim como o transporte de e para as instalações de armazenagem, estava a cargo do país onde o míssil se encontrava. Esse sistema assombrou o senador Albert A. Gore Sr., que mal podia acreditar naquele arranjo: "Não americanos com veículos não americanos estão transportando armas nucleares de um lugar para outro em países estrangeiros".[62] Uma coisa era confiar aquelas armas ao Comando Aéreo Estratégico, com seus rigorosos critérios de procedimento e sua fervorosa devoção às checklists. Mas a competência dos soldados da Otan variava substancialmente. E seu nível de profissionalismo não era o mais importante a se levar em consideração quando se tratava de guardar armas nucleares americanas. "A lealdade dos guardas, claro, é em primeiro lugar com seu país e não com os Estados Unidos", observou a comissão conjunta.[63]

Uma arma nuclear poderia ser roubada por um soldado da Otan enlouquecido ou psicótico, por um grupo de oficiais em busca de poder político ou pelo governo da nação hospedeira que pensasse em usá-la contra algum outro inimigo que não a União Soviética. Infelizmente, esses cenários eram plausíveis.

Dois países da Otan, Grécia e Turquia, desprezavam-se mutuamente e logo entrariam em guerra pela posse da ilha de Chipre. Militares de direita haviam dado dois golpes de Estado na Turquia no ano anterior, e para o último trimestre de 1961 estava agendada a instalação de mísseis Jupiter nesse país. Financiado secretamente pela União Soviética, o Partido Comunista Italiano contava com forte apoio na região que abrigava mísseis Jupiter. Membros do partido poderiam tentar sabotar ou roubar uma arma nuclear. O temor do roubo não era absurdo nem exagerado. Poucos meses depois que a comissão conjunta visitou bases da Otan, um grupo de oficiais franceses dissidentes tentou obter o controle de uma arma nuclear na Argélia como parte de um golpe de Estado.[64] Na época, a Argélia sediava testes nucleares da França e era uma colônia francesa lutando pela independência. Um teste nuclear de codinome Gerboise Verte [gerbo verde] foi rapidamente posto em execução no deserto do Saara, para que os oficiais que tentavam derrubar o presidente Charles de Gaulle não pudessem se apoderar de uma arma nuclear. "Abstenham-se de detonar sua bombinha", pedira o marechal Maurice Challe, um dos líderes do golpe, ao chefe do comando de armas especiais. "Guardem-na para nós, sempre será útil."[65]

Além de serem controladas sem rigor pelos Estados Unidos, muitas armas nucleares no arsenal da Otan eram antigas e malcuidadas. Segundo o relatório da comissão conjunta, a Otan se transformara "no monturo de ogivas e sistemas de armas obsoletos"[66] que, apesar disso, eram postos "em posição de 'alerta' com quinze minutos de prontidão, sem precauções de segurança adequadas". O deputado Holifield fez a estimativa de que aproximadamente metade dos Jupiters não decolaria se a ordem de lançamento viesse a ser dada.[67] Os mísseis eram complexos, usavam combustível líquido e eram propensos a vazamento. O presidente do Estado-Maior Conjunto admitiu que, do ponto de vista militar, a principal utilidade dos Jupiters era aumentar o número de alvos que os soviéticos precisariam atingir durante um ataque inicial.[68] "Seria melhor descartá-los no mar em vez de nos nossos países aliados",[69] disse Eisenhower mais tarde sobre os mísseis.

As bombas atômicas Mark 7 levadas nos aviões de combate da Otan tinham sido produzidas às pressas durante a Guerra da Coreia, quase uma década antes.[70] As baterias de níquel-cádmio de uma Mark 7 precisavam de recarga constante, e seu núcleo do reator tinha de ser cuidadosamente encaixado, antes da decolagem, em um mecanismo de inserção durante o voo. Não eram bombas projetadas para uso durante um alerta. Assim que o núcleo era inserido, a Mark 7 não oferecia segurança de ponto único. E precisava ser submetida a no mínimo vinte testes-diagnósticos, o que aumentava a probabilidade de erro durante a montagem e a desmontagem. A bomba estava infestada de problemas mecânicos e parecia um convite ao erro humano.

Harold Agnew se horrorizou quando viu um grupo de manejadores de armas da Otan puxar os fios de armar de uma Mark 7 enquanto a retiravam de um avião.[71] Quando os fios foram puxados, teve início a sequência de armamento — e se a unidade X fosse carregada, uma Mark 7 poderia ser detonada por seu radar, por seus interruptores barométricos, por seu timer, ou simplesmente cair a poucos metros do avião sobre uma pista. Um raio cósmico desgarrado, em tese, poderia detoná-la. A arma parecia suscitar erros. Uma versão da Mark 7 impulsionada por foguete foi desembarcada — totalmente armada e com a unidade X carregada — de um avião da Marinha americana em meados de 1960.[72] Os homens que a manejaram em terra arrancaram inadvertidamente os fios de armar. Um relatório do incidente apontou falhas em outra Mark 7:

> Durante a inspeção inicial depois do recebimento de uma bomba Mk7 Mod5 da Reserva de Guerra, observou-se que os fios de segurança e de armar estavam em lugares invertidos no conjunto do Retentor Armado/Seguro, isto é, os fios de armar estavam no lugar dos fios de segurança, e os fios de segurança estavam no lugar dos fios de armar. Faltavam quatro parafusos no conjunto.[73]

E às vezes uma Mark 7 possuía conteúdos indevidos. Encontraram uma chave de fenda dentro de uma dessas bombas; alguém esqueceu uma chave Allen dentro de outra.[74] Em ambas, essas ferramentas soltas poderiam ter causado um curto-circuito.

O risco de um acidente nuclear em uma base europeia era maior porque os manuais de treinamento e operação da Mark 7 — aliás, os de todas as armas do arsenal atômico da Otan — eram escritos em inglês,[75] uma língua que boa parte do pessoal da Otan que lidava com as armas não sabia ler nem falar. E poucos sabiam o que fazer se algo desse errado. "Em muitas áreas que visitamos", constatou a comissão conjunta, "havia pouca ou nenhuma capacidade de Remoção de Armas Explosivas para o caso de uma contaminação radioativa resultante de incêndio, descuido ou acidente ou de alguma ameaça à custódia e à segurança da arma que exigisse a remoção imediata."[76] A Europa Ocidental era mais densamente povoada do que os Estados Unidos, e uma nuvem de plutônio liberada por uma arma nuclear poderia ameaçar um número maior de pessoas. A possibilidade de um acidente, assim, estava "longe de ser remota", segundo a comissão conjunta.[77] O relatório citou um incidente ocorrido em 16 de janeiro de 1961, apenas alguns dias antes da posse de Kennedy na presidência.[78] Os tanques de combustível sob as asas de um avião de combate F-100D da Força Aérea americana foram lançados por engano quando o piloto ligou os motores. O avião estava em alerta na base aérea de Lakenheath, em Suffolk, Inglaterra. Os tanques de combustível caíram na pista e se romperam, parte do combustível pegou fogo, e a bomba Mark 28 montada sob o avião foi envolvida pelas chamas. Os bombeiros conseguiram apagar o fogo antes que os altos-explosivos da arma pudessem detonar ou se incendiar. Como o acidente ocorreu em uma base militar, fora das vistas da imprensa e da população, nem o governo americano nem o britânico quiseram reconhecer que ele aconteceu.

A Comissão Conjunta de Energia Atômica concordou por unanimidade que os mísseis Jupiter deveriam ser retirados da Itália e nunca deveriam ser instalados na Turquia. Os mísseis, de um modo ou de outro, pareciam ser uma ameaça maior à Otan do que aos soviéticos. E instalar mísseis com ogivas termonucleares na Turquia, um país politicamente instável na fronteira da União Soviética, poderia ser visto pelo Kremlin como provocação. A comissão conjunta também recomendou que a bomba Mark 7 fosse removida do arsenal da Otan ou equipada com um interruptor sensível à trajetória, de modo que o erro de uma equipe em terra tivesse menor probabilidade de causar uma detonação acidental. Além disso, as "fictícias" disposições para a custódia então vigentes[79] tinham de ser substituídas por medidas que dessem aos Estados Unidos a "verdadeira posse" e o controle de suas armas nucleares na Europa. Uma solitária sentinela americana com ordem de permanecer em pé em uma pista de decolagem por oito horas seguidas só poderia acabar "fazendo bobagem".[80] A comissão queria no mínimo dois soldados americanos de olho nos iglus, nos mísseis e nos aviões de combate em alerta. Queria veículos e soldados americanos em todas as principais bases da Otan, capazes de evacuar ou destruir armas nucleares que um inimigo ou aliado pudesse querer tomar. E, sobretudo, a comissão queria que fosse incorporado algum tipo de dispositivo mecânico às armas da Otan que impedisse a detonação por pessoas não autorizadas.

Harold Agnew se reunira recentemente com Donald R. Cotter, um supervisor do Sandia, para deliberar sobre o melhor modo de instalar controles de uso em uma arma nuclear. Cotter mencionou uma trava eletromecânica que o Sandia estava projetando para minas atômicas terrestres. Essas armas eram, em essência, bombas-relógio que soldados da Otan podiam armar e deixar no local para que destruíssem prédios, pontes, campos de aviação ou unidades de um Exército Vermelho invasor. A nova trava fora originalmente concebida como um dispositivo de segurança. Como essas armas não seriam lançadas de um avião nem de um míssil, um interruptor sensível à trajetória não ajudaria a impedir detonações acidentais. As forças *g* que em situação normal atuariam sobre uma mina terrestre antes que ela fosse armada seriam iguais às que atuariam sobre o soldado que a levasse. E a arma poderia jazer por horas ou dias antes de explodir. Mas uma trava dentro da mina, acionada por motor e ligada por um longo cabo a um decodificador manual, permitiria que soldados preparassem a arma para detonação a uma distância segura. Agnew achou que esse tipo de trava resolveria muitos dos problemas de custódia da Otan. Um interruptor codificado, instalado em cada arma nuclear, bloquearia os circuitos de armamento cruciais. Ele faria uma clara distinção entre a posse física de uma arma e a capacidade de usá-la. Seria uma forma de controle remoto. E o poder de exercer esse controle, de proibir ou permitir uma detonação nuclear, permaneceria com quem possuísse o código.

Agnew levou uma versão preliminar do sistema de travamento eletromagnético a Washington para uma sessão a portas fechadas da comissão conjunta,[81] colocando o interruptor e o decodificador no assento ao seu lado em um avião comercial que partiu de Albuquerque. O interruptor codificado que era inserido na arma pesava cerca de meio quilo;[82] o decodificador, aproximadamente dezoito.[83] Era uma caixa preta com botões, números e uma série de luzes coloridas, com energia fornecida por uma grande bateria interna. Para destravar uma arma nuclear, uma dupla responsável por sua segurança ligaria um cabo do decodificador até a arma. Em seguida, giraria os botões no decodificador para inserir um código de quatro dígitos. Era um código de "conhecimento compartilhado": cada guardião receberia apenas dois dos quatro números. Inserido o código correto, o interruptor dentro da arma levaria entre trinta segundos e dois minutos e meio para destravar, com suas pequeninas engrenagens, seus cames e seguidores girando e zumbindo.[84] Quando Agnew e Cotter foram mostrar à comissão como funcionava a nova trava, ela não funcionou. Alguma coisa deu errado. Mas nenhum dos senadores, deputados ou assessores da comissão percebeu que ela não destravaria, independentemente de quantas vezes fosse inserido o código correto. O decodificador era impressionante, com aquelas luzes coloridas piscando, e todo mundo na sala de audiência concordou que ele era imprescindível para a segurança nacional.

Mas o braço armado da nação se opôs veementemente à instalação de travas em armas nucleares. O Exército, a Marinha, a Força Aérea, os Fuzileiros Navais, os chefes do Estado-Maior Conjunto, o tenente-brigadeiro Power no SAC, o tenente-brigadeiro Norstad na Otan, todos concordaram que as travas eram má ideia. O dilema do sempre/nunca alicerçava o pensamento militar. "Não se pode esperar que um dispositivo, isoladamente, eleve *ao mesmo tempo* a segurança e a prontidão", argumentaram os chefes do Estado-Maior Conjunto.[85] E a prontidão era considerada mais importante: as armas nucleares na Europa eram "adequadamente seguras, dentro dos limites dos requisitos operacionais a elas impostos".[86]

Embora a classificação "adequadamente seguras" não fosse lá muito tranquilizadora, a possibilidade de armas nucleares americanas se mostrarem inúteis em tempo de guerra, com travas falhando, era mais preocupante para os chefes do Estado-Maior Conjunto. Mesmo se os mecanismos de travar e destravar funcionassem à perfeição, o emprego das armas dependeria de um uso eficaz dos códigos. Se apenas uns poucos indivíduos tivessem autorização para conhecer o código, a morte desses poucos ou a impossibilidade de fazer contato com eles durante uma emergência poderia impedir que as armas fossem destravadas. Por outro lado, se o código fosse comunicado a muitas pessoas, as travas ofereceriam pouca proteção contra uso não autorizado. O anseio da comissão conjunta por controles de uso mais efetivos ameaçava adicionar complexidade e incerteza ao comando e controle das armas nucleares. Um alto funcionário do Departamento de Estado resumiu a posição militar: "Está tudo bem com o programa de arsenais atômicos e não há necessidade de mudanças".[87]

O governo Kennedy foi muito mais receptivo às propostas da comissão. Os ex-analistas da RAND no Pentágono conheciam o trabalho de Fred Iklé e sua recomendação, dois anos antes, para instalarem travas nas armas nucleares. Jerome Wiesner, o assessor científico da presidência, reuniu-se com Agnew e também concluiu que era preciso tomar alguma providência com respeito ao arsenal de armas atômicas da Otan. Wiesner preocupava-se intensamente com o risco de uma detonação acidental ou não autorizada.[88] Tinha formação de engenheiro elétrico, trabalhara por um breve período em Los Alamos e assessorava Eisenhower em questões nucleares. Wiesner era a favor da instalação de travas nas armas, mas não tinha ilusão de que isso viesse a resolver totalmente o problema. Um técnico habilidoso poderia abrir uma arma nuclear roubada e destravá-la em poucas horas. Mas Wiesner achava que as travas poderiam ajudar a "ganhar tempo" depois que uma arma fosse levada,[89] deter "indivíduos psicóticos"[90] e impedir "o uso não autorizado por forças militares em posse das armas durante períodos de alta tensão ou de combate militar".[91]

Para o secretário da Defesa McNamara, as travas eram parte de um esforço maior para reaver não só o controle americano, mas também o controle civil das armas nucleares. A seu ver, era inquestionável que o presidente dos Estados Unidos devia ter a autoridade exclusiva para ordenar o uso de uma arma atômica. Os militares haviam obtido poder demais sobre o arsenal nuclear desde o tempo de Harry Truman, McNamara pensava, e a ausência de supervisão civil na Otan dava calafrios. O fuzil sem recuo Davy Crockett era especialmente problemático. Seus projéteis atômicos pesavam pouco mais de vinte quilos e seriam fáceis de roubar. Eram pequenos o suficiente para caber em uma mochila ou sacola. Depois de ler o relatório da comissão conjunta, o presidente Kennedy pôs fim à dispersão de armas nucleares entre os aliados americanos da Otan. Encomendou estudos sobre a segurança e o comando e controle das armas. No Sandia, teve início, em ritmo intensivo, a criação de travas eletromecânicas codificadas. Conhecidas inicialmente como "Prescribed Action Links" [Conectores de Ação Comandada],[92] as travas foram rebatizadas com um nome que soava menos restritivo e mais amistoso, na esperança de amansar os militares: "Permissive Action Links" [Conectores de Ação Permitida], e ganharam a simpática sigla PAL.

Passadas sete semanas da posse de Kennedy na presidência, os contornos gerais de suas políticas de defesa já estavam definidos.[93] Aumentaria o gasto com forças convencionais. Seriam construídos mais submarinos Polaris. E, em grande medida, mísseis balísticos intercontinentais substituiriam os bombardeiros. Os mísseis eram considerados mais rápidos, mais baratos e menos propensos a ser destruídos em um ataque de surpresa. Os Atlas, Titans, Jupiters e Thors que tinham sido postos em serviço às pressas tão pouco tempo antes seriam desativados assim que possível. Mísseis de combustível sólido, menos caros, iriam substituí-los. McNamara e sua equipe haviam concluído que armas nucleares de menor potência eram mais eficientes. O míssil Minuteman levava uma ogiva de um megaton, e cálculos indicavam que cinco delas causariam maior destruição do que uma única ogiva de nove megatons levada por um Titan II.[94] Mas por enquanto ainda seria conservado um número relativamente pequeno de mísseis Titan II. Seriam úteis para destruir bases navais, complexos de míssil e centros de comando subterrâneos.

O submarino Polaris parecia ser o sistema de arma ideal para os objetivos estratégicos do governo Kennedy. Os dezesseis mísseis em cada submarino seriam um poderoso elemento de dissuasão para os soviéticos, pois aumentariam consideravelmente a probabilidade de que os Estados Unidos pudessem dar algum tipo de resposta nuclear depois de um ataque de surpresa. Ocultos em segurança no fundo do mar, os submarinos também poderiam dar ao presidente mais tempo para pensar ou negociar durante uma crise. Em 1958 a Marinha solicitara uma dúzia de submarinos Polaris;[95] sob forte pressão do Congresso, mais tarde Eisenhower concordou em pôr dezenove de prontidão. Kennedy decidiu construir 41.[96] Os 656 mísseis da frota Polaris ficariam apontados unicamente para alvos "que tinham valor", isto é, os civis que habitavam as principais cidades da União Soviética.

A Força Aérea não gostou da maioria das prioridades de gastos do Pentágono, que pareciam favorecer o Exército e a Marinha. O bombardeiro B-47 — por muito tempo o esteio do Comando Aéreo Estratégico e veículo favorito do coronel Jimmy Stewart — seria retirado da ativa. Não se construiria mais nenhum bombardeiro B-52. O destino de um substituto supersônico para o B-52 de repente ficou incerto, e foram descartados os planos para um bombardeiro movido a energia nuclear. McNamara concluíra que os bombardeiros não só tinham um custo operacional excessivamente elevado, mas também estavam cada vez mais vulneráveis às defesas aéreas soviéticas. Os B-47 e B-52 tinham sido projetados para bombardeios a grandes altitudes; agora teriam de atacar em baixas altitudes para evitar os radares soviéticos. E os soviéticos estavam começando a instalar ogivas atômicas em seus mísseis antiaéreos também. Durante um ataque à União Soviética, cerca de metade dos tripulantes de bombardeiros do SAC, se não mais, previsivelmente perderia a vida.⁹⁷

O tenente-brigadeiro Curtis LeMay, segundo em comando na Força Aérea, não via utilidade em McNamara e seus meninos prodígios. Poucos deles haviam servido nas Forças Armadas, muito menos participado de combates. No entanto, agiam como se fossem peritos militares. Pareciam arrogantes e desinformados. O tenente-brigadeiro Thomas D. White, chefe do Estado-Maior da Força Aérea, tinha a mesma desconfiança e mais tarde criticou "esse pessoal de cachimbo e diploma que são os chamados 'intelectuais da defesa' trazidos para a capital deste país".⁹⁸ LeMay estava certo de que os bombardeiros de longo alcance ainda eram as melhores armas para a guerra estratégica. O Pentágono nunca permitira ao SAC testar o lançamento de um míssil balístico levando uma ogiva nuclear carregada, apesar de muitas solicitações. Seria um lançamento com trajetória de voo sobre os Estados Unidos, considerado arriscado demais. Em vez disso, foram testadas, com êxito, imitações de ogivas em mísseis disparados de Vandenberg — e os mesmos mecanismos de armar e disparar presumivelmente detonariam uma ogiva real. Mas LeMay não queria que a sobrevivência dos Estados Unidos dependesse de uma arma que não tinha sido testada como deveria. E a ideia de uma "guerra limitada" ainda lhe parecia ridícula. A frase era um oximoro. Se não lutamos para vencer, LeMay argumentou, então é melhor não lutar. Seu pupilo no SAC, o tenente-brigadeiro Power, pensava do mesmo modo e continuou a insistir em uma estratégia da contraforça voltada para alvos militares. Para essa tarefa, os mísseis Polaris — relativamente imprecisos e impossíveis de serem lançados ao mesmo tempo, como uma gigantesca salva de artilharia — eram inúteis.

Para aplacar a Força Aérea e melhorar a segurança contra um ataque de surpresa, McNamara aumentou de um terço para metade a proporção de bombardeiros do SAC em alerta em terra.⁹⁹ O número de bombardeiros em alerta no ar também foi ampliado. Logo passou a haver sempre doze B-52 no ar, carregados com armas termonucleares, como parte da Operação Chrome Dome [cúpula de cromo]. Todo dia, seis desses bombardeiros seguiam para o norte e circum-navegavam a fronteira do Canadá. Quatro atravessavam o Atlântico e contornavam o Mediterrâneo. E dois voavam até o complexo de mísseis balísticos em alerta prévio em Thule, Groenlândia, e lá permaneciam orbitando por horas, fazendo contato visual ou radiofônico com a base — só para se assegurar de que ela ainda estava lá. Thule provavelmente seria atingida por mísseis soviéticos durante a fase inicial de um ataque de surpresa. Conhecido como o "monitor de Thule", o B-52 garantia ao SAC, com maior confiabilidade do que qualquer sistema de alarme contra bomba, que os Estados Unidos ainda não estavam em guerra.

As rixas entre Exército, Marinha e Força Aérea continuavam, apesar de McNamara prometer que o Pentágono teria "uma política de defesa, e não três políticas de defesa conflitantes".[100] As rivalidades entre as armas mais uma vez complicaram os esforços para se elaborar uma estratégia nuclear racional. Os chefes do Estado-Maior Conjunto tinham recebido ordem de alterar o SIOP para que o presidente Kennedy pudesse ter várias opções durante uma guerra nuclear. Havia estudos em andamento para essa missão. Mas as ambições nucleares do Exército, da Marinha e da Força Aérea ainda pareciam incompatíveis e, às vezes, incompreensíveis.

O general de exército Maxwell Taylor argumentara em seu best-seller que o Exército precisava de mais dinheiro para combater em guerras convencionais, uma ideia que contribuiu para fazer dele o principal consultor militar do presidente Kennedy. No entanto, com o apoio de Taylor, o Exército agora procurava obter 32 mil armas nucleares para uso em batalha.[101] Até o pequeno Davy Crockett foi descrito como uma arma indispensável, apesar do risco de ser roubado. Os fuzis atômicos portáteis eram necessários com urgência, asseverava o Exército, assim como os mísseis balísticos intercontinentais.[102] McNamara ainda não conseguia entender por que seriam necessárias armas nucleares no campo de batalha e fez ao Exército uma série de perguntas sobre elas: o propósito das nossas armas táticas é impedir os soviéticos de usar as armas táticas deles? O Exército pode defender a Europa com elas sem destruir a Europa? E como nossos soldados sobreviverão à precipitação radioativa? O alcance máximo do Davy Crockett, cerca de 2,5 quilômetros, era tão reduzido que os soldados que o disparassem tinham grande probabilidade de ser mortos por ele.

Na resposta às perguntas de McNamara, o Exército admitiu que sua requisição de 32 mil armas nucleares podia "parecer indevidamente alta".[103] Mas o general Taylor asseverou que as armas táticas constituiriam um valioso primeiro passo na subida da escalada nuclear. Elas demonstrariam que os Estados

Unidos estavam decididos — e, obviamente, o país precisava tê-las "se o inimigo as tem".[104]

Os últimos informes da inteligência americana sobre a União Soviética trouxeram uma nova perspectiva ao debate sobre a estratégia nuclear americana. Semanas depois de assumir o cargo, o presidente Kennedy descobriu que a disparidade de mísseis não existia. Assim como a disparidade de bombardeiros, ela era um mito. Durante anos fora sustentada por suposições falsas, pelo fingimento soviético e pela disposição, no Departamento de Defesa, a acreditar no pior cenário — especialmente se ele justificasse mais gastos com a defesa. Uma estimativa da CIA dizia que a União Soviética poderia ter quinhentos mísseis balísticos de longo alcance até meados de 1961. A Inteligência da Força Aérea alertara que os soviéticos poderiam em breve possuir duas vezes esse número.[105] Mas fotografias aéreas da União Soviética, tiradas por aeronaves espiãs U-2 e pelo novo satélite espião *Discoverer*, indicavam agora que aquelas estimativas estavam erradas. As fotos confirmavam a existência de apenas quatro mísseis capazes de chegar aos Estados Unidos.[106]

Em vez de implantarem mísseis de longo alcance para atacar os Estados Unidos, os soviéticos tinham construído centenas de mísseis de alcance médio a intermediário para destruir as principais cidades da Europa Ocidental. Em grande medida, essa estratégia fora ditada pela necessidade. Todas as bravatas de Khruschóv — de que suas fábricas produziam 250 mísseis de longo alcance por ano, de que a União Soviética possuía mais mísseis do que jamais precisaria — eram blefes. Por anos o programa de mísseis soviético fora assolado por problemas de engenharia e projeto.[107] Os mísseis de médio alcance eram menos complexos em termos tecnológicos. Não era fácil construir uma arma capaz de voar por 10 mil quilômetros e acertar uma ogiva no alvo. E em 24 de outubro de 1960 o programa soviético sofrera secretamente um grande revés.

Como o Atlas, os primeiros mísseis de longo alcance soviéticos usavam oxigênio líquido como propelente e requeriam um longo processo de abastecimento antes do lançamento. Um novo míssil soviético, o R-16, usava propelentes hipergólicos armazenados separadamente na fuselagem, à semelhança do Titan II. O R-16 seria capaz de decolar em alguns minutos. Era o maior míssil já construído, e Khruschóv ansiava por seu voo inaugural, marcado para antes de 7 de novembro, o aniversário da Revolução Bolchevique. O marechal Mitrofan Ivanovich Nedelin, chefe das Forças de Foguetes Estratégicos da União Soviética, viajou para o Cazaquistão e supervisionou os preparativos para o lançamento de um R-16 no Cosmódromo de Baikonur.

Quando o gigantesco míssil estava pronto na plataforma de lançamento, abastecido com oxidante e combustível, aconteceu uma série de falhas de operação. Zangado com o atraso, sob tremenda pressão do Kremlin e ansioso para saber qual era o problema, Nedelin foi de carro até a plataforma de lançamento. Trinta minutos depois da hora marcada para o lançamento, uma equipe de técnicos trabalhava no míssil quando seu motor do segundo estágio começou a funcionar imprevistamente. Chamas irromperam do motor e incendiaram o tanque de combustível do primeiro estágio. O marechal Nedelin estava sentado em uma cadeira a uns quinze metros do míssil quando ele explodiu. Ele foi morto, juntamente com muitos dos principais cientistas de foguetes da União Soviética e cerca de cem outras pessoas. O projetista-chefe do R-16, Mikhail Yangel, tinha saído para fumar um cigarro em um bunker no subsolo e sobreviveu à explosão. Câmeras montadas para filmar o lançamento do míssil registraram essas imagens pavorosas — homens correndo enquanto uma imensa bola de fogo os perseguia e engolfava, homens caindo com as roupas em chamas e, por toda parte, nuvens acobreadas de fumaça letal. No dia seguinte, a TASS, agência oficial de notícias soviética, anunciou que Nedelin morrera em um acidente aéreo.[108]

Longe de ser motivo de comemoração, a inexistência da disparidade de mísseis tornou-se uma potencial fonte de embaraço para o governo Kennedy. Muitos argumentos que os democratas haviam apresentado durante a recente campanha presidencial agora pareciam infundados. Embora o tenente-brigadeiro Powell ainda insistisse em dizer que os soviéticos estavam camuflando seus mísseis de longo alcance, os Estados Unidos claramente não haviam ficado para trás na corrida armamentista nuclear. Levar o fato a público seria inconveniente, por isso o público não foi informado. Quando McNamara admitiu a repórteres, em um briefing confidencial, que a disparidade de mísseis era um mito, o presidente não gostou.

Em uma entrevista coletiva à imprensa no dia seguinte, Kennedy salientou que seria "prematuro chegar a uma conclusão sobre haver ou não uma disparidade".[109] Logo a questão foi esquecida. Preocupações políticas, e não estratégicas, determinavam quantos mísseis de superfície de longo alcance os Estados Unidos construiriam. Antes do *Sputnik*, o presidente Eisenhower pensava que bastariam uns vinte a quarenta.[110] Jerome Wiesner aconselhou o presidente

Kennedy que aproximadamente dez vezes esse número seria suficiente para o efeito de dissuasão.[111] Mas o tenente-brigadeiro Power queria que o Comando Aéreo Estratégico possuísse 10 mil mísseis Minuteman apontados para todos os alvos militares da União Soviética que pudessem ameaçar os Estados Unidos.[112] E membros do Congresso, sem saber que a disparidade de mísseis era um mito, também desejavam uma força numerosa em terra. Depois de muitas idas e vindas, McNamara decidiu construir mil mísseis Minuteman. Um assessor do Pentágono explicou mais tarde que era "um número redondo".[113]

Enquanto prosseguiam as discordâncias em torno da estratégia nuclear na Casa Branca e no Pentágono, a necessidade de melhorar o sistema de comando e controle era consenso. McNamara achava que esse era o problema de segurança nacional mais urgente para os Estados Unidos, "uma questão de prioridade transcendente".[114] Poucas semanas depois de ser posto a par do WSEG R-50 e da ameaça de um ataque de surpresa, McNamara esboçou o problema para Kennedy:

> A cadeia de comando do presidente até nossos sistemas de armas estratégicas ofensivas e defensivas é altamente vulnerável em quase todos os elos. A destruição de cerca de dez bases, a maioria das quais é vulnerável, nenhuma protegida o bastante, privaria as forças americanas de todo o comando e controle de alto nível [...]. Sem a sobrevivência de pelo menos algumas dessas bases (incluindo aquela onde o presidente, seu sucessor ou um substituto designado estiverem) com suas comunicações, não poderá haver uma resposta autorizada na eventualidade de um ataque nuclear aos Estados Unidos.[115]

A União Soviética talvez não precisasse de mil mísseis para prevalecer em uma guerra nuclear; vinte ou trinta poderiam bastar. E, singularmente, a fraqueza relativa dos soviéticos e o tamanho reduzido de seu arsenal de mísseis tinham virado motivo de preocupação. Era uma situação que poderia impelir a União Soviética a atacar primeiro. Um ataque de decapitação, desferido sem aviso, como "um raio repentino", poderia ser a única esperança de vitória para o Kremlin.

Um sistema de comando e controle centralizado e eficaz asseguraria que os Estados Unidos seriam capazes de retaliar e que a ordem para fazê-lo partiria do presidente. As exigências que esse sistema teria de atender seriam enormes se os soviéticos atacassem. O sistema precisaria "classificar o ataque como grande ou pequeno", observou mais tarde um relatório do Pentágono, "acidental ou deliberado, seletivo ou indiscriminado, contra cidades ou não, contra o alto comando ou não [...] para corroborar uma decisão sobre uma resposta retaliatória 'apropriada'".[116] O sistema teria de fazer isso em tempo real. E precisaria manter a comunicação entre o presidente, os chefes do Estado-Maior Conjunto e os comandantes militares durante todo o tempo da guerra nuclear.

Depois de encomendar vários estudos sobre comando e controle, McNamara aprovou a criação de uma nova entidade: o Sistema Mundial de Comando e Controle Militar (na sigla em inglês, WWMCCS). Ela combinaria em um único sistema integrado os radares, sensores, computadores e redes de comunicação das diversas Forças Armadas. As dificuldades eram terríveis. Fazer o sistema funcionar exigiria não só mudanças tecnológicas e administrativas, mas também novos modos de pensar sobre o comando. A tarefa se complicava ainda mais com os esforços do Exército, da Marinha e da Força Aérea para conservar o máximo possível de autoridade sobre suas respectivas instalações e resistir a qualquer sistema centralizado dirigido por civis.

Embora a batalha burocrática entre as demandas da centralização e descentralização se revelasse difícil de resolver no Pentágono, Paul Baran, pesquisador da RAND, concebeu um método engenhoso de harmonizar as duas demandas na rede de comunicação digital. As redes centralizadas e até as descentralizadas — como aquelas tradicionalmente usadas para transmissões de rádio e TV, para enviar mensagens por telégrafo ou telefone — poderiam ser interrompidas com a destruição de alguns nós cruciais. Qualquer rede hierárquica permaneceria vulnerável em seu ápice, no ponto para onde convergiam todas as linhas de comunicação. "O primeiro dever do sistema de comando e controle é sobreviver", argumentou Baran;[117] ele propôs uma rede distribuída com centenas de milhares de nós distintos, ligados por trajetos variados. As mensagens seriam divididas em "blocos" menores, enviadas pelo primeiro caminho disponível e reorganizadas em seu destino final.[118] Se alguns nós ficassem fora de serviço ou fossem destruídos, a rede se adaptaria automaticamente e enviaria os dados por um caminho que ainda estivesse intacto. O trabalho de Baran forneceria mais tarde a base conceitual para as redes de comunicação ultrassecretas do Pentágono e para sua ramificação civil, a internet.

A sobrevivência da liderança militar e civil dos Estados Unidos seria mais difícil de garantir. Uma nova estrutura administrativa foi criada como um subgrupo do Sistema Mundial de Comando e Controle Militar. O Centro Nacional de Comando Militar substituiu a Sala de Guerra dos Chefes do Estado-Maior Conjunto no Pentágono. Ele seria o quartel-general militar do país durante uma guerra nuclear. Como provavelmente o Pentágono seria destruído no início da guerra, criou-se um Centro Alternativo de Comando Militar Nacional no Site R, nas entranhas da montanha Raven Rock. Ali ficaria o equipamento de processamento de dados e comunicações necessário para gerir o SIOP. Permaneceria provido de funcionários o ano todo, 24 horas por dia, aguardando a chegada do presidente e dos chefes do Estado-Maior Conjunto durante uma emergência. Mas agora as bases fixas pareciam alvos fáceis para os mísseis soviéticos. McNamara achava que os Estados Unidos também precisavam de centros de comando móveis que fossem difíceis de encontrar e destruir. A Força Aérea queria que esses centros de comando funcionassem em aviões. O SAC já possuía uma aeronave, apelidada de "Looking Glass" [espelho], que ficava o tempo todo voando, pronta para substituir seu quartel-general em Omaha. A Marinha queria que os centros de comando funcionassem em navios. McNamara decidiu implementar as duas opções e criou o Posto de Comando Aerotransportado para Emergência Nacional e o Posto de Comando Flutuante de Emergência Nacional.

Nenhum desses postos de comando seria útil se não houvesse meios de transmitir o código "Go" após um ataque nuclear aos Estados Unidos. A Marinha começou a desenvolver um sistema aerotransportado para fazer contato com seus submarinos Polaris. Aviões "Take Charge and Move Out" [assuma o comando e avance], também conhecidos pelo acrônimo TACAMO, rapidamente decolariam e atingiriam grandes alturas, para então enviar uma ordem emergencial de guerra por um rádio de frequência muito baixa, usando uma antena de oito quilômetros de comprimento. O SAC começou a desenvolver um Sistema de Comando e Controle Pós-Ataque. O sistema teria por base postos de comando aerotransportados, um posto de comando em um trem, um posto de comando no fundo de uma mina de ouro abandonada em Cripple Creek, Colorado, e um posto de comando, conhecido como The Notch [o entalhe], escavado na montanha Bare, próximo de Amherst, Massachusetts. O bunker em Cripple Creek nunca foi construído; instalações aerotransportadas eram menos dispendiosas e tinham maior probabilidade de sobreviver do que as subterrâneas. O Sistema de Comunicações de Emergência por Mísseis era mais um excesso. Se por algum motivo os postos de comando aerotransportados do SAC falhassem em enviar um código "Go", ele poderia ser enviado por radiotransmissores instalados em alguns mísseis Minuteman. Uma mensagem de voz pré-gravada, de até noventa segundos de duração, seria transmitida a tripulações de bombardeiros e de lançamento enquanto mísseis especialmente equipados sobrevoavam bases do SAC.

O problema mais complicado era descobrir um modo de manter o presidente vivo. O Posto de Comando Aerotransportado para Emergência Nacional foi colocado em alerta 24 horas na Base da Força Aérea em Andrews, próximo a Washington, DC. Mas o avião precisaria de no mínimo dez ou quinze minutos para decolar. E de outros dez minutos para se pôr fora do alcance letal de uma explosão termonuclear. Seria necessário pelo menos meia hora de alerta prévio para o presidente chegar a Andrews, entrar no Posto de Comando Aerotransportado e escapar da explosão. Ir de helicóptero até o Posto de Comando Flutuante de Emergência Nacional — um cruzador da Marinha mantido longe da costa — demoraria ainda mais. E um ataque de míssil soviético poderia acontecer com algum ou nenhum aviso.

Depois de ponderar diversas opções, o secretário da Defesa McNamara e o secretário de Estado Dean Rusk apoiaram a construção do Centro de Comando Nacional Subterrâneo. McNamara referiu-se ao bunker como um "nó lógico da estrutura de controle com possibilidade de sobrevivência [...] um centro unificado de comando e controle estratégico sob autoridades políticas devidamente constituídas".[119] Ele se situaria sob o Pentágono, a uma profundidade de mil metros. Elevadores velozes, uma rede de trilhos para veículos leves e túneis horizontais a quase mil metros da superfície ligariam o centro de controle à Casa Branca. A instalação abrigaria de cinquenta a trezentas pessoas, dependendo de Kennedy preferir a construção de uma versão "austera" ou "de tamanho moderado".[120] Destinava-se a "suportar múltiplos ataques diretos de armas de duzentos a trezentos megatons[121] explodindo na superfície ou de armas de cem megatons penetrando em profundidades de vinte a trinta metros". Se os soviéticos atacassem nessa escala e o novo bunker cumprisse os objetivos planejados, o presidente e seus assessores possivelmente seriam as únicas pessoas ainda vivas em Washington, DC.

Em meio a todas as deliberações sobre como proteger o presidente e os chefes do Estado-Maior Conjunto, como obter informações em tempo real, como transmitir ordens de guerra, como criar os meios técnicos e administrativos para uma resposta flexível, uma questão importante ficou meio de lado: como terminar uma guerra nuclear? Thomas Schelling — professor de economia em Harvard, analista da RAND, defensor da teoria dos jogos e consultor do governo Kennedy — começou a se preocupar com esse problema no início de 1961. Quando chefiava uma comissão que estudava o risco de uma guerra por acidente, erro de cálculo ou surpresa, ele ficou pasmo ao saber que não existia uma forma direta e segura de comunicação entre a Casa Branca e o Kremlin.[122] Parecia quase inacreditável. Schelling lera a ficção *Alerta vermelho* anos antes, comprara alguns exemplares e os distribuíra a colegas. O livro dava uma boa ideia do que poderia sair errado, e mesmo assim só na ficção o presidente tinha a capacidade de telefonar para seu colega soviético em uma *hot line*. Na situação corrente, as linhas telefônicas da AT&T e as linhas telegráficas da Western Union eram as únicas ligações diretas entre os Estados Unidos e a União Soviética. Ambas podiam ser aniquiladas por uma explosão termonuclear, e o mesmo se aplicava à maioria das radiocomunicações. Os sistemas de comando e controle dos dois países não possuíam um meio oficial e confiável de interagir. O problema era tão grave e tão óbvio, pensou Schelling, que todo mundo devia estar supondo que alguém já o resolvera. Pausas para negociação seriam uma perda de tempo se não houvesse um meio para negociar. E assim que uma guerra nuclear tivesse começado, por mais sem sentido, devastadora e terrível que fosse, ela podia não terminar antes que os dois lados houvessem esgotado suas armas nucleares.

O limiar

"A humanidade tem de dar fim à guerra — ou a guerra dará fim à humanidade", disse o presidente John F. Kennedy em um encontro de líderes mundiais nas Nações Unidas em 25 de setembro de 1961.[1] Dag Hammarskjöld, o estimado secretário-geral das Nações Unidas, morrera havia pouco tempo em um acidente aéreo, e em homenagem a ele Kennedy fez um discurso pedindo a paz no mundo e ressaltando o papel central da ONU como guardiã da paz. Além disso, ele reviveu a esperança de que as armas nucleares pudessem ser proibidas por um acordo internacional:

> Hoje cada habitante deste planeta tem de levar em conta a hipótese de que um dia este planeta não será mais habitável. Cada homem, mulher e criança vive sob uma espada de Dâmocles nuclear, pendurada por um fio finíssimo, capaz de ser cortado a qualquer momento por acidente, erro de cálculo ou loucura. As armas de guerra têm de ser abolidas antes que venham a nos abolir [...]. Os acontecimentos e decisões dos próximos dez meses poderão muito bem decidir o destino do homem pelos próximos 10 mil anos. Não há como evitar esses acontecimentos. Não haverá como apelar dessas decisões. E nós, aqui nesta sala, seremos lembrados como parte da geração que transformou este planeta em uma flamejante pira funerária ou da geração que cumpriu sua promessa de "salvar as gerações seguintes do flagelo da guerra".[2]

Em vez de uma corrida armamentista, Kennedy desafiou os soviéticos a se juntar aos Estados Unidos em uma "corrida pela paz", uma série de passos que conduziriam a "um desarmamento geral e completo"[3] sob a supervisão da ONU. Propôs a proibição dos testes nucleares e o fim da produção de material físsil para uso em armas nucleares, a proibição de transferir armas nucleares para outros países e a destruição de todas as armas nucleares e de seus sistemas de lançamento. Kennedy não tinha ilusões acerca da perfectibilidade da humanidade; desejava apenas a sobrevivência da espécie: "Um plano assim não produziria um mundo livre de conflito ou cobiça — mas produziria um mundo livre dos terrores da destruição em massa. Não introduziria a era do superestado — mas introduziria uma era na qual nenhum Estado poderia aniquilar outro ou ser aniquilado por outro".[4] A abolição das armas nucleares não podia mais ser postergada. "Juntos salvaremos nosso planeta", ele disse, "ou juntos pereceremos nas chamas."[5]

Na mesma semana em que Kennedy pediu o fim da corrida armamentista nas Nações Unidas, ele se reuniu com alguns assessores militares na Casa Branca para deliberar sobre um ataque de surpresa à União Soviética. O tenente-brigadeiro Thomas Power incentivou-o a ordenar o ataque. Segundo anotações da reunião, realizada em 20 de setembro, Power alertou que agora os Estados Unidos estavam mais do que nunca sob risco de um ataque nuclear soviético. "Se uma guerra atômica é inevitável, os Estados Unidos devem atacar primeiro", ele argumentou.[6] Power não era o único militar do alto escalão a pensar assim. Kennedy acabara de receber um memorando do general de exército Maxwell Taylor resumindo como deveria ser o ataque inicial americano.[7] Taylor não o recomendou nem o descartou. "Há riscos e oportunidades nesse modo de proceder", escreveu.[8]

Os Estados Unidos e a União Soviética estavam, na época, diante de seu mais sério confronto desde a ponte aérea de Berlim em 1948. E mais uma vez Berlim era o pivô da crise.[9] Dezesseis anos depois da derrota dos nazistas, a cidade continuava dividida entre quatro potências ocupantes: britânicos, franceses e americanos no lado oeste; e soviéticos no lado leste. A divisão era econômica, além de política. Enquanto a comunista Berlim Oriental estagnava, Berlim Ocidental prosperava. Mas era uma prosperidade frágil. Situados no interior da Alemanha Oriental, ligados à Alemanha Ocidental apenas por aviões e por um trecho de 176 quilômetros de estrada, os setores livres de Berlim estavam cercados por soldados do bloco soviético. As forças da Otan na cidade eram numericamente muito inferiores. A única coisa que protegia Berlim Ocidental da invasão eram armas nucleares americanas.

Desde 1958 a União Soviética vinha ameaçando assinar um tratado com a Alemanha Oriental, entregar a parte leste da cidade à sua aliada comunista — e bloquear o acesso da Otan a Berlim Ocidental. Essa ameaça foi veementemente reiterada em uma reunião de cúpula entre o presidente Kennedy e Nikita Khruschóv em junho de 1961. A União Soviética parecia em ascensão agora que pusera o primeiro homem no espaço. E o prestígio de Kennedy despencara com a invasão da baía dos Porcos, uma tentativa malograda de derrubar o governo comunista de Cuba. Khruschóv achava o novo presidente jovem e inexperiente, talvez medroso demais para dar reforço aéreo ao exército apoiado pela CIA postado nas praias cubanas. Kennedy esperava que a reunião de cúpula melhorasse as relações entre as duas superpotências. Em vez disso, Khruschóv confrontou-o com um ultimato: se os Estados Unidos não concordassem com a criação de uma Berlim "livre" e desmilitarizada, os soviéticos assinariam um tratado com a Alemanha Oriental até o fim daquele ano e limitariam acentuadamente os direitos da Otan na cidade. Quando Kennedy deixou claro que isso seria inaceitável, o líder soviético não recuou.

"Cabe aos Estados Unidos decidir se haverá guerra ou paz", Khruschóv avisou.[10]

"Então será um inverno gelado", Kennedy replicou.[11]

Durante o governo Eisenhower, os chefes do Estado-Maior Conjunto pareciam ter poucas opções se os soviéticos tentassem fechar a estrada para Berlim.[12] Um comboio de soldados americanos muito provavelmente partiria da Alemanha Ocidental pela estrada — e, se fossem atacados, os Estados Unidos ficariam sob forte pressão para desferir um grande ataque nuclear à União Soviética. O secretário da Defesa McNamara torcia para que conseguissem conceber uma reação mais sutil. Ele queria um plano que permitisse a escalada gradual do conflito e retardasse o máximo possível o uso de armas nucleares. Mas o presidente francês, Charles de Gaulle, e o primeiro-ministro britânico, Harold Macmillan, julgavam que não seria possível defender Berlim Ocidental com armas convencionais. Receavam que qualquer insinuação de que os Estados

Unidos poderiam não usar armas nucleares imediatamente enfraquecesse a dissuasão e encorajasse os soviéticos a correr riscos.

O tenente-brigadeiro Lauris Norstad, supremo comandante aliado da Otan, concordava com os britânicos e os franceses. Para Norstad, se a luta começasse, a escalada não seria gradual. Seria "explosiva",[13] e a Otan tinha de estar pronta para uma guerra nuclear total. Depois do fiasco da baía dos Porcos, Norstad persuadira McNamara a manter os mísseis Jupiter na Turquia e na Itália. "É hora de gerar força, e não de reduzi-la", Norstad recomendou.[14]

Como Khruschóv continuava a fazer ameaças públicas contra Berlim Ocidental e a evocar o espectro da guerra, o presidente Kennedy seguiu o conselho do ex-secretário de Estado Dean Acheson: "Se uma crise for provocada, uma linha de ação ousada e perigosa pode ser a mais segura".[15] Os Estados Unidos deviam aumentar a parada, mandar mais forças convencionais para a Alemanha e mostrar disposição para lutar. Em 25 de julho, Kennedy fez um pronunciamento pela TV sobre a crise de Berlim. A União Soviética não tinha o direito de restringir a presença da Otan em Berlim Ocidental, Kennedy declarou, "e demos nossa palavra de que um ataque a essa cidade será um ataque a todos nós".[16] Ele propôs a convocação de reservistas e de unidades da Guarda Nacional, a expansão do alistamento e o acréscimo de mais de 100 mil soldados ao Exército, o adiamento da desativação dos bombardeiros B-47 do Comando Aéreo Estratégico — e um plano para construir mais abrigos antiaéreos para civis nos Estados Unidos. Irritado com o pronunciamento, Khruschóv pediu a John McCloy, um assessor da Casa Branca em visita à Rússia, para transmitir a mensagem: "Diga a Kennedy que, se ele começar uma guerra, provavelmente será o último presidente dos Estados Unidos".[17]

Kennedy e McNamara agora entendiam a urgência dos problemas de comando e controle dos Estados Unidos, mas pouco fora feito para resolvê-los. Kennedy estava no governo fazia pouco mais de seis meses, e seria preciso bem mais tempo para produzir mudanças fundamentais no sistema. Quando a crise de Berlim se agravou, os comandantes de unidades da Otan receberam ordem de não usar suas armas nucleares sem aprovação explícita do tenente-brigadeiro Norstad. Mas não tinham sido instaladas travas naquelas armas — e McNamara logo concordou em equipar soldados americanos na linha de frente com fuzis atômicos Davy Crockett. Seriam provavelmente as primeiras armas a serem disparadas contra um Exército Vermelho invasor.

Mais importante era o fato de o SIOP permanecer o mesmo. Ele se tornara o plano oficial de guerra nuclear dos Estados Unidos em meados de abril, embora Kennedy não tivesse sequer sido formalmente posto a par do seu conteúdo. Seu consultor de segurança nacional, McGeorge Bundy, achava necessário terem uma alternativa ao SIOP agora que a guerra com a União Soviética parecia uma possibilidade real. "[O] atual plano de guerra estratégico é perigosamente rígido",[18] informou Bundy ao presidente, "e, se prosseguir sem um aperfeiçoamento, poderá lhe deixar pouquíssima escolha quanto ao modo de enfrentar o momento da verdade termonuclear." Um dos assessores de Bundy, Carl Kaysen, foi incumbido de preparar rapidamente um novo plano de guerra. Durante a Segunda Guerra Mundial, Kaysen selecionara alvos a serem bombardeados na Alemanha. Depois trabalhou na RAND e lecionou economia em Harvard. Kaysen achava que a Otan devia depender cada vez mais de armas convencionais e que a Alemanha devia, por fim, tornar-se uma zona livre de armas nucleares. Apesar disso, recrutou um dos assessores de McNamara, Henry Rowen, para ajudá-lo a elaborar um plano de guerra nuclear que o presidente efetivamente pudesse implementar. Eles concordaram que a "guerra espasmódica" determinada pelo atual SIOP era "uma ideia ridícula e inviável".[19]

Em 13 de agosto, pouco depois da meia-noite, sem aviso, soldados da Alemanha Oriental começaram a instalar uma cerca de arame farpado entre Berlim Oriental e Ocidental. Por semanas, milhares de pessoas haviam fugido da Alemanha Oriental, atravessando a cidade pelo último trecho de fronteira que não havia sido militarizado. Soldados da Otan agora assistiam, impotentes, à cerca se transformar em muro.

Depois de uma hesitante reação inicial, em 18 de agosto o presidente Kennedy ordenou que um grupo de batalha composto de 1500 soldados percorresse a *autobahn* da Alemanha Ocidental até Berlim. McNamara se opôs à iniciativa, temendo que ela pudesse desencadear uma guerra nuclear. Os soviéticos não impediram o comboio. Quando ele chegou a Berlim Ocidental, os soldados americanos foram aclamados por centenas de milhares de alemães e pelo vice-presidente Lyndon B. Johnson, que se sentiu aliviado. Doze dias depois, a União Soviética surpreendeu mais uma vez o governo Kennedy encerrando unilateralmente a trégua nos testes nucleares. Em uma demonstração de força, no mês seguinte os soviéticos detonaram 26 armas nucleares.

O plano de guerra de Carl Kaysen ficou pronto na primeira semana de setembro. Destinava-se a ser usado durante a crise de Berlim. "Devemos estar preparados para iniciar a guerra geral com nosso primeiro ataque", escreveu Kaysen.[20] "Devemos buscar o menor número possível de alvos, concentrando-nos na capacidade de ataque de longo alcance dos soviéticos e evitando o máximo possível baixas e danos na sociedade civil soviética." Se o presidente Kennedy pusesse em prática o atual SIOP, os Estados Unidos teriam de matar mais da metade do povo da União Soviética — e milhões de pessoas na Europa Oriental e China[21] — só para manter a liberdade de Berlim Ocidental. Não apenas isso seria questionável do ponto de vista moral, como também não seria nada prático. A escala das operações militares requeridas pelo SIOP era tão grande que "inevitavelmente" alertaria os soviéticos de que a guerra nuclear era iminente.[22] Eles teriam tempo de retaliar. Kaysen propôs um ataque de surpresa que usaria apenas 41 bombardeiros americanos; eles se aproximariam a baixa altitude para destruir quase duas vezes esse número de bases de mísseis de longo alcance e bombardeiros na União Soviética. Tudo estaria terminado em "não mais de quinze minutos"[23] após cair a primeira bomba.

Depois do ataque, Kaysen sugeriu, "devemos ter condições de comunicar duas coisas a Khruschóv: primeiro, que pretendemos nos concentrar em alvos militares, a menos que ele seja tolo o bastante para atacar nossas cidades; segundo, que estamos dispostos a retirar da ofensiva o grosso da nossa força [...] se ele aceitar nossas condições".[24] Em vez de matar centenas de milhões, o ataque provavelmente mataria "menos de 1 milhão e provavelmente não muito mais de 500 mil".[25]

O general de exército Lyman Lemnitzer, chefe do Estado-Maior Conjunto, não se entusiasmou com o plano. Em uma reunião na semana seguinte, Lemnitzer disse ao presidente Kennedy que o comando e controle dos Estados Unidos ainda não estavam prontos para um ataque nuclear limitado. As forças retiradas de um primeiro ataque poderiam não estar disponíveis para o segundo. E nada garantia que Khruschóv entenderia, em meio ao caos da guerra nuclear, que apenas seus alvos militares haviam sido atacados. O plano de Kaysen deixava intocados os mísseis soviéticos de alcance médio e intermediário — e, se Khruschóv não recebesse a mensagem e não cedesse, a Grã-Bretanha e a maior parte da Europa seriam destruídas. Lemnitzer opôs-se a quaisquer mudanças no SIOP: "O plano foi concebido para a execução como um todo, e a exclusão do ataque a qualquer categoria ou categorias de alvo diminuiria, em graus variados, sua eficácia".²⁶ O tenente-brigadeiro Curtis LeMay concordava totalmente com Lemnitzer. Achava até que, se a guerra eclodisse, a União Soviética devia ser atacada com mais armas nucleares, e não menos, para garantir que todos os alvos estratégicos fossem eliminados. Apesar de acentuadas diferenças políticas e filosóficas, o presidente Kennedy recentemente promovera LeMay a chefe do Estado-Maior da Força Aérea, em consideração às suas habilidades operacionais. "Se alguém tiver de ir, vai querer Le May na liderança do esquadrão de bombardeiros", Kennedy explicou depois. "Mas nunca iria querer LeMay decidindo se é para ir ou não."²⁷

A lógica subjacente aos dois planos de guerra nuclear era inescapável: matar ou ser morto. O general Lemnitzer disse que, independentemente de como o SIOP fosse executado, "alguma parcela da força nuclear soviética [...] atacaria os Estados Unidos".²⁸ No último trimestre de 1961, a União Soviética possuía em torno de dezesseis mísseis de longo alcance, 150 bombardeiros de longo alcance e sessenta mísseis em submarinos capazes de atingir a América do Norte.²⁹ Seria difícil encontrar e destruir cada um deles. Kaysen estimou que o número de mortes de americanos decorrentes de seu plano, "embora em termos percentuais seja pequeno — entre 3% e 7% [da população americana total]", em números absolutos seria de 5 milhões a 13 milhões.³⁰ Apenas um punhado de armas de alta potência lançadas sobre Nova York e Chicago já poderia produzir todas essas mortes. "Na guerra termonuclear, é fácil matar pessoas", frisou Kaysen.³¹ Mas a alternativa de atacar de surpresa a União Soviética poderia ser muito pior. Se os soviéticos fossem os primeiros a atacar, poderiam matar até 100 milhões de americanos.³²

O presidente Kennedy estava às voltas com essas questões nos dias que precederam seu discurso na ONU. As recomendações dos jovens civis do Pentágono pareciam, em muitos aspectos, contradizer as dos chefes do Estado-Maior Conjunto. O presidente teria de decidir quem estava certo. Nenhuma das superpotências desejava uma guerra nuclear. Mas nenhuma queria recuar, indispor-se com seus aliados ou parecer fraca. Nos bastidores, os dois governos vinham fazendo todo tipo de contato formal e informal, incluindo uma correspondência secreta entre Kennedy e Khruschóv. No entanto, suas posições pareciam incompatíveis, especialmente com o prazo se esgotando. Para o líder soviético, Berlim Ocidental era "um dente estragado que tem de ser extraído",[33] um centro de espionagem americana, uma ameaça ao futuro da Alemanha Oriental. Para Kennedy, era um posto avançado da liberdade cercado pelo regime totalitário, e seus 2 milhões de habitantes não podiam ser abandonados. O Muro de Berlim, pelo menos, preservara o status quo. "Não é uma solução muito boa", disse Kennedy no dia em que o arame farpado subiu, "mas um muro é bem melhor do que uma guerra."[34]

Em 19 de setembro, véspera da reunião na Casa Branca para decidir se os americanos executariam ou não o ataque de surpresa, Kennedy enviou uma lista de perguntas ao tenente-brigadeiro Power:

> Os acontecimentos em Berlim podem nos deixar diante de uma situação na qual talvez desejemos tomar a iniciativa na escalada do conflito do nível local para o nível geral de guerra [...]. Segundo nosso plano atual, poderíamos conseguir a surpresa (isto é, quinze minutos ou menos de aviso) nessas condições? [...] Como você planejaria um ataque que usasse uma força mínima, apenas contra o poder de ataque de longo alcance dos soviéticos, tentando fazer uma surpresa tática? Quanto tempo demoraria para elaborar um plano assim? [...] Essa ideia de atacar primeiro as armas de longo alcance soviéticas é viável? [...] Suponho que posso deter o ataque estratégico a qualquer momento se receber a notícia de que o inimigo capitulou. Isso é correto?[35]

O presidente também queria saber se os mísseis apontados para a Europa podiam ser destruídos por um primeiro ataque americano. Durante a reunião do dia 20, o tenente-brigadeiro Power declarou recear que Khruschóv estivesse escondendo muitos dos seus mísseis de longo alcance.[36] Sem informações mais completas da inteligência, um ataque limitado à União Soviética seria arriscado demais. A escolha era tudo ou nada, e Power propunha um ataque com todo o SIOP.[37]

"As potências ocidentais decidiram, com tranquilidade, defender, por quaisquer meios a que sejam forçadas, suas obrigações para com os cidadãos livres de Berlim e seu acesso a eles", declarou Kennedy às Nações Unidas alguns dias depois.[38] Na semana seguinte, o secretário da Defesa McNamara informou à imprensa que os Estados Unidos não hesitariam em usar armas nucleares "sempre que for necessário proteger nossos interesses vitais".[39] E acrescentou, com segurança, que o arsenal nuclear americano era muito maior do que o soviético. Agora o governo julgava útil esvaziar o mito da disparidade de mísseis. Detalhes sobre a capacidade do SAC para destruir a União Soviética foram comunicados a autoridades da Otan — para que os espiões soviéticos infiltrados na Otan levassem essas informações até o Kremlin. As percepções sobre a força militar americana eram importantes diante do aumento das tensões na Europa. Aviões de combate soviéticos faziam voos rasantes sobre aviões comerciais rumo a Berlim Ocidental e lançavam *chaff* * para prejudicar o sistema de navegação. Guardas na fronteira em Berlim Oriental atiravam em civis que tentassem transpor o muro. Policiais em Berlim Ocidental respondiam lançando nuvens de gás lacrimogêneo para ajudar as pessoas a escapar — e trocavam tiros com a polícia da Alemanha Oriental.

Embora as negociações com os soviéticos prosseguissem sigilosamente, em 10 de outubro o presidente Kennedy, o secretário de Estado, o secretário da Defesa, o chefe do Estado-Maior Conjunto e alguns outros assessores se reuniram na Casa Branca para concluir os planos da defesa militar de Berlim Ocidental. Todos concordaram com as três primeiras fases, um conjunto de respostas com armas convencionais em escalada gradual. Mas houve discordância quanto à Fase IV, o momento em que deviam ser introduzidas as armas nucleares. McNamara disse que primeiro deviam ser usadas armas táticas, para proteger os soldados da Otan e mostrar aos soviéticos que os Estados Unidos não temiam entrar em uma guerra nuclear. Paul H. Nitze — assessor de McNamara que propunha não só conter, mas derrubar regimes comunistas no mundo todo — achava que o uso de armas táticas seria um erro. Segundo anotações da reunião, Nitze aconselhou que a Fase IV começasse com os Estados Unidos desferindo um primeiro ataque maciço contra a União Soviética, pois "com um ataque desses poderíamos ser realmente vitoriosos".[40] Nenhum dos lados podia ter certeza de que venceria uma guerra nuclear, argumentou McNamara — e as consequências seriam devastadoras para ambos. A reunião terminou sem que a questão fosse resolvida.

Quando o presidente Kennedy, mais tarde, deu ao tenente-brigadeiro Norstad as instruções para a defesa de Berlim Ocidental, a Fase IV se compunha de três partes:

---

* O *chaff* é uma contramedida eletrônica; consiste em milhares de pequenos filamentos que se comportam como antenas tipo dipolo para despistar o sistema de radar. (N. T.)

A. Ataques nucleares seletivos com o objetivo principal de demonstrar disposição para usar armas nucleares.
B. Emprego tático limitado de armas nucleares [...].
C. Guerra nuclear geral.[41]

Embora Norstad devesse tentar A e B antes de passar a C, o comportamento dos soviéticos poderia levar os Estados Unidos a começar por C.

Norstad já recebera essas ordens em 27 de outubro, quando tanques soviéticos e americanos se confrontaram em Checkpoint Charlie, o último posto de controle de fronteira em Berlim. Um diplomata americano fora detido por guardas na fronteira da Alemanha Oriental na semana anterior, e surgira uma disputa acerca do processo de obter acesso à Berlim Oriental. Tanques americanos foram mandados a Checkpoint Charlie em uma demonstração de força.[42] Tanques soviéticos apareceram no local por volta das cinco da tarde do dia 27. Os britânicos logo mobilizaram dois canhões antitanque em apoio aos americanos, enquanto todos os soldados franceses em Berlim Ocidental permaneceram em segurança nos seus alojamentos. Pela primeira vez desde que a Guerra Fria começara, tanques do Exército dos Estados Unidos e do Exército Vermelho apontavam seus canhões uns para os outros, separados por cerca de cem metros. O tenente-brigadeiro Norstad ordenara a seus comandantes de tanques que derrubassem o muro de Berlim se os guardas alemães orientais bloqueassem o direito de passagem de cidadãos americanos. Em meio ao impasse armado na fronteira, o secretário de Estado Rusk mandou revogar as ordens. Um erro de cálculo por qualquer dos lados, uma provocação desnecessária, qualquer coisa poderia levar à guerra.

O ministro das Relações Exteriores soviético reuniu-se com o embaixador americano em Moscou para discutir a situação. Tarde da noite, o secretário de Justiça Robert F. Kennedy, irmão mais novo do presidente, fez uma reunião secreta com Georgi Bolshakov, um alto oficial da inteligência soviética, em Washington, DC. As negociações foram bem-sucedidas. Dezesseis horas depois de chegarem à fronteira, os tanques soviéticos deram meia-volta e partiram. Os tanques americanos se retiraram meia hora depois.

Khruschóv já havia recuado de seu ultimato para que os soldados da Otan deixassem Berlim Ocidental até o fim do ano, e retirar seus tanques primeiro parecia outro sinal de fraqueza. Dois dias depois, Khruschóv fez uma demonstração abrupta e desafiadora. Sobre uma ilha no mar Ártico, a União Soviética detonou a Bomba Tsar, "a rainha das bombas" — a mais potente arma nuclear já fabricada. Tinha um poder explosivo de cinquenta megatons. A nuvem em forma de cogumelo elevou-se por mais de 60 mil metros no céu,[43] e a bola de fogo foi vista a quase mil quilômetros do ponto zero. As ondas de choque circundaram a Terra três vezes, com força suficiente para ser detectadas na Nova Zelândia.[44]

A crise de Berlim amainou um pouco. Mas Khruschóv não abriu mão de suas principais exigências. Kennedy não confiava nos soviéticos, e a cidade ainda ameaçava se tornar um foco para a deflagração da terceira guerra mundial. McGeorge Bundy recordou depois: "Não se passava uma semana sem que surgissem incômodas questões sobre o que aconteceria se…".[45] Em 6 de novembro eclodiu uma batalha de gás lacrimogêneo entre policiais das Alemanhas Oriental e Ocidental. Em 20 de novembro, 50 mil pessoas fizeram um protesto contra o muro, e a manifestação terminou em caos, com cerca de mil pessoas lutando contra a polícia. E em 24 de novembro, pouco antes de amanhecer, o quartel-general do SAC em Omaha perdeu contato com o radar do Sistema de Alerta Prévio de Mísseis Balísticos em Thule, na Groenlândia.[46] Um controlador do SAC pegou o telefone e ligou para o quartel-general do NORAD, em Colorado Springs, para descobrir o que estava acontecendo. A linha estava muda.

Parecia pequena a probabilidade de uma pane nas comunicações a leste e a oeste de Omaha. Toda força do SAC em alerta recebeu ordem de se preparar para decolar. Em bases aéreas do mundo todo, sirenes soaram e pilotos embarcaram em centenas de aviões. Poucos minutos depois, a ordem foi cancelada. O B-52 que voava ao redor de Thule fizera contato com a base. Ele não tinha sido destruído pelos soviéticos. Uma investigação descobriu depois que uma falha em um único interruptor da AT&T em Black Forest, Colorado, desligara todos os circuitos de alerta prévio de mísseis balísticos, as comunicações de voz entre os postos de comando do SAC e do NORAD e a *hot line* que ligava o comandante do SAC ao quartel-general do NORAD. A AT&T não se dera o trabalho de fornecer circuitos sobressalentes para alguns dos centros de comunicação mais importantes do país, apesar de ter garantido que o faria. Quando vazou a notícia do "incidente de Black Forest", a Rádio Moscou alardeou que o alarme falso era prova de que "qualquer maníaco em pânico em uma base militar americana pode facilmente lançar a humanidade no abismo de uma guerra nuclear".[47]

* * *

A crise de Berlim levou o secretário de Defesa McNamara a afirmar ainda mais veementemente que a dependência da Otan em relação às armas nucleares táticas aumentava a ameaça de um holocausto nuclear. Na primeira semana de maio de 1962, em uma reunião de ministros da Otan em Atenas, Grécia, McNamara exortou os aliados europeus dos Estados Unidos a alocar mais dinheiro em sua própria defesa. Apesar de terem população maior do que a União Soviética e economias mais ricas, os membros europeus da Otan se recusavam a gastar com forças convencionais que pudessem deter o Exército Vermelho. Em seu discurso ultrassecreto, McNamara alertou que a Otan nunca deveria ser forçada a escolher entre sofrer uma derrota militar ou começar uma guerra nuclear. "Armas nucleares muito dispersas em mãos de soldados seriam difíceis de gerenciar por controle central", ele disse.[48] "Acidentes e atos não autorizados podem muito bem acontecer em ambos os lados."

Além do aumento de gastos em armas convencionais, McNamara propôs uma nova estratégia nuclear. Conhecida depois como estratégia "cidades não", ela era semelhante ao plano de Kaysen, influenciada pela RAND — e, como o trabalho inicial de Henry Kissinger, alimentava a expectativa de que uma guerra nuclear pudesse ser levada a cabo humanamente. Seu objetivo era poupar vidas de civis. "Nossa melhor esperança é empreender uma campanha sob um controle centralizado contra todo o potencial nuclear vital do inimigo", disse McNamara.[49] Atacar apenas alvos militares daria aos soviéticos um forte incentivo para fazer o mesmo. O controle centralizado de armas nucleares era essencial para essa estratégia — e o controle seria exercido, em última análise, pelo presidente dos Estados Unidos. Em parte, os comentários de McNamara se destinavam aos franceses,[50] que planejavam manter suas armas nucleares livres do controle da Otan. Se a França agisse sozinha durante um conflito com a União Soviética, poderia ameaçar a sobrevivência de todos os demais. As ações independentes de um país poderiam "levar à destruição dos nossos reféns[51] — as cidades soviéticas — justamente em um momento no qual nossa estratégia de coagir os soviéticos a parar seus ataques estivesse prestes a ser bem-sucedida", explicou McNamara. Sem o comando e controle centralizados das armas nucleares, a Otan poderia sofrer "a catástrofe que mais urgentemente desejamos evitar".[52]

No mês seguinte, McNamara repetiu muitos desses temas durante um discurso de formatura na Universidade de Michigan em sua cidade natal, Ann Arbor. O discurso foi mal recebido. O plano de McNamara para salvar vidas de civis, sem as informações secretas que alicerçavam o argumento, dava a impressão de que os Estados Unidos estavam se gabando de ser capazes de vencer uma guerra nuclear. Grã-Bretanha e França repudiaram publicamente a estratégia. Achavam que a ameaça da aniquilação total era mais dissuasiva do que uma forma de guerra mais limitada e mais cara, combatida com armas convencionais. E os aliados dos americanos na Otan suspeitavam de que a estratégia "cidades não" pouparia principalmente as cidades dos Estados Unidos. Nikita Khruschóv também não gostou do discurso. "Não atacar cidades — que agressivo!",[53] disse Khruschóv ao Presidium* do Soviete Supremo da União Soviética. Ele insinuou que os comentários de McNamara tinham um propósito sinistro: "acostumar a população à ideia de que uma guerra nuclear acontecerá".[54]

Embora publicamente os Estados Unidos e a União Soviética defendessem a paz, a diplomacia e o acerto de suas diferenças por meio da negociação, em segredo ambos os países se comportavam de maneira menos nobre. Em meados de 1962, o governo Kennedy estava tentando derrubar o governo de Cuba e assassinar seu líder, Fidel Castro. Robert Kennedy encabeçou a Operação Mangusto, um programa secreto da CIA, recrutando a ajuda de exilados cubanos e da Cosa Nostra. Robert McNamara supervisionou o planejamento de uma invasão total da ilha se a Operação Mangusto fosse bem-sucedida. Enquanto isso, Khruschóv aprovou um plano da KGB para desestabilizar e derrubar os governos de El Salvador, Guatemala e Nicarágua. E o mais importante: decidiu transformar Cuba em um posto militar avançado da União Soviética, dotado de armas nucleares.

Se o plano de Khruschóv funcionasse,[55] em fins de 1962 os soviéticos teriam 24 mísseis balísticos de médio alcance, dezesseis mísseis balísticos de alcance intermediário,[56] 42 bombardeiros,[57] uma unidade de combate, dois batalhões de tanques, mísseis antiaéreos e cerca de 50 mil soldados em Cuba. Os mísseis de médio alcance poderiam atingir alvos ao norte até Washington, DC; os de alcance intermediário destruiriam bases do SAC no Oeste e no Meio-Oeste. As instalações cubanas triplicariam o número de mísseis terrestres soviéticos

---

* Junta governamental. (N. E.)

capazes de atingir os Estados Unidos.[58] Durante todo o verão, navios mercantes soviéticos transportaram secretamente as armas para Cuba, ocultas sob o convés, junto com soldados em trajes civis. Assim que as bases de mísseis em Cuba estivessem em condições de operar, Khruschóv pretendia anunciar sua existência durante um discurso nas Nações Unidas. E então se ofereceria para removê-las se a Otan concordasse em deixar Berlim Ocidental. Ou as manteria em Cuba, a apenas 160 quilômetros da Flórida, e construiria uma base naval na ilha para submarinos com mísseis balísticos.

"Não temos bases em Cuba e não pretendemos estabelecer nenhuma", Khruschóv garantira a Kennedy em um comunicado pessoal.[59] Essa promessa foi depois reiterada pelo embaixador soviético, Anatoly Dobrynin, em uma reunião com Robert Kennedy. Em 11 de setembro, a TASS publicou uma negativa inequívoca: "Nossas armas nucleares são tão poderosas em sua força explosiva, e a União Soviética possui foguetes tão potentes para transportar essas ogivas nucleares que não há necessidade de procurar lugar para elas além das fronteiras da União Soviética".[60] Um mês depois, fotografias tiradas por um avião espião U-2 americano revelaram bases de mísseis soviéticos sendo construídas na zona rural próximo a San Cristobal, a cerca de oitenta quilômetros de Havana. Kennedy avisara os soviéticos de que os Estados Unidos não tolerariam a instalação de mísseis balísticos em Cuba. Agora ele tinha de decidir o que fazer a respeito deles.

Nos treze dias seguintes, o governo Kennedy debateu sobre como responder, receando que um passo errado pudesse desencadear uma guerra nuclear. Muitas das discussões cruciais foram secretamente gravadas; o presidente e seu irmão eram os únicos nas reuniões que sabiam da existência do gravador ligado. De início, o presidente Kennedy achava que os mísseis soviéticos tinham de ser destruídos antes de se tornarem operacionais. A maioria de seus assessores tinha a mesma opinião. Discordavam principalmente na questão da magnitude do ataque aéreo: limitá-lo aos mísseis ou expandi-lo para incluir bases aéreas cubanas e instalações de apoio? No decorrer dos dias, dúvidas começaram a surgir. Um ataque de surpresa teria melhor chance de êxito; no entanto, poderia desagradar aliados americanos na Europa, especialmente se Khruschóv o usasse como pretexto para tomar Berlim. Um ataque em pequena escala poderia não destruir todos os mísseis e armas nucleares na ilha; mas atingir todos poderia exigir uma invasão completa. E um bloqueio da ilha impediria os soviéticos de trazer mais armas para Cuba, mas poderia ter pouco efeito sobre as armas que já estavam lá.

Os chefes do Estado-Maior Conjunto concordaram por unanimidade que os mísseis soviéticos tinham de ser atacados de imediato, sem aviso. Como os Jupiters na Itália e na Turquia, os mísseis em Cuba não estavam protegidos por silos de concreto. De um ponto de vista estritamente militar, eles só eram úteis para um primeiro ataque soviético. E seu propósito estratégico parecia ser um ataque de decapitação contra a liderança militar e civil dos Estados Unidos.[61] O Sistema de Alerta Prévio de Mísseis Balísticos estava orientado para o norte e o leste, não para o sul. Mísseis lançados de Cuba talvez não fossem detectados antes que suas ogivas termonucleares atingissem alvos americanos três ou quatro minutos depois. Os chefes do Estado-Maior Conjunto recomendaram um ataque aéreo em grande escala contra os mísseis, aviões e armas soviéticos em Cuba. Um ataque limitado não só seria perigoso, argumentaram, mas poderia ser pior do que não fazer nada. Os mísseis que escapassem do ataque provavelmente seriam escondidos ou lançados — e a única oportunidade de destruí-los teria se perdido.

As implicações estratégicas dos mísseis significavam menos para o presidente Kennedy do que a ameaça intangível que eles representavam. "Não faz diferença ser explodido por um míssil balístico intercontinental lançado da União Soviética ou por um que veio de 150 quilômetros de distância",[62] ele comentou no dia seguinte ao da descoberta dos mísseis. Deixar de destruí-los ou forçar sua remoção faria os Estados Unidos parecerem fracos. Poderia encorajar os soviéticos a avançar sobre Berlim. Mas atacar os mísseis trazia toda uma nova série de riscos. Em uma reunião com os chefes do Estado-Maior Conjunto em 19 de novembro, no quarto dia da crise, depois que o presidente, seu irmão e seus consultores de segurança nacional haviam discutido minuciosamente que tipo de medida tomar, ficaram evidentes as gritantes diferenças entre a liderança americana civil e a militar.

"Se atacarmos Cuba, os mísseis, ou Cuba seja do modo que for, isso dará [aos soviéticos] um caminho livre para tomarem Berlim", disse o presidente Kennedy.[63]

O tenente-brigadeiro LeMay discordou.

"O problema de Berlim está bem na nossa cara, de qualquer forma", argumentou LeMay. "Se não fizermos nada para Cuba, eles irão em frente em Berlim, e irão *com tudo*, porque nos fizeram meter o rabo entre as pernas."[64]

LeMay achava que o Comando Aéreo Estratégico era tão avassaladoramente poderoso, e a superioridade nuclear dos Estados Unidos, tão grande, que os soviéticos não ousariam atacar Berlim ou os Estados Unidos. Qualquer coisa menos incisiva que um ataque aéreo a Cuba, ele disse a Kennedy, seria "quase tão ruim quanto o apaziguamento em Munique"[65] que levara à Segunda Guerra Mundial. Esse comentário foi especialmente mordaz: o pai de Kennedy por muito tempo fora criticado por apoiar o apaziguamento de Hitler. Logo se travou um extraordinário diálogo entre o comandante em chefe dos Estados Unidos e seus mais eminentes generais:

LEMAY: Acho que um bloqueio e conversas políticas seriam vistos por muitos dos nossos amigos e pelos neutros como uma resposta bem fraquinha a essa situação. E tenho certeza de que muitos dos nossos cidadãos teriam a mesma opinião. Em outras palavras, você está em apuros agora.
PRESIDENTE KENNEDY: O que disse?
LEMAY: Você está em apuros.
PRESIDENTE KENNEDY: Você está comigo. [Riso leve, meio forçado.] Pessoalmente.[66]

Terminada a reunião, Kennedy deixou a Sala do Gabinete sem saber o que fazer. O gravador continuava ligado. O almirante de esquadra David Shoup, comandante do Corpo de Fuzileiros Navais, disse a Le May: "Concordo com você. Cem por cento".[67]

Na noite de 22 de outubro, as redes de TV americanas interromperam a programação para transmitir uma mensagem especial do presidente. Com ar grave e severo, sentado à mesa do Salão Oval, Kennedy informou à nação que mísseis soviéticos tinham sido detectados em Cuba. Exortou Khruschóv a "eliminar essa ameaça clandestina, imprudente e provocadora à paz mundial".[68] Lembrou aos telespectadores que uma política de apaziguar, de permitir que uma conduta agressiva fosse adiante sem ser contestada, levara à Segunda Guerra Mundial. E declarou que os Estados Unidos estavam impondo um bloqueio limitado, uma "quarentena", à remessa de armas ofensivas para Cuba. Os mísseis soviéticos teriam de ser removidos, e Khruschóv teria de "afastar o mundo do abismo da destruição".⁶⁹ Do contrário, Kennedy alertou, os Estados Unidos poderiam ir mais longe, sem especificar quais ações seriam tomadas.

Os chefes do Estado-Maior Conjunto haviam estabelecido cinco condições de prontidão de defesa (na sigla em inglês, DEFCON) para as Forças Armadas. DEFCON 5 era o estado de prontidão militar durante operações normais em tempos de paz; DEFCON 1 significava guerra iminente. Enquanto Kennedy falava à nação, os chefes do Estado-Maior Conjunto ordenaram que as forças americanas fossem postas em DEFCON 3. Submarinos Polaris deixaram seus portos e se dirigiram a locais de onde poderiam atingir a União Soviética. Caças interceptadores patrulharam o espaço aéreo americano com Genies e Falcons, foguetes antiaéreos atômicos, para o caso de os soviéticos tentarem atacar a partir de Cuba. Quase duzentos bombardeiros B-47 decolaram de bases do SAC⁷⁰ e se dirigiram a dezenas de aeroportos civis por todo o território americano — Portland, Spokane e Minneapolis; Chicago e Detroit; Birmingham, Filadélfia e Tulsa. Dispersar os bombardeiros das bases do SAC diminuía sua vulnerabilidade a um ataque por mísseis soviéticos. As tripulações dormiam ao lado de seus aviões, que estavam carregados com bombas de hidrogênio, enquanto nas pistas vizinhas aviões comerciais decolavam e aterrissavam.

O número de B-52 em alerta no ar mais do que quintuplicou. Todo dia, cerca de 65 daqueles bombardeiros circulavam a uma distância suficiente para atacar a União Soviética.⁷¹ Cada um levava um míssil Hound Dog com uma ogiva nuclear, além de duas bombas de hidrogênio Mark 39 ou quatro Mark 28. Em 24 de outubro, quando a quarentena de Cuba entrou em vigor, o Comando Aéreo Estratégico foi posto em DEFCON 2 pela primeira vez na história. "Dirijo-me a vocês com o propósito de reiterar a gravidade da situação que o país atravessa",⁷² disse o tenente-brigadeiro Power em mensagem transmitida a todos os seus comandantes pelo mundo. "Estamos em estado avançado de prontidão para enfrentar quaisquer emergências [...]. Conto com cada um de vocês para manter rigorosamente a segurança e valer-se de julgamentos serenos durante este período de tensão." Enviado por rádio, seu anúncio não cifrado de que o SAC estava pronto para a guerra também pôde ser ouvido pelos soviéticos.

Duzentos e cinquenta mil soldados americanos se prepararam para a invasão de Cuba. O secretário da Defesa se preocupava que, com milhares de armas nucleares em alerta máximo, alguma coisa desse errado. O presidente Kennedy aprovara recentemente a instalação de conectores de ação permitida (PALs). Mas sua ordem executiva aplicava-se apenas a armas do arsenal atômico da Otan, e nenhuma das travas fora instalada ainda. As unidades da Força Aérea americana na Europa foram mantidas em DEFCON 5, e a prontidão das forças da Otan não foi intensificada. Qualquer sinal de mobilização na Europa poderia alarmar os soviéticos e criar outro possível gatilho para a guerra nuclear. McNamara preocupava-se também porque, se os Estados Unidos atacassem os mísseis soviéticos em Cuba, a União Soviética poderia retaliar atacando os mísseis Jupiter na Turquia. Os americanos com a custódia dos Jupiters receberam ordem de desativar de algum modo os mísseis caso oficiais turcos tentassem lançá-los sem a aprovação de Kennedy.[73]

A ausência de comunicações diretas e seguras entre a Casa Branca e o Kremlin, a desconfiança de Kennedy contra o líder soviético e o comportamento impulsivo e imprevisível de Khruschóv complicavam os esforços para encerrar pacificamente a crise. Khruschóv sentiu alívio ao ouvir o discurso de Kennedy, pois o presidente não anunciara a invasão de Cuba. Sabendo muito bem que as forças estratégicas da União Soviética eram bastante inferiores às dos Estados Unidos, Khruschóv não queria começar uma guerra nuclear. Mas queria aferir a têmpera de Kennedy e descobrir quanto os soviéticos poderiam ganhar com a crise. Em segredo, Khruschóv ordenou que seus navios carregados de mísseis não violassem a quarentena. Em cartas privadas a Kennedy, porém, ele asseverou que os navios não recuariam, negou a instalação de armas ofensivas em Cuba e censurou a quarentena como "um ato de agressão que impele a humanidade para [...] uma guerra mundial de mísseis nucleares".[74]

Bertrand Russell concordou com o líder soviético e enviou ao presidente Kennedy um telegrama muito divulgado: "Sua ação desesperada. Ameaça sobrevivência humana. Sem justificativa concebível. Homem civilizado condena [...]. Acabe com essa loucura".[75] O primeiro pronunciamento público de Khruschóv sobre a crise dos mísseis foi uma réplica cordial ao filósofo britânico, propondo uma reunião de cúpula. Enquanto o governo Kennedy se perguntava angustiado se os soviéticos recuariam, Khruschóv mantinha a fachada desafiadora. Em 26 de outubro, convencido por informações errôneas da inteligência de que um ataque americano a Cuba estava prestes a começar, ele escreveu outra carta a Kennedy propondo um trato: a União Soviética retiraria os mísseis de Cuba se os Estados Unidos prometessem nunca invadir a ilha.

A carta de Khruschóv chegou à embaixada americana em Moscou por volta das cinco da tarde, que no horário da costa leste americana correspondia a dez da manhã. A carta demorou quase onze horas para ser totalmente transmitida via cabo ao Departamento de Estado em Washington, DC. Kennedy e seus assessores, encorajados pelo tom conciliatório da carta, decidiram aceitar o trato — mas foram dormir sem dar resposta. Outras sete horas se passaram, e Khruschóv começou a se sentir confiante de que os Estados Unidos não atacariam Cuba, afinal. Escreveu outra carta a Kennedy, acrescentando nova exigência: os mísseis de Cuba seriam removidos se os Estados Unidos removessem seus mísseis Jupiter da Turquia. Em vez de ser entregue à embaixada americana, a carta foi transmitida pela Rádio Moscou para o mundo todo ouvir.

Na manhã de 27 de outubro, quando o presidente Kennedy redigia a resposta à primeira proposta de Khruschóv, a Casa Branca ficou sabendo da segunda. Kennedy e seus assessores se desdobraram para entender o que estava acontecendo no Kremlin. Mensagens conflitantes agora chegavam não só de Khruschóv, mas também de vários diplomatas, jornalistas e agentes da inteligência soviética que estavam se reunindo em segredo com membros do governo. Convencido de que Khruschóv agia de má-fé, McNamara agora propunha um ataque aéreo limitado para destruir os mísseis. O general de exército Maxwell Taylor, então chefe do Estado-Maior Conjunto, recomendou um ataque em grande escala. Quando um U-2 americano foi derrubado ao sobrevoar Cuba e o piloto morreu, a pressão sobre Kennedy para que ordenasse o ataque aéreo aumentou imensamente. Uma guerra nuclear com a União Soviética parecia possível. "Quando saí da Casa Branca [...] naquela linda noite de outono, temi nunca mais viver outra noite de sábado", McNamara recordou depois.[76]

A Crise dos Mísseis de Cuba terminou em meio ao mesmo tipo de confusão e má comunicação que assolara boa parte de seus treze dias. O presidente enviou ao Kremlin um telegrama aceitando as condições da primeira proposta de Khruschóv, sem reconhecer que estava a par de uma segunda exigência. Mas Kennedy também disse a seu irmão que se reunisse em particular com o embaixador Dobrynin e concordasse com as exigências feitas na segunda carta de Khruschóv — contanto que a promessa de retirar os Jupiters da Turquia nunca viesse a público. Abrir mão de mísseis americanos perigosos e obsoletos para evitar um holocausto nuclear parecia uma boa ideia. Só um punhado de assessores mais próximos de Kennedy ficou sabendo desse acordo secreto.

Enquanto isso, no Kremlin, Khruschóv de repente voltou a temer que os

Estados Unidos estivessem prestes a atacar Cuba. Decidiu retirar os mísseis soviéticos da ilha, sem insistir na remoção dos mísseis Jupiter da Turquia. Antes que ele tivesse a chance de transmitir sua decisão à embaixada soviética em Washington, chegou o comunicado de Dobrynin sobre a promessa secreta de Kennedy. Khruschóv adorou a concessão inesperada — e desnecessária — do presidente. Mas o tempo parecia se esgotar, e um ataque americano ainda poderia acontecer. Em vez de aceitar o acordo por meio de um cabograma diplomático, a decisão de Khruschóv de remover os mísseis de Cuba foi imediatamente transmitida pela Rádio Moscou. Não se fez menção do compromisso americano de retirar os mísseis da Turquia.

Os dois líderes temeram que qualquer ação militar provocasse uma rápida escalada para um conflito nuclear. E tinham boas razões para pensar assim. Embora Khruschóv não pretendesse avançar sobre Berlim durante a crise, os chefes do Estado-Maior Conjunto haviam subestimado imensamente o poder da força militar soviética instalada em Cuba. Além de armas estratégicas, a União Soviética tinha quase cem armas nucleares táticas na ilha,[77] e os comandantes locais teriam usado aquelas armas para rechaçar um ataque americano. Algumas eram tão potentes quanto a bomba que destruíra Hiroshima. Se seus alvos prováveis — a frota americana em alto-mar e a base naval americana em Guantánamo — tivessem sido destruídos, teria sido difícil evitar uma guerra nuclear total.

Levados ao limite, Kennedy e Khruschóv escolheram recuar. Mas Kennedy emergiu da crise parecendo muito mais firme; sua concessão aos soviéticos não só permaneceu secreta, mas foi negada com veemência. LeMay, entre outros, desconfiou que fora feito algum tipo de acordo. Quando lhe indagaram em uma sessão do Senado se os Jupiters da Turquia haviam sido trocados pelos mísseis de Cuba, McNamara respondeu: "Absolutamente não [...] o governo soviético chegou a mencionar a questão [...] [mas o] presidente se recusou até mesmo a discuti-la".[78] O secretário de Estado Rusk repetiu a mentira. Para desviar a atenção da acusação,[79] membros do governo contaram a jornalistas amigos, confidencialmente, que Adlai Stevenson, o embaixador americano nas Nações Unidas, exortara Kennedy a trocar mísseis da Otan na Turquia, na Itália e na Grã-Bretanha pelos mísseis de Cuba, mas o presidente se recusara — outra mentira. Mais tarde, depois da morte de Robert Kennedy, uma referência a esse trato secreto foi extraída de seu diário. E um mito de virilidade foi promovido pelo governo: quando os líderes das duas superpotências se fitaram olho no olho, ameaçando lutar por causa de Cuba, Khruschóv foi quem piscou.

No ano seguinte, o presidente Kennedy fez um discurso na American University no qual pleiteava o abrandamento da Guerra Fria e uma "paz genuína" com os soviéticos.[80] Os Estados Unidos, a União Soviética e a Grã-Bretanha assinaram o Tratado de Interdição Parcial de Ensaios Nucleares, proibindo detonações nucleares na atmosfera, no oceano e no espaço. E finalmente foi criada uma *hot line* ligando o Kremlin ao Pentágono,[81] com terminais também na Casa Branca e na sede do Partido Comunista em Moscou. O novo sistema agradou à União Soviética. No auge da Crise dos Mísseis de Cuba, mensagens urgentes do embaixador soviético em Washington tinham sido codificadas à mão e então entregues a um mensageiro da Western Union, que chegou à embaixada de bicicleta. "Nós aqui na embaixada só podíamos rezar", recordou o embaixador Dobrynin, "para que ele a levasse ao escritório da Western Union sem demora e sem parar pelo caminho para conversar com alguma garota!"[82]

O novo sistema diferia da *hot line* mostrada em muitos filmes de Hollywood, pois não possuía um telefone especial para o presidente usar numa emergência. Dependia de teletipos, máquinas capazes de enviar textos com rapidez e segurança. As declarações escritas eram consideradas mais fáceis de traduzir, mais ponderadas e menos sujeitas a erros de interpretação do que as verbais. Todos os dias uma mensagem era enviada como teste a cada hora, alternadamente de Moscou, em russo, e de Washington, em inglês. O sistema não sobreviveria a ataques nucleares a qualquer uma dessas cidades. Mas foi instalado na esperança de preveni-los.

Durante a Crise dos Mísseis de Cuba, o Comando Aéreo Estratégico executou 2088 missões de alerta no ar, com quase 50 mil horas de voo sem nenhum acidente.[83] A padronização dos procedimentos operacionais, o treinamento incessante e as checklists introduzidas por LeMay e Power ajudaram a alcançar um notável recorde de segurança quando ele foi mais necessário. Ainda assim, na esteira da crise, a preocupação popular com a questão da guerra nuclear logo se concentrou nos perigos do alerta no ar do SAC. O grande risco — como foi retratado em 1964 nos filmes *Limite de segurança* e *Dr. Fantástico* — não era uma bomba de hidrogênio explodir por acidente durante a queda de um B-52.

Era que uma ordem de atacar a União Soviética podia ser dada sem a autorização do presidente, por uma falha mecânica (*Limite de segurança*) ou pelos desígnios de um louco (*Dr. Fantástico*).

A trama de ambos os filmes lembrava bastante a do romance *Alerta vermelho*. Seu autor, Peter George, foi coautor do roteiro de *Dr. Fantástico* e processou os produtores de *Limite de segurança* por violação de direitos autorais. O caso foi resolvido por acordo extrajudicial.[84] A ameaça de uma guerra nuclear acidental era o tema central desses filmes, e *Dr. Fantástico*, embora fosse uma comédia de humor negro, era, de longe, o mais autêntico. Parodiava com astúcia as teorias sobre estratégia promovidas por analistas da RAND, membros do governo Kennedy e os chefes do Estado-Maior Conjunto. Retratava o absurdo de debater quantos milhões de mortes de civis constituiriam uma vitória militar. E concluía com uma metáfora apocalíptica para a corrida armamentista, conjurando uma máquina do Juízo Final soviética que deveria dissuadir um ataque nuclear americano ameaçando acionar automaticamente uma retaliação, guiada por computador, sem necessidade de supervisão humana. Como os soviéticos não contaram aos Estados Unidos sobre essa invenção, seu propósito foi anulado e inadvertidamente levou ao fim do mundo. "A máquina do fim do mundo perde todo o sentido SE FOR MANTIDA EM SEGREDO!", explicou ao embaixador soviético o dr. Fantástico, o excêntrico consultor científico do presidente.[85]

A crescente preocupação do povo com uma guerra nuclear acidental inspirou uma enérgica defesa do sistema de comando e controle americano. Sidney Hook, eminente intelectual conservador, escreveu um livreto depreciando os temores disseminados pela ficção sobre a Guerra Fria. Em *The Fail-Safe Fallacy* [A falácia da falha segura], Hook escreveu: "A eventualidade de uma falha mecânica no sistema de defesa vem sendo agora mantida em um nível tão baixo que não é possível fazer uma estimativa precisa da probabilidade [...] de acontecer".[86] O senador Paul H. Douglas, democrata de Illinois, elogiou o livro e criticou a noção equivocada de que "a dissuasão nuclear americana, e não a determinação comunista de dominar o mundo, constituía um grave perigo para a humanidade".[87] E Roswell L. Gilpatric, um dos principais assessores de McNamara, assegurou aos leitores do *New York Times* que qualquer falha no sistema de comando e controle seria "uma 'falha segura' e não insegura".[88] Gilpatric também afirmou que os conectores de ação permitida frustrariam o tipo de ataque não autorizado representado em *Dr. Fantástico*.

Na verdade, não havia nada que impedisse a tripulação de um B-52 de lançar suas bombas de hidrogênio sobre Moscou — exceto, talvez, as defesas aéreas soviéticas. O código Go era simplesmente uma ordem do quartel-general do SAC para atacar; os bombardeiros em alerta no ar não tinham meios tecnológicos para deter uma tripulação insubordinada. O tenente-brigadeiro Power travara e vencera uma batalha burocrática contra a instalação de conectores de ação permitida em armas do SAC. Todas as bombas e ogivas do SAC, assim como as da Marinha, continuavam destravadas. Em grande medida, o esforço para prevenir o uso não autorizado de armas nucleares permanecia na esfera administrativa. Em 1962 o SAC criara um Programa de Confiabilidade de Pessoal para fazer a triagem dos soldados e oficiais a fim de detectar problemas psicológicos, consumo de drogas e álcool. E uma versão da regra dos dois homens foi introduzida nos bombardeiros do SAC. Um segundo interruptor de armar foi adicionado à cabine do piloto. Para usar uma arma nuclear, tanto o interruptor pronto/seguro como o novo "interruptor guerra/paz" tinham de ser ativados por dois membros da tripulação. Apesar dessas medidas, um ataque não autorizado à União Soviética ainda era possível. Mas a disciplina, treinamento e o esprit de corps das tripulações de bombardeiros do SAC tornavam-no improvável.

Como um recurso dramático de romances e filmes, um alerta no ar que desse errado poderia provocar suspense. Um bombardeiro desgarrado precisaria de no mínimo uma hora para chegar a seu alvo, tempo suficiente para se contar uma boa história. Mas uma das verdadeiras vantagens dos bombardeiros do SAC era a possibilidade de fazer contato por rádio com suas tripulações e ordenar que abortassem a missão, caso o código Go tivesse sido transmitido por engano. Os mísseis balísticos representavam um risco muito maior de uso não autorizado ou acidental. Uma vez lançados, não havia como trazê-los de volta. Mísseis em teste de voo geralmente possuíam um mecanismo de comandar a destruição — explosivos afixados à fuselagem que podiam ser detonados por controle remoto e destruir o míssil se ele saísse da rota. O SAC se recusou a agregar esse recurso aos mísseis operacionais, receando que os soviéticos conseguissem descobrir algum modo de detoná-los em pleno voo. Por razões semelhantes, o SAC se opunha a qualquer sistema que requeresse um código para habilitar o lançamento de mísseis Minuteman. "A própria existência do recurso da trava criaria a possibilidade de desativação para que agentes com conhecimento inutilizassem toda a força de Minuteman", explicou o tenente-brigadeiro Power.[89]

Depois de examinar os procedimentos de lançamento propostos para o Minuteman, John H. Rubel, que supervisionava a pesquisa e o desenvolvimento de armas estratégicas no Pentágono,[90] não temeu que os mísseis fossem inutilizados. Seu receio era que todo um esquadrão desses mísseis fosse lançado por dois oficiais insubordinados. Um esquadrão de Minuteman compunha-se de cinquenta mísseis, guiados por cinco equipes abrigadas no subsolo em locais separados. Eram necessárias apenas duas das equipes para lançar os mísseis — o que dificultava para os soviéticos inutilizar um esquadrão atacando seus centros de controle. Quando ambos os oficiais nos dois centros distintos virassem suas chaves e "votassem" pelo lançamento, todos os mísseis do esquadrão decolariam. Não havia como disparar apenas alguns deles: era tudo ou nada. E uma ordem de lançamento não podia ser cancelada. Depois que as chaves fossem giradas, cinquenta mísseis partiriam dos silos, simultaneamente ou "em cascata", um depois do outro.

Exigindo o voto de lançamento de pelo menos duas equipes, o SAC esperava prevenir o lançamento de mísseis Minuteman sem a devida autorização. Mas Rubel se surpreendeu quando soube que o SAC também instalara um timer em cada centro de controle de Minuteman. O timer fora adicionado como um comando reserva automatizado, para o caso de quatro das cinco equipes serem mortas durante um ataque de surpresa. Quando os oficiais em um centro de controle girassem suas chaves de lançamento, o timer começaria a funcionar. E, quando seu tempo se esgotasse, se nenhuma mensagem tivesse sido recebida dos outros centros de controle, aprovando ou cancelando a ordem de lançamento, todos os mísseis decolariam. O problema do timer, Rubel logo percebeu, era que uma equipe poderia ajustá-lo para seis horas, seis minutos — ou zero. Em mãos erradas, ele dava a dois oficiais do SAC a possibilidade de arrasar cinquenta cidades da União Soviética. Um ataque não autorizado nessa escala, observou um documento confidencial do programa Minuteman, seria "um acidente para o qual um pedido de desculpas posterior poderia ser inadequado".[91]

Em 1959 Rubel enviou um exemplar de *Alerta vermelho* a cada membro da Comissão Consultiva Científica para Mísseis Balísticos do Pentágono. A seu ver, o sistema de controle de lançamento do Minuteman precisava de salvaguardas muito mais eficazes contra o uso não autorizado, além de algum tipo de recurso para deter o lançamento. A comissão concordou com ele. Mas a Força Aérea se opôs a qualquer modificação do sistema, argumentando que seria caro demais e que o Minuteman, o mais importante míssil terrestre americano, era "completamente seguro".[92]

As preocupações de Rubel foram levadas a sério pelo governo Kennedy, e uma equipe independente foi nomeada para investigá-las.[93] A equipe constatou que os mísseis Minuteman de fato eram vulneráveis a uso não autorizado — e que todo um esquadrão podia ser lançado acidentalmente por uma série de pequenas sobrecargas de energia.[94] Embora esse tipo de problema fosse pouco provável, ele era possível. Dois jovens oficiais do SAC podiam estar sentados inocentemente em seus gabinetes, em um dia comum, suas chaves de lançamento trancadas no cofre, enquanto pequenas flutuações na eletricidade que entrava no centro de controle imitavam em silêncio os pulsos requeridos pelo interruptor de lançamento. Os homens seriam pegos de surpresa quando cinquenta mísseis Minuteman decolassem de repente.

"Eu me borrava de medo", disse um engenheiro que trabalhou no sistema de controle de lançamento original do Minuteman.[95] "Não dava para confiar na tecnologia." O secretário da Defesa McNamara insistiu para que fossem feitas várias mudanças no sistema de comando e controle do Minuteman, e a reformulação custou cerca de 840 milhões de dólares.[96] O novo sistema eliminava o timer, permitia que os mísseis fossem lançados individualmente e impedia que pequenas sobrecargas de energia causassem um lançamento acidental. Mísseis Minuteman tornaram-se operacionais pela primeira vez durante a Crise dos Mísseis de Cuba. Pecando por excesso de segurança,[97] os parafusos explosivos foram removidos das portas dos silos. Se um dos mísseis fosse lançado por acidente, explodiria dentro do silo. E, se o presidente Kennedy decidisse lançar um míssil, algum desafortunado soldado militar teria de se ajoelhar sobre a porta do silo, reinstalar à mão os parafusos explosivos e deixar a área às pressas.

Embora publicamente o Departamento de Defesa refutasse os temores de uma guerra nuclear acidental, a Crise dos Mísseis de Cuba deixara McNamara mais preocupado do que nunca com o perigo. Em uma reunião sobre segurança nacional alguns meses depois da crise, ele se opôs a que qualquer outra pessoa além do presidente pudesse autorizar o uso de armas nucleares. Um memorando secreto da reunião sintetiza sua posição:

O sr. McNamara enumerou as possibilidades existentes de um míssil ser lançado acidentalmente contra a União Soviética. Frisou que estávamos gastando milhões de dólares para minimizar esse problema, mas não podíamos estar de todo tranquilos em relação a essa contingência. Além disso, aventou ser improvável que os soviéticos estivessem gastando tanto quanto nós para tentar reduzir os limites de um possível lançamento acidental [...]. Em seguida ele citou a queda de aviões americanos, um na Carolina do Norte, outro no Texas, nos quais, por margem mínima, o fato de dois fios não se cruzarem literalmente evitou uma explosão nuclear. Ele concluiu que, apesar de todo o nosso empenho, ainda existia a possibilidade de uma explosão nuclear acidental.[98]

Não deveria ser concedido ao supremo comandante da Otan nenhum tipo de pré-autorização para "disparar armas nucleares",[99] argumentou McNamara — e o próprio presidente nunca deveria ordenar seu uso sem estar a par de todos os detalhes de uma explosão nuclear, se ela fora deliberada ou acidental, "se fora lançada pelos soviéticos, se fora grande, onde ocorrera etc.".[100] O secretário de Estado Rusk concordou com McNamara. Mas suas opiniões não prevaleceram. O chefe da Otan conservou a autoridade para usar armas nucleares, durante uma emergência, com a condição de que "sejam feitas todas as tentativas de entrar em contato com o presidente".[101]

Em grande medida, agora pareciam irrelevantes as elaboradas estratégias nucleares promovidas pela RAND e defendidas por McNamara. Depois da Crise dos Mísseis de Cuba, a estratégia "cidades não" perdera seu apelo. Fora criticada pelos jornais e repudiada pelos aliados da Otan, e a dispersão de bombardeiros do SAC por aeroportos comerciais baralhara a distinção entre alvos civis e militares. E, à medida que a União soviética construísse mais mísseis de longo alcance, uma estratégia da contraforça exigiria que os Estados Unidos empregassem mais mísseis para destruí-los. A corrida armamentista não teria fim. A esperança de eliminar a ameaça soviética com um primeiro ataque e defender os Estados Unidos de um ataque agora parecia ilusória. Milhares de novos mísseis, a construção de mais abrigos antibomba ou mesmo um sistema antibalístico de mísseis não poderiam mudar o que parecia ser um fato inevitável para as duas superpotências: qualquer ataque nuclear seria suicida.

Semanas depois do assassinato do presidente, McNamara endossou formalmente uma estratégia de "destruição assegurada".[102] O idealismo e o otimismo que haviam acompanhado a posse de Kennedy tinham desaparecido fazia tempo. A nova estratégia baseava-se na sensação de inutilidade. Pretendia dissuadir um ataque soviético com a ameaça de aniquilar "no mínimo 30% de sua população, 50% de sua capacidade industrial e 150 de suas cidades".[103] A assessoria de McNamara calculara que o equivalente a quatrocentos megatons[104] detonados sobre a União Soviética daria conta da tarefa. Qualquer coisa além disso seria desperdício de armas nucleares. Informado por um repórter de que os soviéticos estavam reforçando seus silos para proteger os mísseis de um ataque americano, McNamara comentou: "Graças a Deus".[105] Essa iniciativa aumentaria a "estabilidade na crise".[106] Se os soviéticos viessem a se sentir confiantes de que seriam capazes de retaliar depois de ser atacados, sentiriam muito menos pressão para atacar primeiro. Deixar as cidades dos Estados Unidos e da União Soviética vulneráveis à aniquilação, McNamara agora pensava, significava mantê-las seguras. Essa estratégia logo passou a ser conhecida como MAD: *mutually assured destruction*, destruição mutuamente assegurada.

Entretanto, o pensamento estratégico na Casa Branca e no Departamento de Estado não correspondia às políticas de escolha de alvos do quartel-general do SAC em Omaha. O abismo entre teoria e prática permanecia imenso. Embora o SIOP tivesse sido revisto durante o governo Kennedy, o tenente-brigadeiro Power bloqueara mudanças significativas na alocação de armas. O novo SIOP dividia a "combinação ótima"[107] em três grupos de alvos: forças nucleares soviéticas, forças militares convencionais e áreas urbano-industriais. O presidente poderia decidir entre atacar apenas o primeiro grupo, os dois primeiros grupos ou os três. Moscou, China e cidades do bloco oriental poderiam ser seletivamente poupadas da destruição. O SIOP poderia ser iniciado como um primeiro ataque ou como retaliação. Mas todas as opções de ataque ainda requeriam que a União Soviética fosse atingida por milhares de armas nucleares, muito mais do que o necessário para a "destruição assegurada". As três categorias de alvo do SIOP — Alpha, Bravo, Charlie — eram as mesmas do plano de ataque proposto pelo SAC em 1950. E o novo SIOP era quase tão indestrutível, inflexível e mecanicista quanto o anterior. Um plano de guerra que parecia horrendo demais de se cogitar quando Kennedy e McNamara pela primeira vez ouviram falar de sua existência havia se estabelecido.

Quando McNamara se aposentou do Pentágono, em fevereiro de 1968, o sistema de comando e controle dos Estados Unidos fora aperfeiçoado. O novo

Sistema de Alarme Antimísseis da Defesa — satélites com sensores infravermelhos capazes de detectar o calor do lançamento de mísseis — prometia dar um aviso até meia hora depois, caso os soviéticos atacassem. O posto de comando Looking Glass do SAC, no ar 24 horas por dia, aumentava a probabilidade de que um código Go pudesse ser transmitido depois que os Estados Unidos fossem atingidos. Novos sistemas de computadores e comunicações estavam sendo adicionados ao Sistema Mundial de Comando e Controle Militar. Mas muitos dos problemas básicos ainda não tinham sido resolvidos.

O número de armas nucleares no arsenal americano aumentara mais de 50% desde o governo Eisenhower.[108] Agora os Estados Unidos tinham cerca de 30 mil delas, cada uma passível de ser perdida, roubada, sabotada ou envolvida em acidente. As armas táticas não tinham sido removidas da Europa. Ao contrário: seu número mais que duplicara,[109] e elas não estavam mais guardadas com segurança em iglus. Instalar travas em armas da Otan permitia dispersá-las por unidades em todo o território — onde poderiam ser roubadas mais facilmente. E ainda não havia resposta para a questão de como manter o presidente vivo e no comando. Os planos para um Centro de Comando Nacional Subterrâneo foram descartados depois da morte de Kennedy. O bunker teria boas chances de sobreviver a vários ataques de ogivas soviéticas. Mas sua sobrevivência não teria sentido. Depois de um ataque, muito provavelmente o presidente e seus assessores ficariam presos a quase mil metros de profundidade sob os escombros do Pentágono, incapazes de se comunicar com o resto do mundo e até de sair do bunker. O local serviria sobretudo como uma tumba de milhões de dólares.

Embora os esforços de McNamara para evitar uma guerra nuclear fossem incansáveis e sinceros, ele deixou o cargo como um dos homens mais desprezados dos Estados Unidos. Meio milhão de soldados americanos estavam combatendo no Vietnã, a guerra parecia impossível de vencer, e a maioria dos americanos culpava o calculista secretário da Defesa e seus assessores acadêmicos pelo fiasco. Um sistema de comando e controle centralizado, tão essencial para administrar uma guerra nuclear, revelara-se desastroso quando aplicado a uma guerra civil no Sudeste Asiático.[110] Sem confiar nos chefes do Estado-Maior Conjunto e convencido de que era possível obter vitórias no campo de batalha por meio de análises de custo-benefício, o secretário da Defesa microgerenciou a Guerra do Vietnã. McNamara escolhia pessoalmente os alvos a serem bombardeados e supervisionava os ataques aéreos de sua sala no Pentágono. "Não me oponho a que a chamem de a guerra de McNamara", ele disse em 1964. "Aliás, orgulho-me de ser identificado com ela."[111]

Quatro anos mais tarde, centenas de milhares de civis vietnamitas haviam sido mortos, dezenas de milhares de soldados americanos tinham sido mortos ou feridos, protestos contra a guerra se alastravam pelos Estados Unidos, e o Pentágono se tornara um símbolo de malevolência burocrática e matança sem sentido. Conhecido por seus modos frios e reservados, McNamara agora tinha acessos de choro em sua sala. Ao receber do presidente a Medalha da Liberdade na véspera de sua aposentadoria, ele se desculpou porque não conseguia falar. O presidente Lyndon Johnson pôs a mão no ombro de McNamara, encerrou a cerimônia e o levou para fora da sala.

Curtis LeMay retirou-se da vida pública no mesmo ano; deixara a Força Aérea em 1965. Outrora o queridinho de Hollywood e da mídia, agora era alvo de menosprezo e zombaria. Suas alardeadas disputas com o governo Kennedy lhe trouxeram a reputação de ser um neandertal de direita. Quando uma versão fictícia do tenente-brigadeiro LeMay apareceu em um filme, o personagem já não era um heroico defensor da liberdade. Era um bufão, como o general Buck Turgidson em *Dr. Fantástico*, disposto a sacrificar 20 milhões de vidas americanas para ver a derrota da União Soviética. Ou era um criptofascista como o general James Mattoon Scott em *Sete dias de maio*, que preferia um golpe de Estado nos Estados Unidos a um tratado de desarmamento com os soviéticos.

LeMay pareceu confirmar esses estereótipos em outubro de 1968, quando aceitou ser candidato à vice-presidência pelo Partido Independente Americano. George C. Wallace, racista e segregacionista declarado, era o candidato a presidente. LeMay tivera um papel fundamental na integração da Força Aérea, e seu apoio à igualdade de direitos, sindicatos, controle de natalidade e aborto parecia destoar na campanha de Wallace.[112] Mas sua raiva pelo modo como a Guerra do Vietnã estava sendo conduzida — e sua opinião de que os candidatos democrata e republicano, Hubert H. Humphrey e Richard M. Nixon, estavam tentando apaziguar os comunistas — o persuadira a ser candidato. Essa talvez tenha sido a pior decisão de sua vida.

Rígido e disciplinado como comandante, LeMay era um político bastante incompetente. Na entrevista coletiva à imprensa em que anunciou sua candidatura, ele se recusou a descartar o uso de armas nucleares no Vietnã. A mesma ameaça implícita que Eisenhower fizera para pôr fim à Guerra da Coreia pareceu impiedosa e bárbara dezesseis anos depois, quando imagens de mulheres e crianças vietnamitas queimadas por napalm povoavam o noticiário na TV. LeMay se opusera veementemente a enviar tropas terrestres para o Vietnã e discordara da estratégia de McNamara de travar uma guerra limitada. "A guerra *nunca* é 'econômica'",[113] LeMay argumentou. "Pessoas são mortas. Para elas, a guerra é total." Na entrevista coletiva ele salientou que os Estados Unidos sempre deviam tentar evitar o conflito armado, "mas, se entrarmos nele, entremos com os dois pés e acabemos com ele o mais rápido possível".[114] A lógica desse argumento recebeu menos atenção do que o desafinado comentário que o precedeu: "Parece que temos fobia de armas nucleares".[115]

Durante a campanha eleitoral, o tenente-brigadeiro que arriscara a vida inúmeras vezes lutando contra os nazistas foi vaiado por manifestantes que gritavam "*Sieg Heil*".[116] Ele disse aos repórteres que o movimento antiguerra tinha "inspiração comunista",[117] perdeu seu emprego de executivo aeroespacial para concorrer na chapa de Wallace e quase desapareceu na obscuridade depois da derrota. LeMay e McNamara, opostos polares que se digladiaram por uma vasta gama de questões de segurança nacional, cada um convencido de que o outro estava perigosamente errado, acabaram no mesmo patamar. Chegaram ao fim de 1968 humilhados e malquistos, com suas ideias repudiadas pelo povo americano.

Ambiente anormal

Em 13 de março de 1961, por volta das 11h30, um B-52 decolou da Base da Força Aérea em Mather, na Califórnia, perto de Sacramento.[1] O avião estava em uma missão Chrome Dome, levando duas bombas de hidrogênio Mark 39. Vinte minutos depois da decolagem, o piloto, major Raymond Clay, sentiu que entrava ar quente em excesso pelos respiradouros da cabine. Ele e um dos copilotos, o primeiro-tenente Robert Bigham, tentaram desligar o aquecimento. Os respiradouros não se fecharam, e o calor na cabine se tornou incômodo. Com quase sete horas de voo, a torre de controle em Mather disse a Clay para "prosseguir na missão enquanto puder [...] se ficar intolerável volte, é claro".[2] Antes de reabastecer pela segunda vez, Clay pilotou o avião para uma baixa altitude e despressurizou a cabine para resfriá-la. Mas ela tornou a aquecer, com o bombardeiro a 9 mil metros. Com catorze horas de voo, a temperatura na cabine estava em 71 graus — tão quente que uma das janelas do piloto se estilhaçou.

Clay desceu a 3,5 mil metros novamente e pediu permissão para encerrar a missão. Além da janela quebrada, dois membros da tripulação estavam passando mal. A cabine estava tão quente que Clay e seus dois copilotos se revezavam no comando do voo, indo e voltando à cabine de baixo, onde a temperatura estava um pouco mais suportável. O bombardeiro passou por céu encoberto e saiu da rota, atrasou-se por cerca de meia hora e perdeu outros sete ou oito minutos evitando o mau tempo. Com 22 horas de voo, o primeiro-tenente Bigham percebeu que um mostrador de um dos principais tanques de combustível estava quebrado. O marcador não se alterara por no mínimo noventa minutos, mas ninguém reparara, em meio ao calor e ao alvoroço do entra e sai na cabine de comando. Bigham pediu à torre de controle para mandarem um avião-tanque, pois estavam ficando sem combustível. Quarenta minutos depois, quando se aproximava do avião-tanque, o combustível do B-52 acabou. Todos os oito motores pararam ao mesmo tempo.

A 2 mil metros de altitude, a tripulação começou a saltar de paraquedas. O major Clay permaneceu na cabine e desviou o avião de Yuba City, na Califórnia, a apenas sessenta quilômetros da base. Confiante em que o bombardeiro não atingiria a cidade, Clay pulou de uma altitude de 1,2 mil metros. O B-52 fez um giro de 360 graus e caiu de nariz em uma plantação de cevada. Os altos-explosivos das duas bombas de hidrogênio se despedaçaram com o impacto e não se queimaram nem detonaram. As armas se esfacelaram sem causar danos. Todos os oito tripulantes sobreviveram à queda. Mas um bombeiro da Força Aérea morreu porque seu veículo capotou quando ele corria para o local.

Fred Iklé havia previsto que, à medida que aumentasse o número de armas nucleares e alertas no ar, cresceria o número de acidentes. Ele estava certo, e os aviões envolvidos nesses acidentes detinham poucos recursos para proteger as armas em caso de queda. A Força Aérea dava mais importância à performance de um bombardeiro ou caça — velocidade, manobrabilidade, capacidade e alcance — do que à integridade estrutural do aparelho. Os B-52 haviam sido projetados em fins dos anos 1940, e seus criadores não previram que o bombardeiro viria a ser usado em alertas no ar ou em terra. O avião não fora construído para transportar armas nucleares já montadas em tempos de paz. Quando as armas eram acopladas na parte de baixo do avião, ficavam totalmente expostas aos efeitos de uma queda. E quando eram transportadas no compartimento de bombas de um B-52, observou um relatório do Sandia, situavam-se em "um ponto fraco da estrutura do avião, um ponto no qual o aparelho está sujeito a se romper, cuspindo as armas para fora da proteção fornecida pela fuselagem".[3]

Na ilha Johnston, no centro do Pacífico,[4] testes destinados a medir os efeitos de explosões nucleares em grande altitude serviram para lembrar que mísseis e ogivas nucleares nem sempre se comportavam de modo previsível. Em 3 de junho de 1962, um míssil de alcance intermediário Thor com uma ogiva de quatrocentos quilotons decolou sem problemas. Mas uma estação de rastreamento por radar apresentou falha, pondo em perigo os navios da área caso o míssil saísse da rota. O oficial de segurança da área de testes decidiu abortar o voo. O mecanismo de comandar a destruição explodiu o míssil, destruindo sua ogiva. Duas semanas e meia depois, outro Thor foi lançado, dessa vez com uma ogiva de 1,4 megaton. O motor do míssil parou depois de 59 segundos, e o oficial de segurança da área de testes decidiu, mais uma vez, usar o mecanismo de comandar a destruição. O Thor explodiu a cerca de 9 mil metros de altitude. Pedaços do míssil e da ogiva, incluindo plutônio do núcleo, caíram na ilha Johnston e na laguna ao redor.

Cerca de um mês depois, outro míssil Thor com ogiva de 1,4 megaton falhou na plataforma de lançamento. Não saiu do chão. O oficial de segurança da área de testes deu a ordem de destruir, e uma grande explosão arrasou boa parte do complexo de lançamento, espalhando fragmentos e combustível e queimando plutônio. Os dois meses seguintes foram usados para reconstruir o complexo e descontaminar a ilha. Em 15 de outubro, na primeira vez em que se usava a nova plataforma de lançamento, um míssil Thor saiu do curso aproximadamente noventa segundos depois da decolagem. Foi dada a ordem de destruir, o míssil explodiu, e mais plutônio caiu na ilha Johnston. Dois terços dos mísseis Thor usados nos testes — versões modificadas dos Thors instalados na Grã-Bretanha — tiveram de ser destruídos por controle remoto.[5]

Os contratempos na ilha Johnston ocorreram durante testes de lançamento cuidadosamente planejados por meses. Mas tarefas corriqueiras também causaram acidentes com armas nucleares. Em 13 de novembro de 1963, três funcionários em uma base da Comissão de Energia Atômica em Medina, Texas, estavam levando bombas Mark 7 parcialmente montadas para um iglu de armazenagem.[6] As armas estavam sendo desativadas. Seus altos-explosivos seriam queimados e seu urânio, recuperado. Duas esferas explosivas com certeza sofreram atrito entre si quando estavam sendo descarregadas, e uma delas pegou fogo. Os três funcionários — Marvin J. Ehlinger, Hilary F. Huser e Floyd T. Lutz — viram as chamas, correram para fora do iglu e pularam para dentro de uma vala do outro lado da rua. A esfera queimou por uns 45 segundos e detonou, explodindo aproximadamente 55 toneladas de altos-explosivos dentro do edifício. A explosão não liberou energia nuclear, embora a nuvem em forma de cogumelo resultante contivesse poeira de urânio. Vidraças de lojas se despedaçaram em San Antonio, a 22 quilômetros dali. No local onde estivera o iglu, restou apenas uma cratera de seis metros de profundidade. Os outros iglus na base não foram atingidos, e os três funcionários saíram ilesos. Ganharam o resto do dia de folga.

Algumas semanas depois, um B-52 encontrou forte turbulência durante um voo sobre os montes Apalaches.[7] Transportava duas bombas de hidrogênio Mark 53, uma versão para aviões da arma levada pelo míssil Titan II, com potência de nove megatons. O piloto, major Thomas McCormick, desceu com o aparelho até cerca de 9 mil metros, à procura de um caminho mais tranquilo. Mas a turbulência piorou, e McCormick recebeu permissão para subir alguns milhares de metros. A tripulação ouviu um baque alto. O estabilizador vertical, de quinze metros de altura, fora arrancado do avião. McCormick ordenou a todos que saltassem de paraquedas, e o avião virou e voou de borco por um momento, antes de despencar em espiral. Quatro tripulantes escaparam em segurança; o operador de radar, major Robert Townley, não. O avião caiu na encosta da montanha Savage, a aproximadamente trinta quilômetros de Cumberland, em Maryland, durante uma forte nevasca. Era 1h30 da madrugada, e a temperatura beirava os dezessete graus negativos.

O sargento Melvin Wooten, o artilheiro, aterrissou em uma plantação a quase um quilômetro de Salisbury, na Pensilvânia. As luzes da cidade eram visíveis à distância, mas Wooten morreu antes de chegar lá. Sofrera graves lesões na cabeça, tronco e pernas. O major Robert Payne, o navegador, caminhou durante horas na escuridão, sobre neve de sessenta centímetros a quase um metro de profundidade. Caiu em um riacho e morreu congelado. O major McCormick e um copiloto, capitão Parker Peedin, aterrissaram perto de árvores a uns cinco quilômetros um do outro. Esperaram clarear para procurar ajuda. McCormick encontrou abrigo em uma fazenda depois de caminhar por mais de três quilômetros. Peedin foi avistado por um avião de busca, e os dois homens foram hospitalizados com lesões de pouca gravidade. As bombas de hidrogênio foram encontradas em meio aos destroços do B-52, parcialmente enterradas na neve. Seus altos-explosivos não haviam detonado nem se queimado.

Outro acidente com uma bomba Mark 53 aconteceu em 8 de dezembro de 1964.[8] Durante um treinamento na Base da Força Aérea em Bunker Hill, a aproximadamente vinte quilômetros de Kokomo, Indiana, um bombardeiro B-58 manobrava em uma pista coberta de gelo. O avião levava cinco bombas de hidrogênio — quatro Mark 43 e a Mark 53 —, cujas potências, combinadas, chegavam talvez a treze megatons. Enquanto o B-58 manobrava, o avião à frente aumentou a rotação de seus motores. A fortíssima rajada do escapamento atingiu o B-58. O bombardeiro escorregou para fora da pista, e o trem de pouso sob a asa direita cedeu. O piloto, capitão Leary Johnson, viu um clarão: era combustível que vazara e se incendiara. Johnson ordenou à tripulação que deixasse o aparelho, livrou-se do canopi, subiu no nariz do avião, saltou por sobre as chamas e pegou fogo. Rolou na neve e em poças d'água para apagar o fogo e sofreu apenas queimaduras leves. O operador de sistemas defensivos, Roger Hall, arremessou seu canopi, notou que a asa esquerda estava queimando, subiu na asa direita, pulou por cima do motor e por pouco tempo também começou a pegar fogo. Teve queimaduras superficiais. Em vez de pular do aparelho, o navegador, Manuel Cervantes Jr., acionou sua cápsula de escape e um foguete lançou-a no ar. A cápsula aterrissou a uns 150 metros do avião em chamas, mas Cervantes morreu com o impacto. Tinha dois filhos pequenos.

As cinco bombas de hidrogênio sofreram danos em graus variados: duas ficaram intactas, uma foi chamuscada, outra teve boa parte consumida pelo fogo, e a quinta derreteu por completo na pista. Nenhum dos altos-explosivos detonou. Os bombeiros combateram vigorosamente o incêndio mesmo depois de ter passado o perigo de explosão das bombas. O fogo ameaçou não só uma base do SAC apinhada de bombardeiros e armas nucleares, mas também os 50 mil habitantes de Kokomo. Os bombeiros chegaram a arrastar uma bomba de hidrogênio em chamas por quase cinquenta metros para longe do avião, jogaram-na em uma vala, cobriram-na com areia e apagaram o fogo.

Na mesma semana do acidente de Bunker Hill, dois jovens soldados, Leonard D. Johnson e Glenn A. Dodson Jr., foram de carro a uma base de míssil Minuteman na Base da Força Aérea em Ellsworth, em Dakota do Sul.[9] Uma equipe no centro de controle de lançamento, a uns trinta quilômetros dali, informara um problema no sistema de segurança ao redor do silo. Johnson e Dodson tinham ordem de descobrir o que estava errado. Entraram no silo, abriram a caixa do alarme de segurança e verificaram os fusíveis. Dodson se esquecera de trazer uma torquês de remover fusíveis, por isso usou uma chave de fenda. Depois de remover cada fusível, tornou a instalá-los. Podia-se ouvir a diferença entre o fusível bom e o queimado. Quando inserido, o fusível bom produzia um estalido. Um deles não fez o "clique". Dodson tornou a removê-lo com a chave de fenda, reinstalou-o e ouviu um tipo diferente de som: uma explosão.

Os dois soldados saíram correndo do duto de lançamento e ligaram para o centro de controle. Meia hora depois, uma Equipe para Mísseis em Risco Potencial lhes ordenou que voltassem a entrar no silo. Encontraram o lugar tomado por fumaça densa e escura. Um dos retrofoguetes no topo do Minuteman disparara. O veículo de reentrada, com uma arma termonuclear W-56, fora erguido por alguns centímetros no ar, virara de borco e caíra do míssil, ricocheteando na parede; atingiu o motor do segundo estágio e aterrissou no fundo do silo. A ogiva não sofreu danos, mas seu mecanismo de armar e detonar foi arrancado durante a queda de mais de vinte metros. Uma investigação descobriu mais tarde que o retrofoguete fora acionado por uma falha em um conector elétrico — e pela chave de fenda de Dodson.

Muitos acidentes com armas pareceram súbitos e irreais. Em 5 de dezembro de 1965, um grupo de marinheiros empurrava um avião de combate A-4E Skyhawk para um elevador a bordo do porta-aviões *Ticonderoga*, ancorado a pouco mais de cem quilômetros da costa japonesa.[10] O canopi do avião estava aberto; o piloto, tenente Douglas M. Webster, ocupou seu assento e ajustou o cinto de segurança. O convés se elevou quando o navio passou sobre uma onda, e um dos marinheiros apitou, avisando Webster para frear. Webster não ouviu o apito. O avião começou a rolar para trás. O marinheiro continuou a apitar, enquanto outros gritavam "Freie, freie!", segurando o avião.[11] Largaram-no quando ele transpôs o elevador e caiu no mar. Desapareceu num instante. O piloto, seu avião e uma bomba de hidrogênio Mark 43 sumiram. Não foi encontrado nenhum vestígio deles. A profundidade do oceano ali era de quase 5 mil metros. O canopi pode ter se fechado depois que o avião caiu, deixando Webster preso em seu assento. Ele se formara recentemente pela Universidade do Estado de Ohio, casara-se e concluíra seu primeiro turno de serviço no Vietnã.[12]

Em meados dos anos 1960, armas nucleares de núcleo selado haviam pegado fogo, derretido, afundado, rebentado, despencado no chão. Mas nenhuma detonara acidentalmente. Na queda do B-52 em Goldsboro, Carolina do Norte, isso não acontecera por um triz, o que chamou a atenção de engenheiros do Sandia. Ninguém queria que uma coisa dessas voltasse a acontecer — mesmo que o acidente de Goldsboro tenha tido uma "falha segura". Agora que os testes nucleares haviam sido retomados, Los Alamos, Lawrence Livermore e Sandia diligentemente projetavam novas ogivas e bombas para cada segmento das Forças Armadas. A necessidade de novos dispositivos de segurança não era evidente. Os existentes haviam funcionado muitas vezes.

O presidente Kennedy e o secretário da Defesa McNamara tinham agora um interesse pessoal na segurança das armas nucleares. Poucos meses depois de Goldsboro, Kennedy atribuiu ao Departamento de Defesa "a responsabilidade de identificar e resolver problemas de saúde e segurança associados à custódia e ao armazenamento de armas nucleares".[13] À Comissão de Energia Atômica caberia um papel importante, porém secundário. A decisão de Kennedy autorizava McNamara a fazer o que lhe parecesse necessário. Mas também fortalecia o controle do sistema pelos militares, não pelos civis. Em Los Alamos, no Livermore e no Sandia, a confiabilidade das armas nucleares continuou a receber mais atenção do que sua segurança. E uma mentalidade perigosa, uma forma de complacência mais tarde conhecida como efeito Titanic,[14] apoderou-se dos projetistas de armas: quanto mais impossível parecesse uma detonação acidental, mais provável ela se tornava.

A desconfiança dos militares em relação ao uso dos dispositivos de controle e segurança era incentivada por alguns dos modelos mais antigos. Os primeiros conectores de ação permitida — PALs da categoria A — nem sempre funcionavam sem falhas. As baterias em seus decodificadores tendiam a descarregar sem aviso. Quando isso acontecia, as armas não podiam ser destravadas. E as engrenagens nos PALs da Categoria A eram barulhentas demais. Durante um treinamento no Sandia para identificar possíveis atos de sabotagem, um engenheiro prestou atenção nos sons de um PAL, decifrou seu código e conseguiu abrir a trava.[15]

A ogiva W-47 tinha um problema muito mais grave.[16] Projetada em Livermore no final dos anos 1950 e produzida às pressas em meio aos temores gerados pelo *Sputinik*, a ogiva encabeçava todos os mísseis nos submarinos Polaris. Seu estágio primário possuía um novo núcleo revolucionário — pequeno e oval, com apenas dois detonadores — capaz de gerar bons resultados para uma arma tão compacta. Entretanto, por uma margem significativa, a W-47 não oferecia segurança de ponto único. E a interrupção dos ensaios nucleares durante os dois últimos anos da presidência de Eisenhower impedira o tipo de teste que poderia reverter o problema. Edward Teller, agora diretor do Lawrence Livermore, cogitou usar um núcleo mais tradicional, projetado em Los Alamos, muito embora os dois laboratórios houvessem competido ferozmente por esse contrato com a Marinha. Cada submarino Polaris teria dezesseis mísseis, alinhados em duas fileiras bem próximas. Uma ogiva instável poderia ameaçar os 150 tripulantes do submarino e as cidades portuárias onde o submarino atracasse.

Para evitar o constrangimento de recorrer a um projeto de Los Alamos, Teller usou o novo núcleo do Livermore, mas lhe acrescentou um dispositivo mecânico de segurança. Uma tira de cádmio revestida de boro foi posta no centro do núcleo. O cádmio e o boro absorvem nêutrons, e a presença da fita deteria uma reação em cadeia, impossibilitando uma detonação nuclear. Durante a sequência de armamento da ogiva, a tira seria arrancada por um pequeno motor antes que o núcleo implodisse. Parecia uma solução engenhosa para o problema da segurança de ponto único — até que um exame de rotina das ogivas em 1963 constatou que a fita sofria corrosão dentro dos núcleos. Quando isso acontecia, ela grudava. E o pequeno motor não tinha torque suficiente para arrancar a fita. O dispositivo mecânico de segurança do Livermore tornara as ogivas seguras demais. Um ex-diretor da Comissão Coordenadora da Estrutura de Reentrada do Departamento de Sistemas de Projetos Estratégicos da Marinha explicou o problema: havia "quase zero de confiança em que a ogiva funcionaria como se pretendia".[17] Uma grande parcela das ogivas W-47, talvez 75% ou mais,[18] não detonaria depois de ter sido lançada. O submarino Polaris, o sistema de arma que McNamara e Kennedy consideravam a pedra fundamental do arsenal americano, a suprema dissuasão, a garantia de retaliação nuclear e da escalada controlada e destruição assegurada, era cheio de falhas. Nos quatro anos seguintes, o Livermore tentou em vão consertar o mecanismo de segurança da W-47. A Marinha ficou furiosa, e todas as ogivas tiveram de ser substituídas. Os novos núcleos já nasceram com segurança de ponto único.

Os procedimentos de segurança do Comando Aéreo Estratégico tinham se tornado tão eficazes que os riscos de um alerta no ar eram facilmente negligenciados. Nos cinco primeiros anos do programa, o SAC fez dezenas de milhares de reabastecimentos aéreos, com um único acidente fatal. Mas as leis da probabilidade eram inescapáveis. Em 17 de janeiro de 1966, por volta das 10h15, um B-52 em uma missão Chrome Dome se preparava para seu segundo reabastecimento, sobrevoando o interior da Espanha a alguns quilômetros da costa meridional.[19] Decolara na noite anterior de Goldsboro, na Carolina do Norte, e passadas dezessete horas precisava de mais combustível para retornar. O B-52 se aproximou depressa demais do avião-tanque, trombou com o cabo de abastecimento e começou a se desmantelar. Chamas se alastraram pelo cabo de abastecimento. O avião-tanque explodiu, incinerando os quatro tripulantes.

O major Larry G. Messinger, o copiloto que estava no comando do B-52 naquele momento, saltou de paraquedas primeiro. O assento ejetor foi arremessado do avião, seu paraquedas se abriu e ventos fortes carregaram-no para o mar. O céu matutino estava limpo o suficiente para que ele visse a costa da Espanha sumindo ao longe. Messinger caiu no mar, a treze quilômetros da costa, e inflou um bote salva-vidas. O capitão Ivans Buchanan, o operador de radar, deixou o avião, atravessou uma bola de fogo, não conseguiu se desvencilhar do assento ejetor, e seu paraquedas não se abriu. Preso no assento que despencava em parafuso, Buchanan removeu manualmente o paraquedas do invólucro. O paraquedas por fim se abriu, mas o peso do banco acarretou uma aterrissagem muito brusca. Buchanan sofreu lesão nas costas, fraturou o ombro e perdeu a consciência. O capitão Charles J. Wendorf, o piloto, fraturou um braço durante a ejeção. Seu paraquedas pegou fogo, mas ele conseguiu cair em segurança no mar, a cerca de cinco quilômetros da costa.

O primeiro-tenente Michael J. Rooney, outro copiloto, estava sentado abaixo da cabine, lendo um livro, quando os dois aviões colidiram. Não havia assento ejetor por perto. As forças g do bombardeiro em queda retardaram sua saída por alguns longos minutos, jogando-o contra as paredes, o teto, o chão. Ele conseguiu sair rastejando pelo alçapão de saída do navegador e abriu seu paraquedas. Uma turbina em chamas passou voando por ele, perto o suficiente para chamuscar seus cabelos. Rooney caiu no mar, perto de Wendorf, e começou a nadar.

Rooney e Wendorf foram recolhidos por barcos pesqueiros em meia hora, e Messinger foi resgatado uns quinze minutos depois. Moradores de Palomares, um vilarejo próximo, descobriram Buchanan sentado num campo, preso ao assento ejetor, ainda inconsciente. Levaram-no para o hospital. O sargento Ronald Snyder, artilheiro, e o tenente George Clesner, operador de armamento eletrônico, morreram no avião. O primeiro-tenente Stephen Montanus, navegador, saltou do avião e caiu de uma altura de 9 mil metros, preso ao assento ejetor. O paraquedas não se abriu, não se sabe por quê. Montanus era o tripulante mais novo; tinha apenas 23 anos, e sua mulher, dezenove.

O B-52 levava quatro bombas de hidrogênio Mark 28. Ninguém da tripulação soube o que aconteceu com elas. Claramente não houve uma explosão nuclear total, mas fora isso pouco se soube. Uma Equipe de Controle de Desastres chegou à tarde, vinda da base do SAC em Torrejón, Espanha, e começou a procurar as bombas. Fragmentos do B-52 se espalhavam por quilômetros; boa parte caíra em Palomares e nas proximidades. O vilarejo era tão pobre e remoto que nem constava na maioria dos mapas do sul da Espanha.[20] Os cerca de 2 mil habitantes não tiveram eletricidade até 1958, e ainda não havia água encanada por lá.

Ao anoitecer, membros da polícia federal espanhola levaram a Equipe de Controle de Desastres até a primeira bomba, que caíra a sudoeste de Palomares, a quase trezentos metros da praia. A arma estava surpreendentemente intacta. Um dos paraquedas se abrira, pousando a Mark 28 em solo argiloso macio. Sentinelas da Força Aérea se postaram no local para guardá-la durante a noite. Um grupo de especialistas de Los Alamos, do Sandia e da Comissão de Energia Atômica, reunido pelo Centro de Coordenação Conjunta de Acidentes Nucleares, em Albuquerque, deveria chegar na manhã seguinte.

A segunda bomba foi avistada de um helicóptero quase 24 horas depois do acidente. O que restava da arma jazia nos morros acima do cemitério local. Seus paraquedas não se abriram. E seus altos-explosivos haviam detonado parcialmente, abrindo uma cratera de seis metros de largura, espalhando partes da bomba e plutônio pelos morros. A terceira bomba foi encontrada cerca de uma hora depois. Ela atingiu a base de um muro de pedras, em meio a uma horta na periferia de Palomares. A bomba de hidrogênio passara a vinte metros de uma casa rural. Um de seus paraquedas se abrira e alguns dos altos-explosivos haviam detonado. Destroços da arma, explosivos incinerados e uma nuvem de plutônio caíram sobre uma plantação de tomate nas vizinhanças.

A quarta bomba não foi encontrada. Longas fileiras de soldados caminharam por quilômetros, ombro a ombro, à procura dela. Aviões e helicópteros participaram da busca. Centenas de minas subterrâneas abandonadas, poços e outros buracos no chão foram vasculhados. Um mês e meio depois do acidente, a Mark 28 continuava perdida, e a busca pela área rural ao redor de Palomares foi cancelada.

O vilarejo fervilhava com repórteres do mundo todo. De início, a Força Aérea não quis confirmar nem negar que houvesse armas nucleares envolvidas no acidente. Mas a visão de "450 soldados com contadores Geiger procurando por material nuclear",[21] como noticiou a Reuters, logo dificultou evitar o assunto. Três dias depois do acidente, a Força Aérea admitiu que o B-52 carregava "armamento nuclear desarmado",[22] salientou que não havia "perigo para a saúde ou a segurança pública em decorrência do acidente" e omitiu que uma bomba estava perdida. Quando uma flotilha de navios americanos procurou por ela, as manchetes refletiram a irritação e as dúvidas crescentes quanto à história oficial: SEGREDOS NA BUSCA URGENTE POR BOMBA A PERDIDA.[23] POLÍCIA DE MADRI DISPERSA MULTIDÃO NA EMBAIXADA AMERICANA,[24] BOMBA AMERICANA QUASE CAUSA CATÁSTROFE, DIZEM SOVIÉTICOS,[25] VULCÃO NUCLEAR NO MAR DA ESPANHA. Depois de semanas de publicidade negativa, o Pentágono finalmente admitiu que faltava uma arma nuclear. A notícia fez lembrar o enredo do então mais recente filme de James Bond, *007 contra a chantagem atômica*, e sua busca submarina por bombas de hidrogênio roubadas.

Os governos da Espanha e dos Estados Unidos negaram que o plutônio liberado pelas duas armas representasse perigo para o povo. "Não há o menor risco em comer carne, peixe e hortaliças da zona [de impacto], nem de beber leite da região",[26] declarou o Conselho de Energia Nuclear da Espanha. A verdade era um pouco mais complexa. Havia poucos estudos sobre a dispersão de plutônio ou os métodos de descontaminação adequados. E as partículas alfa emitidas pelo plutônio eram difíceis de detectar fora do laboratório. Elas se deslocavam por quase três centímetros e podiam ser bloqueadas por uma folha de grama ou até por uma fina película de orvalho — o que quase impossibilitava determinar, com o equipamento adequado, exatamente qual a área que havia sido contaminada no entorno de Palomares. A Força Aérea fora pega desprevenida para um acidente nuclear com dispersão de plutônio. Detectores alfa portáteis precisaram ser trazidos às pressas para a Espanha de bases em outros países da Otan, dos Estados Unidos e do norte da África. E muitos detectores não funcionavam.

Ainda assim, foram detectados vestígios de plutônio na faixa de terra de 1,5 quilômetro de largura entre os dois locais onde as bombas haviam caído. A contaminação se estendia do vilarejo de Palomares até as plantações de tomate próximas. Os moradores não foram evacuados dessas áreas nem se estabeleceram linhas de controle de risco, em razão "das condições políticas", como explicou depois um relatório da Agência de Defesa Nuclear.[27]

Os Estados Unidos prometeram descontaminar Palomares. Mas não existiam diretrizes para remover plutônio depois de um acidente com arma nuclear. Tampouco havia critérios para determinar níveis seguros de plutônio no ambiente. Feijões, couves e tomates contaminados foram ceifados com facões e queimados; encheram quase 4 mil caminhões.[28] Cerca de 850 metros cúbicos de solo contaminado[29] foram raspados e removidos, acondicionados em tambores de aço, enviados para uma instalação da AEC em Aiken, Carolina do Sul, e enterrados. Os soldados que fizeram a limpeza dos campos e encheram os tambores receberam máscaras cirúrgicas. Segundo relatório da Agência de Defesa Nuclear, as máscaras não protegiam contra os riscos da radiação; serviam principalmente como placebo — "uma barreira psicológica à inalação de plutônio".[30] Para tranquilizar a opinião pública e incentivar turistas a visitar o sul da Espanha, o embaixador americano levou sua família à praia próxima de Palomares, vestiu calção de banho, convidou repórteres a acompanhá-lo e foi tomar um muito divulgado banho de mar nas proximidades do local onde caíra a bomba de hidrogênio.[31]

Randall C. Maydew, chefe do departamento de aerodinâmica do Sandia, foi recrutado para ajudar na busca da bomba perdida. Seu grupo projetara os paraquedas e o invólucro da Mark 28. Antes de Maydew partir para a Espanha, seu amigo Bob Peurifoy lhe deu uma ferramenta para ajudar na busca: uma haste bifurcada, como as varinhas usadas por rabdomantes para procurar água. Maydew e sua equipe tentaram determinar em que parte do céu os dois aviões haviam colidido. Fizeram cálculos de trajetória reversa, baseados nos locais onde as três bombas e os motores do B-52 haviam caído no solo, e concluíram que a queda acontecera em alguma parte de um trecho circular de aproximadamente 1,5 quilômetro de diâmetro, a pouco mais de três quilômetros da costa e à altitude de 4,5 mil metros. Dada essa localização, os ventos prevalecentes no momento do acidente, a descoberta na praia da chapa de blindagem da cauda da bomba e a suposição de que seu paraquedas abriria, a equipe de Maydew delimitou uma área de vinte quilômetros quadrados no Atlântico onde era maior a probabilidade de ela ter caído. Poucos dias depois, suas conclusões foram confirmadas por um pescador espanhol, que afirmou ter visto um "homem atarracado"[32] preso a um grande paraquedas cair na água naquela área.

Navios, aviões, helicópteros, plataformas submarinas de TV, mais de cem mergulhadores de águas profundas e quatro submersíveis tripulados — *Deep Jeep, Cubmarine, Aluminaut* e *Alvin* — vasculharam o oceano por semanas, enquanto embarcações soviéticas permaneciam nas proximidades. "Não é como procurar agulha no palheiro", disse o contra-almirante William S. Guest, comandante da operação. "É como procurar o buraco da agulha em um campo cheio de palheiros, no escuro."[33] Em 15 de março a tripulação do Alvin avistou a bomba, embrulhada em um paraquedas, a quase mil metros de profundidade. Nove dias depois, quando a arma estava sendo içada do mar, o cabo arrebentou e a bomba tornou a desaparecer. Retomou-se a busca, mais uma semana se passou, e o *Alvin* encontrou-a pela segunda vez. Exceto por um pequeno afundamento no nariz, ela parecia intacta. A segunda tentativa de recuperá-la correu bem. Depois de ter suportado dois meses e meio de críticas da imprensa, o Pentágono convidou repórteres a bordo do navio do contra-almirante Guest para mostrar a bomba, que passou por eles no convés de outro navio, exibida com o orgulho de um pescador que pegou o maior peixe já visto. Embora os Estados Unidos houvessem preparado para uso milhares de bombas de hidrogênio na década anterior, essa foi a primeira vez que o povo americano pôde ver uma.[34]

Depois do acidente de Palomares, o governo da Espanha proibiu o tráfego de aviões americanos carregando armas nucleares em seu espaço aéreo. A base do SAC em Torrejón passou ao controle da Otan, e membros do governo Lyndon Johnson debateram sobre cessar o alerta no ar, que agora parecia arriscado, caro, ultrapassado e desnecessário. O tipo de ataque de surpresa que as autoridades do Pentágono temiam em 1960 já não parecia provável. E como dissuasão nuclear, os doze B-52 em alerta no ar não eram tão intimidantes para os soviéticos quanto os cerca de 1600 mísseis balísticos em silos e submarinos americanos. Mas os chefes do Estado-Maior Conjunto e o novo comandante do SAC, tenente-brigadeiro John Dale Ryan, argumentaram que o alerta no ar era crucial para a defesa nacional. O presidente Johnson decidiu que o alerta continuaria por ora, mas reduziu para quatro o número de voos diários.

"A possibilidade de uma explosão nuclear acidental acontecer é realmente insignificante", disse o diretor de segurança nuclear da Base da Força Aérea em Kirtland à CBS News.[35] A Comissão de Energia Atômica fez declaração parecida ao *New York Times*, dizendo que a probabilidade era "tão ínfima" que podia "ser totalmente desconsiderada".[36] Mas vários cientistas e engenheiros do Sandia não compartilhavam desse otimismo. Bob Peurifoy inquietava-se porque uma simples corrente elétrica de baixa voltagem com duração de alguns segundos ainda era usada para armar bombas de hidrogênio. Esse tipo de corrente elétrica remontava ao tempo de Thomas Edison, e poderia vir de muitos lugares se um B-52 se despedaçasse. Poderia vir de um curto-circuito durante um voo sem outros percalços. Peurifoy achava que uma corrente mais complexa — uma série única de pulsos elétricos — poderia impedir que uma bomba fosse armada por acidente. Transmitida entre o interruptor pronto/seguro na cabine do piloto e a arma nuclear no compartimento de bomba, ela funcionaria de modo parecido com o de um código secreto, alternando pulsos longos e curtos em um padrão que o destino, o azar ou mesmo a mãe natureza não poderiam gerar aleatoriamente.

Outro engenheiro, Thomas Brumleve, criticou o excesso de confiança exibido pelo Sandia, a ênfase exagerada na fiabilidade, a fé de que nunca poderia acontecer uma detonação acidental. "Mas suponhamos que algum aspecto importante da segurança nuclear tenha passado despercebido",[37] ele escreveu em um relatório em 1967. "A nação, ou melhor, o mundo, vai querer saber *quem foi o responsável, como isso pôde acontecer* e *por que não foi prevenido*".[38]

Em 21 de janeiro de 1968, um B-52 estava monitorando Thule.[39] Por horas, seguiu uma rota com traçado de "gravata-borboleta" a mais de 10 mil metros, indo e voltando no céu acima do complexo de alerta prévio de mísseis balísticos, no oeste da Groenlândia. Um dos copilotos, major Alfred D'Amario Jr., pusera três almofadas de espuma de borracha forradas de tecido sob o assento do navegador instrutor, e depois alguém acrescentou outra na pilha, prendendo as almofadas no lugar com uma pequena caixa de metal.[40] As almofadas poderiam amenizar o desconforto em uma missão longa e tediosa. Por volta da quinta hora de voo, a tripulação notou que o aquecimento não estava funcionando bem. Fazia frio na cabine, por isso D'Amario ligou um dispositivo que trazia ar da tubulação do motor para dentro da cabine. Esse ar quente, a aproximadamente 220 graus,[41] incendiou as almofadas, que estavam bloqueando uma entrada de ar debaixo do assento.

O operador de radar, major Frank F. Hopkins, sentiu cheiro de queimado. Parecia borracha queimada. Os homens procuraram a origem da fumaça, encontraram-na, usaram extintores de incêndio contra as almofadas, mas não conseguiram apagar o fogo. O piloto, capitão John Haug, pediu à torre de controle em Thule permissão para fazer uma aterrissagem de emergência. Haug começou a descida, e Hopkins abriu a portinhola do sextante, uma pequena abertura na fuselagem, para a fumaça sair. O navegador, capitão Curtis R. Criss, tentou abafar as almofadas com uma mochila. Mas as chamas se alastraram, e a fumaça na cabine se adensou tanto que Haug mal conseguia ver o painel de instrumentos. Ele informou a Thule que o incêndio estava fora de controle. Momentos depois, o avião perdeu totalmente a força.

A tripulação teria de saltar de paraquedas e enfrentar mau tempo. Naquele dia, a temperatura no oeste da Groenlândia estava trinta graus abaixo de zero;[42] com o vento, a sensação térmica era de 42 graus negativos.[43] Haug queria aproximar o aparelho o mais possível de Thule para aumentar a probabilidade de sobrevivência da tripulação, mas sem que o B-52 colidisse com a base. Embora sua missão fosse simplesmente vigiar Thule e assegurar-se de que a base ainda existia, o avião carregava quatro bombas Mark 28.

Haug permaneceu no avião até todos saírem e depois se ejetou, a menos de sete quilômetros da pista de pouso. O B-52 passou por Thule, fez um giro de 180 graus, voou por mais alguns quilômetros e despencou no gelo do estreito de Bylot. A explosão pegou de surpresa a maioria dos homens na base, chacoalhando os prédios e iluminando o céu. Era por volta de 16h30, mas lá fora estava tudo escuro. Já fazia quase dois meses, desde novembro, que não se via sol em Thule. Exceto por um breve período de penumbra à tarde, a paisagem coberta de neve ao redor da base estava envolta em trevas. O quartel-general do SAC foi informado, pela primeira vez, sobre o incêndio no avião, a queda e a explosão.[44] O posto de comando em Thule não sabia se havia sobreviventes. E então o major D'Amario entrou em um dos hangares de aviões e pediu para usar o telefone. Seu paraquedas o trouxera para as proximidades de uma pista de pouso. D'Amario disse ao comandante da base que no mínimo seis dos sete tripulantes tinham saltado de paraquedas. A polícia de segurança se dividiu em grupos e partiu da base em *trackmasters*, veículos blindados com lagartas, para procurá-los. Logo helicópteros entraram na busca. No clima ártico, cada minuto contava: bastavam dois para a pele descoberta ulcerar.[45]

Haug também aterrissou de paraquedas na base e foi para outro hangar. Ele e D'Amario tinham sofrido apenas arranhões e escoriações. Cerca de uma hora depois da queda, o artilheiro, sargento Calvin Snapp, foi encontrado sem ferimentos, perto do depósito de munição. Dois paraquedas e assentos ejetores foram avistados de um helicóptero a cinco quilômetros de Thule, ao lado de pegadas na neve. A polícia de segurança seguiu esse rastro até a base de uma montanha próxima, aonde o major Hopkins e um copiloto, capitão Richard Marx, haviam ido procurar ajuda. Marx tinha contusões e escoriações; Hopkins, fratura em um braço. O corpo do capitão Leonard Svitenko, outro copiloto, foi descoberto por volta da meia-noite. Morrera ao deixar o avião. E quase um dia depois da queda foi encontrado o último tripulante, o navegador, capitão Criss, embrulhado em seu paraquedas, a quase dez quilômetros da base, com ulcerações pelo frio, hipotermia e um ombro deslocado. Criss tinha 43 anos e acabou perdendo os dois pés. Mas tempos depois trabalhou em Maine como agente do correio, continuou a jogar golfe e viveu por mais quarenta anos.[46]

O B-52 colidira com o gelo a quase mil quilômetros por hora, a aproximadamente dez quilômetros de Thule. Os altos-explosivos das quatro bombas de hidrogênio detonaram completamente com o impacto, e cerca de cem toneladas de combustível de jato criaram uma enorme bola de fogo. Durante cinco ou seis horas o combustível queimou, até ser extinto pelo gelo. A Equipe de Remoção de Armas Explosivas chegou ao local dois dias depois. Munidos de lanternas e viajando em um trenó de cães a partir de Thule, os homens encontraram um trecho de gelo enegrecido de cerca de 650 metros de comprimento e 150 de largura. Destroços das bombas e do avião espalhavam-se por uma área de quase oito quilômetros quadrados. Eram destroços pequenos e altamente radioativos. Partículas de plutônio tinham se ligado a fragmentos de metal e plástico, misturados com combustível de jato, água e gelo. O plutônio subira com a fumaça do incêndio e viajara no ar por quilômetros.

Os testes de segurança de ponto único do núcleo da Mark 28, feitos em sigilo em Los Alamos durante o governo Eisenhower, haviam sido um dinheiro bem gasto. Se a Mark 28 não tivesse sido projetada para oferecer intrinsecamente segurança de ponto único, as bombas que se chocaram com o gelo poderiam ter liberado energia nuclear. E a detonação parcial de uma arma nuclear, ou de duas, ou três — sem nenhum tipo de aviso, na base área considerada essencial para a defesa dos Estados Unidos —, poderia ter sido mal interpretada no quartel-general do SAC. Ninguém esperava que o monitor de Thule destruísse Thule. Agora a Força Aérea estava diante de um problema menos perigoso, porém difícil: como descontaminar aproximadamente oito quilômetros quadrados de gelo a mais de mil quilômetros a norte do Círculo Ártico, em plena escuridão de inverno.

Geradores, holofotes, um heliporto, trenós, veículos com lagartas e meia dúzia de construções pré-fabricadas foram levados para o local do acidente. Abriram-se novas estradas na neve, partindo da base. Delimitou-se uma área em torno do local contaminado, com restrições de entrada e pontos de controle de descontaminação para quem saísse de lá. Mais uma vez, centenas de jovens soldados andaram ombro a ombro procurando destroços de bomba e de um B-52. A maioria dos fragmentos era pequena, variando do tamanho de uma moeda até o de um maço de cigarros. Alguns haviam caído em uma fenda no gelo aberta pelo acidente e novamente congelada. O gelo tinha mais de meio metro de espessura, e a água embaixo, quase duzentos metros de profundidade. Destroços da bomba e do avião foram levados pela corrente ou ficaram no fundo do estreito de Bylot.

Tempestades árticas com ventos fortes complicaram o resgate e a limpeza, espalhando poeira de plutônio e escondendo-a sob a neve. Mas os níveis de contaminação foram medidos com mais precisão em Thule do que em Palomares. Um novo detector de radiação de baixa energia em campo, conhecido pela sigla em inglês FIDLER, procurava pelos raios X e raios gama emitidos pelo plutônio, em vez de buscar partículas alfa. Esses raios percorriam uma distância maior e atravessavam a neve. Nos oito meses seguintes, os cinco centímetros mais superficiais do gelo enegrecido dentro do perímetro demarcado foram removidos e levados de caminhão para a base, condensados, acondicionados em contêineres, mandados para Charleston, na Carolina do Sul, e de lá transportados de trem para as instalações da AEC em Aiken. Os resíduos radioativos de Thule encheram 147 vagões de carga.[47]

Durante o verão de 1968, depois que o estreito de Bylot descongelou, um submarino da Marinha procurou parte de uma bomba Mark 28. Os núcleos de plutônio do primeiro estágio das quatro armas foram feitos em pedaços na explosão, e a maior parte do urânio dos estágios secundários havia sido recuperada. Mas uma parte crucial de uma das bombas continuava perdida, muito provavelmente a vela de ignição de urânio enriquecido necessária para uma explosão termonuclear. Ela nunca foi encontrada, e mais tarde a busca inspirou suposições errôneas de que uma bomba de hidrogênio inteira fora perdida sob o gelo.[48]

A Força Aérea fez um trabalho muito melhor em Thule do que em Palomares no trato com a imprensa. Ajudou o fato de o B-52 ter caído perto de uma das mais remotas instalações militares do mundo, longe de cidades, vilarejos ou turistas. Um acidente que contaminasse oito quilômetros quadrados de uma grande área metropolitana teria recebido mais atenção. A Força Aérea admitiu desde o início que armas nucleares estiveram envolvidas no acidente. Dezenas de jornalistas foram levados a Thule poucos dias depois do acontecimento e abastecidos com inúmeras informações. Poucos tiveram vontade de permanecer no Ártico por muito mais tempo. E duas outras notícias — a captura do navio americano *Pueblo* pela Coreia do Norte e a ofensiva do Tet no Vietnã — logo tiraram Thule da primeira página.

Mas a descrição que a Força Aérea fez do acidente foi deliberadamente enganosa. A Dinamarca havia imposto uma rigorosa interdição de armas nucleares, e seus aliados da Otan estavam proibidos de levá-las para o território ou o espaço aéreo dinamarquês. Por mais de uma década, o Comando Aéreo Estratégico violara rotineiramente essa interdição em Thule. O Pentágono declarou aos repórteres que o B-52 que caiu no gelo estava em "treinamento de voo"[49] e avisara pelo rádio que se preparava para uma aterrissagem de emergência. Sem dúvida um punhado de pessoas no governo e nas Forças Armadas da Dinamarca estava bem ciente de que, por sete anos, bombardeiros B-52 andavam sobrevoando território dinamarquês com armas nucleares todos os dias.[50] Mas talvez desconhecessem que já em 1955 havia bombas atômicas armazenadas secretamente em bunkers no subsolo de Thule.[51] Bombas de hidrogênio foram guardadas lá no ano seguinte. Antes de o SAC instituir o alerta no ar, Thule era um lugar conveniente para bombardeiros americanos aterrissarem, reabastecerem e pegarem suas armas em rota para a União Soviética. As primeiras bombas de hidrogênio eram tão pesadas que mantê-las prontas na Groenlândia permitia aos aviões do SAC fazer a longa viagem de ida e volta à Rússia sobrevoando o polo Norte. Dezenas de mísseis antiaéreos com ogivas atômicas foram depois instalados em Thule para defender a base de um ataque soviético.[52] Mas nada disso tinha sido informado ao povo dinamarquês.

O programa de alerta no ar foi encerrado no dia seguinte ao do acidente de Thule. Os riscos já não pareciam justificáveis, e muitos B-52 agora estavam sendo usados para bombardear o Vietnã. O alerta em terra do SAC não foi afetado pela nova política. Centenas de aviões carregados com bombas de hidrogênio ainda permaneciam postados à beira de pistas de pouso por todo o território americano, prontos para decolar em minutos. E, em segredo, um B-52 continuou a voar no céu de Thule, dia e noite, sem armas nucleares, só para verificar se a base aérea continuava lá.

Vinte e três anos depois que o Sandia se tornou um laboratório à parte, criou-se ali um departamento para segurança de armas nucleares. Um assistente do secretário da Defesa para a área de energia atômica, Carl Walske, preocupava-se com os riscos de acidentes nucleares.[53] Viajara para a Dinamarca, lidara com as consequências do acidente de Thule e concluíra que os critérios de segurança dos laboratórios de armas se baseavam em um uso questionável das estatísticas. Antes que uma arma nuclear pudesse entrar para o arsenal, era preciso especificar sua probabilidade de detonação acidental, além de suas outras "características militares". Julgava-se que essa probabilidade fosse de uma em 1 milhão durante a armazenagem, transporte e manejo.[54] Mas raramente se identificavam as dimensões dessa probabilidade. O risco era de um em 1 milhão para uma única arma ou para todo um sistema armamentista? Era de um em 1 milhão por ano ou por toda a vida operacional de uma arma? O modo como se definia o risco fazia grande diferença, agora que os Estados Unidos possuíam cerca de 30 mil armas nucleares. O risco permissível de uma arma nuclear detonar inadvertidamente podia variar de um em 1 milhão a um em 20 mil, dependendo de quando fossem estabelecidos os parâmetros estatísticos.

Walske apresentou novos parâmetros estatísticos em março de 1968. Determinavam que a "probabilidade de uma detonação nuclear prematura"[55] não devia ser maior do que uma em 1 bilhão, em "ambientes normais de armazenagem e operação"[56] durante a vida útil de uma só arma. E a probabilidade de uma detonação em "ambientes anormais" não devia ser maior do que uma em 1 milhão. Um ambiente anormal podia ser qualquer coisa, por exemplo o calor de um avião ao se incendiar ou a pressão da água dentro de um submarino afundando. Os critérios de segurança de Walske aplicavam-se a cada arma nuclear do arsenal americano. Requeriam um alto nível de certeza de que uma detonação nunca aconteceria por acidente. No entanto, não forneciam diretrizes para que esses critérios rigorosos fossem atendidos. E, no memorando que anunciava a nova política, Walske expressou a confiança em que "a adoção dos padrões especificados neste documento não acarretará aumento no tempo ou nos custos de desenvolvimento das armas".[57]

Alguns meses depois, William L. Stevens foi escolhido para chefiar o novo Departamento de Segurança Nuclear do Sandia. Stevens se formara em engenharia elétrica no Instituto Politécnico da Virgínia, servira como oficial no Exército e trabalhara durante alguns anos para uma empresa petrolífera em Baton Rouge, Louisiana. Fora recrutado pelo Sandia em 1957, aos 28 anos. Bob Peurifoy o contratara, e os dois trabalharam juntos no sistema elétrico da ogiva W-49, a primeira a possuir como dispositivo de segurança um interruptor sensível à trajetória. Quando Stevens foi incumbido de dirigir o novo departamento de segurança, não estava convencido de que acidentes com armas nucleares fossem uma grave ameaça aos Estados Unidos. No entanto, estivera mais próximo de uma detonação nuclear do que a maioria dos observadores científicos, e vira em primeira mão como ela podia ser imprevisível.

Quando servira no Exército, Stevens fora treinado para montar as ogivas de sistemas de armas táticas. Em maio de 1953, membros de seu batalhão participaram do teste de um canhão atômico.[58] Seus projéteis podiam alcançar trinta quilômetros e gerar uma energia equivalente à da bomba que destruíra Hiroshima. Para o teste no deserto de Nevada, a fim de possibilitar o estudo dos efeitos da arma, vários tipos de objeto foram postos nas proximidades do ponto zero: caminhões, tanques, vagões de trem, painéis de avião, barris de petróleo e latas de gasolina, artigos e materiais domésticos — brim, flanela, cortinas de rayon, esfregões e vassouras[59] —, uma construção de um andar feita de tijolos, pontes de aço, prédios parecidos com motéis, cem pinheiros altos, plantas cultivadas, flores, insetos, gaiolas com ratos e camundongos, 56 cães amarrados dentro de tubos de alumínio, 42 porcos vestidos com farda do Exército, cuja pele reagiria à radiação térmica de modo semelhante à pele humana, e mais de 3 mil soldados, entre eles Bill Stevens, todos encolhidos em uma trincheira a cerca de cinco quilômetros do ponto zero.[60]

Os soldados participavam de um estudo em andamento sobre os efeitos psicológicos da guerra nuclear. Tinham recebido ordem de sair das trincheiras e andar na direção da nuvem atômica após a explosão. A Unidade de Pesquisa de Tropas de Combate do Exército esperava descobrir como eles cumpririam a ordem, se obedeceriam ou ficariam transtornados diante de uma grande explosão nuclear. O projétil atômico voaria diretamente acima da cabeça de Stevens e dos outros soldados. Eles tinham ordem de se agachar nas trincheiras até a arma detonar, depois se levantarem a tempo de ver a explosão e enfrentar a rajada explosiva. Às 8h30 da manhã, uma grande bola de fogo iluminou o deserto, a cerca de 150 quilômetros de Las Vegas.

Os soldados se levantaram, e uma fortíssima onda de choque os pegou de surpresa. Era uma "onda precursora", um efeito da arma que não fora previsto. Ar fortemente comprimido viera da bola de fogo, atingira o chão e se disseminara, viajando mais rápido do que a onda explosiva. Quando Stevens e sua unidade emergiram das trincheiras para caminhar em direção ao ponto zero, foram engolfados por uma nuvem de pó e terra. O oficial que os comandava não conseguiu ler os marcadores de dosagem radioativa e os levou para mais perto do ponto zero do que o planejado. Depois de voltar à sua base, em Albuquerque, Stevens sacudiu o pó do uniforme e guardou um pouco em uma lata. Após vinte anos, mandou fazer testes com esse material no Sandia — e o pó ainda era radioativo.

Depois de assumir a chefia do departamento de segurança nuclear no laboratório, Stevens estudou os relatórios de acidentes mantidos pela Agência de Apoio à Defesa Atômica, o grupo do Pentágono que substituíra o Projeto de Armas Especiais das Forças Armadas. Agora os militares usavam terminologia dos índios americanos para categorizar acidentes com armas nucleares. A perda, roubo ou sequestro de uma arma eram uma Aljava Vazia. Um dano a uma arma, sem danos ao público ou risco de detonação, era uma Lança Torta. E um acidente que causasse o lançamento ou o arremesso de uma arma, incêndio, explosão, liberação de radioatividade ou detonação completa era uma Flecha Quebrada. A lista oficial de acidentes nucleares, compilada pelo Departamento de Defesa e pela AEC, incluía treze Flechas Quebradas.[61] Bill Stevens leu relatórios que secretamente mencionavam um número muito maior de ocorrências incomuns com armas nucleares. E um estudo de ambientes anormais encomendado pelo Sandia logo descobriu que pelo menos 1200 armas nucleares haviam sido envolvidas em incidentes e acidentes "significativos" entre 1950 e março de 1968.[62]

As Forças Armadas haviam sido relapsas na tarefa de registrar acidentes com armas nucleares até 1959, e depois disso registraram cerca de 130 por ano. Muitos dos acidentes eram de menor importância: "Durante o carregamento de uma ogiva Mk 25 Mod O WR em um caminhão seis por seis, um operador perdeu o equilíbrio [...] a unidade se inclinou e caiu de mais de um metro de altura no asfalto".[63] Outros não: "Um avião C-124 levando oito ogivas Mk 28 da reserva de guerra e uma Mk 49 Y2 Mod 3 da reserva de guerra foi atingido por raio.[64] [...] Observadores viram uma grande bola de fogo atravessar a aeronave do nariz à cauda [...]. A bola de fogo foi acompanhada por um estrondo".

A leitura desses registros de acidentes convenceu Stevens de que a segurança das armas nucleares não devia ser um pressuposto. Os dados disponíveis eram insuficientes para se fazer predições acuradas; mil acidentes com armas não bastavam para um cálculo confiável das probabilidades. Vinte e três armas haviam sido diretamente expostas a fogo durante um acidente, sem detonar.[65] Isso provava que o fogo não era capaz de detonar uma arma nuclear? Ou a 24ª exposição produziria um clarão branco ofuscante e uma nuvem em forma de cogumelo?[66] A probabilidade de uma em 1 milhão que o Sandia vinha garantindo fazia anos agora parecia questionável. Não tinha sido baseada em dados empíricos.

Em vez de fundamentar a segurança das armas em estimativas probabilísticas, Stevens queria que ela tivesse por base uma minuciosa compreensão de ambientes anormais — e de como os componentes de uma arma nuclear se comportariam nesses ambientes. Durante um único acidente, uma arma poderia ser esmagada, queimada e atingida por fragmentos a temperaturas e velocidades as mais variadas. Era quase impossível quantificar ou predizer a interação desses fatores, e nunca haveria dois acidentes exatamente iguais. Mas Stevens achava que uma engenharia eficiente seria capaz de inventar dispositivos de segurança que sempre responderiam de maneira previsível.

Bill Stevens contratou meia dúzia de assessores para estudar como tornar mais seguras as armas nucleares. Stan Spray foi um dos primeiros engenheiros do Sandia recrutados, e logo passou a chefiar as pesquisas sobre ambientes anormais. Fazia anos que Spray preocupava-se com a segurança das armas. Quando esteve na Estação de Testes de Material Bélico Naval, próximo a Cabo Canaveral, na Flórida, ele viu um pino torto quase provocar a detonação de uma bomba atômica durante um teste de rotina.[67] O acidente poderia ter destruído um vasto trecho do litoral da Flórida. No começo dos anos 1960, Spray investigou uma série de falhas elétricas em armas nucleares, analisando mais de uma dezena de ocorrências anômalas acarretadas por colisões, erros de manejo e de projeto. Ele possuía uma rara capacidade de se concentrar totalmente em um problema durante horas, esquecendo quase tudo à sua volta, até encontrar a solução.

Spray e seu grupo começaram a reunir componentes de armas existentes e a submetê-los a todo tipo de agressão passível de ocorrer em um ambiente anormal. Por sorte, o Sandia possuía o maior simulador de raios do mundo. Desde que Donald Hornig pajeara o primeiro dispositivo nuclear durante uma tempestade de raios na noite anterior ao teste Trinity, várias formas de radiação eletromagnética haviam sido consideradas possíveis desencadeadores de detonações nucleares. A Marinha testou muitas de suas armas colocando-as, desarmadas, no convés de um porta-aviões, ligando todos os radares e equipamentos de comunicação do navio e esperando para ver o que aconteceria.[68] Os estopins eletroexplosivos de um míssil da Marinha detonaram durante um desses testes a bordo — e estopins semelhantes eram usados em algumas armas nucleares. Até 1968, no mínimo setenta mísseis com ogivas nucleares já haviam sofrido acidentes com raios. No complexo de mísseis de médio alcance Mace, um raio atingira uma cerca, viajara quase cem metros por ela, danificara três dos oitos mísseis e interrompera o fornecimento de energia do local.[69] Cada míssil continha uma ogiva termonuclear Mark 28.

Quatro mísseis Jupiter na Itália também haviam sido atingidos por raio.[70] Algumas de suas baterias térmicas foram acionadas, e em duas das ogivas gás de trítio foi liberado no núcleo, pronto para turbinar uma detonação nuclear. As armas não eram projetadas para encabeçar mísseis, ficar expostas às intempéries por dias a fio. Não possuíam mecanismos de segurança que as protegessem contra raios. Em vez de remover as ogivas ou dotá-las de dispositivos de segurança, a Força Aérea cercou suas bases de mísseis Jupiter com altas torres de metal capazes de atrair os raios para longe dos mísseis.

O grupo de Stan Spray queimou, chamuscou, assou, esmagou e torceu componentes de armas para encontrar possíveis falhas.[71] E, no processo, Stan ajudou a refutar as concepções tradicionais sobre circuitos elétricos no Sandia. Sempre se pensara que, se dois circuitos fossem mantidos fisicamente separados, se não fossem encaixados ou conectados — como duas linhas de força que correm paralelas ao longo de uma estrada —, seria impossível passar corrente de um para o outro. Em um ambiente normal, isso podia ser verdade. Mas coisas estranhas começavam a acontecer na presença de calor e pressão extremos.

Quando placas de circuito eram curvadas ou esmagadas, circuitos feitos para estar separados podiam se encontrar de repente. Uma placa de circuito carbonizada podia transformar sua fibra de vidro de isolante em condutora de eletricidade. A solda de um fusível sensível ao calor era feita para derreter ao atingir certa temperatura, bloqueando a passagem de corrente durante um incêndio. Mas Spray descobriu que aconteciam coisas estranhas com a solda derretida. Quando líquida, ela podia impedir uma conexão elétrica — ou fluir de volta ao seu lugar de origem, religar fios e permitir a passagem de corrente entre eles.

O comportamento imprevisível de materiais e circuitos elétricos durante um acidente era agravado pelo desenho da maioria das armas nucleares. Embora fusão e fissão fossem forças radicalmente novas e destrutivas da guerra, a disposição interna das bombas não mudara muito desde a Segunda Guerra Mundial. Os fios de diversos componentes ainda se encontravam em uma só caixa de derivação. Em diversos casos, os fios que armavam a bomba e os fios que a impediam de ser armada passavam pelas mesma caixa, o que gerava a possibilidade de passagem de corrente de um para outro. E muitos dispositivos de segurança localizavam-se longe do conjunto de ignição da bomba. Quanto maior a distância entre eles, Spray percebeu, maior o risco de que a eletricidade escapasse de seu curso, entrasse em uma linha de armar, acionasse os detonadores e causasse uma explosão nuclear.

Em 1970 o Departamento de Segurança Nuclear já adotava procedimentos totalmente inovadores para prevenir detonações nucleares acidentais. Três princípios de segurança básicos haviam sido derivados das pesquisas no departamento, e cada um seria assegurado por um mecanismo ou componente distinto no interior de uma arma. O primeiro princípio era a incompatibilidade: tinha de existir um sinal de armar único, que não podia ser dado por um curto-circuito ou um fio fora do lugar. O segundo princípio era o isolamento: o conjunto de ignição e os detonadores tinham de estar protegidos por trás de uma barreira que excluiria fogo, eletricidade e energia eletromagnética, que não poderia ser facilmente violada e só permitiria a entrada do sinal de armar único. O terceiro princípio era a inoperacionalidade: o conjunto de ignição precisava de uma peça que, em um ambiente anormal, falhasse de modo previsível e irreversível. Essa peça era chamada de "elo fraco". A barreira reforçada era o "elo forte"; combinadas a um sinal de armar único, elas prometiam um nível de segurança para as armas nucleares que atenderiam ou excederiam os critérios de "um em 1 milhão" propostos por Walske.

Outro projeto de segurança do Sandia estava sendo concluído mais ou menos na mesma época. O Projeto Crescente destinava-se a projetar uma bomba "supersegura",[72] que não detonasse "em nenhum conjunto concebível de condições acidentais"[73] nem espalhasse plutônio, mesmo depois de ser acidentalmente derrubada de uma altitude de 12 mil metros.[74] De início, a Força Aérea "não se entusiasmou com a exigência de mais segurança em armas nucleares",[75] segundo um memorando sigiloso sobre o projeto. Mas acabou por gostar da ideia; uma bomba supersegura poderia permitir ao Comando Aéreo Estratégico retomar o alerta no ar. Depois de mais de dois anos de pesquisas, o Projeto Crescente apresentou um projeto de arma que — como um carro-conceito em uma exposição automobilística — era inovador, mas não prático. Para impedir que os altos-explosivos detonassem e espalhassem plutônio depois de um acidente aéreo, a bomba teria um invólucro grosso e muito acolchoamento interior. Essas características dariam a ela um peso três ou quatro vezes maior que o da maioria das bombas de hidrogênio. O peso adicional reduziria o número de armas nucleares que um B-52 podia transportar — e por essa razão nunca se construiu a bomba supersegura.

Bob Peurifoy tornou-se diretor de desenvolvimento de armas no Sandia-Albuquerque em setembro de 1973. Acompanhara de perto o trabalho dos engenheiros do departamento de segurança e, como eles, frustrava-se com a mentalidade burocrática do laboratório. Nada fora feito para resolver os problemas que eles haviam descoberto. Bill Stevens viajara para Washington três anos antes, instruíra o Comitê de Ligação Militar para a AEC sobre os perigos dos ambientes anormais e descrevera a tecnologia do elo fraco-elo forte que poderia minimizá-los. O comitê não tomou providência alguma. O Departamento de Defesa andava absorto na Guerra do Vietnã, uma Flecha Quebrada não ocorrera desde Thule, e uma bem conhecida indiferença novamente se instalou na questão da segurança das armas nucleares.

Depois de assumir o novo cargo, Peurifoy achou importante ler os relatórios sigilosos sobre cada Flecha Quebrada e cada acidente importante com arma nuclear: um alentado catálogo de incêndios, colisões e explosões, de desastres que não aconteceram por um triz e foram evitados com imensa dificuldade. O fato de uma detonação acidental ainda não ter acontecido ou de uma grande cidade ainda não ter sido coberta por plutônio não era tranquilizador. As probabilidades continuavam desconhecidas. Qual a probabilidade de uma chave de fenda usada para consertar um sistema de alarme lançar a ogiva de um míssil, qual a probabilidade de uma almofada de espuma de borracha provocar a queda de um B-52? Depois de ler atentamente os relatórios de acidentes, Peurifoy chegou a uma conclusão sobre a segurança das armas nucleares americanas: "Só escapamos até agora por sorte".[76]

Pouco tempo antes, Peurifoy ouvira falar de um explosivo chamado 1,3,5--triamino-2-4-6-trinitrobenzeno (TATB). O explosivo fora inventado em 1888, mas raramente usado desde então, por ser dificílimo de detonar. A lei federal nem sequer o classificava como explosivo; era considerado um sólido inflamável. Mas, com os detonadores certos, ele podia produzir uma onda de choque quase tão forte quanto os altos-explosivos que circundavam o núcleo de uma arma nuclear. O TATB logo se tornou conhecido como um "alto-explosivo insensível". Podia-se derrubá-lo, martelá-lo, atear-lhe fogo, atirá-lo no chão a uma velocidade de 450 metros por segundo, e ele não detonava. Os explosivos em uso nas armas nucleares americanas explodiam com um impacto dez vezes menor. Harold Agnew era agora o diretor de Los Alamos e achava que usar bombas de hidrogênio com TATB fazia muito mais sentido — como um modo de prevenir a dispersão de plutônio durante um acidente — do que adicionar mil ou 1,3 mil quilos de aço e acolchoamento.

Todos os elementos necessários para a segurança de uma arma nuclear agora estavam disponíveis: um sinal único, a tecnologia do elo fraco-elo forte, explosivos altamente insensíveis. Faltava só a disposição para brigar por eles em uma guerra burocrática — e isso Bob Peurifoy tinha de sobra. Não era mais um funcionário subalterno, labutando no sistema elétrico de uma bomba, sem noção do contexto mais amplo. Como chefe de desenvolvimento de armas, agora ele dispunha de alguma autoridade para criar uma linha de ação no Sandia. E pretendia usá-la. Com três meses no cargo, Peurifoy disse a seu superior, Glenn Fowler, um dos vice-presidentes do laboratório, que todas as armas nucleares transportadas em aviões tinham de ser reequipadas com novos dispositivos de segurança. Peurifoy não afirmou que as armas eram inseguras; disse que não se podia mais presumir sua segurança. Uma reunião para informar a direção do Sandia foi marcada para fevereiro de 1974.

A reunião não correu muito bem. Os outros vice-presidentes do Sandia se mostraram indiferentes, céticos ou efetivamente hostis às recomendações de Peurifoy. Os mais ferrenhos oponentes de uma reequipagem argumentaram que isso prejudicaria a reputação do laboratório, pois significaria que o Sandia estivera errado por anos em relação à segurança de armas nucleares. Disseram que novas armas com melhores dispositivos de segurança acabariam por substituir as antigas. E deixaram claro que a verba para pesquisa e desenvolvimento não seria gasta em bombas que já faziam parte do arsenal. O Sandia não podia obrigar as Forças Armadas a alterar suas armas, e o Departamento de Defesa tinha a responsabilidade máxima pela segurança das armas nucleares. Essencialmente, a direção do laboratório declarou que esse era um problema que não lhes dizia respeito.

Em abril de 1974, Peurifoy e Fowler foram a Washington e se reuniram com o brigadeiro Ernest Graves Jr., uma autoridade na Comissão de Energia Atômica, cujas responsabilidades incluíam a segurança das armas.[77] O Sandia estava subordinado à AEC, e Peurifoy concentrou seus esforços em um nível mais alto da hierarquia burocrática. Graves ouviu os argumentos e nada fez a respeito. Cinco meses depois, recusando-se a deixar o assunto morrer e dispostos a intensificar a batalha, Peurifoy e Fowler registraram oficialmente suas preocupações. Redigiram uma carta ao brigadeiro Graves, e Glenn Fowler pôs em risco sua carreira quando a assinou e a remeteu. A "Carta Fowler",[78] como logo passou a ser chamada, causou um alvoroço ultrassecreto na comunidade das armas nucleares. Assegurou que as autoridades nos laboratórios de armas, na AEC e no Pentágono não poderiam se esconder atrás de negações plausíveis se acontecesse algum acidente grave. A carta era a prova de que haviam sido alertados.

"A maioria das armas para transporte em aeronaves do arsenal atual foi projetada segundo especificações que tinham em vista [...] operações compostas principalmente de longos períodos de armazenamento em iglus e alguma breve exposição ao ambiente durante o transporte", começava a Carta Fowler. Mas agora essas armas estavam sendo usadas de formas que poderiam expô-las a ambientes anormais. E nenhuma das armas possuía mecanismos de segurança adequados. Fowler mencionou a "possibilidade de esses mecanismos de segurança serem contornados eletricamente por meio de plásticos orgânicos queimados ou solda derretida", e alertou sobre seu "funcionamento prematuro em decorrência de dispersão de tensão e correntes". Ele enumerou as armas que deviam ser imediatamente reequipadas ou desativadas, entre elas a Genie, a Hound Dog, a bomba Mark 53 de nove megatons, e as armas que precisavam ser substituídas, em especial a Mark 28, que era a mais usada nas atividades do SAC. Fowler declarou que o secretário da Defesa deveria ser informado sobre os riscos de usar essas armas durante os alertas em terra. E recomendou que, "devido à urgência associada à questão da segurança", as armas nucleares só fossem postas em aviões para missões "imprescindíveis por razões de segurança nacional".

A Carta Fowler se limitara deliberadamente a considerações sobre as armas cujos dispositivos de segurança eram responsabilidade do Sandia — sobretudo bombas transportadas por aviões. O Exército, a Marinha e a Força Aérea eram responsáveis pelos mecanismos de armar e detonar das ogivas nucleares levadas por seus mísseis. E a segurança dessas ogivas em um ambiente anormal era ainda mais questionável do que a segurança das bombas. As baterias, acelerômetros, interruptores barométricos e dispositivos de segurança não estavam instalados no interior da ogiva de um míssil balístico. Ficavam cerca de um metro abaixo, em uma caixa de adaptação, e isso significava que os fios de armar percorriam boa distância até os detonadores. Essa distância aumentava a probabilidade de que uma dispersão de tensão entrasse nos fios. E o míssil estava constantemente ligado a fontes de energia elétrica dentro do silo. Em 1974 a mais antiga ogiva nuclear instalada em um míssil balístico era também a mais potente: a W-53, que encimava o Titan II, projetada em fins dos anos 1950. Entranhada em um silo, a W-53 tinha menor probabilidade de estar exposta a ambientes anormais do que uma bomba. Mas não se sabia muito bem como a ogiva reagiria a esses ambientes.

PARTE CINCO

DAMASCO

Equilíbrio e desequilíbrio

No verão de 1979, James L. "Skip" Rutherford III trabalhava no escritório do senador David H. Pryor em Little Rock.¹ Tinha 29 anos, crescera em Batesville, uma cidadezinha no norte do Arkansas, e estudara na Universidade do Arkansas, onde fora editor de um jornal estudantil. Depois de formado, trabalhou como relações-públicas de um banco em Fayetteville. Foi lá que conheceu Pryor, que após dois mandatos como governador do Arkansas era candidato ao Senado americano. Pryor era de uma nova estirpe de democrata sulista, oponente do racismo e da segregação, defensor dos direitos das mulheres, um progressista que apreciava encontros com eleitores, ricos ou pobres, em cada esquina do estado. Rutherford trabalhara como voluntário na campanha e depois da eleição foi contratado para representar o senador em eventos por todo o Arkansas. Um dia, Rutherford recebeu um telefonema de alguém da Base da Força Aérea em Little Rock, um jovem soldado que queria se encontrar confidencialmente com Pryor. O homem parecia nervoso. Quando Rutherford perguntou o assunto, o homem respondeu: "É sobre os mísseis Titan".²

Skip Rutherford não se considerava especialista em mísseis balísticos intercontinentais. Mas servira na Guarda Aérea Nacional do Arkansas por seis anos, passando um fim de semana por mês na Base da Força Aérea em Little Rock. Ali ele conhecia muita gente e se sentia à vontade. O soldado concordou em se encontrar com Rutherford no prédio do governo federal em Little Rock, depois do expediente, para não ser visto, e levou dois outros homens que trabalhavam com o Titan II. Tinham mais ou menos a mesma idade de Rutherford. Não queriam que seus nomes fossem mencionados como fonte de informação. Temiam se meter em encrenca. Acima de tudo, estavam assustados com o que andava acontecendo nos silos do Titan II no Arkansas.

Os mísseis eram antigos, disseram os soldados, e a maioria deles tinha vazamentos.[3] Os detectores portáteis de vapor e os detectores de vapor dos silos frequentemente não funcionavam. Era difícil encontrar peças sobressalentes. As equipes do Sistema de Transferência de Propelente (PTS) andavam extenuadas, trabalhando em turnos de quinze ou dezesseis horas. E muitos dos jovens técnicos do PTS não tinham treinamento adequado para as tarefas que lhes eram atribuídas. Depois desse primeiro encontro, Rutherford se reuniu em segredo com outros soldados da base e recebeu ligações deles em telefones públicos altas horas da noite. Falou com cerca de doze membros da 308ª Ala de Mísseis Estratégicos e prometeu não revelar suas identidades à Força Aérea. E todos disseram basicamente a mesma coisa: o Titan II era um desastre esperando para acontecer.

Rutherford contou ao senador Pryor sobre esses encontros. Preocupado, Pryor decidiu que era preciso tomar providências.[4] Escreveu ao dr. Hans S. Mark, o secretário da Força Aérea, pedindo detalhes sobre a escassez de mão de obra e as deficiências no treinamento na Base da Força Aérea em Little Rock. E ficou sabendo que outros membros do Congresso estavam preocupados com o Titan II.[5] O deputado democrata Dan Glickman e o senador republicano Bob Dole já haviam pedido que a Força Aérea iniciasse uma investigação formal sobre os problemas de segurança do Titan II. Glickman e Dole eram do Arkansas, onde algumas das falhas do míssil haviam sido reveladas durante um acidente em meados do ano anterior.

No complexo de lançamento 533-7, cerca de uma hora a sudoeste de Wichita, no Kansas, as fases finais da reciclagem de um míssil estavam sendo concluídas.[6] Um Titan II fora removido do 3-7 e levado de volta à Base da Força Aérea em McConnell, onde passaria por testes de manutenção de rotina. Um míssil substituto fora posto no silo. Na manhã de 24 de agosto de 1978, uma equipe do PTS chegou ao complexo para bombear oxidante para os tanques. O combustível seria adicionado no dia seguinte, concluindo-se o processo de reciclagem com a instalação da ogiva no topo do Titan II. No piso principal do centro de controle, o chefe da equipe do PTS, o sargento Robert J. Thomas, relatou os trabalhos a serem feitos naquele dia ao comandante da equipe de combate do míssil, o primeiro-tenente Keith E. Matthews. Um soldado em treinamento, Mirl Linthicum, atuaria como chefe da equipe do PTS, supervisionando as atividades no trailer de controle na superfície.

Os dutos do oxidante foram conectados aos tanques dos estágios 1 e 2, que se encheram em mais ou menos uma hora. A conexão era feita por mangueiras grossas e pesadas pelas quais fluía o propelente. Os soldados Erby Hepstall e Carl Malinger vestiram trajes RFHCO e entraram no silo para desconectar as mangueiras. Malinger nunca estivera antes em um silo do Titan II.[7] Tinha dezenove anos, entrara recentemente para a Força Aérea e estava acompanhando Hepstall no treinamento em campo naquele dia. Correu tudo bem na remoção das mangueiras do estágio 2, próximas ao topo do míssil. Hepstall e Malinger desceram de elevador para desconectar as mangueiras do estágio 1. De pé em uma plataforma perto da base do míssil, eles desatarraxaram uma delas. Um forte jato de oxidante, como água que espirra de repente de um hidrante, atingiu o peito e a viseira do capacete de Malinger e o derrubou. Hepstall tentou religar a mangueira, mas não conseguiu atarraxá-la. Oxidante jorrou do míssil, caiu no fosso embaixo e então subiu como uma densa nuvem de vapor marrom-avermelhada.

No nível superior do centro de controle, o primeiro-tenente Matthews estava preparando seu almoço quando uma sirene soou. Lá embaixo, o subcomandante, o segundo-tenente Charles B. Frost, sentava-se diante do console de lançamento. Com fones de ouvido, ele monitorava pelo rádio a equipe do PTS. Frost acionou um botão do console e ligou a sirene, supondo que uma aspersão de oxidante escapara quando as mangueiras foram desconectadas. Era comum acontecer isso. A sirene tornou a soar, e Frost ouviu gritos pelo rádio.

"Ah, meu Deus, a válvula!"[8]

"Que válvula?", Frost perguntou pelo microfone. "Qual é o problema?"[9]

Matthews desceu as escadas enquanto luzes de advertência piscavam no console: VAPOR OXIDANTE TUBO LANÇAMENTO, VAPOR ÁREA EQUIP. SILO, VAPOR OXIDANTE SALA BOMBAS.

"Saiam daqui, vamos sair", gritou uma voz pelo rádio.[10]

"Onde vocês estão?", Frost perguntou.[11] Os sons do rádio eram caóticos. Gente falando ao mesmo tempo, berros e exclamações abafando uns aos outros. Frost acionou o botão para bloquear todas as demais transmissões por rádio e ordenou: "Voltem para o centro de controle".[12]

"Não enxergo", disse alguém.[13]

O primeiro-tenente Matthews foi até a porta antiexplosão que protegia o centro de controle. Tentou abri-la para ver o que estava acontecendo. A porta não se abriu. E Matthews sentiu um cheiro muito parecido com o de água sanitária. Parecia cheiro de oxidante.

No centro de controle na superfície, Linthicum, o soldado em treinamento que comandava sua primeira reciclagem, ouviu os gritos pelo rádio, mas não entendeu o que estavam dizendo. Saiu correndo do trailer para ver se conseguia uma recepção melhor com fones de ouvido portáteis e viu uma nuvem avermelhada escapando pelos exaustores. Outro membro do PTS saiu do trailer, encontrou o sargento Thomas, o técnico mais experiente no local, e contou que havia algum problema. Thomas tinha 29 anos. Viu o oxidante, correu ao portal de acesso e pediu permissão ao centro de controle para entrar no complexo de lançamento.

O segundo-tenente Frost o autorizou e destravou a porta de aço externa para Thomas e, em seguida, fez o mesmo com a porta na base da área de retenção. Parecia que todas as luzes indicadoras de perigo estavam piscando ao mesmo tempo no console de Frost, inclusive a de VAPOR COMBUSTÍVEL DUTO LANÇAMENTO, o que não fazia sentido. Frost perguntava repetidamente ao chefe da equipe do PTS em que parte da checklist eles estavam quando o acidente aconteceu, esperando encontrar a checklist de emergência apropriada para lidar com o problema. Mas o rádio continuava a não funcionar direito. Frost folheou páginas de vários manuais técnicos. Não sabia o que devia fazer.

"Ei, estou sentindo cheiro de água sanitária", disse Matthews.[14] Ele ordenou à equipe de missilheiros que colocassem um detector de vapor portátil na frente da porta e fechassem a válvula antiexplosão e o regulador de vento para proteger o suprimento de ar do centro de controle.

O técnico de instalações de míssil, o cabo da Força Aérea Glen H. Wessel, pôs um detector de vapor perto da porta antiexplosão. Sentiu cheiro de oxidante. O detector registrou rapidamente uma a três partes por milhão:[15] a substância estava entrando de algum modo no centro de controle. Wessel disse a seu comandante que a sala estava sendo contaminada com oxidante. Os dois tentaram abrir a porta antiexplosão, que não cedeu. Os homens estavam presos no centro de controle.

Os dois técnicos do PTS que esperavam diante da porta antiexplosão, como substitutos, não tinham ideia do que estava acontecendo no silo. Ouviam gritos pelo rádio, mas ninguém lhes respondia. De repente, a porta do longo túnel se abriu e Hepstall apareceu. O oxidante embaçara a viseira do seu capacete. O material estava tão opaco que não se via o rosto dele.

Hepstall tirou o capacete. Soluçava. Disse que Malinger continuava lá embaixo, seria preciso descerem para buscá-lo. Nunca se perdoaria se alguma coisa acontecesse com Malinger.

Hepstall tinha deixado no silo seu soldado em treinamento, envolto numa densa nuvem de oxidante, encontrara o caminho para o elevador e subira cinco andares até o longo túnel.

Abriu-se a porta do compartimento hermético, e o sargento Thomas entrou. Viu Hepstall soluçando, ficou sabendo que Malinger estava perdido e vestiu um dos trajes RFHCO da equipe de apoio. Sem hesitar um minuto, Thomas decidiu ir à procura de Malinger.

Hepstall se ofereceu para ir junto e pegou um novo capacete. Os dois, em seus RFHCOS, abriram a porta e seguiram pelo longo túnel na direção do silo. O ar estava ficando denso com o oxidante.

A equipe de apoio do PTS esperava ansiosamente diante da porta antiexplosão. Momentos depois, a porta se abriu. Hepstall entrou cambaleante e caiu no chão, tossindo. Não havia conseguido ir muito longe. O novo capacete tinha vazamento, e o oxidante estava entrando em seu RFHCO. Ele tirou o traje, vestiu outro e tornou a partir para o silo.

Na piso inferior do centro de controle, Wessel estava espantado com a dificuldade para abrir o alçapão da saída de emergência. Aquele alçapão tão necessário parecia imensamente pesado. Wessel e o técnico analista de mísseis balísticos, Danford M. Wong, usando máscaras antigases, revezavam-se nas tentativas. Trabalhavam com afinco. A porta antiexplosão continuava emperrada, e o alçapão parecia ser a única saída.

O segundo-tenente Frost ainda tentava, sem êxito, entrar em contato por telefone e rádio com a equipe do PTS no silo, com o sargento Thomas e com os homens do PTS no trailer. Não era fácil, usando máscara. Frost tirava-a por um momento, falava, tornava a pô-la e esperava alguma resposta. Ninguém respondia. E então, com toda a clareza, ele ouviu Malinger gritar pelo rádio.

"Meu Deus, socorro, socorro, precisamos de ajuda!"[16]

"Ei! A porta oito está trancada, estamos presos aqui dentro, saiam vocês!", Frost disse a ele.[17]

Malinger continuou repetindo que precisava de ajuda, e Frost tentando fazê-lo entender que a porta antiexplosão estava emperrada.

O telefone de emergência tocou, Frost atendeu. Alguém estava do outro lado da porta antiexplosão 8, pedindo socorro.

"Ei, vocês, saiam daí, saiam agora", Frost disse. "Vão embora, a porta está trancada, saiam vocês."[18]

Wessel e Wong ouviam a comoção no piso acima e giravam a engrenagem do alçapão de emergência o mais rápido que podiam.

A porta antiexplosão 8 se abriu e Malinger entrou correndo no centro de controle, de capacete na mão, gritando que o sargento Thomas estava morto. Uma nuvem de oxidante veio atrás dele, e então Hepstall entrou, sem capacete, e desabou no chão. Caiu perto da escada. Malinger continuava a gritar. A equipe de missilheiros não estava entendendo nada.

O comandante Matthews disse a Frost: "Venha me ajudar",[19] e os dois entraram no compartimento hermético. O sargento Thomas estava no chão, inconsciente. Levaram-no para o centro de controle e fecharam a porta. Thomas estava sofrendo convulsões, jogando a cabeça de um lado para o outro dentro do capacete do RFHCO. Malinger lhe tirou o capacete e começou a fazer respiração boca a boca.

"Aqui é três-sete", Frost disse ao posto de comando na Base da Força Aérea em McConnell.[20] "As travas estão no cofre e as chaves estão dentro. Temos um homem possivelmente morto e estamos saindo agora."

Thomas morreu no chão, fitando o teto.

"Onde está o sub, onde está o sub?", gritou Wessel, chamando Frost, seu subcomandante.[21] Estavam ficando cansados e precisavam da ajuda dele para abrir o alçapão da saída de emergência. A luz diminuiu, e o centro de controle se encheu de oxidante.

Malinger não queria deixar Thomas ali. Parecia errado. Depois de ser derrubado pelo jorro de oxidante, Malinger se perdera no silo, perto da base do míssil; não enxergava além de um metro, por isso não sabia que Hepstall pegara o elevador e o deixara lá embaixo. O sargento Thomas o encontrara e o trouxera para fora, e agora Malinger não queria deixar Thomas ali no chão.

"Viremos buscá-lo depois", disse Frost, enquanto descia para ajudar com o alçapão.[22]

Matthews ajudou Malinger e Hepstall a descer as escadas, depois a tirar os trajes RFHCO. Eles disseram que estavam com a pele ardendo. "Meu Deus, me ajude, por favor", implorou Hepstall.[23] "Está em mim, está em mim."

Matthews voltou a descer e examinou os outros dois níveis do centro de controle à procura de homens perdidos, só para garantir. A nuvem de oxidante agora era tão densa que ele mal conseguia enxergar um metro à frente.

Finalmente o alçapão de emergência se abriu. Wessel entrou primeiro, rastejou pelo túnel e subiu a escada o mais depressa que pôde. A sensação era de subir por uma chaminé cheia de fumaça, pois o oxidante invadiu o estreito duto de ar. Lá em cima, Wessel puxou os pinos e empurrou a grade de metal com a cabeça para abri-la. Wong vinha logo atrás, depois Frost, que parava a cada poucos degraus para puxar Hepstall escada acima. Frost queria ajudá-lo — e não queria que ele caísse em cima de Malinger. O primeiro-tenente Matthews veio por último e fechou o alçapão atrás de si para impedir que o oxidante saísse do centro de controle.

A equipe de missilheiros levou os dois técnicos do PTS feridos para os chuveiros de emergência, na área do estacionamento, para se lavarem. Os chuveiros não funcionaram.

"Ponham-nos debaixo do hidrante", disse Matthews.[24]

Os homens puseram Hepstall e Malinger na frente do hidrante e o ligaram. Jorrou água, mas depois de alguns segundos o hidrante expeliu ar e parou. Eles precisavam enxaguar aqueles homens imediatamente. Mas o portão do complexo de lançamento estava trancado. Ninguém se lembrara de destrancá-lo antes de abandonar o centro de controle, e os caminhões estavam estacionados do outro lado da cerca. Com a ajuda de alguns técnicos do PTS, a equipe de missilheiros carregou Hepstall e Malinger, passou pela abertura da cerca e pôs os dois na carroceria de uma picape.

Levaram-nos até a casa de uma fazenda próxima e avisaram os moradores de que havia vapores letais saindo do silo. Wong disse para deixarem a área imediatamente, e Frost pediu para usar o telefone. Wessel achou uma mangueira de água no quintal. Depois de banharem os dois homens, levaram Hepstall e Malinger para o hospital mais próximo.

Uma nuvem de oxidante saía do complexo de lançamento, subia por mais de um quilômetro e flutuava em direção à cidade de Rock, no Kansas. Escura, sinistra, parecia uma nuvem de trovoada. Os moradores da área não sabiam do que se tratava, e os carros e caminhões na Highway 77 atravessavam a nuvem. A polícia de segurança da Força Aérea logo evacuou os quase duzentos habitantes de Rock.

O sargento Thomas fora deixado para trás, e ninguém na equipe do PTS achava isso certo. Embora ele estivesse morto, não devia ficar lá sozinho, pensavam. Dois homens se ofereceram para buscá-lo: Mirl Linthicum, o soldado em treinamento que estava na chefia da equipe, e o soldado John G. Korzenko. Eles voltaram ao complexo de lançamento e puseram trajes RFHCO. Linthicum entrou primeiro pelo alçapão de emergência, seguido por Korzenko. Após alguns segundos, Korzenko saiu: o oxidante estava penetrando em seu traje. Linthicum voltou momentos depois: não estava entrando ar suficiente em seu capacete.

Outra equipe do PTS chegou de McConnell trazendo novos trajes RFHCO e reservatórios de ar. Também quiseram tirar Thomas de lá. O soldado Middland R. Jackson pôs um RFHCO e entrou pelo alçapão de emergência. Voltou imediatamente: seu capacete estava com vazamento. Jackson pegou outro capacete, tentou outra vez o alçapão de emergência e desceu toda a escada em seu RFHCO.[25] Mas nunca tinha estado antes na saída de emergência, e o oxidante era tão denso que ele não encontrou a entrada para o centro de controle. Tornou a subir a escada, frustrado, mas decidido a não desistir.

Poucos minutos depois, Jackson e dois outros técnicos do PTS, o sargento John C. Mock e o soldado Michael L. Greenwell, usando RFHCOs, tentaram entrar no centro de controle pelo portal de acesso. Andaram a esmo através das densas nuvens de oxidante, tateando para descer as escadas e passar pelas portas antiexplosão. Não enxergavam além de meio metro e precisavam andar juntos, pois nenhum dos seus rádios funcionava. Conseguiram chegar ao centro de controle, encontraram o sargento Thomas no chão e levaram o corpo para o elevador. Mas, por mais que apertassem os botões, o elevador não funcionava. Decidiram subir pelas escadas com Thomas. O corpo era pesado, seus trajes pesavam também, e estava quente lá embaixo. Depois de alguns minutos, não puderam mais carregá-lo e tiveram de deixar o corpo na escada. Dois outros técnicos do PTS, o sargento James Romig e o soldado Gregory W. Anderson, desceram usando RFHCOs, carregaram-no, mas também tiveram de desistir, por causa do calor. Os cinco homens se revezaram, descendo ao complexo e carregando Thomas o mais que podiam. Quando um grupo se cansava, o outro vinha. Demoraram duas horas para subir pelas escadas com Thomas e tirá-lo do complexo.

Uma investigação sobre o acidente descobriu depois a causa do vazamento. Alguém deixara de pôr um filtro dentro da tubulação do oxidante.[26] Mas o pequeno anel de borracha que segurava o filtro fora deixado dentro da tubulação. Esse anel impediu que a válvula tubular se fechasse por completo, e com isso o oxidante vazou. Ninguém aceitou a responsabilidade por não instalar o filtro. O oxidante fluía mais depressa sem o filtro — e talvez alguém tivesse deliberadamente deixado de lado o filtro, para poupar tempo e carregar o tanque depressa.[27]

A porta antiexplosão que dava acesso ao centro de controle não se abriu porque alguém segurara aberta a outra porta antiexplosão defronte a ela com uma corda elástica, e as duas portas não podiam ser abertas ao mesmo tempo. Hepstall usara o controle manual para destravar a porta antiexplosão 8 e, ao entrar no centro de controle, contaminara o local com oxidante.

Robert J. Thomas foi morto por um vazamento em seu RFHCO, muito provavelmente na junção do traje com a luva esquerda. Talvez o oxidante tenha penetrado no traje quando ele tentava religar o duto ao míssil. A Força Aérea recomendou que, dali por diante, se usasse fita isolante de vinil preta para selar melhor a junção da luva com o traje RFHCO.[28] Thomas deixou viúva e dois filhos pequenos.

Erby Hepstall morreu uma semana e meia depois, aos 22 anos, com os pulmões destruídos por oxidante. Seu filho acabara de completar dois anos. Um pequeno rasgo, de pouco mais de dois centímetros, na perna esquerda do traje RFHCO de Hepstall permitira a penetração do oxidante.

Carl Malinger sofreu um derrame, entrou em coma, teve lesão pulmonar e renal, perdeu os movimentos do braço esquerdo e passou vários meses hospitalizado.[29] Alistara-se para receber treinamento como mecânico de automóveis, e sua mãe se ressentiu imensamente com a Força Aérea,[30] cujo relatório sobre o acidente declarou que Hepstall e Malinger haviam deixado de "seguir a [Ordem Técnica] 21M-LGM25C-2-12.[31] A ordem dizia: "Se ao desconectar começar um vazamento [...] torne a rosquear a conexão imediatamente até a posição completamente conectada". O relatório afirmava que Malinger — nunca treinado para a tarefa e trabalhando em um silo do Titan II pela primeira vez — fora, de algum modo, responsável pelo que acontecera.

O tenente-brigadeiro Curtis LeMay criara uma cultura institucional no Comando Aéreo Estratégico que não tolerava erros de modo algum. As pessoas eram responsabilizadas não só por seu comportamento, mas também se tivessem azar. "Errar é humano", foi dito a todos do comando, "perdoar não é política do SAC."[32]

Pôr a culpa em jovens soldados pelo acidente em Rock, Kansas, não eliminou os problemas do Titan II. O Pentágono anunciara em 1967 que o Titan II não era mais necessário e seria desativado, e os primeiros mísseis seriam retirados do alerta em 1971. Mas todo ano a Força Aérea se empenhava para manter o Titan II e conseguia. A ogiva desse míssil era mais de sete vezes mais potente que a levada pelo Minuteman II.[33] Os Estados Unidos possuíam aproximadamente mil mísseis terrestres — e os 54 Titan II representavam quase um terço de sua força explosiva total.[34] O SAC não queria perder toda essa megatonelagem sem obter novas armas para substituí-la. Mas, à medida que o Titan II ficava velho, sua capacidade de atingir a União Soviética se tornava mais incerta. O último teste-lançamento de um Titan II ocorrera em 1976, e não havia planos para outros, devido à escassez de mísseis e peças.

Quando o senador Pryor e Skip Rutherford visitaram um complexo do Titan II no Arkansas, o local parecia imponente. Mas uma das fontes confidenciais de Rutherford lhe contou depois que naquele dia acontecera um vazamento de oxidante em um complexo de lançamento próximo, e que os detectores de vapor em treze dos dezoito silos do estado estavam quebrados.[35] Pryor elaborou um plano relativamente barato para proteger as comunidades rurais de vazamentos de combustível e oxidante em complexos do Titan II: instalar em cada complexo uma sirene, que soaria toda vez que os homens ligassem o holofote vermelho de alerta na superfície. A sirene poderia ser facilmente instalada no mesmo poste. Ela avisaria as casas e as fazendas próximas sobre o vazamento. A Força Aérea se opôs à ideia, argumentando que uma sirene "poderia levar as pessoas a deixar áreas seguras e entrar em áreas com vapores de propelente".[36] O coronel Richard D. Osborn disse a Pryor que nas raras ocasiões em que fosse preciso alertar civis, os esforços conjuntos do pessoal da Força Aérea e dos agentes da lei locais garantiriam a segurança pública.³⁷ Ainda assim, Pryor decidiu buscar verbas para as sirenes por meio de uma emenda a uma lei do Senado.

O míssil Titan II não era o único sistema de arma da Força Aérea com problemas de manutenção. Em meio a cortes nos gastos com a Defesa na esteira da Guerra do Vietnã, a compra de novos aviões e mísseis tinha prioridade sobre a de peças sobressalentes para os antigos. Em fins dos anos 1970, em um dia típico, de metade a dois terços dos aviões de combate F-15 da Força Aérea estavam impedidos de voar por problemas mecânicos.³⁸ O Comando Aéreo Estratégico perdera mais de metade de seu pessoal desde 1961.³⁹ Alguns de seus bombardeiros B-52 tinham 25 anos. E a aura de invencibilidade do SAC esmaecera. Os oficiais mais graduados da Força Aérea tendiam a ser "generais bombardeiros" que haviam ascendido na hierarquia do SAC,⁴⁰ e muitos dos pilotos participantes de missões de bombardeio no Vietnã se ressentiam da insistência dos seus superiores no controle rígido e centralizado. Táticas concebidas para executar o SIOP se revelaram ineficazes durante os combates no Vietnã, quando os alvos frequentemente eram móveis e voar em formação rígida podia levar os aviões a ser abatidos. Pilotos americanos começaram a desobedecer às ordens, a desconsiderar os alvos que lhes designavam e a bombardear os que lhes pareciam mais urgentes — e a mentir nos relatórios.

Chuck Horner — que pilotou em mais de cem missões no Vietnã e mais tarde comandou a campanha aérea americana e aliada durante a Primeira Guerra do Golfo — aborrecia-se com a inflexível "relação pai-filho" que muitos generais bombardeiros do SAC exigiam.⁴¹ Sentia uma raiva tremenda, assim como muitos outros jovens oficiais, pelo modo como a liderança da Força Aérea se comportara durante a Guerra do Vietnã:

> Eu não os odiava porque fossem tolos. Não os odiava porque haviam derramado nosso sangue em troca de nada. Eu os odiava por causa de sua arrogância [...] porque estavam convencidos de que sabiam mesmo o que estavam fazendo e nós éramos insignificantes demais para compreender o "Grande Quadro". Eu odiava os meus superiores porque encobriam sua incapacidade covarde de enfrentar os maiorais políticos em Washington e dizer: "Basta. Isso é besteira. Ou lutamos ou vamos para casa".⁴²

Horner jurou "nunca mais tomar parte em algo tão insano e tolo".[43] Depois da guerra, milhares de jovens oficiais deixaram a Força Aérea profundamente desiludidos. Muitos dos que permaneceram estavam decididos a mudar as coisas. E a influência do Comando Aéreo Estratégico diminuiu pouco a pouco à medida que ascendeu ao poder uma nova geração de "generais combatentes" que rejeitavam a centralização, a padronização e o planejamento rígido, que haviam participado pessoalmente de combates reais e tinham pouco interesse em teorias abstratas sobre guerra nuclear.

Nos anos seguintes à Guerra do Vietnã, o sentimento antimilitar nos Estados Unidos se tornou mais forte, talvez, do que em qualquer outra época da história do país. Veteranos do Vietnã eram rotineiramente retratados em livros e filmes como racistas, drogados, loucos e assassinos de bebês. O moral nas Forças Armadas caiu, e o uso de drogas ilegais foi às alturas.[44] Em 1980, segundo pesquisas do próprio Pentágono, cerca de 27% de todos os militares estavam usando drogas ilegais no mínimo uma vez por mês.[45] A maconha era, de longe, a mais usada, embora também houvesse consumo de heroína, cocaína e LSD. Os fuzileiros navais eram os militares com maior porcentagem de consumo de drogas:[46] em torno de 36% fumavam maconha com regularidade. Mais de 30% do pessoal da Marinha recorria à maconha pelo menos uma vez ao mês;[47] a proporção no Exército chegava a 28%.[48] A Força Aérea tinha a parcela menor, em torno de 14%.[49] E tinha também as ogivas e as bombas mais potentes. As pesquisas do Departamento de Defesa muito provavelmente subestimaram as verdadeiras porcentagens de consumo de drogas. Análises de urina de mais de 2 mil marinheiros escolhidos ao acaso em bases navais de Norfolk, Virgínia, e San Diego, na Califórnia, constataram que quase metade havia fumado maconha pouco tempo antes.[50] Embora as armas nucleares e a maconha agora fossem assuntos polêmicos na sociedade americana, inspirando ferozes debates entre liberais e conservadores, ninguém dizia que as duas coisas davam uma boa combinação.

Donald Meyer foi cabo do 74º Destacamento de Artilharia de Campanha dos Estados Unidos na Alemanha no começo dos anos 1970. Seu destacamento mantinha mísseis Pershing em alerta, prontos para disparar no prazo de quinze minutos. Cada míssil levava uma ogiva atômica dez a vinte vezes mais potente que a bomba que destruiu Hiroshima. Meyer disse ao *Milwaukee Journal* que quase todos dentre os mais de duzentos homens de sua unidade fumavam haxixe regularmente.⁵¹ Com frequência estavam sob o efeito de droga quando lidavam com documentos secretos e ogivas nucleares. Um levantamento concluiu que um em cada doze membros do Exército dos Estados Unidos na Alemanha fumava haxixe todo dia.⁵² "A gente acaba aprendendo o quanto pode aguentar", Meyer contou.⁵³ "Haxixe demais pode arruinar uma coisa boa."

Na Base da Força Aérea em Homestead, na Flórida, 35 membros de uma unidade do Exército foram presos por usar e vender maconha e LSD.⁵⁴ Essa unidade controlava os mísseis antiaéreos Nike Hercules na base e também suas ogivas nucleares. Suspeitou-se de uso de drogas em Homestead depois que um avião de combate russo MiG-17 totalmente armado, pilotado por um desertor cubano, aterrissou ali sem ser combatido, enquanto o avião presidencial estava parado em uma pista vizinha. Dezenove membros do destacamento do Exército foram presos sob acusação de uso de maconha em uma base de Nike Hercules em Mount Gleason, com vista para Los Angeles.⁵⁵ Um deles fora pego secando uma grande quantidade de maconha em terreno pertencente ao Serviço Florestal dos Estados Unidos. Três soldados em uma base de Nike Hercules em San Rafael, Califórnia, foram afastados do serviço da guarda por razões psiquiátricas.⁵⁶ Um deles fora acusado de apontar um fuzil carregado para a cabeça de um sargento. Embora drogas ilegais não estivessem envolvidas nesse caso, permitiu-se que aqueles três homens vigiassem o míssil apesar de seu histórico de problemas psiquiátricos. O esquadrão estava com escassez de pessoal, e seu comandante temia que hippies — "gente de Haight-Ashbury"⁵⁷ — tentassem roubar armas nucleares.

Mais de um quarto da tripulação do *Nathan Hale*, um submarino Polaris americano com dezesseis mísseis balísticos, foi investigado por uso de drogas ilegais.⁵⁸ Dezoito dos 38 marinheiros foram inocentados; os demais foram exonerados ou transferidos para servir fora de submarinos. Um ex-tripulante do *Nathan Hale* contou a um repórter que frequentemente se fumava haxixe quando o submarino estava no mar.⁵⁹ A base do Polaris em Holy Loch, Escócia, ajudou a transformar a península de Cowal em um centro de tráfico de drogas na Grã-Bretanha.⁶⁰ Nove tripulantes do submarino Polaris americano *Casimir Pulasmi* foram condenados por fumar maconha no mar.⁶¹ Um dos navios-tênder de submarinos americanos que ancoravam naquela base, o *Canopus*, frequentemente transportava ogivas e mísseis balísticos. O uso disseminado de maconha entre seus tripulantes valeu ao navio um apelido local: *Cannabis*.⁶²

Quatro pilotos do SAC em serviço na Base da Força Aérea em Castle, próximo a Merced, Califórnia, foram presos por porte de maconha e LSD. Os policiais que fizeram a batida na casa dos pilotos, situada fora da base, disseram que o local parecia "um apartamento de hippies com uma foto de Ho Chi Minh na parede".[63] Na Base Aérea de Seymour Johnson em Goldsboro, Carolina do Norte, 151 dos 225 oficiais da polícia de segurança foram detidos sob acusação de uso de maconha.[64] O Departamento de Investigações Especiais da Força Aérea prendeu muitos deles quando deixavam a área de armazenagem de armas nucleares da base. Maconha foi descoberta em um dos centros de controle subterrâneo de um esquadrão de mísseis Minuteman na Base da Força Aérea em Malmstrom, perto de Grand Falls, Montana.[65] A droga também foi encontrada no centro de controle de um complexo de lançamento do Titan II, uns 65 quilômetros a sudeste de Tucson, Arizona.[66] A equipe de lançamento e oficiais de segurança do complexo foram suspensos enquanto investigadores tentavam descobrir quem era o responsável por "dois cigarros de maconha".

Era difícil determinar a verdadeira dimensão do uso de drogas entre militares americanos com acesso a armas nucleares. Das cerca de 114 mil pessoas que haviam sido autorizadas a trabalhar com armas nucleares em 1980,[67] apenas 1,5% perdeu essa autorização em decorrência do uso de drogas ilegais.[68] Mas a taxa de êxito do Programa de Confiabilidade de Pessoal, 98,5%, ainda permitia que no mínimo 1728 usuários "não confiáveis" de drogas se aproximassem das armas. E esses eram apenas os que eram pegos.

Antes de assumir o comando da 308ª Ala de Mísseis Estratégicos na Base da Força Aérea em Little Rock, o coronel John Moser havia chefiado uma importante apreensão de drogas na Base da Força Aérea em Whiteman, próximo a Knob Noster, no Missouri.[69] Mais de 230 soldados foram presos por usar e vender drogas na base.[70] Muitos eram responsáveis pela guarda e manutenção de armas nucleares. Alguns admitiram usar maconha, cocaína e LSD durante o trabalho. Dois dos três oficiais que foram presos exerciam na base tarefas que exigiam grande discernimento: inseriam informações sobre alvos nos sistemas de guiagem de mísseis Minuteman. Quando Moser chegou a Little Rock para assumir o comando da 308ª, outra apreensão de drogas estava em andamento. Maconha fora encontrada no centro de controle de um complexo do Titan II.[71] Mas as prisões não deram fim ao uso de drogas. O Comando Aéreo Estratégico não era imune a forças sociais maiores, em um período anterior ao dos testes de urina obrigatórios. Embora raras vezes os oficiais de lançamento tolerassem o uso de drogas ilegais, eles ficavam no subsolo durante os alertas, sem câmeras de vídeo para ver o que estava acontecendo em toda a base de lançamento. Sua capacidade de comandar e controlar tinha limites. Frequentemente, equipes do PTS se sentavam do lado de fora de um complexo do Titan II, acendiam um baseado, abriam umas cervejas e relaxavam depois de um longo dia de trabalho.

Henry Kissinger tentara se livrar do Titan II. Considerava o míssil "impreciso e falível".[72] Era um sistema de armamento, ele explicou depois, "que o Pentágono vinha querendo descartar fazia anos e eu mantinha em serviço com fins comerciais".[73] Em 1972, quando era assessor de segurança nacional do presidente Richard M. Nixon, Kissinger propusera um trato à União Soviética:[74] os Estados Unidos desativariam seus mísseis Titan II se os soviéticos concordassem em fazer o mesmo com seus mísseis SS-9. O trato eliminaria uma poderosa ameaça a Moscou. E o míssil soviético se assemelhava em vários aspectos ao Titan II, usando o mesmo tipo de combustível e oxidante. Mas o SS-9 também era mais novo, maior e capaz de levar uma ogiva muito mais pesada. A União Soviética rejeitou a proposta. O governo Nixon ficou encalhado com o Titan II — livrar-se de 54 mísseis balísticos sem receber nada em troca dos soviéticos não fazia sentido em meio a uma corrida armamentista.

A tentativa fracassada de desativar um sistema de arma ultrapassado refletia a nova configuração do poder. Robert McNamara havia suposto que, quando a União Soviética sentisse confiança em sua capacidade de destruir os Estados Unidos em um conflito nuclear, pararia de construir novos mísseis. Mas os soviéticos não tinham a mesma fé de McNamara na destruição mutuamente assegurada. Depois da humilhação da Crise dos Mísseis de Cuba, um de seus diplomatas dissera a um colega americano: "Vocês, americanos, nunca mais vão conseguir fazer isso conosco".[75] Em uma rivalidade na qual o poder de um país era medido numericamente em ogivas e bombas, a União Soviética agora tentava obter a supremacia. No período de uma década em que foram removidas as armas estratégicas de Cuba, a União Soviética aumentou o número de seus mísseis terrestres de longo alcance de 56 para mais de 1500.[76] Seu arsenal de mísseis lançados de submarino passou de 72 para quase quinhentos.[77] No começo dos anos 1970, os soviéticos possuíam mais mísseis de longo alcance do que os Estados Unidos. Para defender Moscou, criara-se um elaborado sistema de mísseis antibalísticos. E uma rede de bunkers fora construída sob a cidade para proteger a liderança do Partido Comunista.⁷⁸ Ligados por trilhos de metrô secretos, os bunkers podiam abrigar milhares de pessoas.

Embora os Estados Unidos possuíssem menos mísseis balísticos do que a União Soviética, ainda tinham mais armas nucleares. McNamara impusera um limite ao número de mísseis que os Estados Unidos manteriam prontos para uso, mas não ao número de ogivas que cada míssil transportaria. Antes de deixar o cargo, ele aprovara a criação de "veículos de reentrada múltiplos independentemente dirigíveis", conhecidos como MIRV. Justificados para o público como um método para vencer um sistema de mísseis antibalísticos soviético — acrescentar ogivas a um único míssil custava menos do que construir mais mísseis —, os MIRVs também aumentavam o número de alvos soviéticos que os Estados Unidos podam destruir em um primeiro ataque.

O míssil Minuteman III, introduzido em 1970, continha três ogivas. Elas ficavam em um veículo pós-impulsão apelidado "ônibus", dotado de foguetes e sistema de guiagem próprios. O ônibus se separava do míssil e lançava cada ogiva em direção a um alvo diferente, entregando uma a uma, como um ônibus escolar que deixa as crianças em casa depois da aula. O míssil Poseidon, instalado pela primeira vez em submarinos americanos em 1971, podia levar catorze ogivas.

Kissinger era considerado uma das principais autoridades em estratégia nuclear nos Estados Unidos. Por mais de uma década, seus escritos haviam ajudado a moldar o debate nacional sobre o tema. Ele fora consultor no governo Kennedy durante a crise de Berlim. Sabia tanto quanto um civil podia saber a respeito das teorias concorrentes sobre a guerra nuclear. No entanto, Kissinger ficou assombrado quando pela primeira vez recebeu informações sobre o SIOP.⁷⁹ A menor opção de ataque atingiria a União Soviética com quase 2 mil armas;⁸⁰ a maior, com mais de 3 mil.⁸¹ A grande escala e a inflexibilidade do SIOP levaram Kissinger a descrevê-lo como uma "estratégia de horror".⁸² Em uma reunião de segurança nacional na Situation Room, a sala para reuniões sobre assuntos de emergência nacional na Casa Branca, ele se perguntou depois: "Como é que alguém, racionalmente, poderia tomar uma decisão de matar 80 milhões de pessoas?". O presidente Nixon também ficou pasmo.⁸³

A maioria dos alvos mencionados no SIOP ainda era parte da máquina de guerra soviética: complexos de mísseis, bases aéreas, centros de comando, portos. Mas o desejo de assegurar a destruição da economia soviética inspirou cálculos que faziam as teorias de Fred Iklé sobre bombardeio urbano parecerem uma relíquia da Idade da Pedra. A RAND criara um modelo em computador para fornecer rapidamente estimativas das perdas e mortes que seriam causadas por diferentes ataques nucleares. Denominava-se QUICK COUNT (contagem rápida).[84] Dados sobre os tipos de armas a serem usados em um ataque, seus alvos, os ventos prevalecentes e a densidade da população local eram inseridos em um computador IBM-7090, e o QUICK COUNT produzia gráficos, tabelas e resumos da carnificina possível. Predizia as consequências de vários ataques não só contra a União Soviética, mas também contra o Leste Europeu, a Europa Ocidental e os Estados Unidos. E, de quebra, incluía um "Seletor DGZ urbano", que ajudava os planejadores a maximizar a destruição de cidades, permitindo-lhes escolher o ponto de explosão da bomba com a maior probabilidade de matar mais pessoas.

Um relatório do governo resumiu depois o "caminho de obstáculos para a recuperação"[85] que as vítimas desses ataques nucleares teriam pela frente:

TEMPO DEPOIS DO ATAQUE	EFEITO DO ATAQUE
1-2 dias	Onda explosiva e térmica
2-20 dias	Partículas radioativas letais
2-7 dias	Sem saída: sem tratamento médico
5-50 dias	Carências para manter a vida (alimento, água, abrigo)
2 semanas-1 ano	Epidemias e doenças
1-2 anos	Colapso da economia
5-20 anos	Efeitos tardios da radiação
10-50 anos	Efeitos ecológicos
2 a várias gerações	Efeitos genéticos

Embora a perda humana pudesse ser medonha, os autores do relatório mostraram otimismo quanto ao impacto das detonações nucleares sobre o meio ambiente. "Nenhuma influência de ataque nuclear que seja de todo provável poderia induzir mudanças em grande escala no equilíbrio da natureza que se aproximem em tipo ou grau às que a civilização humana já infligiu ao meio ambiente", dizia o relatório.[86] "Entre elas se incluem a derrubada da maioria das florestas originais, o cultivo em pradarias, a irrigação de desertos, o represamento e a poluição de rios, a eliminação de certas espécies e a introdução de outras, a destruição de várias áreas de pasto em encostas, a inundação de vales e até a prevenção de incêndios florestais." A implicação era que a natureza talvez considerasse a guerra nuclear uma ajuda.

Kissinger antes pensava que seria possível defender a Europa Ocidental com armas nucleares táticas, restringindo os danos a alvos militares e evitando a morte de civis. Mas agora essa ideia parecia inconcebível, e a recusa dos aliados dos americanos na Otan a aumentar suas próprias forças convencionais assegurava que um conflito militar com a União Soviética se agravaria rapidamente, até sair de controle. Durante uma reunião na Situation Room da Casa Branca, Kissinger reclamou que a política nuclear da Otan "insiste em nossa destruição antes que os europeus concordem em se defender".[87]

O governo Nixon logo se viu em posição bem semelhante à do governo Kennedy, procurando urgentemente alternativas a uma guerra nuclear total com a União Soviética. "Não devo ficar — e meu sucessor não deve ficar — limitado a ter como única resposta possível a destruição em massa indiscriminada de civis inimigos", disse o presidente Nixon ao Congresso.[88] Frases como "resposta flexível", "escalada gradual" e "pausas para negociação" pareceram novamente importantes quando Kissinger pediu aos chefes do Estado-Maior Conjunto que elaborassem planos para a guerra nuclear limitada. Mas os chefes do Estado-Maior Conjunto se recusaram a fazer mudanças no SIOP e resistiram a qualquer envolvimento de civis na seleção de alvos. O fracasso no Vietnã fortalecera neles a convicção de que, quando os Estados Unidos entrassem em uma guerra, caberia aos militares determinar como combater. Durante uma visita de Kissinger ao quartel-general do Comando Aéreo Estratégico para deliberar sobre planos de guerra nuclear, o tenente-brigadeiro Bruce K. Holloway, chefe do SAC, deliberadamente ocultou dele "certos aspectos do SIOP".[89] Os detalhes sobre alvos específicos eram considerados importantes e secretos demais para que Kissinger os conhecesse.

O Pentágono relutava em permitir o controle civil do SIOP, sobretudo por considerações operacionais. Um ataque limitado à União Soviética poderia impedir a execução completa do SIOP e provocar uma retaliação imediata e total dos soviéticos. O desejo de lutar humanamente poderia acarretar a aniquilação e a derrota. Mais importante era que os Estados Unidos ainda não possuíam os meios tecnológicos ou administrativos para combater em uma guerra nuclear limitada. Segundo um relatório de 1968 do Grupo de Avaliação de Sistemas de Armas, em cinco a seis minutos depois do lançamento de um míssil por submarino a União Soviética poderia, "com alto grau de confiança",[90] matar o presidente dos Estados Unidos, o vice-presidente e os catorze sucessores seguintes do Salão Oval. O Comando Militar Mundial e o Sistema de Controle haviam crescido até abranger oito sistemas de alerta, sessenta redes de comunicação, cem centros de comando e 70 mil militares.[91] Mas as estações terrestres para satélites de alarme prévio poderiam ser destruídas facilmente por armas convencionais ou sabotagem, o que eliminaria a capacidade de detectar o lançamento de mísseis soviéticos.

O Posto de Comando Aerotransportado para Emergência Nacional[92] — um Boeing 747 adaptado, projetado para decolar, retirar o presidente de Washington rapidamente e em segurança e permitir a supervisão da guerra nuclear em tempo real — não possuía computador. Os oficiais que tripulavam o avião teriam de registrar manualmente as informações sobre um ataque soviético. E todo o sistema de comando e controle podia ser desativado pelo pulso eletromagnético e por efeitos transitórios da radiação de uma detonação nuclear nos céus dos Estados Unidos.[93] As comunicações poderiam ser impossíveis por dias depois de um ataque soviético.

O sistema já se revelara falível em condições muito menos complicadas do que uma guerra nuclear.[94] Em 1967, durante a Guerra dos Seis Dias, mensagens urgentes alertando o navio americano *Liberty* para que permanecesse no mínimo a 160 quilômetros da costa de Israel foram transmitidas por engano a bases americanas nas Filipinas, Marrocos e Maryland. O navio espião foi atacado por aviões israelenses quase dois dias depois de ter sido enviado o primeiro aviso urgente — que nunca foi recebido. No ano seguinte, quando o navio americano *Pueblo* foi atacado por forças norte-coreanas, sua mensagem pedindo socorro urgente demorou mais de duas horas para passar pela burocracia do WWMCCS e chegar ao Pentágono. O comandante naval americano no Japão que conseguiu fazer contato com o *Pueblo* não teve êxito em estabelecer a comunicação direta com o Pentágono, a Situation Room da Casa Branca ou os comandantes no Pacífico cujos aviões poderiam ter defendido o navio.

Durante um conflito com a União Soviética, seria preciso retransmitir mensagens com exatidão logo nos momentos seguintes ao ataque. Uma década depois de o governo Kennedy ter reconhecido o problema, apesar dos muitos bilhões de dólares gastos para resolvê-lo, o sistema de comando e controle dos Estados Unidos continuava incapaz de administrar uma guerra nuclear. "Parece que uma avaliação mais acurada seria a de que nossas aptidões para alertas, ataques e danos são tão limitadas que o presidente provavelmente teria de implementar as decisões de execução do SIOP quase às cegas, pelo menos no que diz respeito às informações em tempo real",[95] concluiu um relatório ultrassecreto do WSEG em 1971. Alguns anos depois, outro relatório ultrassecreto concluiu que a resposta americana a um ataque nuclear seria imperfeita, mal coordenada e em grande medida descontrolada, com "homens confusos e amedrontados tomando decisões quando sua autoridade para fazê-lo seria questionável e as consequências, devastadoramente bombásticas".[96]

Quando a União Soviética adicionou ogivas múltiplas a seus mísseis balísticos, as autoridades do Pentágono começaram a se preocupar com a vulnerabilidade das forças nucleares americanas. Um ataque de surpresa dos soviéticos poderia devastar não só as instalações de comando e controle dos Estados Unidos, mas também seus mísseis terrestres. Para dissuadir um ataque assim, o Comando Aéreo Estratégico deliberou sobre uma nova opção retaliatória, conhecida como "lançamento mediante aviso" ou "lançamento sob ataque". Assim que fosse detectado um ataque soviético — e antes que uma única ogiva fosse detonada —, os Estados Unidos lançariam seus mísseis terrestres, salvando-os da destruição. Uma política de lançamento mediante aviso poderia dissuadir o Kremlin de tentar um ataque de surpresa. Mas também exigiria imensamente do sistema de comando e controle americano.

Mísseis lançados de submarinos soviéticos poderiam atingir bases do Minuteman e do Titan II no centro dos Estados Unidos em cerca de quinze minutos; mísseis lançados da União Soviética chegariam em aproximadamente meia hora. O presidente não teria mais do que trinta minutos para decidir sobre a retaliação; com certeza teria muito menos tempo do que isso. A cada minuto que se passasse, aumentaria a pressão para "usar ou perder" mísseis. E as restrições de tempo elevariam o risco de erros. A confiabilidade do sistema de alerta prévio americano assumiu uma importância existencial. Se os sensores não detectassem um ataque soviético, a ordem de lançamento poderia nunca ser dada. Mas, se dessem um alerta de ataque devido a algum equívoco, milhões de pessoas seriam mortas por engano.

A decisão do Pentágono de dar aos Estados Unidos um detonador sensível, capaz de ser disparado em instantes, singularmente coincidiu com o momento de relações mais amistosas entre as duas superpotências desde o fim da Segunda Guerra Mundial. A invasão da Tchecoslováquia pela União Soviética em 1968 não aumentara as tensões entre as duas Alemanhas, não inspirara protestos em massa contra os soviéticos nem espicaçara a indignação dos europeus com o comunismo. Ao contrário, a derrubada de um governo tcheco moderado encorajara Willy Brandt, na época ministro das Relações Exteriores da Alemanha Ocidental, a buscar um estreitamento dos laços com a União Soviética. O status quo na Europa, a divisão entre Leste e Oeste, não seria contestado.

Em poucos anos, uma série de acordos intercontinentais esclareceu a situação legal de Berlim, reconheceu a soberania dos dois governos alemães, prometeu reduzir a ameaça de guerra nuclear e estabeleceu uma relação funcional entre os Estados Unidos e a União Soviética conhecida como détente. Os dois países assinaram o Tratado de Mísseis Antibalísticos, que permitia a cada lado instalar defesas em dois locais, o Tratado sobre Limite de Proibição de Testes, restringindo a 150 quilotons a potência de detonações subterrâneas, e o Acordo Provisório sobre Certas Medidas a Respeito da Limitação de Armas Estratégicas Ofensivas, congelando o número de mísseis balísticos terrestres e permitindo a instalação de novos mísseis em submarinos somente quando mísseis antigos fossem desativados.

No entanto, o advento da détente não pôs fim à corrida armamentista nuclear. Os Estados Unidos e a União Soviética continuaram a modernizar sistemas de armas e aumentar sua precisão. Mais do que nunca, as armas nucleares pareciam importantes como emblemas de status e poder mundial. Depois de assumir a presidência, Nixon não demorou muito para tentar dar fim à Guerra do Vietnã ameaçando usar armas nucleares, convencido de que Eisenhower recorrera a tática semelhante para encerrar a Guerra da Coreia.[97] "É a Teoria do Louco, Bob",[98] disse Nixon a seu chefe de Estado-Maior, H. R. Haldeman. "Quero que os norte-vietnamitas acreditem que cheguei a um ponto em que poderia fazer qualquer coisa para parar a guerra." O secretário de Estado, o secretário da Defesa e os chefes do Estado-Maior Conjunto acharam má ideia. Mas Nixon e Kissinger julgavam que o plano poderia funcionar. Desconsiderando os riscos à segurança, o Comando Aéreo Estratégico secretamente retomou seu alerta no ar por duas semanas. B-52 carregados com bombas de hidrogênio decolaram de bases dos Estados Unidos e percorreram rotas circulares ao longo da costa da União Soviética. Nem soviéticos nem vietcongues acreditaram no blefe.

Alguns anos depois, no auge da Guerra Árabe-Israelense de 1973, armas nucleares foram mais uma vez usadas como ferramenta diplomática.[99] Receando que a União Soviética pudesse mandar tropas para o Egito, o secretário de Estado Kissinger e o secretário da Defesa James R. Schlesinger puseram as forças militares americanas no mundo todo em DEFCON 3. Esse elevado nível de prontidão era um sinal à União Soviética: implicava que os Estados Unidos estavam dispostos a entrar numa guerra nuclear por essa questão. Os soviéticos não intervieram no conflito do Oriente Médio, e Kissinger mais tarde atribuiu essa relutância à diplomacia ousada do governo americano.[100] Grandes líderes às vezes precisam parecer desequilibrados, ele pensou: "O que parece 'equilibrado' e 'seguro' em uma crise frequentemente é o mais arriscado".[101]

Fred Iklé chefiou a Agência de Controle de Armas e Desarmamento nos governos Nixon e Ford. Ele trouxe ao cargo um vasto conhecimento sobre armas nucleares, teoria da dissuasão e o funcionamento do sistema de comando e controle. Opôs-se à adoção de uma política de lançamento mediante aviso,[102] pois receava que ela pudesse ser desastrosa em caso de equívoco. No entanto, essa política tinha um forte apelo militar e psicológico. "Lançar a força do ICBM em uma avaliação de ataque provavelmente é o modo mais simples e econômico de frustrar um ataque de contraforça [soviético]", observou um relatório secreto da RAND.[103] "Mas, como política *declarada*, acreditamos que será vigorosamente rejeitada como perigosa e instável (em tese, um acidente poderia precipitar uma guerra nuclear)."

Em uma reunião do Conselho de Segurança Nacional, Iklé argumentou contra o lançamento mediante aviso, classificando-o como "propenso a acidentes".[104] O secretário de Estado Kissinger discordou e enalteceu essa estratégia como útil para a dissuasão. Kissinger tinha confiança em que o sistema de comando e controle seria capaz de lidar eficazmente com um lançamento mediante aviso, e salientou que "os soviéticos nunca devem ser capazes de calcular que vocês pretendem descartar um ataque desse tipo".[105] O consultor de segurança nacional, Brent Scowcroft, concordou com Kissinger. Agora a razão tinha um papel menor na estratégia nuclear. "Não será desvantagem para nós se parecermos irracionais aos soviéticos nesse aspecto", disse Scowcroft.[106]

No entanto, loucura demais poderia ser perigoso. Desde o tempo de Harry

Truman, o presidente dos Estados Unidos tinha autoridade exclusiva para ordenar o uso de armas nucleares. Isso dava a um único ser humano a capacidade de destruir cidades, nações, civilizações inteiras. Aonde quer que fosse, o presidente era acompanhado por um assessor militar que levava a "bola de futebol"[107] — uma pasta contendo o Manual de Resoluções do SIOP, uma lista de bunkers de comando secretos espalhados pelos Estados Unidos e instruções para operar o Sistema de Transmissões de Emergência. O Manual de Resoluções do SIOP resumia várias opções de ataque, com ilustrações desenhadas em estilo de história em quadrinhos para transmitir os detalhes rapidamente. Era conhecido como o Livro Negro.

Ansiosos para defender o controle civil das armas nucleares contra a usurpação militar, John F. Kennedy e Robert McNamara tinham se empenhado arduamente para assegurar que só o presidente pudesse tomar a decisão suprema. Mas não tinham levado em conta a possibilidade de o presidente estar clinicamente deprimido, emocionalmente instável e bebendo muito — como Richard Nixon em suas derradeiras semanas no cargo. Em meio ao agravamento do escândalo Watergate, o secretário da Defesa Schlesinger disse ao chefe do Estado-Maior Conjunto que pedisse sua aprovação antes de agir com base em "qualquer ordem emergencial vinda do presidente".[108] Embora a ordem de Schlesinger suscitasse questões sobre quem estava de fato no comando, na época pareceu uma boa ideia.

A fita errada

Um mês depois da posse de Jimmy Carter na presidência, um de seus assessores de segurança nacional, o general de brigada William E. Odom, compareceu a reuniões de informação sobre o SIOP no quartel-general do Comando Aéreo Estratégico em Omaha.[1] Odom era considerado um ferrenho anticomunista, um dos linhas-duras do novo governo. Era especialista em União Soviética, fluente em russo, estudara em West Point e se formara oficial do Exército especialista em alvos nucleares estratégicos. Sua visita ao quartel-general do SAC aconteceu em fevereiro de 1977. Oito anos haviam passado desde que Henry Kissinger começara a requerer maior flexibilidade para o SIOP. O secretário da Defesa Schlesinger anunciara em 1974 que os planos de guerra americanos estavam sendo reformulados e logo incluiriam "Opções Nucleares Limitadas" e "Opções Nucleares Regionais",[2] com uso de menos armas nucleares. No entanto, o general Odom não viu nem sinal dessas mudanças no SIOP. Como outros antes dele, iniciados em guerra nuclear a quem era concedido um conhecimento secreto, Odom ficou estarrecido com o SIOP:

> Às vezes eu não conseguia acreditar no que estavam me dizendo e me mostrando, e duvidava do meu entendimento. Foi para mim uma experiência assustadora [...]. Era apenas um plano mecânico de guerra que visava causar o máximo de

danos sem levar em conta o contexto político. Concluí que os Estados Unidos tinham entregado o controle político das armas nucleares a uma teoria da guerra determinista que [...] assegurava uma devastação sem precedentes tanto da União Soviética como dos Estados Unidos [...]. E ao presidente restariam duas ou três escolhas insignificantes que ele teria de tomar dentro de dez minutos assim que fosse acordado de um sono profundo altas horas da noite.[3]

Uma política de lançamento mediante aviso era "absurda e irresponsável",[4] e implementar o SIOP seria, em quaisquer circunstâncias, "o cúmulo da insensatez".[5] Agora o SIOP determinava que a União Soviética fosse atingida por cerca de 10 mil armas nucleares.[6] Mas o que mais perturbou Odom com respeito à Comissão de Planejamento de Alvos Estratégicos em Omaha foi não terem nenhum plano pós-ataque: "No mundo deles, as coisas simplesmente cessariam umas seis a dez horas depois de terem recebido a ordem de executar o SIOP".[7]

O presidente Carter estava decidido a encerrar a corrida armamentista com a União Soviética. E ele sabia mais sobre armas nucleares do que qualquer um de seus predecessores na Casa Branca, com exceção, talvez, de Eisenhower. Carter estudara na Academia Naval dos Estados Unidos, servira como oficial em submarinos e ajudara a projetar os primeiros sistemas de propulsão nuclear para a Marinha. Algumas semanas antes de tomar posse na presidência, Carter se reunira com os chefes do Estado-Maior Conjunto e lhes fizera uma pergunta inesperada: quanto tempo levaria para reduzir o arsenal nuclear americano a apenas cem ou duzentos mísseis balísticos? Fez-se silêncio na sala, e não houve resposta.[8]

Naquele momento o presidente Carter se revelara como defensor da "dissuasão mínima", uma estratégia que a Marinha endossara em fins dos anos 1950, quando o submarino Polaris estava na prancheta. Para Carter, cem ou duzentos mísseis podiam ser suficientes para dissuadir os soviéticos.[9] E se ambas as superpotências reduzissem suas forças estratégicas a esse nível, nenhuma seria capaz de executar um primeiro ataque com êxito. Durante seu discurso de posse, Carter mencionou seu maior objetivo: "eliminar da Terra todas as armas nucleares".[10] Para garantir que essa questão nunca lhe saísse da cabeça, ele mantinha miniaturas de madeira de mísseis soviéticos e americanos em sua mesa no Salão Oval.

Os chefes do Estado-Maior Conjunto desconfiavam de Carter. O novo presidente não só defendia a dissuasão mínima, mas também se empenhava pela proibição de todos os testes nucleares. Ele propunha grandes cortes em gastos militares. Desejava sinceramente novos acordos de controle de armas, a paz mundial, a amizade com a União Soviética. E nomeou Harold Brown — um dos ex-meninos prodígios de McNamara — para o cargo de secretário da Defesa. Brown achava que os Estados Unidos não estavam defasados em relação aos soviéticos e que novas armas estratégicas, como o bombardeiro B-1, não eram uma necessidade urgente. Semanas depois de assumir a presidência, Carter viu seus planos sendo combatidos pela maioria dos republicanos, por muitos democratas, pelas Forças Armadas e até pelos soviéticos. No Kremlin, sua proposta de acelerar a redução de mísseis balísticos pareceu uma tentativa de atrair publicidade favorável, e suas críticas a violações de direitos humanos na União Soviética foram recebidas como insultos. A liderança soviética preferia lidar com Nixon e Kissinger, que nunca mencionavam a repressão de dissidentes.

Uma nova organização, a Comissão sobre Perigo Presente, logo criticou o governo Carter por ser fraco na defesa e pôr em perigo a segurança dos Estados Unidos. Participavam do grupo acadêmicos, intelectuais especialistas em defesa, ex-autoridades governamentais e oficiais militares reformados. Eles alertaram que dali a poucos anos o país se defrontaria com uma "janela de vulnerabilidade", um período no qual os soviéticos poderiam ser capazes de fazer um ataque de surpresa que poupasse cidades americanas mas destruísse todos os seus mísseis terrestres. O presidente se veria então diante de uma escolha dilacerante: concordar com as exigências da União Soviética e salvar vidas de americanos ou lançar mísseis de submarinos contra cidades soviéticas e causar a aniquilação mútua sem sentido. As opiniões da comissão foram resumidas em um ensaio de Richard Pipes, professor de história em Harvard e um dos fundadores do grupo: "Por que a União Soviética se julga capaz de lutar e vencer em uma guerra nuclear".[11] Os soviéticos eram violentos, dissimulados, autoritários e astutos, argumentou Pipes, e já haviam se mostrado dispostos a cometer assassinato em massa em nome do comunismo. A derrocada dos Estados Unidos agora parecia ao alcance deles e seria buscada, independentemente do custo.

A janela de vulnerabilidade — como a disparidade de bombardeiros e a disparidade de mísseis antes dela — fornecia um bom argumento para aumentar os gastos com a defesa. E, como aqueles outros temores, baseava-se mais no medo do que em fatos. Não seria fácil ter êxito em um ataque de surpresa aos mísseis terrestres dos Estados Unidos. Para ter 95% de certeza de destruí-los, seria preciso que no mínimo duas ogivas soviéticas fossem lançadas contra cada silo.[12] Essas ogivas teriam de aterrissar a intervalos precisos, para que os efeitos da explosão de uma não destruíssem a outra. E os soviéticos teriam de impedir que o Comando Aéreo Estratégico lançasse seus mísseis assim que fosse dado o alerta. Mesmo se o ataque de surpresa fosse bem-sucedido, inutilizando cada Minuteman e Titan II, as partículas radioativas das explosões nucleares matariam entre 2 milhões e 20 milhões de americanos.[13] E os Estados Unidos ainda teriam milhares de ogivas nucleares encabeçando mísseis instalados em submarinos, prontos para a vingança.

A visão idealista do presidente Carter logo colidiu com a realidade de fins dos anos 1970. Ele teve de lidar com escassez de gasolina, desemprego e inflação elevados, preocupações com o declínio do poder americano, o crescimento do arsenal na União Soviética, a perseguição da União Soviética aos dissidentes e o uso de soldados cubanos para lutarem em seu nome na Etiópia e Angola. O Senado americano não aprovou outro tratado de controle de armas, e a détente virou coisa do passado. Em vez de reduzir o orçamento da Defesa, Carter aumentou-o pela primeira vez em mais de uma década. Em vez de adotar a estratégia da dissuasão mínima, ele endossou uma "estratégia de compensação"[14] que permitiria ao presidente recorrer a ataques nucleares limitados em diversas situações. Em vez de eliminar armas estratégicas, ele apoiou a criação de novas armas — o míssil de longo alcance MX, o míssil de médio alcance Pershing II, mísseis de cruzeiro, que usavam motores de jato em vez de foguetes para voar baixo e escapar dos radares soviéticos, o bombardeiro B-2, o submarino Trident.

O sistema de míssil MX incorporava o pensamento estratégico de sua época.[15] Para evitar a destruição em um ataque de surpresa, o MX seria instalado em um caminhão de 61 metros de comprimento. Ele seria constantemente transferido entre 23 abrigos de concreto, para despistar o inimigo. A União Soviética nunca saberia qual abrigo guardava o míssil. Os abrigos estariam a 1,6 quilômetro de distância um do outro. Vinte e dois deles conteriam mísseis falsos, que também seriam transferidos constantemente por caminhões. Se esse esquema funcionasse, os soviéticos teriam de usar no mínimo 46 ogivas para destruir um único míssil MX.

O presidente Carter aprovou a instalação de duzentos mísseis MX na área da Grande Bacia de Utah e Nevada. Os mísseis ficariam dispersos por aproximadamente 39 mil quilômetros quadrados de terras federais,[16] boa parte delas fechada ao público. Seriam construídos 13 mil quilômetros de estrada levando aos abrigos de MX.[17] Cerca de 100 mil trabalhadores construiriam o sistema,[18] e metade desse número cuidaria de sua operação. A estimativa de custo do projeto era de no mínimo 40 bilhões de dólares.[19] A nova arma foi criada não só para fechar a janela de vulnerabilidade para os Estados Unidos, mas também para abrir uma janela de vulnerabilidade para a União Soviética. Cada MX levaria dez ogivas de alta precisão, o que traria o risco de destruição aos mísseis soviéticos durante um primeiro ataque americano.

Por volta das onze da manhã de 9 de novembro de 1979, os computadores no quartel-general do NORAD, no interior da montanha Cheyenne, informaram que os Estados Unidos estavam sendo atacados.[20] A enorme tela do centro de controle subterrâneo no quartel-general do SAC mostrou que mísseis soviéticos tinham sido lançados de submarinos no mar próximo da Costa Oeste. A mesma mensagem foi recebida por computadores do Centro de Comando Militar Nacional no Pentágono e do Centro de Comando Militar Nacional Alternativo no Site R, no interior da montanha Raven Rock. Depois mais mísseis apareceram na tela, lançados não só de submarinos, mas também de locais na União Soviética. Era um ataque maciço, e dentro de cinco ou seis minutos as ogivas começariam a atingir alvos americanos.

Toda vez que os sensores de alerta prévio do NORAD detectavam sinais de um possível lançamento de míssil, fazia-se uma Conferência sobre Exibição de Míssil. Isso acontecia mais ou menos quatro vezes por dia;[21] os sensores infravermelhos nos satélites da Força Aérea podiam ser acionados por incêndios florestais, erupções vulcânicas e outras fontes de calor.[22] Os oficiais de plantão discutiam se a ameaça parecia real ou se era apenas alarme falso. O comandante em chefe do NORAD decidia então se era preciso convocar uma Conferência de Avaliação de Ameaça,[23] trazendo para a discussão o chefe do SAC e o presidente do Estado-Maior Conjunto. Esse tipo de conferência ocorria uma ou duas vezes por semana. E se realmente parecesse que havia mísseis vindo em direção aos Estados Unidos, aconteceria uma Conferência sobre Ataque de Mísseis.[24] Ela daria ao presidente a chance de falar com altos oficiais, ouvir seus conselhos e decidir se lançaria mísseis em retaliação. Nunca acontecera uma Conferência sobre Ataque de Mísseis.

Quando as telas dos computadores do NORAD se encheram de mísseis soviéticos, foi convocada uma Conferência para Avaliação de Ameaça. Embora o padrão do ataque parecesse condizer com as suposições do Pentágono sobre planos de guerra soviéticos, o momento parecia inadequado. As tensões entre as superpotências não estavam particularmente altas, e não havia nenhuma notícia que parecesse justificar um ataque "sem mais nem menos" aos Estados Unidos. Oficiais a postos no NORAD entraram em contato com as estações de radar e as estações terrestres onde os sensores estavam transmitindo as informações sobre os lançamentos. Nenhuma delas havia detectado sinais de mísseis. Os computadores do NORAD pareciam estar fornecendo um relato equivocado — mas muito realista — de um ataque de surpresa soviético.

Como precaução, soaram as sirenes em bases do SAC por todo o país. Tripulações de bombardeiros correram para seus aviões e equipes de missilheiros foram postas em alerta máximo. Aviões interceptadores decolaram para procurar sinais de um ataque soviético. O Posto de Comando Aerotransportado para Emergência Nacional deixou a Base da Força Aérea em Andrews, sem o presidente Carter a bordo. E controladores do tráfego aéreo em todo o país se prepararam para abrir o espaço aéreo americano para aviões militares, alertando todos os aviões comerciais que talvez tivessem de aterrissar em breve.

Minutos passaram sem que chegassem ogivas soviéticas, e ficou claro que os Estados Unidos não estavam sendo atacados. Logo se descobriu a causa do alarme falso. Um técnico pusera a fita errada em um dos computadores do NORAD.[25] A fita era parte de um exercício de treinamento: um jogo de guerra que simulava um ataque soviético aos Estados Unidos. O computador transmitira detalhes realistas do jogo de guerra ao quartel-general do SAC, ao Pentágono e ao Site R.

Fazia mais de uma década que os computadores do NORAD vinham causando problemas.[26] Embora provavelmente fossem as mais importantes máquinas de processamento de dados dos Estados Unidos, responsáveis por compilar e avaliar informações de todos os radares de alerta prévio e satélites do país, os computadores Honeywell 6060 já estavam obsoletos quando o NORAD os instalara nas montanhas Cheyenne.[27] Uma investigação feita em 1978 pelo General Accounting Office (GAO), o Departamento de Contabilidade Geral, constatou que cortes orçamentários e inflexibilidade burocrática durante o governo Nixon haviam forçado o NORAD a comprar os computadores, apesar de o chefe do

NORAD avisar que aquelas máquinas não tinham capacidade de processamento suficiente para tarefas cruciais de alerta prévio.[28] Os computadores do NORAD com frequência estavam fora de uso, informou o GAO, "devido à falta de partes sobressalentes prontamente disponíveis".[29] Muitas das partes não vinham sendo fabricadas pela Honeywell fazia anos.[30]

O moral no NORAD, como seus computadores e software velhos, poderia estar melhor. Dois meses depois do alarme falso, 23 oficiais de segurança em serviço no Centro de Operações de Combate no interior da montanha Cheyenne haviam sido destituídos de suas autorizações de acesso a informações sigilosas.[31] Segundo o Departamento de Investigações Especiais da Força Aérea, a força de segurança responsável por proteger o centro nervoso do sistema de comando e controle dos Estados Unidos estava usando LSD, maconha, cocaína e anfetaminas.

ALARME FALSO DE ATAQUE PÕE CAÇAS NO CÉU foi uma das manchetes quando vazou a notícia da fita de treinamento.[32] Autoridades do Pentágono negaram que o alerta sobre mísseis tivesse sido levado a sério. Mas os erros técnicos e humanos no NORAD pareciam condizentes com o estado de espírito generalizado no país. Para muita gente, uma guerra nuclear acidental não parecia inconcebível; os Estados Unidos davam a impressão de estar se desintegrando. Alguns meses antes, um reator nuclear na usina de Three Mile Island, na Pensilvânia, sofrera uma fusão parcial, em grande medida porque um operário na usina desligara por engano um sistema de resfriamento de emergência.

Por volta das 2h30 da manhã de 3 de junho de 1980, Zbigniew Brzezinski, o assessor de segurança nacional do presidente, foi acordado por um telefonema de um membro do Estado-Maior, o general de brigada William E. Odom.[33] Submarinos soviéticos haviam lançado 220 mísseis contra os Estados Unidos, Odom disse. Dessa vez um ataque de surpresa não era implausível. A União Soviética invadira recentemente o Afeganistão, confirmando todos os estereótipos de brutalidade promovidos pela Comissão sobre Perigo Presente. Os Estados Unidos estavam encabeçando um boicote às Olimpíadas de Moscou, que aconteceriam em breve, e as relações entre as duas superpotências estavam no ponto mais baixo desde a Crise dos Mísseis de Cuba. Brzezinski disse a Odom que tornasse a telefonar se tivesse a confirmação do ataque soviético e os alvos pretendidos. Os Estados Unidos teriam de retaliar imediatamente assim que os detalhes do ataque ficassem claros. Brzezinski avisaria o presidente. Odom tornou a ligar e disse que havia 2200 mísseis a caminho dos Estados Unidos[34] — quase o total de mísseis de longo alcance do arsenal soviético. Quando Brzezinski se preparava para telefonar para a Casa Branca, Odom ligou de novo. Os computadores do NORAD diziam que os mísseis tinham sido lançados, mas os radares e satélites de alerta prévio não haviam detectado míssil algum. Era alarme falso. Brzezinski preferira deixar sua mulher dormindo durante todo esse episódio; achou melhor que ela não estivesse acordada quando as ogivas atingissem Washington.

Tripulações de bombardeiros do SAC haviam corrido para seus aviões e ligado os motores. Equipes de missilheiros tinham recebido ordem de abrir seus cofres. O posto de comando aerotransportado do Comando do Pacífico decolara. Por fim, o oficial a postos no Centro de Comando Militar Nacional do Pentágono encerrou a Conferência de Avaliação de Ameaça, confiante de que não tinham sido lançados mísseis soviéticos. Mais uma vez, os computadores do NORAD e os sensores de alerta prévio estavam dizendo coisas diferentes. O problema claramente estava em um dos computadores, mas seria difícil descobrir. Poucos dias depois, computadores do NORAD alertaram pela terceira vez o quartel-general do SAC e o Pentágono que os Estados Unidos estavam sendo atacados. Sirenes soaram, tripulações de bombardeiros correram para seus aviões e outra Conferência de Avaliação de Ameaça declarou mais um alarme falso.

Dessa vez os técnicos encontraram o problema: um chip defeituoso em um dispositivo de comunicação de computador.[35] O NORAD possuía linhas exclusivas ligando os computadores do interior da montanha Cheyenne aos computadores do quartel-general do SAC, do Pentágono e do Site R. Dia e noite, o NORAD enviava mensagens de teste para assegurar que essas linhas estavam funcionando. A mensagem de teste era um aviso de ataque de míssil, com zeros sempre inseridos no espaço que mostrava o número de mísseis que haviam sido lançados. O chip defeituoso de computador inserira aleatoriamente o número dois naquele espaço, indicando que dois mísseis, 220 mísseis ou 2200 mísseis tinham sido lançados.[36] Substituiu-se o chip defeituoso, ao custo de 46 centavos de dólar.[37] E uma nova mensagem foi escrita para as linhas exclusivas do NORAD. Ela não fazia menção a mísseis.

No final do governo Eisenhower, em meio à feroz retórica sobre a disparidade de mísseis, Bob Peurifoy passou a se preocupar com a possibilidade de a União Soviética atacar os Estados Unidos.[38] Com ajuda de sua mulher, Barbara, e de um empreiteiro local, Peurifoy construiu um abrigo nuclear sob a garagem de sua casa, em Albuquerque. Outros engenheiros do Sandia também construíram abrigos nucleares em suas casas. O laboratório era um alvo importante para os soviéticos, e a série de crises internacionais durante os dois primeiros anos do governo Kennedy fazia essa decisão parecer sensata. No abrigo de Peurifoy havia comida, água, um dosímetro para medir níveis de radiação, uma porta que podia ser totalmente lacrada, um ventilador acionado à mão, um revólver e espaço para cinco pessoas. Tempos depois, Peurifoy passou a ver aquilo como uma tolice da juventude. Quando, em 1967, a família se mudou de lá para uma casa a alguns quilômetros de um depósito de armas nucleares em Site Able, ele não se deu ao trabalho de construir outro abrigo. Peurifoy não podia cavar um buraco profundo o suficiente para proteger sua família das ogivas termonucleares que provavelmente atingiriam a área. E em meados dos anos 1970, sua preocupação era com uma ameaça diferente. Embora Peurifoy fosse conservador e anticomunista, um republicano defensor do aumento dos gastos com a defesa, eram as armas nucleares do arsenal americano que lhe tiravam o sono.

O único efeito imediato da Carta Fowler foi aumentar a probabilidade de Glenn Fowler perder o emprego. Seu aviso urgente sobre a segurança não persuadiu a Força Aérea a remover as armas nucleares de seus bombardeiros em alerta no ar. No Departamento de Defesa e na Comissão de Energia Atômica, foi intensa a irritação provocada pela carta. Oficiais de alto coturno de ambas as organizações viajaram de Washington para se reunir com o chefe do Sandia. Preparando-se para o encontro, Peurifoy pediu a Stan Spray que montasse uma exposição de componentes de armas que haviam sido submetidos a ambientes anormais. Talvez fosse preciso ver para crer: a solda derretida em placas de circuito calcinadas parecia prova irrefutável de que armas nucleares podiam se comportar de modo imprevisível durante um incêndio. A apresentação de Spray logo ficou conhecida como o briefing da Placa Queimada. Donald R. Cotter, assistente do secretário da Defesa para energia atômica, e o brigadeiro Ernest Graves, o oficial da AEC a quem fora enviada a Carta Fowler, não se impressionaram. Acharam que os dados não eram convincentes. E se indignaram porque o Sandia registrara aquelas afirmações. O arsenal nuclear americano continha dezenas de tipos de armas nucleares e a Carta Fowler não dizia que havia um pequeno problema de segurança em um deles. Sugeria que nenhum deles poderia ter sua segurança demonstrada.

Don Cotter ficou particularmente aborrecido. Ele conhecia bem Peurifoy e Bill Stevens. Antes de ir para o Pentágono, Cotter trabalhara no Sandia por anos. Projetara os sistemas elétricos de armas nucleares, defendera a adoção de dispositivos de segurança iniciais e ajudara Fred Iklé a preparar o relatório da RAND sobre segurança de armas. Cotter se indignou com a Carta Fowler. Sua resposta foi ríspida. "É o nosso arsenal. Nós o consideramos seguro. Quem vocês pensam que são?"[39] A equipe de Peurifoy havia contestado não só a sabedoria convencional sobre o design das armas, mas também o preparo de algumas unidades da Otan e do Comando Aéreo Estratégico.

Fowler conservou o emprego. Mas as recomendações de sua carta não foram seguidas. Nenhuma arma de lançamento aéreo foi desativada ou reequipada com novos mecanismos de segurança. Em vez disso, encomendou-se uma série de estudos governamentais para investigar a questão da segurança de armas nucleares, uma clássica manobra burocrática para retardar qualquer ação. O Departamento de Defesa argumentou que "a magnitude dos problemas de segurança não é facilmente perceptível"[40] — e agora o departamento tinha uma influência sem precedentes sobre o arsenal nuclear. A Comissão de Energia Atômica foi desfeita em 1975 e substituída pela Administração de Pesquisa e Desenvolvimento de Energia, um órgão que durou apenas dois anos antes de ser subordinado ao Departamento de Energia. A Comissão Conjunta de Energia Atômica — que por três décadas funcionara como um poderoso contrapeso civil às Forças Armadas — foi abolida em 1977. Em grande medida, o Pentágono tinha um poder irrestrito sobre a supervisão das armas nucleares, e sua Agência de Defesa Nuclear se baseava em um conjunto de prioridades diferentes das de Bob Peurifoy. "As vantagens de segurança ganhas com a reequipagem de armas existentes no arsenal [...] serão um programa dispendioso, que muito provavelmente reduzirá os recursos disponíveis para armas futuras",[41] declarou a Agência de Defesa Nuclear.

A Força Aérea tinha de prontidão a maioria das armas que Peurifoy queria ver reequipadas. E apoiava o uso de novos dispositivos de segurança, contanto que não exigissem:

1. Modificação de nenhuma aeronave operacional atual[42]
2. Ações adicionais da tripulação e
3. Gasto de dinheiro da Força Aérea.

A Força Aérea continuou sem interesse em conectores de ação permitida ou outras formas de controle de uso. Os PALs mais recentes eram bem mais refinados e confiáveis do que os que haviam sido fornecidos à Otan no começo dos anos 1960. Os novos PALs Categoria D tinham um código de seis dígitos com 1 milhão de combinações possíveis,[43] uma função que limitava as tentativas e bloqueava permanentemente a arma se fossem digitados os números errados, e capacidade de armazenar múltiplos códigos. Agora, selecionando determinado código, o presidente tinha escolha entre desbloquear algumas armas nucleares mas não outras. O sistema prometia o comando e controle centralizado e seguro. Mas o Comando Aéreo Estratégico continuava a resistir à instalação de PALs dentro de suas ogivas e bombas.

Depois do acidente em Thule, o Pentágono ordenara ao SAC que impusesse alguma forma de controle de uso. Em vez de recorrer aos PALs, no começo dos anos 1970 a Força Aérea instalou um interruptor codificado na cabine de cada bombardeiro que transportava armas nucleares.[44] O interruptor permitia que um sinal para armar fosse enviado ao compartimento da bomba quando se digitasse o código certo. A trava fora instalada no bombardeiro, e não no interior das bombas — e uma arma roubada ainda podia ser detonada com um simples sinal DC. O SAC se preocupava muito mais com a possibilidade de suas armas acabarem inoperáveis durante uma guerra do que com a de alguém roubá-las ou usá-las sem autorização adequada. Em fins dos anos 1970, um interruptor codificado finalmente foi instalado no centro de controle de cada míssil balístico do SAC. Ele destravava o míssil, mas não a ogiva. E, em um último ato de desafio, o SAC demonstrou a importância da supervisão dos códigos para a utilidade de qualquer interruptor codificado. A combinação necessária para lançar os mísseis era a mesma em cada base de Minuteman: 00000000.[45]

Peurifoy não se abalou com os muitos níveis de oposição burocrática. O que estava em jogo não era uma questão trivial, e ele estava decidido a persuadir outros na comunidade da Defesa de que o perigo era real. O custo aproximado de adicionar elos fracos e elos fortes e um mecanismo de sinal único era de 100 mil dólares por arma.[46] O Departamento de Administração e Orçamento estimou que a instalação desses dispositivos de segurança nas duas bombas da Força Aérea mais usadas, a Mark 28 e a B-61, custaria cerca de 360 milhões de dólares.[47] Peurifoy sabia que era uma quantia vultosa. Mas um acidente com arma nuclear poderia ser muitíssimo mais caro. O dinheiro necessário para a reequipagem representava aproximadamente 1% do que a Força Aérea planejava gastar sobrevoando o deserto de Utah e Nevada com mísseis MX a bordo. A obsessão do Pentágono por obter novas armas em vez de fazer a manutenção adequada das já existentes seria difícil de vencer. Mas a luta parecia valer a pena. Um amigo enviou a Peurifoy uma charge mostrando um juiz da Suprema Corte se pronunciando no tribunal. A charge transmitia bem a atitude geral de Peurifoy quando os fatos estavam do seu lado. "Minha opinião discordante será breve", diz o juiz. "Vocês estão falando merda."[48]

O papel dos laboratórios de armas passara a ser principalmente consultivo. Eles competiam por contratos do Departamento de Defesa e relutavam em criticar seu maior cliente. Peurifoy não tinha autoridade para ordenar mudanças em sistemas de armas que as Forças Armadas já possuíam. Mas se recusava a assinar a liberação da diretoria do Sandia para novas bombas ou ogivas que não possuíssem os novos dispositivos de segurança. E sem sua aprovação essas armas não podiam entrar no arsenal nuclear. Em 1977, quase quatro anos depois de obter alguma autoridade efetiva no laboratório, Peurifoy assinou os papéis que liberavam uma modificação na bomba B-61. Foi a primeira arma nuclear com a tecnologia do elo fraco-elo forte.

Enquanto a disputa com o Pentágono se arrastava, Peurifoy ficou sabendo que as Forças Armadas tinham parado de informá-lo sobre acidentes com armas nucleares. Flechas Quebradas seriam difíceis de esconder, mas os acidentes mais corriqueiros — curtos-circuitos, bombas que caíram de carretas, transportadores de armas que capotaram — estavam sendo omitidos. Muitas vezes, Peurifoy ficava sabendo por outras fontes. O sentido de negação nos escalões mais elevados da Força Aérea e do Departamento de Defesa se transmitia por todas as camadas dessas duas instituições. Informava-se aos tripulantes de bombardeiros, equipes de missilheiros, técnicos que lidavam com ogivas e bombas de forma rotineira, equipes de manutenção e bombeiros que as armas eram perfeitamente seguras. Essa informação errada expunha-os a riscos maiores. Além disso, era uma forma de desrespeito para com jovens soldados que já estavam arriscando a vida. E encorajava um comportamento descuidado com as armas nucleares. De muitos modos, negar os problemas de segurança só servia para agravá-los.

Enquanto Peurifoy lutava suas guerras burocráticas, Bill Stevens e o resto do departamento de segurança nuclear continuavam a estudar como reduzir a probabilidade de armas nucleares detonarem por acidente, espalharem plutônio ou caírem em mãos erradas. Em fins dos anos 1960, Stevens começara a se preocupar com uma tentativa terrorista de roubar uma arma,[49] e o massacre de 1972 nos Jogos Olímpicos de Munique demonstrou que a ameaça era real. As armas guardadas nos iglus da Otan pareciam ser as mais vulneráveis a roubo, não só por terroristas em potencial, mas também por elementos mal-intencionados em um exército aliado ou por soldados inimigos. Se um iglu parecesse prestes a ser tomado, as forças da Otan deviam "estragar o plano": instalar uma carga explosiva adaptada a cada arma e explodi-la. Não ocorreria uma detonação nuclear. Mas os danos não premeditados podiam ser enormes, e uma grande quantidade de pó de plutônio se espalharia. Stevens achava que era preciso encontrar modos melhores de manter as armas fora das mãos erradas e que o risco da dispersão de plutônio tinha de ser levado mais a sério.

Logo surgiram mudanças nas práticas de armazenagem em iglus da Otan e nos procedimentos de emergência para destruir as armas. Pesquisas antiterrorismo no Sandia ensejaram a criação de novas tecnologias de controle perimetral, entre elas detectores de movimento e métodos inovadores para deter invasores que conseguissem passar pela porta de um iglu. Esguichos nas paredes encheriam rapidamente o local com espuma,[50] prendendo os invasores e impedindo a remoção de armas nucleares. A espuma parecia ridícula, um expediente digno de figurar em um episódio de *Os três patetas*, mas funcionava.

Peurifoy e Stevens também estudaram como seria possível tornar as armas nucleares seguras depois de um acidente. Era frequente os civis no Sandia e os militares das unidades de Remoção de Armas Explosivas (na sigla em inglês, EOD) terem noções conflitantes sobre o que devia ser feito. Essa era outra disputa entre cientistas de jaleco e militares fardados. Esquadrões de bombas da Força Aérea estavam acostumados a lidar com armas convencionais. E eram treinados para fazer o trabalho com rapidez — durante uma guerra, uma bomba não deflagrada nas proximidades de uma pista poderia impedir a decolagem de aviões essenciais. O pessoal da EOD preferia se aproximar de uma arma, desmontá-la depressa e se livrar dela. Peurifoy e Stevens achavam que isso não devia ser feito com armas nucleares. Uma bomba de hidrogênio que sobrevivesse a um acidente razoavelmente intacta ainda poderia detonar se fosse manuseada de modo impróprio. Mesmo se ela não liberasse energia nuclear, os altos-explosivos poderiam espalhar plutônio e prejudicar quem estivesse por perto.

Depois da queda do B-52 nas imediações de Cumberland, em Maryland, uma equipe da EOD da Força Aérea começou a remover as armas dos destroços do avião usando máquinas pesadas improvisadas, até que um representante do Sandia interveio e lhes pediu que parassem. As bombas não seriam removidas enquanto suas condições não fossem avaliadas. Uma equipe de remoção de bomba da Marinha começou a desmontar a bomba Mark 28 recuperada no mar perto de Palomares, até que outro especialista em segurança nuclear do Sandia deixou claro que um navio balançando nas ondas poderia não ser o melhor lugar para essa tarefa. Peurifoy e Stevens achavam que, na maioria dos casos, não era preciso pressa. "Não mova uma pessoa ferida antes de saber a gravidade das lesões" era uma regra básica de primeiros socorros, e também se aplicava às armas nucleares. Ser facilmente desmontável nunca fora prioridade para os projetistas de armas. Aliás, isso raras vezes entrava na equação quando as armas estavam na prancheta. Dentro da fuselagem de metal, as partes eram fortemente soldadas ou coladas. Se não se tomasse cuidado, baterias térmicas podiam pegar fogo, altos-explosivos podiam detonar. Peurifoy fez um curso de Remoção de Armas Explosivas e adquiriu imenso respeito dos soldados e cabos que vestiam trajes antiexplosivos e tornavam as bombas seguras. Eles eram destemidos. Mas as armas que costumavam manusear podiam matá-los e prejudicar pessoas em um raio de quatrocentos metros. Peurifoy não queria ninguém afobado ou entusiasmado demais durante a desmontagem de uma ogiva termonuclear.

A necessidade de reequipar e de remover armas mais antigas do arsenal se tornou mais urgente depois de uma descoberta sobre a bomba de hidrogênio Mark 28. Stan Spray reparou que um dos cabos internos da bomba se localizava perto demais do invólucro.[51] Se a arma fosse exposta a calor prolongado, o isolamento do cabo se degradaria, podendo ocorrer curto-circuito nos fios em seu interior. Um desses fios se ligava ao interruptor pronto/seguro, outro à bateria térmica que carregava a unidade X. Era um problema grave. O calor de um incêndio poderia armar uma bomba Mark 28, pôr fogo em sua bateria térmica, carregar sua unidade X e então detonar totalmente os altos-explosivos. Dependendo do modelo da Mark 28, o que ocorreria logo em seguida seria uma explosão de setenta quilotons a 1,5 megaton.

O problema da Mark 28 era mais importante do que as falhas de segurança em outras armas. Bombardeiros B-52 com frequência continham bombas Mark 28 durante os alertas em terra. E os B-52 às vezes se incendiavam, mesmo sem sair do chão. A aeronave levava mais de 130 toneladas de combustível de jato JP-4 altamente inflamável, uma mistura de gasolina e querosene. Na preparação para um voo típico em um B-52, a tripulação passava no mínimo uma hora no avião, seguindo os procedimentos de checklists, antes de ligar os motores. Depois, ligavam-se os motores, um após outro, até todos os oito estarem funcionando. Podia levar uma hora e meia até o piloto pôr um B-52 no ar. Mas, se estivessem em alerta em terra, os aviões deviam estar no ar dentro de dez ou quinze minutos, o tempo máximo disponível para uma "fuga de base".[52] Cápsulas explosivas nos quatro conjuntos de motor eram detonadas pelo copiloto assim que ele embarcava no avião, pondo as turbinas para girar rapidamente e ligando todos os oito motores em cerca de um minuto. A "partida à base de cápsulas" era uma visão memorável, com uma série de pequenas explosões, bombardeiros B-52 enchendo a pista com nuvens de fumaça, e as tripulações em alerta em terra a praticavam com regularidade. Mas ela também podia começar um incêndio.

A combinação de bombas Mark 28 e bombardeiros B-52 em alerta era cada vez mais perigosa. Peurifoy duvidava que o risco valesse a pena. Ambos os sistemas de arma eram antigos; muitos B-52 tinham mais idade do que seus pilotos. E a maioria dos aviões provavelmente nunca atingiria seus alvos, muito menos retornaria a salvo de uma missão. Em 1975, depois de uma reunião para tratar do papel dos bombardeiros do Comando Aéreo Estratégico na execução do SIOP, o chefe da CIA, William Colby, mostrou-se surpreso porque "nossos B-52 são planejados para missões sem volta".[53] Assim que uma ordem emergencial fosse transmitida, os bombardeiros no alerta em terra deviam decolar rapidamente de suas bases nos Estados Unidos, voar de oito a dez horas em direção a alvos soviéticos — e encontrar o quê? A União Soviética já teria sido atingida por milhares de ogivas transportadas por mísseis americanos. Os alvos que não tivessem sido destruídos provavelmente estariam cercados por mísseis antiaéreos, e nuvens de poeira numa escala inimaginável estariam cobrindo a paisagem. Cada B-52 tinha uma base designada para depois do ataque, na Europa ou no Oriente Médio, onde ele deveria pousar, reabastecer e pegar mais armas nucleares para um novo ataque aos soviéticos. Será que alguma dessas bases ainda existiria se por acaso os bombardeiros conseguissem sobreviver à sua primeira passagem pelo espaço aéreo soviético? A maioria das tripulações de B-52 não contava com isso.

Stan Spray adicionou componentes da bomba Mark 28 a seu briefing da Placa Queimada, com um floreio dramático: quando os fios da bomba entraram em curto-circuito, uma lâmpada se apagou. O briefing foi apresentado a centenas de oficiais, mas teve pouco efeito imediato. Em 1977 um dos suplentes de Peurifoy concluiu um estudo de todas as armas nucleares do arsenal americano.[54] O estudo deu ao Departamento de Defesa uma lista das armas que representavam maior ameaça e um cronograma para desativá-las ou aumentar sua segurança. A bomba Mark 28 estava no topo da lista,[55] seguida pela ogiva W-25, do míssil antiaéreo Genie. Apesar de ser a mais antiga arma de núcleo selado no arsenal, vulnerável a raios e equipada com um acelerômetro obsoleto, o Genie continuava a ser carregado por aviões de combate. Na lista de armas que requeriam atenção urgente, a única ogiva estratégica era a W-53, que ficava no topo do míssil Titan II. Ela precisava de uma "reequipagem tendo em vista o Aumento da Segurança Elétrica".[56]

Em 1979 o Departamento de Defesa finalmente aceitou algumas das recomendações que o departamento de segurança do Sandia vinha fazendo havia anos. Mas não queria pagar por elas. O Pentágono concordou em programar reequipagens de armas como a Mark 28, contanto que o custo não interferisse na aquisição de novas armas. E, enquanto a verba não fosse concedida, a Mark 28 ainda poderia ser levada por bombardeiros B-52 em alerta em terra. Embora a Força Aérea se recusasse a dedicar algumas centenas de milhões de dólares para aumentar a segurança de bombas de hidrogênio, planejava gastar no mínimo 10 bilhões de dólares para equipar os B-52 com mísseis de cruzeiro.[57] Em vez de tentar penetrar no espaço aéreo soviético, os bombardeiros lançariam mísseis de cruzeiro a milhares de quilômetros de seus alvos, fariam meia-volta e retornariam à base. Enquanto esses mísseis de cruzeiro não estivessem disponíveis, os B-52 eram carregados com Mísseis de Ataque de Curto Alcance (na sigla em inglês, SRAM), transportados em um suporte rotativo. O suporte girava à medida que cada míssil era lançado, como o tambor de um revólver ao disparar. Os SRAMs eram projetados para voar por 160 quilômetros ou mais, destruir defesas aéreas soviéticas e dar aos B-52 melhores chances de atingir seu alvo. Os mísseis tinham um poder destrutivo de até duzentos quilotons, e um único B-52 podia transportar uma dúzia deles.

Peurifoy se frustrava com a demora. Até a reequipagem da Mark 28, no topo da lista, continuava a ser postergada. Por intermédio de um amigo na Força Aérea, Peurifoy conseguiu agendar uma visita do tenente-brigadeiro Howard W. Leaf ao Sandia em 13 de junho de 1980. Leaf ouviria o briefing da Placa Queimada. Os problemas de segurança da Mark 28 seriam expostos em detalhes, junto com a história de acidentes com armas nucleares e a da criação de dispositivos do tipo elo fraco-elo forte. Leaf tinha um cargo importante: era inspetor-geral da Força Aérea, com autoridade para passar por cima da burocracia. O alarme falso causado por um chip defeituoso de computador no NORAD, dez dias antes, tornara a chamar a atenção para a importância do comando e controle, os limites da tecnologia, os riscos de erro humano. Depois de demoradas reuniões no Sandia, o tenente-brigadeiro Leaf voltou para Washington — e encomendou mais um estudo sobre a segurança da bomba Mark 28.

Em 15 de setembro de 1980, Jeffrey A. Zink estava em um alerta na Base da Força Aérea em Grand Forks, em Dakota do Norte.[58] Zink era o navegador de um B-52. Uma vez por mês, ele e os demais tripulantes dormiam em um prédio no extremo da pista de decolagem, e havia um túnel que conduzia ao seu avião. Quatro ou cinco outras tripulações de B-52 também dormiam ali, juntamente com as tripulações de seus aviões-tanque. Em certos aspectos, a sensação ali era de estar em uma prisão. Os alojamentos do alerta eram cercados por rolos de arame farpado, detectores de movimento e policiais de segurança armados com fuzis M-16. Zink e seus amigos passavam a maior parte do tempo entediados. Comiam, dormiam, liam, cochilavam, assistiam bobagens como *O barco do amor*. Mas Zink sempre achou que o tédio, naquelas circunstâncias, era bom. O tédio significava que a dissuasão ainda funcionava. Enquanto aqueles cinquenta rapazes estivessem presos ali sem fazer nada, a estratégia nuclear dos Estados Unidos era um sucesso. No entanto, mais ou menos uma vez por semana as sirenes tocavam, e de repente a vida se tornava mais interessante.

Zink nunca tivera a intenção de entrar para a Força Aérea. Em meados dos anos 1970 ele era um hippie cabeludo que estudava na Universidade de Pittsburgh e pretendia se formar em direito. Um dia, entrou na sala de recrutamento da Força Aérea pensando que seria o máximo pilotar aviões. O recrutador disse que Zink não tinha visão suficientemente boa para se tornar piloto. Mas poderia ser navegador. Zink desistiu de se formar em direito e entrou para a Força Aérea em 1977, logo depois de terminar a graduação. Sua namorada hippie ficou pasma e o relacionamento dos dois logo terminou. De início, Zink não se encaixou na cultura rígida e disciplinada do Comando Aéreo Estratégico. "Onde fui me meter?",[59] ele pensava. "Acho que não gosto desse pessoal." Mas seus sentimentos aos poucos foram mudando, e no fim ele chegou a tenente-coronel.

O navegador de um B-52 se sentava diante de uma mesinha no "queixo" do avião, em um nível inferior ao do piloto. Ao lado do navegador se sentava o bombardeiro. Ambos tinham assentos ejetores que disparavam para baixo. O compartimento deles era pequeno, apinhado, sem janelas e com um teto com aproximadamente 1,5 metro de altura. Os voos de treinamento duravam de seis a onze horas e podiam ser penosos. Os oito motores faziam tanto barulho que o navegador e o bombardeiro, sentados a menos de um metro um do outro, não conseguiam conversar mesmo se gritassem. Tinham de falar pelo intercomunicador. Eles usavam protetores auriculares quase todo o tempo. O B-52 fora projetado originalmente para atacar a União Soviética a uma altitude aproximada de 15 mil metros. Mas agora as defesas aéreas soviéticas forçavam o bombardeiro a se aproximar a baixa altitude — muito baixa. Por três ou quatro horas durante um voo de treinamento, o avião de Zink voava a atitudes de 45 a 105 metros do solo. Naquelas condições, sobretudo nos meses de verão, a turbulência aérea era terrível. O calor do sol produzia correntes de ar quente que subiam rodopiantes do solo. Sentado em seu compartimento sem janelas, chacoalhando tanto que as coisas escorregavam da mesa, Zink se sentia frequentemente enjoado. Mas estava ocupado demais para se entregar ao enjoo. "Depois eu vomito", dizia a si mesmo. "Agora tenho muito que fazer."[60]

O navegador se mantinha em constante comunicação com o piloto, avisando sobre o terreno que se aproximava. As ferramentas de navegação do B-52 eram rudimentares. Seu instrumental eletrônico e elétrico ainda se baseava em válvulas em vez de circuitos integrados, e os dados eram inseridos no computador de bombardeio com cartões perfurados IBM. A baixas altitudes, o B-52 era uma visão extraordinária, um avião enorme com envergadura de quase sessenta metros, em voo rasante, projetando uma sombra comprida, deslocando-se à velocidade de onze a treze quilômetros por minuto. A tripulação de Zink frequentemente sobrevoava as montanhas Rochosas e, a única vez em que Zink se sentou na cabine de comando, divertiu-se vendo o piloto inclinar o aparelho para contornar os montes e baixar em vales alpinos. Mas sentado lá embaixo, sem nenhuma outra referência além da tela do radar, a experiência podia ser aterradora. Em mais de um voo noturno, Zink pensou "vamos morrer"[61] quando o piloto desconsiderou seu aviso de que havia uma montanha bem à frente e esperou mais um momento para subir.

Durante os treinamentos em baixas altitudes, a tripulação de Zink bombardeava por radar alvos em todo o Oeste americano, atingindo cabanas de radar do SAC em lugares como Sheridan, no Wyoming, Bismark, em Dakota do Norte, e La Junta, no Colorado. E, antes de terminar a missão de treinamento, o piloto passava uma ou duas horas fazendo "trabalho-padrão": aterrissava o avião, rolava pela pista e tornava a decolar. Zink sofria ainda mais com essas aterrissagens rápidas do que com a turbulência forte. Saía de cada voo de treinamento com a sensação de ter sido surrado durante horas.

As sirenes soavam em média uma vez por semana durante os alertas em terra. Os exercícios deviam ser "sem aviso", totalmente de surpresa. Mas em fins dos anos 1970 o SAC estava tomando algumas precauções. Toda vez que Zink e seus companheiros viam três caminhões de bombeiro e o carro do comandante da ala parados na área de estacionamento dos bombardeiros, sabiam que estava prestes a começar um exercício. Já se postavam no túnel, à espera, apostando quantos segundos se passariam antes de as sirenes soarem. E então corriam para seus aviões. Como navegador, Zink decodificava a mensagem do quartel-general do SAC. Geralmente ela ordenava a ligação dos motores ou o "movedor", um exercício que consistia em taxiar o bombardeiro até o extremo da pista, fazer meia-volta e retornar à área de estacionamento. Assim que os exercícios eram concluídos, a tripulação passava cerca de três horas reconfigurando o avião para o próximo alerta.

Alguns meses antes, na primeira semana de junho, Zink dormia profundamente por volta de 0h30 quando soaram as sirenes. Ele pulou da cama, olhou pela janela e não viu caminhões de bombeiro nem o carro do comandante da ala. Ele e o bombardeiro pensaram: "Deus do céu, esta é de verdade".[62] Nunca havia exercícios tarde da noite. Com o coração aos pulos, eles correram para o avião. Zink decodificou a mensagem e sentiu um alívio imenso ao ver que ela não continha uma ordem emergencial de guerra. Aquele episódio pareceu totalmente estranho, e só depois de semanas eles ficaram sabendo que o NORAD tinha recebido um alarme falso. O artilheiro da tripulação de Zink, um jovem sargento, ficou tão abalado com o episódio que deixou a Força Aérea. De um momento para o outro, o significado de sua missão em tempo de guerra ficara claro, e ele percebeu: "Não posso fazer isso".[63] Zink acreditava profundamente no valor da dissuasão e tentava não pensar muito no que aconteceria se ela falhasse. Sabia que qualquer ataque de sua tripulação à União Soviética seria não apenas assassinato, mas suicídio. No entanto, nunca pensava nessas coisas quando rastejava ao redor da Mark 28 e dos Mísseis de Ataque de Curto Alcance, no compartimento das bombas, verificando seus números de série antes de um alerta.

Zink e sua tripulação estavam prevendo que haveria treinamento em 15 de setembro de 1980. Eram umas 20h30 e pela janela se viam os caminhões de bombeiro e o carro do comandante da ala. Soaram as sirenes. Eles correram para o avião. Zink pôs os fones de ouvido e diminuiu o volume das comunicações com a tripulação para poder ouvir o código transmitido pelo SAC através do rádio.

"Alpha, Charlie, Delta…",[64] ele ouviu e anotou as letras. E de repente a voz de seu piloto estava gritando no intercomunicador.

"*Interromper, interromper, interromper.*"[65]

Por alguma razão, o piloto estava encerrando o exercício. Zink sentiu medo por um momento, perguntando-se por que o piloto estaria gritando. Ele e o bombardeiro se entreolharam. Não podiam ver lá fora, não tinham ideia do que estava acontecendo. Ouviram uma pancada forte. Alguma coisa grande colidira com o lado direito do avião. As luzes se apagaram, a cabine ficou às escuras e Zink percebeu que era hora de deixar o local. O navegador devia abrir o alçapão para o resto da tripulação e sair do avião primeiro. Mas o artilheiro, que se sentava no andar de cima, já saltara para o chão e abrira o alçapão. Sem uma palavra, o artilheiro pulou pelo alçapão e caiu no asfalto. O assento de Zink ficava mais próximo do alçapão, mas quatro ou cinco outros tripulantes conseguiram sair do avião antes dele, como ratos em um navio afundando. Pelo alçapão aberto, Zink viu um intenso fulgor alaranjado — mau sinal.

Zink não se deu ao trabalho de usar a escada. Pulou o metro e meio para chegar à pista, caiu agachado, viu que a asa direita do bombardeiro estava pegando fogo e correu o mais rápido que pôde. Agora entendia o porquê da pressa da tripulação. Um B-52 se incendiara na pista algumas semanas antes, na Base da Força Aérea em Warner Robins, perto de Macon, na Geórgia. Em minutos, o avião explodiu e literalmente derreteu no chão. Mas aquele B-52 não transportava armas nucleares. Este levava oito SRAMs e quatro bombas Mark 28.

Zink correu por uns trezentos metros, achando que seria derrubado a qualquer instante pela explosão. O carro do comandante da ala parou perto dele. O vidro se abriu e o comandante da ala disse: "Entre".[66] Zink adorou obedecer a essa ordem. Virou-se e viu que o motor número cinco do avião estava dardejando chamas como um maçarico. Aquele era o motor na asa direita mais próximo da fuselagem, e o fogo se alastrava em cascata por todo o avião. O comandante da ala estava chamando os bombeiros pelo rádio, tentando resolver o problema, sabendo muito bem que não só a aeronave, mas também sua carreira no SAC podiam estar se consumindo nas chamas.

O nariz do B-52 apontava para sudoeste, e um vento com rajadas de até 56 quilômetros por hora soprava naquela direção.[67] O vento passava da cauda para a fuselagem, impedindo que o fogo chegasse aos tanques de combustível, nas asas e ao compartimento das bombas. Embora a energia tivesse sido desligada no avião, a gravidade continuava a levar combustível do jato para o motor número cinco. Ele se transformara em um gigantesco lança-chamas. Caminhões de bombeiro lançavam espuma sobre o motor, mas o abastecimento constante de combustível mantinha o fogo ardendo. Por enquanto, o vento forte afastava as chamas do B-52. Mas o vento poderia mudar de direção, o avião estava esquentando e seus tanques ainda continham algumas centenas de milhares de quilos de combustível.

Tim Griffis estava em casa com sua família em Alvarado, Minnesota, uma cidade rural de aproximadamente quatrocentos habitantes, quando o telefone tocou.[68] Griffis era inspetor civil de incêndio na Base da Força Aérea em Grand Forks, cerca de setenta quilômetros ao sul. Seu trabalho consistia sobretudo em esclarecer a população sobre os perigos do fogo e examinar plantas para se certificar de que novas edificações estavam obedecendo às normas de segurança contra incêndio. Sua mulher era professora na escola primária da base. Eles tinham um filho de seis anos e uma filha de onze. As crianças tinham ido para a cama.

George VanKirk, o chefe dos bombeiros em Grand Forks, estava ao telefone. Os dois homens eram bons amigos, e ambos viviam em Alvarado. Um B-52 pegou fogo perto da pista uns quarenta minutos atrás, disse VanKirk. Perguntou se Griffis gostaria de ir junto para ajudar. Griffis disse que sim. Os dois partiram em disparada da base no Ford Fiesta de VanKirk.

Quando Griffis e VanKirk chegaram, o fogo já durava uma hora e meia. O vento forte continuava a soprar as chamas para longe do bombardeiro. Mas os caminhões de bombeiro não conseguiam apagá-lo. Agora usavam algumas das mangueiras para resfriar as asas e a fuselagem. O copiloto admitira que talvez tivesse cometido um erro antes de sair do avião. Dois passos da checklist de emergência talvez tivessem sido executados na ordem errada. A checklist mandava puxar a alavanca de supressão de fogo do motor número cinco, fechar o combustível e depois desligar a bateria de emergência, cortando o fornecimento de energia. O copiloto talvez tivesse desligado a bateria primeiro. Sem energia, o sistema de supressão de fogo não funcionou e o combustível continuou a fluir. Bombeiros subiram no avião duas vezes, entraram na cabine de comando e tentaram executar as etapas na ordem correta. Mas nada aconteceu.

O quartel-general do SAC estava no rádio, junto com representantes da Boeing, tentando descobrir o que devia ser feito. Às 23h45, o fogo já durava quase três horas. Começavam a aparecer bolhas na asa direita e nas portas do compartimento de bombas. O tanque de combustível, no interior da asa, logo estaria aquecido o suficiente para se incendiar. A recomendação da Boeing era simples: tirar os bombeiros da área, abandonar o avião e deixar que ele queimasse. Os mecanismos de segurança das armas nucleares impediriam que elas detonassem e ninguém se machucaria. Mas o SAC, por alguma razão, pareceu não gostar da ideia.

VanKirk olhou para Griffis e perguntou: "O que você acha?".[69]

Griffis sabia o que a pergunta realmente queria dizer: alguém devia fazer uma última tentativa de fechar o suprimento de combustível.

"Certo, vou tentar."[70]

Embora o trabalho de Griffis naquela época fosse razoavelmente tranquilo, durante anos ele fora bombeiro na Base da Força Aérea em Castle, na Califórnia, onde eram treinados muitos pilotos de B-52. Chefiava um esquadrão de resgate e sua função exigia liderar homens que entravam em aviões em chamas quando todos estavam deixando o local. O interior de um B-52 se tornara horrivelmente familiar para ele, e Griffis se achava capaz de se orientar lá dentro de olhos vendados. Porém, só para garantir, ele quis que Gene Rausch, um de seus inspetores de incêndio, entrasse no avião com ele, e levando uma lanterna.

A conversa dos dois foi breve.

"Gene, quer ir comigo?"[71]

"Quero."[72]

Griffis conversou com o comandante da ala e examinou os diagramas do console e a posição dos interruptores na cabine. Em um dos caminhões, Griffis e Rausch pegaram emprestados dois "prateados", trajes térmicos com capuz. As botas eram grandes demais para Griffis e, para poder andar com elas, ele tinha de agarrar a sola interna com os dedos dos pés. Para se comunicar com VanKirk, ele pôs no capuz um rádio portátil, e a conversa dos dois foi gravada.

"Chefe, esse motor está ficando bem quente",[73] disse Griffis às 23h55; "está começando a pipocar, se formos entrar, tem de ser agora."

"Certo, vá."[74]

Griffis e Rausch correram para o avião, entraram pelo alçapão do fundo e subiram à cabine de comando. Griffis percebeu que não precisava de Rausch, afinal de contas. A cabine estava tão clara com as chamas lá fora que a lanterna era totalmente desnecessária. Rausch poderia ter permanecido no caminhão. Griffis já estivera em aviões pegando fogo, mas nunca com chamas se propagando em cascata com tamanha força. Ele não tinha ideia se o combustível poderia ser cortado. Mas tentaria; se não funcionasse, cairiam fora dali. Viu que a alavanca de supressão de fogo já fora puxada. Ele só precisava ligá-la. Ligou a bateria de emergência e o fogo apagou, como o queimador de um fogão quando se desliga o gás. Griffis e Rausch ouviram todo mundo dando vivas lá fora.

Quando Griffis saiu do avião, VanKirk lhe passou um rádio e disse: "Tome, alguém quer falar com você".[75]

Era o tenente-brigadeiro Richard Ellis, comandante em chefe do Comando Aéreo Estratégico.

"Sr. Griffis, quero lhe agradecer", disse Ellis.[76]

Griffis se surpreendeu com o fato de o chefe do SAC saber seu nome. Deram-lhe depois uma Medalha por Bravura Civil. Mas ele não se considerava um grande herói. Entrar em um B-52 em chamas, sem energia, no meio da noite, carregado de armas nucleares, não era nada de especial. "Se você é um bombeiro da Força Aérea", ele pensava, "é isso o que você faz."

Durante uma sessão a portas fechadas no Senado, o dr. Roger Batzel, diretor do Laboratório Nacional Lawrence Livermore, declarou depois que, se o B-52 tivesse pegado fogo, suas armas nucleares poderiam ter espalhado plutônio por mais de 150 quilômetros quadrados nas áreas de Dakota do Norte e Minnesota.[77] A cidade de Grand Forks, com cerca de 60 mil habitantes, estaria diretamente no caminho da fumaça radioativa. Batzel deixou de mencionar que uma das bombas Mark 28 poderia ter detonado. Ela teria destruído Grand Forks e depositado partículas radioativas letais em Duluth, Minesotta, ou Minneapolis-Saint Paul, dependendo dos ventos de alta altitude. Uma investigação da Força Aérea descobriu a causa do fogo no motor número cinco:[78] alguém se esquecera de apertar uma porca no filtro de combustível. A porca negligenciada era menor que uma moedinha.

Jeffrey Zink e sua tripulação foram levados para o hospital, submetidos a testes de drogas e mantidos lá até as três da madrugada. Mais tarde, incomodaram-se com a obsessão dos jornais locais em saber se havia armas nucleares no avião. A Força Aérea não confirmou nem negou. A tripulação se concentrou numa questão mais imediata: como teria sido fácil perder a vida. Alguns dos bombardeiros em alerta naquela noite estavam estacionados virados para o oeste. Se o nariz do B-52 deles também estivesse virado para o oeste, o fogo teria entrado no avião no momento em que o alçapão se abriu. Eles teriam sido incinerados e as chamas teriam atingido rapidamente os SRAMs e as bombas Mark 28. A diferença entre a vida e a morte fora o lugar em que estacionaram.

Pouco tempo depois do acidente, Zink e sua mulher estavam em um romântico jantar à luz de velas. Eram recém-casados. Quando seu guardanapo roçou na vela e pegou fogo, Zink se descontrolou. Todos os sentimentos que haviam sido reprimidos afloraram simultaneamente. Ele ficou transtornado, sentiu que perdera o juízo. Não teve transtorno pós-traumático nem nenhum problema de fato debilitante, apenas uma súbita percepção que era difícil se expressar sem parecer banal. Zink tinha 25 anos, e algo abstrato se tornara real. Esses aviões são perigosos, pensou. Pessoas morrem dentro deles.

No dia seguinte ao do incêndio do B-52 em Grand Forks, o senador David Pryor apresentou mais uma vez uma emenda a um projeto de lei do Senado, requerendo a instalação de sirenes de alerta em cada complexo de lançamento do Titan II.[79] O comandante da 308ª Ala de Mísseis Estratégicos, coronel Moser, informara Pryor de que no mínimo nove acidentes ou vazamentos de propelente haviam ocorrido no ano anterior em complexos de mísseis Titan II no Arkansas.[80] Em um complexo de lançamento perto de Heber Springs,[81] uma barra de aço caíra sobre um disjuntor, provocando um incêndio e pondo o míssil em perigo. Mais de um terço de toda a força do Titan II tinha sido submetida a reparos por vazamento.[82] A emenda de Pryor foi copatrocinada pelo senador Bob Dole, entre outros, mas ainda deparou com a oposição da Força Aérea. "Temos a responsabilidade de proteger os civis moradores das comunidades e fazendas que circundam esses complexos de míssil",[83] disse Pryor durante o debate no Senado. "Aconteceram acidentes no passado, e temos de tomar providências para reduzir sua recorrência e permitir a melhor linha de ação caso um acidente venha a ocorrer."[84]

A Força Aérea apresentara recentemente um longo relatório aos comitês das Forças Armadas na Câmara e no Senado mencionando suas preocupações com a segurança do Titan II.[85] O relatório admitia que os trajes RFHCO e o sistema de comunicação dos silos podiam ser melhorados. Observava, também, que os detectores de vapor portáteis eram ineficientes e deviam ser substituídos. Mas a Força Aérea argumentou que a taxa de acidentes em complexos do Titan II era inferior à da maioria dos locais de trabalho nos Estados Unidos,[86] que os procedimentos de manutenção correntes permitiam "um alto nível de segurança"[87] e que o estado material do míssil era "considerado por muitos melhor agora do que quando ele era novo".[88] O histórico de segurança da ogiva W-53 era "louvável",[89] o relatório indicava — sem mencionar que até o Pentágono achava que a arma necessitava de reequipagem para ser segura em ambientes anormais. A Força Aérea afirmou que o risco de um vazamento significativo de propelente do Titan II era pequeno, pois seus tanques de combustível e os de oxidante tinham ótima manutenção. "Portanto, a ruptura da fuselagem[90] não constitui uma preocupação que faça sentido", concluiu o relatório.

O relatório da Força Aérea foi proveitoso não só para o Comando Aéreo Estratégico, que torcia para manter o Titan II em alerta, mas também para os fornecedores da Defesa responsáveis pelo míssil, como a Martin Marietta. Eles estavam sendo processados pelo soldado Carl Malinger[91] e outras vítimas do vazamento de oxidante em Rock, no Kansas. Mas o relatório não ajudou a Força Aérea no Senado. A emenda de Pryor foi aprovada em 16 de setembro de 1980, quase um ano depois de ter sido proposta pela primeira vez.

Skip Rutherford e sua mulher estavam em casa, jantando com um velho amigo alguns dias depois, quando o telefone tocou.[92] Rutherford se levantou, atendeu a chamada e voltou para a mesa lívido como um fantasma.

Sua mulher perguntou qual era o problema.

Alguém derrubara um soquete em um silo do Titan II nos arredores de Damasco, Rutherford respondeu. O invólucro do míssil fora perfurado, e estava vazando combustível. O homem ao telefone disse que o míssil iria explodir.

Rutherford telefonou ao senador Pryor, que estava em Hot Springs, no Arkansas, na convenção estadual dos democratas, junto com o governador Bill Clinton e o vice-presidente Walter Mondale.

"É grave", Rutherford disse ao senador.[93]

"Mas quão grave?"[94]

"Disseram que vai explodir."[95]

"Você está de brincadeira."[96]

Fora da casa de Rutherford, passavam carros, crianças brincavam nos quintais, e pelo visto ninguém sabia que um desastre nuclear podia estar acontecendo a apenas oitenta quilômetros dali. Rutherford tinha a sensação de que tudo aquilo era surreal. Se o míssil realmente explodisse, a ogiva detonaria? O estado do Arkansas estava mesmo prestes a ser apagado do mapa? Depois da conversa com o senador Pryor, o telefone da casa não parou de tocar. Eram chamadas de outros assessores, jornalistas, dos soldados que por meses vinham avisando-o sobre o Titan II. Disseram que o míssil explodiria, e eles ainda não estavam errados.

A TV estava ligada na sala e Rutherford notou que um grande amigo, Frank Thomas, de 27 anos, correspondente do Canal 7, estava do outro lado da estrada que levava ao complexo do Titan II em Damasco. Ele repetia a afirmação da Força Aérea de que estava tudo sob controle. Rutherford pegou o telefone e ligou para Bob Steele, o diretor de notícias do Canal 7.

"Bob, escute", disse Rutherford. "Isto é totalmente confidencial. Diga ao Frank para cair fora de lá."[97]

"O quê?"[98]

"Diga ao Frank para sair de lá. Ele é meu amigo, e aquele míssil vai explodir, Bob."[99]

"Como é que você sabe?"[100]

"Você tem suas fontes, eu tenho as minhas",[101] replicou Rutherford, começando a se sentir meio frenético. "E eu estou lhe dizendo: estou aqui sentado assistindo ao meu amigo Frank Thomas em sua emissora bem diante de uma armadilha mortal. E não tenho como me comunicar com ele, mas vocês todos têm e precisam tirá-lo de lá."

Steele entendeu o recado. Mas Thomas estava mesmo prestes a deixar Damasco.

Como o inferno

A porta externa era um terror.

A entrada do Complexo de Lançamento 374-7 não era protegida por dispositivos de segurança high-tech, inventados em um laboratório de armas ultrassecreto, mas apenas por uma pesada porta de aço com uma tranca eletromagnética. E era difícil de arrombar com um pé de cabra. Greg Devlin e Rex Hukle se revezavam, um segurando a lanterna, o outro tentando abrir a porta.[1] Ninguém lhes explicara como deviam fazer. Não havia checklist para invadir um complexo do Titan II, por isso os dois soldados improvisaram. Apelaram para a força bruta. Devlin até que estava em boa forma graças ao boxe, mas o cilindro de oxigênio e o traje RFHCO dificultavam ainda mais o trabalho.

Hukle se sentia intranquilo. Eles tinham passado sob uma densa nuvem de vapor de combustível até chegar ao portal de acesso. Agora aquela porta externa não se abria. E, quando conseguissem atravessá-la, teriam de descer as escadas, arrombar a porta da área de retenção e abrir três portas antiexplosão com uma bomba manual para chegar ao centro de controle. E tudo isso teria de ser feito dentro de meia hora; seus cilindros de oxigênio eram considerados muito pouco seguros depois disso. Eram mais ou menos 2h05 da madrugada. Eles eram as únicas pessoas no complexo. Hukle imaginava que qualquer coisa podia acontecer, e se preparou para o pior.

Devlin não tinha pensamentos sombrios. Só queria abrir aquela maldita porta. Sentia-se concentrado e alerta, pronto para o que viesse. Sua atitude era: alguém tem de fazer isso, então tanto faz que seja eu.

Depois de quinze minutos de muitas tentativas, a porta de aço se abriu. Devlin e Hukle irromperam pela porta da área de retenção em cerca de trinta segundos. Deixaram pés de cabra nos dois batentes para impedir que as portas se fechassem, desceram as escadas e se puseram a trabalhar na primeira porta antiexplosão, acoplando mangueiras em suas válvulas hidráulicas. Nenhum deles antes tinha usado uma bomba manual de emergência — e a porta antiexplosão não queria abrir, por mais que bombeassem. Era difícil ligar os fios finos das mangueiras no escuro, usando luvas de borracha. E a bomba era uma engenhoca complicada que parecia não fazer coisa nenhuma, por mais que eles tentassem. Outros quinze minutos se passaram e a porta antiexplosão continuava fechada. O tempo se esgotara. Pelo rádio, o sargento Michael Hanson mandou-os sair. Frustrados e derrotados, eles deixaram a bomba ao lado da porta, subiram as escadas e andaram até o buraco na cerca.

O sargento Hanson, chefe da Equipe B do PTS, liderava a tentativa de reentrar no centro de controle. Ele disse a Devlin e Hukle que lessem as instruções da bomba manual, pegassem novos cilindros de oxigênio, voltassem lá para baixo e tentassem abrir a porta de novo.

Jeff Kennedy achava aquele plano uma idiotice total.[2] Deviam estar entrando pelo alçapão de emergência, não pelo portal de acesso. Deviam ter feito isso às dez da noite, não às duas da manhã. Já haviam passado quase oito horas desde que o invólucro do míssil fora perfurado. Entrar no complexo agora era muito mais perigoso. E, se alguma coisa desse errado lá embaixo, Devlin e Hukle estariam perto do míssil, cercados por vapor de combustível, vulneráveis a todo tipo de coisas prejudiciais.

Deixe-me fazer isso, disse Kennedy. Sei manejar a bomba.

Hanson tentara mandar Kennedy de volta a Little Rock algumas horas antes. Não lhe pedira para vestir um traje RFHCO; e não lhe pedira para se juntar a ele no portão do complexo. Os dois não se davam bem. Mas Kennedy sem dúvida sabia muito sobre o míssil e estava se oferecendo.

Vou com ele, disse David Livingston.

Hanson disse para se aprontarem.

Enquanto Livingston e Kennedy verificavam seus rádios e cilindros de oxigênio, o major Wayne Wallace, o sargento Archie James e o sargento Silas Spann foram providenciar uma área de descontaminação defronte ao prédio de tratamento de água, no extremo nordeste do complexo, do lado de fora da cerca. Chegaram ao prédio, encontraram a porta trancada e a combinação que lhes deram não funcionou. Wallace teve de arrombar a porta. Lá dentro, encontraram uma mangueira de jardim curta. Não era ideal: Livingston e Kennedy teriam de andar cerca de cem metros para se lavar. Mas era melhor do que nada. Spann e James foram até uma torre de iluminação portátil e começaram a ligá-la para que os homens não tivessem de fazer a descontaminação no escuro.

O sargento Ronald W. Christal mostrou a Livingston e Kennedy as instruções técnicas da bomba manual de emergência. Christal era técnico de hidráulica e pneumática de mísseis. Trabalhava frequentemente com portas antiexplosão e, para abri-las, conhecia alguns truques que não constavam em livros.

Livingston e Kennedy planejavam se comunicar entre si com gestos, em vez de pelos rádios de seus trajes RFHCO. No sistema de rádio do complexo de lançamento, só uma pessoa por vez podia falar e eles queriam manter a linha aberta pelo maior tempo possível. Um deles falaria com Hanson no rádio do complexo de lançamento; Hanson transmitiria as informações ao coronel Morris, que estaria ao seu lado na picape perto do portão. Usando o rádio da picape, Morris falaria com o coronel Moser, que estava no posto de comando em Little Rock; Moser falaria com o quartel-general do SAC em Omaha. E tomara que não houvesse deturpações ou mal-entendidos quando as informações fossem passadas de um para o outro.

Mais ou menos às 2h50, Kennedy e Livingston chegaram à primeira porta antiexplosão. Christal leu as instruções da bomba manual para Hanson, que as transmitiu pelo rádio.

A porta antiexplosão se abriu.

Livingston colheu uma amostra de ar com um detector de vapor portátil. Tinham ordens para verificar o nível de vapor de combustível a cada etapa. Se excedesse 250 partes por milhão, eles deveriam sair do complexo. Estava em 65 ppm defronte à porta antiexplosão. Quando a atravessaram e entraram no grande compartimento hermético, o nível subiu para 181 ppm.

No posto de comando, em Little Rock, o sargento Jimmy D. Wiley ouviu a informação sobre o nível de vapor e achou que Kennedy e Livingston deviam sair imediatamente. Wiley era parte da Equipe K, de apoio, que estava reunida para assessorar o coronel Moser. Outro membro da Equipe K, o tenente David Rathgeber, concordou: se o nível de vapor já estava tão alto depois da primeira porta antiexplosão, com certeza estaria ainda mais elevado depois da segunda, quando os homens chegariam mais perto do míssil. Wiley e Rathgeber disseram ao coronel Moser que a reentrada devia ser interrompida e os homens deviam sair do complexo.

A questão foi debatida no quartel-general do SAC. Livingston e Kennedy receberam ordem de prosseguir. Se conseguissem chegar à próxima porta antiexplosão — a pequena área entre a porta que dava para o centro de controle e o longo túnel até o silo — poderiam examinar um painel na parede com dados da Mine Safety Appliance. O painel mostrava os níveis de vapor no silo. Kennedy removeu as porcas da passagem de ar da segunda porta antiexplosão e inseriu a sonda do detector de vapor por um pequeno orifício na porta. Isso lhes daria uma ideia do que os esperava do outro lado.

O nível de vapor de combustível estava em torno de 190 ppm. O quartel-general do SAC disse a Livingston e Kennedy para abrirem a porta, passarem pelo próximo compartimento hermético e verem os dados no painel. Eles abriram a porta. O compartimento estava com tanto vapor de combustível que mal conseguiam enxergar. Parecia uma sauna a vapor. O mostrador do detector de vapor portátil foi até seu máximo e emperrou — o nível de vapor estava muito além de 250 ppm.

Kennedy foi até o painel. Pela primeira vez, sentiu medo. A porta antiexplosão tinha oito luzes de emergência, algumas delas vermelhas brilhantes, e ele mal conseguia enxergá-las. A nuvem de vapor em volta deles era altamente inflamável. A menor fagulha poderia começar o fogo. Os trajes RFHCO e as ferramentas abandonados pela Equipe A do PTS jaziam pelo chão. É o tipo de lugar onde ninguém quer estar, Kennedy pensou. Olhou o painel, e os ponteiros dos medidores apontavam totalmente para a direita. Tinham chegado ao seu máximo. Os medidores mostravam que o nível de vapor de combustível no silo agora excedia 21 mil ppm — o suficiente para derreter os trajes RFHCO.

Voltem, voltem, disse Hanson.

Livingston e Kennedy deixaram o compartimento hermético, passaram depressa pelas duas portas antiexplosão e subiram a escada.

Hanson teve uma ideia: talvez devessem ligar um ventilador para mandar para longe parte do vapor de combustível. O interruptor do ventilador ficava na parede do portal de acesso, na base do primeiro lance da escada.

Livingston e Kennedy estavam quase saindo do complexo quando ouviram Hanson dizer: Liguem o ventilador. Eles se entreolharam. Livingston bateu no peito, indicando que desceria para obedecer à ordem.

Kennedy chegou ao topo da escada e saiu para o ar da noite. Que delícia estar ali. Aquela nuvem de vapor era uma loucura, ele nunca tinha visto coisa igual. Kennedy estava cansado. Decidiu se sentar por um momento no meio-fio de concreto ao lado do portal de acesso. Fora uma noite infernal.

Livingston ligou o ventilador e subiu as escadas. Estava mais ou menos a meio metro atrás de Kennedy quando o Titan II explodiu.

No posto de comando, em Little Rock, o rádio emudeceu. E a linha telefônica aberta do centro de controle no 4-7 ficou silenciosa. O som das *tipsies* — o alarme contra invasores que vinha soando desde que a equipe de missilheiros partira — cessou. Era impossível fazer contato por rádio com qualquer pessoa no complexo. Nos oito minutos seguintes, o posto de comando não ouviu nem uma palavra vinda de Damasco.[3] O coronel Moser pensou que a ogiva havia detonado.[4]

Sid King e seu representante de vendas, Tom Phillips, estavam sentados no capô da viatura do xerife Anglin, conversando com alguns dos repórteres que afluíram para a estrada de acesso ao complexo, saindo da Highway 65. Ninguém parecia preocupado com a situação. A Força Aérea dissera que não havia nenhum problema sério e estava tudo sob controle. Mas o condado de Van Buren não dava muitas oportunidades para boas reportagens, e King estava disposto a esperar mais um pouco só para ver o que aconteceria.

Um clarão branco iluminou o céu, e King sentiu o ar à sua volta ser sugado na direção do complexo do míssil. No instante seguinte, uma rajada soprou de volta, e um estrondo prolongado veio de trás das árvores, como o som de um foguete sendo lançado. Uma coluna de fogo subiu por centenas de metros, como um arranha-céu na paisagem. A explosão transformou brevemente a noite em dia, estraçalhou o complexo de lançamento e ergueu os detritos numa nuvem em forma de cogumelo. King viu as chamas, sentiu calor no rosto e mergulhou no chão, aterrorizado, quando começou a chover pedras e destroços de concreto.

Pessoas gritavam: "Saiam daqui, saiam daqui",[5] e uma cena que um momento antes era calma se transformou num caos. King e Phillips se abrigaram sob a traseira da viatura, tentando evitar as pedras que caíam. De repente, os faróis traseiros acenderam. O xerife Anglin estava dando ré, sem saber que os dois estavam atrás do carro. Eles pularam para o lado e saíram do caminho, enquanto Anglin pisava fundo no acelerador e entrava na estrada. Policiais estaduais, patrulheiros rodoviários, oficiais da Força Aérea, cinegrafistas e repórteres entravam em seus carros e partiam em disparada para Damasco. O cenário tinha uma natureza primitiva: cada um por si.

Apenas alguns minutos antes, Lou Short, o cinegrafista do Canal 4, estava exibindo sua moderníssima câmera de vídeo RCA de 30 mil dólares, novinha em folha. Quando começaram a cair os detritos, King o viu jogar a câmera na traseira de um caminhão, como um pedaço velho de madeira, e partir. Nenhum dos repórteres fotográficos registrou a explosão. Sumir dali parecia muito mais importante. Larry Ellis, o cinegrafista do Canal 11, captou apenas imagens da rajada de vento — dez segundos de filme borrado feito em dezesseis milímetros, depois que a ocular de sua câmera explodira. E dez segundos foram o bastante para Ellis, que parou de filmar, pular no caminhão dirigido por seu repórter e se juntar ao espavorido êxodo para Damasco.

King e Phillips foram para o lado oposto, no Live Ear, seguindo para o norte pela Highway 65 rumo à estação da rádio em Clinton. King pisava fundo no acelerador, rezando para que sua pequena Dodge Omni conseguisse ser mais veloz do que as partículas radioativas e tudo o mais que fora liberado no ar. Eles sabiam que o míssil continha uma ogiva nuclear, não importava o que a Força Aérea dissesse. Mas não sabiam se a ogiva havia detonado ou não. Depois de percorrerem quase um quilômetro, viram um segurança da Força Aérea postado no meio da estrada, usando máscara antigases e empunhando um fuzil M-16.

O xerife Anglin estava à frente deles, dirigindo de maneira inconstante, ora a 140 quilômetros por hora, ora a oitenta, depois tornando a acelerar. O fio do rádio da polícia de Anglin se enroscara na sua perna direita e, toda vez que ele pegava o aparelho para falar, o fio puxava e tirava seu pé do acelerador. O xerife estacionou na parada de caminhões de Bee Branch, a cerca de dez quilômetros ao norte de Damasco, e disse a todos para saírem dali imediatamente. Ninguém discutiu. O lugar se esvaziou e grandes carretas pegaram a estrada.

Quando passavam por Choctaw, King se deu conta de que nem ele nem Phillips haviam falado desde a explosão.

"Deixamos um bocado de gente morta lá", disse King.[6]

"É, eu sei."

Sam Hutto estava voltando para casa para ordenhar as vacas quando o míssil explodiu. Ele estava ao norte de Damasco, em um trecho da Highway 65 com vista para o complexo de lançamento, a uns três quilômetros de distância. A explosão chacoalhou sua picape. Ele viu o clarão, as chamas subindo como fogos de artifício. E então viu uma coisinha faiscante sair voando do fogo, pairar brevemente e cair no chão. Ele decidiu não ordenhar as vacas, fez meia-volta na picape e seguiu para a casa de seu irmão. E seu pai, que estava passando a noite lá, quis saber o que tinha acontecido.

"Entre e vamos até o alto do morro, para poder ver", Hutto disse ao pai.[7]

Hutto levou a picape para o alto do morro e viu outra cena incrível: faróis de veículos vindo velozmente na direção deles, para-choque contra para-choque, ocupando as duas pistas da estrada. Parecia a largada de uma corrida de stock car. Hutto e seu pai, sentados na picape à beira da estrada, viram duas viaturas da polícia passarem em disparada, seguidas por caminhões novos e todo tipo de veículos da Força Aérea, inclusive uma ambulância. Ninguém parou, desacelerou ou lhes disse para evacuarem a área. Assim que os veículos se foram, a estrada voltou a ficar vazia e silenciosa, como sempre era às três da madrugada. Mas no silo um fogo brilhava forte.

Bob Peurifoy estava profundamente adormecido quando o telefone tocou. Um Titan II acaba de explodir no Arkansas, Stan Spray lhe disse. Havia muita confusão quanto aos detalhes, e nenhuma palavra sobre a ogiva. Obviamente ela não detonara por completo. Do contrário, boa parte do Arkansas estaria arrasada. Um Grupo de Ajuda em Acidentes estava sendo reunido e queria que Peurifoy participasse. Um avião aterrissaria em breve na Base da Força Aérea em Kirtland para levá-lo junto com o resto do grupo para Little Rock. Peurifoy saiu da cama pensando na ogiva.

A decisão de evacuar o complexo do míssil foi tomada pelo coronel William Jones, comandante não só da Base da Força Aérea em Little Rock, mas também da Força de Atendimento em Desastres. Ele não tinha autoridade alguma no Complexo de Lançamento 374-7 antes que um desastre acontecesse. A explosão se classificava como um, e Jones conferenciou rapidamente sobre o que fazer com Richard English, chefe da Divisão de Prontidão em Emergências. Ambos achavam que todos no complexo de lançamento estavam mortos e que o ar flutuando em direção à Highway 65 provavelmente estava contaminado por fumaça tóxica. Jones sabia pouquíssimo sobre os mísseis Titan II e seus propelentes. Pertencia ao Comando de Transporte Aéreo Militar, que controlava aviões de carga, e não ao Comando Aéreo Estratégico.

"Evacuar, evacuar", English gritou várias vezes pelo alto-falante do posto de comando móvel.[8]

O pessoal da Força de Atendimento em Desastres foi o primeiro a deixar o local do desastre.

Michael Mazzaro, comandante da equipe de missilheiros no 4-7, descansava na traseira da ambulância quando o míssil explodiu. Al Childers, o subcomandante, sentava-se ao lado de Ronald Fuller, o técnico de instalação de mísseis, na picape da polícia de segurança que os trouxera do complexo horas antes. A picape estava estacionada na estrada de acesso ao complexo, no ponto de controle de entrada, a menos de dez metros da Highway 65. Eles estavam ouvindo Livingston e Kennedy pelo rádio. Rodney Holder, o técnico analista de sistema da equipe de missilheiros, estava em outra picape a dezenas de metros mais próximo do complexo de lançamento. Nenhum deles achava que o míssil estava prestes a explodir. Holder torcia para que alguém chegasse pela manhã, descobrisse o que fazer e resolvesse o problema. Estavam apenas ali sentados, esperando alguém chegar.

Childers se surpreendeu com o clarão branco. Parecia que o sol tinha surgido no céu. Ele sabia que a ogiva não havia detonado. No entanto, por alguma razão, tinha a impressão de que ela detonara.

Fuller abriu a porta e mergulhou em uma vala.

Holder viu o clarão e se agachou, ouviu coisas atingindo a picape, aguardou alguns segundos, respirou fundo e se admirou por ainda estar vivo. Saiu do caminhão e correu em direção à estrada.

Childers, Holder e Fuller trombaram uns nos outros na carroceria da picape da polícia de segurança. Todos pensaram a mesma coisa ao mesmo tempo: pegar a máscara antigases que haviam trazido do complexo de lançamento. Mas as máscaras não se encontravam lá; agora estavam sendo usadas pelos policiais de segurança. Os membros da equipe de missilheiros se sentaram no banco de trás da picape quando o alto-falante ordenou a evacuação. O sargento Thomas Brocksmith, que viera pegá-los quando eles saíram do centro de controle, ocupou o banco do motorista. O céu se tornara vermelho-escuro e Holder receou que uma nuvem de oxidante estivesse prestes a engolfá-los.

"Preciso cair fora daqui antes que o oxidante comece a baixar", Holder pensou.[9] "Todos no complexo estão mortos, e Rodney não precisa estar aqui."

Veículos partiam atabalhoadamente, gente corria no escuro, a evacuação parecia caótica, e Holders temeu que alguém acabasse machucado. Saiu da picape e foi dirigir o tráfego. Uma ação bem-intencionada, generosa. Brocksmith partiu sem ele. Carros e caminhões passaram por Holders a toda velocidade. Ninguém fez caso dele e, mesmo assim, não se sabe como, ninguém se feriu.

Havia cerca de cinquenta oficiais e soldados da Força Aérea no complexo do Titan II quando o míssil explodiu. A maioria partiu em disparada para Damasco. Mas nenhum dos membros da equipe do PTS saiu do local. Jim Sandaker começara a noite no quartel, recrutando voluntários para ajudar a salvar o míssil. Expressou o ponto de vista do PTS secamente quando um oficial lhe disse para evacuar a área.

"Vá se foder", disse Sandaker. "Não saio daqui enquanto não tiver os meus amigos ou seus corpos."[10]

Do lado de fora do prédio de tratamento de água, o major Wallace e o sargento James se esconderam embaixo de uma das torres de iluminação portáteis, depois que o míssil explodiu. Enquanto pedras, concreto e destroços de aço derretido caíam à volta deles, James pensava: Só queria que as coisas parassem de cair.[11] Os escombros laceraram-lhe um cotovelo, queimaram o outro e rasgaram sua perna esquerda. Mas James conseguia ficar em pé e Wallace ajudou-o a pôr uma máscara antigases. Wallace não sofrera um único arranhão. Os dois se perguntavam o que teria acontecido com Silas Spann, que estava a alguns metros deles segundos antes. Agora não havia sinal dele.

* * *

No momento em que o míssil explodiu, Silas Spann começou a correr. Não precisava ver o que estava acontecendo. Sabia o que era e instintivamente fugiu. Esconder-se debaixo da torre de iluminação portátil teria sido mais sensato, mas correr para longe da explosão dava uma sensação bem melhor. Spann correu em direção ao ponto de controle de entrada o mais rápido que pôde.

O coronel Morris ia pegar o rádio dentro de sua picape quando a explosão estourou o para-brisa. O veículo estava estacionado perto do portão do complexo e da brecha que eles haviam aberto na cerca. Morris teve vontade de rir quando a picape chacoalhou e foi golpeada por escombros. Parecia cômico, ele ali, com metade do corpo esparramada no banco dianteiro, sem conseguir pôr as pernas para dentro, por mais que tentasse. A porta bateu com força em sua perna esquerda. E ele lá ficou, à espera de que alguma coisa grande atingisse a picape. Olhou para cima, viu o imenso pilar de fogo subindo do silo e voltou a pôr a cabeça no banco.

Hukle estava sentado na traseira da picape. Conseguiu rastejar pela carroceria e se esconder atrás da cabine, de olhos bem fechados, em meio ao estrondo. Pelas pálpebras cerradas, percebeu um borrão vermelho vivo. Teve as mãos queimadas e alguma coisa despedaçou sua patela direita.

Hanson estava em pé, perto da porta da picape, ao lado do coronel Morris. Viu duas explosões. A primeira lançou chamas a quase oito metros de altura pelos exaustores e a segunda destruiu o silo. A onda explosiva inflou como um balão o uniforme de Hanson, ergueu-o do chão, atirou-o na estrada e arremessou enormes vigas de aço que passaram perto dele.

Christal estava em pé, ao lado de Hanson. Viu a primeira explosão, deixou de ver a segunda, voou pelos ares e aterrissou a seis metros de distância. Christal cobriu a cabeça quando caíram os escombros, olhou em volta, agradeceu a Deus por lhe poupar a vida e passou a mão na cabeça para sentir se todo o seu cabelo tinha sido queimado. Não tinha. Mas sua face esquerda e suas mãos, sim.

Greg Devlin estava em pé a mais ou menos meio metro do portão, defronte para o silo. A explosão lhe tirou o fôlego, como um soco no estômago, ergueu-o do chão, jogou-o de costas e o fez escorregar por quinze metros no asfalto. Devlin se sentiu totalmente controlado por uma força poderosa e malévola, incapaz de se mover ou resistir, impulsionado pelo ar que parecia ter se tornado sólido como rocha. Deslizando de costas pela estrada, viu aço derretido e destroços de concreto passando por ele como lava fluida.

"Que merda, não vou sobreviver a isto", Devlin pensou. "Só espero que não seja doloroso."[12]

Segundos depois da explosão, Devlin jazia na estrada, atordoado e lacrimejante, como se tivesse sido nocauteado numa luta de boxe. Ouviu então uma voz berrando em seu ouvido: "*Corra, corra!*".[13] A voz o apavorou. Ele não via ninguém por perto. Devlin se levantou, correu uns cinco passos e foi novamente derrubado, dessa vez por um vergalhão de aço que acabara de cair do céu. Atingiu-lhe o tornozelo direito e cortou o tendão calcâneo. O vergalhão pendia de um bloco de concreto de cinco metros de altura e quatro de comprimento. O concreto era parte do contraforte da porta do silo. Caíra no meio da estrada e, se Devlin não tivesse levantado e corrido, teria despencado em cima dele. Quando Devlin abriu os olhos, viu a sombra daquele bloco de concreto enorme, pensou que o Titan II tinha aterrissado perto dele e exclamou: "Deus do céu!".[14]

O coronel Morris voltou a erguer os olhos quando os destroços pararam de cair sobre a picape e viu que ainda saíam chamas do silo. Concluiu que era hora de deixar o local. Saiu do veículo, mas se desorientou ao ver a silhueta de algo enorme no meio da estrada. Morris ouviu gritarem por socorro. Era Hukle, sentado na carroceria da picape, com seu traje RFHCO baixado até os joelhos. Um dos joelhos estava dilacerado, e Hukle disse que não conseguia andar. Morris tirou o RFHCO de Hukle, ergueu o rapaz e o carregou no ombro, contornando o pedaço de concreto do tamanho de um trailer que bloqueava a estrada de acesso.

Devlin viu o coronel Morris e gritou: "Me ajude, por favor, não consigo me mover".[15]

Morris carregou Hukle por cerca de cem metros, deixou-o em um gramado e correu para buscar Devlin. Carregou-o no ombro.

Devlin ficou abismado com a força do coronel Morris. Os dois eram mais ou menos do mesmo tamanho, e Morris corria com ele às costas. O homem tinha 42 anos. Devlin não conseguia tirar os olhos do rosto dele. Escorria sangue. Parecia ter levado um tiro na cabeça.

"Tenho de pôr você no chão", disse Morris. "Tenho de ir ao fim da estrada, senão irão embora sem nós."[16]

Morris deitou Devlin no gramado ao lado de Hukle e saiu correndo.

No ponto de controle de acesso, dois membros da Força de Atendimento em Desastres, Richard English e David Rossborough, preparavam-se para partir para Damasco. Mazzaro falava pelo rádio com o posto de comando, em Little Rock. Childers estava ali perto quando viu Silas Spann na estrada de acesso, correndo em direção a eles. Spann disse que ainda havia pessoas vivas no complexo; ele acabara de ajudar Hanson e Christal a chegar à estrada.

Um oficial de manutenção do PTS, capitão George Short, chegou numa caminhonete com o coronel Morris, que ele vira cambaleando no topo do monte.

O coronel Morris queria voltar para buscar Hukle e Devlin. Mas ele parecia estar muito mal, e os outros não quiseram que fosse. Morris e Short começaram a contar os presentes, tentando descobrir quem ficara no complexo. Hanson e Christal apareceram, com cortes e queimaduras, mas fortes o suficiente para andar.

Childers pegou a máscara antigases de Mazzaro. Não queria que Mazzaro desse uma de herói e corresse riscos insensatos — a mulher dele estava prestes a dar à luz. Childers entrou na caminhonete com Rossborough e English. Silas Spann ficou na direção, e eles voltaram ao caos.

English era o único civil na Força de Atendimento em Desastres. Passara vinte anos na Força Aérea, servindo como navegador em bombardeiros do SAC e ajudando a supervisionar os primeiros testes do Titan II. Aposentou-se em 1967, foi vendedor de seguros por um ano, detestou e arrumou um emprego na Base da Força Aérea em Little Rock que envolvia muita ação: treinar pessoas a lidar com desastres, atender em desastres, assessorar o comandante da base sobre o que fazer em caso de desastres. Tinha 57 anos, um velho para os padrões da Força Aérea, mas era muito admirado por seus subordinados, que sempre o tratavam por "Coronel". Longe de estar fora de forma, English era atlético, forte e se parecia muito com William Holden, um astro de cinema dos anos 1950.

Rossborough, de 32 anos, era sargento e vinha do norte do estado de Nova York. Estava jogando boliche quando a Força de Atendimento em Desastres foi reconvocada. Isso explica por que, às 3h15 da madrugada, em um incêndio num complexo de míssil, em meio a uma Flecha Quebrada, Rossborough vestia uma camisa de boliche vermelha.

Quando a caminhonete chegou ao topo do morro próximo ao complexo, a estrada estava juncada de escombros, e Rossborough disse a Spann que parasse.

O veículo de reentrada pode ter explodido, Rossborough comentou, e talvez houvesse destroços da ogiva espalhados por toda parte. Era bom que não passassem de carro por cima desses destroços, nem pisassem neles.

Childers quase não reconhecia o lugar onde estivera poucas horas antes. Parecia uma zona de guerra. O silo estava em chamas, a grama estava em chamas, os morros a oeste do complexo e as florestas ao norte estavam em chamas.

Chegaram ao gramado onde Morris deixara Devlin e Hukle. Jim Sandaker já estava lá, com um colega da Equipe B do PTS, Buddy Boylan. Estavam pondo dois feridos, Wallace e James, em uma picape.

Gene Schneider, outro membro da equipe do PTS, tinha entrado no gramado e trazido Devlin. Schneider carregara Devlin nos braços, como uma criança, e Devlin gritava de dor. Seu traje RFHCO vinha arrastando pelo chão e, cada vez que ficava preso em destroços, pressionava seu tornozelo ferido. Schneider parava por um momento e Devlin lhe dizia para continuar andando. Até que Schneider não aguentou mais carregá-lo. Rossborough e Childers chegaram correndo, pegaram Devlin e o puseram na traseira de um caminhão grande que o capitão Short trouxera. Joseph Tallman, outro técnico do PTS, carregou Hukle até a caminhonete.

Childers achou que viu o veículo de reentrada perto da estrada. Spann estava em pé bem ao lado.

"Saia daí", Childers gritou.[17]

Spann obedeceu e, quando todos os feridos tinham sido postos em veículos, Childers perguntou se faltava alguém.

Só Livingston e Kennedy, Spann respondeu.

"Vamos embora, vamos sair daqui", gritavaram.[18]

Ninguém usava máscara antigases. Nuvens de oxidante pareciam flutuar sobre o complexo. Um objeto grande ao lado da estrada sibilava alto; era o tanque de propano e podia explodir a qualquer momento. O lugar não parecia nem um pouco seguro. Todos se amontoaram nos veículos, partiram de volta para o ponto de controle de entrada. Livingston e Kennedy, considerados mortos, foram deixados.

O coronel Morris tentou entrar em contato com a ambulância por um rádio em um dos caminhões da polícia de segurança. Mas o rádio da ambulância era parte da rede hospitalar, operava em outra frequência. Um rádio da polícia de segurança não podia se comunicar com um rádio da rede hospitalar. E o rádio da ambulância não estava funcionando bem. O capitão Donald Mueller — o médico designado para a Força de Atendimento em Desastres, que estava na ambulância — conseguiu falar pelo rádio com o hospital da Base da Força Aérea em Little Rock. Mas Mueller não conseguiu ouvir nada do que o hospital respondeu.

Muitos dos policiais de segurança e a maioria da Força de Atendimento em Desastres estavam agora no estacionamento da mercearia Sharpe-Payne, em Damasco. Parecia um bom lugar para se reagruparem. O coronel Jones sabia que soldados feridos tinham sido encontrados no complexo de lançamento. Mas também não conseguiu fazer contato com a ambulância. Falando pelo rádio com o coronel Morris, Jones sugeriu que os feridos fossem trazidos para a mercearia.

O capitão Short estava furioso porque todos haviam deixado as equipes de PTS no complexo do míssil, e porque não se viam nem a ambulância nem a polícia de segurança em lugar algum. Devlin sentia dores fortíssimas. Não parava de gritar por água, dizia que sua pele estava pegando fogo. Seus amigos cortaram fora seu traje RFHCO e tentaram aliviar a dor. Não tinham analgésicos, nem estojo de primeiros socorros. Esvaziaram um refrigerador e cobriram Devlin com água e gelo.

"Pelo menos ainda tenho pelos nos braços", disse o sargento James a Childers. "Mas como está meu rosto?"[19]

Não muito bonito, Childers pensou. O rosto do sargento James estava tão queimado que boa parte da pele tinha desaparecido.

Farto de esperar, o major Wallace disse que os homens deviam ser levados para o hospital mais próximo. Já se passara quase meia hora desde a explosão.

Os feridos foram postos numa caminhonete, numa picape e em um grande caminhão de uma tonelada e meia do PTS. Partiram para Damasco.

Quando os veículos seguiam em disparada pela Highway 65, passaram pela ambulância, que rumava para o norte. O caminhão do PTS que levava Devlin e Hukle fez meia-volta e retornou para a estrada de acesso, para que o médico pudesse determinar a gravidade dos ferimentos. Sandaker, que dirigia a picape, prosseguiu.

Hukle foi posto numa maca ao lado da ambulância, e Devlin foi examinado deitado na carroceria do caminhão. O dr. Mueller achou que os ferimentos não pareciam graves demais. Mas o diagnóstico não satisfez Childers, nem os membros da Equipe B do PTS. Pegaram a caminhonete e o caminhão do PTS e seguiram para o hospital em Conway, cerca de quarenta quilômetros ao sul — e, na confusão, esqueceram Hukle na maca, ao lado da ambulância.

Nos arredores da cidade de Greenbrier, uns dezesseis quilômetros ao sul de Damasco, Sandaker avistou dois policiais de segurança. Parou a picape e deixou com eles os feridos, Hanson e Archie James. Depois fez meia-volta e seguiu para o norte. Queria voltar ao complexo do míssil.

O hospital em Conway não quis receber os feridos, alegando não estar autorizado a tratar pessoal da Força Aérea. Childers exigiu que fossem tratados e assumiu total responsabilidade pelos procedimentos. A caminho do hospital, sentado no banco traseiro da caminhonete, Joseph Tallman — o técnico do PTS que carregara Hukle no gramado — entrara em choque. A recusa em admitir aqueles jovens soldados feridos, às quatro da manhã, a meia hora de outro hospital, parecia combinar com o espírito de toda aquela noite. O hospital finalmente concordou em tratar deles, e Childers ligou para o posto de comando, em Little Rock, para avisar onde estavam.

Algumas horas antes, por volta da uma da manhã, depois de acompanhar uma carreta com torres de iluminação portátil até o complexo de lançamento 374-7, Jimmy Roberts e Don Green perguntaram se havia mais alguma coisa que pudessem fazer para ajudar. Eram policiais de segurança com uma picape. Devlin e Hukle ainda não tinham entrado no complexo com seus pés de cabra. Todos ainda aguardavam instruções do quartel-general do SAC.

O sargento Thomas Brocksmith, comandante da polícia de segurança no complexo do míssil, pediu a Roberts e Green que dirigissem pelas estradas que circundavam o complexo e verificassem se os policiais de segurança que estavam controlando as barreiras sabiam usar a máscara antigases, caso houvesse problemas. Roberts e Green entraram na picape e percorreram as estradas no entorno do 4-7. Conversaram com policiais de segurança nas barreiras e explicaram como usar as máscaras. A maioria daqueles policiais não sabia coisa alguma sobre o Titan II, nem sobre o perigo de seus propelentes.

Por volta das três horas, Robert e Green estavam em uma estrada a quase um quilômetro do silo.

O céu se iluminou.

"Que beleza!", disse Roberts, sem perceber o que tinha acontecido.[20]

Um instante depois, a onda de choque chacoalhou a picape com tamanha força que quase a tirou da estrada. Roberts e Green puseram depressa suas máscaras antigases. Dali podiam ver bem o complexo de lançamento, e parecia que a bola de fogo chegava até a Highway 65. Não conseguiram fazer contato com ninguém pelo rádio e pensaram que estavam todos mortos no complexo.

Talvez sejamos os únicos que restaram, disse Green.

Decidiram evacuar as casas próximas, mas ouviram por fim o sargento Brocksmith pelo rádio, chamando da mercearia em Damasco. O sargento lhes disse para evacuarem as casas ao sul do complexo de lançamento. Os dois seguiram para o leste, chegaram à Highway 65, saíram da picape e bateram às portas de pequenas propriedades rurais e trailers, dizendo às pessoas para deixarem a área imediatamente. Apesar da perturbadora visão de dois homens de farda de combate e máscara antigases em plena madrugada, a maioria dos moradores agradeceu pelo aviso. Mas um homem abriu a porta, apontou-lhes uma arma e falou: "Não vou sair".[21] Eles não discutiram.

Roberts e Green estavam a quase dois quilômetros a norte quando ouviram o seguinte diálogo pelo rádio:

"Socorro! Socorro! Alguém está me ouvindo?"[22]

"Sim, estamos ouvindo."[23]

"Me ajudem!"[24]

"Onde você está?"[25]

"Aqui é o sargento Kennedy."

"Onde você está, Jeff?"[26]

"Coronel Morris, estou aqui perto da sua picape, por favor, me ajude… quebrei a perna e estou sangrando."[27]

"Onde você está?"[28]

"Estou aqui na sua picape!"[29]

Roberts e Green haviam suposto que eram as únicas pessoas nas proximidades do complexo de lançamento. Nenhum dos dois conhecia Jeff Kennedy pessoalmente, nem sabiam quem ele era. Mas não iriam deixá-lo lá. Green fez meia-volta com a picape e saiu a toda velocidade.

Cerca de um minuto depois, a picape morreu bem no meio da Highway 65. Acabara a gasolina. Os dois saíram e a empurraram para a beira da estrada. Um caminhão da Força Aérea passou e não quis parar, mesmo depois que eles correram atrás do veículo gritando e agitando os braços. O motorista de um carro civil os xingou e seguiu caminho quando fizeram sinal para parar. Roberts avistou um Cadillac estacionado na entrada de carros de uma casa próxima, correu até lá, quebrou a janela com uma pedra e começou a fazer a ligação direta.

Green ficou admirado, mas não surpreso, pelo fato de Roberts saber como se fazia aquilo.

Uma picape se aproximou velozmente vinda de Damasco. Roberts e Green deixaram o Cadillac e se postaram na estrada, bloqueando as duas pistas. Pensaram: Se o caminhão nos atropelar, dane-se.

O caminhão parou e eles o requisitaram. O motorista, Jim Sandaker, insistiu em ir com eles ao complexo de lançamento.

Tudo bem, disseram, mas vá no banco de trás.

Green pisou fundo e os três partiram em busca de Jeff Kennedy.

Num momento, Kennedy estava olhando para o chão defronte ao portal de acesso, preparando-se para sentar no meio-fio. No momento seguinte ele estava no ar, virando de cabeça para baixo, como um acrobata num trapézio. E então perdeu os sentidos.

Quando abriu os olhos, jazia de costas no chão, as pernas apontando para o céu, escoradas em uma cerca de arame farpado. Chamas ardiam à sua volta. Ele gritou e gritou por socorro. Mas ninguém respondeu.

Depois de estar naquela posição por alguns minutos, preso na cerca, Kennedy teve um estalo. A escolha se tornou clara: ou se levantava e partia ou ficava ali e morria.

Kennedy puxou suas pernas da cerca, levantou-se e imediatamente despencou. Viu que sua perna direita estava quebrada e sentiu o resto do corpo todo esfolado e cortado. Seu capacete sumira. Seu rosto sangrava. Depois de cair, Kennedy disse a si mesmo: "Não vou morrer neste complexo".[30]

Apoiando-se na cerca, Kennedy se pôs em pé e tentou se equilibrar. O complexo de lançamento era só escombros e chamas. Demorou um pouco, mas ele descobriu onde estava. A onda explosiva o arremessara no ar por cinquenta metros. Ele caíra com as pernas para o alto de encontro à cerca na ponta sudoeste do complexo. Decidiu seguir a cerca na direção leste, rumo à Highway 65, depois para o norte, na esperança de encontrar o buraco que haviam aberto nela. A cerca lhe dava alguma sustentação física e alguma noção de direção, mas também o aprisionava no complexo. Ele não podia pular por cima dela com aquela perna quebrada. Enquanto não encontrasse uma saída, estaria encarcerado ali em meio às chamas, aos destroços e à fumaça tóxica.

A cada poucos passos, Kennedy caía. O traje RFHCO era pesado, um estorvo, e sem o capacete já não servia para nada. Ele o estava atrasando. Kennedy se sentou no chão, tirou o cilindro de oxigênio e desvencilhou os braços do RFHCO. Mas não conseguiu tirá-lo da sua perna quebrada. Tateou pelo chão, encontrou um pedaço de metal afiado e cortou fora o traje acima das botas.

Kennedy andava e caía, andava e caía, tropeçando em destroços, procurando o buraco na cerca. De alguma parte na escuridão, ele ouviu a voz de Livingston gritando.

"Meu Deus, me ajudem. Por favor, alguém me ajude. Por favor, Deus, me ajude."[31]

"Livy, vou buscar ajuda", Kennedy gritou.[32]

Livingston aparentemente não o ouviu.

"Meu Deus, me ajude", Livingston repetia. "Por favor, alguém me ajude."[33]

Kennedy não tinha ideia de onde Livingston estava. O único sinal dele era sua voz.

"Por favor, alguém me ajude."[34]

Kennedy continuou a andar, cair, tornar a se erguer, sabendo que agora a vida dos dois estava em jogo. A dor na perna se tornou excruciante e ele achou que não conseguiria dar nem mais um passo sequer. Começou a entrar em pânico. Pensou nos filhos, na mulher. Não queria morrer naquele complexo de lançamento. Gritou por socorro, mas ninguém respondeu. Então disse a si mesmo para calar a boca e andar.

À distância, Kennedy avistou o pisca-alerta aceso da picape que o coronel Morris estacionara perto do portão. Ela estava a quase cem metros, e do outro lado da cerca. Mas deu a Kennedy um alvo, uma meta, um objetivo a atingir. Andando e caindo, andando e caindo, ele chegou perto o suficiente para ouvir conversas no rádio da picape.

A explosão derrubara um pedaço da cerca. Kennedy se deitou por cima do pedaço derrubado e rolou para o outro lado. Entrou no caminhão e pegou o rádio.

O coronel Morris e o capitão Short estavam sentados no posto de comando móvel, estacionado no extremo da estrada de acesso, falando com Little Rock pelo rádio. O posto de comando móvel era uma picape com duas fileiras de bancos na cabine e capota coberta. Os dois ouviram pelo rádio uma voz dizendo "socorro",[35] e perceberam que era de Kennedy.

English e Rossborough saltaram para o banco traseiro da picape e ela partiu. Short dirigia, Morris ensinava o caminho. Ele sabia exatamente onde Kennedy estava.

Os quatro homens no posto de comando móvel eram os últimos na área em condições de resgatar Kennedy — e o coronel Morris tinha uma aparência medonha. O dr. Mueller e um militar da equipe médica, Reginald Gray, estavam na ambulância na Highway 65 cuidando de Hukle. Todos os demais aparentemente estavam na mercearia em Damasco, controlando barreiras na estrada ou a caminho do hospital em Conway. English ansiava por voltar e encontrar aquele jovem soldado. Rossborough parecia destemido, mas aquela era apenas a segunda vez que punha os pés num complexo de lançamento do Titan II. A primeira, uns quinze minutos antes, fora para resgatar Hukle e Devlin.

Short contornou uma cratera funda na estrada e parou o caminhão. A estrada estava bloqueada pela laje de concreto que quase esmagara Devlin. Encontraram Kennedy na picape danificada ao lado da cerca e o tiraram dali. Ele lhes disse que Livingston ainda estava vivo, em alguma parte do complexo, e pediu um favor a Short.

"Capitão, precisa ligar para minha esposa", ele disse.[36]

Short prometeu que o faria.

Kennedy estava lívido. Tinha o rosto coberto de sangue. Respirava com dificuldade. Nenhum dos homens usava máscara de oxigênio, e sentiam o cheiro de oxidante no ar. Precisavam tirar Kennedy dali antes de irem procurar Livingston. Puseram-no na carroceria da picape e rumaram para a estrada.

Um caminhão da polícia de segurança veio em direção a eles pela estrada de acesso. Short desacelerou, mas não parou. Pôs a cabeça para fora da janela e gritou: Pegamos Kennedy, Livingston ainda está no complexo, vá até lá e tente encontrá-lo.

Roberts e Green não tinham ideia de quem estava na picape gritando para eles. Não sabiam como Livingston era nem onde ele poderia estar. Mas estavam dispostos a procurá-lo. Green pensou em seu menino de seis anos, profundamente adormecido em casa, ignorando o que o pai estava fazendo naquele momento.

Ao se aproximarem do complexo, apareceu na estrada um grande objeto cilíndrico.

"Caramba, é a ogiva", pensou Green. E a contornou com todo o cuidado.

Green parou a picape, e os homens andaram na direção nordeste do complexo, procurando um modo de transpor a cerca. Não tinham lanterna. Green subiu em uma torre de iluminação portátil e tentou direcioná-la para a cerca, para ver se achava algum buraco. A torre não se mexeu.

Ela estava presa a uma picape Dodge Power Wagon, e Green teve uma ideia: vou arrombar a cerca com essa picape grandalhona.

Green se sentou no banco do motorista. Tinham deixado o motor ligado. Ele engatou a primeira e pisou fundo. A picape bateu na cerca, que não cedeu. Green deu a ré e tentou de novo. Nada. A cerca era forte demais, e a picape parecia morosa. Ele saiu da cabine e notou que os quatro pneus tinham estourado com a explosão. O veículo estava se movendo sobre as rodas.

Green pensou que Roberts tinha voltado para a picape deles. Foi até lá, mas não havia ninguém. Ligou a picape e foi acompanhando o lado sul da cerca, à procura de uma brecha grande o suficiente para atravessá-la. Não encontrou, e a picape ficou presa em grandes destroços de cimento. Green deixou de lado a picape, achou uma pequena brecha na cerca, entrou no complexo a pé e começou a chamar por Livingston e Roberts. Ninguém respondia. Estava difícil enxergar com tanta fumaça e poeira. As lentes de sua máscara antigases ficaram embaçadas. Ele tropeçava nos destroços e caía. Receava que algo terrível tivesse acontecido, que Roberts tivesse caído em algum buraco e se ferido gravemente. Green chamou por Livingston e Roberts e percebeu que se perdera.

Jim Sandaker fora deixado no ponto de controle de acesso pelos dois policiais de segurança e não pretendia permanecer ali por muito tempo. Os homens que tinham acabado de voltar com Kennedy disseram que Livingston ainda estava vivo, mas os vapores estavam bem fortes no complexo. Sandaker olhou em volta, procurando um traje RFHCO, encontrou um e começou a vesti-lo.

As regras da Categoria I determinavam que era preciso no mínimo mais uma pessoa usando o traje RFHCO, como apoio, sempre que alguém punha o equipamento. O coronel Morris se opôs a que Sandaker tornasse a entrar no complexo sozinho.

Considerando as circunstâncias, Sandaker julgou que aquelas regras eram babaquice. Ele iria procurar Livingston.

Vou com você, disse Richard English, e alegou que tinha sido treinado para usar o traje.

Sandaker teve o pressentimento de que English estava mentindo. Não acreditava que aquele velho conseguiria usar um traje RFHCO. Receava que English acabasse tendo um ataque cardíaco. Fazer qualquer coisa dentro de um RFHCO era dureza; o traje completo, com o cilindro de oxigênio, pesava mais de 25 quilos. Os dois homens não se conheciam, mas Sandaker achou ótimo não ir sozinho ao complexo.

O coronel Jimmie D. Gray voltara ao complexo, depois de procurar água em uma fazenda nas imediações. Gray começara a noite no posto de comando, em Little Rock, seguira para o 4-7 levando alimentos e suprimentos antes da explosão e ficara por lá depois. Ele ajudou Sandaker e English a vestir os trajes RFHCO, e Rossborough os transportou para o complexo no posto de comando móvel. Dessa vez, ele levou máscara antigases.

Sandaker e English foram na traseira da picape, com as pernas penduradas na frente das luzes traseiras. Rossborough os deixou no complexo. O sistema de comunicação do complexo não funcionava mais, e os dois não poderiam falar um com o outro usando os fones no interior do capacete. Combinaram fazer sinal com a lanterna caso um deles se visse em apuros. Encontraram o buraco na cerca e o transpuseram. À distância, pareciam astronautas explorando um planeta hostil.

Jimmy Roberts não tinha visto nem ouvido Green lançar a caminhonete contra a cerca. Afastara-se do local, procurara em vão uma lanterna na estropiada picape do coronel Morris e deparara com um buraco na cerca. Roberts entrou por ali e, em minutos, perdeu-se completamente. Duas coisas lhe passaram pela cabeça: ele não queria cair em algum buraco e não queria que aquele tanque de propano sibilando na beira da estrada pegasse fogo e explodisse. Gritou por Livingston e Green, mas não houve resposta. Continuou a gritar por eles, e por fim ouviu alguém responder.

"Continue gritando, vou me guiar pela sua voz", disse Roberts.[37]

A uns seis metros do portal de acesso, Roberts encontrou David Livingston deitado no chão. Tinha o rosto ensanguentado e um ferimento no abdome. Mas estava consciente e alerta.

Roberts o pegou e começou a carregá-lo na direção da cerca. Respirando com máscara antigases, não era nada fácil carregar um homem. Roberts começou a sentir tontura, e sua máscara ficou embaçada com o suor.

No ponto de controle de acesso, Don Green apareceu subitamente numa picape. Saiu do veículo, agitado, e disse que Roberts tinha sumido, que podia ter caído em algum buraco. Green precisava de uma nova máscara, pois queria voltar ao complexo e encontrar Roberts. Os outros pensaram que ele delirava, mas Green percebeu que eles não entendiam. Sua máscara estava suja e ele tinha de pegar outra e procurar Roberts. Mueller deu a Green uma injeção de Benadryl e o persuadiu a se sentar por um momento.

Andando pelo complexo, Sandaker teve medo. Fora aconselhado a tomar cuidado com a ogiva e seus altos-explosivos. Havia escombros por toda parte e naquela escuridão não dava para distinguir o que era o quê. A explosão removera o concreto dos vergalhões de aço, retorcidos em uma infinidade de formas estranhas que se erguiam da fumaceira. Sandaker trabalhara muitas vezes no 4-7, mas nada lhe parecia familiar ali. O capacete do RFHCO o impedia de gritar por English e Livingston. Ele se perdeu em minutos.

Roberts não conseguiu mais carregar Livingston e o pôs no chão.
Livingston suplicou que Roberts não o deixasse.
"Escute, nós vamos sair daqui", disse Roberts. "Vou ter de carregar você nas costas."[38]
E carregou Livingston nas costas um pouco, mas precisou pô-lo no chão de novo. Não conseguia dar mais um passo. Disse que iria procurar ajuda e prometeu voltar logo.
"Não me deixe, por favor", disse Livingston.[39]
Roberts tornou a pegá-lo e o pôs nas costas.

Sandaker perambulava pelo complexo procurando o portal de acesso, mas não encontrava. Era muito estranho se perder num lugar que ele conhecia como a palma da mão. Avistou English a uns dez metros. Ele acendia e apagava a lanterna. Sinal de encrenca.
English não conseguia andar mais com o traje RFHCO. Estava exausto e indicou a Sandaker que estava ficando sem ar.
Os dois deram meia-volta e tentaram encontrar a saída.

Roberts receava estar prestes a desmaiar. Pôs Livingston no chão perto da cerca e prometeu voltar para buscá-lo. Achou o caminho para a picape estropiada perto do portão e, à distância, viu dois homens em trajes RFHCO. Acendeu e apagou repetidas vezes os faróis, buzinou, mas os dois aparentemente não o viram. E então Roberts avistou outra picape estacionada ali perto. Havia alguém no banco dianteiro.

A porta da picape se abriu e um homem saiu, com uma lanterna. Usava máscara antigases e camisa de boliche vermelha.

Roberts pensou: "Beleza!".[40]

Rossborough e Roberts entraram outra vez no complexo, encontraram Livingston e o carregaram, atravessando o mato e contornando escombros. Parecia uma corrida de obstáculos no escuro. Cansaram-se e puseram Livingston no chão.

Quando Sandaker e English estavam tirando os RFHCOS, viram Rossborough e Roberts a quase vinte metros. Correram até lá para ajudar, carregaram Livingston para a picape e o puseram delicadamente na carroceria. Sandaker ficou ao lado do amigo e os outros foram na cabine.

Livingston pediu a Sandaker que não contasse à sua mãe o que acontecera. "Por favor, não conte para minha mãe", ele repetia.[41]

Cerca de uma hora depois da explosão, o coronel Jones e o resto da Força de Atendimento em Desastres voltaram ao ponto de controle de acesso. Jones estivera ouvindo o coronel Morris pelo rádio e de repente lhe ocorreu: se ele parece bem lá, o que estou fazendo em Damasco?

Mueller fez tudo o que pôde para tratar Kennedy na ambulância. Kennedy estava lívido, sedento e com dificuldade para respirar. Mueller colocou um acesso e lhe ministrou alguma medicação para prevenir edema pulmonar — excesso de líquido nos pulmões que podia decorrer de exposição a oxidante. Kennedy tinha também um lanho enorme na perna direita. Suas ceroulas cheiravam a combustível de foguete e Mueller as cortou fora.

Livingston chegou na traseira da picape e Mueller o examinou ali. Livingston parecia melhor do que Kennedy em alguns aspectos. Não estava pálido nem perdera os sentidos. Porém, o ferimento no abdome era profundo. Havia destroços de concreto alojados ali e os intestinos estavam à vista. Mueller queria colocar um acesso em seu braço para medicá-lo, mas não era possível. A ambulância só possuía um.

O coronel James já requisitara um helicóptero para levar Kennedy ao hospital. O posto de comando em Little Rock disse que o aparelho estava a caminho. Mas não havia sinal dele.

O helicóptero ainda não saíra da Base da Força Aérea em Little Rock. Sua tripulação recebera instruções para levar detectores de vapor portáteis ao 4-7. Não conseguiram encontrar nenhum, e o helicóptero ficou à espera, por mais de meia hora, enquanto se fazia a busca pelos detectores de vapor.

Jones não entendia por que o helicóptero ainda não chegara. Kennedy e Livingston estavam mal, e a ambulância não era equipada para lidar com suas lesões. Livingston precisava de um acesso para cateter imediatamente. Jones disse ao coronel Morris que iria levá-los ao hospital em Conway.

Hukle e Kennedy foram na ambulância. Livingston permaneceu na traseira da picape com Sandaker, que o mantinha falando. E o coronel Jones foi na frente, em uma caminhonete. O comboio tinha de seguir devagar, pois Livingston sentia muita dor.

Finalmente o helicóptero decolou de Little Rock — sem detectores de vapor, pois nenhum fora encontrado. Disseram ao piloto para encontrar o comboio no Complexo de Lançamento 374-6, perto da cidade de Republican. Mas Jones e os outros se enganaram e passaram direto. Foram encontrar o helicóptero no Complexo de Lançamento 374-5, nos arredores de Springhill. O chefe de medicina aeroespacial da base, outro médico e quatro militares do corpo médico imediatamente começaram a tratar os feridos. Kennedy recebeu uma dose de morfina, e Livingston por fim teve seu acesso endovenoso para medicação. Sandaker se despediu dos dois, e o helicóptero partiu para Little Rock. Eram cinco da manhã.

Dois policiais de segurança pegaram o coronel Morris no ponto de controle de acesso e o levaram ao hospital.

O coronel Jimmie Gray era a única pessoa ainda no complexo do míssil. Ficou lá sozinho, à espera, o dia prestes a raiar, o fogo ainda queimando e a ogiva em algum lugar por ali na escuridão.

Confirmar ou negar

No Arsenal de Redstone em Huntsville, Alabama, Matthew Arnold aprendeu a desativar armas químicas e biológicas.[1] "O cloro é seu amigo", ensinou o instrutor.[2] O principal ingrediente da água sanitária caseira tornava inofensivos quase todos os patógenos, gases asfixiantes e ampolas de reagentes. Bom saber, pensou Arnold. Embora Redstone fosse um arsenal do Exército, Arnold estudara lá enviado pela Força Aérea. O curso de três semanas em Redstone foi o primeiro passo para se tornar técnico de remoção de armas explosivas. Os alunos já não precisavam se expor a gases asfixiantes e aplicar em si mesmos uma injeção de atropina como exercício para adquirir a confiança de que o antídoto funcionaria durante um ataque químico. Em vez disso, agora mostravam a eles um filme de uma cabra que era exposta a um gás asfixiante e recebia uma injeção. A cabra sobrevivia. Mas o filme e as aulas em Redstone revelavam o quanto podia ser perigoso o trabalho de um técnico de remoção de armas explosivas, e vários alunos abandonavam o curso.

A taxa de desistência era ainda maior entre os estudantes que, como Arnold, chegavam à próxima etapa: sete meses de treinamento, seis dias por semana, na Escola Naval de Remoção de Armas Explosivas em Indian Head, Maryland. Cerca de um terço dos alunos geralmente era reprovado ou desistia,[3] e apenas um quinto concluía o curso na primeira tentativa. As aulas em Indian

Head privilegiavam as armas convencionais; os alunos tinham de estudar todo tipo de material bélico usado por todas as Forças Armadas do mundo. Os procedimentos de desarmar eram semelhantes para a maioria das munições, qualquer que fosse sua origem: remover o detonador, se fosse possível fazer isso facilmente, ou apenas fixar uma pequena carga explosiva na arma, afastar-se a uma distância segura e explodi-la.

Em contraste com as brigadas usadas pela polícia para desarmar bombas, as equipes de Remoção de Armas Explosivas da Força Aérea não costumavam se preocupar em preservar provas. Eram treinadas para eliminar o perigo o mais rápido possível e em seguida sair do caminho. Arnold aprendeu a tornar seguras todas as ogivas, foguetes, projéteis de artilharia e bombas convencionais do arsenal americano. E também a desarmar os tipos de explosivos improvisados em fundo de quintal usados por grupos terroristas como as Brigadas Vermelhas e a Frente de Libertação da Palestina. Os explosivos caseiros podiam ser difíceis de lidar e imprevisíveis, e o material militar era mais simples porém mais potente. Um técnico da EOD devia lidar com ambos os tipos tendo a mesma postura: disciplina, reflexão, paciência e calma.

Arnold se saiu bem o suficiente para ser admitido na Divisão Seis, o programa em Indian Head que ensinava aos estudantes como desmontar uma arma nuclear. O curso começou com uma lição sobre os perigos da radioatividade. Todas as equipes tinham de assistir ao filme de Louis Slotin morrendo por exposição à radiação em 1946, depois de seu acidente em um experimento crítico em Los Alamos. Era penoso de ver. Slotin permaneceu totalmente consciente, sofrendo dores terríveis, enquanto sua pele inchou, mudou de cor, encheu-se de bolhas e descascou.

Depois de aprender a usar detectores de radiação e a calcular os tempos de exposição segura, os alunos se familiarizavam com vários designs de arma nuclear. Na época, os Estados Unidos possuíam cerca de 25 tipos: mísseis, foguetes, ogivas e bombas; projéteis de artilharia, cargas de profundidade, torpedos e minas; armas grandes e pequenas, atômicas e termonucleares. As mais potentes eram a bomba Mark 53, lançada de avião, e a ogiva W-53, transportada pelo Titan II. A menos potente era a bomba Mark 54, denominada Munição de Demolição Atômica Especial (na sigla em inglês, SADM), com potência inferior a um quiloton. A SADM pesava apenas 27 quilos. Era conhecida como "bomba de mala" ou "bomba de mochila", em razão dos modos de uso preferidos. Uma pessoa carregava a SADM e a colocava no local planejado. Outra ajustava o timer, e então as duas tratavam de sair dali depressa.

Os instrutores da Divisão Seis deram algumas dicas básicas sobre como lidar com uma arma nuclear envolvida em um acidente. A primeira coisa a fazer, disseram, é descobrir se o invólucro da arma foi comprometido e se algum componente se moveu dentro dele. Se o seu detector de raios gama mostrar níveis de radiação elevados, o problema é grave. Os raios gamas atravessarão seu traje de proteção. Se você detectar raios gama à distância, recue na mesma hora. A arma pode ter detonado parcialmente ou estar prestes a detonar. Mas, se houver vidas em jogo, calcule por quanto tempo você pode trabalhar no local do acidente sem absorver radiação gama em excesso.

Use sempre o traje antirradiação quando se aproximar da arma pela primeira vez, ensinaram. É aquele macacão amarelo com capuz. E fique de olho em seus medidores de partículas alfa e beta. Se eles detectarem qualquer coisa, isso provavelmente significa que o invólucro da arma foi danificado. As alfa são emitidas pelo núcleo do reator, as beta pelo gás de trítio usado para impulsioná-la. Seu traje antirradiação as bloqueará e o respirador impedirá que você as inale. E lembre-se: nunca tire a máscara, mesmo se não houver sinais de radiação, enquanto não tiver certeza de que o "crânio" da arma está intacto. O crânio é o refletor de berílio ao redor do núcleo. Inalar pó de berílio pode ser pior do que inalar plutônio. Ambos podem ser letais.

Além dos medidores de partículas alfa, beta e gama e do medidor de trítio, uma equipe da EOD recorria a ferramentas mais prosaicas para agir em um acidente com arma nuclear: chaves de fenda, roquetes, chaves inglesas e alicates. Elas eram feitas com ligas metálicas com baixa probabilidade de produzir fagulhas. Se parecesse que a arma detonaria, um técnico da EOD abriria seu invólucro com uma chave de fenda. O objetivo mais importante, de longe, era isolar as fontes de energia e assegurar que a eletricidade não pudesse atingir os detonadores. O melhor modo de fazer isso era simplesmente desconectar as baterias e removê-las da arma. Podia-se provocar um curto-circuito com um toque de chave de fenda nos capacitores que já tivessem sido carregados. Mas, se a unidade X já estivesse carregada, o técnico da EOD teria de ter muito cuidado. Um movimento errado poderia dispará-la e detonar a arma.

Arnold praticou os procedimentos de desarmamento em armas simuladas que eram idênticas às reais, exceto pelos altos-explosivos e pelo material físsil, que eram falsos. O processo de desmontagem era meticuloso. As peças, depois de removidas, eram embaladas em plástico, guardadas em caixas e preparadas para a devolução ao fabricante. Após meses de treinamento, Arnold foi aprovado em todos os testes em Indian Head e entrou para a unidade da EOD na Base da Força Aérea em Barksdale, nos arredores de Shreveport, Louisiana. Aprendera a desarmar bombas em carros e armas biológicas, a lidar com Flechas Quebradas e a desmontar ogivas nucleares. Tinha vinte anos.

Quando Sid King chegou a Clinton, correu para a estação de rádio e ligou o transmissor. A KGFL só tinha licença para transmissões matinais, mas a Comissão Federal de Comunicações permitia que uma emissora diurna fosse ao ar durante uma emergência. King achava que a explosão de um míssil balístico intercontinental atendia ao critério. Momentos depois, sua mulher chegou à emissora, feliz por ver que ele não fora morto. King descreveu a explosão aos ouvintes, e pessoas telefonaram à emissora compartilhando o que tinham visto. Logo o pequeno estúdio da KGFL estava abarrotado de gente, amigos e vizinhos que se reuniram, ansiosos para descobrir o que se passava.

A Força Aérea se recusava a revelar informações sobre a explosão. Não queria explicar o que acabara de acontecer. Não queria falar sobre os possíveis riscos de vapores tóxicos. Não queria confirmar nem negar que o Titan II continha uma ogiva nuclear. Os jornalistas que ligavam para a Base da Força Aérea em Little Rock eram instruídos a telefonar para o Comando Aéreo Estratégico em Omaha — e ninguém no quartel-general do SAC respondia às suas perguntas. O quartel-general do SAC não queria dizer nem mesmo a Frank Wilson, o diretor de serviços ambientais do Departamento de Saúde do Arkansas, se o acidente dispersara poluentes radioativos.[4] O SAC não lhe dizia coisa alguma. Por isso, Wilson telefonou para uma agência do Departamento de Energia em Albuquerque. Lá, um funcionário lhe pediu para descrever a explosão. Wilson mencionou a bola de fogo e as fagulhas que pareciam emergir dela. O representante do Departamento de Energia disse que provavelmente o míssil continha uma ogiva nuclear e, ao que parecia, os altos-explosivos da arma haviam detonado, espalhando material físsil. Incapaz de obter confirmação do SAC, o estado do Arkansas enviou funcionários ao condado de Van Buren com detectores de radiação.

O silêncio da Força Aérea ajudou a semear pânico e confusão. Mais de mil pessoas deixaram suas casas, entraram em carros e fugiram da área ao redor de Damasco. Um homem telefonou para a KGFL e disse que estava saindo da cidade e indo para a casa de parentes em Fairfield, Illinois, a mais de seiscentos quilômetros dali. Outras pessoas ligaram falando sobre janelas que foram quebradas, portas arrancadas dos gonzos, uma nuvem escura sinistra que passara sobre suas casas. A nuvem tinha cheiro de ovo podre, provocou ardor nos olhos e tosse. A recusa em admitir que o míssil continha uma arma nuclear fez a Força Aérea parecer tola. Um dos ouvintes da KGFL telefonou para a emissora e disse ter descoberto a frequência de rádio que o SAC estava usando no complexo do míssil. As conversas com o posto de comando em Little Rock não eram passadas por misturador de voz. E estavam discutindo o paradeiro da "ogiva".[5]

Depois de dizer aos caminhoneiros em Bee Branch para saírem dali, o xerife Anglin voltou para sua viatura e seguiu para o sul pela Highway 65 em direção a Damasco. Queria se assegurar de que todos tinham sido evacuados em um raio de oito quilômetros do silo. Parou em uma barreira na estrada ao norte do Complexo de Lançamento 374-7. Os policiais de segurança na barreira usavam máscara antigases.

"Preciso de uma máscara dessas", disse Anglin.[6]

"Ah, não é preciso máscara", replicou um dos policiais, com a voz abafada pela dele.[7]

"Então me dê a sua, já que não precisa."

Nenhum deles deu uma máscara antigases a Anglin, e ele seguiu para Damasco sem essa proteção.

O caos do começo da manhã se estendia ao gerenciamento das barreiras de estrada. A Força Aérea não tinha autoridade legal para decidir quem podia e quem não podia dirigir nas estradas do Arkansas. Mas a omissão do SAC em deliberar junto com autoridades estaduais e locais deixava sem resposta uma questão crucial: quem estava no comando? Em uma barreira ao sul do 4-7, seguranças da Força Aérea impediram a passagem de jornalistas. Correspondentes das principais redes de TV haviam chegado para fazer a reportagem, juntamente com repórteres de rádio e jornal. O xerife Anglin, desautorizando a Força Aérea, permitiu que o pessoal da mídia estacionasse no acostamento da Highway 65, defronte à estrada de acesso ao complexo do míssil. Era local público. Dali a pouco, um repórter do jornal *Democrat*, do Arkansas, foi parado na mesma barreira por seguranças da Força Aérea, que lhe disseram que ele não podia passar dali. O repórter argumentou que os concorrentes de seu jornal tinham sido autorizados a seguir pela estrada; sem permissão, ele contornou de carro a barreira e partiu em direção ao 4-7, sem fazer caso dos soldados com fuzis M-16. Uma picape da segurança da Força Aérea perseguiu-o em alta velocidade, mas desistiu. E o correspondente do *Democrat* se juntou à multidão de jornalistas próxima à estrada de acesso que gritava perguntas a cada veículo da Força Aérea que saía ou entrava no complexo.

Depois de pôr os feridos no helicóptero, Richard English e o coronel William Jones voltaram para o 4-7. Logo um comboio da Base da Força Aérea em Little Rock foi ao encontro deles, levando o equipamento especializado e pessoas que faltavam à Froça de Atendimento em Desastres: detectores de vapor portáteis, detectores de radiação, trajes antirradiação, caminhões de bombeiro, bombeiros e uma unidade da EOD.

Uma dupla de especialistas em radiação foi de helicóptero para o Complexo de Lançamento 374-6 e pegou carona com um policial de segurança até o 4-7, a cerca de dezesseis quilômetros dali. Usando traje de proteção, eles seguiram pela estrada de acesso no escuro, levando detectores de partículas alfa, beta e raios gama. Chegaram ao morro baixo contíguo ao complexo, não encontraram indícios de radioatividade — bom sinal — e voltaram ao ponto de controle de acesso próximo à Highway 65.

English pôs um traje antirradiação e se preparou para procurar a ogiva. O traje era bem mais leve que o RFHCO que ele usara para procurar por Livingston. English pensava ter visto a ogiva durante uma de suas idas ao complexo. Seu substituto no comando da Divisão de Prontidão em Emergências, o sargento Franklin Moses, e os membros da EOD também vestiram seus trajes protetores. A meia dúzia de membros da equipe de reconhecimento inicial, chefiada por English, aguardou a permissão do quartel-general do SAC para sair à procura da arma. A ordem veio de Omaha: poderiam entrar no complexo assim que clareasse.

Rodney Holder ainda usava a camiseta e as calças velhas que vestira para tirar um cochilo pouco antes de as sirenes soarem no 4-7. Quase doze horas tinham se passado desde então, uma longa noite. Agora Holder e Ron Fuller estavam sentados na estrada de acesso ao Complexo de Lançamento 4-6, nos arredores da cidade de Republican. Tinham pegado carona com um policial de segurança na mercearia em Damasco, esperando voltar para a base em Little Rock. Mas o policial fora para o 4-6, buscar uma dupla de especialistas em radiação. E o helicóptero decolara do 4-6 sem esperar por Holder e Fuller. Isso lhes deixara duas opções. Podiam retornar ao local do acidente com a equipe de especialistas em radiação ou permanecer na estrada de acesso ao 4-6. O policial de segurança emprestou seu casaco a Holder e partiu. Estava escuro ainda, e os dois homens, exaustos, sentaram-se na estrada à espera de que alguém lhes desse uma carona.

No Centro Médico Batista em Little Rock, os médicos tentavam salvar a vida de Jeff Kennedy e de David Livingston. Puseram os dois em respiradores na UTI e lhes administraram altas doses de corticosteroides. O oxidante liberado pela explosão induzira uma forma perigosa de desconforto respiratório. Ambos sofriam agora de edema pulmonar, com os pulmões cheios de líquido. A mulher de Kennedy deixara as crianças com uma amiga e correra para o hospital. Uma jovem viera ver Livingston, dizendo ao médico que era mulher dele; outra se apresentou como sua irmã. Para o coronel Michael J. Robertson — o chefe de medicina aeroespacial na base, que atendera os feridos a bordo do helicóptero — não importava quem elas eram. Achava ótimo que Livingston tivesse alguém ali com ele. Os piores efeitos do oxidante costumavam aparecer cerca de cinco horas depois da exposição. Como o fosgênio, um gás usado como arma química na Primeira Guerra Mundial, o oxidante podia matar de um modo extremamente penoso, conhecido como "afogamento em terra".[8]

Matthew Arnold estava num sono profundo quando o telefone tocou por volta das 3h30 da madrugada. Ordenaram-lhe que se apresentasse à base: sua unidade EOD estava seguindo para um trabalho. O telefonema veio em má hora. Arnold e sua mulher tinham acabado de mudar para um apartamento em Shreveport e haviam passado boa parte da noite transportando caixas. Ele dormira só algumas horas. O apartamento estava abarrotado de caixas à espera de serem desembaladas e ele não tinha a menor vontade de sair para trabalhar às três da madrugada. Quando Arnold chegou a Barksdale, seu comandante de esquadrão disse que iriam para o Arkansas, e mais nada. Quando a unidade pôs seu equipamento em duas picapes e se preparou para partir, Arnold se sentiu culpado por deixar a mulher arrumando a bagunça sozinha em casa. Não poderia telefonar para ela, dizer aonde estava indo, nem por quanto tempo ficaria fora.

A equipe da EOD em Barksdale fazia parte do Comando Aéreo Estratégico e era convocada em todo acidente envolvendo armas nucleares do SAC na metade leste dos Estados Unidos. Durante os dois anos e meio de Arnold como técnico da EOD, a unidade passara a maior parte do tempo cumprindo tarefas corriqueiras. Quando encontravam material bélico que não explodira nos pântanos ao redor da base aérea, seu esquadrão da EOD cuidava do desarmamento. Ocasionalmente, quando um avião caía, eles tornavam seguras as bombas, cartuchos acionadores, sinalizadores, munições e motores de foguetes de assentos ejetores achados nos destroços. E, quando mais nada estava acontecendo, praticavam a montagem e a desmontagem de armas simuladas. Mas algumas vezes Arnold ajudou em acidentes de verdade.

Duas vezes em Barksdale, uma carreta desabou transportando um lança-mísseis rotativo carregado de Mísseis de Ataque de Curto Alcance. Cada lançador continha oito SRAMs e as carretas possuíam braços telescópicos para içar os mísseis até o compartimento de bombas de um B-52. Durante os dois acidentes, os braços telescópicos se quebraram e deixaram cair, a 1,5 metro do chão, o lança-mísseis e os SRAMs. No mínimo duas ogivas e meia dúzia de mísseis sofreram danos. Uma corrosão por defeito de fábrica pareceu a explicação mais provável pela quebra dos braços telescópicos. Mas uma investigação posterior feita pela Força Aérea constatou uma causa diferente: equipes de manutenção haviam brincado com as carretas, por puro tédio, usando-as para erguer bombardeiros B-52 do chão.

Em abril de 1979, a unidade de Arnold foi convocada para trabalhar no local de um acidente nuclear alguns quilômetros a norte de Fort Worth, no Texas. O acidente foi considerado suficientemente grave para requerer a presença deles com urgência, no meio da noite, por isso seguiram todos no único avião que estava disponível: o KC-135 do comandante da base. O grande jato era bem mais luxuoso do que os aviões que costumavam transportar a equipe de

Arnold. Na Base da Força Aérea em Carswell, alguém da equipe de carregamento desconsiderara uma ordem técnica e puxara uma alavanca com demasiada força na cabine do piloto de um B-52. Em vez de abrir as portas do compartimento das bombas, o homem, inadvertidamente, liberou uma bomba de hidrogênio B-61. Ela caiu de cerca de dois metros de altura e atingiu a pista. Quando homens da equipe de carregamento se aproximaram da arma, viram que o invólucro do paraquedas da bomba se rompera e que uma bandeira vermelha aparecera em uma janelinha do invólucro. A bomba estava armada. A equipe de Arnold chegou à base, removeu um pequeno painel do invólucro e girou um interruptor com uma chave de fenda. Uma bandeira verde substituiu a vermelha na janelinha; a bomba estava segura. O procedimento todo durou aproximadamente uma hora, e a unidade de Arnold voltou para Barksdale em seu meio de transporte usual, um avião de carga.

A perspectiva de ter de desarmar uma ogiva W-53 não enervava Arnold. O núcleo da W-53 continha urânio altamente enriquecido, e não plutônio, o que, em grande medida, eliminava o perigo da inalação e o risco de contaminação radioativa. Ele já estivera em complexos de Titan II e praticara com versões simuladas da arma. E em Indian Head tinham lhe ensinado que armas nucleares eram quase impossíveis de detonar acidentalmente. Os mecanismos de segurança sempre haviam funcionado, mesmo durante quedas de avião e incêndios. Dizia-se que os altos-explosivos eram a maior ameaça às equipes da EOD. A unidade de Arnold com frequência lidava com armas nucleares e era raro pensarem na força destrutiva que podia ser desencadeada. Técnicos da EOD se sentavam em armas nucleares, recostavam-se despreocupadamente nelas, usavam-nas como mesa na hora do almoço. Mas um dos comandantes de Arnold era atrevido e despreocupado demais. Uma ocasião, ele removeu uma arma simulada de um depósito em plena luz do dia, colocou-a na carroceria de sua picape, cobriu-a com lona, passou direto pelos seguranças e a desmontou diante da namorada. Arnold achou a ação estúpida e irresponsável, além de ser uma tremenda quebra de segurança. Dentro do bunker, as armas simuladas ficavam armazenadas ao lado das reais.

A equipe de reconhecimento deixou o ponto de controle de acesso pouco antes de amanhecer. A busca pela ogiva não demorou. Richard English os levou a um local, cerca de duzentos metros a leste do silo, onde ele pensava ter visto os contornos da arma no escuro. E lá estava ela, em uma vala rasa, logo à direita da estrada de acesso. As picapes em suas idas e vindas depois do acidente e os homens cambaleantes no escuro tinham passado a poucos metros.

Detectaram radiação alfa logo acima da arma, porém em nenhuma outra parte do complexo.

A conversa entre o pessoal da Força Aérea presente no complexo e o posto de comando em Little Rock pôde ser ouvida por qualquer um que tivesse um rádio de ondas curtas:

"Ela está numa vala aqui ao lado; e nem é perto. Falhou. Está numa vala. Está completamente exposta, só precisamos entrar e pegá-la."[9]

"O.k., recomendo que esperem pelo pessoal que vai chegar daqui a mais ou menos uma hora."[10]

"Por mim, tudo bem."[11]

Em um hotel de Hot Springs, o senador David Pryor e o vice-presidente Walter Mondale foram postos a par do acidente com o Titan II. A convenção estadual do Partido Democrata começou mais tarde naquela manhã, e o vice-presidente deveria fazer o discurso de abertura. Os repórteres fariam perguntas sobre o acidente, e Mondale queria estar preparado. Três oficiais do SAC vieram de Little Rock e contaram sobre o soquete derrubado, a perfuração do invólucro do míssil, a longa espera durante a noite, a tentativa frustrada de entrar novamente no centro de controle, a explosão. Mas se recusaram a revelar se o Titan II continha uma ogiva. O quartel-general do SAC lhes ordenara que não confirmassem nem negassem a presença de uma arma nuclear.

Mondale pegou o telefone e ligou para o secretário de Defesa, Harold Brown, que também não quis lhe dizer.

"Caramba, Harold, sou o vice-presidente dos Estados Unidos", disse Mondale.[12]

Brown contou que o míssil continha uma ogiva nuclear.

Antes de pegar um helicóptero até o complexo de lançamento, Bob Peurifoy e o resto do Grupo de Ajuda em Acidentes se reuniram com autoridades do sac na Base da Força Aérea em Little Rock. O brigadeiro James E. Light Jr. já tinha visto a ogiva. Ele era chefe interino do Estado-Maior de logística no quartel-general do sac. Seguira de avião para o Arkansas, pegara um helicóptero até o local do acidente, inspecionara os danos e voltara ao posto de comando em Little Rock para a reunião. Light disse que o veículo de reentrada estava notavelmente intacto, considerando o tamanho da explosão.

Peurifoy não gostou de ouvir essa informação.[13] O sistema de armar e detonar da W-53, juntamente com suas baterias, estava acoplado à base do veículo de reentrada. E, se estavam intactos, a arma ainda poderia detonar.

O brigadeiro Light disse também que a unidade da eod de Barksdale chegara ao local do acidente, cavara um buraco sob a ogiva, passara uma corrente ao redor dela e tencionava arrancá-la da vala. Mas Light lhes disse que não fizessem nada antes de os cientistas de Los Alamos e do Sandia darem sua aprovação.

Peurifoy e William Chambers, que estava representando Los Alamos, souberam na mesma hora que iriam gostar do brigadeiro Light. Ele havia tomado a decisão certa. A Força Aérea estava ansiosa para tirar a arma daquela vala o mais rápido possível. Uma multidão de jornalistas se aglomerava na Highway 65 perto da estrada de acesso, e um pequeno avião que transportava um fotógrafo já sobrevoara o complexo de lançamento. Mas Peurifoy e Chambers não viam necessidade de precipitação na desmontagem da mais potente ogiva termonuclear dos Estados Unidos. Chambers tinha bons conhecimentos sobre o assunto. Trabalhara na Flecha Quebrada em Palomares, dera assessoria nos trabalhos de recuperação em Thule, escrevera manuais da eod para armas nucleares e ajudara a criar a Equipe de Busca em Emergência Nuclear (na sigla em inglês, nest), um grupo secreto que lidava com ameaças de terrorismo nuclear em território americano. Nenhum dos trabalhos em Los Alamos e na nest tirara a tranquilidade de Chambers[14] — nem os acidentes com armas, nem o pedido de resgate por uma bomba de vinte quilotons em Manhattan, nem o aviso sobre um ataque terrorista nas comemorações do bicentenário da independência dos Estados Unidos em 1976. Ele servira no Terceiro Exército do general George S. Patton durante a Segunda Guerra Mundial e os horrores que vira no campo de batalha atenuaram seu temor de horrores hipotéticos.

Do alto, o complexo de lançamento parecia ter sido atingido por uma bomba. O Grupo de Ajuda em Acidentes fora para o local de helicóptero, e Peurifoy estava curioso acerca das condições do sistema elétrico da ogiva, sua especialidade. Assim que viu a arma, ele pensou: Meu trabalho aqui está feito. O brigadeiro Light usara o termo errado para descrever o que jazia na vala. O "veículo de reentrada" não estava intacto; tinha sumido, não fora encontrado em lugar algum, sem dúvida despedaçado pela explosão. A ogiva estava ali sozinha, despojada da fonte de energia elétrica necessária à detonação nuclear. Mas aquela W-53 parecia bem, considerando tudo o que lhe acontecera. Essencialmente, estava inteira ainda. O invólucro externo do primário fora arrancado; podia-se ver os cabos do detonador, os altos-explosivos, os tubos, fios, capacitores. E o secundário estava solto; não se encontrava mais diretamente abaixo do primário, como uma lata de lixo de metal sob um cesto de basquete prateado. No entanto, o dano fora notavelmente pequeno para um objeto que voara através de uma bola de fogo, subira mais de trezentos metros e se estatelara no chão sem paraquedas.

Chambers se aproximou de um guindaste Pettibone, veículo para todo o terreno que estava pronto para içar a arma da vala, e drenou o fluido hidráulico da máquina. Despejou o óleo nos buracos e rachaduras da ogiva para cobrir os altos-explosivos e diminuir a probabilidade de detonarem com uma faísca aleatória — o tipo de faísca capaz de ser gerada por uma corrente passada ao redor do invólucro metálico de uma ogiva nuclear. Chambers queria saber exatamente o que tinha acontecido no interior da ogiva antes que tentassem movê-la ou desmontá-la. Um raio X revelaria o grau do dano, mas o Grupo de Ajuda em Acidentes não havia trazido uma unidade de raio X portátil para o Arkansas. Enquanto o dano não fosse adequadamente avaliado, Chambers disse que não deveriam fazer nada. A Força Aérea já sofrera constrangimento suficiente. Outro acidente com essa arma poderia matar pessoas e espalhar trítio radioativo, e com um bando de jornalistas logo ali na estrada.

Quando Matthew Arnold soube da decisão de nada fazer antes que a arma fosse radiografada, achou a decisão ridícula. Era bobagem. Significava que sua unidade teria de esperar no Arkansas por no mínimo um ou dois dias. Esses civis não sabem o que estão falando, pensou. É excesso de cautela. A ogiva não parece em tão mau estado, e os procedimentos para torná-la segura não seriam complicados. Eles estão por fora.

Estamos prontos para mandar brasa, disse Arnold ao seu comandante da EOD. É para isso que treinamos, dia após dia. Esses sabichões deviam sair do caminho e deixar a gente trabalhar. Vamos tirar a arma daqui e ir para casa.

Não deixaram Arnold chegar perto da ogiva. Em vez disso, mandaram-no para o complexo de lançamento, procurar os vestígios dos retrofoguetes e outros explosivos transportados pelo Titan II. Ele se descontrolara, e sabia disso. Deviam incumbir outro de tornar a arma segura, Arnold concordou. Sua mente estava concentrada demais na mudança recente, nas caixas para desembalar, na bagunça que o aguardava em casa. Ele não estava em sua melhor forma. E, por mais que Arnold detestasse admitir, o cara de Los Alamos provavelmente tinha razão.

No estacionamento do hospital na Base da Força Aérea em Little Rock, Al Childers recebeu ordem de tirar a roupa. Estava contaminado com radiação, segundo o detector de partículas alfa usado para examinar todos os que tinham estado no 4-7. Um dos detectores do hospital não funcionava, e o outro não parava de detectar partículas alfa. Uma fila de homens nus à frente de Childers se preparava para uma forma rudimentar de descontaminação. Deram-lhes banho com água fria saída de uma mangueira de jardim e então permitiram que entrassem na sala de emergência. Childers se zangou. Acabara de chegar do hospital em Conway, depois de se assegurar de que os soldados feridos seriam atendidos ali. Distendera um músculo das costas ajudando a carregar Devlin do local do acidente. Achava que aquelas medições de partículas alfa não eram acuradas. E estava perplexo porque o hospital obrigava as pessoas a se despir em pleno estacionamento, com repórteres e fotógrafos ali perto. Childers disse a funcionários do hospital que pusessem um biombo ou alguma proteção para lhes dar privacidade. Era uma péssima recepção a homens que tinham tido uma noite dura.

A água da mangueira estava incrivelmente gelada.

Os médicos deram a Childers um relaxante muscular para sua dor nas costas e o deixaram entrar no hospital. Ele tencionava voltar para casa mais tarde naquele dia, abraçar sua mulher e dormir um pouco. Em vez disso, mandaram-no voltar para o complexo de lançamento. Era preciso pegar as checklists de ordens de guerra de emergência e outros materiais secretos no cofre do centro de controle. Childers não entendia por que não pediam isso ao seu comandante da equipe de missilheiros, Mazzaro. Mas, como subcomandante, Childers também era responsável pelo material. Meio atordoado e vestindo o uniforme sujo que acabara de ser considerado radioativo, ele foi levado de volta ao 4-7.

À luz da manhã, Childers viu pela primeira vez a escala da destruição e percebeu que sua vida tinha sido poupada por pura sorte. A explosão arremessara a maior parte dos destroços na direção oeste, e parte deles caiu a mais de oitocentos metros do 4-7. Enormes destroços de aço e concreto juncavam os campos das fazendas próximas. A porta do silo voara por mais de duzentos metros, podando as copas de árvores antes de despencar na floresta a noroeste do complexo. Pesava 68 toneladas. Se os escombros tivessem sido arremessados para o leste, na direção da Highway 65, teriam matado muita gente.

Passando de carro pela estrada de acesso, Childers achou graça quando viu onde a ogiva tinha caído. O objeto que ele pensara ser a ogiva era, na verdade, um acumulador de hidrogênio — um grande tanque de aço jogado na estrada que se parecia com a arma. Quando gritou para Silas Spann que se afastasse do tanque temendo que fosse a ogiva, Childers estava bem ao lado dela.

Perto da entrada do complexo, a estrada estava bloqueada por destroços. Childers e seus acompanhantes entraram a pé. Ainda saía fumaça do silo. A explosão destruíra seus níveis superiores e aumentara o rombo no chão. O que antes fora um cilindro de concreto profundo agora parecia um gigantesco funil com uma borda irregular de pedras e terra. Oficiais da polícia de segurança pareciam estar por toda parte, guardando o local e vasculhando os destroços. Childers entrou pelo portal de acesso e desceu as escadas, como Kennedy e Livingston tinham feito antes naquela manhã. Estava escuro, e algumas das paredes e pisos tinham sido calcinados. Mas Childers se espantou porque ainda era possível passar pelas portas antiexplosão e pelos compartimentos herméticos; era um assombro o lugar ainda estar lá.

O centro de controle tinha um ar fantasmagórico de porão escuro abandonado. Estava tudo exatamente como haviam deixado. A coca-cola que Childers estava tomando continuava no copo. As ordens e os manuais técnicos continuavam em suas capas plásticas, abertas no chão — nenhuma fora virada pela explosão. A porta do cofre ainda estava ligeiramente aberta, e os documentos secretos lá dentro não tinham se movido nem um centímetro. Childers e Holder estavam com a razão. Estavam com a razão. Eles poderiam ter permanecido no centro de controle. Poderiam ter monitorado as pressões do tanque, mantido contato com o posto de comando, ligando ou desligando equipamentos. E teriam ficado bem.

Desprovidos de informações da Força Aérea, funcionários do Departamento de Saúde do Arkansas e do Departamento de Controle de Poluição e Ecologia fizeram seus próprios testes à procura de sinais de radiação e oxidante. Mais de dez pessoas em Guy, Arkansas, disseram ter passado mal por causa de vapores tóxicos.[15] Guy ficava a cerca de dez quilômetros do complexo do míssil. A cidadezinha não fora evacuada, e seu prefeito, Benny Mercer, era um dos que não se sentiam bem. Todos pareciam irritados com a resposta do governo federal. "A Força Aérea não quis nos dizer nada quando a coisa aconteceu e ainda não quer",[16] um membro do Departamento de Serviços de Emergência declarou ao *Democrat*. Gary Gray, o xerife de Pulaski, um condado vizinho, disse ter sido mais bem informado pelo rádio do que pela Força Aérea.[17] Sam Tatom, diretor de segurança pública do estado, tentou entrar no complexo do míssil e falar com o oficial em comando, mas a polícia de segurança o barrara na estrada de acesso próxima à Highway 65.[18]

O governador Bill Clinton se viu em apuros. Precisava apaziguar seus subordinados, tranquilizar a população e limitar suas críticas ao governo Carter seis semanas antes da eleição presidencial. Depois de atender um telefonema do xerife Gus Anglin, que reclamou do modo como tinham lidado mal com a situação, Clinton insistiu para que a Força Aérea divulgasse mais detalhes sobre o acidente — e elogiou seus líderes por terem feito "o melhor que puderam".[19] O vice-presidente Mondale falou a jornalistas na convenção dos democratas em Hot Springs, acompanhado pelo governador Clinton, pelo senador Pryor e pelo deputado Bill Alexander. Mondale não confirmou nem negou a presença de uma ogiva nuclear. Mas Alexander se dispôs a afirmar o óbvio. "Suponho que estão armados",[20] ele disse, referindo-se aos mísseis Titan II do Arkansas. "É por isso que estão lá."

Às quatro da tarde, o secretário da Força Aérea, Hans Mark, deu uma entrevista coletiva no Pentágono. Mark era físico, engenheiro nuclear, especialista em tecnologia aeroespacial e havia chefiado um instituto de pesquisa da Nasa. Era a pessoa ideal para explicar o funcionamento não só do Titan II, mas também da ogiva W-53. Ele fora cientista de foguetes e projetista de armas. Como secretário da Força Aérea, Mark expunha a posição do governo Carter sobre o acidente.

"Acredito que o sistema do míssil Titan II é um sistema de operação perfeitamente seguro, assim como acredito que o avião 747 é um aparelho de operação perfeitamente seguro",[21] disse Mark à imprensa. "Acidentes acontecem."[22]

Quando repórteres comentaram que o Titan II era perigoso, obsoleto e tinha manutenção malfeita, Mark declarou que o problema em Damasco não fora causado por falha de equipamento nem por negligência na manutenção; fora simplesmente um acidente, um erro humano tinha sido o único culpado. Ele se recusou a responder a perguntas sobre a ogiva, mesmo que fosse para corrigir a afirmação errônea de que a explosão podia ter espalhado plutônio. A explosão era "praticamente o pior caso"[23] do que poderia acontecer em um complexo do Titan II, ele afirmou. Ninguém perdera a vida, não ocorrera contaminação radioativa e as únicas pessoas que haviam sofrido lesões eram integrantes "de equipes de emergência cujo trabalho é correr esses riscos".[24] A menos que uma investigação mais detalhada provasse outra coisa, Mark achava que "os procedimentos de emergência funcionaram adequadamente".[25]

Duas horas depois, David Livingston morreu no Centro Médico Batista, em Little Rock. Tinha comemorado seu aniversário de 22 anos na semana anterior. Pretendia se casar com a namorada na primavera, talvez sair da Força Aérea e se mudar para a Califórnia. Ela estava no hospital quando ele morreu; seus pais estavam no avião, vindo de Ohio, para vê-lo. A causa oficial da morte foi edema pulmonar.

Jeff Kennedy permanecia na UTI, lutando para respirar.

A multidão de jornalistas defronte à estrada de acesso se avolumou em 20 de setembro, um dia depois da explosão. Sid King se assombrou com o caminhão enorme que uma nova rede de TV mandara para Damasco. A Cable News Network (CNN) entrara no ar alguns meses antes. Era a primeira rede de televisão a apresentar notícias 24 horas por dia, e o acidente com o Titan II em Damasco era sua primeira reportagem de grande impacto.²⁶ O caminhão da CNN, equipado com uma enorme antena parabólica, fazia parecer minúsculo o Live Ear. O correspondente da CNN Jim Miklaszewski transmitiu ininterruptamente do complexo do míssil e exibiu as únicas imagens do que parecia ser a ogiva, no chão, sob um encerado azul. Para conseguirem a imagem, Miklaszewski e seu cinegrafista pediram emprestado um guindaste de uma equipe de funcionários que estava instalando linhas telefônicas e ergueram a cabine por quinze metros. A Força Aérea tentou em vão bloquear a visão deles.

A explosão do Titan II se encaixava à perfeição na narrativa da mídia inspirada no acidente nuclear em Three Mile Island, nos americanos feitos reféns no Irã e na tentativa fracassada do governo Carter para salvá-los. Os Estados Unidos pareciam ter se tornado um país fraco, tímido, incompetente. E a versão "oficial" dos acontecimentos nunca era confiável. Embora as regras do Pentágono permitissem a revelação de informações sobre uma arma nuclear depois de um acidente, "como um meio de reduzir ou prevenir o medo generalizado da população",²⁷ a Força Aérea não queria divulgar detalhes sobre a ogiva em Damasco. Quando o major-brigadeiro Lloyd Leavitt ameaçou encerrar uma entrevista coletiva em Little Rock se alguém fizesse mais alguma pergunta sobre a ogiva, cuja existência já fora transmitida aos telespectadores pela CNN, o caso virou piada. Uma charge no jornal retratava três oficiais da Força Aérea: um cobria os olhos, outro, as orelhas, e o outro, a boca.²⁸ "Se você estiver do lado militar, pode afirmar que o sistema funcionou porque a ogiva nuclear não explodiu. Se você mora na área, pode ter dificuldade para vender sua casa", escreveu o colunista Art Buchwald.²⁹

A União Soviética declarou que a explosão do Titan II poderia ter sido confundida com um ataque de surpresa e precipitado "um conflito nuclear".³⁰ O senador Pryor e dois senadores republicanos, Bob Dole e Barry Goldwater, exigiram uma nova investigação do sistema do míssil Titan II. "Se ele não é seguro e eficaz, não sei para que precisam dele",³¹ disse Dole.

O Grupo de Ajuda em Acidentes examinou o interior da ogiva com o auxílio de um *pig* — um bloco de colbalto-60 altamente radioativo numa caixa de chumbo. Uma folha de filme fotográfico foi posta de um lado da arma, o *pig* do outro lado, e a caixa foi aberta brevemente com uma correia. Todos guardaram uma distância respeitosa do *pig* até a caixa ser fechada. O dispositivo fornecia um modo simples mas eficaz de tirar um raio X, e revelou que era seguro mover a ogiva. Contrariando o protocolo, foi pedido à unidade da EOD de Little Rock que tornasse a arma segura. A equipe de Matthew Arnold que viera de Barksdale teve de assistir enquanto os técnicos da EOD, que nem ao menos pertenciam ao Comando Aéreo Estratégico, separavam o primário do secundário no 4-7, escondidos por uma barraca das câmeras da CNN. As duas partes da ogiva foram postas em contêineres de motor a jato separados e cheios de areia. Os contêineres foram colocados em uma carreta, que deixou o complexo em um comboio no começo da manhã de 22 de setembro.

"Ei, coronel, é isso que vocês não querem confirmar ou negar?", gritou um repórter para um dos passageiros quando a carreta entrou na Highway 65.[32]

O oficial sorriu para as câmeras e fez sinal de positivo.

Fim

Ronald Reagan não estava desesperançado com o futuro, não tinha crises de confiança nem duvidava da grandeza dos Estados Unidos. Seu otimismo exerceu tremenda atração sobre uma nação que parecia em declínio. Reagan derrotou fragorosamente Jimmy Carter na eleição presidencial, vencendo na votação popular por cerca de 10% e recebendo quase dez vezes o número de votos no Colégio Eleitoral.[1] O Partido Republicano ganhou o controle do Senado e tirou quatro governadores democratas do cargo, entre eles Bill Clinton, que perdeu por pouco para seu oponente conservador. Aos 34 anos, Clinton se tornou o mais jovem ex-governador dos Estados Unidos. A eleição de 1980 marcou uma mudança cultural, a rejeição ao liberalismo, ao governo intervencionista e ao tom de autocrítica e de desculpa que vinha dominando a política externa americana desde o fim da Guerra do Vietnã. O novo clima de patriotismo e nacionalismo pareceu ter efeito imediato. Quando o presidente Reagan concluiu seu discurso de posse, em 20 de janeiro de 1981, os 52 americanos que vinham sendo mantidos reféns por mais de um ano foram libertados pelo governo do Irã.

"A paz por meio da força" fora um dos lemas da campanha de Reagan,[2] e seu governo logo iniciou a maior ampliação das Forças Armadas da história dos Estados Unidos. Nos cinco anos seguintes, o orçamento da defesa americana quase dobraria.³ E a corrida armamentista com a União Soviética seria deliberadamente acelerada com base na convicção de que os Estados Unidos podiam vencê-la. Reagan se opunha não apenas à détente,⁴ mas também a todos os acordos de controle de armas que os Estados Unidos haviam assinado com a União Soviética. Em um discurso de 1963, ele disse que a política externa do presidente Kennedy era "motivada pelo medo da bomba"⁵ e que, "em uma corrida geral, nosso sistema é mais forte, e por fim o inimigo desiste da corrida, vendo-a como uma causa perdida". No ano seguinte, Reagan descreveu os soviéticos como "o mais perverso inimigo que já defrontou a humanidade".⁶ De modo geral, suas posições nessa questão permaneceram inalteradas nas duas décadas seguintes. Ele foi o primeiro presidente desde Woodrow Wilson a acreditar sinceramente que o poderio militar americano era capaz de pôr fim ao comunismo na União Soviética.

A maioria dos assessores de Reagan na área da política externa pertencia à Comissão sobre Perigo Presente e se empenhava por políticas nucleares ousadas. A estratégia da contraforça proposta no passado por Robert McNamara — por muito tempo associada à RAND e à autoconfiança dos jovens integrantes dos primeiros tempos do governo Kennedy — era agora adotada por republicanos conservadores. Mas a palavra "contraforça" se tornara problemática. Parecia agressiva e implicava a disposição para lutar em uma guerra nuclear. Boa parte da mesma estratégia agora era chamada de "limitação de danos". Com um ataque nuclear a alvos militares soviéticos, os Estados Unidos poderiam "limitar os danos" a seu próprio território e, talvez, sair vitoriosos.

O novo secretário da Defesa, Caspar "Cap" Weinberger, era, como McNamara, um homem de negócios que servira o Exército durante a Segunda Guerra Mundial mas pouco sabia sobre armas nucleares. Por isso, seu subsecretário da Defesa, Fred Iklé, tinha papel importante nas decisões estratégicas do governo Reagan. Iklé ainda se atormentava diante da possibilidade de a dissuasão fracassar — por acidente, erro de cálculo, ações de um fanático no Kremlin.⁷ E, se isso acontecesse, milhões de americanos morreriam. Iklé considerava profundamente imoral a filosofia de tudo ou nada da "destruição assegurada", um nome impróprio que deveria ser trocado por "genocídio assegurado".⁸ Apontar armas nucleares para populações civis era arriscar "uma forma de guerra universalmente condenada desde a Idade das Trevas: a matança em massa de reféns".⁹ Ele se empenhou para que o governo Reagan buscasse uma estratégia nuclear que dissuadisse os soviéticos de atacar ou chantagear os Estados Unidos, mantendo a capacidade de lutar em uma "guerra nuclear prolongada", limitando os danos para os Estados Unidos se a guerra acontecesse, e encerrando a guerra em condições favoráveis aos americanos. Uma fé cega na dissuasão mútua, acreditava Iklé, era como uma declaração de fé durante a Inquisição portuguesa — "um *auto de fé*, um ato que culmina na incineração em massa".[10]

Dois relatórios da Força Aérea sobre o Titan II foram divulgados ao público em janeiro de 1981.[11] Um avaliava a segurança em geral do míssil e o outro apresentava um extenso relato sobre o acidente em Damasco. Segundo a Junta de Investigação de Acidentes com Míssil da Oitava Força Aérea, o Complexo de Lançamento 374-7 e seu Titan II foram destruídos por três explosões.[12] A primeira ocorreu quando vapor de combustível se inflamou em alguma parte no interior do complexo. O vapor pode ter pegado fogo em razão de uma fagulha de um motor elétrico, de um vazamento no tanque de oxidante do estágio 1 ou de um súbito colapso do míssil. Uma explosão muito maior aconteceu em seguida, quando o tanque de oxidante do estágio 1 se rompeu, permitindo que milhares de litros de combustível e oxidante se misturassem. A onda explosiva resultante arrancou a metade superior do silo, atirou sua porta a quase duzentos metros de distância e lançou pelos ares o segundo estágio do Titan II. A porta já fora arrancada quando o míssil deixou o silo. O segundo estágio subiu em linha reta, levando a ogiva, depois voou brevemente paralelo ao chão. Seu motor de foguete fora empurrado para dentro de seu tanque de combustível pela explosão. Vazaram combustível e oxidante, causando a terceira explosão, que produziu uma imensa bola de fogo e arremessou a ogiva na vala.

A Junta de Investigação de Acidentes determinou essa sequência de acontecimentos examinando os padrões de fragmentação dos escombros do míssil e do silo. Destroços do segundo estágio foram encontrados a mais de meio quilômetro do silo, ao passo que a maior parte do primeiro estágio estava espalhada em um raio de até noventa metros do silo. A exposição dos acontecimentos dada pelo relatório foi factual e pormenorizada. Mas a Força Aérea pareceu mais interessada em descrever como o acidente aconteceu do que em descobrir o porquê. "Talvez não seja importante conhecer exatamente a causa imediata que desencadeou os eventos explosivos", argumentou a junta, "uma vez que, no decorrer de um período, havia muitas fontes potenciais de ignição aplicáveis."[13]

O Grupo Revisão do Sistema de Arma do Titan II preparou um relatório para os membros do Congresso. O documento continha algumas críticas e uma longa lista de recomendações para tornar o míssil mais seguro. Informava que os detectores de vapor dos silos do Titan II estavam quebrados 40% do tempo,[14] que os detectores de vapor portáteis quase nunca funcionavam,[15] que o sistema de rádio nos complexos de lançamento era falho e precisava ser substituído,[16] que as equipes de combate do míssil deviam ser dissuadidas de evacuar o centro de controle durante uma emergência,[17] que a escassez de trajes RFHCO frequentemente forçava equipes de manutenção a serem escolhidas com base em quem caberia nos trajes disponíveis em vez de quem sabia executar determinada tarefa,[18] que os trajes e capacetes eram obsoletos,[19] que os cilindros de oxigênio eram obsoletos,[20] que algumas das partes sobressalentes do míssil eram difíceis de obter ou tinham deixado de ser fabricadas,[21] que os policiais de segurança deviam estar sempre munidos de mapas,[22] que para-raios e outros "dispositivos de segurança modernos"[23] deviam ser acrescentados à ogiva W-53 para atender aos "critérios modernos de segurança para ambientes anormais".[24] O relatório dizia também que uma sirene de alarme em cada complexo de lançamento poderia ser útil. O sistema do míssil Titan II era "potencialmente perigoso",[25] concluiu a Força Aérea, mas "basicamente seguro"[26] e "possível de ser mantido agora e no futuro próximo".[27]

Jeff Kennedy se irritou com os dois relatórios.[28] Passara semanas no hospital, lutando contra os malefícios causados ao seu sistema respiratório, e atribuía a um jovem pneumologista, o dr. James S. Anderson, e não à Força Aérea, o mérito por lhe salvar a vida. Anderson permanecera à cabeceira de Kennedy por quase quarenta horas, forçando-o a tossir para eliminar o catarro e limpar os pulmões. E teve de improvisar o tratamento contra exposição a tetróxido de nitrogênio, já que a literatura médica era escassa[29] e ninguém da Força Aérea quis falar com ele, durante três dias depois do acidente, sobre o oxidante ou seus efeitos nocivos.[30]

Aqueles relatórios faziam parte de um acobertamento, Kennedy pensava: a Força Aérea estava mais preocupada em preservar a imagem do míssil Titan II do que em proteger a vida de seus homens. A junta de investigação disse que Kennedy e Livingston não tinham recebido ordem para ligar o ventilador no complexo de lançamento. "Não acionem o interruptor",[31] disse-lhes pelo rádio o sargento Michael Hanson, segundo o relatório do acidente. "Só cheguem até o interruptor e aguardem."

Para Kennedy, o relatório estava errado.[32] Tanto ele como Livingston tinham ouvido a ordem de ligar o ventilador. Livingston fizera sinal de que voltaria lá embaixo para ligá-lo, e essa era uma das últimas coisas de que Kennedy se lembrava antes da explosão. Ligar o ventilador não fazia parte da checklist original que eles tinham. Fora ideia de Hanson, que a sugerira no começo da noite, enquanto Kennedy e outros argumentavam que toda eletricidade deveria ser desligada. E Kennedy não tinha dúvida nenhuma de que uma fagulha do ventilador causara a explosão. Mas agora Hanson dizia que nunca fora dada a ordem para ligar o ventilador, e o coronel Morris apoiava Hanson, fazendo a origem da ignição parecer um grande mistério. Não é preciso ser uma sumidade da física para calcular como o míssil explodiu, pensou Kennedy. Livingston obedeceu à ordem, ligou o ventilador e segundos depois o lugar foi pelos ares. E o homem que foi morto pelo erro agora estava sendo culpado por ele.

A morte de Livingston afetou Kennedy de modo muito profundo. Eram grandes amigos, e sua perda parecia totalmente desnecessária. Kennedy achava que seus comandantes do SAC haviam cometido uma série de erros — a decisão de evacuar o centro de controle, a recusa a abrir a porta do silo e deixar sair o vapor de combustível, a interminável espera para reentrar no complexo, a insistência em usar o portal de acesso em vez do alçapão de emergência, a ordem para ligar o ventilador. O pior de tudo era o sentimento de que ele e Livingston tinham arriscado a vida por nada e depois sido abandonados. Livingston permanecera caído no chão por mais de uma hora, sem o capacete, inalando oxidante, antes que alguém chegasse para ajudá-lo. E a demora em enviar um helicóptero era incompreensível.

Era péssimo o moral entre as equipes do PTS na Base da Força Aérea em Little Rock. O cabo David Powell, responsável por derrubar o soquete que atingira o míssil, culpava-se pela morte de Livingston.[33] Vários técnicos do PTS se recusavam a trabalhar em mísseis Titan II, alegando o perigo do trabalho, e suas autorizações de acesso a informações secretas foram revogadas. Aumentou o uso de drogas e álcool. O comandante da 308ª Ala de Mísseis Estratégicos, coronel John Moser, foi abruptamente alocado para um trabalho burocrático em Fort Ritchie, Maryland, para supervisionar a reposição mensal de fitas de computador para o SIOP — uma manobra para encerrar sua carreira. Moser era benquisto e não havia tomado as decisões cruciais que levaram à explosão. Ninguém do quartel-general do SAC foi demitido. Muitos dos alistados na 308ª achavam que a Força Aérea estava usando os subalternos como bodes expiatórios para ocultar problemas com o Titan II e proteger o alto escalão.

Algumas semanas depois da divulgação do relatório da junta de investigação, Jeff Kennedy recebeu da Força Aérea uma carta formal de reprimenda, censurando-o por violar a regra dos dois homens e entrar sem permissão no centro de controle do 4-7.[34] Não havia menção alguma às valiosas informações que ele obtivera lá dentro, nem à bravura que ele demonstrara tentando salvar o míssil. O regulamento da Força Aérea permitia a violação da regra dos dois homens em uma emergência, quando houvesse vidas em risco.[35] Mas Kennedy não foi beneficiado com essa exceção à regra. Sua punição era uma mensagem clara: a cultura desordeira, de fazer estardalhaço, das equipes do PTS não seria mais tolerada. Elas, e não o equipamento velho nem as decisões tomadas no quartel-general do SAC, foram responsabilizadas pelo que dera errado. E para impor uma rígida disciplina, agora um oficial acompanhava por toda parte, como uma babá, toda equipe de PTS que fosse a uma base de míssil.

David Powell recebeu uma advertência com base no Artigo 15, "negligência no cumprimento do dever", por acoplar o soquete à ferramenta errada.[36] Powell achou que, se aceitasse a acusação, admitiria a negligência e assumiria a responsabilidade pelo acidente. Recusou-se a aceitar, correndo o risco de uma corte marcial na qual ele poderia se defender perante juízes militares. A Força Aérea não requereu a corte marcial e lhe aplicou uma punição menor.

Jeff Kennedy tinha planejado passar o resto de sua carreira no Comando Aéreo Estratégico; agora desejava desesperadamente sair. Solicitou dispensa médica, na esperança de voltar para sua terra e entrar para a universidade no Maine. A Força Aérea recusou o pedido, apesar das lesões de Kennedy. Ele foi designado para a Base da Força Aérea em Lackland, em San Antonio, Texas, para uma avaliação médica. Lá foi internado em uma ala psiquiátrica,[37] junto com Greg Devlin, que também estava requerendo dispensa por motivo de saúde.

Devlin rompera o tendão calcâneo, sofrera queimaduras na face, pescoço, costas e mãos. Passara dez dias no hospital de Little Rock se recuperando dos enxertos de pele. Mas a Força Aérea não estava contente com Devlin. Ele tinha falado a repórteres sobre o acidente, sem a permissão do SAC. E entrara com uma ação na Justiça contra o fabricante do Titan II, Martin Marietta, requerendo uma indenização de 1,5 milhão de dólares. Membros das Forças Armadas não podiam processar o governo federal por danos depois de serem feridos. As famílias de David Livingston e Rex Hukle também tinham decidido processar a Martin Marietta. Um dos advogados da ação contra o fornecedor do governo, Bill Carter, era um veterano da Força Aérea e ex-agente do Serviço Secreto que esperava obter indenização para seus clientes e estabelecer em tribunal que o sistema do míssil Titan II era inseguro.[38] Carter era dono de uma fazenda nos arredores de Damasco e representara um vizinho que adoecera em decorrência do vazamento de oxidante na área em 1978. Durante esse caso, um cirurgião geral da Força Aérea negara que a inalação de oxidante fosse prejudicial, afirmando que se tratava de "uma substância que não oferece mais perigo do que o smog".[39]

Devlin estava pasmo porque ele e Kennedy tinham sido confinados em uma enfermaria para doentes mentais, depois de tudo o que tinham passado. O lugar era cheio de doidos, como em uma cena de *Um estranho no ninho*. Devlin já se sentia escanteado pela Força Aérea. Depois de voltar ao serviço, puseram-no para vender cachorro-quente na base, uma tarefa reservada aos soldados apanhados com drogas ilegais ou prestes a receber uma dispensa desonrosa. Mas vender cachorro-quente era preferível a permanecer num asilo de loucos. Kennedy não quis saber de nada daquilo. Disse ao pessoal do hospital que liberassem Devlin e ele de imediato e os transferissem para outra unidade, ou ele procuraria a imprensa. Foram transferidos prontamente. Depois do exame médico, recusaram a dispensa a Kennedy, e Devlin foi exonerado por incapacidade. Isso lhe permitiria usar os hospitais da Força Aérea pelo resto da vida.

Alguns meses depois, em uma cerimônia em Little Rock, os dois receberam a Medalha por Heroísmo para Soldado, a maior honra em tempo de paz que a Força Aérea pode conceder.[40] Kennedy não queria aceitar. Mas o deputado pelo Maine, David Emery, disse que, se ele aceitasse a medalha, a Força Aérea autorizaria sua saída.[41] Kennedy recebeu a medalha das mãos de Verne Orr, o secretário da Força Aérea, em uma sala abarrotada de repórteres. Também foram entregues Medalhas de Soldado a Rex Hukle, Don Green, Jimmy Roberts e ao pai de David Livingston. Destinada a elevar o moral, a cerimônia foi menosprezada pelas equipes do PTS. Consideraram-na um lance publicitário e não entendiam por que Jim Sandaker, que havia retornado ao complexo de lançamento duas vezes depois do acidente, também não recebera a suprema homenagem.

Jeff Kennedy obteve uma "licença médica temporária por incapacidade"[42] três dias depois de receber a medalha. Embora a Força Aérea pudesse tornar a convocá-lo no futuro, essencialmente a carreira militar de Kennedy estava encerrada. Ele se mudou para o Maine, processou a Martin Marietta em 7,5 milhões de dólares e aceitou um acordo extrajudicial por uma quantia muito menor.

Greg Devlin também deixou a Força Aérea dias depois de ser agraciado com a Medalha de Soldado. Terminara seu período de alistamento. E sua ação também foi decidida por acordo extrajudicial. Deduzidos os honorários advocatícios, as custas processuais e outras despesas, Devlin recebeu um cheque de 6,4 mil dólares.[43]

Os acidentes em Grand Forks e Damasco haviam acontecido na mesma semana, e Bob Peurifoy esperava que despertassem no Pentágono um genuíno interesse pela segurança. Ele viajou a Washington, DC, e apresentou a autoridades da Força Aérea um resumo das falhas estruturais que podiam detonar uma bomba de hidrogênio Mark 28 durante um incêndio; falou também sobre a necessidade de reequipar as bombas acrescentando-lhes novos mecanismos de segurança. O inspetor-geral e o chefe da Diretoria de Segurança Nuclear da Força Aérea estavam presentes nessa reunião. Mas ela não adiantou grande coisa. Um estudo encomendado pela Força Aérea questionou depois a possibilidade de uma detonação acidental e afirmou que a Mark 28 não precisava ser removida de bombardeiros em alerta.[44] No entanto, o estudo exortava a Força Aérea a "agilizar a reequipagem proposta da 28 e, enquanto isso, adotar medidas extraordinárias para prevenir e amenizar incêndios que possam envolver as 28 não modificadas".[45] Nenhuma dessas recomendações foi seguida.

O Departamento de Defesa deixara claras as suas prioridades nos gastos: as modificações de segurança em armas mais antigas como a Mark 28, embora desejáveis, podiam esperar. Mas Peurifoy estava decidido a continuar sua luta contra a burocracia nuclear e disposto a apelar para atitudes ligeiramente ilícitas em nome da segurança bélica. Depois de quase vinte anos de resistência feroz, o Comando Aéreo Estratégico enfim concordara em instalar travas em suas bombas. A instalação de conectores de ação permitida requereria novas caixas de controle nas cabines dos bombardeiros do SAC. Um contrato com o Departamento de Energia determinava que essas novas caixas de controle fossem produzidas pelo Sandia. Sem fazer alarde, Peurifoy providenciou para que um gerador de sinal único fosse instalado nas caixas, juntamente com o interruptor codificado necessário para destravar os PALs.[46] As autoridades do Comando Logístico da Força Aérea que tiveram em mãos o contrato podem ou não ter compreendido o propósito desse novo dispositivo especial. Ele permitia que todos os bombardeiros do SAC transportassem armas nucleares empregando os mais avançados dispositivos de segurança. Os aviões logo ficariam prontos, e agora Peurifoy tinha de encontrar um modo de introduzir esses dispositivos nas armas.

O custo aproximado do aumento bélico no governo Reagan estava previsto em 1,5 trilhão de dólares nos primeiros cinco anos.[47] Cerca de 250 bilhões seriam gastos com sistemas de armas nucleares.[48] Em fins dos anos 1980, os Estados Unidos possuiriam por volta de 14 mil ogivas e bombas estratégicas,[49] um incremento de mais ou menos 60%. A Marinha ganharia seus novos mísseis de cruzeiro e submarinos Trident. A Força Aérea ganharia novos mísseis de cruzeiro, dois novos bombardeiros estratégicos e cem mísseis MX de longo alcance, agora rebatizados de "Peacemaker". O plano do governo Carter, esconder mísseis MX em milhares de quilômetros quadrados do sudoeste americano, logo foi abandonado. Em vez disso, os mísseis seriam instalados em silos já existentes — o que contrariava seu propósito original e os deixava vulneráveis a ataque. O único uso militar do Peacemaker seria um primeiro ataque à União Soviética.

Os mísseis Pershing II e os mísseis de cruzeiro em terra do Exército estavam entre as armas mais polêmicas propostas pelo governo Reagan. Seriam instalados na Europa Ocidental para contrabalançar os mísseis SS-20 recentemente implantados pela União Soviética. O SS-20 não era considerado uma arma "estratégica" — portanto, não era coberto pelos acordos de controle de armas existentes — porque tinha um alcance de apenas 4,8 mil quilômetros. Um míssil SS-20 não podia atingir alvos nos Estados Unidos. Mas suas três ogivas eram capazes de destruir bases da Otan e cidades europeias. Os mísseis de cruzeiro e os Pershing II do Exército se destinavam a pagar na mesma moeda. No entanto, a União Soviética considerou sua implantação um ato de extrema provocação. O Pershing II tinha um alcance aproximado de 1,6 mil quilômetros e precisão em torno de sessenta metros. A partir de bases na Alemanha Ocidental, o Pershing II podia destruir centros de comando em Moscou em cinco ou seis minutos. O míssil daria aos Estados Unidos a capacidade de desferir um "supersúbito primeiro ataque".[50]

Os novos mísseis, bombardeiros e submarinos foram os que mais receberam atenção da imprensa. Mas a "máxima prioridade" do programa de modernização estratégica de Reagan era a necessidade de melhorar o sistema de comando e controle.[51] "Esse sistema tem de ser infalível se houver um ataque do exterior", disse Reagan.[52] O SIOP finalmente incluiria um punhado de opções de guerra limitada, e a capacidade de combater em uma guerra nuclear prolongada dependeria da sobrevivência dos recursos de comando e controle por dias, semanas e até meses. O Pentágono também buscava a "interoperacionalidade"[53] — um sistema capaz de transmitir rapidamente mensagens entre líderes civis e militares, entre os Estados Unidos e a Otan e até entre diferentes divisões das Forças Armadas americanas. O tenente-brigadeiro Richard Ellis, chefe do SAC, declarou ao Congresso que, no mínimo, o sistema de comando e controle tinha de "reconhecer que estamos sob ataque, categorizar esse ataque, obter uma decisão do presidente e divulgar essa decisão para as forças antes que a primeira arma atinja os Estados Unidos".[54]

O governo Reagan planejou um investimento sem precedentes em comando e controle,[55] gastando cerca de 18 bilhões de dólares em novos radares de alerta prévio e satélites de comunicação,[56] melhor proteção contra efeitos de armas nucleares e de pulso magnético, a criação de um Sistema de Posicionamento Global (GPS) para aprimorar a guiagem e a navegação dos mísseis, melhoramentos nos bunkers no quartel-general do SAC, em Omaha, e no Site R, dentro da montanha Raven Rock, e uma expansão do Projeto ELF,[57] o sistema de rádio de frequência baixíssima para transmitir uma ordem emergencial de guerra a submarinos. Três novas antenas ELF seriam construídas no norte de Michigan — uma com 45 quilômetros de comprimento, as outras com cerca de 22 quilômetros. O Projeto ELF era uma versão reduzida do SANGUINE, um plano que a Marinha apoiara enfaticamente. O SANGUINE teria instalado quase 10 mil quilômetros de antenas subterrâneas, a um ou dois metros da superfície, através de uma área que representava quase um terço do estado de Wisconsin.[58]

Um dos principais objetivos do novo sistema de comando e controle era assegurar a "continuidade do governo".[59] O vice-presidente assumiria um papel mais importante no planejamento da guerra nuclear e seria rapidamente levado para um local não revelado, ao primeiro sinal de crise, pronto para atuar como comandante em chefe. Por todo o país seriam construídos novos esconderijos para a liderança da nação. E centros móveis de comando, instalados em caminhões-tratores com trailer e transportados em aviões cargueiros especiais, dariam apoio ao Posto de Comando Aerotrasportado para Emergência Nacional.

Durante o governo Kennedy, os problemas do sistema de comando e controle dos Estados Unidos foram deliberadamente ocultados do público. Mas, como o presidente Reagan se preparava para adotar uma versão atualizada da "resposta flexível", a questão do comando estratégico era discutida em jornais, livros, revistas e noticiários da TV. Desmond Ball, um acadêmico australiano, argumentou convincentemente que poderia ser impossível controlar uma guerra nuclear.[60] John D. Steinbruner, que ajudara a escrever uma história ultrassecreta sobre a corrida armamentista nuclear para o Pentágono nos anos 1970, chegou a conclusão bem parecida, alertando que, com míseras cinquenta ogivas, era possível conseguir a "decapitação nuclear" da liderança americana.[61] Steinbruner lera os estudos secretos sobre a decapitação que tanto alarmaram Robert McNamara, mas não os mencionou em seu trabalho. Bruce G. Blair, ex-oficial do Minuteman, descreveu como os sistemas de comando e controle dos Estados Unidos e da União Soviética agora estavam ultrassensíveis, sob tremenda pressão para atacar se a guerra parecesse provável.[62] Paul Bracken, especialista em gestão da Universidade Yale, explicou a impossibilidade de administrar um conflito nuclear.[63] E Daniel Ford,[64] ex-chefe da União de Cientistas Interessados, revelou que, entre outras coisas, a destruição de um único prédio de aparência inofensiva em Sunnyvale, Califórnia, situado "ao alcance de uma bazuca"[65] perto da Highway 101, poderia impedir o funcionamento do alerta prévio da Força Aérea e dos satélites de comunicação. Embora muitos aspectos do programa de modernização estratégica de Reagan provocassem críticas, liberais e conservadores concordavam que um sistema forte de comando e controle era essencial — para fazer a guerra ou detê-la.

No outono de 1981, o secretário da Defesa Weinberger anunciou a desativação do Titan II. O míssil era cada vez mais visto como uma relíquia de outra era nuclear. Em depoimento sobre o Titan II ao Senado, Fred Iklé mencionou "sua baixa precisão e sua propensão a acidentes".[66] A enorme potência de uma única ogiva W-53 se tornara menos importante. Os cem mísseis Peacemaker, com data marcada para implantação, levariam mil ogivas — quase vinte vezes mais do que as transportadas pelos mísseis Titan II remanescentes. E os segredos do Titan II haviam sido comprometidos pouco tempo antes. Christopher M. Cooke, um jovem subcomandante em um complexo do Titan II no Kansas, fora preso por fazer três visitas não autorizadas e dar vários telefonemas à embaixada soviética em Washington, DC. Inexplicavelmente, haviam autorizado Cooke a servir como oficial do Titan II em alertas durante cinco meses depois de ter sido detectado seu primeiro contato com a embaixada soviética.⁶⁷ Mais tarde, um memorando da Força Aérea declarou que as informações entregues por Cooke aos soviéticos — sobre códigos de lançamento, opções de ataque e vulnerabilidades do míssil — eram "uma grande brecha na segurança [...] talvez a pior na história da Força Aérea".⁶⁸

Apesar da obsolescência do Titan II, sua desativação ocorreria lentamente. O último míssil deveria ser retirado do alerta em 1987. Por medida de economia, a Força Aérea decidiu cancelar algumas das modificações recomendadas pelo grupo de revisão do Titan II depois do acidente em Damasco. Não haveria verba para um novo sistema de detecção de vapor no silo,⁶⁹ câmeras de vídeo adicionais no complexo⁷⁰ ou uma reequipagem da ogiva W-53 com novos mecanismos de segurança. Melhorar a ogiva para atender a "modernos critérios de segurança nuclear para ambientes anormais"⁷¹ teria custado cerca de 400 mil dólares por míssil.

A invasão soviética do Afeganistão, o rompimento da détente, a dura retórica da Casa Branca e a iminente chegada dos mísseis de cruzeiro e Pershing II geraram na Europa Ocidental um medo generalizado da guerra nuclear. O temor foi instigado por uma campanha de propaganda soviética que tencionava deter a implantação de novos mísseis americanos. Mas o clima apocalíptico na Europa era real, e não inspirado pelos comunistas, e conversas descuidadas de membros do governo Reagan ajudaram a agravá-lo. Thomas K. Jones, um subsecretário da Defesa, menosprezou o número de vítimas que uma guerra nuclear poderia causar, dizendo que as famílias sobreviveriam se cavassem um buraco, cobrissem-no com duas portas e pusessem um metro de terra por cima. "É a terra que faz o serviço", explicou Jones. "Todos sobreviverão se houver pás suficientes."⁷²

Na Grã-Bretanha, a adesão à Campanha pelo Desarmamento Nuclear (CND) logo decuplicou.⁷³ Duzentos e cinquenta mil partidários da CND participaram de uma manifestação no Hyde Park londrino no outono de 1981,[74] e um muito divulgado Acampamento de Mulheres pela Paz cresceu às portas da Base da Real Força Aérea em Greenham Common, onde mísseis de cruzeiro americanos logo seriam armazenados. Em Bonn, uma manifestação contra o míssil Pershing II também atraiu 250 mil participantes.[75] A sensação de impotência e pavor, e a necessidade de tomar algum tipo de providência para deter a corrida armamentista geraram uma versão nuclear da síndrome de Estocolmo. Por toda a Europa Ocidental, manifestantes criticavam os mísseis americanos que ainda não tinham chegado, mas não as centenas de mísseis soviéticos já apontados para eles.

A revista *New Yorker* publicou uma matéria de três páginas em fevereiro de 1982 que catalisou o movimento antinuclear nos Estados Unidos. Escrito por Jonathan Schell e publicado depois em formato de livro, o artigo "The Fate of the Earth" reviveu a ideia de que as armas nucleares deixavam o mundo diante de uma dura escolha existencial: viver ou morrer. Schell tentou romper a mentalidade de negação que parecia ter se apoderado dos Estados Unidos desde Hiroshima e Nagasaki, a recusa a admitir a ameaça de aniquilação. "Por um lado, voltamos aos nossos afazeres habituais, como se tudo permanecesse igual a antes",[76] Schell escreveu. "Por outro, começamos a acumular os arsenais capazes de mandar pelos ares a qualquer segundo essa suposta existência inalterada." Ele exigiu a abolição das armas nucleares, fez uma descrição medonha do que uma única bomba de hidrogênio causaria a Nova York e apresentou os últimos dados científicos sobre como detonações nucleares podiam prejudicar a camada de ozônio da atmosfera terrestre. Mais tarde, ainda naquele ano, o astrônomo Carl Sagan conjurou um desastre ambiental ainda pior: o inverno nuclear.[77] A imensa quantidade de fuligem produzida por cidades incineradas circundaria o planeta depois de um conflito nuclear, bloquearia o Sol e precipitaria uma nova era do gelo. Sagan alertou que os efeitos do inverno nuclear tornavam impossível uma vitória em uma guerra nuclear; o país que atacasse primeiro estaria cometendo suicídio.

Em 12 de junho de 1982, reuniram-se no Central Park de Nova York cerca de 750 mil pessoas[78] exigindo um tipo diferente de congelamento: a suspensão mundial da produção de armas nucleares. O *New York Times* chamou o movimento de "a maior manifestação política da história americana".[79] A Campanha pelo Congelamento das Armas Nucleares conquistou o apoio de grupos importantes, como a Associação de Prefeitos dos Estados Unidos, o Conselho Nacional de Igrejas e a Igreja Católica Romana. Em contraste com o movimento antinuclear europeu, a manifestação americana exigiu que tanto os Estados Unidos como a União Soviética se desarmassem. Mas a campanha ameaçava os planos de modernização estratégica do governo Reagan, e os opositores do congelamento declararam que ele era orquestrado por "líderes da KGB" e "remanescentes de inclinações marxistas dos anos 1960".[80] Em fins de 1982 cerca de 70% do povo americano apoiava o congelamento nuclear.[81] E mais da metade receava que Reagan envolvesse o país em uma guerra atômica.[82]

Um dos anos mais perigosos da Guerra Fria foi 1983.[83] O novo líder da União Soviética, Yuri Andropov, era velho, paranoico, doente e fervorosamente antiamericano. Ex-chefe da KGB, por muitos anos Andropov tivera papel fundamental na supressão da dissidência em todo o bloco soviético. A eleição de Ronald Reagan o convenceu de que os Estados Unidos poderiam tentar um primeiro ataque. A KGB deu início a um esforço mundial intensivo para detectar preparativos americanos para um ataque de surpresa, sob o codinome Operação Ryan.[84] Os temores de Andropov se acentuaram em razão do programa ultrassecreto de guerra psicológica do governo Reagan, destinado a amedrontar e confundir o Kremlin.[85] Os americanos realizaram exercícios navais sem aviso perto de importantes bases militares ao longo da costa soviética; bombardeiros do SAC entravam e saíam do espaço aéreo soviético, testando as defesas aéreas. A União Soviética participou com uma versão própria do jogo, mantendo meia dúzia de submarinos com mísseis balísticos próximos da costa americana.

Em 8 de março de 1983, na convenção anual da Associação Nacional dos Evangélicos, o presidente Reagan chamou a União Soviética de "o foco do mal no mundo moderno [...] um império do mal".[86] Duas semanas depois, Reagan anunciou sua Iniciativa de Defesa Estratégica, logo conhecida como Guerra nas Estrelas, um plano de longo prazo para defender os Estados Unidos derrubando mísseis inimigos com projéteis lançados do espaço. A tecnologia necessária para um sistema assim ainda não existia, e Reagan reconhecia que talvez demorasse ainda uns dez ou vinte anos para se concretizar. Mas a Guerra nas Estrelas aumentou no Kremlin o medo de um primeiro ataque. Um sistema de defesa antimísseis americano provavelmente não seria eficaz contra um ataque geral da União Soviética. Mas poderia se revelar útil para destruir mísseis soviéticos que sobrevivessem a um primeiro ataque americano. Andropov criticou com veemência o plano e alertou que ele desencadearia uma nova corrida armamentista. "Empenhar-se nisso não é só irresponsabilidade, é insanidade", disse Andropov.[87]

Os mísseis Pershing II supostamente chegariam à Alemanha Ocidental no fim de novembro e, conforme a data se aproximava, cresciam os temores por toda a Europa. Na noite de 1º de setembro, aviões de combate soviéticos derrubaram um avião civil, o voo 007 da Korean Airlines, matando todos os 269 passageiros. O Boeing 747 entrara acidentalmente no espaço aéreo soviético, passando perto de uma base de testes de mísseis, e fora confundido com um avião de reconhecimento americano. O Kremlin negou responsabilidade pela tragédia até que os Estados Unidos divulgaram gravações de áudio nas quais pilotos soviéticos receberam a ordem de derrubar o avião. O presidente Reagan chamou o ataque de "um ato de barbárie" e "um crime contra a humanidade [que] nunca deve ser esquecido".[88]

Algumas semanas depois, alarmes dispararam em um bunker de defesa antiaérea ao sul de Moscou.[89] Um satélite de alerta prévio soviético detectara a aproximação de cinco mísseis Minuteman vindos dos Estados Unidos. O oficial no comando, o tenente-coronel Stanislav Petrov, tentou entender aquele alerta. Decerto um primeiro ataque americano envolveria mais de cinco mísseis — mas talvez aquela fosse apenas a primeira onda. O Estado-Maior soviético foi avisado, e cabia a Petrov esclarecer se o ataque de mísseis era real ou não. Qualquer retaliação deveria ser ordenada sem demora. Petrov concluiu que se tratava de alarme falso. Uma investigação descobriu depois que os lançamentos de mísseis detectados pelo satélite soviético eram, na verdade, raios solares refletidos por nuvens.[90]

Na terceira semana de outubro, 2 milhões de pessoas na Europa se juntaram às manifestações contra a introdução de mísseis Pershing II[91] — e um grupo de Rangers do Exército, de Seals da Marinha e de fuzileiros navais encabeçou uma invasão de Granada, uma pequena ilha do Caribe. A invasão se destinava ostensivamente a proteger a vida de cidadãos americanos e restaurar a ordem na esteira de um golpe militar. Mas também cumpriu outro objetivo: derrubar um regime comunista apoiado pela União Soviética e por Cuba. Morreram nos combates dezenove soldados americanos, 25 cubanos e 45 granadinos. A União Soviética acusou a Operação Fúria Urgente de violação do direito internacional. Mas a ação agradou imensamente ao povo americano e impulsionou a imagem do presidente Reagan como líder forte e resoluto. Fazia muito tempo que os americanos não tinham o gosto de celebrar uma vitória militar.

Por outro lado, a invasão de Granada revelou alguns problemas sérios no Sistema Mundial de Comando e Controle Militar.[92] O equipamento de rádio do Exército se mostrou incompatível com o da Marinha e o dos fuzileiros navais. Segundo um relatório do Pentágono, a certa altura dos combates, incapaz de fazer contato com a Marinha para pedir apoio, "um frustrado oficial do Exército usou seu cartão de crédito da AT&T em um telefone público para ligar para o Forte Bragg, na Carolina do Norte [o quartel-general da 82ª Divisão Aerotransportada] e pedir que transmitissem sua solicitação".[93]

Na semana seguinte à invasão, a Otan pôs em prática um exercício de comando e controle, o Able Archer 83.[94] As manobras incluíam um treinamento prático para os ministros da Defesa da Otan, simulando os procedimentos para autorizar o uso de armas nucleares. A KGB pensou que o Able Archer 83 poderia ser um encobrimento para um ataque de surpresa à União Soviética. O senso de oportunidade desse ataque — algumas semanas antes da chegada dos Pershing II — parecia ilógico. Ainda assim, "a KGB concluiu que forças americanas tinham sido postas em alerta",[95] escreveu depois um agente soviético, "e poderiam até já ter começado a contagem regressiva para a guerra". Vários planos de guerra soviéticos requeriam o uso de exercícios militares como encobrimento para um ataque de surpresa à Europa Ocidental.[96] Enquanto a Otan fazia o seu jogo de guerra, aviões soviéticos na Polônia e na Alemanha Oriental se preparavam para contra-atacar. O exercício Able Archer 83 se encerrou sem percalços em 11 de novembro, e os ministros da Defesa da Otan não ficaram sabendo que seu treinamento de comando e controle havia sido confundido com o começo de uma terceira guerra mundial.

Na noite de 20 de novembro, o temor da guerra nuclear chegou ao auge entre os americanos quando a rede ABC transmitiu o filme *O dia seguinte*, feito para a TV. Dirigido por Nicholas Meyer, estrelado por Jason Robards e ambientado em Lawrence, Kansas, o filme combinava melodrama com uma narrativa comedida, quase em estilo de documentário, sobre como o mundo podia acabar em 1983. Algumas das imagens mais impressionantes de *O dia seguinte* não tinham nenhuma relação com nuvens em forma de cogumelo, doença da radiação ou escombros de uma grande cidade americana. Quando os primeiros mísseis Minuteman aparecem subindo no céu do Kansas, lançados de silos rurais situados na região, o filme transmite o terror rotineiro da guerra nuclear, o conhecimento de que a aniquilação pode vir a qualquer momento, em meio a um dia como todos os outros. As pessoas olham para cima, veem os mísseis partindo, percebem o que está prestes a acontecer mas são impotentes para impedir. Cerca de 100 milhões de americanos assistiram a *O dia seguinte*,[97] aproximadamente metade da população adulta dos Estados Unidos. E, em contraste com a maioria dos filmes feitos para a TV, esse não teve final feliz.

Os mísseis Pershing II chegaram à Alemanha Ocidental, e a resposta da União Soviética foi puramente diplomática. Seus negociadores deram as costas inexoravelmente às conversações sobre controle de armas. As relações entre as duas superpotências haviam chegado ao seu ponto mais baixo desde os perigosos acontecimentos de 1962. E, enquanto bilhões de dólares eram gastos em novas armas estratégicas nos Estados Unidos, os problemas de segurança das armas mais antigas continuavam sem solução. Um pouco antes, nesse mesmo ano, outro B-52 se incendiara em uma pista da Base da Força Aérea em Grand Forks.[98] Estava sendo submetido a uma verificação de segurança rotineira, às 9h30 da manhã, quando o combustível subitamente se inflamou e produziu uma enorme bola de fogo que destruiu o avião e matou cinco jovens trabalhadores da manutenção. Não houve armas nucleares nesse acidente. Mas todo dia outros B-52 eram carregados com bombas Mark 28 e Mísseis de Ataque de Curto Alcance (SRAMs).

Um programa para incorporar novos dispositivos de segurança à Mark 28 — elos fracos e elos fortes e um interruptor de sinal único — começara em 1984. Contudo, as reequipagens cessaram um ano depois porque as verbas para o programa tinham acabado.[99] Milhares de bombas permaneceram sem modificação. E os problemas de segurança do Míssil de Ataque de Curto Alcance eram piores do que inicialmente se pensava. Os altos-explosivos usados no estágio primário do SRAM, descobriu-se, eram vulneráveis ao fogo. Os mísseis se tornavam mais perigosos à medida que envelheciam. O propelente usado em seus motores de foguete tinha de estar sempre envolto em uma camada de nitrogênio gasoso. Quando o gás vazava, o propelente se tornava um "explosivo sensível ao contato" que podia facilmente ser detonado por chamas, eletricidade estática ou choque físico. Se a manutenção dos SRAMs não fosse bem-feita, simplesmente deixá-los cair no chão a cerca de 1,5 metro de altura podia fazê-los explodir — ou decolar. "A pior consequência provável da degradação contínua [...] é a ignição espontânea do propelente de um modo semelhante a uma queima iniciada normalmente",[100] alertou uma publicação da Força Aérea sobre segurança nuclear. "Isso, é claro, seria uma catástrofe."[101] A publicação alertava os leitores para "seguir os procedimentos e dar às armas um pouco mais de cuidado e respeito".[102]

Bill Stevens se aposentou no Sandia em 1985. Seu trabalho fora redefinido durante uma reforma administrativa e ele não tinha ânimo para disputas burocráticas internas. Estava decepcionado porque a maioria das armas do arsenal nuclear ainda não possuía os dispositivos de segurança que sua equipe criara. Mas Stevens se orgulhava de sua contribuição recente à segurança do Pershing II. Esperando eliminar o erro humano durante exercícios de lançamento com o míssil, o Exército decidira computadorizar o procedimento. Em bases de Pershing II na Alemanha Ocidental, equipes instalavam a ogiva, levantavam o míssil, removiam o pino que travava o míssil em seu lançador, faziam a contagem regressiva até um segundo antes do lançamento e então interrompiam o exercício. A contagem regressiva era controlada por computador. Stevens não gostava dessa ideia, achava que era loucura. Uma falha no programa poderia lançar um míssil Pershing II.[103] E o software do Exército, desenvolvido em 1980, provavelmente não estava livre de erros.

Stevens se recusou a dar sua aprovação ao estudo do sistema de arma nuclear para o míssil Pershing II, citando o risco de um lançamento deliberado não autorizado (na sigla em inglês, DUL). Em resposta às suas críticas, um dispositivo de segurança foi adicionado ao motor de foguete do primeiro estágio. Ele requeria um código separado, digitado manualmente, antes que o míssil pudesse decolar. A ogiva no topo do Pershing II continha um conector de ação permitida e não detonaria depois de um lançamento acidental. Mas a União Soviética não saberia disso quando o míssil em suas telas de radar seguisse em direção a Moscou.

Ronald Reagan, apesar de toda a sua retórica durona, temia a guerra nuclear já fazia tempo. Seus primeiros anos na Casa Branca intensificaram esse medo. Durante um exercício de comando e controle em março de 1982, Reagan viu pontinhos vermelhos se disseminarem por um mapa dos Estados Unidos na parede da Situation Room.[104] Cada pontinho representava o impacto de uma ogiva nuclear soviética. Em uma hora, o mapa se cobriu de vermelho. Reagan ficou impressionado com esse exercício e com o pouco que se poderia fazer para proteger o país. Embora alguns membros do governo considerassem a Iniciativa de Defesa Estratégica uma resposta astuta ao crescente movimento antinuclear, uma tentativa de mostrar que os objetivos americanos eram pacíficos e defensivos, Reagan acreditava sinceramente no plano.[105] Achava que um sistema de defesa antimísseis podia funcionar, salvar vidas, promover a paz mundial, tornar as armas nucleares "impotentes e obsoletas".[106] Reagan era um homem otimista e alegre, mas até ele se sentiu deprimido depois de assistir a *O dia seguinte*.[107] Bastante incentivado pela mulher, Nancy, ele pediu publicamente a abolição das armas nucleares. As críticas de Reagan à União Soviética passaram a ser menos severas, e seus discursos logo incluíram seu sentimento sincero: "Uma guerra nuclear não pode ser vencida e nunca deve acontecer".[108]

A morte de Yuri Andropov e de seu sucessor, Konstantin Chernenko, levou Mikhail Gorbatchóv ao poder. Gorbatchóv representava uma drástica ruptura com o passado. Era jovem e dinâmico, o primeiro líder soviético desde Vladimir Lênin que havia frequentado uma universidade. Embora suas tentativas de mudar a União Soviética fossem tímidas no início, ele estava empenhado em reformar a estagnada economia nacional, permitindo a liberdade de expressão e religião, encerrando a guerra no Afeganistão, rejeitando o uso da força contra outros países, ligando mais fortemente o bloco soviético ao resto da Europa e abandonando a busca pela superioridade nuclear. Ainda que muitas de suas ideias fossem radicais em comparação com as de seus predecessores, Gorbatchóv não tencionava trair os princípios do marxismo-leninismo. Esperava concretizá-los.

Em idade, temperamento, bagagem, educação e orientação política, Gorbatchóv e Reagan não poderiam ser mais diferentes. No entanto, eram ambos líderes autoconfiantes e transformadores, dispostos a contestar as expectativas e desafiar o status quo. Em seu primeiro encontro, numa conferência de cúpula em Genebra em novembro de 1985, os dois se entenderam bem e discutiram como poderiam reduzir os arsenais nucleares dos dois países. Gorbatchóv partiu de Genebra vendo Reagan não como uma caricatura de direitista, um fantoche do complexo militar-industrial, mas como um ser humano que parecia ansioso para evitar uma guerra nuclear.

Um ano depois, em uma conferência de cúpula em Reykjavik, na Islândia, a discussão enveredou para um tema que alarmou muitos dos principais assessores de Reagan: substanciais reduções no número de armas nucleares. O secretário de Estado, George P. Shultz, entusiasmou-se com a possibilidade. O acidente recente na usina nuclear de Chernobyl espalhara partículas radioativas por boa parte da Europa e União Soviética, lembrando o mundo do perigo muitíssimo maior representado pelas armas nucleares. Reagan e Gorbatchóv pareciam prestes a firmar um acordo extraordinário, como indica uma transcrição de seu encontro:

> *O presidente* concordou que isso poderia ser resolvido [...] mísseis de cruzeiro, armas de campo de batalha, lançamentos por submarino e afins. Para ele seria bom se eliminássemos todas as armas nucleares.
> *Gorbatchóv* disse que podemos fazer isso. Podemos eliminá-las.
> *O secretário* [de Estado] disse: "Façamos isso".[109]

A euforia de Reagan e Shultz não durou muito.[110] Momentos depois, Gorbatchóv insistiu que, como parte do trato, todos os testes da Guerra nas Estrelas ficassem restritos ao laboratório. Reagan não conseguia entender por que um sistema de defesa antimísseis destinado a poupar vidas — que ainda nem existia e talvez nunca viesse a existir — poderia barrar o caminho para eliminarem as armas nucleares para sempre. Ele se recusou a impor limites à Iniciativa de Defesa Estratégica e prometeu compartilhar sua tecnologia. A União Soviética estava fazendo exatamente os mesmos estudos, Reagan argumentou, e um sistema de mísseis antibalísticos já fora construído para defender Moscou. Nem Gorbatchóv nem Reagan cederam e o encontro se encerrou.

Apesar de o acordo sobre a abolição das armas nucleares ter fracassado, a conferência de Reykjavik foi um momento decisivo da Guerra Fria, o início do processo que logo levou à remoção de todos os mísseis de alcance intermediário da Europa e a grandes cortes no número de armas estratégicas. A corrida armamentista nuclear total terminara. Gorbatchóv se sentiu então encorajado a tentar a reforma na União Soviética, confiante de que os Estados Unidos não buscavam atacar seu país. E os linhas-duras do governo Reagan respiraram aliviados, estarrecidos por seu presidente ter chegado tão perto de se livrar das armas nucleares americanas. Margaret Thatcher, primeira-ministra conservadora da Grã-Bretanha, e François Mitterrand, presidente socialista da França, ficaram furiosos porque Reagan questionara o valor da dissuasão nuclear, uma estratégia que vinha mantendo a paz desde a Segunda Guerra Mundial. Embora nos seis anos anteriores as passeatas europeias protestassem principalmente contra os Estados Unidos, foi a liderança da Europa Ocidental que mais se opôs à criação de um mundo sem armas nucleares.

Bob Peurifoy assumiu a vice-presidência do Sandia, e seu novo cargo lhe permitiu se empenhar mais eficazmente pela segurança das armas nucleares. Em 1988 quase metade das armas do arsenal nuclear americano já estava equipada com dispositivos de elo fraco-elo forte,[111] e a reequipagem para garantir a segurança das bombas Mark 28 enfim fora retomada. Mas o SAC continuava a carregar seus bombardeiros em alerta com Mísseis de Ataque de Curto Alcance. Esses aviões ficavam estacionados em pistas de pouso de todo o país, prontos para decolar de bases na Califórnia, Kansas, Maine, Michigan, New Hampshire, Nova York, Dakota do Norte, Dakota do Sul, Texas e estado de Washington. Conforme se abrandavam as tensões entre Estados Unidos e União Soviética, a disposição da Força Aérea para correr o risco de um acidente com um SRAM se tornava mais difícil de justificar.

Em 26 de fevereiro de 1988, Peurifoy escreveu ao secretário assistente para programas de defesa do Departamento de Energia e o convidou para ir ao Sandia e ser posto a par dos perigos do SRAM.[112] O secretário assistente não respondeu à carta. No mês seguinte, o presidente do Sandia levou o assunto a outra autoridade do Departamento de Energia, a qual sugeriu que se expusesse a questão ao secretário de Energia e ao secretário da Defesa. Mas nada se fez. Um mês depois, um grupo independente foi incumbido de examinar as práticas administrativas do Departamento de Energia e pediu a Peurifoy que atuasse como consultor técnico. Chefiado por Gordon Moe, ex-membro da assessoria de segurança nacional de Henry Kissinger, o grupo acabou usando os problemas de segurança do SRAM como um estudo de caso de má administração. Moe ficou chocado com a desatenção com a segurança das armas nucleares e suas implicações. Tinham decorrido quase quinze anos desde que as preocupações com o SRAM haviam sido expostas pela primeira vez e nenhuma providência fora tomada para remediar a situação. "O potencial para um acidente com arma nuclear permanecerá inaceitavelmente alto enquanto as questões que foram levantadas não forem resolvidas", declarou o grupo de Moe em um relatório secreto.[113] "Seria difícil exagerar as consequências que um acidente grave teria para a segurança nacional."

John H. Glenn, ex-astronauta e senador democrata por Ohio, visitou o Sandia em 26 de abril de 1989. Peurifoy aproveitou a oportunidade para lhe apresentar os principais problemas de segurança nuclear e lhe entregou uma cópia do relatório do grupo de Moe. Glenn quis saber mais sobre o assunto e perguntou com quem deveria falar no Departamento de Energia para discutir o problema.

Peurifoy sugeriu que ele passasse por cima dos burocratas de nível médio e levasse a questão ao secretário de Energia, James D. Watkins.

Glenn disse que procuraria Watkins na semana seguinte.

Rompeu-se o impasse burocrático. Um senador respeitado, um herói nacional, pretendia debater o problema da segurança das armas nucleares com alguém realmente capaz de tomar alguma providência.

O secretário Watkins e seus assessores se reuniram com o senador Glenn, leram o relatório do grupo de Moe, ficaram preocupados com a segurança das armas mais antigas do arsenal e entraram em contato com o secretário da Defesa, Dick Cheney. Em vez de tirar as armas do alerta, o Pentágono encomendou mais dois estudos sobre o SRAM. Um ficaria a cargo da Força Aérea, o outro, de Gordon Moe — que foi recontratado pelo Departamento de Energia para fazer novamente o trabalho anterior.

Quase mais um ano se passou. O Muro de Berlim caíra. Mikhail Gorbatchóv visitara a Casa Branca, assinara importantes acordos sobre armas, removera centenas de milhares de soldados soviéticos da Europa Oriental e permitira que Polônia, Hungria, Tchecoslováquia, Alemanha Oriental, Romênia, Letônia, Estônia e Lituânia deixassem o bloco soviético. Por qualquer critério racional, a Guerra Fria estava encerrada. Mas todos os dias, por todo o território americano, Mísseis de Ataque de Curto Alcance continuavam a ser postos em bombardeiros B-52 em alerta em terra.

No primeiro semestre de 1990, R. Jeffrey Smith, um repórter do *Washington Post*, ficou sabendo dos problemas de segurança de algumas armas nucleares americanas. Seu jornal publicou uma série de reportagens chamando a atenção do público para as falhas dos SRAMs e para a inexistência de segurança por ponto único nos projéteis atômicos de artilharia W-79.[114] Smith não divulgou nenhuma informação secreta, mas aventou que rivalidades burocráticas e inércia estavam criando riscos desnecessários. Um porta-voz do Pentágono defendeu os SRAMs, afirmando que a "arma atende aos nossos atuais critérios de segurança".[115] O secretário da Defesa, Cheney, reuniu-se com autoridades da Força Aérea, com o secretário da Energia Watkins, com os chefes dos três laboratórios de armas e com o general de exército Colin Powell, chefe do Estado-Maior Conjunto, para debaterem sobre o SRAM. Em 8 de junho de 1990, Cheney declarou que os SRAMs não traziam "riscos de segurança ao povo",[116] mas seriam imediatamente removidos dos bombardeiros em alerta até que se concluísse outro estudo sobre segurança.

O Comitê da Câmara para as Forças Armadas já tinha incumbido um grupo de peritos composto de três físicos eminentes de investigar a segurança das armas nucleares americanas. Charles H. Townes, prêmio Nobel, fora por muitos anos assessor do Departamento de Defesa. John S. Foster Jr. fora diretor do Laboratório Lawrence Livermore e ocupara altos cargos no Pentágono durante os governos Johnson e Nixon, sendo um especialista não só em tecnologia de armas nucleares mas também em estratégias de escolha de alvos. Sidney Drell, o presidente do grupo, era físico teórico, trabalhava fazia tempo no Laboratório do Acelerador Linear de Stanford e por muitos anos fora um Jason — um civil a quem era concedida permissão de acesso a informações altamente sigilosas para que pudesse colaborar em questões de segurança delicadas. Drell, Foster e Townes nem sempre concordavam quando o assunto eram as políticas de armas nucleares. Drell fora contra o míssil MX, Foster, a favor. Mas se respeitavam mutuamente, e ninguém se igualava a eles em conhecimento na área de segurança de armas nucleares. Pediu-se a Peurifoy que atuasse como consultor técnico.

O Grupo Drell para Estudo da Segurança de Armas Nucleares apresentou seu relatório ao Comitê da Câmara para as Forças Armadas em dezembro de 1990.[117] O documento confirmou o que Bill Stevens e Bob Peurifoy vinham dizendo fazia quase vinte anos: o arsenal nuclear americano não era tão seguro quanto deveria ser. Avanços recentes na capacidade de processamento, observou o relatório, permitiram "perceber que detonações nucleares não intencionais constituíam um risco maior do que antes se estimava (e se acreditava) para algumas das ogivas do arsenal".[118] O Grupo Drell recomendou que toda arma nuclear fosse equipada com dispositivos do tipo elo fraco-elo forte, que toda arma transportada em avião possuísse altos-explosivos insensíveis e núcleos de reator resistentes ao fogo e que o Pentágono declarasse "o aprimoramento da segurança uma prioridade do programa de armas nucleares dos Estados Unidos".[119]

O Comitê de Relações Exteriores da Câmara solicitou um estudo à parte sobre a segurança das armas nucleares.[120] O estudo foi chefiado por Ray E. Kidder, físico do Lawrence Livermore, e entregue em 1991. Atribuía uma "nota" de segurança a cada arma nuclear do arsenal americano. As notas se baseavam no possível risco de detonação acidental ou disseminação de plutônio. Três armas receberam A.[121] Sete receberam B. Duas ficaram com C+. Quatro com C. Duas com C-. E duas tiraram D, a nota mais baixa.

Em 25 de janeiro de 1991, o tenente-brigadeiro George Lee Butler assumiu a chefia do Comando Aéreo Estratégico. Na primeira semana no cargo, Butler pediu à Comissão de Planejamento de Alvos Estratégicos uma cópia do SIOP. O general de exército Colin Powell e o secretário da Defesa, Dick Cheney, tinham deixado claro que os Estados Unidos precisavam mudar sua política de escolha de alvos agora que a Guerra Fria terminara.[122] Como parte desse processo administrativo, Butler decidiu examinar cada alvo mencionado no SIOP e por semanas estudou minuciosamente os milhares de pontos zero desejados. Encontrou pontes, trilhos de trem e estradas no meio do nada como alvos para múltiplas ogivas a fim de assegurar sua destruição. Centenas de ogivas nucleares atingiriam Moscou,[123] dúzias delas tendo como alvo uma única instalação de radar fora da cidade. Em seu trabalho anterior para o Estado-Maior Conjunto, Butler lidara com questões de escolha de alvos e critérios de danos para armas nucleares. Ingênuo é que ele não era. Mas os dias e semanas passados no estudo do SIOP, página por página, o afetaram profundamente.

Por mais de quarenta anos, os esforços para domar o SIOP, limitá-lo, reduzi-lo, fazê-lo parecer lógico e racional haviam fracassado. "Com a possível exceção do plano de guerra nuclear soviético, esse é o documento mais absurdo e irresponsável que já examinei na vida", lembrou tempos depois o tenente-brigadeiro Butler.[124] "Acabei por avaliar plenamente a verdade [...] escapamos da Guerra Fria sem um holocausto nuclear graças a alguma combinação de habilidade, sorte e intervenção divina, e desconfio que a contribuição desta última foi a maior."

Butler eliminou cerca de 75% dos alvos previstos no SIOP,[125] introduziu uma filosofia de escolha de alvos verdadeiramente flexível e decidiu se livrar do nome SIOP. Os Estados Unidos já não possuíam um plano de guerra integrado único. Butler preferiu um novo nome para o conjunto diversificado de opções nucleares: Planos de Reação Estratégica Nacional.[126]

Mikhail Gorbatchóv estava de férias na Crimeia em 18 de agosto de 1991 quando um grupo que se autointitulava "Comitê Estatal para o Estado de Emergência"[127] entrou em sua casa e exigiu que ele decretasse lei marcial ou renunciasse. Gorbatchóv recusou as duas alternativas e foi feito refém; a KGB cortou as linhas de comunicação com sua datcha. Seus assessores militares, que estavam em posse dos códigos nucleares e do equivalente soviético da "bola de futebol", encontravam-se em uma casa de hóspedes próxima. O equipamento deles parou de funcionar — e a liderança civil da União Soviética perdeu o controle de suas armas nucleares.

Duas outras autoridades soviéticas possuíam códigos nucleares e bolas de futebol: o ministro da Defesa e o chefe do Estado-Maior. Ambos apoiavam o golpe de Estado. Nunca se estabeleceu conclusivamente quem controlou as milhares de armas nucleares no arsenal soviético durante os dias seguintes. O chefe da Força Aérea declarou mais tarde que ele, o chefe da Marinha e o chefe das Forças Estratégicas de Foguetes assumiram o sistema de comando e controle para impedir que outros lançassem mísseis contra os Estados Unidos. Depois do fracasso do golpe em 21 de agosto, as comunicações com a datcha de Gorbatchóv foram restauradas, e a bola de futebol em posse de seus assessores militares voltou a ser operacional.

Ansioso para reduzir o risco de uma guerra acidental e incentivar cortes mais profundos no arsenal soviético, o presidente George H. W. Bush anunciou um mês depois que os Estados Unidos fariam, unilateralmente, grandes reduções em suas implementações de armas nucleares.[128] O país removeria da Europa todas as armas táticas do Exército, destruiria metade das armas táticas da Marinha e armazenaria as restantes, tiraria do alerta 450 mísseis Minuteman II e encerraria o alerta em terra do Comando Aéreo Estratégico. Pela primeira vez desde 1957, bombardeiros do SAC não ficariam estacionados em pistas de aeroportos, abastecidos de combustível e bombas de hidrogênio, com a tripulação à espera do toque das sirenes.

A União Soviética deixou de existir no dia de Natal de 1991. Em junho seguinte, o Comando Aéreo Estratégico também se extinguiu. O general Powell e o tenente-brigadeiro Butler acharam que o SAC havia durado mais do que seu propósito original. A guerra recente com o Iraque demonstrara a importância da estreita colaboração entre as divisões das Forças Armadas, e futuras guerras provavelmente seriam feitas com armas convencionais, não nucleares. O Comando Aéreo Estratégico e sua cultura institucional já não pareciam relevantes. Os aviões do SAC foram divididos entre várias unidades da Força Aérea. Os mísseis terrestres e os submarinos com mísseis balísticos americanos foram alocados em um só comando, unificado, a ser chefiado alternadamente por um oficial da Força Aérea ou da Marinha. Boa parte da feroz rivalidade pelo controle das armas nucleares americanas foi desaparecendo à medida que todas aquelas armas passaram a ter um papel cada vez menos importante nos planos de guerra do Pentágono. Mas muitos veteranos do SAC se indignaram porque aquela que já fora a mais poderosa organização militar americana estava sendo desmantelada. Achavam isso um erro, consideravam o tenente-brigadeiro Butler um vira-casaca e sentiam que o legado de Curtis LeMay estava sendo desonrado.

O presidente Bush disse aos membros de seu governo que não tripudiassem nem se gabassem da queda da União Soviética, um evento com inúmeras causas que Mikhail Gorbatchóv conduzira involuntariamente, mas de modo pacífico. O general Colin Powell desconsiderou essa ordem na cerimônia em Omaha que marcou o fim do Comando Aéreo Estratégico. "Os longos e amargos anos da Guerra Fria terminaram", disse Powell. "A vitória total, decisiva e esmagadora é dos Estados Unidos e seus aliados."[129]

Epílogo

O sociólogo Charles B. Perrow começou seu estudo sobre tecnologias perigosas em agosto de 1979, depois da fusão parcial do núcleo na usina nuclear de Three Mile Island. Nos primeiros minutos do acidente, os trabalhadores não perceberam que as válvulas das tubulações de refrigeração de emergência haviam sido fechadas por engano — uma das luzes do indicador no painel de controle estava encoberta por uma etiqueta de reparo.[1] Perrow logo descobriu que erros semelhantes tinham ocorrido durante a operação de outras usinas nucleares. Em um reator na Virgínia, um trabalhador que limpava o chão ficou com a camisa presa no puxador de um disjuntor na parede.[2] Ao esticar a camisa para soltá-la, desativou o disjuntor e desligou o reator por quatro dias. Uma lâmpada escorregou da mão de um homem que trabalhava em um reator na Califórnia, bateu no painel de controle, causou um curto-circuito, desligou sensores e fez a temperatura do núcleo mudar tão depressa que poderia ter ocorrido uma fusão.[3] Depois de estudar uma grande variedade de "acontecimentos triviais em sistemas não triviais",[4] Perrow concluiu que o erro humano não era o responsável por aqueles acidentes. O verdadeiro problema estava profundamente arraigado nos sistemas tecnológicos e era impossível de resolver: "Nossa capacidade de planejar não está à altura dos perigos inerentes a algumas de nossas atividades planejadas".[5] O que parecia ser uma rara exceção, uma anomalia, um acidente com probabilidade de um em 1 milhão, era, na verdade, algo a ser esperado. Era normal.

Perrow analisou o funcionamento de sistemas de alto risco em seu livro *Normal Accidents*, concentrando-se na indústria da energia nuclear, indústria química, navegação, transporte aéreo e outras atividades industriais capazes de prejudicar grande número de pessoas quando algo dá errado. Certos padrões e falhas pareceram comuns a todas. Os sistemas mais perigosos tinham elementos que eram "fortemente associados"[6] e interativos. Não funcionavam de um modo simples, linear, como uma linha de montagem. Quando surge um problema em uma linha de montagem, pode-se interrompê-la até que se encontre a solução. Mas, em um sistema fortemente associado, muitas coisas podem acontecer ao mesmo tempo, e pode ser difícil detê-las. Se essas coisas também interagirem entre si, pode ser difícil identificar com certeza o que estava acontecendo no momento exato em que o problema surgiu, que dirá saber a providência a ser tomada. A complexidade de sistemas como esse fatalmente trará surpresas. "Ninguém sonhava que, quando X falhasse, Y também funcionaria mal",[7] exemplificou Perrow, "e que as duas falhas interagiriam de modo a provocar um incêndio e ao mesmo tempo silenciar o alarme de incêndio."

Sistemas perigosos costumavam requerer procedimentos padronizados e alguma forma de controle centralizado para prevenir erros. Esse tipo de supervisão provavelmente funcionaria bem durante operações de rotina. Mas durante um acidente, argumentou Berrow, "os que estiverem mais próximos do sistema, os operadores, têm de ser capazes de agir com independência e às vezes com muita criatividade".[8] Poucas burocracias eram flexíveis o suficiente para permitir a tomada de decisão centralizada e descentralizada, especialmente em uma crise que poderia ameaçar centenas ou milhares de vidas. E as grandes burocracias necessárias para gerir sistemas de alto risco costumavam se ressentir de críticas, sentir-se ameaçadas por qualquer contestação de sua autoridade. "Vezes sem conta desconsideraram avisos, correram riscos desnecessários, fizeram trabalho malfeito, enganaram e mentiram",[9] Perrow descobriu. O instinto de culpar os subalternos não só protegia quem estava no topo, mas também obscurecia a verdade básica. A falibilidade dos seres humanos garante que nenhum sistema tecnológico será infalível.

Depois de atuar como consultor de política nuclear estratégica para o Estado-Maior Conjunto, Scott D. Sagan aplicou a teoria do "acidente normal" ao funcionamento do sistema de comando e controle americano durante a Crise dos Mísseis de Cuba. Segundo Sagan, hoje professor de ciência política na Universidade de Stanford, a crise foi o teste mais severo desse sistema durante a Guerra Fria, "o mais alto estado de prontidão para a guerra nuclear que as forças militares americanas já alcançaram e o mais longo período (trinta dias) em que se mantiveram em alerta".[10] A maioria dos historiadores atribuiu a resolução pacífica da crise a decisões tomadas por John F. Kennedy e Nikita Khruschóv — ao comportamento racional de líderes no controle de suas forças militares. Mas essa sensação de controle pode ter sido ilusória, afirmou Sagan em *The Limits of Safety*, e a Crise dos Mísseis de Cuba poderia ter descambado para uma guerra nuclear, não importa o que desejassem Khruschóv e Kennedy.

Com centenas de bombardeiros, mísseis e embarcações da Marinha preparados para atacar, o risco de acidentes e mal-entendidos esteve sempre presente. No auge do confronto, enquanto Kennedy e seus consultores se preocupavam com os mísseis soviéticos em Cuba, um míssil Atlas de longo alcance era submetido a um teste de lançamento na Base da Força Aérea em Vandenberg, sem o conhecimento ou a aprovação do presidente.[11] Outros mísseis em Vandenberg já haviam sido postos em alerta com ogivas nucleares — e a União Soviética poderia ter confundido o lançamento do Atlas como o começo de um ataque. Os mísseis Jupiter na Turquia foram uma questão que muito preocupou o secretário da Defesa Robert McNamara durante toda a crise. McNamara ordenou que soldados americanos sabotassem os mísseis se a Turquia parecesse prestes a lançá-los. Mas aparentemente ele não sabia que armas nucleares tinham sido postas em aviões de combate na Turquia. O controle dessas armas era "tão frouxo que choca nossa imaginação",[12] contou a Sagan o tenente-coronel Robert B. Melgard, comandante do esquadrão da Otan. "Analisando hoje", disse Melgard, "vemos que havia certas pessoas a quem não se devia confiar nem mesmo um fuzil .22, quanto mais uma bomba termonuclear."[13]

Durante um dos acidentes mais perigosos, o major Charles Maultsby, piloto de um avião espião U-2, perdeu-se e inadvertidamente entrou no espaço aéreo soviético.[14] Seu erro ocorreu em 27 de outubro de 1962, o mesmo dia do lançamento do míssil Atlas e da derrubada de um U-2 sobre Cuba. Maultsby tinha a missão de coletar amostras de ar acima do polo Norte, procurando indícios radioativos de um teste nuclear soviético. Mas a rota do voo era nova, a aurora boreal interferiu em sua tentativa de navegação astronômica, e Maultsby logo se viu sobrevoando a Sibéria, perseguido por caças soviéticos. O U-2 ficou sem combustível, e caças americanos decolaram para escoltar Maultsby de volta para o Alasca. Pelas regras de entrada em combate da DEFCON 3, os pilotos dos caças americanos tinham autoridade para disparar seus mísseis atômicos antiaéreos e derrubar os aviões soviéticos. De algum modo, evitou-se um combate aéreo entre as duas forças, o U-2 aterrissou em segurança — e McNamara imediatamente mandou interromper o programa de amostragem do ar. Ninguém no Pentágono pensara na possibilidade de esses voos de rotina do U-2 levarem ao uso de armas nucleares.

O sistema de comando e controle dos Estados Unidos operou em segurança durante a crise, Sagan constatou, porém "numerosos incidentes perigosos [...] ocorreram apesar de todos os esforços de altas autoridades para impedi-los".[15] Por muito tempo, Sagan acreditara que o risco de acidentes com armas nucleares era remoto, que as armas nucleares tinham sido uma "força estabilizadora"[16] nas relações internacionais, reduzindo o risco de guerra entre Estados Unidos e União Soviética. "As armas nucleares podem muito bem ter diminuído a probabilidade da guerra *deliberada*",[17] Sagan agora pensava, "mas o arsenal nuclear complexo e fortemente associado que construímos simultaneamente tornou a guerra *acidental* mais provável." Suas investigações em *The Limits of Safety* o deixaram pessimista quanto à nossa capacidade para controlar tecnologias de alto risco. O fato de um acidente catastrófico com uma arma nuclear nunca ter ocorrido, escreveu Sagan, explica-se menos "por um bom projeto do que pela boa sorte".[18]

A explosão do Titan II em Damasco foi um acidente normal, desencadeado por um acontecimento trivial (um soquete derrubado) e causado por um sistema fortemente associado e interativo (o vazamento de combustível que elevou a temperatura no silo e aumentou a probabilidade de um vazamento de oxidante). Esse sistema também era demasiado complexo (os oficiais e técnicos no centro de controle não podiam determinar o que estava acontecendo dentro do silo). Avisos foram desconsiderados, correram-se riscos desnecessários, fez-se trabalho malfeito. E decisões cruciais foram tomadas por um oficial comandante que estava a mais de oitocentos quilômetros do local do acidente e tinha pouca familiaridade com o sistema. O míssil poderia ter explodido independentemente do que se fez depois que o tanque de combustível do estágio 1 começou a vazar. Mas culpar o soquete, ou a pessoa que o derrubou, por aquela explosão é se equivocar quanto ao modo como o sistema do míssil Titan II realmente funcionava. Vazamentos de oxidante e outras catástrofes que não aconteceram por um triz perseguiram o Titan II até que o último deles foi removido de um silo em Judsonia, no Arkansas, em junho de 1987. Nenhum desses vazamentos e acidentes acarretou um desastre nuclear. Mas, se houvesse acarretado, o desastre não teria sido inexplicável nem difícil de compreender. Teria sido perfeitamente compreensível.

Os sistemas de armas nucleares que Bob Peurifoy, Bill Stevens e Stan Spray se empenharam em tornar mais seguros também eram fortemente associados, interativos e complexos. Eram propensos a "falhas de modo comum": um problema podia levar rapidamente a outros. A aplicação constante de alta temperatura à superfície de uma bomba Mark 28 podia incapacitar seus mecanismos de segurança, armá-la e por fim detoná-la. "Consertos, inclusive dispositivos de segurança, às vezes geram novos acidentes",[19] alertou Charles Perrow, "e muito frequentemente apenas permitem que os que estão no controle operem o sistema com maior rapidez, ou em condições climáticas piores, ou com explosivos maiores." Perrow não se referia ao uso de armas de núcleo selado durante alertas no ar. Mas poderia. Alardeadas como muito mais seguras do que as armas que substituíram, as primeiras bombas de núcleo selado apresentavam um grave risco de detonação acidental e dispersão de plutônio. A teoria do acidente normal não é uma condenação dos sistemas tecnológicos modernos. Mas clama por mais humildade em nosso modo de projetá-los, construí-los e operá-los.

O título de um influente ensaio sobre o papel da tecnologia na sociedade pergunta: "Há política nos artefatos?".[20] Segundo seu autor, Langdon Winner, a resposta é sim: as coisas que produzimos não só são moldadas por forças sociais, mas também ajudam a moldar a vida política de uma sociedade. Algumas tecnologias são flexíveis e podem prosperar tão bem em países democráticos como em países totalitários. Mas Winner salientou uma invenção que nunca poderia ser administrada com um espírito totalmente aberto, democrático: a bomba atômica. "Enquanto ela existir, suas propriedades letais exigem que seja controlada por uma cadeia de comando centralizada e de hierarquia rígida, fechada a todas as influências que possam tornar seu funcionamento imprevisível", escreveu Winner.[21] "O sistema social interno da bomba tem de ser autoritário; não há outro modo."

O sigilo é essencial ao comando e controle de armas nucleares. Sua tecnologia é o oposto do software aberto. Os mais recentes projetos de ogiva nuclear não podem ser compartilhados livremente na internet, aperfeiçoados por colaborações anônimas e usados produtivamente sem restrições legais. Nos anos decorridos desde que o Congresso americano aprovou a Lei de Energia Atômica de 1946, as especificações da estrutura das armas nucleares americanas "nascem secretas".[22] Não são autoridades do governo que decretam seu sigilo; elas são secretas assim que passam a existir. E há muito tempo um rigoroso sigilo envolve os usos e as disposições propostos para armas nucleares. A finalidade é manter informações valiosas fora do alcance dos inimigos dos Estados Unidos. Porém, frequentemente a ausência de vigilância pelo público tornou armas nucleares mais perigosas e aumentou sua probabilidade de causarem um desastre.

Vezes sem conta problemas de segurança foram ocultados não só do público, mas também de autoridades e do pessoal alistado nas Forças Armadas obrigado a manejá-las no dia a dia. O segredo estrito e compartimentalizado ocultou problemas de segurança dos cientistas e engenheiros responsáveis pela segurança da arma. Graças à Lei da Liberdade de Informação, obtive um documento que relaciona os "Acidentes e incidentes envolvendo armas nucleares"[23] desde o verão de 1957 até a primavera de 1967. O documento tem 245 páginas. Traz breves relatos sobre as principais Flechas Quebradas durante esse período. Também descreve centenas de acidentes menores, falhas técnicas e acontecimentos aparentemente insignificantes: um míssil antiaéreo Genie que foi liberado de um avião de combate por engano e caiu sobre um trailer com armas;[24] um míssil Boar esmagado pelo guindaste de um porta-aviões;[25] a ogiva de uma Mark 49 que foi cuspida para longe de um míssil Jupiter quando parafusos explosivos detonaram devido à corrosão;[26] uma fumaceira que saiu de uma ogiva W-31 na ponta de um míssil Nike depois de um curto-circuito;[27] os retrofoguetes de um míssil Thor que dispararam subitamente em uma base de lançamento na Grã-Bretanha e assustaram a tripulação;[28] uma bomba Mark 28 que emitiu ruídos estranhos por razões nunca descobertas.[29] Mostrei o documento a Bob Peurifoy e Bill Stevens, que nunca o tinham visto. Ambos leram e se inquietaram. A Agência de Apoio à Defesa Atômica nunca os informara sobre centenas de acidentes.

Muitas vezes os Estados Unidos foram mais bem-sucedidos em ocultar informações de seus próprios projetistas de armas do que da União Soviética. A começar pela infiltração soviética no Projeto Manhattan por meio da rede de espionagem de John Walker[30] — que de fins dos anos 1960 até 1985 forneceu aos soviéticos cerca de 1 milhão de documentos sobre planos de guerra do Pentágono, códigos e tecnologia de submarinos —, a liderança no Kremlin sabia bem mais sobre o poder nuclear dos Estados Unidos do que jamais se permitiu ao povo americano saber. Um dos mais importantes segredos da Guerra Fria era considerado tão secreto que nem o presidente dos Estados Unidos podia saber a seu respeito.[31] Deliberadamente, nunca se disse ao presidente Harry Truman que criptologistas do Exército haviam descoberto códigos soviéticos e decifrado milhares de mensagens sobre espionagem em território americano. Mas a União Soviética ficou sabendo desse segredo quando um de seus espiões, o agente duplo britânico Kim Philby, foi levado para conhecer o quartel-general do Serviço de Inteligência de Sinais do Exército.[32]

A necessidade de zelar pela segurança nacional há tempos é usada como justificativa para ocultar informações e evitar constrangimentos. "O sigilo é uma forma de regulamentação do governo",[33] declarou em 1997 uma comissão do Senado chefiada por Daniel Patrick Moynihan. "A diferença, no sigilo, é que o público não pode conhecer o grau ou o conteúdo da regulamentação." Até hoje, as decisões no Departamento de Defesa e no Departamento de Energia sobre o que deve ser secreto têm uma natureza arbitrária, muitas vezes kafkiana. Documentos secretos da Guerra Fria que foram liberados para consulta nos anos 1990[34] acabaram sendo novamente postos sob sigilo: tornou-se ilegal possuí-los, muito embora o governo federal tenha um dia liberado sua consulta.

Em vários dos documentos que obtive graças à Lei da Liberdade de Informação, falta coerência à redação dos censores do governo. Exatamente a mesma informação é fornecida em um documento, mas suprimida em outro. O governo ainda não revela a potência da ogiva do Titan II, muito embora a arma já não pertença ao arsenal americano há quase um quarto de século, a União Soviética não exista mais e a espionagem soviética tenha descoberto tudo que seja remotamente interessante sobre o míssil.

Os detalhes operacionais de armas nucleares podem parecer o tipo de informação que deve ser sempre mantida em segredo. No entanto, ao longo de toda a Guerra Fria, notícias na mídia sobre Flechas Quebradas e outros problemas com armas nucleares forçaram o Pentágono a adotar novas medidas de segurança. Publicidade negativa influenciou a decisão de trancar bombas de hidrogênio em segurança dentro de bombardeiros durante as decolagens e aterrissagens, pôr fim aos alertas no ar do SAC, desativar o míssil Titan II, remover Mísseis de Ataque de Curto Alcance de aviões em alerta em terra. O excesso de segredo frequentemente ameaçou a segurança nacional muito mais do que revelações sobre o arsenal nuclear americano.

Nunca foi publicado um relato minucioso sobre acidentes com armas nucleares na União Soviética. A ausência de liberdade de imprensa sem dúvida contribuiu para os numerosos acidentes industriais em grande escala e para a disseminada devastação ambiental que ocorreram no bloco soviético. Chelyabinsk-65, local de uma instalação de armas nucleares na Rússia central,[35] é chamado de "possivelmente o lugar mais poluído do planeta".[36] Ali uma grande explosão em 1957 contaminou centenas de quilômetros quadrados com partículas altamente radiativas. Inúmeros acidentes ocorreram na usina e dezenas de milhares de pessoas foram expostas aos efeitos danosos da radiação. Em grande medida, a tecnologia nuclear soviética era inferior à do Ocidente. Mas o autoritarismo do governo soviético era especialmente conveniente para as exigências de comando e controle nuclear.[37] Em contraste com o presidente dos Estados Unidos — que delegava de antemão o poder para usar armas nucleares não só a generais do SAC e a pilotos de aviões de combate da Força Aérea, mas também a autoridades da Otan na Europa —, a liderança do Partido Comunista e o Estado-Maior soviético foram inflexíveis em conservar essa espécie de poder. Vários tipos de travas eram instalados em armas soviéticas e a permissão para destravá-las só podia vir de cima. Segundo Bruce Blair, um renomado especialista em comando e controle, as salvaguardas soviéticas contra o uso não autorizado eram "mais rigorosas do que as de qualquer outra potência nuclear, incluindo os Estados Unidos".[38]

Contudo, a estrutura de comando rigidamente centralizada tornava a União Soviética muito vulnerável a um ataque de decapitação. Apesar de todos os bunkers e trilhos secretos construídos no subsolo de Moscou e arredores, os líderes soviéticos se preocupavam constantemente com sua capacidade de retaliar depois de um primeiro ataque americano. Em vez de afrouxar seu controle sobre as armas nucleares e transferir a autoridade para níveis mais abaixo na cadeia de comando, eles automatizaram a decisão de usar armas nucleares. Em 1974, pouco mais de uma década depois da exibição de *Dr. Fantástico*, a União Soviética começou a desenvolver o sistema "Perímetro"[39] — uma rede de sensores e computadores capaz de lançar mísseis balísticos intercontinentais sem supervisão humana. Concluído em 1985, o sistema ficou conhecido como "mão morta". O Estado-Maior soviético pretendia ativar o Perímetro se um ataque americano parecesse iminente. O sistema retaliaria automaticamente, disparando mísseis de longo alcance quando detectasse explosões nucleares em solo russo. O Perímetro reduziu muito a pressão para lançar mísseis ao receber o primeiro sinal de um ataque americano. O sistema dava aos líderes soviéticos mais tempo para investigar a possibilidade de um alarme falso, pois tinham confiança de que um ataque real desencadearia uma reação devastadora controlada por computador. No entanto, isso anulava os planos americanos para uma guerra limitada; os computadores soviéticos não eram programados para permitir pausas para negociação. E o valor de dissuasão do Perímetro foi desperdiçado. Assim como a máquina do Juízo Final em *Dr. Fantástico*, o sistema foi mantido em segredo para os Estados Unidos.

Em março de 1991, três meses depois que o Grupo Drell apresentou seu relatório ao Congresso, Bob Peurifoy se aposentou do Sandia. Não tolerava mais a guerra burocrática, o pouco-caso e o desrespeito da alta administração do laboratório. Mas, principalmente, ele tinha atingido seus objetivos. O Congresso, os laboratórios de armas, o Pentágono e o Departamento de Energia haviam concordado que era preciso aumentar a segurança das armas nucleares americanas. Dispositivos do tipo elo fraco-elo forte foram instalados em todas as armas nucleares. E outras tecnologias de segurança — altos-explosivos insensíveis, núcleos do reator encerrados em invólucro resistente a fogo — seriam incluídas em cada novo projeto. As mudanças no arsenal nuclear que Peurifoy buscara por décadas, antes menosprezadas como caras e desnecessárias, agora eram tidas como essenciais. Tornou-se inconcebível construir uma arma nuclear sem essas características de segurança.

Sidney Drell considera Bob Peurifoy uma das principais figuras da história da tecnologia nuclear, mesmo que ele seja pouco reconhecido.[40] A seu ver, as realizações de Peurifoy são tão importantes quanto as do almirante de esquadra Hyman G. Rickover, pioneiro do uso seguro da propulsão nuclear pela Marinha americana. No entanto, em muitas ocasiões Peurifoy me disse que se arrepende de não ter sido mais audacioso, sobretudo com respeito aos problemas de segurança da bomba Mark 28. Ele escolheu trabalhar dentro do sistema, apesar de se opor com veemência a muitas de suas práticas. Embora criticasse o modo como o sigilo oficial era usado para encobrir erros, obedeceu honrosamente suas regras. Enquanto conversávamos no jardim de inverno da modesta casa de Peurifoy, com uma vista adorável da terra montanhosa do interior texano, falando por horas sobre seu trabalho para melhorar a segurança das armas nucleares, a mulher dele, Barbara, ouvia atentamente. Apesar de um casamento de muita intimidade e amor que durava já sessenta anos, ele guardara esses detalhes para si e nunca dividira com Barbara e os filhos o fardo daquele conhecimento lastimável.

Antes que se passasse um ano da aposentadoria de Peurifoy, a comunidade das armas nucleares que por tanto tempo o desconsiderara, menosprezara e combatera passou a defender sua causa abertamente.[41] O Tratado de Interdição Completa de Ensaios Nucleares estava em discussão nas Nações Unidas. O tratado proibia o tipo de detonações nucleares subterrâneas que os Estados Unidos e outros países precisavam para criar novas armas. Em muitos aspectos, uma proibição desses testes significava uma proibição de novas armas, pois nenhuma força armada teria confiança em uma ogiva ou bomba que nunca provara seu bom funcionamento. Durante um debate no Senado sobre o tratado em agosto de 1992,[42] os oponentes da proibição de testes nucleares apresentaram uma nova justificativa para continuar a detonar armas nucleares.

"Por que é tão importante testar armas nucleares?",[43] perguntou um senador, grande aliado do Pentágono e dos laboratórios de armas. "É tão importante porque as armas nucleares, mesmo as atuais, representam um grande perigo para o povo americano e para o mundo devido à falta de segurança de seus dispositivos." Ele então incluiu uma lista de Flechas Quebradas nos Anais do Congresso. Outro senador contrário ao tratado afirmou: "Já sabemos que a ciência e a tecnologia clamam por modificações de segurança".[44] Um terceiro criticou o Departamento de Energia por negligência em questões de segurança ao longo dos anos e alertou: "Um voto para impedir os testes nucleares hoje é um voto que condena o povo americano a viver com armas nucleares inseguras em seu meio por anos e anos — na verdade, até que as armas nucleares sejam eliminadas".[45]

Em 1996, os Estados Unidos se tornaram o primeiro país a assinar o Tratado de Interdição Completa de Ensaios Nucleares e desde então mais de 180 países também o assinaram. Mas o Senado americano votou contra a ratificação do tratado em 1999. Mais uma vez, os oponentes do tratado argumentaram que testes nucleares podiam ser necessários para assegurar que o arsenal nuclear americano permanecesse seguro e confiável.[46] Durante o governo do presidente George W. Bush, o Pentágono e os laboratórios de armas apoiaram o desenvolvimento de uma nova arma nuclear, a RRW (sigla em inglês de Ogiva Substituta Segura). Ela seria mais segura, garantida e confiável do que as armas atuais, prometeu o governo. A RRW também seria a primeira arma nuclear "ecológica"[47] — projetada para evitar o uso de berílio, um poluente ambiental tóxico.

Bob Peurifoy está pasmo com o recém-descoberto fervor pela segurança e confiabilidade nuclear entre seus críticos de outrora. Ele não vê necessidade de mais testes de armas, apoia o tratado de interdição de testes e acha que seria uma tremenda irresponsabilidade adicionar uma nova arma como a RRW ao arsenal nuclear sem tê-la detonado primeiro. Os planos para criar novas ogivas e bombas não passam da vontade do Pentágono e dos laboratórios de armas de "botar a mão no dinheiro",[48] diz Peurifoy. A razão entre potência e peso das armas nucleares americanas se tornou assintótica — aproximou-se de seu limite superior matemático — por volta de 1963. Novos projetos não aumentarão nem um pouco a eficiência das detonações. E um estudo de cientistas Jason[49] concluiu que os núcleos das armas existentes estarão em bom estado por no mínimo mais cem anos. Embora o gás impulsionador e os geradores de nêutrons no interior das armas se deteriorem com o tempo, podem ser substituídos por meio de programas atualmente administrados pelo Departamento de Energia. Harold Agnew, ex-chefe de Los Alamos que defendeu a segurança por ponto único e os conectores de ação permitida, concorda com Peurifoy. Agnew diz que a ideia de introduzir uma nova arma sem testá-la é "bobagem".[50] E ele é contra novos testes.

As únicas armas no atual arsenal nuclear que preocupam Peurifoy são as ogivas W-76 e W-88, transportadas por mísseis Trident II lançados por submarinos. O Grupo Drell registrou seu receio quanto a essas ogivas há mais de vinte anos.[51] Ambas usam altos-explosivos convencionais em vez de altos-explosivos insensíveis. A Marinha insistira no uso do explosivo mais perigoso para reduzir o peso das ogivas, aumentar seu alcance e elevar ligeiramente sua potência. Foi uma decisão infeliz da perspectiva da segurança, pois as múltiplas ogivas de um Trident II não ficam no topo do míssil. Para economizar espaço, elas circundam o motor de foguete do terceiro estágio. E a Marinha escolheu um propelente de alta energia para o motor que tem probabilidade muito maior do que outros combustíveis sólidos de explodir em um acidente, simplesmente sendo derrubado ou atingido por uma bala. Um submarino Trident leva até 24 desses mísseis, cada um com quatro a cinco ogivas. Um acidente com um míssil poderia detonar o propelente do terceiro estágio e os altos-explosivos das ogivas e espalhar uma grande quantidade de plutônio na área dos portos da Geórgia e do estado de Washington, onde os submarinos estão.

Durante anos a Marinha resiste à mudança do propelente do terceiro estágio do míssil Trident II ou ao uso da ogiva W-87 — que é quase idêntica à W-88 mas emprega um alto-explosivo insensível porém seguro. Usar um propelente de menor energia diminuiria o alcance do míssil talvez em 4%,[52] e a ogiva W-87 tem uma potência ligeiramente menor. Talvez interesses próprios influenciem o apego da Marinha à W-88. Essa ogiva foi projetada para a Marinha por Los Alamos; a W-87 foi projetada para a Força Aérea pelo Lawrence Livermore.

O melhor modo de pôr um míssil Trident II em um submarino é um dos poucos pontos de discordância entre Sidney Drell e Bob Peurifoy. Drell prefere o método atual da Marinha: primeiro pôr o míssil, depois acoplar as ogivas. Peurifoy defende outro método: pôr os mísseis totalmente montados nos tubos de lançamento. A diferença entre as duas opiniões pode parecer obscura, mas as possíveis consequências de um acidente são indiscutíveis: a explosão de um míssil dentro de um submarino com até 144 ogivas nucleares.

A Força Aérea dos Estados Unidos hoje se parece pouquíssimo com a dos anos 1970. O armamentismo durante o governo Reagan elevou imensamente os gastos com novos aviões, novas armas, peças sobressalentes e melhor treinamento. O moral melhorou e o uso de drogas ilegais despencou, graças aos testes amplamente difundidos. Ocorreu também uma mudança cultural. Enquanto servia como chefe do Comando Aéreo Tático de 1978 a 1984, o tenente-brigadeiro Wilbur L. Creech exerceu o mesmo tipo de influência duradoura sobre a Força Aérea que Curtis LeMay exercera no passado.⁵³ Mas Creech promoveu um tipo de liderança fundamentalmente diferente: o pensamento adaptativo, descentralizado e independente do piloto de combate. No começo dos anos 1980, os generais bombardeiros tinham sido afastados do poder, e os principais postos de assessoria na Força Aérea eram ocupados por generais combatentes. As novas táticas, equipamentos e esprit de corps transformaram o desempenho em batalha. Durante a Guerra do Vietnã, foram derrubados 1737 aviões da Força Aérea.⁵⁴ No último quarto de século, nas campanhas aéreas contra Iraque, Kwait, Kosovo, Líbia e Afeganistão, a Força Aérea perdeu menos de trinta aviões para o fogo inimigo.⁵⁵

No entanto, o enfoque da Força Aérea sobre a guerra tática acarretou um grave descaso com sua missão estratégica. Em grande medida, as armas nucleares pareceram irrelevantes depois da Guerra Fria, e os oficiais ambiciosos não queriam saber delas. O Comando Estratégico dos Estados Unidos não só fundiu os arsenais nucleares da Força Aérea e da Marinha, mas também assumiu o controle de numerosas missões convencionais: defesa de mísseis, inteligência e reconhecimento, operações no espaço, guerra cibernética. Depois que o Comando Aéreo Estratégico foi desaparelhado, a Força Aérea deixou de possuir uma organização dedicada exclusivamente a manter as armas nucleares e planejar seu uso. Terminaram as inspeções sem aviso prévio e os exercícios para descobrir possíveis sabotagens que LeMay considerava indispensáveis. As unidades com armas nucleares agora eram avisadas 72 horas antes da inspeção.⁵⁶ E, em vez de um tenente-brigadeiro de quatro estrelas comandar o material estratégico da Força Aérea, um capitão ou coronel passou a ser o mais alto oficial encarregado das operações nucleares cotidianas.⁵⁷ O desinteresse pelo assunto começou a transparecer.

Em 2003, metade das unidades da Força Aérea responsáveis por armas nucleares foi reprovada em inspeções de segurança,⁵⁸ e isso apesar do aviso prévio de três dias. Em agosto de 2006, os conjuntos de espoletas das ogivas de quatro mísseis Minuteman III foram inadvertidamente remetidos da Base da Força Aérea em Hill, em Utah, para Taiwan.⁵⁹ Os funcionários da Agência de Logística do Departamento de Defesa pensaram que fossem baterias de helicóptero. As espoletas de armas nucleares ultrassecretas permaneceram em caixas fechadas por dois anos, até funcionários taiwaneses descobrirem o erro. Em 29 de agosto de 2007, seis mísseis de cruzeiro armados com ogivas nucleares foram postos por engano em um bombardeiro B-52 chamado Doom 99 na Base da Força Aérea em Minot, em Dakota do Norte.[60] O avião passou a noite toda na pista de pouso de Minot sem guardas armados, decolou pela manhã, voou por quase 2,4 mil quilômetros até a Base da Força Aérea em Barksdale, em Louisiana — violando a regra de segurança que proíbe o transporte de armas nucleares sobre o espaço aéreo dos Estados Unidos —, aterrissou em Barksdale e permaneceu na pista por nove horas, sem vigilância, até que uma equipe de manutenção notou as ogivas. Por um dia e meio, ninguém da Força Aérea notou falta de meia dúzia de armas termonucleares.

A Comissão de Ciência do Departamento de Defesa investigou as falhas de segurança e vigilância em Minot. Constatou uma série de falhas no comando e controle. Mísseis de cruzeiro armados com ogivas nucleares estavam sendo guardados no mesmo bunker que os mísseis armados com ogivas convencionais ou de treinamento. Checklists eram rotineiramente desconsideradas para poupar tempo. No dia do incidente, a equipe de entrada que esteve primeiro no bunker, a equipe de transporte que levou os mísseis de cruzeiro ao B-52, a equipe de carregamento que pôs os mísseis no bombardeiro e a tripulação que seguiu com o avião eram todas obrigadas a verificar se os mísseis estavam com ogivas nucleares. Nenhuma delas fez isso. Depois de entrevistar seus integrantes, a Comissão de Ciência do Departamento de Defesa constatou uma falta básica de consenso sobre quem tinha autoridade para remover armas do bunker — e uma "significativa confusão quanto à delegação de responsabilidade e autoridade para o deslocamento de armas nucleares".[61] Aparentemente, ninguém sabia quem estava no comando. E ninguém jamais tivera de assinar papel algum que registrasse a circulação de armas nucleares ou que reconhecesse a transferência da custódia de uma unidade da Força Aérea para outra.[62] Para esse tipo de registro, seria necessário papel — em contraste com encomendas transportadas pela Federal Express, as armas tinham números de série que precisavam ser anotados, e não códigos de barras para ser escaneados.

Em 28 de maio de 2008, a Força Aérea descobriu outro problema de segurança. Uma equipe de manutenção chegou a um silo do Minuteman III,[63] nas proximidades da Base da Força Aérea em F. E. Warren, no Wyoming, e encontrou as paredes cobertas de fuligem. Um incêndio começara na sala de equipamentos, derretera um estojo de espingarda, parte da espingarda e as balas ali guardadas. O calor das chamas danificara um dos cabos elétricos ligados ao

Minuteman III. O fogo se apagara, mas não fora detectado pelo alarme de fumaça do local. A equipe de lançamento em seu centro de controle a quilômetros dali não recebeu nenhum aviso de que o míssil podia estar em perigo. Muito provavelmente o fogo resultou de um raio ou de um carregador de bateria instalado de modo inadequado.[64] E pode ter ocorrido cinco dias antes de a equipe de manutenção notar a fuligem.[65]

O Comando de Ataque Global foi criado em 2009 para aprimorar a supervisão das armas nucleares da Força Aérea. Assumiu a responsabilidade pelos mísseis Minuteman III remanescentes e também pelos bombardeiros B-2 e B-52, que ainda participam de missões nucleares. É sucessor do Comando Aéreo Estratégico e, embora seja menor e menos influente, tem o mesmo foco limitado: manter a dissuasão e combater em uma guerra nuclear. Entre outras reformas, o novo comando introduziu recentemente "identificadores únicos" para suas armas nucleares:[66] códigos de barras que permitirão o rastreamento. O Comando de Ataque Global espera incutir o mesmo tipo de dedicação, motivação e atenção aos detalhes que imperou no SAC por tanto tempo. Mas a ênfase da Força Aérea na guerra tática deixou o novo comando com sistemas de armas antigos e dispendiosos. Cada um de seus vinte bombardeiros B-2 custa 2 bilhões de dólares,[67] e não serão produzidos outros. Seus mísseis Minuteman III foram postos de prontidão pela primeira vez em 1970. E seus bombardeiros B-52 não são fabricados desde que John F. Kennedy era presidente.[68] Os B-52 deverão permanecer em serviço até 2040.[69]

A idade dessas armas estratégicas gera dúvidas quanto a um papel nuclear significativo para a Força Aérea no futuro. Por ora, não se aprovou verba para novos mísseis de longo alcance e bombardeiros. Já os mecanismos de comando e controle usados pela Força Aérea, pelo Comando de Ataque Global e pelos outros serviços armados têm sido atualizados continuamente. O Sistema Mundial de Comando e Controle Militar (WWMCCS) foi desativado em 1996. Seus computadores mainframe tinham se tornado inapelavelmente obsoletos.[70] O WWMCCS foi substituído pelo Sistema Global de Comando e Controle[71] e seus vários subdepartamentos: a rede de informações confidenciais conhecida como SiprNet, a Global Information Grid (GIG, Rede Global de Informação) do Pentágono, a LandWarNet do Exército, a Constellation Net da Força Aérea, a ForceNet da Marinha, a Minimum Essential Communications Network (Rede Mínima de Comunicações Essenciais) e o Defense Improved Emergency Message Automatic Transmission System Replacement Command and Control Terminal System (Sistema Sobressalente de Transmissão Automática de Mensagens de Emergência para o Sistema Terminal de Comando e Controle da Defesa). Conhecido pela sigla DIRECT,[72] esse sistema envia e recebe a ordem de guerra para usar armas nucleares. Um terminal do DIRECT lembra um computador desktop dos idos de 2003, com um encaixe redondo na frente para um botão de metal.

Todas essas redes de computador militares são muito mais avançadas tecnologicamente do que o telefone dourado que Le May usava para falar com a Casa Branca. Mas às vezes não funcionam. Em outubro de 2010, uma falha de computador da Base da Força Aérea em F. E. Warren deixou off-line cinquenta mísseis Minuteman III.[73] Por quase uma hora, as equipes de lançamento não puderam estar conectadas a seus mísseis. Um terço dos Minuteman III na base ficou inoperável. A Força Aérea negou que o sistema tivesse sido invadido e descobriu depois a causa do problema: uma placa de circuito integrado fora instalada inadequadamente em um dos computadores durante uma manutenção de rotina. Mas a invasão do sistema de comando e controle nuclear americano por hackers continua a ser uma grave ameaça. Em janeiro de 2013, um relatório da Comissão de Ciência do Departamento de Defesa alertou que nunca fora avaliada a vulnerabilidade do sistema a um ciberataque em grande escala.[74] Em depoimento ao Congresso, o chefe do Comando Estratégico dos Estados Unidos, tenente-brigadeiro C. Robert Kehler, declarou-se confiante de que não existia uma "vulnerabilidade significativa".[75] Não obstante, afirmou que ainda era necessária uma "análise completa, de ponta a ponta";[76] "não sabemos o que não sabemos", ele disse, e acrescentou que o tempo de existência do sistema de comando e controle talvez possa, inadvertidamente, oferecer alguma proteção contra as mais recentes técnicas de invasão de computadores. Quando lhe perguntaram se a Rússia e a China eram capazes de impedir que um ciberataque lançasse um de seus mísseis nucleares, Kehler replicou: "Senador, não sei".[77]

A Operação Neptune Spear [Lança de Netuno],[78] o ataque que matou Osama Bin Laden, foi uma operação militar extraordinariamente complexa, e boa parte de seu êxito pode ser atribuída ao Sistema de Comando e Controle Global. Membros do Exército, da Marinha, da Força Aérea e da CIA, além de drones não tripulados, comunicaram-se secretamente entre si em tempo real. E detalhes do ataque no Paquistão foram transmitidos ao mesmo tempo ao presidente Obama na Casa Branca, ao diretor da CIA Leon Panetta na sede da agência em Langley, Virgínia, e ao almirante William H. McRaven em uma base de operações especiais em Jalalabad, Afeganistão. Entretanto, a eficácia do sistema de comando e controle para atacar pouco mostra sobre como ele se sairia sob ataque.

O *9/11 Commission Report* (Relatório da Comissão sobre o Onze de Setembro)[79] faz uma descrição desalentadora sobre a confusão, má comunicação e tomadas de decisão paralelas vistas nos níveis superiores do governo durante um ataque aos Estados Unidos que durou uns 78 minutos.[80] O presidente George W. Bush só embarcou no Air Force One quase uma hora depois que o primeiro avião sequestrado atingiu o World Trade Center. Suas ligações para o Pentágono e para o bunker subterrâneo da Casa Branca caíram constantemente.[81] As providências para a continuidade do governo só vieram a ser tomadas mais de uma hora depois do ataque inicial. O vice-presidente Cheney ordenou que aviões da Força Aérea derrubassem qualquer avião sequestrado que sobrevoasse Washington, DC, e a cidade de Nova York, mas a ordem não foi recebida. Os únicos aviões de combate que captaram a autorização para disparar suas armas pertenciam à Guarda Aérea Nacional do Distrito de Columbia — e quem ordenou que decolassem foi um agente do Serviço Secreto, que agiu fora da cadeia de comando e sem o conhecimento de Cheney.[82] Um sistema de comando e controle destinado a funcionar durante um ataque de surpresa que poderia envolver milhares de armas nucleares — e exigiria decisões urgentes do presidente em minutos — mostrou-se incapaz de lidar com um ataque de quatro aviões sequestrados.

Até o momento em que escrevo, os Estados Unidos possuem aproximadamente 4650 armas nucleares.[83] Cerca de trezentas são de transporte em bombardeiros de longa distância,[84] quinhentas estão instaladas na ponta de mísseis Minuteman III[85] e 1150 estão em submarinos Trident.[86] Além disso há em torno de duzentas bombas de hidrogênio guardadas na Turquia, na Bélgica, na Alemanha, na Itália e na Holanda para ser usadas por aviões da Otan.[87] Mais ou menos 2500 armas nucleares são mantidas de reserva,[88] sobretudo no Complexo Subterrâneo de Manutenção e Armazenamento de Munições em Kirtland, Novo México. O atual plano de guerra nuclear americano, conhecido como Operations Plan (OPLAN) 8010,[89] tem dois objetivos oficiais: "Dissuasão Estratégica e Ataque Global".[90] Ambos almejam prevenir um ataque aos Estados Unidos com armas de destruição em massa: um com uma ameaça implícita, outro com um primeiro ataque por parte dos Estados Unidos. Enquanto as opções de ataque do SIOP visavam principalmente a alvos na União Soviética, o OPLAN dá ao presidente o poder de usar armas nucleares contra Rússia, China, Coreia do Norte, Síria e Irã.[91] "O "planejamento adaptativo"[92] permite escolher alvos, no último minuto, em outros países.

Agora os Estados Unidos planejam gastar até 180 bilhões de dólares nos próximos vinte anos para manter suas armas nucleares, operar seus laboratórios de armas e atualizar suas instalações de processamento de urânio.[93] As potências nucleares mundiais se comportam de modo parecido. A Rússia possui cerca de 1740 armas estratégicas prontas para uso e talvez 2 mil armas táticas.[94] Tem planos para introduzir um novo míssil de longo alcance até o fim da década. A França está aumentando o número de aviões e submarinos novos para transportar cerca de trezentas armas.[95] O Reino Unido pretende obter novos submarinos Trident para suas 160 ogivas.[96] A China supostamente possui cerca de 240 armas nucleares.[97] Está construindo novos mísseis de cruzeiro, mísseis de longo alcance e submarinos para transportá-los. Também construiu uma "Grande Muralha subterrânea"[98] para esconder essas armas: milhares de quilômetros de túneis profundos onde cabem carros, caminhões e trens. O tamanho do arsenal chinês não é limitado por tratados de controle de armas. Depois de garantir durante décadas que as armas nucleares só seriam usadas para retaliar um ataque inimigo, a China pode estar abandonando sua promessa de "não usar primeiro". E uma estratégia chinesa mais agressiva aumentaria no mundo todo o número de mísseis balísticos prontos para ser disparados assim que a ordem for dada — e também o risco de erros.

O número de armas nucleares em posse de Israel nunca foi revelado. Recentemente o país comprou submarinos da Alemanha para deixar de prontidão e espera, no futuro próximo, equipar outros com mísseis de longo alcance. Os programas nucleares da Coreia do Norte e Irã permanecem envoltos em mistério. Ambos os países podem estar empenhados em implementar mísseis de longo alcance com ogivas nucleares. A Coreia do Norte talvez já possua meia dúzia de armas nucleares.[99] Apesar das muito divulgadas ameaças de desferir um ataque nuclear contra cidades americanas, a Coreia do Norte talvez não tenha capacidade para destruir alvos a milhares de quilômetros. A capacidade técnica dos países aspirantes ao status de potência nuclear permanece desconhecida. O primeiro teste de arma nuclear da Coreia do Norte liberou menos de um quiloton de energia.[100] E o programa de armas nucleares do Iraque, antes de ser barrado, pode ter constituído uma ameaça maior a Bagdá do que aos inimigos de Saddam Hussein. "Poderia detonar se fosse atingido por uma bala de fuzil",[101] disse um inspetor das Nações Unidas, referindo-se ao projeto de armas do Iraque. "Eu não gostaria de estar por perto se ele caísse de cima da mesa."

Os Estados Unidos e a Rússia ainda mantêm milhares de mísseis em alerta, prontos para ser lançados em minutos. Abrandadas as tensões entre os dois países, diminuiu mas não desapareceu o risco de uma guerra acidental. Os alvos de mísseis americanos não são mais pré-programados. São transmitidos logo antes do lançamento, e o ajuste-padrão dos mísseis enviaria as ogivas para o oceano mais próximo. Mas os sistemas de comando e controle dos dois países ainda são importantíssimos. A Rússia se tornou muito mais dependente de mísseis terrestres do que os Estados Unidos e, em consequência, mais vulnerável a um primeiro ataque. Qualquer sinal de um ataque de surpresa deve ser levado a sério no Kremlin. Os submarinos de mísseis balísticos da frota russa são antigos, malcuidados e raramente deixam o porto.[102] Tornaram-se alvo fácil e não constituem mais uma ameaça confiável de retaliação. A probabilidade de os Estados Unidos fazerem um ataque total de surpresa às forças nucleares russas é ínfima. Mas a pressão em Moscou para manter uma política de lançamento mediante aviso pode ser mais forte agora do que há trinta anos. E a confiabilidade do sistema russo de alerta prévio declinou consideravelmente desde o fim da Guerra Fria.

Em 25 de janeiro de 1995, o lançamento de um pequeno foguete de sondagem pela Noruega resultou em um aviso, no Kremlin, de que a Rússia estava sendo atacada pelos Estados Unidos.[103] As forças nucleares russas se puseram em alerta total. O presidente Boris Yeltsin recorreu à sua "bola de futebol", pegou seus códigos de lançamento e se preparou para retaliar. Depois de alguns tensos minutos, o aviso foi declarado alarme falso. O foguete meteorológico fora lançado para estudar a aurora boreal e a Noruega tinha informado a Rússia sobre sua trajetória com semanas de antecedência.

O maior risco de uma guerra nuclear está agora no sul da Ásia.[104] Os Estados Unidos e a União Soviética, com todas as suas diferenças culturais, estavam separados por milhares de quilômetros. A animosidade era mais teórica e geopolítica do que pessoal. Paquistão e Índia são vizinhos, detestam-se por causa de disputas religiosas e territoriais. Os dois países possuem armas nucleares. O tempo de voo de um míssil de uma nação à outra pode ser de apenas quatro ou cinco minutos. E as instalações de comando e controle, de ambos os lados, não têm proteção contra ataques. Durante uma crise, seria enorme a pressão para lançar a bomba primeiro.

À semelhança da China, a Índia adotou por muitos anos uma estratégia de dissuasão mínima, construindo um pequeno arsenal de armas nucleares e prometendo usá-las apenas como retaliação. Mas agora os indianos também podem estar prestes a recorrer a uma estratégia mais agressiva. O Paquistão duplicou o tamanho de seu arsenal desde 2006.[105] Hoje possui em torno de cem armas nucleares.[106] É a única potência nuclear cujas armas estão totalmente sob controle militar. E o Exército paquistanês não exclui a possibilidade de usá-las primeiro, mesmo em resposta a um ataque indiano com armas convencionais. Para dar credibilidade a esse tipo de dissuasão, a autoridade para usar armas nucleares táticas provavelmente foi dada a oficiais paquistaneses de escalões mais baixos, do mesmo modo que os Estados Unidos no passado delegaram de antemão essa autoridade a comandantes da Otan nas linhas de frente.

Em vez de diminuírem a probabilidade de uma guerra entre Índia e Paquistão, as armas nucleares podem ter o efeito oposto. Durante grande parte da Guerra Fria, o status quo na Europa, a linha divisória entre Oriente e Ocidente, foi aceito pelos dois lados. A disputa de fronteira no sul da Ásia é muito mais volátil, pois o Paquistão quer expulsar a Índia da Caxemira. As armas nucleares do Paquistão permitem que o país patrocine o terrorismo contra a Índia, um país muito maior e mais poderoso, sem temer retaliação. Desde o começo dos anos 1990 os dois países chegaram perto da guerra nuclear meia dúzia de vezes, a mais recente em novembro de 2008, depois de ataques suicidas a Bombaim, a maior cidade da Índia.

Agora a segurança do arsenal nuclear do Paquistão está ameaçada não só por um ataque, mas também por islamitas radicais do próprio país, que tentam roubar as armas. As ameaças internas e externas trazem demandas conflitantes sobre o sistema de comando e controle paquistanês. Para proteger as armas de roubo, elas deveriam ser armazenadas em um punhado de lugares bem guardados. Mas como salvaguarda contra um ataque de surpresa pela Índia, as armas paquistanesas deveriam ser dispersas por numerosos locais de armazenagem.

Muito provavelmente o Paquistão escolheu a segunda alternativa. Embora se afirme que as ogivas e as bombas são guardadas sem o núcleo do reator, a dispersão das armas paquistanesas facilita muito sua captura por terroristas.

Militantes islâmicos audaciosamente atacaram o quartel-general do Exército paquistanês em outubro de 2009.[107] Com uniformes militares e identidades falsas, eles transpuseram várias linhas de segurança e mantiveram dezenas de reféns por quase um dia inteiro. O chefe do Comando de Forças Estratégicas, responsável pelo arsenal nuclear do Paquistão, trabalhava naquele quartel-general. Em outro ataque, terroristas penetraram em uma base da aviação naval nos arredores de Karachi, em maio de 2011.[108] A maioria das instalações de armazenamento de armas nucleares do Paquistão foi construída no noroeste do país, o mais longe possível da Índia, para se ganhar tempo depois de um alerta de ataque de míssil e para dificultar um ataque convencional às armas nucleares. Infelizmente, isso significa que os locais de armazenamento se situam perto da fronteira com o Afeganistão, em áreas tribais paquistanesas onde a lei não impera e no coração de seu movimento islâmico radical.

A maior parte deste livro contém histórias de acidentes, cálculos malfeitos e erros temperados com muito heroísmo pessoal. Mas é preciso ter em mente um fato crucial: nenhuma das cerca de 70 mil armas nucleares construídas pelos Estados Unidos desde 1945 detonou inadvertidamente ou sem a devida autorização.[109] Os controles tecnológico e administrativo dessas armas funcionaram, embora nem sempre com perfeição, e inúmeras pessoas, militares e civis, merecem crédito por essa notável realização. Se uma única arma tivesse sido roubada ou detonada, o sistema de comando e controle americano ainda assim teria apresentado uma taxa de êxito de 99,99857%.[110] Mas as armas nucleares são a tecnologia mais perigosa já inventada. Qualquer coisa menos do que 100% de controle sobre elas, qualquer coisa aquém da segurança e confiabilidade perfeitas seria inaceitável. E se este livro tem uma mensagem é que o ser humano é imperfeito.

Um tenente-brigadeiro reformado do Comando Aéreo Estratégico me contou sobre a tremenda tensão diária de seu trabalho durante a Guerra Fria. Entre suas tarefas se incluía gerir o sistema de comando e controle nuclear dos Estados Unidos. Era preciso obter regularmente novos códigos da Agência de

Segurança Nacional e distribuí-los às bases de mísseis, bombardeiros e submarinos, analisar e descartar alarmes falsos do NORAD, estudar com cuidado transmissões militares soviéticas, rastrear seus submarinos em alto-mar. Parecia que milhares de coisas aconteciam no sistema ao mesmo tempo, no mundo todo, sutilmente interligadas, e que a qualquer momento algo podia dar muito errado. Ele comparou esse trabalho a segurar pela cauda um tigre enfurecido. E, como quase todo oficial da Força Aérea, projetista de armas, autoridade do Pentágono, soldado e membro de equipe de manutenção de míssil que entrevistei sobre a Guerra Fria, ele se disse assombrado porque nunca foram usadas armas nucleares, nenhuma grande cidade foi destruída e o tigre nunca escapou.

Os desafios que os Estados Unidos enfrentam na supervisão de seu arsenal deveriam dar o que pensar a todo país ansioso por obter armas nucleares. Essa tecnologia foi inventada e aperfeiçoada nos Estados Unidos. Não tenho dúvida de que as armas nucleares americanas estão entre as mais seguras, mais avançadas, mais protegidas contra uso não autorizado jamais construídas. No entanto, só por um triz os Estados Unidos conseguiram evitar uma longa série de desastres nucleares. Outros países, com menos experiência arduamente adquirida nesse campo, podem não ter tanta sorte. Uma medida da proficiência tecnológica de um país é sua taxa de acidentes industriais.[111] Essa taxa é aproximadamente duas vezes maior na Índia,[112] três no Irã[113] e quatro no Paquistão[114] em comparação com os Estados Unidos. Tecnologias de alto risco são facilmente transferíveis entre fronteiras; mas as habilidades organizacionais e a cultura da segurança necessárias para administrá-las são muito mais difíceis de partilhar. As armas nucleares se tornaram sedutoras como símbolo de poder e fonte de orgulho nacional. Também constituem uma grave ameaça a qualquer país que as possua.

Recentemente, um movimento internacional para abolir as armas nucleares surgiu de uma fonte singular: a liderança responsável pela segurança nacional americana durante a Guerra Fria. Em janeiro de 2007, dois ex-secretários de Estado republicanos, George Schultz e Henry Kissinger, junto com dois democratas eminentes, o ex-secretário da Defesa William J. Perry e Sam Nunn, ex-presidente do Comitê do Senado para as Forças Armadas, explicaram seu objetivo em um editorial no *Wall Street Journal*: "Um mundo livre de armas nucleares".[115] Sidney Drell dera ao grupo não só assessoria técnica, mas também incentivo para que assumissem uma postura ousada. "O mundo está hoje à beira de uma nova e perigosa era nuclear",[116] alertaram. O fim da Guerra Fria, a ameaça de terrorismo nuclear e a disseminação de armas nucleares em países como a Coreia do Norte tornaram obsoletas as velhas noções sobre dissuasão. O uso de armas nucleares está mais provável, não menos. E os dois países que controlam cerca de 90% dessas armas, Estados Unidos e Rússia,[117] tinham a obrigação de tirar seus mísseis desse estado ultrassensível de alerta, minimizar o risco de acidentes, reduzir o tamanho de seus arsenais e se empenhar pela abolição com o espírito de colaboração que reinou, brevemente, no encontro de cúpula de Reykjavik, em 1986.

A campanha para eliminar as armas nucleares[118] ganhou posteriormente o apoio de uma vasta diversidade de ex-combatentes da Guerra Fria, entre eles Robert McNamara, Colin Powell e George H. W. Bush. Ela se tornou parte da política externa americana em 5 de abril de 2009. "Há quem diga que não é possível deter a disseminação dessas armas, que nosso destino é viver em um mundo onde mais países e mais povos possuam as supremas ferramentas de destruição",[119] disse o presidente Barack Obama nesse dia, em um discurso para uma multidão de 20 mil pessoas em Praga. "Esse fatalismo é um adversário letal,[120] pois, se acreditarmos que a disseminação das armas nucleares é inevitável, estaremos, de certo modo, admitindo para nós mesmos que o uso de armas nucleares é inevitável." Obama comprometeu seu governo a se empenhar por "um mundo sem armas nucleares"[121] e alertou que a ameaça da guerra nuclear global diminuiu, mas o risco de um ataque nuclear aumentou. Ainda naquele ano, o Conselho de Segurança das Nações Unidas votou apoiando sua abolição. Entretanto, a retórica idealista nas Nações Unidas ainda não se fez acompanhar das difíceis medidas que poderiam levar à eliminação de armas nucleares: a aprovação pelo Senado americano do Tratado de Interdição Completa de Ensaios Nucleares, reduções importantes nos arsenais russo e americano, negociações sobre o controle de armamentos que incluam China, Índia, Paquistão, Coreia do Norte e Israel, regras rigorosas para a produção e a distribuição de material físsil e punições severas para os países que violem as novas normas internacionais.

Nos Estados Unidos, o movimento pela abolição de armas nucleares não conseguiu conquistar muito apoio popular. A média de idade das autoridades aposentadas que deram início ao debate em 2007 era 79 anos.[122] Muitas das questões em jogo pareciam hipotéticas e remotas. Quase metade da população americana ainda não tinha nascido ou era criança quando a Guerra Fria terminou. Além disso, o apoio à abolição das armas nucleares não é universal. O governo do presidente George W. Bush não só procurou criar novas ogivas e bombas de hidrogênio, mas também ampliou o escopo do OPLAN. A estratégia da contraforça de Bush,[123] adotada depois dos ataques terroristas de 11 de setembro de 2001, ameaçou usar armas nucleares preventivamente para frustrar ataques convencionais, biológicos e químicos aos Estados Unidos. Dois democratas liberais, o ex-secretário da Defesa Harold Brown e o ex-diretor da CIA John M. Deutch, criticaram de outra perspectiva a "ilusão do desarmamento nuclear".[124] Nunca será possível desinventar as armas nucleares, argumentaram Brown e Deutch, e países que secretamente violassem uma proibição internacional poderiam obter um poder impossível de ser refreado. A tentação de trapacear seria enorme. Na opinião deles, propostas utópicas não deveriam desviar a atenção de medidas práticas para reduzir a ameaça nuclear e evitar conflitos armados: "A esperança não é uma política, e, por ora, não há um caminho realista para um mundo livre de armas nucleares".[125]

Entre os extremos de uma estratégia da contraforça que requer milhares de armas nucleares sempre em alerta e a concordância em abolir todas as armas nucleares existe uma terceira via. Promovida pela Marinha americana em fins dos anos 1950, quando seus mísseis lançados de submarino eram imprecisos demais para atingir alvos militares, a estratégia da dissuasão mínima recentemente conquistou forte apoio, inclusive em alguns lugares inesperados. Em 2010, um grupo de altos oficiais da Força Aérea,[126] entre eles o chefe de planejamento estratégico, argumentou que os Estados Unidos só precisam de 311 armas nucleares para deter um ataque. Mais do que isso resultaria em excesso de força. O arsenal proposto por esses estrategistas da Força Aérea teria quase duzentas armas a menos[127] do que o recomendado pelo Conselho de Defesa dos Recursos Nacionais e pela Federação de Cientistas Americanos, dois grupos liberais que também propõem a dissuasão mínima.

Bob Peurifoy também defende uma estratégia semelhante. Ele se considera um realista e acha que um mundo livre de armas nucleares é inatingível. Gostaria que os Estados Unidos se livrassem de seus mísseis terrestres, tirassem todas as suas armas do alerta, desistissem da ideia de que uma estratégia de contraforça poderia funcionar e conservassem algumas centenas de mísseis balísticos instalados seguramente em submarinos. Para evitar lançamentos acidentais e erros, os submarinos não deveriam ser capazes de disparar seus mísseis com rapidez. E, para dissuadir inimigos estrangeiros de atacar os Estados Unidos, Peurifoy os avisaria de que as ogivas americanas poderiam aterrissar no território deles. Saber disso dissuadiria qualquer líder mundial racional. Mas os problemas da estratégia da dissuasão mínima[128] mudaram pouco nos últimos cinquenta anos. Ela não pode defender os Estados Unidos de um ataque iminente. Só pode matar milhões de civis inimigos depois que os Estados Unidos já tiverem sido atacados.

O complexo de lançamento 374-7 nunca foi reconstruído. As passagens subterrâneas foram desmontadas. Removeram-se os escombros do terreno em volta. Os resíduos tóxicos foram bombeados do silo, enchido depois de cascalho e terra. A Força Aérea devolveu o terreno a Ralph e Reba Jo Parish, de quem ele havia sido expropriado. Quem vê o local hoje nunca imaginaria que debaixo daquele solo esteve uma das mais destrutivas armas já construídas. A natureza se reapossou do lugar. Ele está coberto de grama, cercado por bosques e terras agrícolas. Um morro cobre o local onde esteve o míssil. A estrada de acesso pavimentada agora é de terra. Silencioso, sossegado, bucólico, nada poderia parecer mais distante da diplomacia internacional, da política de Washington, da estratégia nuclear. Os únicos indícios do que aconteceu são fragmentos de concreto onde cresceram ervas daninhas em excesso e alguns destroços de metal espalhados pelo chão, amassados e deformados por um tremendo calor.

A primeira vez que ouvi falar do acidente em Damasco foi em fins de 1999, quando estive na Base da Força Aérea em Vandenberg. Eu estava interessado no futuro da guerra no espaço, nos planos para produzir armas baseadas em feixes de laser, feixes de partículas e energia direta. O Comando Espacial da Força Aérea me convidou para assistir ao lançamento de um míssil Titan II e me pareceu uma oportunidade imperdível. A carga útil do míssil era um satélite meteorológico. Durante o longo atraso do lançamento programado, conversei com autoridades que haviam servido em equipes de combate de mísseis. Contaram-me histórias da Guerra Fria e me mostraram filmes de ogivas chegando à Base de Testes em Kwajalein, no sul do Pacífico. Um míssil Peacekeeper fora lançado de Vandenberg à noite, e as ogivas caindo do céu uma após outra e aterrissando com precisão nos círculos de seus alvos eram uma visão insolitamente bela. Pareciam estrelas cadentes.

Na véspera do lançamento do Titan II, peguei à noite um elevador até o topo da torre e fui ver o míssil de perto. Eu praticamente podia estender a mão e tocar nele. O Titan II parecia um ser vivo respirando, ligado a todo tipo de cabos e fios, como um paciente bravo prestes a ser liberado da UTI. A torre zumbia com o som de aparelhos de refrigeração. Olhei o míssil de cima a baixo. Não dava para acreditar que alguém seria corajoso e louco o bastante para se sentar no topo dele, como faziam os astronautas da Gemini, e viajar pelo espaço.

Na manhã seguinte assinei uma declaração me comprometendo a não processar a Força Aérea por quaisquer danos físicos e passei por um treinamento para usar um equipamento de respiração autônoma Scott. Levei comigo o equipamento, para o caso de falha do Titan II na plataforma de lançamento. O oficial que me serviu de anfitrião nunca fora autorizado a chegar tão perto de um lançamento. Quando o míssil saiu do chão, senti nos ossos. A explosão, o ronco, a visão das chamas que lentamente ergueram o Titan II, tudo aquilo de súbito me afetou. Era mais visceral e mais poderoso do que qualquer história da Guerra Fria. Eu crescera nos anos 1970 ouvindo falar sobre mísseis e ogivas, megatons e pesos de carga útil, duvidando um pouco que alguma daquelas armas funcionasse de verdade, pensando que o medo do Armagedom nuclear talvez fosse exagerado e baseado em alguma ficção tenebrosa. O Titan II hesitou por um momento e então realmente decolou, como um arranha-céu prateado desaparecendo no céu. Dali a momentos ele sumira, era apenas um rastro de fogo em alguma parte do céu sobre o México.

Assistindo àquele lançamento, o imaginado se tornou tangível e concreto para mim. Fiquei desconcertado. Fui transpassado por uma falsa sensação de conforto. Exatamente neste momento, milhares de mísseis estão escondidos, literalmente longe dos olhos, encimados por ogivas e prontos para partir, à espera do sinal elétrico certo. São um desejo de morte coletivo, contido por pouco. Cada um deles é um acidente esperando para acontecer, um ato de assassinato em massa em potencial. Estão lá, aguardando, sem alma, mecânicos, sustentados por nossa negação — e funcionam.

Agradecimentos

Jeff Kennedy foi a primeira pessoa que entrevistei para este livro. Mais de uma década atrás, visitei-o no Maine, ouvi assombrado suas histórias sobre o Titan II e soube dos extraordinários detalhes do que aconteceu em Damasco, Arkansas. Ao longo dos anos, Jeff foi solícito, encorajador e nunca se furtou a me dizer como ou por que eu estava totalmente enganado. Admirei sua honestidade. E admirei sua coragem não só por tentar salvar o míssil aquela noite, mas também por sacrificar sua carreira na Força Aérea para falar francamente sobre o Titan II. Kennedy faleceu em fins de 2011, aos 56 anos. Lamento não ter concluído este livro a tempo para que ele o lesse.

Bob Peurifoy passou incontáveis horas falando comigo sobre armas nucleares, explicando questões complexas de física e engenharia, na esperança de que eu viesse a usar bem os conhecimentos. Sou grato a ele e a Barbara Peurifoy por toda a sua hospitalidade e amizade. Sidney Drell teve um papel importantíssimo por abrir meus olhos para esse mundo oculto. E Bill Stevens respondeu pacientemente a todas as mesmas perguntas técnicas que lhe fiz vezes sem conta. Peurifoy, Drell e Stevens são genuínos servidores públicos.

Da mesma forma, Al Childers e Greg Devlin passaram inúmeras horas me ajudando a entender os acontecimentos no Complexo de Lançamento 374-7. Rodney Holder, Jim Sandaker e Don Green também conversaram muito comigo. Sou grato por todo o tempo que esses homens dedicaram às minhas pesquisas. O coronel John T. Moser mostrou imensa gentileza ao responder às minhas perguntas sobre aquela que talvez tenha sido a pior experiência em sua longa carreira na Força Aérea. E agradeço ao brigadeiro Chris Adams, um autor prolífico e ex-chefe da assessoria do Comando Aéreo Estratégico, por seus numerosos insights sobre o papel da Força Aérea na Guerra Fria. Embora nossas opiniões políticas sejam diferentes, tenho grande respeito pelo modo como o brigadeiro Adams serviu ao seu país.

David e Barbara Pryor, Phil e Annette Herrington, Sid King, Sam Hutto e Skip Rutherford fizeram do tempo que passei no Arkansas um verdadeiro prazer. Agradeço a Cindy English por me contar sobre seu falecido pai, Richard English; a David Rossborough, Jeffrey Zink, David Powell e Jeffrey Plumb; ao coronel Ben Scallorn, coronel Jimmie Gray, major Vincent Maes, coronel Ron Bishop e a Mary Ann Dennis, cujas recordações sobre seu falecido irmão, David Livingston, foram um doloroso lembrete do quão sem sentido as estatísticas podem ser — e do quanto a perda de uma única vida é demais.

Ann Godoff mostrou ter exatamente o que se espera de uma grande editora: franqueza contundente, inteligência feroz e, ao que parece, nenhum medo. São qualidades raras em um mundo literário cada vez mais acanhado e homogeneizado.

Stefan McGrath, Helen Conford e Rosie Glaisher me deram apoio incomensurável, do começo ao fim. Sou imensamente grato a eles.

Tina Bennett fez este livro acontecer. Instou-me a escrevê-lo, debateu-o comigo por quase dez anos e, nos bons e nos maus momentos, nunca vacilou em seu entusiasmo pela obra. Sempre deu conselhos na dose certa. Todo escritor deveria poder contar com uma defensora brilhante e veemente como ela.

Devo agradecer ainda a outras pessoas da William Morris Endeavor: Tracy Fisher, Raffaela De Angelis, Annemarie Blumenhagen, Alicia Gordon. E Svetlana Katz é simplesmente a melhor.

Ellis Levine se mostrou, como sempre, um excelente crítico e um formidável intelecto na área legal. É muita sorte tê-lo do meu lado, e não do outro.

Agradeço a Sarah Hutson e a Ryan Davies por seus esforços para atrair atenção para minha obra.

Benjamin Platt merece o mesmo tipo de prêmio pelo modo como tratou da produção deste livro. Espero que o obtenha. Meighan Cavanaugh deu ao livro um design bonito e claro. Deborah Weiss Geline, com seu trabalho de copidesque, fez-me parecer mais eloquente; ela é uma esplêndida praticante de uma arte infelizmente em extinção. Lindsay Whalen, Michael McConnell, Nina Hnatov, Christina Caruccio, Melanie Belkin e Denise Boyd me ajudaram a transformar o manuscrito em um livro. E sou grato a Eamon Dolan por me levar à Penguin Press antes de tudo.

Jennifer Jerde e Scott Hesselink, da Elixir Design, criaram uma capa original, inesquecível, para a edição americana. Gideon Kendall trabalhou arduamente para captar cada mínimo detalhe em sua esplêndida ilustração de um complexo do míssil Titan II. E é para mim uma honra que as primeiras palavras deste livro tenham sido escritas por Leonard Cohen.

Não me vali de pesquisadores para escrever *Comando e controle*. No entanto, posteriormente contei com a inestimável ajuda de um pequeno grupo de pessoas que fizeram seu melhor para assegurar a exatidão do livro. Bea Marr fez um trabalho maravilhoso na transcrição de gravações de entrevistas, avançando a duras penas através de todo tipo de linguagem técnica — e logo em seguida esquecendo tudo o que ouvira. Jane Cavolina cotejou cuidadosamente todas as minhas citações e declarações de fatos. Sou grato por todos os erros que ela encontrou, dos banais aos imensamente constrangedores. Mais uma vez, Charles Wilson me ajudou a tirar dúvidas, entrevistando de novo, com sensibilidade e perícia, muitas das pessoas mencionadas neste livro. Ariel Towber ajudou a compilar as citações bibliográficas e assegurou que meus cálculos realmente tivessem alguma base na matemática. Stephanie Simon, Jessica Bufford e Aaron Labaree também trabalharam nas citações — e recrutei até meus pobres filhos, Mica e Conor Schlosser, para ajudar nessa tarefa. Aposto que eles estão torcendo para que meu próximo livro seja um romance. E sou grato a David Schmalz, Elizabeth Limbach e Hilary McClellen por seu trabalho na verificação dos fatos. Um dos temas centrais de *Comando e controle* é a falibilidade de todos os esforços humanos. Sinto dizer que essa lei inescapável se aplica a mim também. Quaisquer erros neste livro são culpa minha. Espero que os leitores me façam a gentileza de apontá-los.

Alguns amigos queridos leram o manuscrito na íntegra ou parcialmente, deram-me boas sugestões e me ajudaram a avançar: Michael Clurman, Dominic Dromgoole, Robby Kenner, Corby Kummer, Cullen Murphy, John Seabrook. O fato de eu ter desconsiderado algumas de suas sugestões é uma mácula para mim, não para eles. E Katrina vanden Heuvel foi uma verdadeira amiga todo esse tempo, uma colega estudiosa da Guerra Fria que me ajudou a abrir caminho através da burocracia da segurança nacional.

Minha principal gratidão é para com minha família: Mica, Conor, Dylan, Lena, Andrew, Austin e Hillary; Lynn e Craig; James e Kyle; Matt e Amy; Bob e Bylle; Lola e George; meus pais. Nem posso imaginar o que eles tiveram de aguentar nestes últimos seis anos. Enquanto escrevia este livro, não fui a alegria da festa.

Acima de tudo, sinto amor, gratidão e imensa compaixão por Red, que teve de conviver com essa escuridão. Sem ela, teria sido impossível.

Notas

NOTA SOBRE AS FONTES

Pesquisei muito para escrever este livro, mas também me beneficiei imensamente de textos, conhecimento e experiência de outras pessoas. Nestas notas, procuro reconhecer minha dívida para com muita gente cujas obras influenciaram a minha. Nas últimas seis décadas, o forte sigilo oficial em torno das armas nucleares dificultou extraordinariamente aos jornalistas e acadêmicos escrever sobre o tema. Às vezes, mais difícil ainda do que obter informações exatas é demonstrar ao leitor que elas são verdadeiras. Fiz todo o possível para não citar fontes anônimas ou não depender apenas delas. No entanto, ao longo dos anos falei com inúmeras pessoas que formularam ou implementaram políticas sobre as armas nucleares nos Estados Unidos, entre elas três ex--secretários da Defesa, assessores presidenciais, chefes dos laboratórios Los Alamos e Lawrence Livermore, físicos e engenheiros que já trabalharam nesses laboratórios, autoridades do Pentágono, generais do Comando Aéreo Estratégico, pilotos e navegadores de bombardeiros, comandantes de equipes de missilheiros, profissionais ligados à manutenção de mísseis e técnicos de esquadrões antibomba treinados para lidar com armas de destruição em massa. O nome da maioria dessas pessoas não é mencionado neste livro. Contudo, o que eles me contaram ajudou a assegurar a exatidão da obra. Eventuais erros factuais nestas páginas são meus apenas.

Uma das fontes básicas para minha narrativa do incidente em Damasco foi um relatório em três volumes preparado pela Força Aérea: "Report of Missile Accident Investigation: Major Missile Accident, 18-19 September 1980, Titan II Complex 374-7, Assigned to 308th Strategic Missile Wing, Little Rock Air Force Base, Arkansas", investigação realizada na Base da Força Aérea em Little Rock, Arkansas, e na Base da Força Aérea em Barksdale, Louisiana, de 14 a 19 de dezembro de 1980, Junta de Investigação de Mísseis da Oitava Força Aérea, dezembro de 1980. Quando solicitei à Força Aérea uma cópia desse relatório, disseram-me que ela já não o possuía. Encontrei depois, na Universidade Estadual de Wichita, uma cópia entre os documentos do Congresso de Dan Glickman. Sou muito grato a Mary Nelson, consultora de projetos do departamento de coleções especiais dessa universidade, que providenciou uma fotocópia do relatório para mim. Fiquei sabendo posteriormente que existem outras cópias no Titan Missile Museum em Sahuarita, Arizona, e no Jacksonville Museum of Military History, em Jacksonville, Arkansas.

O relatório do incidente contém mais de mil páginas de mapas, gráficos, fotografias, análises e depoimentos de 92 testemunhas. Foi um material inestimável para reconstituir o que aconteceu naquela noite em Damasco. Valeu a pena ler dois outros relatórios oficiais sobre o Titan II, apesar de muito menos confiáveis, ainda que só pelo que deixaram de dizer sobre o míssil: "Assessment Report: Titan II LGM 25 C, Weapon Condition and Safety", preparado pelo Comitê do Senado para as Forças Armadas e pelo Comitê da Câmara para as Forças Armadas, maio de 1980; e "Titan II Weapon System: Review Group Report", dezembro de 1980.

David H. Pryor, que era senador americano pelo Arkansas em 1980, ajudou-me a entender a cultura política de seu estado na época e me falou sobre suas preocupações de longa data com o Titan II. Um de seus ex-assessores, James L. "Skip" Rutherford III, descreveu sua própria investigação sobre a segurança do míssil e suas reuniões secretas com soldados da Base da Força Aérea em Little Rock. Descobri o paradeiro de um desses soldados e ele conversou comigo, confidencialmente, e confirmou o relato de Rutherford. Na Universidade do Arkansas em Fayetteville, encontrei muitos memorandos e documentos úteis sobre o Titan II nos documentos de David H. Pryor, sobretudo em Grupo II, Caixas 244-84.

Talvez mais relevantes tenham sido minhas conversas com pessoas que tiveram papéis importantes no incidente em Damasco e suas consequências. Agradeço a todos os que compartilharam suas recordações dos acontecimentos no Complexo de Lançamento 374-7 na Base da Força Aérea em Little Rock, no posto de comando subterrâneo do Comando Aéreo Estratégico, em Omaha, no quartel-general da Oitava Força Aérea, em Louisiana, e em outros lugares. Alguns dos detalhes mais úteis foram fornecidos por Jeffrey L. Plumb e David F. Powell, que estavam no silo do míssil quando o soquete caiu; Allan D. Childers e Rodney Holder, que estavam no centro de controle de lançamento; coronel John T. Moser, chefe da 308ª Ala de Mísseis Estratégicos, que estava no posto de comando em Little Rock; major Vincent O. Maes, supervisor de manutenção da 308ª, que assessorou Moser naquela noite; coronel Jimmie D. Gray, comandante do 308º Esquadrão de Inspeção e Manutenção de Mísseis, que esteve no posto de comando em Little Rock e no local do incidente; coronel Ben Scallorn, vice-chefe de Suporte de Mísseis e Sistemas Espaciais no quartel-general da Oitava Força Aérea, um especialista em Titan II que passou horas na Rede para Mísseis em Risco Potencial; major-brigadeiro Lloyd R. Leavitt, vice-comandante em chefe do Comando Aéreo Estratégico, que tomou muitas das decisões cruciais sobre o que deveria ser feito; coronel Ronald Bishop, que assumiu a 308ª Ala de Mísseis Estratégicos alguns meses antes do incidente; David Rossborough e Jerrell M. Babb, que serviram na Força de Atendimento em Desastres; Jeff Kennedy e Greg Devlin, dois dos soldados que tornaram a entrar no complexo de lançamento, de madrugada, para salvar o míssil; Donald V. Green, oficial da polícia de segurança, e James R. Sandaker, membro da Equipe B do PTS, que tentaram resgatar Kennedy; Bob Peurifoy e William H. Chambers, que integraram o Grupo de Ajuda em Acidentes enviado a Damasco pelo Departamento de Energia; e membros da equipe de demolição de armas explosivas enviada para desmontar a ogiva. Também me beneficiei imensamente da ajuda de muitos que preferiram não ter o nome mencionado.

Depois de ler a transcrição de depoimentos e/ou entrevistas de mais de cem pessoas que de algum modo estiveram envolvidas no incidente, constatei que não era possível encontrar duas recordações exatamente iguais. Seus relatos diferem, em grandes ou pequenos detalhes, e às vezes são conflitantes. A narrativa apresentada neste livro é minha versão do que ocorreu, baseada em uma análise minuciosa dos dados disponíveis. Quando a memória de alguém, trinta anos depois do fato, pareceu destoar de seu testemunho oficial sob juramento, dei muito mais crédito a este último. Todos os diálogos e todos os pensamentos atribuídos a pessoas neste livro provêm diretamente de seu depoimento ou de entrevistas. Não inventei nada. Um relato mais definitivo do acidente em Damasco incluiria, como fonte primária, a transcrição do que foi dito por altos oficiais da Força Aérea na Rede para Mísseis em Risco Potencial. A discussão foi gravada, mas a Força Aérea se recusou a me conceder uma cópia da fita. Apresentei uma solicitação formal para obtê-la sob a Lei de Liberdade de Informação.

Sid King, Gus Anglin, Sam Hutto e outros residentes do condado de Van Buren, no Arkansas, falaram-me sobre a reação dos civis ao incidente. Reba Jo Parish e seu falecido marido, Ralph, gentilmente me permitiram andar pelas terras de sua fazenda onde outrora esteve o Complexo de Lançamento 374-7. Minhas visitas ao Titan Missile Museum no Arizona me deram uma boa ideia sobre o aspecto do 374-7 antes da explosão e a impressão que causava. O museu situa-se em uma base do Titan II desativada, e tudo ali foi cuidadosamente preservado, incluindo um míssil de verdade no silo. Faltam apenas os propelentes, a equipe de lançamento e uma ogiva. Sou grato a Yvonne Morris, diretora do museu, e a Chuck Penson, seu arquivista e historiador, por toda a ajuda. Morris fez parte de uma equipe do Titan II e compartilhou comigo seu ponto de vista sobre aqueles anos. Penson me mostrou o complexo e me ajudou a explorar os muitos documentos, manuais de treinamento e vídeos da coleção do museu. O livro de Penson — *The Titan II Handbook: A Civilian's Guide to the Most Powerful ICBM America Ever Built* (Tucson: Chuck Penson, 2008) — apresenta um excelente e bem ilustrado panorama do sistema da arma. Um livro de David K. Stumpf examina mais detalhadamente o assunto: *Titan II: A History of a Cold War Missile Program* (Fayetteville, AR: University of Arkansas Press, 2000). Stumpf não só fez um número extraordinário de pesquisas para seu livro, mas também, generosamente, doou todos os materiais que usou como fonte para o museu do Titan.

Notícias em jornais contemporâneos foram outra boa fonte de informação sobre o Titan II e o incidente em Damasco. Walter Pincus, correspondente do *Washington Post*, fez um trabalho particularmente admirável, investigando o sistema do míssil, ignorando as recusas da Força Aérea e buscando os fatos. O *New York Times*, a *Arkansas Gazette* e o *Arkansas Democrat* também fizeram uma boa cobertura dos acontecimentos. Sou grato a Randy Dixon, ex-diretor de notícias da KATV-TV em Little Rock, e a Albert Kamas, advogado em Wichita, que me ajudaram a localizar a cobertura da TV local sobre os problemas com o Titan II.

A literatura sobre armas nucleares é vasta, e tentei ler o maior número possível de obras. Vários livros se destacam dos demais; a qualidade de suas reflexões e de sua prosa está à altura da importância do assunto. *Hiroshima*, de John Hersey (São Paulo: Companhia das Letras, 2002), é uma das maiores obras de não ficção já escritas. Compassivo mas irredutível, Hersey descreve de modo sereno a destruição de uma cidade, sem hipérboles ou sentimentalismos. Apesar de todas as metáforas chocantes, o livro trata, em essência, da resiliência do ser humano, e não de seu potencial para o mal. Outro clássico é *The Making of the Atomic Bomb* (Nova York: Simon & Schuster, 1986), de Richard Rhodes. O autor transmite com habilidade a situação dramática e os enormes riscos do Projeto Manhattan, o embate entre egos inflados e grandes mentes. Explica com admirável clareza a ciência, a física e detalhes técnicos das primeiras armas nucleares. Tanto quanto *A cabana do pai Tomás* e *The Jungle, The Fate of the Earth*, de Jonathan Schell (Nova York: Knopf, 1982), eletrizou o público quando foi publicado pela primeira vez e ajudou a criar um movimento social. A obra conserva ainda seu poder, mais de trinta anos depois. Uma extraordinária biografia assinada por Kai Bird e Martin J. Sherwin, *American Prometheus: The Triumph and Tragedy of Robert Oppenheimer* (Nova York: Vintage, 2006), usa a genialidade, o idealismo, as contradições e a hipocrisia de um homem para lançar luz sobre toda uma era da história americana. Talvez meu livro favorito sobre armas nucleares seja o de escrita mais bela e de maior concisão. *The Curve of Binding Energy* (Nova York: Farrar, Straus & Giroux, 1974), de John McPhee, além de seu grande mérito literário, levou os engenheiros do Sandia a confrontar a possibilidade de terroristas roubarem uma arma nuclear. Martin J. Sherwin e John McPhee foram meus professores muito tempo atrás, e a integridade de seu trabalho, sua erudição e ambição instituíram um patamar ao qual aspiro até hoje.

Vários outros escritores e historiadores influenciaram minhas noções sobre como as armas nucleares afetaram os Estados Unidos do pós-guerra. Barton Bernstein, professor de história na Universidade Stanford, escreveu ensaios complexos e persuasivos sobre a decisão do presidente Truman de usar a bomba atômica. O livro *By the Bomb's Early Light: American Thought and Culture at the Dawn of the Atomic Age*, de Paul Boyer (Chapel Hill, NC: University of North Carolina Press, 1994), mostra como a euforia que acompanhou o fim da Segunda Guerra Mundial logo deu lugar a uma profunda preocupação de quase meio século sobre a guerra nuclear. *The Wizards of Armageddon: The Untold History of the Small Group of Men Who Have Devised the Plans and Shaped the Policies on How to Use the Bomb* (Stanford: Stanford University Press, 1991), de Fred Kaplan, explica como os analistas da RAND e brilhantes teóricos racionalizaram o desenvolvimento de um arsenal nuclear com milhares de armas. Em *Whole World on Fire: Organizations, Knowledge & Nuclear Weapons Devastation* (Ithaca: Cornell University Press, 2004), Lynn Eden penetra na mentalidade dos planejadores da guerra, que excluíram de seus cálculos um dos principais efeitos das armas nucleares: a capacidade incendiária. *The Evolution of Nuclear Strategy*, de Lawrence Freedman (Nova York: Palgrave Macmillan, 2003), é o mais admirável livro sobre o tema, claro e abalizado, muito embora o abismo entre brilhantes teorias estratégicas e a realidade provável da guerra nuclear sempre tenha sido imenso. A melhor visão geral sobre como as armas nucleares afetaram a sociedade americana se encontra em *Atomic Audit: The Costs and Consequences of US Nuclear Weapons Since 1940* (Washington, DC: Brookings Institution Press, 1998), organizado por Stephen I. Schwartz. E desde 1945 o *Bulletin of Atomic Scientists* publica artigos oportunos, informativos e confiáveis sobre a ameaça nuclear.

Enquanto pesquisava para *Comando e controle*, falei com autoridades do Pentágono de todos os governos pós-guerra, exceto o do presidente Harry Truman. Mas meu conhecimento sobre a Guerra Fria deve muito à obra do historiador John Lewis Gaddis, sobretudo à sua biografia recente, *George F. Kennan: An American Life* (Nova York: Penguin, 2011), e à sua síntese de mais de trinta anos de estudo do conflito, *The Cold War: A New History* (Nova York: Penguin, 2007). A abertura de arquivos na ex-União Soviética adicionou uma nova perspectiva muito necessária a acontecimentos considerados por tanto tempo apenas pelo ponto de vista americano, e vários livros suplantaram histórias anteriores ou somaram novos detalhes importantes. Aprendi muito com *The Cold War and Soviet Insecurity: The Stalin Years* (Nova York: Oxford University Press, 1996), de Vojtech Mastny, e com dois excelentes livros de Aleksandr Fursenko e Timothy Naftali: *Khrushchev's Cold War: The Inside Story of an American Adversary* (Nova York: W. W. Norton, 2006) e *"One Hell of a Gamble": Khrushchev, Castro, and Kennedy, 1958-1964* (Nova York: W. W. Norton, 1997).

Alguns dos livros mais impressionantes sobre a Guerra Fria foram escritos por pessoas que ajudaram a fazê-la. Para os anos Truman, recomendo as obras profundamente pessoais de James Forrestal e David E. Lilienthal organizadas por Walter Millis, *The Forrestal Diaries* (Nova York: Viking, 1951) e *The Journals of David E. Lilienthal*, v. II: The Atomic Energy Years, 1945-1950 (Nova York: Harper & Row, 1964). Um dos mais perceptivos observadores do pensamento estratégico do presidente Eisenhower foi McGeorge Bundy. Mas seu épico livro, *Danger and Survival: Choices about the Bomb in the First Fifty Years* (Nova York: Random House, 1988), é menos confiável no que diz respeito ao governo Kennedy, para o qual Bundy trabalhou. Também aprendi muito em livros de Kenneth D. Nichols, um ardoroso defensor das armas nucleares, e Herbert F. York, ex-chefe do Laboratório Lawrence Livermore que acabou duvidando da utilidade dessas armas. A autobiografia de Nichols é *The Road to Trinity: A Personal Account of How America's Nuclear Policies Were Made* (Nova York: William Morrow, 1987), e York escreveu dois livros sobre suas experiências, *Race to Oblivion: A Participant's View of the Arms Race* (Nova York: Simon & Schuster, 1970) e *Making Weapons, Talking Peace: A Physicist's Odyssey from Hiroshima to Geneva* (Nova York: Basic Books, 1987). Thomas C. Reed, projetista de armas nucleares e assessor de Ronald Reagan, escreveu um relato franco e conciso sobre o derradeiro capítulo da Guerra Fria, *At the Abyss: An Insider's History of the Cold War* (Nova York: Ballantine, 2004). Para mim, o mais interessante e revelador relato biográfico que trata da Guerra Fria foi escrito por Robert M. Gates, ex-secretário da Defesa e diretor da CIA: *From the Shadows: The Ultimate Insider's Story of Five Presidents and How They Won the Cold War* (Nova York: Simon & Schuster, 2006).

Dois textos clássicos trazem uma boa introdução sobre as origens e o poder explosivo de armas nucleares: Henry DeWolf Smyth, *Atomic Energy for Military Purposes: The Official Report on the Development of the Atomic Bomb under the Auspices of the United States Government 1940--1945* (Princeton: Princeton University Press, 1945) e *The Effects of Nuclear Weapons* (Washington, DC: US Government Printing Office, 1964), organizado por Samuel Glasstone. Mais de 25 anos depois de ter sido publicado, *The Making of the Atomic Bomb* continua sendo a obra conclusiva sobre o Projeto Manhattan. Também aprendi muito sobre o desenvolvimento das primeiras armas nucleares em *Critical Assembly: A Technical History of Los Alamos during the Oppenheimer Years, 1943-1945* (Nova York: Cambridge University Press, 1993), por Lillian Hoddeson, Paul W. Henriksen, Roger A. Meade e Catherine Westfall. As armas propriamente ditas são descritas com exatidão sem paralelo no livro de John Coster-Mullen, *Atom Bombs: The Top Secret Inside Story of Little Boy and Fat Man* (Waukesha, WI: John Coster-Mullen, 2009). David Samuels apresenta o perfil de Coster-Mullen e seus persistentes métodos de pesquisa em "Atomic John: A Truck Driver Uncovers Secrets about the First Nuclear Bombs", *The New Yorker*, 15 dez. 2008.

The Swords of Armageddon, de Chuck Hansen, uma coletânea digital lançada pela Chuklea

Publications em 2007, é, de longe, a mais admirável obra sobre os aspectos técnicos das armas nucleares. Com mais de 3 mil páginas divididas em sete volumes, a obra se baseia quase totalmente em documentos que Hansen obteve graças à Lei da Liberdade de Informação. Muitos dos documentos são apresentados na íntegra e abrangem quase todos os aspectos do projeto das armas nucleares. As únicas fontes mais confiáveis do que Hansen que encontrei foram pessoas que projetaram armas nucleares.

Sidney Drell me iniciou na questão da segurança das armas nucleares, e sou imensamente grato pela assistência que me deu neste livro. Drell é físico teórico e por muitos anos chefiou o Laboratório Nacional do Acelerador SLAC na Universidade Stanford, foi membro fundador da Divisão Jason, ex-assessor dos laboratórios Los Alamos e Lawrence Livermore e ex-membro do Foreign Intelligence Advisory Group, conselho que assessora o presidente em assuntos relacionados à inteligência estrangeira. Além disso, entre 1990 e 1991 foi presidente da Equipe das Forças Armadas na Câmara sobre Segurança de Armas Nucleares. Drell também me apresentou a Bob Peurifoy, antigo vice-presidente do Sandia National Laboratory; e, por intermédio de Peurifoy, conheci Bill Stevens, ex-chefe de segurança nuclear no Sandia. Mais do que tudo, esses três homens me ajudaram a entender o esforço de décadas para assegurar que armas nucleares nunca fossem detonadas por acidente ou sem a devida autorização.

Graças à Lei da Liberdade de Informação, obtive alguns relatos fascinantes sobre a segurança de armas nucleares. Entre os mais úteis estão: "Acceptable Premature Probabilities for Nuclear Weapons", Headquarters Field Command, Armed Forces Special Weapons Projetc, FC/10570136, 1 out. 1957 (SECRETO/DADOS RESTRITOS/ liberado); "A Survey of Nuclear Weapon Safety Problems and the Possibilities for Increasing Safety in Bomb and Warhead Design", preparado pela Sandia Corporation com assessoria e assistência do Los Alamos Scientific Laboratory e do Ernest O. Lawrence Radiation Laboratory, da Universidade da Califórnia, RS 3466/26889, fev. 1959 (SECRETO/DADOS RESTRITOS/liberado); "Accidents and Incidents Involving Nuclear Weapons: Accidents and Incidents during the Period 1 July 1957 through 31 March 1967", Technical Letter 20-3, Defense Atomic Support Agency, 15 out. 1967 (SECRETO/DADOS RESTRITOS/liberado); "Accident Environments", T. D. Brumleve, chairman, Task Group on Accidents Environments Sandia Laboratories, Livermore Laboratory, SCL-DR-69-86, jan. 1970 (SECRETO/DADOS RESTRITOS/liberado); e "A Review of the US Nuclear Weapon Safety Program — 1945 to 1986", R. N. Brodie, Sandia National Laboratories, Sand 86-2955, fev. 1987 (SECRETO/DADOS RESTRITOS/ liberado).

A melhor e mais completa história da segurança das armas nucleares foi escrita por Bill Stevens: "The Origins and Evolution of S^2C at Sandia National Laboratories, 1949-1996", Sandia National Laboratories, Sand 99-1308, set. 2001 (SOMENTE USO OFICIAL). O documento não foi liberado ao público, mas consegui uma cópia, e não a obtive de Stevens. Em 2011 o Sandia produziu um documentário de duas horas, *ALWAYS/Never: The Quest for Safety, Survivability, and Survivability*, que também foi classificado como SOMENTE USO OFICIAL e nunca liberado ao público. Por intermédio de uma fonte anônima, obtive uma cópia também desse documentário. É um absurdo que o acesso a essas duas obras históricas não esteja liberado. Nenhuma delas contém informações sigilosas. E ambas esclarecem assuntos de enorme importância nacional.

Considero-me um felizardo por desfrutar da companhia do falecido Fred Charles Iklé. Embora nossas posições políticas fossem bem diferentes em muitos aspectos, constatei que ele era um eloquente e ardorosamente patriótico oponente da guerra nuclear. E me falou bastante a respeito de seus dois estudos pioneiros sobre segurança e controle do uso de armas nucleares: um deles escrito em coautoria com Gerald J. Aronson e Albert Madansky, "On the Risk of Accidental or Unauthorized Nuclear Detonation", *Research Memorandum*, Project RAND, USAF, Santa Mônica, Califórnia, 15 out. 1958, RM-2251 (CONFIDENCIAL/DADOS RESTRITOS/liberado), e o outro em coautoria com J. E. Hill, "The Aftermath of a Single Nuclear Detonation by Accident or Sabotage: Some Problems Affecting US Policy, Military Reactions, and Public Information", *Research Memorandum*, Project RAND, US Air Force, Santa Mônica, Califórnia, 8 maio 1959, RM-2364 (SECRETO/DADOS RESTRITOS/liberado). Também sou grato a Harold Agnew, ex-diretor do Los Alamos National Laboratory, por descrever seu trabalho para garantir a segurança de ponto único de armas nucleares, instalar travas no interior de ogivas e bombas e providenciar segurança adequada a armas americanas instaladas fora dos Estados Unidos. E falei com o falecido Robert McNamara sobre sua determinação, quando secretário da Defesa, de tornar as armas nucleares mais seguras e menos vulneráveis a uso não autorizado.

Existem pouquíssimas publicações sobre acidentes com armas nucleares, e fiquei feliz por encontrar dois bons livros que tratam dos riscos potenciais: *Nuclear Weapons Safety and the Common Defense*, de Joel Larus (Columbus, OH: Ohio State University Press, 1967), e *The Hidden Cost of Deterrence: Nuclear Weapon Accidents* (Washington, DC: Brassey's, 1990), de Shaun R. Gregory. No entanto, ambos foram escritos sem acesso aos relatórios sobre acidentes que foram liberados graças à Lei da Liberdade de Informação desde o fim da Guerra Fria. Dois técnicos nucleares aposentados da Força Aérea, Michael H. Maggelet e James C. Oskins, fizeram um esplêndido trabalho obtendo informações sobre acidentes com armas de seus ex-empregadores. E disponibilizaram quase na íntegra documentos sobre o assunto em dois livros que considero extremamente úteis: *Broken Arrow: The Declassified History of US Nuclear Weapons Accidents* (Raleigh, NC: Lulu, 2007), e *Broken Arrow*, v. II: A Disclosure of Significant US, Soviet, and British Nuclear Weapon Incidents and Accidents, 1945-2008 (Raleigh, NC: Lulu, 2010). Maggelet e Oskins não exageram o perigo das muitas quedas e incêndios de bombardeiros que envolveram armas nucleares. Na verdade, tendem a subestimar o verdadeiro risco de uma detonação acidental. Mas o que revelam é notável.

Um dos documentos mais reveladores que li para este livro foi um estudo elaborado para o secretário de Defesa James R. Schlesinger: "The Evolution of US Strategic Command and Control and Warning 1945-1972", escrito por L. Wainstein, C. D. Cremeans, J. K. Moriarity e J. Ponturo, Study S-467, International and Social Studies Division, Institute for Defense Analyses, jun. 1975 (ULTRASSECRETO/DADOS RESTRITOS/liberado). O texto me deixou a inconfundível sensação de que, durante a Guerra Fria, as coisas nunca estiveram totalmente sob controle. Outro excelente estudo encomendado mais ou menos na mesma época — "History of the Strategic Arms Competition, 1945-1972", escrito por Ernest R. May, John D. Steinbruner e Thomas W. Wolfe, Office of the Secretary of Defense, Historical Office, mar. 1981 (ULTRASSECRETO/DADOS RESTRITOS/liberado) — reforçou imensamente essa sensação.

Vários artigos e livros sobre comando e controle escritos antes de esses dois estudos terem sido liberados para consulta dão uma ideia do quanto seria difícil fazer uma guerra nuclear limitada ou interromper uma para negociar com o inimigo. Desmond Ball foi um dos primeiros estudiosos a refutar publicamente a ortodoxia estratégica reinante. Seu artigo — "Can Nuclear War Be Controlled?", Adelphi Paper n. 169, International Institute for Strategic Studies, 1981 — levantou algumas questões fundamentais que nunca foram respondidas de maneira adequada. Logo surgiu uma série de bons livros sobre o assunto: *The Command and Control of Nuclear Forces*, de Paul Bracken (New Haven: CT: Yale University Press, 1983); *The Button: The Pentagon's Strategic Command and Control System*, de Daniel Ford (Nova York: Simon & Schuster, 1985); *Strategic Command and Control: Redefining the Nuclear Threat*, de Bruce Blair (Washington, DC: Brookings Institution, 1985); e o mais abrangente estudo sobre o tema publicado até hoje, *Managing Nuclear Operations* (Washington, DC: Brookings Institution, 1987), organizado por Ashton Carter, John D. Steinbruner e Charles A. Zraket. Blair é um ex-oficial de lançamento do Minuteman formado em Yale que depois entrou para a Brookings Institution e hoje chefia a Global Zero, uma organização dedicada à abolição de armas nucleares. Ele continua a escrever sobre problemas de comando e controle, e aprendi muito com suas obras, especialmente *The Logic of Accidental Nuclear War* (Washington, DC: Brookings Institution, 1993). Um livro mais recente sobre comando e controle durante a Guerra Fria confirma, em grande medida, o que outros constataram: *The World Wide Military Command and Control System: Evolution and Effectiveness*, de David Pearson (Maxwell Air Force Base, AL: Air University Press, 2000).

O acadêmico australiano Desmond Ball também fez pesquisas inovadoras sobre estratégia nuclear americana e estabelecimento de alvos pelos Estados Unidos. Seu estudo sobre como a alegada disparidade de mísseis afetou os gastos subsequentes com a defesa — *Politics and Force Levels: The Strategic Missile Program of the Kennedy Administration* (Berkeley: University of California Press, 1980) — mostra como os interesses internos, e não a necessidade militar, estabeleceram o número de ICBMs que os Estados Unidos manteriam de prontidão nos trinta anos seguintes. O livro *Strategic Nuclear Targeting*, que Ball organizou com Jeffrey Richelson (Ithaca: Cornell University Press, 1986), explica o pensamento por trás da escolha de alvos para esses mísseis. O trabalho de outro estudioso influente, David Alan Rosenberg, revela como o arsenal nuclear americano se tornou bem maior do que precisaria ser. Dois ensaios de Rosenberg — "The Origins of Overkill: Nuclear Weapons and American Strategy 1945-1960", *International Security*, v. 7, n. 4 (1983), pp. 3-71, e "'A Smoking Radiation Ruin at the End of Two Hours': Documents on American Plans for Nuclear War with the Soviet Union, 1954-55", escrito em coautoria com W. B. Morse, *International Security*, v. 6, n. 3 (1981), pp. 3-38 — mostram que teria restado bem pouco depois de um ataque pelo Comando Aéreo Estratégico.

A contínua disputa sobre os méritos do controle de armas nucleares por civis ou militares é examinada ao longo de toda a história oficial da Comissão de Energia Atômica: *The New World, 1939/1946: A History of the United States Atomic Energy Commission*, v. I, escrita por Richard G. Hewlett e Oscar E. Anderson Jr. (University Park, PA: Pennsylvania State University Press, 1962); *Atomic Shield, 1947/1952: A History of the United States Atomic Energy Commission*, v. II, por Richard G. Hewlett e Francis Duncan (University Park, PA: Pennsylvania State University Press, 1969); e *Atoms for Peace and War, 1953/1961: Eisenhower and the Atomic Energy Commission, a History of the United States Atomic Energy Commission*, v. III, por Richard G. Hewlett e Jack M. Holl (Berkeley: University of California Press, 1989). Um fascinante relatório tornado público descreve como os militares conseguiram predominar — "History of the Custody and Deployment of Nuclear Weapons: July 1945 through September 1977", Office of the Assistant to the Secretary of Defense (Atomic Energy), fev. 1978 (ULTRASSECRETO/DADOS RESTRITOS/DADOS ANTERIORMENTE RESTRITOS/liberado). Os melhores estudos acadêmicos sobre a questão foram escritos, na íntegra ou em parte, por Peter D. Feaver, hoje professor de ciência política e de políticas públicas da Universidade Duke. Em *Guarding the Guardians: Civilian Control of Nuclear Weapons in the United States* (Ithaca: Cornell University Press, 1992), Feaver examina não só a tensão entre o controle civil e militar, mas também o dilema do sempre/nunca que governa o modo como esse controle seria exercido. E, em um trabalho anterior escrito com Peter Stein, Feaver apresentou o primeiro relato detalhado sobre por que o governo Kennedy passou a ter tamanho interesse por travas eletromecânicas codificadas: *Assuring Control of Nuclear Weapons: The Evolution of Permissive Action Links* (Cambridge, MA: Center for Science and International Affairs, John F. Kennedy School of Government, Harvard University e University Press of America, 1987).

Um dos temas principais deste livro é a dificuldade de controlar tecnologias complexas de alto risco. Nunca aceitei bem as teorias de inevitabilidade histórica, e em anos recentes vários estudiosos aplicaram um sadio ceticismo à tradicional ideia de que as invenções científicas são, de certo modo, o resultado lógico e necessário de algum avanço anterior. Esses estudiosos refutaram um determinismo tecnológico simplista, argumentando que cada artefato humano é criado em um contexto social específico. Donald MacKenzie, professor de sociologia da Universidade de Edimburgo, influenciou muito minhas ideias sobre como e por que surgem novas invenções. MacKenzie organizou com Judy Wajcmann uma excelente coletânea que desenvolve algumas dessas ideias: *The Social Shaping of Technology: Second Edition* (Nova York: Open University Press, 1999). MacKenzie também escreveu um livro brilhante e instigante sobre como as decisões americanas em relação à escolha de alvos aumentaram a probabilidade de uma ogiva atingir seu alvo — *Inventing Accuracy: A Historical Sociology of Nuclear Missile Guidance* (Cambridge, MA: MIT Press, 1993). Suas ideias sobre o processo de mudança científica e tecnológica condizem acentuadamente com algo em que acredito há muito tempo: se as coisas não são inevitáveis, não precisam ser como são. Sem serem utópicos ou otimistas demais, MacKenzie e Graham Spinardi aplicaram esse tipo de pensamento às armas de destruição em massa, depois de entrevistar dezenas de cientistas em Los Alamos e Lawrence Livermore, em seu ensaio "Tacit Knowledge and the Uninvention of Nuclear Weapons". O texto pode ser lido no livro de MacKenzie *Knowing Machines: Essays on Technical Change* (Cambridge, MA: MIT Press, 1998).

Muitos dos documentos secretos posteriormente liberados para consulta citados neste livro foram encontrados on-line. Dois dos melhores sites com material histórico são "Provider of DoD Technical Information to Support the WarFighter", do Centro de Informações Técnicas de Defesa do Pentágono, e o Open Net, do Departamento de Energia dos Estados Unidos. L. Douglas Kenney — autor de *15 Minutes: General Curtis LeMay and the Countdown to Nuclear Annihilation* (Nova York: St. Martin's Press, 2011) — publicou on-line alguns relatos oficiais sobre o Comando Aéreo Estratégico que achei muito úteis. Um site chamado Black Vault também traz diversos documentos tornados públicos. E a Federation of American Scientists é uma excelente fonte on-line de informações sobre armas nucleares.

Sou especialmente grato pelo trabalho do National Security Archive, sediado na Universidade George Washington, que por quase três décadas vem obtendo documentos liberados graças à Lei da Liberdade de Informação e processando órgãos federais quando os documentos são negados, não só para revelar o que o governo fez, mas também por responsabilizá-lo por esse comportamento. O arquivo é um tesouro nacional. Sua coleção digital foi inestimável para minhas pesquisas. William Burr, o diretor do projeto central do arquivo, fez um trabalho extraordinário, revelando e explicando alguns dos documentos mais significativos. Com Thomas S. Blanton, o chefe do arquivo, e Stephen I. Schwartz, Burr escreveu um excelente ensaio que explica por que a liberdade de informação é essencial: "The Costs and Consequences of Nuclear Secrecy", em *Atomic Audit*, pp. 433-83. Em toda a minha bibliografia e nas notas, usei a sigla NSA para indicar documentos originalmente obtidos do National Security Archive.

Antes da publicação deste livro, mostrei um rascunho do texto a um especialista em armas nucleares que não trabalha para o governo americano, mas tem autorização de acesso a documentos sigilosos. Queria ter certeza de que nada do que é revelado nestas páginas representaria uma ameaça à segurança nacional. Meu leitor não remunerado mas muito valorizado nada encontrou que, mesmo remotamente, possa trazer riscos. Concordo com ele. Uma ameaça muito maior provém, nos últimos sessenta anos, do sigilo oficial e de informações falsas sobre o arsenal nuclear americano. A supressão da verdade permitiu que um pequeno grupo da elite responsável pela política detenha um poder fantástico e, em grande medida, desenfreado. Poucas questões são mais importantes do que o que as armas nucleares podem fazer, para onde estão apontadas, por que poderiam ser usadas e quem pode ordenar seu uso. Espero que meu livro traga alguma pequena contribuição para que se restaure uma imagem de democracia ao comando e controle das máquinas mais letais e mais perigosas que o homem já inventou.

PARTE UM — O TITAN

ISSO NÃO É NADA BOM [pp. 27-31]

1. Conversei com Plumb e Powell sobre o incidente. O depoimento de Plumb à Junta de Investigação de Acidente com Míssil se encontra em Tab U-71, e o de Powell em Tab U-73, "Report of Missile Accident Investigation: Major Missile Accident, 18-19 September 1980, Titan II Complex 374-7, Assigned to 308th Strategic Missile Wing, Little Rock Air Force Base, Arkansas", prestados na Base da Força Aérea em Little Rock, Arkansas, e na Base da Força Aérea em Barksdale, Louisiana, 14-19 dez. 1980.

2. Segundo o historiador do Titan II David K. Stumpf, a altura do míssil foi por vezes indicada erroneamente como "cerca de 33 a 35 metros". A altura real era de 31,52 metros. Ver "Table 3.2, Titan II ICBM Final Design Specifications", em David K. Stumpf, *Titan II: A History of Cold War Missile Program* (Fayetteville: University of Arkansas Press, 2000), p. 49.

3. As potências de armas nucleares americanas, exceto as das bombas que destruíram Hiroshima e Nagasaki, continuam a ser segredo. No entanto, há décadas autoridades do governo mencionam oficiosamente essas potências a jornalistas. Neste livro, cito as potências de armas publicadas por dois confiáveis analistas da Defesa. Por alguma razão desconhecida, a megatonagem das ogivas transportadas pelos mísseis Titan e Titan II foi revelada em um documento obtido pelo National Security Archive por meio da Lei da Liberdade de Informação. Para as potências da ogiva W-38 no topo do Titan e da W-53 no topo do Titan II, ver "Missile Procurement, Air Force", US Congress, House Committee on Appropriations, Subcommittee on Defense, 16 maio 1961 (SECRETO/liberado), NSA, p. 523. Para as potências de outras armas americanas, ver Norman Pol-

mar e Robert S. Norris, *The US Nuclear Arsenal: A History of Weapons and Delivery Systems since 1945* (Annapolis, MD: Naval Institute Press, 2009), pp. 1-70.

4. Embora as estimativas variem, o físico americano Richard L. Garwin e o físico russo Andrei Sakharov observaram que a força explosiva de todas as bombas usadas durante a Segunda Guerra Mundial era de aproximadamente três megatons. Os Estados Unidos foram responsáveis pela maior parte dessa liberação de energia. Segundo o senador Stuart Symington, que foi primeiro secretário da Força Aérea depois da guerra, as bombas lançadas pelos Estados Unidos tinham força cumulativa de 2,1 megatons. Dois terços dessa força foram empregados contra a Alemanha, e o resto contra o Japão. A enorme potência da ogiva do Titan II parece difícil de compreender. Nove megatons equivalem a 8 bilhões de quilos de TNT — algo como 1,8 quilo de altos-explosivos para cada pessoa viva em setembro de 1980. As estimativas de Symington se encontram em "Military Applications of Nuclear Technology", Hearing before the Subcommittee on Atomic Energy, 93º Congr., 16 abr. 1973, parte 1, pp. 3-4. Para as outras estimativas, ver Richard L. Garwin, "New Weapons/Old Doctrines: Strategic Warfare in the 1980s", *Proceedings of the American Philosophical Society*, v. 124, n. 4 (1980), p. 262; e Andrei Sakharov, "The Danger of Thermonuclear War", *Foreign Affairs*, verão 1983, p. 1002.

5. Essa palavra, segundo cientistas espaciais, significa "capaz de ignição espontânea". Uma vantagem de usar propelentes hipergólicos é que eles eliminam a necessidade de um sistema de ignição em um míssil. Uma desvantagem é serem muito perigosos. Para uma boa introdução sobre o tema, ver B. M. Nufer, "A Summary of Nasa and USAF Hypergolic Propellant Related Spills and Fires", National Aeronautics and Space Administration, Nasa/TP-2009-214769, jun. 2009. Para um exame mais minucioso, ver os capítulos "Liquid Propellant Rocket Engine Fundamentals" e "Liquid Propellants" em George P. Sutton e Oscar Biblarz, *Rocket Propulsion Elements*, 7. ed. (Nova York: Wiley, 2001), pp. 197-267.

6. Em formato de ampulheta, um bocal convergente-divergente aumenta a velocidade de um gás quente, forçando-o a passar por uma câmara estreita.

7. Um breve exame dos propelentes do Titan II e seus riscos se encontram em "Propellant Transportation Awareness Guide for Titan II Deactivation", Department of the Air Force, 1 out. 1982. Uma descrição mais detalhada está em "Titan II Storable Propellant Handbook", Revision B, Bell Aerosystems Company, preparado para a Air Force Ballistic Systems Division, mar. 1963.

8. Para uma descrição do traje e seu uso adequado, ver "Missile Liquid Propellant Systems Maintenance Specialist: v. 3, Propellant Transfer System", CDC 4551, Extension Course Institute, Air Training Command, fev. 1983, pp. 1-42.

9. Para as várias coisas que podiam explodir em um silo de Titan II e os possíveis riscos, ver "Nuclear Weapon Specialist: v. 5, Rockets, Missiles, and Reentry Systems", CDC 46350, Extension Course Institute, Air Training Command, nov. 1980 (SOMENTE PARA USO OFICIAL), pp. 19-38.

10. O trecho relevante da ordem técnica se encontra em "Titan II Class A Mishap Report: Serial Number 62-0006, 18 set. 1980, Damascus, Arkansas", Eight Air Force Mishap Investigation Board, 30 out. 1980, p. 0-1.

11. Entrevista com Jeffrey L. Plumb.

NEW WAVE [pp. 32-41]

1. Tive uma conversa pormenorizada com Childers a respeito desse dia. Seu depoimento à junta de investigação do incidente se encontra em "Report, Major Missile Accident, Titan II Complex 374-7", Tab U-13.

2. Uma versão resumida foi publicada: *Technical Manual, USAF Model LGM-25C, Missile System Operation* (Tucson: Arizona Aerospace Foundation, 2005).

3. Citado em "Iran Criticizes Iraq for Ending '75 Pact", *New York Times*, 19 set. 1980.

4. O título do relatório era "The Military Balance, 1980-1981". Ver Louis Nevin, "Soviets and Warsaw Pact Have Weapons Lead Over West", Associated Press, 17 set. 1980.

5. O presidente Carter citou esse número falando a repórteres em 18 de setembro de 1980. Ver "Transcript of the President's News Conference", *New York Times*, 19 set. 1980.

6. Para o pronunciamento completo, ver "Text of President Carter's Address to the Nation", *Washington Post*, 16 jul. 1979.

7. Ver "Rescue Mission Report", Joint Chiefs of Staff, Special Operations Review Group, ago. 1980.

8. A desaprovação ao presidente Nixon nunca excedeu 71%. Essas porcentagens são citadas em Donald M. Rothberg, "Carter Plunges in Polls, but Campaign Chief Insists He'll Win", Associated Press, 30 jul. 1980.

9. Ver "Transcript of Reagan Speech Outlining Five-Year Economic Program for the US", *New York Times*, 10 set. 1980.

10. Ver "Text of Reagan's Speech Accepting Republican's Nomination", *New York Times*, 18 jul. 1980.

11. Citado em "Interview with John B. Anderson", *Business Week*, 8 set. 1980.

12. Citado em ibid.

13. Ver Edwin McDowell, "Behind the Best Sellers: 'Crisis Investing'", *New York Times*, 21 set. 1980.

14. John Hackett, *The Third World War: August 1985*. Nova York: MacMillan, 1978, p. 316. [Ed. bras.: *A Terceira Guerra Mundial: Agosto de 1985*. São Paulo: Melhoramentos, 1979.]

15. Em 1983, o presidente Reagan disse ao *New York Times* que *A Terceira Guerra Mundial* era o livro mais importante que ele tinha lido para seu trabalho naquele ano. Ver "Reading for Work and Pleasure", *New York Times*, 4 dez. 1983.

16. Para o papel de Hackett na criação do novo gênero, ver J. William Gibson, "Redeeming Vietnam: Techno-Thriller Novels of the 1980s", *Cultural Critique*, n. 19, outono 1991, pp. 179-202.

17. Citado em David Sheff, *All We Are Saying: The Last Major Interview with John Lennon and Yoko Ono*, org. de G. Barry Golson (Nova York: St. Martin's Griffin, 2000), p. 8.

18. Jerry Rubin, "Guess Who's Coming to Wall Street", *New York Times*, 30 jul. 1980.

19. Roger E. Anderson ganhou 710,44 mil dólares em 1980, o equivalente a cerca de 2 milhões de dólares hoje. Alguns anos depois, Anderson foi forçado a deixar o Continental Illinois, e subsequentemente a Federal Deposit Insurance Corporation assumiu banco — na época, o maior resgate bancário da história. Para o salário de Anderson, ver L. Michael Cacage, "Who Earned the Most?", *American Banker*, 29 maio 1981. A história do colapso do banco de Anderson permanece pesarosamente relevante. Ver "Continental Illinois and 'Too Big to Fail'" em *History of*

the Eighties: Lessons for the Future, v. 1 (Washington, DC: Federal Deposit Insurance Corporation, Division of Research and Statistics, 1997), pp. 235-57.

20. Citado em Ernest B. Furgurson, "Carter as Hoover, Reagan as FDR? Socko!", *Los Angeles Times*, 22 jul. 1980.

PROIBIDO CIRCULAR DESACOMPANHADO [pp. 42-58]

1. Segundo um historiador, o deputado Wilbur D. Mills concordou em apoiar uma redução na tributação de empesas; em troca, o Arkansas ganhou as bases de Titan II. Ver Julian E. Zelizer, *Taxing America: Wilbur D. Mills, Congress, and the State, 1945-1975* (Nova York: Cambridge University Press, 2000), p. 187.

2. Citado em Stumpf, *Titan II*, p. 118.

3. Ibid.

4. Entrevista com Rodney L. Holder.

5. Meu relato do incidente de Searcy se baseia sobretudo em "Report of USAF Aerospace Safety Missile Accident Investigation Board, Missile Accident LGM-25C-62-006, Site 373-4", Little Rock Air Force Base, 9 ago. 1965 (SOMENTE PARA USO OFICIAL); "Launch Operations and Witness Group Final Report", apresentado ao USAF Aerospace Safety Missile Accident Investigation Board, Missile Accident LGM-25C-62-006, Site 373-4, s.d. (SOMENTE PARA USO OFICIAL); Charles F. Strang, "Titan II Launch Facility Accident Briefing, Little Rock Air Force Base, Arkansas", ata do Ninth Explosives Safety Seminar, Naval Training Center, San Diego, Califórnia, 15-17 ago. 1967 (ACESSO PROIBIDO A ESTRANGEIROS SEM A APROVAÇÃO DO COMITÊ DE SEGURANÇA DE EXPLOSIVOS DAS FORÇAS ARMADAS); Stumpf, *Titan II*, pp. 215-21.

6. Citado em "Witness Group Final Report", p. 1.

7. Ibid., p. 11.

8. Ibid., p. 4.

9. Ver Linda Hicks, "Silo Survivor Tells His Story", *Searcy Daily Citizen*, 7 maio 2000.

10. Apresentei uma versão um tanto abreviada da checklist. Para a versão completa, ver *Technical Manual, USAF Model LGM-25C, Missile System Operation* (Tucson: Arizona Aerospace Foundation, 2005), fig. 3-1, folhas 1-3.

11. Ver "Titan II Class A Mishap Report, Serial Number 62-0006, 18 set. 1980, Damasco Arkansas", Eighth Air Force Mishap Investigation Board, 30 out. 1980, p. 0-1.

12. Entrevista de Holder.

ESFERAS DENTRO DE ESFERAS [pp. 59-79]

1. Entrevista com Herbert M. Lehr. Sou grato a Lehr por relatar esse dia histórico no Novo México. Aos noventa anos, sua memória parece melhor do que a minha. Uma descrição do trabalho de Lehr para o Projeto Manhattan se encontra em Library of Congress: Herbert Lehr Collection (AFC/2001/001/12058), Veterans History Project, American Folklife Center.

2. Em fins de 1945 haviam sido gastos cerca de 1,9 bilhão de dólares no Projeto Manhattan

— aproximadamente 24,7 bilhões de dólares em valores atuais. Ver Richard G. Hewlett e Oscar E. Anderson Jr., *The New World: A History of the United States Atomic Energy Commission*, v. 1: 1939-1946 (University Park, PA: Pennsylvania State University Press, 1962), p. 723.

3. Para as predições de liberação de energia feitas por Ramsey, Oppenheimer, Teller e outros cientistas do Projeto Manhattan, ver Richard Rhodes, *The Making of the Atomic Bomb* (Nova York: Simon & Schuster, 1986), p. 657.

4. Segundo o físico Victor Weisskopf, o medo de que a atmosfera se incendiasse causou um colapso nervoso em um de seus colegas de Los Alamos. Ver a entrevista de Weisskopf em Denis Brian, *The Voice of Genius: Conversations with Nobel Scientists and Other Luminaries* (Nova York: Basic Books, 2001), pp. 74-5.

5. Para as origens desse termo, ver Lillian Hoddeson, Paul W. Henriksen, Roger A. Meade e Catherine Westfall, *Critical Assembly: A Technical History of Los Alamos during the Oppenheimer Years, 1943-1945* (Nova York: Cambridge University Press, 1993), pp. 346-8. Para um relato em primeira mão sobre os perigosos experimentos, ver Frederick de Hoffmann, "'All in Our Time': Pure Science in the Service of Wartime Technology", *Bulletin of the Atomic Scientists*, jan. 1975, pp. 41-4.

6. Citado em James P. Delgado, *Nuclear Dawn: From the Manhattan Project to the Bikini Atoll* (Oxford: Osprey, 2009), p. 59.

7. H. G. Wells, *The World Set Free: A Story of Mankind* (Nova York: E. P. Dutton, 1914), p. 117.

8. Ibid., p. 118.

9. Ibid., p. 254. Wells foi pioneiro na proposta de um governo mundial, e suas ideias complexas sobre o assunto, muitas vezes contraditórias, são examinadas em Edward Mead Earle, "H. G. Wells, British Patriot in Search of a World State", *World Politics*, v. 2, n. 2 (jan. 1950), pp. 181--208.

10. O texto integral da carta e a resposta de Roosevelt se encontram em Cynthia C. Kelly (Org.), *The Manhattan Project: The Birth of the Atomic Bomb in the Words of Its Creators, Eyewitnesses, and Historians* (Nova York: Black Dog & Leventhal, 2007), pp. 42-4.

11. Ibid., p. 43.

12. Sou grato a membros do Esquadrão Antibombas do Departamento de Polícia de Nova York não só por me ensinar sobre o funcionamento de altos-explosivos, mas também por demonstrar alguns deles em ação. Ver Eric Schlosser, "The Bomb Squad", *Atlantic Monthly*, jan. 1994.

13. Ibid.

14. Citado em Samuel Glasstone (Org.), *The Effects of Nuclear Weapons* (Washington, DC, US Government Printing Office, 1964), p. 29. O livro de Glasstone faz um trabalho insuperável explicando os efeitos das armas nucleares. A edição original foi lançada em 1950, a última edição em 1977 — e a que é citada aqui vem com um "computador de efeitos nucleares" redondo de plástico parecido com uma regra de cálculo, que permite calcular as sobrepressões, velocidades do vento e tempo de chegada máximos de várias explosões nucleares dependendo da distância a que se está delas.

15. Citado em Schlosser, "The Bomb Squad".

16. Ver Glasstone, *Effects of Nuclear Weapons*, p. 24.

17. Ibid., p. 29.

18. Citado em Michael Kort, *The Columbia Guide to Hiroshima and the Bomb* (Nova York: Columbia University Press, 2007), p. 22.

19. Ver Hoddeson et al., *Critical Assembly*, p. 86.

20. "Survey of Weapon Development and Technology" (WR708), Sandia National Laboratories, Corporate Training and Development, fev. 1998 (SECRETO/DADOS RESTRITOS/liberado), p. 112.

21. Ibid.

22. Para as ideias de Kistiakowsky sobre como criar uma implosão simétrica, ver George B. Kistiakowsky, "Reminiscences of Wartime Los Alamos", em Lawrence Badash, Joseph O. Hirschfelder e Herbert P. Broida (Orgs.), *Reminiscences of Los Alamos, 1943-1945* (Boston: D. Reidel, 1980), pp. 49-65. A referência aos dispositivos de precisão se encontra na p. 54.

23. Para a história por trás da invenção desse novo detonador revolucionário, ver Luis W. Alvarez, *Alvarez, Adventures of a Physicist* (Nova York: Basic Books, 1987), pp. 132-6. Para uma breve descrição da tecnologia, ver Ron Varesh, "Electric Detonators: Electric Bridgewire Detonators and Exploding Foil Initiators", *Propellants, Explosives, Pyrotehnics*, v. 21 (1996), pp. 150-4.

24. Citado em Donald Hornig e Robert Cahn, "Atom-Bomb Scientist Tells His Story", *Christian Science Monitor*, 11 jul. 1995. Para mais detalhes sobre a noite no alto da torre, ver também "60th Anniversary of Trinity: First Manmade Nuclear Explosion, 16 jul. 1945", Public Symposium, National Academy of Sciences, 14 jul. 2005, pp. 27-8; e "Babysitting the Bomb: Interview with Don Hornig", em Kelly, *Manhattan Project*, pp. 298-9.

25. Ver James G. Hershberg, *James B. Conant: Harvard to Hiroshima and the Making of the Nuclear Age* (Stanford, CA: Stanford University Press, 1993), p. 234.

26. Ver Brain, *Voice of Genius*, p. 75.

27. Ver O. R. Frisch, "Eyewitness Account of 'Trinity' Test, July 1945", em Philip L. Cantelon, Richard G. Hewlett e Robert C. Williams (Orgs.), *The American Atom: A Documentary History of Nuclear Policies from the Discovery of Fission to the Present* (Philadelphia: University of Pennsylvania Press, 1992), p. 50.

28. Citado em "Appendix 6. War Department Release on New Mexico Test, July 16, 1945", em Henry DeWolf Smyth, *Atomic Energy for Military Purposes, 1940-1945: The Official Report on the Development of the Atomic Bomb under the Auspices of the United States Government* (Princeton, NJ: Princeton University Press, 1945), p. 254.

29. Bainbridge se sentiu perturbado com a tremenda explosão, mas também eufórico e aliviado. Se o dispositivo nuclear não detonasse, ele teria sido a primeira pessoa a subir pela torre para investigar o que dera errado. Ver Kenneth T. Bainbridge, "A Foul and Awesome Display", *Bulletin of the Atomic Scientist*, maio 1975, pp. 40-6. O "filhos da puta" está na p. 46.

30. O texto integral do pronunciamento de Roosevelt encontra-se em Bertram D. Hulen, "Roosevelt in Plea: Message to Russia, Also Sent to Finns, Decries 'Ruthless Bombing'", *New York Times*, 1 dez. 1939.

31. O governo basco declarou que quase um terço dos 5 mil habitantes da cidade foi morto no ataque. Muito provavelmente o número real de mortos esteve entre duzentos e trezentos. No entanto, a maioria das construções de Guernica foi destruída, e o objetivo do ataque foi aterrorizar os civis. Ver Jörg Diehl, "Hitler's Destruction of Guernica: Practicing Blietzkrieg in Basque Country", *Der Spiegel*, 26 abr. 2007.

32. Mais de 75 anos depois, o número de mortos em Nanquim permanece controverso. Hoje estudiosos chineses afirmam que entre 3 mil e 4 mil civis foram massacrados, enquanto nacionalistas japoneses dizem que essas estimativas são absurdas e que não foram cometidos

crimes de guerra. Para uma excelente introdução com um título bem apropriado sobre a controvérsia, ver Bob Todashi Wakabayashi, "The Messiness of Historical Reality", em Bob Tadashi (Org.), *The Nanking Atrocity: Complicating the Picture* (Nova York: Berghahn, 2007), pp. 3-28.

33. Citado em Hulen, "Roosevelt in Plea".

34. Citado em Richard R. Muller, "The Origins of MAD: A Short History of City-Busting", em Henry D. Sokolsky (Org.), *Getting MAD: Nuclear Mutual Assured Destruction, Its Origin and Practice* (Carlisle, PA: Strategic Studies Institute, US Army War College, 2004), p. 34.

35. O historiador Jörg Friedrich escreveu um magistral relato sobre o esforço britânico para destruir a Alemanha pelo fogo. Seus capítulos sobre armamentos e as estratégias usadas para matar civis são especialmente perturbadores. Para a destruição de Hamburgo e o desejo de criar tempestades de fogo, ver Jörg Friedrich, *The Fire: The Bombing of Germany, 1940-1945* (Nova York: Columbia University Press, 2006), pp. 90-100; e outro livro excelente e inquietante, Keith Lowe, *Inferno: The Fiery Destruction of Hamburg* (Nova York: Scribner, 2007).

36. Citado em Lowe, *Inferno*, p. 276.

37. Motivo de debate há muito tempo, as estimativas de mortos em Dresden variam de 35 mil a quase meio milhão. Em 2008 um painel de historiadores concluiu que o número real esteve entre 18 mil e 25 mil. Citado em Kate Connoly, "International Panel Rethinks Death Toll from Dresden Raids", *Guardian* (Londres), 3 out. 2008.

38. Citado em Sokolski, *Getting MAD*, p. 34.

39. A estratégia de bombardeio americana, inspirada na inutilidade da guerra de trincheiras durante a Primeira Guerra Mundial, procurou evitar mortes desnecessárias e destruir apenas alvos militares — um objetivo mais fácil de atingir na teoria do que na prática. Para os motivos bem-intencionados que fundamentaram a estratégia, ver Mark Clodfelder, *Beneficial Bombing: The Progressive Foundations of American Air Power, 1917-1945* (Lincoln: University of Nebraska Press, 2010), pp. 1-66.

40. Para um fascinante relato sobre essa "maravilha tecnológica", uma invenção ultrassecreta que custou uma fortuna e nunca atendeu aos elevados objetivos de seu inventor, ver Stephen L. McFarland, *America's Pursuit of Precision Bombing, 1910-1945* (Tuscaloosa: University of Alabama Press, 1995).

41. O número exato de coreanas usadas como escravas sexuais pelos japoneses jamais será conhecido. Há muito tempo é um tema controverso, como o número de civis chineses mortos em Nanquim, e os nacionalistas japoneses afirmam que foram poucas as mulheres assim tratadas. Duzentas e cinquenta é uma estimativa frequentemente citada. Para uma boa discussão sobre o assunto, ver You-me Park, "Compensation to Fit the Crime: Conceptualizing a Just Paradigm of Reparation for Korean 'Comfort Women'", *Comparative Studies of South Asia, Africa, and the Middle East*, v. 30, n. 2, 2010, pp. 204-13. A estimativa é citada na página 206.

42. O número de chineses mortos por essas armas nunca será conhecido. Segundo o historiador Daqing Yang, nas duas semanas decorridas entre a rendição do Japão e a chegada dos primeiros soldados americanos da ocupação, as autoridades japonesas "destruíram sistematicamente documentos delicados em um nível talvez sem precedentes na história". Ao mesmo tempo, foi provado de forma conclusiva que os japoneses atacaram civis chineses com armas contendo gás mostarda, antrax, peste, tifo, cólera e disenteria bacteriana. Ver Daqing Yang, "Documentary Evidence and Studies of Japanese War Crimes: An Interim Assessment", em Edward Drea, Greg

Bradsher, Robert Hanyok, James Lide, Michael Petersen e Daqing Yang, *Researching Japanese War Crime Records: Introductory Essays* (Washington, DC: Nazi War Crimes and Japanese Imperial Government Records Interagency Working Group, US National Archives, 2006), pp. 21-56; Till Bärnighausen, "Data Generated in Japan's Biowarfare Experiments on Human Victims in China, 1932-45, and the Ethics of Using Them", em Jim Bao Nie, Nanyan Guo, Mark Selden e Arthur Kleinman (Orgs.), *Japan's Wartime Medical Atrocities: Comparative Inquiries in Science, History, and Ethics* (Nova York: Routledge, 2010), pp. 81-106.

43. O número de pessoas mortas pelos japoneses em toda a Ásia nunca será conhecido. No decorrer dos anos, as estimativas de mortes de civis só na China variaram de 10 milhões a 35 milhões. Embora sejam estimativas do governo chinês, elas sugerem a possível escala da carnificina. Citado em Wakabayashi, *The Nanking Atrocity*, pp. 4 e 8.

44. Para a decisão de abandonar o bombardeio de precisão e o bombardeio incendiário de Tóquio, ver Wesley Frank Craven e James Lee Cates (Orgs.), *The Army Air Forces in World War II*, v. 5: The Pacific: Matterhorn to Nagasaki, June 1944 to August 1945 (Washington, DC: Office of Air Force History, 1983), pp. 608-18; William W. Ralph, "Improvised Destruction: Arnold, LeMay, and the Firebombing of Japan", *War in History*, v. 13, n. 4 (2006), pp. 495-522; Thomas R. Searley, "'It Made a Lot of Sense to Kill Skilled Workers': The Firebombing of Tokio in March 1945", *Journal of Military History*, v. 66, n. 1 (jan. 2002), pp. 103-33.

45. Citado em Craven e Cate, *Army Forces in World War II*, p. 615.

46. Esse número provavelmente é muito baixo, mas o número real nunca será conhecido. Citado em Ralph, "Improvised Destruction", p. 495.

47. Citado em Craven e Cate, *Army Forces in World War II*, p. 617.

48. Ver John W. Dower, *War without Mercy: Race and Power in the Pacific War* (Nova York: Pantheon, 1987).

49. Para a magnitude da devastação em seis grandes cidades industriais japonesas, ver Craven e Cate, *Army Forces in World War II*, p. 643.

50. A história oficial das Forças Aéreas do Exército apontou o nível de destruição em Toyama como "a fantástica porcentagem de 99,5%". Ibid, p. 657.

51. Citado em Kort, *Columbia Guide to Hiroshima*, p. 200.

52. Ibid.

53. "Notes of the Interim Committee Meeting, Thursday, 31 May 1945" (ULTRASSECRETO/liberado), p. 4; o documento é reproduzido na íntegra em Dennis Merrill (Org.), *Documentary History of the Truman Presidency*, v. 1: The Decision to Drop the Atomic Bomb on Japan (Frederick, MD: University Publications of America, 1996), pp. 22-38.

54. "A Petition to the President of the United States", 17 jul. 1945; o documento é reproduzido na íntegra em Merrill, *Documentary History of Truman Presidency*, p. 219.

55. Ibid.

56. Alguns historiadores, com destaque para Gar Alperovitz, argumentaram que o presidente Truman usou a bomba atômica contra o Japão sobretudo com a intenção de intimidar a União Soviética. Não acho esse argumento convincente. Ver Gar Alperovitz, *The Decision to Use the Atomic Bomb* (Nova York: Vintage, 1996).

57. Citado em D. M. Giangreco, "'A Score of Bloody Okinawas and Iwo Jimas': President

Truman and Casualty Estimates for the Invasion of Japan", *Pacific Historical Review*, v. 72, n. 1 (fev. 2003), p. 107.

58. Ibid., pp. 104-5.

59. A taxa de baixas americanas em Okinawa foi de 35%. Citado em Richard B. Frank, *Downfall: The End of the Imperial Japanese Empire* (Nova York: Penguin, 1999), p. 145.

60. Na Operação Olympic, a invasão de Kyushu, seriam usados 766,7 mil soldados; na Operação Coronet, a invasão de Honshu, 1,026 milhão. Citado em ibid., p. 136.

61. Citado em ibid., p. 143.

62. Citado em Michael D. Pearlman, *Unconditional Surrender, Demobilization, and the Atomic Bomb* (Fort Leavenworth, KS: US Army Command and General Staff College, Combat Studies Institute, 1996), p. 7.

63. Citado em Stephen Walker, *Shockwave: Countdown to Hiroshima* (Nova York: Harper Perennial, 2006), p. 122.

64. Ver "Letter from J. R. Oppenheimer to Lt. Col. John Landsdale, Jr.: September 20, 1944", citado em Chuck Hansen, *The Swords of Armageddon*, v. 7 (Sunnyvale, CA: Chucklea Publications, 2007), p. 30.

65. Ver "Memorandum for: General L. R. Groves, Subject: Summary of Target Committee Meetings on 10 May and 11 May 1945", 12 maio 1945 (ULTRASSECRETO/liberado), reproduzido em Merrill, *Documentary History of Truman Presidency*, pp. 5-14.

66. Ibid., p. 9.

67. Ibid.

68. Ver Craven e Cate, *Army Air Forces in World War II*, p. 716.

69. Citado em Martin J. Sherwin, *A World Destroyed: Hiroshima and Its Legacies* (Stanford, CA: Stanford University Press, 2003), p. 231.

70. Ver Walker, *Shockwave*, pp. 213-7.

71. As estimativas variam de 245,4 mil a 370 mil. Ver Frank, *Downfall*, p. 285.

72. As estimativas do calor variam de 3 mil a 9 mil graus. Citado em "The Effects of Atomic Bombs on Hiroshima and Nagasaki", US Strategic Bombing Survey, 19 jun. 1946, pp. 31-2.

73. O físico Harold Agnew, que estava em um avião que seguia o *Enola Gay*, descreveu-me a explosão. Agnew filmou a nuvem em forma de cogumelo quando ela subiu e captou as únicas imagens em movimento da explosão.

74. Entrevista com Bob Peurifoy.

75. Ibid.

76. De acordo com um estudo conduzido pelo US Strategic Bombing Survey logo depois da destruição de Hiroshima e Nagasaki, "o número exato de mortos e feridos nunca será conhecido devido à confusão após as explosões". O estudo estima que os mortos em Hiroshima estejam entre 70 mil e 80 mil. Segundo o historiador Richard Frank, o departamento de polícia da prefeitura de Hiroshima estimou que o número aproximado é de 78 mil. Muitos outros milhares de pessoas morreram nos meses e anos seguintes. Ver "The Effects of Atomic Bombs", p. 15; Frank, *Downfall*, pp. 285-7.

77. Segundo estimativas japonesas, 62 mil das 90 mil construções em Hiroshima foram destruídas: quase 70%. Outras 6,6% delas ficaram gravemente danificadas. Citado em "Effects of Atomic Bombs", p. 9.

78. A equação de Albert Einstein para converter a massa de um objeto em uma quantidade equivalente de energia ajuda a explicar por que algo tão pequeno pode produzir uma explosão tão grande. A energia que pode ser liberada, Einstein descobriu, é igual à massa de um objeto multiplicada pela velocidade da luz ao quadrado. Como a velocidade da luz é superior a 300 mil quilômetros por segundo, a equação facilmente produz quantidades enormes. A estimativa de 0,7 grama se baseia na quantidade de urânio-235 em Little Boy e na suposição de que a potência da bomba era de quinze quilotons. O poder de uma arma ainda mais rudimentar é difícil de avaliar. A cidade de Hiroshima foi destruída por uma quantidade de urânio-235 mais ou menos do tamanho de um grão de pimenta ou de uma única bala de espingarda. Sou grato a Bob Peurifoy por me ajudar a entender a relação entre o potencial de liberação de energia de uma arma nuclear e sua eficiência.

79. Segundo o Federal Reserve, uma nota de um dólar pesa um grama.

80. Ver "President Truman's Statement on the Bombing of Hiroshima, August 6, 1945", reproduzido em Kort, *Columbia Guide to Hiroshima*, p. 230.

81. Ibid., p. 231.

82. Citado em "Effects of Atomic Bombs", p. 8.

83. Um relatório escrito no ano seguinte, embora implacavelmente censurado, sugere os desafios de usar Fat Man com segurança. Um método de montagem inicial se revelou imprudente: "a suspensão por correntes no alto era perigosa porque duas longas correntes batiam nos detonadores na esfera". "Nuclear Weapons Engineering and Delivery", Los Alamos Technical Series, v. 23, LA-1161, jul. 1945 (SECRETO/liberado), p. 107.

84. Citado em Rhodes, *Making of the Atomic Bomb*, p. 590.

85. Para os reparos de Fat Man no último minuto altas horas da noite, ver Bernard J. O'Keefe, *Nuclear Hostages* (Boston: Houghton Mifflin, 1983), pp. 98-101.

86. Ibid., p. 98.

87. Para a falha em direção a Nagasaki, ver Charles W. Sweeney com James A. Antonucci e Marion K. Antonucci, *War's End: An Eyewitness Account of America's Last Atomic Mission* (Nova York: Avon, 1997), pp. 209-10.

88. Entrevista de Peurifoy.

89. O poder explosivo exato das bombas atômicas usadas em Hiroshima e Nagasaki foi debatido por muitos anos. A natureza rudimentar do equipamento de medição e a documentação precária sobre as missões por parte das Forças Aéreas do Exército dos Estados Unidos geraram a incerteza. As estimativas do poder explosivo da bomba de Hiroshima variam de seis a 23 quilotons. Segundo o mais recente estudo em Los Alamos, o poder explosivo da bomba de Hiroshima foi de quinze quilotons, com margem de erro de 20%. O da bomba de Nagasaki foi de 21 quilotons, com margem de erro de 10%. Ver John Malik, "The Yields of the Hiroshima and Nagasaki Nuclear Explosions", Los Alamos National Laboratory, LA-8819, set. 1985.

90. Em 1946 a United States Strategic Bombing Survey [Pesquisa sobre Bombardeios Estratégicos dos Estados Unidos] estimou que o número de mortes em Nagasaki foi superior a 35 mil; no ano seguinte, elevou a estimativa para 45 mil. O número real provavelmente é muito maior e nunca será conhecido. Ver "Effects of Atomic Bombs", p. 15; e Frank, *Downfall*, pp. 285-7.

91. Das 52 mil residências em Nagasaki, 27,2% foram destruídas por completo e 10,5% foram queimadas ou parcialmente destruídas. Citado em "Effects of Atomic Bombs", p. 13.

92. O Relatório da Prefeitura de Nagasaki sobre a explosão é citado em ibid.

93. As razões de várias causas de morte são especulativas. Como observou a US Strategic Bombing Survey, "muitas dessas pessoas sem dúvida morreram várias vezes, teoricamente, já que cada uma sofreu vários ferimentos, podendo qualquer um deles ser fatal". Entretanto, procurou-se calcular quantas pessoas foram mortas por diferentes efeitos da explosão. Ibid., p. 15.

94. Para o impacto da radiação térmica na espécie humana, ver Glasstone, *Effects of Nuclear Weapons*, pp. 565-76.

95. Para os terríveis sintomas e a taxa de sobrevivência a essa doença, ver ibid., pp. 577-626.

96. Como observou Michael Kort, o debate na historiografia se concentrou em algumas questões, incluindo: o Japão já estava planejando se render antes da destruição de Hiroshima? Quanto os Estados Unidos sabiam sobre os planos da liderança japonesa? A exigência de rendição incondicional foi razoável? As estimativas de baixas para a invasão americana foram precisas? A declaração de guerra da União Soviética ao Japão — ou as duas bombas atômicas — impeliu o imperador Hiroito a aceitar a derrota? A análise de Kort encontra-se em *Columbia Guide to Hiroshima*, pp. 75-116. Para o argumento de que a entrada da União Soviética na guerra se revelou decisiva, ver Tsuyoshi Hasegawa, *Racing the Enemy: Stalin, Truman, and the Surrender of Japan* (Cambridge, MA: Belknap Press, 2005). Para o argumento de que as bombas atômicas encerraram a guerra, ver Sadao Asada, "The Shock of the Atomic Bomb and Japan's Decision to Surrender: A Reconsideration", *Pacific Historical Review*, v. 67, n. 4 (nov. 1998), pp. 477-512. Para a preocupação das Forças Armadas americanas de que talvez fosse preciso usar mais bombas atômicas contra o Japão, ver Barton J. Bernstein, "Eclipsed by Hiroshima and Nagasaki: Early Thinking about Tactical Nuclear Weapons", *International Security*, v. 15, n. 4 (primavera 1991), pp. 149-73. Para um exame minucioso e complexo dessas questões, ver Frank, *Downfall*, pp. 197-364.

97. A citação está em "Instruction to the Troops", uma transmissão radiofônica do general Anami. O texto integral está em Kort, *Columbia Guide to Hiroshima*, pp. 300-1.

98. Citado em John W. Dower, *Embracing Defeat: Japan in the Wake of World War II* (Nova York: W. W. Norton, 2000), p. 36.

PERIGOS POTENCIAIS [pp. 80-95]

1. "Report, Major Missile Accident, Titan II Complex, 374-7", declaração do soldado Eric Ayala, Tab U-4, p. 2.

2. Citado em ibid., declaração de Allan D. Childers, First Lieutenant, Tab U-13, p. 2.

3. Ibid.

4. Ibid.

5. Entrevista de Holder.

6. Entrevista com Sid King.

7. Meu relato sobre o vazamento de oxidante baseia-se em entrevistas com Jeff Kennedy, que era técnico do PTS em Little Rock na época; Gus Anglin, o xerife em serviço na ocasião do vazamento; e Bill Carter, o advogado que representou um agricultor local que adoeceu em razão dos vapores. Ver também Art Harris, "Titan II: A Plague on This Man's House", *Washington Post*, 22 set. 1980.

8. Entrevista de Anglin.
9. Ibid.
10. Citado em ibid.
11. Citado em entrevista de King.
12. Citado em ibid.
13. Citado em "Report, Major Missile Accident, Titan II Complex 374-7", depoimento de Childers, Tab U-13, p. 3.
14. Entrevista de Holder.
15. Citado em Stumpf, *Titan II*, p. 101.
16. Citado em ibid., p. 118.
17. "Report, Major Missile Accident, Titan II Complex 374-7", depoimento de Childers, Tab U-13, p. 4.
18. Entrevista de Holder.
19. "Report, Major Missile Accident, Titan II Complex 374-7", depoimento de Thomas A. Brocksmith, sargento, Tab U-9, p. 1.

PARTE DOIS — MAQUINARIA DE CONTROLE

AS MELHORES, AS MAIORES E AS MAIS NUMEROSAS [pp. 99-126]

1. Ver Warren F. Kuehl, *Hamilton Holt: Journalist, Internationalist, Educator* (Gainesville: University of Florida Press, 1960).
2. Assim prossegue a inscrição de Holt: "Essa máquina de destruição, tortura e morte simboliza a prostituição do inventor, a avareza do fabricante, a culpa sangrenta do estadista, a selvageria do soldado, o patriotismo pervertido do cidadão, o aviltamento da raça humana". O monumento à paz foi vandalizado e destruído em 1943.
3. O número real nunca será conhecido. Escolhi usar uma estimativa conservadora. Ver Martin Gilbert, *The Second World War: A Complete History* (Nova York: Holt Paperbacks, 2004), p. 1.
4. Ver "General Arnold Stresses Preparedness Need in Statement", *Washington Post*, 19 ago. 1945.
5. Citado em Paul Boyer, *By the Bomb's Early Light: American Thought and Culture at the Dawn of the Atomic Age* (Chapel Hill: University of North Carolina Press, 1994), p. 7. O texto integral do pronunciamento de Murrow encontra-se em Edward Bliss Jr. (Org.), *In Search of Light, 1938-1961: The Broadcast of Edward R. Murrow* (Nova York: Alfred A. Knopf, 1967), pp. 102-3. "Ninguém está tentando avaliar a influência da bomba atômica e da declaração de guerra russa como causa da derrota japonesa", Murrow acrescentou menos de uma semana depois da destruição de Hiroshima. "As pessoas se contentam em deixar o debate para os historiadores."
6. Ver George C. Holt, "The Conference on World Government", *Journal of Higher Education*, v. 7, n. 5 (maio 1946), pp. 227-35.
7. Citado em ibid., p. 234.
8. Citado em Boyer, *Bomb's Early Light*, p. 37.

9. H. H. Arnold, "Air Force in the Atomic Age", em Dexter Masters e Katharine Way (Orgs.), *One World or None: A Report to the Public on the Full Meaning of the Atomic Bomb* (Nova York: New Press, 2007), p. 71 [Ed. bras.: *Um mundo ou nenhum*. São Paulo: Paz e Terra, 2008.]

10. Ibid., p. 70.

11. Ibid., p. 84.

12. "Memorandum by the Commanding General, Manhattan Engineer District, Leslie R. Groves: Our Army of the Future — As Influenced by Atomic Weapons" (CONFIDENCIAL/liberado), em United States Department of State, *Foreign Relations of the United States, 1946*, v. 1: General; the United Nations (Washington, DC: US Government Printing Office, 1972), p. 1199.

13. Ibid., p. 1203.

14. Henry L. Stimson, "Memorandum for the President, Subject: Proposed Action for the Control of Atomic Bombs", 11 set. 1945 (ULTRASSECRETO/liberado), reproduzido em Merrill, *History of Truman Presidency*, p. 222.

15. Ibid., p. 224.

16. Citado em Walter Millis e E. S. Duffield (Orgs.), *The Forrestal Diaries* (Nova York: Viking, 1951), p. 96.

17. "The Charge in the Soviet Union (Kennan) to the Secretary of State", Moscou, 30 set. 1945, em United States State Department, *Foreign Relations of the United States: Diplomatic Papers, 1945*, v. 5: Europe (Washington, DC: US Government Printing Office, 1967), p. 885.

18. Ibid.

19. Completado um ano da invasão da Polônia durante o outono de 1939, os soviéticos aprisionaram e executaram mais de 20 mil oficiais, policiais e civis poloneses. A União Soviética negou esse fato por mais de cinquenta anos. Ver Anna M. Cienciala, Natalia S. Lebedeva, Wojciech Materski (Orgs.), *Katyn: A Crime without Punishment* (New Haven, CT: Yale University Press, 2008).

20. Ver Frank, *Downfall*, pp. 325-6.

21. O total de mortos por Hitler e Stálin continua a ser tema de debate. Ambos foram responsáveis por muitos milhões de mortes. Dmitri Volkonogov, um estudioso que conseguiu acesso a arquivos soviéticos, afirma que Stálin matou cerca de 12 milhões de russos — sem incluir os que morreram durante a Segunda Guerra Mundial. Segundo o historiador Timothy Snyder, os nazistas mataram deliberadamente em torno de 12 milhões de civis, enquanto os soviéticos mataram por volta de 9 milhões durante os anos de Stálin no poder. A historiadora Anne Applebaum argumentou que as estimativas para Stálin parecem baixas demais e salientou que "durante os anos da guerra, cidadãos soviéticos tinham a mesma probabilidade de morrer devido a decisões tomadas por Stálin ou às interações entre Stálin e Hitler e devido aos comandos de Hitler isoladamente". Ver Dmitri Volkogonov, *Stalin: Triumph and Tragedy* (Nova York: Grove Weidenfeld, 1988), p. 524; Anne Applebaum, "The Worst of the Madness", *New York Review of Books*, 11 nov. 2010; Timothy Snyder, "Hitler vs. Stalin: Who Killed More?", *New York Review of Books*, 10 mar. 2011.

22. Citado em Peter Douglas Feaver, *Guarding the Guardians: Civilian Control of Nuclear Weapons in the United States* (Ithaca, NY: Cornell University Press, 1992), p. 100.

23. O historiador Garry Wills afirmou que a decisão de conferir esse poder irrestrito ao Executivo teve um efeito duradouro e profundo sobre a democracia americana. Ver Garry Wills, *Bomb Power: The Modern Presidency and the National Security State* (Nova York: Penguin Press, 2010). Para as bases constitucionais e legais desse poder, ver Frank Klotz Jr., "The President and

the Control of Nuclear Weapons", em David C. Kozaz e Kenneth N. Ciboski (Orgs.), *The American Presidency: A Policy Perspective from Readings and Documents* (Chicago: Nelson-Hall, 1987), pp. 47-58.

24. Para o texto integral dos comentários de Bernard Baruch, ver "Baruch Reviews Portent of A-Bomb", *Washington Post*, 15 jun. 1946.

25. Ibid.

26. Ibid.

27. Em agosto de 1945 o Exército tinha mais de 8 milhões de soldados e em 1º de julho de 1947 possuía apenas 989 664 — uma desmobilização notavelmente rápida de uma força militar vitoriosa. Ver John C. Sparrow, *History of Personnel Demobilization in the United States Army* (Washington, DC: Department of the Army, 1952), pp. 139 e 263.

28. Ver Bernard C. Nalty (Org.), *Winged Shield, Winged Sword: A History of the United States Air Force*, v. 1: 1907-1950 (Washington, DC: Air Force History and Museums Program, 1997), p. 378.

29. Ibid.

30. Os Estados Unidos gastaram em torno de 83 bilhões de dólares com a defesa em 1945 — e cerca de 9 bilhões em 1948. Citado em "National Defense Budget Estimates for FYH 2013", Office of the Under Secretary of Defense (Comptroller), mar. 2012, p. 246.

31. Citado em Walton S. Moody, *Building a Strategic Air Force* (Washington, DC: Air Force History and Museums Program, 1995), p. 78.

32. As citações de Kennan provêm de seu famoso "longo telegrama", cujo texto integral encontra-se em "The Charge in the Soviet Union (Kennan) to the Secretary of State", 22 fev. 1946 (SECRETO/liberado), em United States State Department, *Foreign Relations of the United States: 1946*, v. 6: Eastern Europe; The Soviet Union (Washington, DC: US Government Printing Office, 1969), pp. 696-709.

33. Para o discurso no qual Churchill usou pela primeira vez essa frase, ver "Text of Churchill's Address at Westminster College", *Washington Post*, 6 mar. 1946.

34. Para o discurso de Truman, ver "Text of President's Speech on New Foreign Policy", *New York Times*, 13 mar. 1947.

35. O primeiro estudo importante sobre possíveis alvos na União Soviética foi feito no verão de 1947. Para a falta de planos de guerra dos Estados Unidos, ver L. Wainstein, C. D. Creamans, J. K. Moriarity e J. Ponturo, "The Evolution of US Strategic Command and Control and Warning, 1945-1972", Institute for Defense Analyses, Study S-467, jun. 1945 (ULTRASSECRETO/DADOS RESTRITOS/liberado), pp. 11-4; Ernest R. May, John D. Steinbruner e Thomas W. Wolfe, "History of the Strategic Arms Competition, 1945-1972", parte 1, Office of the Secretary of Defense, Historical Office, mar. 1981 (ULTRASSECRETO/DADOS RESTRITOS/liberado), pp. 21-2; e James F. Schnabel, *The Joint Chiefs of Staff and National Policy*; v. 1: 1945-1947 (Washington, DC: Office of Joint History, Office of the Chairman of Joint Chiefs of Staff, 1996), pp. 70-5.

36. Citado em Steven T. Ross, *American War Plans, 1945-1950: Strategies for Defeating Soviet Union* (Portland, OR: Frank Cass, 1996), p. 40.

37. Em maio de 1945 os Estados Unidos tinham aproximadamente 2 milhões de soldados na Europa; dois anos depois, eram 105 mil. Citado em "History Timeline", United States Army Europe, US Army, 2011.

38. Citado em Ross, *War Plans*, p. 40.
39. Ver Schnabel, *Joint Chiefs of Staff*, v. 1, p. 71.
40. Citado em Ross, *War Plans*, p. 53.
41. Citado em ibid., p. 33. Alguns relatórios da inteligência informaram que a União Soviética possuía 175 divisões na Europa, quarenta delas prontas para atacar a Alemanha Ocidental. As estimativas do Pentágono para os números de soldados soviéticos variam muito — e, segundo o historiador Matthew A. Evangelista, exageram deliberadamente a força do Exército Vermelho. Um motivo mais inocente pode ter sido o desejo de se preparar para o pior. Seja qual for o caso, no começo de 1947 o Exército americano era numericamente muito inferior na Europa. Ver May et al., "History of Strategic Arms Competition", parte 1, pp. 37, 139-41; e Matthew A. Evangelista, "Stalin's Postwar Army Reappraised", *International Security*, v. 7, n. 3 (1982), pp. 110-38.
42. Para um relato patriótico sobre o teste, que de certa forma serviu de inspiração para o nome do traje de banho feminino de duas peças, ver W. A. Shurcliff, *Bombs at Bikini: The Official Report of Operation Crossroads* (Nova York: Wm. H. Wise, 1947).
43. "The Evaluation of the Atomic Bomb as a Military Weapon", Anexo "A", The Final Report of the Joint Chiefs of Staff Evaluation Board for Operation Crossroads, 30 jun. 1947 (ULTRASSECRETO/liberado), p. 12.
44. Ibid., p. 32.
45. Ibid., p. 36
46. Ibid.
47. Ibid., p. 37.
48. Citado em Marc Trachtenberg, *History & Strategy* (Princeton, NJ: Princeton University Press, 1991), p. 100.
49. Citado em "The Five Nests", *Time*, 11 set. 1950, p. 24.
50. Citado em ibid.
51. Marc Trachtenberg apresenta um excelente resumo do pensamento americano sobre a "guerra preventiva" em *History & Strategy*, pp. 103-7. Para outros pontos de vista sobre o tema, ver Russell D. Buhite e W. Christopher Hamel, "War for Peace: The Question of American Preventive War against the Soviet Union, 1945-1955", *Diplomatic History*, v. 14, n. 3 (1990), pp. 367--84; e Gian P. Gentile, "Planning for Preventive War", *Joint Force Quarterly*, primavera 2000, pp. 68-74.
52. Bertrand Russell e seus admiradores posteriormente negaram que ele alguma vez tenha pedido um ataque desse tipo. Mas sua rejeição do pacifismo ao lidar com os soviéticos já tinha deixado isso claro. Ver "Russell Urges to Fight Russia Now", *New York Times*, 21 nov. 1948; Bertrand Russell, "The Atomic Bomb and the Prevention of War", *Bulletin of the Atomic Scientists* (1 out. 1946), pp. 19-21; e Ray Perkins, "Bertrand Russell and Preventive War", *Russell: The Journal of Bertrand Russell Studies*, v. 14, n. 2 (1994), pp. 135-53.
53. Citado em *New York Times*, "Russell Urges West to Fight".
54. Ver Trachtenberg: *History & Strategy*, p. 105.
55. Ver Kuehl, *Hamilton Holt*, pp. 250-1.
56. Citado em ibid., p. 250.
57. Para uma versão resumida do Halfmoon, ver "Brief of Short Range Emergency War Plan (Halfmoon)", JCS 1844/13, 21 jul. 1948 (ULTRASSECRETO/liberado), em Thomas H. Etzold e

John Lewis Gaddis, *Containment: Documents on American Policy and Strategy, 1945-1950* (Nova York: Columbia University Press, 1978), pp. 315-24. Para mais detalhes, ver May et al., "History of Strategic Arms Competition", parte 1, pp. 38-9; Ross, *War Plans*, pp. 79-97; e Kenneth W. Condit, *The Joint Chiefs of Staff and National Policy*, v. 2: 1947-1949 (Washington, DC: Office of Joint History, Office of the Chairman of Joint Chiefs of Staff, 1996), pp. 156-8.

58. Ver "Conceptual Developments: The Atomic Blitz", em Wainstein et al., "Evolution of US Command and Control", pp. 11-6.

59. Citado em Condit, *Joint Chiefs of Staff*, v. 2, p. 158.

60. Citado em Wainstein et al., "Evolution of US Command and Control", p. 15.

61. Citado em Robert F. Futrell, *Ideas, Concepts, Doctrine*, v. 1: Basic Thinking in the United States Air Force, 1907-1960 (Maxwell Air Force Base, AL: Air University Press, 1989), p. 240.

62. Citado em Jeffrey G. Barlow, *Revolt of the Admirals: The Fight for Naval Aviation, 1945--1950* (Washington, DC: Government Reprints Press, 2001), p. 109.

63. Citado em Moody, *Building a Strategic Air Force*, p. 109.

64. A autoridade do Departamento de Estado era Charles E. Bohlen, citado em Futrell, *Ideas*, v. 1, p. 238.

65. Uma versão abreviada do Relatório Harmon — "Evaluation of Effect on Soviet War Effort from the Strategic Air Offensive" (ULTRASSECRETO/liberado) — encontra-se em Etzold e Gaddis, *Containment*, pp. 360-4.

66. Ibid., p. 361.

67. Ibid., p. 362.

68. Ibid.

69. Ibid.

70. Ibid., pp. 363-4.

71. Para a fabricação da bomba soviética, ver ibid., David Holloway, *Stalin and the Bomb: The Soviet Union and Atomic Energy, 1939-1956* (New Haven, CT: Yale University Press, 1994).

72. Citado em ibid., p. 218.

73. Para a extraordinária história de como o B-29 foi copiado por engenharia reversa, ver Van Hardesty, "Made in the USSR", *Air & Space*, mar. 2011; e Walter Boyne, "Carbon Copy", *Air Force Magazine*, jun. 2009.

74. Em 1947 o general de divisão Groves previu que os soviéticos levariam mais vinte anos. Ver Gregg Herken, "'A Most Deadly Illusion': The Atomic Secret and American Nuclear Weapons Policy, 1945-1950", *Pacific Historical Review*, v. 49, n. 1 (fev. 1980), pp. 58 e 71.

75. Ver Wainstein et al., "Evolution of US Command and Control", p. 90.

76. Citado em ibid., p. 94.

77. Para um excelente resumo do pensamento militar que levou não só à "revolta dos almirantes", mas também ao apoio do Pentágono à bomba de hidrogênio, ver David Alan Rosenberg, "American Atomic Strategy and the Hydrogen Bomb Decision", *Journal of American History*, v. 66, n. 1 (jun. 1979), pp. 62-87. Para as bases culturais da revolta, ver Vincent Davis, *The Admirals Lobby* (Chapel Hill: University of North Carolina Press, 1967). Para a disputa propriamente dita, ver Barlow, *Revolt of the Admirals*, p. 109.

78. Ver John G. Norris, "Radford Statement Sparks Move for Curb Over Money Powers of Johnson", *Washington Post*, 8 out. 1949.

79. Citado em ibid.
80. "Text of Admiral Ofstie's Statement Assailing Strategic Bombing", *New York Times*, 12 out. 1949.
81. Ibid.
82. Ibid.
83. Citado em William S. White, "Bradley Accuses Admirals of 'Open Rebellion' on Unity; Asks 'All-American Team'", *New York Times*, 20 out. 1949.
84. Citado em ibid.
85. Citado em Hanson W. Baldwin, "Bradley Bombs Navy", *New York Times*, 20 out. 1949.
86. Citado em *New York Times*, "Bradley Accuses Admirals".
87. Citado em David E. Lilienthal, *The Journals of David E. Lilienthal*, v. 2: The Atomic Energy Years, 1945-1950 (Nova York: Harper & Row, 1964), p. 351.
88. Citado em Millis e Duffield, *Forrestal Diaries*, p. 458.
89. Citado em Futrell, *Ideas*, v. 1, p. 216.
90. Para um livro que defende esse argumento convincentemente, ver Harry R. Borowski, *A Hollow Threat: Strategic Air Power and Containment before Korea* (Westport, CT: Greenwood Press, 1982).
91. Ver Thomas M. Coffey, *Iron Eagle: The Turbulent Life of General Curtis LeMay* (Nova York: Crown, 1986), p. 271.
92. Citado em "The View from Above: High-Level Decisions and the Soviet-American Strategic Arms Competition, 1945-1950", Samuel R. Williamson Jr., com a colaboração de Steven L. Reardon, Office of the Secretary of Defense, out. 1975 (ULTRASSECRETO/liberado), p. 118.
93. Citado em Wainstein et al., "Evolution of US Command and Control", p. 14.
94. Ver ibid., p. 18.
95. Ver Moody, *Building a Strategic Air Force*, pp. 226-7.
96. A citação está nas memórias de LeMay. Curtis E. LeMay com MacKinlay Kantor, *Mission with LeMay: My Story* (Garden City, NY: Doubleday, 1965), p. 32.
97. As tripulações de bombardeiros americanos tinham um dos trabalhos mais estressantes e perigosos da Segunda Guerra Mundial. Permanecer em formação significava atravessar diretamente o fogo inimigo; sair da formação podia acarretar a corte marcial. Para as pressões do trabalho e a necessidade de atuar em equipe, ver Mike Worden, *Rise of the Fighter Generals: The Problem of Air Force Leadership, 1945-1982* (Maxwell Air Force Base, AL: Air University Press, 1998), pp. 8-11.
98. O turno de serviço típico para uma tripulação de bombardeiro americano era de 25 missões. Um estudo de 2051 tripulantes que voaram em missões de bombardeio pela Europa constatou que 1295 foram mortos ou declarados desaparecidos em ação. O estudo é citado em Bernard C. Nalty, John F. Shiner e George M. Watson, *With Courage: The US Army Forces in World War II* (Washington, DC: Air Force History and Museums Program, 1994), p. 179.
99. A predição foi feita pelo tenente-brigadeiro David A. Burchinal, que voou em um dos primeiros ataques com bombas incendiárias ao Japão. Citado em Richard H. Kohn e Joseph P. Haranan (Orgs.), *Strategic Air Warfare: An Interview with Generals Curtis LeMay, Leon W. Johnson, David A. Burchinal, and Jack J. Catton* (Washington, DC: Office of Air Force History, 1988), p. 61.

100. Citado em Warren Kozak, *LeMay: The Life and Wars of General Curtis LeMay* (Washington, DC: Regnery, 2009), p. xi.

101. Embora muito provavelmente mais japoneses tenham sido mortos em Hiroshima e Nagasaki do que em Tóquio, a observação de LeMay sintetiza seu pensamento sobre armas nucleares. Ver LeMay, *Mission with LeMay*, p. 387.

102. Ibid., p. 433.

103. Citado em Kohn e Harahan, *Strategic Air Warfare*, p. 98.

104. LeMay, *Mission with LeMay*, p. 496.

105. Ibid., p. 436.

106. Citado em ibid.

107. A citação, de um artigo dos teóricos do poderio aéreo coronel Jerry D. Page e coronel Royal H. Roussel, encontra-se em Michael H. Armacost, *The Politics of Weapons Innovation: The Thor-Jupiter Controversy* (Nova York: Columbia University Press, 1969), p. 101.

108. Para o acidente com Slotin e suas consequências, ver Stewart Alsop e Ralph E. Lapp, "The Strange Death of Louis Slotin", em Charles Neider (Org.), *Man against Nature* (Nova York: Harper & Bothers, 1954), pp. 8-18; Clifford T. Honicker, "America's Radiation Victims: The Hidden Files", *New York Times*, 19 nov. 1989; Richard E. Malenfant, "Lessons Learned from Early Criticality Accidents", Los Alamos National Laboratory, apresentado no Nuclear Criticality Technology Safety Project Workshop, Gaithersburg, MD, 14-15 maio 1996; e Eileen Welsome, *The Plutonium Files: America's Secret Medical Experiments in the Cold War* (Nova York: Dial Press, 1999), pp. 184-8.

109. "Report on May 21 Accident at Pajarito Laboratory", 28 maio 1946, Los Alamos, "Lessons Learned from Early Criticality Accidents".

110. Para a desordem em Los Alamos e a ausência de bombas atômicas, ver Richard G. Hewlett e Francis Duncan, *Atomic Shield: A History of the United States Atomic Energy Commission*, v. 2: 1947-1952 (University Park: Pennsylvania State University Press, 1969), pp. 30, 47-8; May et al., "History of Strategic Arms Competition", parte 1, p. 2; Greg Herken, *The Winning Weapon: The Atomic Bomb in the Cold War 1945-1950* (Nova York: Vintage, 1982), pp. 196-9; Necah Stewart Furman, *Sandia National Laboratories: The Postwar Decade* (Albuquerque: University of New Mexico Press, 1990), pp. 233-6; e James L. Abrahamson e Paul H. Carew, *Vanguard of American Atomic Deterrence: The Sandia Pioneers, 1946-1949* (Westport, CT: Preager, 2002), p. 120.

111. Citado em Herken, *Winning Weapon*, p. 196.

112. Citado em Furman, *Sandia National Laboratories*, p. 235.

113. "Na verdade, tínhamos uma [bomba] que provavelmente poderia ser posta em uso quando estive pela primeira vez em Los Alamos: uma que tinha boa chance de poder ser posta em uso", disse Lilienthal posteriormente ao historiador Greg Herken. Embora Los Alamos possuísse talvez uma dúzia de núcleos de reator armazenados, a escassez de peças impossibilitava montar tantas bombas. O coronel Gilbert M. Dorland, que chefiou o batalhão de montagem de bombas no Sandia, tinha uma visão ainda mais pessimista do que Lilienthal sobre a situação. "O presidente Truman e o Departamento de Estado estavam simplesmente blefando", Dorland escreveu mais tarde. "Não podíamos montar uma bomba e usá-la." Para Lilienthal, ver Herken, *Winning Weapon*, p. 197. Para Dorland, ver Abrahamson e Carew, *Vanguard of Atomic Deterrence*, p. 120.

114. Citado em Herken, *Winning Weapon*, p. 197.

115. Citado em ibid., p. 235.

116. Citado em Hansen, *Swords of Armageddon*, v. 1, p. 133.

117. Segundo a história oficial da Comissão de Energia Atômica, quando os cientistas originais do Projeto Manhattan saíram de Los Alamos, "não deixaram linhas de produção nem manuais impressos, mas apenas alguns assistentes, alguns técnicos experientes, algum equipamento de laboratório e métodos fragmentados gravados em milhares de relatórios pormenorizados". Ver Hewlett e Duncan, *Atomic Shield*, p. 134. Para a falta de orientação sobre como construir outra Little Boy, ver Abrahamson e Carew, *Vanguard of Atomic Deterrence*, pp. 41-2.

118. Ver Abrahamson e Carew, *Vanguard of Atomic Deterrence*, p. 42.

119. Ibid., pp. 60-1.

120. Citado em Hansen, *Swords of Armageddon*, v. 1, p. 137.

121. Durante o verão de 1946, o chefe da Real Força Aérea e o chefe das Forças Aéreas do Exército dos Estados Unidos haviam decidido que bases britânicas deviam possuir equipamento de montagem de bombas atômicas, "só para garantir". Ver Abrahamson e Carew, *Vanguard of Atomic Deterrence*, pp. 115-7; Ken Young, "No Blank Cheque: Anglo-American (Mis)understandings and the Use of the English Airbases", *Journal of Military History*, v. 17 (out. 2007), pp. 1136-40; e Ken Young, "US 'Atomic Capability' and the British Forward Bases in the Early Cold War", *Journal of Contemporary History*, v. 42, n. 1 (jan. 2007), pp. 119-22.

122. Citado em Abrahamson e Carew, *Vanguard of Atomic Deterrence*, p. 119.

123. Ver Wainstein et al., "Evolution of US Command and Control", p. 34.

124. O AFSWP possuía duas equipes plenamente treinadas em fins de 1948, mas não tinha o pessoal de apoio para pôr as duas equipes em campo ao mesmo tempo. Ver ibid., p. 17; e Abrahamson e Carew, *Vanguard of Atomic Deterrence*, pp. 68-9, 150.

125. Entrevista de Peurifoy.

126. Essa é uma estimativa conservadora; a Guerra da Coreia foi especialmente brutal para os não combatentes. Segundo Dong-Choon Kim, que foi comissário permanente da Comissão da Verdade e Reconciliação da Coreia do Sul, "a porcentagem de mortes de civis foi maior do que em qualquer outra guerra do século XX". Para a estimativa e a citação, ver Dong-Choon Kim, "The War Against the 'Enemy Within': The Hidden Massacres in the Early Stages of the Korean War", em Gi-Wook Shin, Soon-Won Park e Daqing Yang (Orgs.), *Rethingking Historical Injustice and Reconcilitaion in Northeast Asia: The Korean Experience* (Nova York: Routledge, 2007), p. 75.

127. "Final Evaluation Report, MK IV MOD O FM Bomb", The Mk IV Evaluation Committee, Sandia Laboratory, Report N. SL-82, 13 set. 1949 (SECRETO/DADOS RESTRITOS/liberado), p. 60.

128. Ver Furman, *Sandia National Laboratories*, pp. 310-2.

TRANSGRESSÃO [pp. 127-44]

1. Entrevista com Jeff Kennedy.
2. Ibid.
3. Citado em ibid.
4. Entrevista com James Sandaker.
5. Ibid.

6. Ibid.
7. Ver "Report, Major Missile Accident, Titan II Complex 374-7", declaração de Archie G. James, sargento, Tab U-42, p. 1.
8. Entrevista de Holder.
9. Citado na entrevista de Kennedy.
10. Ibid.
11. Entrevista com Sam Hutto.
12. Citado em ibid.
13. Entrevista com Robert Lyford, ligação do governador Bill Clinton com vários órgãos do estado, entre eles o Departamento de Serviços de Emergência e o Departamento de Segurança Pública. Ver também "Missile Fuel Leaks: 100 Forces to Leave Area Near Arkansas", *Arkansas Gazette*, 19 set. 1980; Tyler Tucker, "Officials Had No Early Knowledge of Missile Explosion, Tatom says", *Democrat* do Arkansas, 25 set. 1980; e Carol Matlock, "Air Force Listens to Complaints, Says Notification Was Adequate", *Arkansas Gazette*, 25 set. 1980.
14. Citado em "Arkansas Office of Emergency Services, Major Accomplishments during 1979-1980", Anexo 1, pontos principais do atendimento a emergências em 1980.
15. Para uma noção adequada sobre o mais jovem governador americano em 1980, ver David Maraniss, *First in His Class: A Biography of Bill Clinton* (Nova York: Simon & Schuster, 1996), pp. 352-86; Bill Clinton, *My Life* (Nova York: Alfred A. Knopf, 2004), pp. 254-89; e Phyllis Finton Johnston, *Bill Clinton's Public Policy for Arkansas: 1979-1980* (Little Rock, AR; August House, 1982).
16. Citado em Wayne King, "Rapidly Growing Arkansas Turns to Liberal Politicians", *New York Times*, 14 maio 1978.
17. Citado em Roger Morris, *Partners in Power: The Clintons and Their America* (Nova York: Henry Holt, 1999), p. 218.
18. Ver Maraniss, *First in His Class*, pp. 364-5.
19. Entrevista de Kennedy.
20. Citado na entrevista de Powell.
21. Ibid.
22. Ibid.
23. Citado em ibid.
24. Citado na entrevista de Kennedy.
25. Entrevista de Kennedy e "Report, Major Missile Accident, Titan II Complex 374-7", declaração de Kennedy, Tab U-46, p. 4.
26. "Report, Major Missile Accident, Titan II Complex 374-7", declaração do coronel James L. Morris, Tab U-60, p. 1.

MEGAMORTE [pp. 145-71]

1. Entrevista com Fred Charles Iklé. Para seu trabalho inicial sobre o assunto, ver Fred C. Iklé, "The Effect of War Destruction upon the Ecology of Cities", *Social Forces*, v. 29, n. 4 (maio

1951), pp. 383-91, e Fred C. Iklé, "The Social versus the Physical Effects from Nuclear Bombing", *Scientific Monthly*, v. 78, n. 3 (mar. 1954), pp. 182-7.

2. Citado em Fred Charles Iklé, *The Social Impact of Bomb Destruction* (Norman: University of Oklahoma Press, 1958), p. 16.

3. Citado em ibid.

4. Ibid., p. 8.

5. Para os efeitos letais dos bombardeios da Segunda Guerra Mundial, ver ibid., pp. 17-8.

6. Para os cálculos sobre a relação entre destruição por bombas e perda de população, ver ibid., pp. 53-6.

7. Ibid., p. 55.

8. Ibid., p. 72.

9. Para um relato ímpar a respeito da RAND e sua influência sobre a política estratégica no pós-guerra, ver Fred Kaplan, *The Wizards of Armageddon: The Untold Story of the Small Group of Men Who Have Devised the Plans and Shaped the Policies on How to Use the Bomb* (Stanford, CA: Stanford University Press, 1983). Para um estudo mais recente da história, ver Alex Abella, *Soldiers of Reason: The RAND Corporation and the Rise of the American Empire* (Nova York: Harcourt, 2008).

10. Iklé, *Social Impact of Bomb Destruction*, p. viii.

11. Citado em ibid., p. 205.

12. Ibid., p. 180.

13. Ibid., p. 120.

14. Citado em Hansen, *Swords of Armageddon*, v. 2, pp. 85-6.

15. Citado em May et al., "History of Strategic Arms Competition", parte 1, p. 65.

16. Citado em Hewlett e Duncan, *Atomic Shield*, p. 384.

17. Para o texto integral da declaração de Fermi e Rabi, ver "Minority Report on the H-Bomb", *Bulletin of the Atomic Scientists*, dez. 1976, p. 58.

18. Citado em McGeorge Bundy, *Danger and Survival: Choices About the Bomb in the First Fifty Years* (Nova York: Random House, 1988), p. 204.

19. Citado em "View from Above", p. 203.

20. Citado em Hewlett e Duncan, *Atomic Shield*, p. 402.

21. Citado em Herken, *Winning Weapon*, p. 316.

22. Citado em Robert H. Ferrell, *Harry S. Truman: A Life* (Columbia: University of Missouri Press, 1994), p. 350.

23. Ver "Einstein Fears Hydrogen Bomb Might Annihilate 'Any Life'", *Washington Post*, 13 fev. 1950.

24. Para o texto integral do pronunciamento de Einstein, ver "Dr. Einstein's Address on Peace in the Atomic Era", *New York Times*, 13 fev. 1950.

25. Ibid.

26. Ibid.

27. "Effect of Civilian Morale on Military Capabilities in a Nuclear War Environment: Enclosure 'E', The Relationship to Public Morale of Information about the Effects os Nuclear Warfare", WSEG Report n. 42, Weapons Systems Evaluation Group, Joint Chiefs of Staff, 20 out. 1959 (CONFIDENCIAL/liberado), p. 53.

28. Ibid.
29. Ibid., p. 54.
30. Ibid.
31. Citado em Hans Bethe, "Sakharov's H-Bomb", *Bulletin of the Atomic Scientists*, out. 1990, p. 9.
32. Ver Wainstein et al., "Evolution of us Command and Control", p. 31, e Feaver, *Guarding the Guardians*, pp. 134-6.
33. Wainstein et al., "Evolution of us Command and Control", p. 31.
34. Ibid., p. 32.
35. Ibid., p. 34.
36. Oitenta e nove estavam na Grã-Bretanha, quinze no *Coral Sea* e nove na ilha de Guam.
37. Ver "History of the Custody and Deployment of Nuclear Weapons: July 1945 through September 1977", Office of the Assistant to the Secretary of Defense (Atomic Energy), fev. 1978 (ULTRASSECRETO/DADOS RESTRITOS /liberado), p. 13.
38. Citado em Kohn e Harahan, *Strategic Air Warfare*, p. 92.
39. Citado em ibid., p. 93.
40. Desde o tempo do Projeto Manhattan vinham sendo patenteadas inovações no design de armas nucleares. Para um fascinante relato sobre como um procedimento legal originalmente criado para assegurar o conhecimento público passou a ser usado para negar esse conhecimento, ver Alex Wellerstein, "Patenting the Bomb: Nuclear Weapons, Intellectual Property, and Technological Control", *Isis*, v. 99, n. 1 (mar. 2008), pp. 57-87.
41. Citado em Hansen, *Swords of Armageddon*, v. 1, p. 182.
42. Citado em Anne Fitzpatrick, "Igniting the Elements: The Los Alamos Thermonuclear Project, 1942-1952" (tese, Los Alamos National Laboratory, LA-13577-T, jul. 1999), p. 121.
43. O esforço para criar uma bomba de hidrogênio não só dependeu do uso de computadores eletrônicos para cálculos em alta velocidade, mas também ajudou a trazer ao mundo essas máquinas. Para a ligação inextricável entre desenho de armas termonucleares e a ciência da computação nos Estados Unidos no pós-guerra, ver "Nuclear Weapons Laboratories and the Development of Supercomputing", em Donald MacKenzie, *Knowing Machines: Essays on Technical Change* (Cambridge, MA: MIT Press, 1998), pp. 99-129; "Why Build Computers? The Military Role in Computer Research", em Paul N. Edwards, *The Closed World: Computers and the Politics of Discourse in Cold War America* (Cambridge, MA: MIT Press, 1996), pp. 43-73; Francis H. Harlow e N. Metropolis, "Computing and Computers: Weapons Simulation Leads to the Computer Era", *Los Alamos Science*, inverno-primavera 1983, pp. 132-41. Herbert L. Anderson, "Metropolis, Monte Carlo, and the MANIAC, *Los Alamos Science*, outono 1986, pp. 96-107; N. Metropolis, "The Age of Computing: A Personal Memoir", *Daedalus, A New Era in Computation*, v. 121, n. 1 (1992), pp. 119-30; Fitzpatrick, "Igniting the Elements", pp. 99-173.
44. Ver "Progress Report to the Joint Committee on Atomic Energy, Part III: Weapons", United States Atomic Energy Commission, jun.-nov. 1952 (ULTRASSECRETO/DADOS RESTRITOS/liberado), p. 5.
45. Citado em Hansen, *Swords of Armageddon*, v. 3, p. 67.
46. Ver Appendix A, Summary of Available Crater Data, em "Operation Castle, Project 3.2:

Crater Survey, Headquarters Field Command, Armed Forces Special Weapons Project", jun. 1955 (SECRETO/DADOS ANTERIORMENTE RESTRITOS/liberado), p. 60.

47. Citado em "Operation Ivy 1952", United States Atmospheric Nuclear Weapons Tests, Nuclear Test Personnel Review, Defense Nuclear Agency, DNA 6036F, 1 dez. 1982, p. 17.

48. Para as observações de Truman, ver "Text of President's Last State of Union Message to Congress, Citing New Bomb Tests", *New York Times*, 8 jan. 1953.

49. Para um excelente relato sobre o estudo, ver David C. Elliott, "Project Vista and Nuclear Weapons in Europe", *International Security*, v. 11, n. 1 (verão 1986), pp. 163-83.

50. Citado em May et al., "History of Strategic Arms Competition", parte 1, p. 140.

51. Citado em ibid., p. 139.

52. Ibid., p. 172.

53. Citado em Kai Bird e Martin J. Sherwin, *American Prometheus: The Triumph and Tragedy of J. Robert Oppenheimer* (Nova York: Vintage 2006), p. 445.

54. Citado em Elliot, "Project Vista", p. 172.

55. "Remarks: General Curtis E. LeMay at Commander's Conference", Wright-Patterson Air Force Base, jan. 1956 (ULTRASSECRETO/liberado), NSA, p. 17.

56. Para o pensamento que fundamenta a contraforça, ver T. F. Walkowicz, "Strategic Concepts for the Nuclear Age", *Annals of the American Academy of Political and Social Science*, v. 299, Air Power and National Security, maio 1955, pp. 118-27, e Alfred Goldberg, "A Brief Survey of the Evolution of Ideas about Counterforce", preparado para US Air Force Project RAND, Memorandum RM-5431-PR, out. 1967 (rev. mar. 1981), NSA.

57. Citado em Futrell, *Ideas*, v. 1, p. 441.

58. Citado em Richard G. Hewlett e Jack M. Holl, *Atoms for Peace and War, 1953-1961: Eisenhower and the Atomic Energy Commission* (Berkeley: University of California Press, 1989), p. 3.

59. "A Report to the National Security Council by the Executive Secretary on Basic National Security Policy", NSC 162/2, 30 out. 1953 (ULTRASSECRETO/liberado), p. 22.

60. "Text of President Eisenhower's State of the Union", *Washington Post*, 8 jan. 1954.

61. "Text of Dulles' Statement on Foreign Policy of Eisenhower Administration", *New York Times*, 13 jan. 1954.

62. O nome da nova estratégia obscureceu o fato de que o tenente-brigadeiro LeMay e o Comando Aéreo Estratégico não tinham intenção de permitir que os Estados Unidos fossem atacados primeiro. Para as ideias de Eisenhower sobre as armas nucleares e a ameaça que a União Soviética parecia representar, ver Samuel F. Wells Jr., "The Origins of Massive Retaliation", *Political Science Quarterly*, v. 96, n. 1 (primavera 1981), pp. 31-52; e Richard K. Betts, "A Nuclear Golden Age? The Balance before Parity", *International Security*, v. 11, n. 3 (inverno 1986), pp. 3-32.

63. Em 1952, o Comando Aéreo Estratégico possuía 1638 aviões e empregava 166 021 pessoas; em 1956 possuía 3188 e empregava 217 279. Citado em Norman Polmar (Org.), *Strategic Air Command: People, Aircraft, and Missiles* (Annapolis, MD: Nautical and Aviation Company of America, 1979), pp. 28, 44.

64. Segundo o historiador A. J. Bacevich, em 1953 Eisenhower ordenou um corte de 13 bilhões para 10,2 bilhões de dólares no orçamento do Exército para o ano fiscal de 1955 e reduziu o efetivo de 1,54 milhão de soldados para 1,164 milhão. Ver Bacevich, "The Paradox of Profes-

sionalism: Eisenhower, Ridgway, and the Challenge to Civilian Control, 1953-1955", *Journal of Military History*, v. 61, n. 2 (abr. 1997), p. 314.

65. Citado em ibid., p. 321.

66. Para o número de armas que o Exército queria e como esperava usá-las, ver "History of the Custody and Deployment", p. 50.

67. Para a definição da frase, ver "History of the Early Thermonuclear Weapons: Mks 14, 15, 16, 17, 24 e 29", Information Research Division, Sandia National Laboratories, RS 3434/10, jun. 1967 (SECRETO/DADOS RESTRITOS/liberado), p. 17.

68. Ver ibid., p. 15; Hansen, *Swords of Armageddon*, v. 2, pp. 119-20, 262.

69. Entrevista de Agnew.

70. Ibid.

71. Para detalhes do programa, ver John Gimbel, "US Policy and German Scientists: The Early Cold War", *Political Science Quarterly*, v. 101, n. 3 (1986), pp. 433-51; Linda Hunt, *Secret Agenda: The United States Government, Nazi Scientists, and Project Paperclip, 1945 to 1990* (Nova York: St. Martin's, 1991); Tom Bower, *The Paperclip Conspiracy: The Hunt for the Nazi Scientists* (Boston: Little, Brown, 1987).

72. LeMay, *Mission with LeMay*, p. 398.

73. Entrevista de Agnew.

74. Entrevista de Peurifoy.

75. Citado em Hansen, *Swords of Armageddon*, v. 3, p. 56.

76. Bernard O'Keefe e um amigo jogaram cara ou coroa para decidir quem teria de desarmar o dispositivo nuclear. O'Keefe perdeu, entrou em um jipe e seguiu para a torre. Ver O'Keefe, *Nuclear Hostages*, pp. 154-6.

77. Citado em ibid., p. 178.

78. Ibid.

79. Ibid., p. 179.

80. Citado em Hewlett e Holl, *Atoms for Peace*, p. 174.

81. Citado em ibid.

82. A cratera aberta pela explosão tinha em torno de 2 mil metros de largura e profundidade máxima de oitenta metros. Como me explicaram Bob Peurifoy e seu filho Steve, também engenheiro, a cratera era "um cone circular reto invertido com alto alongamento". O volume desse cone é um terço da área da base multiplicado pela altura. Segundo os cálculos dos Peurifoy, o volume da cratera Bravo era de aproximadamente 60 milhões de metros cúbicos — e considerando o peso de um metro cúbico de solo superficial arenoso, a quantidade de material desalojado pela explosão pesava cerca de 90 milhões de toneladas. Para ter uma noção visual dessa quantidade, imagine um monte de areia e coral do tamanho de um campo de futebol com onze quilômetros de altura. Sou grato aos Peurifoy por esses números. Para as dimensões da cratera formada pelo teste Bravo, ver "Operation Castle, Crate Survey", p. 24.

83. A nuvem em forma de cogumenlo atingiu uma altura máxima de aproximadamente 95 mil metros e largura de 107 mil metros. Ver Vincent J. Jodoin, "Nuclear Cloud Rise and Growth" (dissertação, Graduate School of Engineering, Air Force Institute of Technology, Air University, jun. 1994), p. 89.

84. Para uma excelente explicação sobre como é criada a radiação residual, quanto tempo

ela pode durar e o que ela pode fazer aos seres humanos, ver Glasstone, *Effects of Nuclear Weapons*, pp. 414-501, 577-663.

85. Ver ibid., pp. 416-42.
86. Ver ibid., p. 461.
87. Ver ibid., pp. 473-88.
88. Ver ibid., pp. 460-1; Hewlett e Holl, *Atoms for Peace*, pp. 171-82, 271-9.
89. Ver Hewlett e Holl, *Atoms for Peace*, p. 174.
90. A história da desafortunada tripulação se encontra em ibid., pp. 175-7; e Ralph E. Lapp, *The Voyage of the Lucky Dragon* (Nova York: Harper & Brothers, 1958).
91. O mapa encontra-se em Hewlett e Holl, *Atoms for Peace*, p. 181.
92. Ibid., p. 182. Em uma área de aproximadamente 15 mil quilômetros quadrados — cerca de 220 quilômetros de comprimento por sessenta de largura —, a taxa de mortes para quem não deixasse o lugar ou não encontrasse abrigo beiraria os 100%. Ver Glasstone, *Effects of Nuclear Weapons*, p. 461.
93. Em vez de significantes numéricos, os britânicos criavam diversos nomes evocativos para suas armas atômicas, por exemplo "Pavão Azul", uma mina atômica terrestre, "Aço Azul", um míssil aéreo com ogiva termonuclear, "Queijo Verde", um míssil antinavio proposto com uma ogiva atômica, "Martelo Índigo", uma pequena ogiva atômica para uso com mísseis antiaéreos, "Barba Ruiva", uma bomba estratégica, "Tony", uma ogiva atômica usada em mísseis antiaéreos, e "Búzio", uma ogiva atômica criada para a Marinha Real. Uma lista completa delas encontra-se em Richard Moore, "The Real Meaning of the Words: A Pedantic Glossary of British Nuclear Weapons", UK Nuclear History Working Paper, n. 1, Mountbatten Centre for International Studies (mar. 2004).
94. Citado em ibid., p. 3.
95. Citado em "Debate in House of Commons, 5 abr. 1954", *Hansard*, v. 526, p. 48.
96. Para detalhes do relatório, ver Jeff Hughes, "The Strath Report: Britain Confronts the H-Bomb, 1954-1955", *History and Technology*, v. 19, n. 3 (2003), pp. 257-75; Robin Woolven, "UK Civil Defence and Nuclear Weapons, 1953-1959", UK Nuclear History Working Paper, n. 2, Mountbatten Centre for International Studies (s.d.); Peter Hennessy, *The Secret State: Whitehall and the Cold War* (Nova York: Penguin, 2003), pp. 132-46.
97. Citação de um relatório da inteligência apresentado a Strath. Ver Hennessy, *Secret State*, p. 133.
98. Citado em Hughes, "The Strath Report", p. 268.
99. Ver Hennessy, *Secret State*, p. 121.
100. Ver Hughes, "The Strath Report", p. 270.
101. Citado em ibid., p. 269.
102. Para o funcionamento da lei marcial proposta, ver Hennessy, *Secret State*, p. 139; Hughes, "The Strath Report", p. 270.
103. Citado em Hughes, "The Strath Report", p. 270.
104. Ibid., pp. 272-3.
105. Citado em Hennessy, *Secret State*, p. 54.
106. Citado em ibid., p. 44.
107. Citado em Allen Drury, "US Stress on Speed", *New York Times*, 12 mar. 1955.

108. Citado em ibid.

109. "Survival under Atomic Attack", The Official us Government Booklet, Distributed by Office of Civil Defense, State of California, Reprint by California State Printing Division, out. 1950, p. 4.

110. Ibid., p. 8.

111. Ibid., p. 8.

112. Ibid., p. 19.

113. Ibid., p. 23.

114. Ibid., p. 27.

115. Ver Anthony Levieros, "Big Bomb Blast Jolted Civil Defense Leaders; But Program Still Lags", *New York Times*, 10 jun. 1955.

116. Ver Bernard Stengren, "Major Cities Lag in Planning Defense against Bomb Attack", *New York Times*, 12 jun. 1955.

117. Os historiadores Guy Oakes e Andrew Grossman argumentaram que o objetivo básico da Operação Alerta e outros exercícios da defesa civil era "administrar as emoções" — tranquilizar o público a fim de manter o apoio à dissuasão nuclear. O valor desses exercícios como propaganda era considerado muito mais importante do que sua possível utilidade durante um ataque soviético. Ver Guy Oakes e Andrew Grossman, "Managing Nuclear Terror: The Genesis of American Civil Defense Strategy", *International Journal of Politics, Culture, and Society*, v. 5, n. 3 (1992), pp. 361-403; Guy Oakes, "The Cold War Conception of Nuclear Reality: Mobilizing the American Imagination for Nuclear War in the 1950's", *International Journal of Politics, Culture, and Society*, v. 6, n. 3 (1993), pp. 339-63. Para um resumo das medidas oficiais para proteger a capital do país, literal e simbolicamente, ver David F. Krugler, *This is Only a Test: How Washington DC Prepared for Nuclear War* (Nova York: Palgrave Macmillan, 2006).

118. Para o ataque imaginário e a estimativa sobre a carnificina, ver Anthony Leviero, "H-Bombs Test us Civil Defense", *New York Times*, 16 jun. 1955; Edward T. Folliard, "Tests over us Indicate Centers Might Suffer Heavily in Raid", *Washington Post*, 16 jun. 1955.

119. Ver Anthony Leviero, "us H-Bomb Alert Today; Eisenhower, Top Officials among 15,000 Slated to Leave Capital", *New York Times*, 15 jun. 1955.

120. Citado em Anthony Leviero, "Mock Martial Law Invoked in Bombing Test Aftermath", *New York Times*, 17 jun. 1955.

121. Citado em ibid.

122. As estimativas de baixas para o centro da cidade foram bem específicas: 2 991 285 mortos e 1 776 889 feridos. No entanto, esses números não ofuscaram o relato otimista sobre o exercício. Citado em Peter Kihss, "City Raid Alert Termed a Success", *New York Times*, 16 jun. 1955.

123. Citado em Anthony Leviero, "Eisenhower Hails Operation Alert as Encouraging", *New York Times*, 18 jun. 1955.

124. Citado em ibid.

125. Citado em Betts, "A Nuclear Golden Age?", pp. 3-32.

126. Segundo o *Oxford English Dictionary*, a palavra apareceu impressa pela primeira vez em 21 de junho de 1953, em um jornal do Alabama, o *Birmingham News*.

127. Li uma versão editada dessa citação em Betts, "Nuclear Golden Age?", p. 14, depois

procurei o original em Robert H. Ferrell (Org.), *The Eisenhower Diaries* (Nova York: W. W. Norton, 1981), p. 311.

128. Em uma reunião na Casa Branca, Eisenhower se descontrolou, esmurrou a mesa e bradou: "Vejam vocês, a única coisa que tememos realmente é um ataque atômico aéreo às nossas cidades. Caramba! Seria uma grande besteira falar em mandar soldados para fora do país quando quinze das nossas cidades estivessem em ruínas. Teríamos desordem e o caos quase total nas cidades e nas estradas ao redor delas. Seria preciso restaurar a ordem, e quem iria restaurá-la? Acham que a polícia e o corpo de bombeiros dessas cidades seriam capazes de restaurar a ordem? Que nada! A ordem terá de ser restaurada por Forças Armadas disciplinadas". Segundo o secretário de imprensa de Eisenhower, a sala mergulhou no silêncio e podia-se ouvir se um alfinete caísse. Citado em "Diary Entry by the President's Press Secretary (Hagerty)", Washington, DC, 1 fev. 1955, United States State Department, *Foreign Relations of the United States, 1955-1957*, v. 19, *National Security Policy* (Washington, DC, US Government Printing Office, 1990), pp. 39-40.

129. Citado em Gregg Herken, *Counsels of War* (Nova York: Oxford University Press, 1987), p. 116.

PARTE TRÊS — ACIDENTES ACONTECERÃO

RISCOS ACEITÁVEIS [pp. 175-202]

1. Para um excelente relato sobre o serviço militar de Stewart, ver Starr Smith, *Jimmy Stewart: Bomber Pilot* (Minneapolis: Zenith Press, 2005).
2. Citado em ibid., p. 263.
3. O oficial era o coronel Ramsay Potts, comandante do 453º Grupo de Bombardeio. Citado em ibid., p. 125.
4. Para as origens do filme, ver Hedda Hopper, "General LeMay Briefs Stewart for Film", *Los Angeles Times*, 27 dez. 1952. O filme também é mencionado com algum detalhamento no capítulo "The Heyday of SAC: The High Point of the Popular Culture Crusade", em Steve Call, *Selling Air Power: Military Aviation and Popular Culture after World War II* (College Station, TX: Texas A&M University Press, 2009), pp. 100-31.
5. Ver Ernest Havemann, "Toughest Cop of the Western World", *Life*, 14 jun. 1954.
6. Citado em ibid.
7. Ver A. J. Wohlstetter, F. S. Hoffman, R. J. Lutz e H. S. Rowen, "Selection and Use of Strategic Bases", relatório preparado para United States Air Force Project RAND, R-266, abr. 1954 (SECRETO/liberado).
8. O oficial era o tenente-brigadeiro Jack J. Catton, que serviu com LeMay por dezesseis anos. Citado em Kohn e Harahan, *Strategic Air Warfare*, p. 97.
9. Ver Thomas M. Coffey, *Iron Eagle: The Turbulent Life of General Curtis LeMay* (Nova York: Crown Publishers, 1986), p. 342.
10. Citado em Wainstein et al., "Evolution of US Command and Control", p. 257.
11. Ver Hansen, *Swords of Armageddon*, v. IV, pp. 160-2.

12. Para os resultados da Operação Tailwind, ver Wainstein et al., "Evolution of US Command and Control", pp. 103-4.

13. A CIA admitiu seu erro posteriormente; os dez que passaram voando eram os dez únicos que existiam. Ver Donald P. Steury (Org.), *Intentions and Capabilities: Estimates on Soviet Strategic Forces, 1953-1983* (Washington, DC: History of Staff, Center for the Study of Intelligence, Central Intelligence Agency, 1996), p. 5.

14. O tenente-brigadeiro LeMay afirmou publicamente que os soviéticos já possuíam muitos — e ele talvez até acreditasse nisso. Durante um pronunciamento ultrassecreto a seus oficiais, LeMay disse que a União Soviética em breve fabricaria trezentos novos bombardeiros por ano. Para a estimativa dos cem, ver "Bison vs. B-52: LeMay Testifies", *New York Times*, 6 maio 1956. Para sua previsão sobre a produção soviética de bombardeiros, ver "Remarks: Le May at Commander's Conference", p. 13.

15. Citado em "Soviet Gross Capabilities for Attack on the US and Key Overseas Installations and Forces through Mid-1959", National Intelligence Estimate Number 11-56, Submitted by the Director of Central Intelligence, 6 mar. 1956 (ULTRASSECRETO/liberado), p. 3, em *Intentions and Capabilities*, p. 16.

16. Citado em "The Nation: Wilson Stands Ground", *New York Times*, 8 jul. 1956.

17. Nesse caso um Congresso democrata aprovou um importante aumento no gasto com a defesa, não desejado pelo presidente republicano. Ver "Wilson Raps Any Air Fund Boost", *Los Angeles Times*, 22 jun. 1956, e "House-Senate Group Agrees to Hike Air Force Budget by $900 Million", *Wall Street Journal*, 29 jun. 1956.

18. Em 1958 a União Soviética possuía cerca de cinquenta bombardeiros Bison e 105 Bears. Citado em May et al., "History of Strategic Arms Competition", p. 186.

19. Em 1959 o SAC possuía 488 bombardeiros B-52 e 1366 B-47. Ver Polmar, *Strategic Air Command*, p. 61.

20. Citado em Wainstein et al., "Evolution of US Command and Control", p. 201.

21. Citado em ibid., p. 203.

22. Citado em ibid., p. 207.

23. Aproximadamente 460 mil toneladas foram transportadas para o Ártico em barcaças, aviões e trenós puxados por tratores. Citado em James Louis Iseman, "To Detect, to Deter, to Defend: The Distant Early Warning (DEW) Line and Early Cold War Defense Policy, 1953-1957)", dissertação, Departamento de História, Kansas State University, 2009, p. 299.

24. Citado em ibid., p. 304.

25. Vi pela primeira vez essa citação em Edwards, *The Closed World*, p. 65. A fonte original é um livro fascinante: Frank Rose, *Into the Heart of the Mind: An American Quest for Artificial Intelligence* (Nova York: Harper & Row, 1984).

26. Acrônimo de Electronic Numerical Integrator and Computer.

27. É difícil exagerar a importância do computador Whirlwind e do sistema de defesa aérea SAGE, que evoluiu desse computador. O historiador Thomas P. Hughes descreveu a criação do SAGE como "uma das principais experiências de aprendizado na história da tecnologia" — tão importante quanto a construção do canal do Erie. Os historiadores Kent C. Redmond e Thomas M. Smith se referiram ao SAGE como "uma inovação tecnológica tão importante que faz dela uma das principais realizações humanas do século XX". No entanto, uma das grandes ironias do SAGE, se-

gundo o historiador Paul N. Edwards, é que ele provavelmente não funcionaria. "Quebrava com facilidade", observou Edwards, "e os testes do sistema em condições de combate real eram manipulados para não revelar suas numerosas falhas." O SAGE criou a moderna indústria da computação e transformou a sociedade — mas provavelmente não teria detectado um ataque de bombardeiro soviético. Para essas citações e descrições de como o SAGE influenciou o futuro, ver Thomas P. Hughes, *Rescuing Prometheus: Four Monumental Projects that Changed the Modern World* (Nova York: Vintage, 1998), p. 15; Kent C. Redmond e Thomas M. Smith, *From Whirlwind to Mitre: The R&D Story of the SAGE Air Defense Computer* (Cambridge, MA: MIT Press, 2000), p. 429; Edwards, *Closed World*, p. 110.

28. Ver Edwards, *Closed World*, p. 101.

29. Citado em Hughes, *Rescuing Prometheus*, p. 51.

30. Ver Redmond e Smith, *From Whirlwind to Mitre*, pp. 436-43; e Edwards, *Closed World*, pp. 99-104.

31. Durante um exercício de comando do SAC em setembro de 1950, o tempo médio de transmissão de mensagens de teletipo foi de quatro horas e 45 minutos. Ver Wainstein et al., "Evolution of US Command and Control", p. 78.

32. Ver ibid., p. 162.

33. Chamava-se SAC 456L System, ou SACCS — Strategic Automated Command and Control System. Foi ativado em 1958, mas só se tornou plenamente operacional em 1963. Ver ibid., pp. 169-70; e "The Air Force and the Worldwide Military Command and Control System, 1961-1965", Thomas A. Sturm, USAF Historical Division Liaison Office, DASMC-66 013484, SHO-S-66/279, ago. 1966 (SECRETO/liberado), NSA, p. 12.

34. Ver Wainstein et al., "Evolution of US Command and Control", p. 170.

35. Citado em "Supersonic Air Transports", Report of the Special Investigating Subcommittee of the Committee on Science and Astronautics, US House of Representatives, Eighty-sixth Congress, Second Session, 1960, p. 47.

36. Ver "Welcome to Strategic Air Command Headquarters", Directorate of Information, Headquarters Strategic Air Command, Offutt Air Force Base (s.d.).

37. Para o bunker de Roosevelt e a construção de um novo bunker para Truman, ver Krugler, *This is Only a Test*, pp. 68-75.

38. Citado em ibid., p. 73.

39. Citado em ibid., p. 70.

40. Para detalhes sobre o Site R, ver ibid., pp. 63-6.

41. O número real era 2200. Citado em Wainstein et al., "Evolution of US Command and Control", p. 232.

42. A Força Aérea via o Site R como um posto de comando militar que devia ser ocupado por aqueles que precisariam dar ordens em tempo de guerra, e não usado como refúgio por autoridades do Pentágono ou por pessoas dispensáveis. Ver ibid., pp. 226-32.

43. Para os detalhes sobre esse bunker e suas operações, ver *This Is Only a Test*, pp. 106-7, 165-6; Ted Gup, "Doomsday Hideaway", *Time*, 9 dez. 1991; e Ted Gup, "The Doomsday Blueprints", *Time*, 10 ago. 1992.

44. Conelrad, um website dedicado à história e cultura da Guerra Fria, obteve cartas de Eisenhower nomeando os homens para servir nesses postos durante uma emergência nacional.

No final, dez homens foram convocados a servir, depois de um ter renunciado ao seu posto. Ver "The Eisenhower Ten", em <www.conelrad.com>.

45. Bill Geerhart, um fundador do website Conelrad, há mais de vinte anos está decidido a obter uma cópia do pronunciamento público de Arthur Godfrey sobre a guerra nuclear. Ver "Arthur Godfrey, the Ultimate PSA" e "The Arthur Godfrey PSA Search: Updated", em <www.conelrad.com>. A existência dessas mensagens de Godfrey e Edward R. Murrow foi mencionada na revista *Time*. Ver "Recognition Value", *Time*, 2 mar. 1953.

46. Ver Ted Gup, "Last Resort: The Ultimate Congressional Getaway", *Washington Post*, 31 maio 1992; Thomas Mallon, "Mr. Smith Goes Underground", *American Heritage*, set. 2000; John Strausbaugh, "A West Virginia Bunker Now a Tourist Spot", *New York Times*, 12 nov. 2006.

47. Antes conhecido como "monte Pony", o local agora é usado pela Biblioteca do Congresso para guardar antigas gravações sonoras e filmes. Ver "A Cold War Bunker Now Shelters Archive", *Los Angeles Times*, 31 ago. 2007.

48. Ver A. L. Shaff, "World War II History Buried in Kindsbach", *Kaiserlautern American*, 1 jul. 2011.

49. Para a história do Quartel-General do Governo Central para Emergência de Guerra, ver Nick McCamley, *Cold War Secret Nuclear Bunkers: The Passive Defense of the Western World during the Cold War* (Barnsley, South Yorkshire: Pen & Sword Military Classics, 2007), pp. 248-77, e Hennessy, *Secret State*, pp. 186-205.

50. Esse detalhe se encontra em Maurice Chittenden, "For Sale: Britain's Underground City", *Sunday Times* (Londres), 30 out. 2005.

51. A AEC adicionou três locais para o arsenal nacional: o Site Dog em Bossier, Louisiana, o Site King em Medina, Texas, e o Site Love em Lake Mead, Nevada.

52. Para o procedimento da transferência, ver Wainstein et al., "Evolution of US Command and Control", pp. 34-5.

53. Ibid., p. 35.

54. Antes de deixar o cargo, Truman concedera formalmente ao Departamento de Defesa a autoridade para ter a custódia de armas nucleares fora do território continental dos Estados Unidos — e dentro dos Estados Unidos "para assegurar a flexibilidade operacional e a prontidão militar". Mas Truman não liberou armas adicionais aos militares. No fim de seu governo, a AEC tinha a custódia de 823 armas nucleares — e os militares controlavam apenas as nove armas mandadas para Guam durante a Guerra da Coreia. A decisão de Eisenhower em junho de 1953 pôs em vigor a nova política, e em poucos anos as Forças Armadas tinham a custódia exclusiva de 1358 armas nucleares, cerca de um terço do arsenal americano. Para o texto da ordem de Eisenhower, ver "History of Custody and Deployment", p. 29. Para o número de armas sob custódia militar e civil durante esses anos, ver Wainstein et al., "Evolution of US Command and Control", p. 34; e, para um relato minucioso sobre a passagem do poder da Comissão de Energia Atômica para o Departamento de Defesa, ver Feaver, *Guarding the Guardians*, pp. 128-63.

55. O secretário da Defesa Charles E. Wilson e os chefes do Estado-Maior Conjunto usaram esse argumento. Ver Feaver, *Guarding the Guardians*, p. 162; "History of Custody and Deployment", p. 37.

56. Em um memorando de 1952 ao secretário do Exército, Nichols argumentou que os Estados Unidos deviam "usar armas atômicas na atual guerra na Coreia assim que a primeira

oportunidade razoável permita". O uso de armas nucleares contra alvos militares na Coreia do Norte e em bases aéreas no nordeste da China poderia, na opinião de Nichols, "precipitar uma guerra importante em um momento no qual temos o maior potencial para vencer com o mínimo de danos para os Estados Unidos". Ver Kenneth D. Nichols, *The Road to Trinity: A Personal Account of How America's Nuclear Policies Were Made* (Nova York: William Morrow, 1987), pp. 291-2.

57. Citado em "History of Custody and Deployment", p. 39.

58. A sigla para esses novos guardiões dos núcleos de reatores era DAECMR, do termo em inglês "Designated Atomic Energy Comission Military Representatives". Ver Feaver, *Guarding the Guardians*, p. 167, e "History of Custody and Deployment", p. 111.

59. Para a lista das bases e dos tipos de armas nucleares que elas guardavam, ver "History of the Strategic Air Command", 1 jan. 1958-30 jun. 1958, Historical Study n. 73, v. I, 1958 (ULTRASSECRETO/DADOS RESTRITOS/liberado), pp. 88-90.

60. Citado em "History of Custody and Deployment", p. 37.

61. Em um incidente, um técnico escorregou durante o teste de uma bomba Mark 6 e puxou acidentalmente seus fios de armar, acionando os detonadores. Ver "Accidents and Incidents Involving Nuclear Weapons: Accidents and Incidents during the Period 1 July 1957 through 31 March 1967", Technical Letter 20-3, Defense Atomic Support Agency, 15 out. 1967 (SECRETO/DADOS RESTRITOS/liberado), p. 1, Accident n. 1 e n. 3; p. 2, Accident n. 5.

62. Para as tentativas de criar armas nucleares com vida útil longa, ver Furman, *Sandia: Postwar Decade*, pp. 660-6; e Leland Johnson, *Sandia National Laboratories: A History of Exceptional Service in the National Interest* (Albuquerque, NM: Sandia National Laboratories, 1997), pp. 57-8.

63. Para a história, os usos e a ciência básica das baterias térmicas, ver Ronald A. Guidotti, "Thermal Batteries: A Technology Review and Future Directions", Sandia National Laboratory, apresentado na 27th International Sampe Technical Conference, 9-12 out. 1995, e Ronald A. Guidotti e P. Masset, "Thermally Activated ('Thermal') Battery Technology, Part I: An Overview", *Journal of Power Sources*, v. 161 (2006), pp. 1443-9.

64. Citado em Guidotti, "Thermal Batteries: A Technological Review", p. 3.

65. Para detalhes sobre o primeiro foguete nuclear ar-ar, ver Hansen, *Swords of Armageddon*, v. VI, pp. 2-50, e Christopher J. Bright, *Continental Defense in the Eisenhower Era: Nuclear Antiaircraft Arms and the Cold War* (Nova York: Palgrave Macmillan, 2010), pp. 65-94.

66. O grupo de Killian se chamava Painel de Capacidades Tecnológicas do Comitê Consultivo de Ciência, e o título de seu relatório era "Meeting the Threat of Surprise Attack".

67. Ver Hansen, *Swords of Armageddon*, v. VI, pp. 45-6.

68. Citado em ibid., p. 46.

69. Citado em ibid., p. 21.

70. Em uma entrevista para a história oral, Harry Jordan, um cientista de Los Alamos, citou depois uma das justificativas para os testes: "As pessoas receavam que essas armas pudessem detonar acidentalmente ao ser transportadas [...] um detonador poderia ser acionado por acidente e liberar energia nuclear na estação ferroviária de Chicago, por exemplo". Ver "Harry Jordan, Los Alamos National Laboratory", National Radiobiology Archives Project, 22 set. 1981, p. 1.

71. Sou grato a Bob Peurifoy e Harold Agnew por me explicarem os determinantes da segurança de ponto único.

72. Harry Jordan chamou-o de "um pequeno incidente nuclear". Embora a energia liberada

fosse inferior a um quiloton, isso revelou que o design da arma não oferecia segurança de ponto único. Ver "Harry Jordan", p. 2.

73. "Plutonium Hazards Created by Accidental or Experimental Low-Order Detonation of Nuclear Weapons", W. H. Langham, P. S. Harris e T. L. Shipman, Los Alamos Scientific Laboratory, LA-1981, dez. 1955 (SECRETO/DADOS RESTRITOS/liberado), p. 34.

74. Citado em Hansen, *Swords of Armageddon*, v. VI, p. 32.

75. "O uso eficaz de ogivas atômicas na defesa aérea", argumentou o relatório Killian, "requer uma doutrina de uso imediato assim que for confirmado um ataque hostil." Essa citação e um exame minucioso da nova política encontram-se em Peter J. Roman, "Ike's Hair-Trigger: US Nuclear Predelegation, 1953-60", *Security Studies*, v. 7, n. 4, pp. 121-64.

76. Citado em ibid., p. 133.

77. Citado em ibid., p. 138.

78. Citado em ibid.

79. Em janeiro de 1952 o presidente Truman autorizou a instalação de bombas atômicas no Marrocos sem o núcleo do reator — e sem a autorização da França. Ver Wainstein et al., "Evolution of US Command and Control", p. 32.

80. "Letter, Herbert B. Loper, assistant to the secretary of defense (Atomic Energy), to Lewis L. Strauss, chairman, Atomic Energy Commission", 18 dez. 1956 (SECRETO/liberado), NSA, p. 1.

81. O texto completo do comunicado à imprensa de Wilson, emitido em 20 de fevereiro de 1957, encontra-se em Hansen, *Swords of Armageddon*, v. VI, pp. 37-8. Essa citação está na p. 37.

82. Ibid., p. 38.

83. "National Affairs: The A-Rocket", *Time*, 29 jul. 1957.

84. Ver "The Origins and Evolution of S²C at Sandia National Laboratories 1949-1996", William L. Stevens, consultor do Surety Assessment Center, Sandia National Laboratories, SAND 99-1308, set. 2001 (SOMENTE USO OFICIAL).

85. Esses detalhes provêm de "Quarles Held a Unique Niche", *Washington Post and Times Herald*, 9 maio 1959; "Donald A. Quarles, Secretary of the Air Force", Department of the Air Force, Office of Information Services, maio 1956, NSA; George M. Watson, *The Office of the Secretary of the Air Force, 1947-1965* (Washington, DC: Center for Air Force History, 1993), pp. 149-63.

86. Ver Stevens, "Origins and Evolutions of S²C at Sandia", p. 30.

87. Ver "A Survey of Nuclear Weapon Safety Problems and the Possibilities for Increasing Safety in Bomb and Warhead Design", preparado pela Sandia Corporation com consultoria e assistência do Los Alamos Scientific Laboratory e do Ernest O. Lawrence Radiation Laboratory, da Universidade da Califórnia, RS 3466/26889, fev. 1959 (SECRETO/DADOS RESTRITOS/liberado), p. 10.

88. Citado em ibid., p. 15.

89. Citado em ibid.

90. Ver ibid., p. 16.

91. Ver ibid.

92. Para uma descrição do acidente, ver Michael H. Magglet e James C. Oskins, *Broken Arrow: The Declassified History of US Nuclear Weapons Accidents* (Raleigh, NC: Lulu, 2007), pp. 33-44, e Norman S. Leach, *Broken Arrow: America's First Lost Nuclear Weapon* (Calgary, Ontario, Canadá: Red Deer, 2008), pp. 75-111.

93. Ver "Accidents and Incidents Involving Nuclear Weapons", p. 1, acidente n. 1.

94. Ver ibid., p. 8, incidente n. 1.

95. Segundo um estudo do Armed Forces Special Weapons Project publicado em 1958, "choques extremos podem causar falha de um ou mais dos dispositivos de segurança e componentes de ogiva atualmente em uso, o que poderia contribuir para uma detonação nuclear em escala total, sobretudo se a unidade X já estiver carregada". Ver "A Study on Evaluation of Warhead Safing Devices", Headquarters Field Command, Armed Forces Special Weapons Project, FC/03580460, 31 mar. 1958 (SECRETO/DADOS RESTRITOS/liberado), p. 18.

96. Ver "Vulnerability Program Summary: Joint DOD-AEC Weapon Vulnerability Program", Armed Forces Special Weapons Project, FC/010 maio 1958 (SECRETO/DADOS RESTRITOS/liberado), p. 44.

97. Para a história da queda do avião e suas consequências, ver Jim Houk, "The Travis Crash Exhibit", *Travis Air Museum News*, v. XVII, n. 3 (1999), pp. 1, 5-11; John L. Frisbee, "The Greater Mark of Valor", *Air Force Magazine*, fev. 1986; e o relatório sobre o acidente reproduzido em Maggelet e Oskins, *Broken Arrow*, pp. 65-77.

98. Citado em "Bomb-Laden B-29 Hits Trailer Camp; 17 Killed, 60 Hurt", *New York Times*, 7 ago. 1950.

99. Vi pela primeira vez a notícia desse acidente em um documento obtido pelo National Security Archive: "B-47 Wreckage at Lakenheath Air Base", mensagem telegráfica transmitida por cabo, T-5262, 22 jul. 1956 (SECRETO/liberado). O relatório do acidente é reproduzido em Maggelet e Oskins, *Broken Arrow*, pp. 85-7.

100. "B-47 Wreckage at Lakenheath Air Base."

101. Morgenstern fez essa afirmação em 1959. Citado em Joel Larus, *Nuclear Weapons Safety and the Common Defense* (Columbus, OH: Ohio State University, 1967), pp. 17-8.

102. "A Survey of Nuclear Weapons Safety Problems", p. 14.

103. Apesar de não ter obtido o estudo do Exército, suas conclusões são examinadas em "Acceptable Premature Possibilities for Nuclear Weapons", Headquarters Field Command, Armed Forces Special Weapons Project, FC/10570136, 1 out. 1957 (SECRETO/DADOS RESTRITOS/liberado).

104. Ver ibid., p. 4.

105. Ibid.

106. Ibid.

107. Ibid.

108. Ibid., p. 6.

109. Ibid.

110. Ibid., p. 13.

111. Para uma arma nuclear com força explosiva superior a dez quilotons, removida do arsenal atômico, o estudo propôs uma taxa de detonação acidental de uma em 50 mil no decorrer de dez anos. Portanto, pôr essas armas em "operações de manuseio, manutenção e teste" diminuía a probabilidade de detonação para uma em cinco a cada década. Ver ibid., p. 14.

112. Para uma arma nuclear com força explosiva inferior a dez quilotons, removida do arsenal atômico, o estudo propôs uma taxa de detonação acidental de uma em 10 mil por arma no decorrer de dez anos. Se os Estados Unidos possuíssem 10 mil dessas armas, no mínimo uma delas muito provavelmente detonaria por acidente nesse período. Ver ibid., p. 14.

113. Ver "Factors Affecting the Vulnerability of Atomic Weapons to Fire, Full Scale Test Report No. 2", Armour Research Foundation of Illinois Institute of Technology, para o Air Force

Special Weapons Center, fev. 1958 (SECRETO/DADOS RESTRITOS/liberado), e "Vulnerability Program Summary", pp. 10-20, 58-60.

114. Citado em "Vulnerability Program Summary", p. 59.

115. Um breve ensaio biográfico sobre Carlson — que defendeu ardorosamente a segurança das armas nucleares, demitiu-se do Sandia devido à frustração com a segurança de ponto único e mais tarde se suicidou — encontra-se em Stevens, "Origins and Evolution of S²C at Sandia", p. 236.

116. "A Survey of Nuclear Weapon Safety Problems", p. 28.

117. Ver ibid., pp. 21-7.

118. Ibid., p. 51.

119. Peter Douglas Feaver explica sucintamente e define o "problema sempre/nunca" de controlar armas nucleares em seu livro *Guarding the Guardians*, pp. 12-20, 28-32.

120. Citado em "A Survey of Nuclear Weapon Safety Problems", p. 13.

121. Citado em ibid.

COMBINAÇÃO ÓTIMA [pp. 203-36]

1. "Text of Soviet Statement", *New York Times*, 27 ago. 1957.

2. Alguns especialistas supuseram, erroneamente, que os bipes fossem parte de um código secreto soviético. Ver Marvin Miles, "Russ Moon's Code Sending Analyzed", *Los Angeles Times*, 9 out. 1957.

3. Ver Max Frankel, "Satellite Return Seen as Soviet Goal", *New York Times*, 16 nov. 1957.

4. Como outros cães espaçonautas da União Soviética, Laika era uma vira-lata pega nas ruas de Moscou. Ela morreu por excesso de calor na cápsula. Ver Carol Kino, "Art: Boldly, Where No Dog Had Gone Before", *New York Times*, 4 nov. 2007.

5. Citado em "Rocket Race: How to Catch Up", *New York Times*, 20 out. 1957.

6. Citado em "Why Did US Lose the Race? Critics Speak Up", *Life*, 21 out. 1957.

7. Para um excelente relato sobre como o *Sputnik* afetou rivalidades políticas e burocráticas não só nos Estados Unidos mas também na União Soviética, ver Matthew Brzenzinski, *Red Moon Rising: Sputinik and the Hidden Rivalries That Ignited the Space Age* (Nova York: Henry Holt, 2007). A citação de George Reedy está na página 213.

8. Citado em ibid., p. 182.

9. Citado em Christopher A. Preble, "Who Ever Believed in the 'Missile Gap'?: John F. Kennedy and the Politics of National Security", *Presidential Studies Quarterly*, v. 33, n. 4 (dez. 2003), p. 806.

10. Essas citações encontram-se em um relatório preparado pela CIA para o presidente recém-eleito, John F. Kennedy: "Compendium of Soviet Remarks on Missiles", 28 fev. 1961 (SECRETO/liberado), NSA.

11. Citado em Mark Kramer, "The Soviet Union and the 1956 Crises in Hungary and Poland: Reassessments and New Findings", *Journal of Contemporary History*, v. 33, n. 2 (abr. 1988), p. 210.

12. Citado em ibid., p. 211.

13. O relatório intitula-se "Deterrence & Survival in the Nuclear Age", Security Resources Panel of the Science Advisory Committee, 7 nov. 1957 (ULTRASSECRETO/liberado), NSA.

14. Citado em Robert J. Donovon, "Killian Missile Czar: Ike Picks MIT Head to Rush Research Development", *Daily Boston Globe*, 8 nov. 1957.

15. Citado em "Excerpts from the Comments of Senator Johnson, Dr. Teller, and D. Bush", *New York Times*, 26 nov. 1957.

16. Stewart Alsop, "We Have Been Warned", *Washington Post and Times Herald*, 25 nov. 1957.

17. Wainstein et al., "Evolution of US Command and Control", p. 218. Para a ciência em que se baseia o Sistema de Alarme de Bombas, ver "Operation Dominic II, Shot Small Boy, Project Officers Report — Project 7.14: Bomb Alarm Detector Test", Cecil C. Harvell, Defense Atomic Support Agency, 19 abr. 1963 (CONFIDENCIAL/DADOS ANTERIORMENTE RESTRITOS/liberado).

18. Para as origens e o funcionamento do alerta em terra do SAC, ver "The SAC Alert Program, 1956-1959", Headquarters, Strategic Air Command, jan. 1960 (SECRETO/liberado), NSA, pp. 1-79, e "History of the Strategic Air Command, 1 January 1958-30 June 1958", pp. 25-57.

19. Em suas memórias, Power menosprezou o papel das Forças Armadas na manutenção da paz, na defesa da segurança nacional e na manutenção da dissuasão. "Deixando de lado o palavreado bonito e as evasivas acadêmicas", ele escreveu, "a razão básica para termos forças armadas é para que executem duas tarefas: matar pessoas e destruir as obras do homem." Ver Thomas S. Power, com Albert A. Arnhym, *Design for Survival* (Nova York: Coward-McCann, 1965), p. 229.

20. Citado em Coffey, *Iron Eagle*, p. 276.

21. Para as origens dessa estratégia ousada, ver "The SAC Alert Program, 1956-1959", pp. 80-140, e "History of Strategic Air Command, June 1958-July 1959", Historical Study n. 76, v. I, Headquarters, Strategic Air Command (SECRETO/DADOS RESTRITOS/liberado), pp. 107-36.

22. A ideia de depender de procedimentos de falha segura para enviar bombardeiros à União Soviética foi proposta pela primeira vez em um relatório da RAND em 1956. Ver "Protecting US Power to Strike Back in the 1950's and 1960's", A. J. Wohlstetter, F. S. Hoffman, H. S. Rowen, US Air Force Project RAND, R-290, 1 set. 1956 (SOMENTE PARA USO OFICIAL), pp. 59-62. Para a adoção da falha segura pelo SAC, ver "History of the Strategic Air Command, 1 January 1958-30 June 1958", pp. 66-74.

23. Citado em "Alert Operations and Strategic Air Command 1957-1991", Office of the Historian, Headquarters Strategic Air Command, 7 dez. 1991, p. 7. Power fez a observação em uma entrevista coletiva à imprensa em Paris, e a bravata preocupou alguns aliados dos americanos na Otan. Ver "Lloyd Defends H-Bomb Patrols by US", *Washington Post and Times Herald*, 28 nov. 1957.

24. Entrevista de Peurifoy. Ver também "A Review of the US Nuclear Weapon Safety Program — 1945 to 1986", R. N. Brodie, Sandia National Laboratories, SAND86-2955, fev. 1987 (SECRETO/DADOS RESTRITOS/liberado), p. 11.

25. "A Survey of Nuclear Weapon Safety Problems", p. 53.

26. Segundo a Força Aérea, "havia 15% de probabilidade de dezoito toneladas de liberação de energia nuclear em caso de detonação de ponto único de uma arma que requeria a inserção de uma cápsula durante o voo". A Força Aérea também afirmou que, "com a arma de núcleo selado,

o risco do plutônio não era significativo". Ver "History of the Strategic Air Command, 1 January 1958-30 June 1958", pp. 78-9.

27. É o que consta na história oficial do SAC. Ver ibid., p. 82.

28. Citado em ibid., p. 83.

29. Citado em ibid.

30. Citado em ibid.

31. Em um briefing sobre a proposta de alerta no ar em julho de 1958, Eisenhower foi informado de que, durante exercícios do SAC, "nunca foram transportadas de avião armas completamente montadas ou prontas para a guerra". Ver "Briefing for the President on SAC [Strategic Air Command] Operations with Sealed-Pit Weapons", Briefing Paper, 9 jul. 1958 (ULTRASSECRETO/liberado), NSA, p. 2.

32. Em média, o V-2 saía de curso cerca de 6,5 quilômetros durante um voo de 320 quilômetros. Um míssil americano com o mesmo "erro médio" lançado do Colorado com destino a Moscou voaria por cerca de 8 mil quilômetros e erraria o alvo, a capital soviética, por aproximadamente 160 quilômetros. Para a precisão do V-2 e sua importância nos planos da Força Aérea para seus mísseis, ver Donald MacKenzie, *Inventing Accuracy: A Historical Sociology of Nuclear Missile Guidance* (Cambridge, MA: MIT Press, 1993), p. 99.

33. Não era só o tenente-brigadeiro LeMay que julgava que esses aviões eram essenciais; seu sucessor, o tenente-brigadeiro Power, também achava que o SAC precisava de uma Força no Espaço Sideral — uma frota de vinte espaçonaves capazes de transportar armas nucleares e permanecer em órbita próximo à Lua por anos. As espaçonaves seriam propelidas pela detonação de pequenas bombas atômicas. As atividades secretas para construí-la, Projeto Órion, foram financiadas pelo Pentágono de 1958 a 1965. O programa para criar bombardeiros de propulsão nuclear esteve em vigor de 1946 a 1961. Ter um reator nuclear em um avião trazia problemas de engenharia: a blindagem necessária para proteger a tripulação seria pesadíssima; sem ela, a tripulação ficaria exposta a níveis perigosos de radiação; e, se o avião caísse, a área ao redor do local da queda poderia ser seriamente contaminada. Mas o tenente-brigadeiro LeMay acreditava que seria possível superar essas dificuldades. Para a história da Aircraft Nuclear Propulsion (ANP), ver Herbert F. York, *Race to Oblivion: A Participant's View of the Arms Race* (Nova York: Simon & Schuster, 1970), pp. 60-74. Para a tentativa de utilizar a "propulsão de pulso nuclear" para a criação de uma Força no Espaço Sideral, ver George Dyson, *Project Orion: The True Story of the Atomic Spaceship* (Nova York: Henry Holt, 2002), pp. 193-207.

34. Ver "SAC [Strategic Air Command] Position on Missiles", carta do tenente-brigadeiro Curtis LeMay, comandante em chefe do Comando Aéreo Estratégico, ao tenente-brigadeiro Nathan F. Twining, chefe do Estado-Maior da Força Aérea dos Estados Unidos, 26 nov. 1955 (SECRETO/liberado), NSA.

35. Para a feroz guerra burocrática por essas novas armas, ver Michael H. Armacost, *Politics of Weapon Innovation*, e Samuel P. Huntington, "Interservice Competition and the Political Roles of the Armed Services", *American Political Science Review*, v. 55, n. 1 (mar. 1961), pp. 40-52.

36. Por meio de organizações como o Conselho Mundial da Paz e a Federação Mundial de Trabalhadores Científicos, a União Soviética tentou voltar a opinião pública europeia contra as políticas nucleares dos Estados Unidos. Ver Laurence S. Wittner, *Resisting the Bomb, 1954-1970: A*

History of the World Nuclear Disarmament Movement (Stanford: Stanford University Press, 1977), pp. 86-92.

37. Para um excelente relato sobre as demandas conflitantes que se apresentavam ao presidente, ver "Eisenhower and Nuclear Sharing", um capítulo em Marc Trachtenberg, *A Constructed Peace: The Making of the European Settlement, 1945-1963* (Princeton: Princeton University Press, 1999), pp. 146-200.

38. Ver Hansen, *Swords of Armageddon*, v. v, pp. 395-7.

39. Meu relato sobre o acidente se baseia principalmente em "Accidents and Incidents Involving Nuclear Weapons", pp. 4-5, Accident n. 24; "Summary of Nuclear Weapons Incidents (AF Form 1058) and Related Problems, Calendar Year 1958", *Airmunitions Letter*, Headquarters, Ogden Air Material Area, 23 jun. 1960 (SECRETO/DADOS RESTRITOS/liberado), p. 13; e entrevistas com projetistas de armas familiarizados com o evento.

40. O fator temporal da arma era de apenas três minutos. Ver "Vulnerability Program Summary", p. 58.

41. Um relatório sobre o acidente afirmou que a evacuação foi motivada pela "possibilidade de liberação de energia nuclear". Ver "Summary of Nuclear Weapons Incident, 1958", p. 13.

42. Ibid.

43. Ibid.

44. Um relatório sobre o acidente menciona "partículas alfa" e "poeira" sem identificar a fonte: plutônio. Ver "Accidents and Incidents Involving Nuclear Weapons", p. 5.

45. A citação é uma paráfrase do Departamento de Estado sobre o que a Força Aérea queria dizer. Ver "Sidi Slimane Air Incident Involving Plane Loaded with Nuclear Weapon", 31 jan. 1958 (SECRETO/liberado), NSA, p. 1.

46. Ver ibid.

47. A citação é um resumo da opinião de uma autoridade do Departamento de Estado mencionada em "Sidi Slimane Air Incident", p. 2.

48. "Letter, from B. E. L. Timmons, director, Office of European Regional Affairs, us State Department, to George L. West, political adviser", USEUCOM, 28 fev. 1958 (SECRETO/liberado), NSA.

49. "Joint Statement by Department of Defense and Atomic Energy Commission", Department of Defense Office of Public Information, 14 fev. 1958, NSA, p. 1.

50. Meu relato sobre o acidente de Mars Bluff se baseia em "Summary of Nuclear Weapons Incidents, 1958", pp. 8-12; "Mars Bluff", *Time*, 24 mar. 1958; "Unarmed Atom Bomb Hits Carolina Home, Hurting 6", *New York Times*, 12 mar. 1958; Clark Rumrill, "Aircraft 53-1876A Has Lost a Device: How the us Air Force Came to Drop an A-Bomb on South Carolina", *American Heritage*, set. 2000. O relato de Rumrill é de longe o melhor e o mais minucioso.

51. O tamanho da cratera varia dependendo da fonte; escolhi as dimensões indicadas em um relatório contemporâneo do acidente. Ver "Summary of Nuclear Weapons Incidents, 1958", p. 8.

52. Citado em Rumrill, "Aircraft 53-1876A Has Lost a Device".

53. Hanson W. Baldwin, "Are We Safe from Our Own Atomic Bombs?", *New York Times*, 16 mar. 1958.

54. Citado em "The Big Binge", *Time*, 24 mar. 1958.

55. Citado em "On the Risk of an Accidental or Unauthorized Nuclear Detonation", Fred

Charles Iklé, com Gerald J. Aronson e Albert Madansky, US Air Force Project RAND, *Research Memorandum*, RM-2251, 15 out. 1958 (CONFIDENCIAL/DADOS RESTRITOS/liberado), p. 65.

56. "'Dead' A-Bomb Hits US Town", Universal Newsreel, Universal-International News, 13 mar. 1958.

57. Projetistas de arma me explicaram os detalhes desse acidente. O brigadeiro Christopher S. Adams — ex-chefe do Estado-Maior do Comando Aéreo Estratégico e diretor associado do Laboratório Nacional de Los Alamos — conta a história em suas memórias, *Inside the Cold War: A Cold Warrior's Reflections* (Maxwell Air Force Base, AL: Air University Press, set. 1999), pp. 112-3.

58. Power, *Design for Survival*, p. 132.

59. Os Estados Unidos informavam a Grã-Bretanha quando mandavam armas nucleares para o Reino Unido, mas não revelavam quando "um avião específico está equipado com armas especiais". Ver "US Bombers in Britain", telegrama de Walworth Barbour, vice-chefe de missão do Departamento de Estado dos Estados Unidos, ao secretário de Estado John Foster Dulles, 7 jan. 1958 (ULTRASSECRETO/liberado), NSA.

60. Alguns membros da CND queriam que a Grã-Bretanha se desarmasse unilateralmente; outros se empenhavam pelo fim dos testes de bombas de hidrogênio e do uso de bases britânicas por aviões americanos. A citação está em uma carta que a organização enviou à rainha Elizabeth. Ver "Marchers' Letter to the Queen", *The Times* (Londres), 23 jun. 1958.

61. Citado em Clare Coulson, "50 Years of the Peace Symbol", *Guardian* (UK), 21 ago. 2008. Holtom também descreve o símbolo como a combinação de duas letras do alfabeto semafórico: N de nuclear e D de desarmamento.

62. Citado em Iklé, "On the Risk of an Accidental Detonation", p. 61.

63. Ver "Excerpts from Statements in Security Council on Soviet Complain Against Flights", *New York Times*, 22 abr. 1958.

64. O relatório foi distribuído em maio de 1958. Ver Iklé, "On the Risk of an Accidental Detonation", pp. 65-6; "CIA Says Forged Soviet Papers Attribute Many Plots to the US", *New York Times*, 18 jun. 1961; Larus, *Nuclear Weapon Safety and the Common Defense*, pp. 60-1.

65. O mecânico acabara de beber seis latas de cerveja depois de levar um fora da namorada britânica de dezesseis anos. Ver "Eight Killed in Plane Crashes", *The Times* (Londres), 14 jun. 1958; "AF Mechanic Killed in Stolen Plane", *Washington Post*, 15 jun. 1948; Iklé, "On the Risk of an Accidental Detonation", p. 66; Larus, *Nuclear Weapon Safety and the Common Defense*, p. 61.

66. Citado em David E. Scherman, "Everybody Blows Up!", *Life*, 8 mar. 1963.

67. George escrevera thrillers durante anos sob pseudônimos diversos. Depois do sucesso de *Alerta vermelho*, ele escreveu outro romance, ainda mais soturno, sobre a ameaça da guerra nuclear e, antes de concluir um terceiro livro sobre o tema, suicidou-se, aos 41 anos. Para a obra de George e sua influência sobre o diretor Stanley Kubrick, ver P. D. Smith, *Doomsday Men: The Real Dr. Strangelove and the Dream of the Superweapon* (Nova York: St. Martin's, 2007), pp. 402-30. Ver também "Peter George, 41, British Novelist: Co-Author of 'Strangelove' Screenplay is Dead", *New York Times*, 3 jun. 1966.

68. Peter Bryant, *Red Alert* (Nova York: Ace, 1958), p. 97.

69. Ibid., p. 80.

70. O presidente Eisenhower achava que o alerta no ar talvez fosse útil em uma emergência,

mas não julgava necessário o Comando Aéreo Estratégico manter bombardeiros no ar o tempo todo. LeMay concordava com o presidente e se preocupava porque o alerta no ar seria caro demais e encurtaria a vida útil de seus bombardeiros B-52. O secretário da Defesa Neil H. McElroy e o tenente-brigadeiro Nathan F. Twining, chefe do Estado-Maior Conjunto, também consideravam desnecessário o alerta no ar em tempo integral. Mas o tenente-brigadeiro Power tornara-o politicamente importante e um símbolo do poder americano. Para as dúvidas de LeMay, ver "The SAC Alert Program, 1956-1959", pp. 94-9, 118-29, e "History of Strategic Air Command, June 1958-July 1959", pp. 114-5. Para a oposição de Eisenhower a tornar permanente o alerta, ver "Editorial Note", documento 53, em United States State Department, *Foreign Relations of the United States: 1958-1960, National Security Policy, Arms Control and Disarmament*, v. III (Washington, DC: Government Printing Office, 1967), p. 201. Para a oposição de Twining e a pressão do Congresso, ver "Memorandum of Conference with President Eisenhower, Februrary 9, 1959", Document 49, em ibid., pp. 49-50.

71. O SAC achava que o termo tinha um "tom mais positivo do que 'falha segura'" e frustraria tentativas soviéticas de voltar a opinião mundial contra o plano. Ver "History of the Strategic Air Command, 1 January 1958-30 June 1958", p. 66.

72. "Briefing for the President on SAC Operations with Sealed-Pit Weapons", p. 8.

73. Ver "Memorandum of Conference with the President, August 27, 1958" (ULTRASSECRETO/liberado), NSA, p. 1.

74. Iklé me explicou minuciosamente como fez seu estudo.

75. Iklé, "On the Risk of an Accidental Detonation", p. iv.

76. Ibid., p. 12.

77. Citado em ibid., p. 48.

78. A taxa de acidentes importantes com B-52 era de cinco a cada 100 mil horas de voo. Citado em ibid., p. 75.

79. Citado em ibid., p. 76.

80. Ibid., p. 10.

81. Ibid., p. 16.

82. Ibid., p. 34.

83. Ibid., p. 102.

84. Ibid., p. 21.

85. Seis mil oficiais de voo eram mandados em missões nucleares na época, e outras 16 mil pessoas testavam, manuseavam ou faziam manutenção de armas. Citado em ibid., p. 32.

86. Ibid., p. 27.

87. Oitenta e oito oficiais e aproximadamente duas vezes mais soldados foram "afastados do serviço ou aposentados" em 1956 devido a transtornos psiquiátricos. Ver ibid., p. 29.

88. Em 1956, a proporção de oficiais da Força Aérea forçados a deixar o serviço devido a transtornos psiquiátricos foi de 0,61 por mil; entre os soldados, a taxa foi o dobro. Essas proporções, aplicadas a cerca de 20 mil indivíduos na Força Aérea que lidavam com armas nucleares na época, sugerem que a cada ano entre dez e vinte pessoas desse grupo sofriam um surto psicótico. Ver ibid., p. 29.

89. Ibid., pp. 120-49.

90. Ibid., pp. 124-5.

91. Ibid., p. 125.
92. Ibid., pp. 130-1.
93. Ibid., p. 131.
94. Ibid., p. 141.
95. Ibid., p. 134.
96. Ibid., p. 135.
97. Ibid., p. 136.
98. Ibid., p. 137.
99. Citado em ibid., p. 90.
100. Ibid., p. 83.
101. Ibid., p. 84.
102. Ibid., p. 95.
103. Ibid., pp. 99-102.
104. "The Aftermath of a Single Nuclear Detonation by Accident or Sabotage: Some Problems Affecting US Policy, Military Reactions, and Public Information", Fred Charles Iklé com J. E. Hill, US Air Force Project RAND, *Research Memorandum*, 8 maio 1959, RM-2364 (SECRETO/DADOS RESTRITOS/liberado), pp. vii, 32.
105. Ibid., p. 62.
106. Ibid., p. 63.
107. Ibid., p. 88.
108. Bob Peurifoy e William L. Stevens, que trabalhavam com o sistema elétrico, contaram-me a história de como essa ogiva se tornou a primeira dotada de um sensor ambiental. Stevens escreve sobre a resistência do Exército à ideia em "Origins and Evolution of S^{2}C at Sandia", pp. 32-4.
109. Citado em "A Summary of the Program to Use Environmental Sensing Devices to Improve Handling Safety Protection of Nuclear Weapons", W. L. Stevens e C. H. Mauney, Sandia Corporation, jul. 1961 (SECRETO/DADOS RESTRITOS/liberado), p. 6. Outro estudo esclarece como isso poderia ser feito: "Um sabotador com conhecimentos sobre a ogiva pode, através de conectores na ogiva, acionar qualquer interruptor armado/seguro com equipamento improvisado". Ver "Evaluation of Warhead Safing Devices", p. 26.
110. Entrevista de Stevens.
111. Entrevista de Peurifoy.
112. Ibid.
113. Minha descrição do desenvolvimento do padrão de segurança de ponto único se baseia em entrevistas com Harold Agnew e Bob Peurifoy e também nos seguintes documentos: "Minutes of the 133rd Meeting of the Fission Weapon Committee", Los Alamos National Laboratory, 30 dez. 1957; "One-Point Safety", carta de J. F. Ney a R. L.Peurifoy Jr., Sandia National Laboratories, 24 maio 1993; e "Origin of One-Point Safety Definition", carta de D. M. Olson a Glen Otey, Sandia National Laboratories, 6 jan. 1993.
114. O objetivo era evitar expor quem trabalhava com a máquina a uma "quantidade de incapacitação imediata" de radiação. Ver "Origin of One-Point Safety Definition", p. 1.
115. Entrevista de Agnew.
116. Ibid.

117. Citado em May et al., "History of Strategic Arms Competition, Part 1", p. 235.

118. Ver "Soviet Capabilities in Guided Missiles and Space Vehicles", NIE 11-5-58 (ULTRASSE-CRETO/liberado), p. 1, em *Intentions and Capabilities*, p. 65.

119. Embora as estimativas variem, em meio à polêmica sobre a disparidade de mísseis o *New York Times* mencionou que os Estados Unidos teriam aproximadamente setenta mísseis de longo alcance até 1961. Citado em Richard Witkin, "US Raising Missile Goals as Critics Foresee a 'Gap'", *New York Times*, 12 jan. 1959.

120. Citado em Benjamin P. Greene, *Eisenhower, Science Advice, and the Nuclear Test Ban Debate, 1945-1963* (Stanford: Stanford University Press, 2007), p. 209.

121. No começo de 1960, as críticas de empresários a Eisenhower eram francas e muito divulgadas. Um executivo da General Dynamics Corporation, fabricante do míssil Atlas, acusou Eisenhower de fazer "um jogo perigoso com a sobrevivência do nosso povo". Entre outros pecados, Eisenhower não encomendara mísseis Atlas suficientes. Ver Bill Becker, "'Gamble' Charged in Defense Policy", *New York Times*, 5 fev. 1960.

122. Ver "Transcript of President Eisenhower's Farewell Message to Nation", *Washington Post and Times Herald*, 18 jan. 1961.

123. Meu relato sobre esses testes baseia-se em minha entrevista com Harold Agnew e também no relatório "Hydronuclear Experiments", Robert N. Thorn e Donald R. Westervelt, Los Alamos National Laboratories, LA-10902-MS, fev. 1987.

124. George B. Kistiakowsky, consultor-chefe da área científica da presidência, não se convenceu, de início, que esses experimentos eram necessários. Achou que "nenhuma quantidade razoável de testes de segurança pode provar que uma arma é absolutamente segura" e que as Forças Armadas deviam apenas "aceitar a responsabilidade pelo uso operacional de dispositivos que tenham uma possibilidade de explosão nuclear limitada, embora extremamente pequena". Kistiakowsky concordou depois que os testes de segurança de ponto único deviam ser feitos. Ver George B. Kistiakowsky, *A Scientist at the White House: The Private Diary of President Eisenhower's Special Assistant for Science and Technology* (Cambridge, Mass.: Harvard University Press, 1976), pp. 33, 79.

125. Citado em Thorn e Westervelt, "Hydronuclear Experiments", p. 5.

126. Citado em "Memorandum of Conversation", 7 abr. 1958 (ULTRASSECRETO/liberado), NSA, p. 4.

127. Citado em ibid., p. 9.

128. Minha descrição das ideias estratégicas de Kissinger em fins dos anos 1950 se baseia em seu livro *Nuclear Weapons and Foreign Policy* (Nova York: Harper and Brothers, 1957) e no seu artigo que precedeu o livro, "Force and Diplomacy in the Nuclear Age", *Foreign Affairs*, v. 34, n. 3 (abr. 1956), pp. 349-66. Para uma interessante crítica contemporânea da teoria da guerra limitada, ver P. M. S. Blackett, "Nuclear Weapons and Defence: Comments on Kissinger, Kennan, and King-Hall", *International Affairs* (Royal Institute of International Affairs), v. 34, n. 4 (out. 1958), pp. 421-34.

129. Para os limites propostos para a guerra nuclear, ver Kissinger, *Nuclear Weapons and Foreign Policy*, pp. 227-33.

130. A frase de Kissinger para essa doutrina foi "emprego gradual da força". Ver Kissinger, "Force and Diplomacy", p. 359.

131. Kissinger, *Nuclear Weapons and Foreign Policy*, p. 226.

132. Ibid., p. 400.

133. A vulnerabilidade de bases do Comando Aéreo Estratégico a um ataque de míssil soviético deu à Marinha uma oportunidade para expandir seu papel nuclear. E o Exército procurou sofregamente fazer o mesmo. Em 1959 o Exército apresentou um plano, o Projeto Iceworm, para esconder seiscentos mísseis sob a calota de gelo da Groenlândia. Os mísseis seriam postos em trens, que se deslocariam constantemente por milhares de quilômetros de trilhos ocultos em túneis a quase dez metros sob o gelo. Os mísseis escondidos ficariam protegidos de um ataque de surpresa soviético e poderiam ser usados mais facilmente como armas retaliatórias, como os submarinos Polaris da Marinha. Apesar do entusiasmo do Exército pela instalação desses mísseis "Iceman", nenhum foi construído. Ver Eric D. Weiss, "Cold War under the Ice: The Army's Bid for a Long-Range Nuclear Role", *Journal of Cold War Studies*, v. 3, n. 3 (outono 2001), pp. 31-58.

134. Para o contexto histórico e intelectual da disputa entre a Força Aérea e a Marinha pela escolha de alvos nucleares, ver David Alan Rosenberg, "US Nuclear War Planning, 1945-1960", em Desmond Ball e Jeffrey Richelson, *Strategic Nuclear Targeting* (Ithaca: Cornell University Press, 1986), pp. 35-56. A opinião do almirante Burke sobre o assunto é expressa sucintamente em seu memorando "Views on Adequacy of US Deterrent/Retaliatory Forces as Related to General and Limited War Capabilities", Memorandum for All Flag Officers, 4 mar. 1959 (CONFIDENCIAL/liberado), NSA.

135. "Summary of Major Strategic Considerations for the 1960-70 Era", CNO Personal Letter No. 5, Office of the Chief of Naval Operations, 30 jul. 1958, NSA, p. 1.

136. "The Operational Side of Air Offense", comentários do tenente-brigadeiro Curtis LeMay para o Conselho Consultivo Científico da USAF na Base da Força Aérea em Patrick, 21 maio 1957 (ULTRASSECRETO/liberado), NSA, p. 2.

137. "The Air Force and Strategic Deterrence 1951-1960", George F. Lemmer, USAF Historical Division Liaison Officer, dez. 1967 (SECRETO/DADOS RESTRITOS/liberado), NSA, p. 57.

138. "Operational Side of Air Offense", p. 4.

139. LeMay argumentou que uma bomba dessas teria um valor enorme como dissuasão — e, se usada, poderia destruir vários alvos ao mesmo tempo. Ele e o tenente-brigadeiro Power queriam equipar bombardeiros B-52 do SAC com essas armas Classe A, mas Eisenhower não autorizou que fossem testadas ou construídas. Ver "History of the Strategic Air Command, 1 January 1958-30 June 1958", pp. 85-8.

140. Ver Ball e Richelson, *Strategic Nuclear Targeting*, p. 50.

141. Ver Wainstein et al., "Evolution of US Command and Control", p. 182.

142. Ver ibid., p. 179.

143. Citado em Richard M. Leighton, *Strategy, Money, and the New Look, 1953-1956* (Washington, DC: Historical Office, Office of the Secretary of Defense, 2001), p. 663.

144. A citação é uma paráfrase de Kistiakowsky sobre o que Eisenhower disse. Ver Kistiakowsky, *A Scientist at the White House*, p. 400.

145. Para as origens do termo, ver Desmond Ball, "The Development of the SIOP, 1960-1983", em Ball e Richelson, *Strategic Nuclear Targetting*, p. 61.

146. Ver "Target Coordination and Associated Problems", memorando do tenente-

-brigadeiro Nathan F. Twining, presidente do Estado-Maior Conjunto, a Neil H. McElroy, secretário da Defesa, JSC 2056/131, 17 ago. 1959 (ULTRASSECRETO/liberado), NSA, p. 1147.

147. Ver "Conversation between Admiral Arleigh Burke, Chief of Naval Operations, and William B. Franke, Secretary of the Navy", transcrição, 12 ago. 1960 (ULTRASSECRETO/liberado), NSA, p. 17. Não se sabe quem gravou a conversa nem se Burke sabia que as conversas estavam sendo gravadas.

148. Ver ibid., p. 8.

149. Ibid.

150. Citado em Ball e Richelson, *Strategic Nuclear Targeting*, p. 54.

151. Meu relato sobre a criação do SIOP baseia-se principalmente em "Development of the SIOP"; Scott C. Sagan, "SIOP-62: The Nuclear War Plan Briefing to President Kennedy", *International Security*, v. 12, n. 1 (verão 1987), pp. 22-51; "SIOP-62 Briefing: The JCS Single Integrated Operational Plan-1962" (SIOP-62), (ULTRASSECRETO/liberado), ibid., pp. 41-51; "History of the Joint Strategic Target Planning Staff: Background and Preparation of SIOP-62", History and Research Division, Headquarters, Strategic Air Command, 1963 (ULTRASSECRETO/liberado), NSA; "History of the Joint Strategic Target Planning Staff: Preparation of SIOP-63", History and Research Division, Headquarters, Strategic Air Command, jan. 1964 (ULTRASSECRETO/liberado), NSA; e "Strategic Air Planning and Berlin (Kaysen Study)", memorando para o general de exército Maxwell Taylor, representante militar do presidente, de Carl Kaysen, assistente especial de McGeorge Bundy, consultor de segurança nacional, 5 set. 1961 (ULTRASSECRETO/liberado), NSA.

152. Para as origens e a terminologia dessa inusitada obra de referência, ver Lynn Eden, *Whole World on Fire: Organizations, Knowledge & Nuclear Weapons Devastation* (Ithaca: Cornell University Press, 2004), pp. 107-9.

153. Citado em "SIOP-62 Briefing", p. 44.

154. Citado em "Preparation of SIOP-63", p. 18.

155. Ver "Background and Preparation of SIOP-62", p. 19.

156. Citado em "Strategic Air Planning and Berlin", Annex B, p. 2.

157. Ver "Preparation of SIOP-63", p. 34.

158. Citado em "Strategic Air Planning and Berlin", Anexo B, p. 2.

159. Ver ibid., p. 4.

160. Ibid.

161. "SIOP-62 Briefing", p. 48.

162. Para uma descrição da tática "de frente para trás", ver "Air Force Strategic Deterrence", p. 56.

163. Ver "SIOP-62 Briefing", p. 48.

164. A citação é do marechal do ar Sir George Mills, que deixou claro em 1955 que para a Grã-Bretanha seria preferível destruir "o moral" — cidades soviéticas, e não campos de aviação. "Nosso objetivo na retaliação", escreveu Mills, "é golpear onde dói de verdade." Ver Ken Young, "A Most Special Relationship: The Origins of Anglo-American Nuclear Strike Planning", *Journal of Cold War Studies*, v. 9, n. 2, 2007, pp. 5-31. As citações são das páginas 11 e 24.

165. Citado em ibid., p. 27.

166. Citado em Ball e Richelson, *Strategic Nuclear Targeting*, p. 55.

167. Citado em ibid.

168. Citado em ibid., p. 56.

169. "Annex: Extract from Memorandum for the President from the Special Assistant to the President for Science and Technology, dated 25 November 1960", em "Note by the Secretaries to the Joint Chiefs of Staff on Strategic Target Planning", 27 jan. 1961 (ULTRASSECRETO/liberado), NSA, p. 1913.

170. Citado em "Discussion at the 387th Meeting of the National Security Council, Thursday, November 20, 1958" (ULTRASSECRETO/liberado), NSA, p. 5.

171. Ibid., p. 5.

172. Citado em "Strategic Air Planning and Berlin", Annex B, p. 2.

173. Ibid., p. 4.

174. Citado em "SIOP-62 Briefing", p. 50.

175. Ver "Strategic Air Planning and Berlin", Annex B, p. 2.

176. Ver ibid., Annex A, p. 2; Annex B, p. 12.

177. A população da União Soviética era de aproximadamente 210 milhões na época; a da China, ao redor de 682 milhões.

178. Para o melhor relato sobre como as Forças Armadas obtiveram autorização para iniciar o uso de armas nucleares, ver Roman, "Ike's Hair-Trigger", pp. 121-64.

179. Citado em ibid., p. 156.

180. A citação é a paráfrase do autor do memorando e encontra-se em "Memorandum of Conference with the President, June 27, 1958", A. J. Goodpaster (ULTRASSECRETO/liberado), NSA, p. 3.

181. A citação é a paráfrase do autor do memorando e encontra-se em "Memorandum of Conference with the President, December 19, 1958", John S. D. Eisenhower (ULTRASSECRETO/liberado), NSA, p. 1.

INVASÃO [pp. 237-70]

1. Entrevista com o coronel John T. Moser.

2. Para os detalhes desse procedimento complicado mas essencial, ver Richard K. Smith, *Seventy-Five Years of Inflight Refueling: Highlights, 1923-1998* (Washington, DC: Air Force History and Museums Program, 1998), pp. 38-9.

3. Entrevista com o major-brigadeiro Lloyd R. Leavitt.

4. Citado em Lloyd R. Leavitt, *Following the Flag: An Air Force Officer Provides an Eyewitness View of Major Events and Policits during the Cold War* (Maxwell Air Force Base, AL: Air University Press, 2010), p. 57.

5. Ibid., p. 175.

6. Ver ibid., p. 185.

7. Entrevista de Moser.

8. Entrevista com o coronel Ben G. Scallorn.

9. Foram usadas 2255 toneladas de aço. Citado em Stumpf, *Titan II*, p. 112.

10. Foram usados aproximadamente 5,5 mil metros cúbicos de concreto — e um metro cúbico de concreto pesa cerca de 2,6 toneladas. Citado em ibid.

11. A grande vantagem da convergência era permitir que novos sistemas de armas fossem desenvolvidos rapidamente; a principal desvantagem era que essas armas tendiam a ser falíveis e com frequência não funcionavam. Ver Stephen Johnson, *The United States Air Force and the Culture of Innovation: 1945-1965* (Washington, DC: Air Force History and Museums Program, 2002), pp. 19-22, 89-94.

12. Para detalhes sobre como foram construídos os silos e os complexos de lançamento, ver Joe Alex Morris, "Eighteen Angry Men: The Hard-Driving Colonels Who Work against Crucial Deadlines to Ready Our Missile Launching Sites", *Saturday Evening Post*, 13 jan. 1962; John C. Longquest e David F. Winkler, *To Defend and Deter: The Legacy of the United States Cold War Missile Program* (Washington, DC: Departamento de Defesa, Legacy Resource Management Program, Cold War Project, 1996), pp. 77-88; e Stumpf, *Titan II*, pp. 99-127.

13. As bases de lançamento da 91ª Ala de Mísseis Estratégicos na Base da Força Aérea em Minot foram distribuídas por uma área de 22 mil quilômetros quadrados — cerca de 12% do território de Dakota do Norte. E os locais da 341ª Ala de Mísseis Estratégicos na Base da Força Aérea em Malmstrom se distribuíam por 61 mil quilômetros quadrados de Montana. Ver "Fact Sheet", 91st Missile Wing — Minot Air Force Base, 14 abr. 2011; e "Fact Sheet", 341st Missile Wing — Malstrom Air Force Base, 2 ago. 2010.

14. Citado em "History of Air Research and Development Command, July-December 1960", v. III: Historical Division, Air Research & Development Command, United States Air Force (s.d.), (SECRETO/DADOS RESTRITOS/liberado), p. 19.

15. Citado em "USAF Ballistic Missile Programs, 1962-1964", Bernard C. Nalty, USAF Historical Division Liaison Office, abr. 1966 (ULTRASSECRETO/liberado), NSA, p. 47.

16. Para um esplêndido relato sobre esse malsinado míssil, ver Kenneth P. Werrell, *The Evolution of the Cruise Missile* (Maxwell Air Force Base, AL: Air University Press, 1985), pp. 82-96.

17. Mais importante é o fato de que apenas um de três Snarks provavelmente decolaria. Ver ibid., pp. 95-6.

18. Para a história do míssil desgarrado, ver J. P. Anderson, "The Day They Lost the Snark", *Air Force Magazine*, dez. 2004, pp. 78-80.

19. Embora seu alcance fosse curto, o míssil era tão confiável que a Nasa o usou para lançar o primeiro astronauta americano no espaço. Ver "History of the Redstone Missile System", John W. Bullard, Historical Division, Army Missile Command, AMC 23 M, 15 out. 1965.

20. Bob Peurifoy me falou sobre a discrepância entre a força explosiva da ogiva do Redstone e a distância que ele podia voar.

21. Para os detalhes técnicos e operacionais do Thor, ver Stephen Twigge e Len Scott, *Planning Armageddon: Britain, the United States, and the Command of Western Nuclear Forces, 1945-1964* (Amsterdam: Harwood Academic Publishers, 2000), pp. 109-12.

22. Ibid., p. 111.

23. Para um excelente resumo das falhas específicas do Thor e do Jupiter, os mísseis de alcance intermediário que os Estados Unidos compartilharam com seus aliados da Otan, ver Philip Nash, *The Other Missiles of October: Eisenhower, Kennedy, and the Jupiters, 1957-1963* (Chapel Hill, NC: University of North Carolina, 1997), pp. 80-5.

24. Para o relato definitivo sobre o programa Atlas, escrito em coautoria com seus supervi-

sores, ver Chuck Walker, com Joel Powell, *Atlas: The Ultimate Weapon by Those Who Built It* (Ontario, Canadá: Apogee, 2005).

25. Para os perigos dos propelentes do Atlas e do Titan, ver Charlie Simpson, "LOX and RP1: Fire Waiting to Happen", *Association of Air Force Missileers Newsletter*, v. 14, n. 3 (3 set. 2006). O coronel Simpson é o diretor executivo da Association of Air Force e trabalhou com mísseis Titan I.

26. Citado em Walker, *Atlas*, Apêndice D, p. 281.

27. A estimativa foi mencionada pelo constrangido brigadeiro Thomas P. Gerrity, comandante da Divisão de Sistemas Balísticos do Comando de Sistemas da Força Aérea. Outro oficial predisse com otimismo que a confiabilidade do Atlas chegaria a 85%. Em vez disso, todos os mísseis foram desativados e removidos de serviço dentro de poucos anos. Para as estimativas de confiabilidade, ver "Missile Procurement, Air Force", pp. 529-30.

28. Ver Jacob Neufeld, *The Development of Ballistic Missiles in the United States Air Force, 1945-1960* (Washington, DC: Office of Air Force History, 1990), p. 216.

29. Para mais detalhes sobre o acidente, ver Stumpf, *Titan II*, pp. 23-6.

30. O míssil estava totalmente carregado de propelentes.

31. Alguns meses antes de morrer, Quarles foi veementemente criticado pelo colunista Joseph Alsop por se opor a novos programas de mísseis e permitir que os Estados Unidos ficassem atrás dos soviéticos. Ver Joseph Alsop, "Mister Missile Gap", *Washington Post*, 24 abr. 1959.

32. Minha descrição dos sistemas de guiagem de mísseis balísticos baseia-se em um excelente artigo publicado em uma revista há mais de meio século, Maya Pines, "The Magic Carpet of Inertial Guidance", *Harper's*, mar. 1962; um manual de treinamento para oficiais de lançamento do Titan II, "Missile Launch/Missile Officer (LGM-25): Missile Systems", Student Study Guide 30BR1821F/3121F-V1 through 4, v. 1 de 2, Department of Missile and Space Training, Sheppard Technical Training Center, set. 1968; e um extraordinário livro sobre como mísseis erram o alvo, Donald MacKenzie, *Inventing Accuracy: A Historical Sociology of Nuclear Missile Guidance* (Cambridge, MA: MIT Press, 1993).

33. Na fase de propulsão, o motor do primeiro estágio do Titan II queimava por aproximadamente 165 segundos; na fase de sustentação, o motor do segundo estágio queimava por cerca de 125 segundos; e, durante a fase de Vernier, os dois pequenos motores de propelente sólido queimavam por aproximadamente dez segundos. Ver "Missile Launch/Missile Officer (LGM-25)", p. 3.

34. Citado em MacKenzie, *Inventing Accuracy*, p. 122.

35. Ver ibid, pp. 159-61, 206-7; Edwards, *Closed World*, pp. 63-5.

36. Ver MacKenzie, *Inventing Accuracy*, p. 207. Em 1965 o Pentágono estava construindo 72% dos circuitos integrados, e a parte que era usada em aplicações militares só caiu à metade em 1967. Ver tabela 6 em Gregory Hooks, "The Rise of the Pentagon and US State Building: The Defense Program as Industrial Policy", *American Journal of Sociology*, v. 96, n. 2 (set. 1990), p. 389.

37. Essa é uma estimativa, para simplificar. O computador de guiagem a bordo do míssil Titan II podia armazenar 100 224 bits binários. Eram armazenados em uma montagem de memória do tipo tambor com 58 trilhas. Cada trilha continha 64 palavras (ou "bytes") de 27 bits. Para comparação, converti esses bytes de 27 bits nos bytes de oito bits, mais usados hoje em dia. Por essa medida, o computador de bordo do Titan II tinha aproximadamente 12,5 quilobytes de memória. Para as especificações do computador, ver "Missile Launch/Missile Officer (LGM-25)", pá-

gina 24. Sou grato a Chuck Penson, Bob Peurifoy, Richard Peurifoy e Steve Peurifoy por me ajudarem nesses cálculos.

38. Hoje muitos smartphones têm 64 gigabytes de memória. Um gigabyte equivale a aproximadamente 1 milhão de quilobytes. A comparação entre a memória de 12,5 quilobytes de um computador do Titan II e a memória de 64 gigabytes de um smartphone é inexata. Ainda assim, permite uma noção importante: até o rudimentar dispositivo de computação a bordo do Titan II era capaz de guiar uma ogiva nuclear por quase metade do planeta com notável precisão.

39. Para os esforços nazistas nesse campo, ver MacKenzie, *Inventing Accuracy*, pp. 44-60.

40. O dr. Walter Haeussermann, que teve papel importante na criação do sistema de guiagem do V-2, foi levado para os Estados Unidos pelo Projeto Paperclip e reunido a seu ex-patrão, Wernher von Braun. Haeussermann trabalhou posteriormente nos sistemas de guiagem dos mísseis Redstone e Jupiter, deixou o Exército para trabalhar para a Nasa, chefiou depois o Astrionics Laboratory do Marshall Space Center e ajudou a desenvolver os mecanismos que guiaram os astronautas americanos em segurança até a Lua. Ver Dennis Hevesi, "Walter Hauessermann, Rocket Scientist, Dies at 96", *New York Times*, 17 dez. 2010.

41. Ver MacKenzie, *Inventing Accuracy*, p. 131.

42. Durante os últimos quinze minutos da reentrada da ogiva do Titan II, ele viajava à velocidade aproximada de 25 mil quilômetros por hora. Percorria em torno de 6,4 mil quilômetros nesses quinze minutos. Um erro de mensuração de 0,05% acrescentaria ou subtrairia cerca de 32 quilômetros da distância percorrida. Para a velocidade de reentrada, ver Penson, *Titan II Handbook*, p. 169. Maya Pines fez um cálculo semelhante em "Magic Carpet of Inertial Guidance", mas com resultado um tanto diferente.

43. Minha descrição do lançamento, trajetória e voo do míssil Titan II baseia-se em informações encontradas em Penson, *Titan II Handbook*, pp.118-39, 169; Stumpf, *Titan II*, pp. 177-8; "Final Titan II Operational Data Summary", Rev 3, TWR Space Technology Laboratories, set. 1964, p. 3-1. Alguns dos números diferem ligeiramente nessas fontes. Por exemplo, Chuck Penson diz que o míssil começava a subir 58 segundos depois de a chave ser virada; David Stumpf menciona 59,2 segundos. Tentei dar uma ideia de como aconteceria um lançamento do Titan II. O relato de Penson é especialmente vívido e detalhado.

44. Um objeto que viaja a 25,6 mil quilômetros por hora desloca-se a quase sete quilômetros por segundo. A velocidade de balas disparadas por um revólver típico varia de 244 a 365 metros por segundo, aproximadamente, em uma distância de 45 metros. A velocidade de balas de fuzil é maior, chegando a 1,2 mil metros por segundo.

45. Embora fosse possível encontrar temperaturas tão elevadas por pouco tempo, a forte onda de choque que precedia uma ogiva em queda dissiparia boa parte desse calor na atmosfera. Citado em "Ballistic Missile Staff Course Study Guide", 4315th Combat Crew Training Squadron, Strategic Air Command, Vandenberg Air Force Base, 1 jul. 1980, pp. 1-3.

46. O ponto de fusão do tungstênio é o mais alto: 3410 graus. Citado em Stumpf, *Titan II*, p. 56.

47. Descobri esses detalhes com um projetista de armas que trabalhou na ogiva W-53.

48. Citado em Penson, *Titan II Handbook*, p. 135.

49. Citado em "Missile Procurement", p. 532.

50. Citado em ibid.

51. "Nuclear 'Guns' Ready, Aimed at Likely Foes", *Los Angeles Times*, 22 jun. 1964.

52. Para as dificuldades enfrentadas por algumas das primeiras equipes, ver Grant E. Secrist, "A Perspective on Crew Duty in the Early Days, the 308th SMW", *Association of Air Force Missileers Newsletter*, v. 13, n. 4, dez. 2005, pp. 4-6.

53. Entrevista com Donald V. Green.

54. Foram mostrados com destaque no filme *Strategic Air Command* e no perfil de LeMay publicado na revista *Life:* "Toughest Cop of the Western World". O autor e historiador James Carroll descreveu como seu pai, um alto oficial de segurança do Pentágono, passou anos tentando praticar "falsa sabotagem" contra LeMay como parte de uma rivalidade cordial. Ver James Carroll, *House of War: The Pentagon and the Disastrous Rise of American Power* (Boston: Mariner, 2006), pp. 214-9.

55. Citado na entrevista de Scallorn e na de Moser.

56. Citado em ibid.

57. A recomendação de Carnahan para que não fizessem nada é a única citação em todo o relatório sobre o acidente, em três volumes, que está em uma gravação em fita das discussões na Rede para Mísseis em Risco Potencial. A citação é longa, literal e absolve a Martin Marietta da responsabilidade pelo que deu errado depois. A gravação foi feita na Martin-Denver. Ver "Report, Major Missile Accident, Titan II Complex 374-7", depoimento de Charles E. Carnahan, Tab U-11, pp. 1-2.

58. Citado em "Report, Major Missile Accident, Titan II Complex 374-7", declaração de Kennedy, Tab U-46, p. 10.

PARTE QUATRO — FORA DE CONTROLE

DECAPITAÇÃO [pp. 273-303]

1. Meu relato sobre o acidente baseia-se em entrevistas com Bob Peurifoy e Bill Stevens, e também em documentos que foram liberados graças à Lei da Liberdade de Informação. Ver "Summary of Nuclear Weapon Incidents (AF Form 1058) and Related Problems — January 1961", *Airmunitions Letter*, N. 136-11-56G, Headquarters, Ogden Air Material Area, 18 abr. 1961 (SECRETO/DADOS RESTRITOS/liberado), pp. 1-27; e "Official Observer's Report, Air Accident, Goldsboro, North Carolina", Ross B. Speer, AEC/ALO 16 fev. 1961 (SECRETO/DADOS RESTRITOS/liberado). Uma boa explicação sobre por que o acidente foi tão perigoso encontra-se em um memorando redigido por Parker F. Jones, o supervisor do Departamento de Segurança de Armas Nucleares do Sandia: "Goldsboro Revisited, Or How I Learned to Mistrust the H-Bomb, or to Set the Record Strait", Parker F. Jones, SFRD Memo, SNL 1651, 22 out. 1969 (SECRETO/DADOS RESTRITOS/liberado). Joel Dobson faz a melhor descrição do acidente propriamente dito e do destino da tripulação em *The Goldsboro Broken Arrow: The Story of the 1961 B-52 Crash, the Men, the Bombs, the Aftermath* (Raleigh, NC: Lulu, 2011). Mas o livro de Dobson é menos confiável no que se refere ao funcionamento interno das armas.

2. Mattocks deveria ter sido morto instantaneamente pela cauda do avião. Mas o aparelho estava se despedaçando quando ele saltou, e a cauda já caíra. O B-52 explodiu logo depois que seu

paraquedas se abriu, pondo-o abaixo em um minuto. Mattocks caiu em uma fazenda no meio da noite, tranquilizou os assustados fazendeiros de que não era um marciano, pegou carona até a Base da Força Aérea em Seymour Johnson — e foi detido pelos guardas no portão de entrada. Eles não haviam sido informados sobre o acidente, e Mattocks não pôde apresentar sua identificação militar. Um dos outros tripulantes que escaparam do avião em segurança, o capitão Richard Rardin, conseguiu carona até a base e chegou ao portão pouco depois. Quando os guardas ameaçaram prender Rardin também, Mattocks conseguiu convencê-los de que os dois eram realmente oficiais da Força Aérea e que um B-52 acabara mesmo de cair. Ver Dobson, *Goldsboro Broken Arrow*, pp. 55-60.

3. Ver Noel Yancey, "In North Carolina: Nuclear Bomber Crashes; 3 Dead", *Fort Pierce News Tribune* (Flórida), 24 jan. 1961.

4. Entrevistas de Peurifoy e Stevens. Algumas das limitações do T-249, conhecido como Aircraft Monitor and Control Box [Caixa de Controle e Monitor de Aeronave], haviam sido examinadas dois anos antes em "A Survey of Nuclear Weapon Safety Problems", pp. 19-23.

5. Entrevista de Stevens. Ver também Stevens, "Origins and Evolution of S^2C at Sandia", p. 60.

6. Ver ibid.

7. "Goldsboro Revisited", p. 1.

8. Ibid., p. 2

9. A quantidade de partículas radioativas não teria sido tão grande quanto a produzida pelo teste Bravo, de potência muito maior. Mas a bomba de Goldsboro poderia ter espalhado material radioativo letal por uma grande área do nordeste dos Estados Unidos.

10. "Text of Kennedy's Inaugural Outlining Policies on World Peace and Fredom", *New York Times*, 21 jan. 1961.

11. Entrevista com Robert S. McNamara.

12. Entrevistas de Peurifoy e Stevens. Ver também *Airmunitions Letter*, 23 jun. 1960, p. 37, e Maggelet e Oskins, *Broken Arrows*, pp. 113-8.

13. Ver *Airmunitions Letter*, 23 jun. 1960, p. 53.

14. Ver *Airmunitions Letter*, Headquarters, Ogden Air Material Area, n. 136-11-56B, 29 jun. 1960 (SECRETO/DADOS RESTRITOS/liberado), pp. 13-46; Maggelet e Oskins, *Broken Arrow*, pp. 129-32.

15. Citado em Maggelet e Oskins, *Broken Arrow*, p. 132.

16. Para detalhes do acidente com o BOMARC, ver "Report of Special Weapons Incident [...] BOMARC Site, McGuire AFB, New Jersey", 2702nd Explosive Ordnance Disposal Squad, United States Air Force, Griffis Air Force Base, Nova York, 13 jun. 1960 (SECRETO/DADOS RESTRITOS/liberado); *Airmunitions Letter*, n. 136-11-56C, Headquarters, Ogden Air Material Area, 8 set. 1960 (SECRETO/DADOS RESTRITOS/liberado); e George Barrett, "Jersey Atom Missile Fire Stirs Brief Radiation Fear", *New York Times*, 8 jun. 1960.

17. Ver "Jersey Atom Missile Fire".

18. Ver "Civil Defense Alerted in City", *New York Times*, 8 jun. 1960.

19. Entrevista de McNamara. Ver também "Memorandum of Conversation (UNCLEARED), Subject: State-Defense Meeting on Group I, II, and IV Papers", 26 jan. 1963 (ULTRASSECRETO/liberado), NSA, p. 12.

20. "Robert S. McNamara Oral History Interview — 4/4/1964", John F. Kennedy Oral History Collection, John F. Kennedy Presidential Library and Museum, p. 5.

21. Citado em Desmond Ball, *Politics and Force Levels: The Strategic Missile Program of the Kennedy Administration* (Berkeley: University of California Press, 1980), p. 18. Embora o livro de Ball tenha sido escrito antes da liberação de muitos documentos de segurança nacional importantes da era Kennedy, os argumentos centrais do livro ainda são convincentes. Também aprendi muito sobre os objetivos do governo Kennedy em *How Much Is Enough? 1961-1969: Shaping Defense Program* (Santa Mônica, CA: RAND Corporation, 1971), por Alain C. Enthoven e K. Wayne Smith; Enthoven foi um dos assessores mais brilhantes de McNamara. Para as críticas de Kennedy ao pensamento estratégico do governo Eisenhower, ver Christopher A. Preble, "'Who Ever Believed in the "Missile Gap"?': John F. Kennedy and the Politics of National Security", *Presidential Studies Quarterly*, v. 33, n. 4 (dez. 2003), pp. 801-26.

22. Citado em William W. Kaufmann, *The McNamara Strategy* (Nova York: Harper & Row, 1964), p. 40.

23. Taylor argumentou que os Estados Unidos precisavam de "uma capacidade de reagir ao longo de todo o espectro de possíveis dificuldades, para lidar com os mais variados problemas, desde a guerra atômica geral até infiltrações e agressões". Mais tarde ele seria um dos principais arquitetos da Guerra do Vietnã. Ver Maxwell D. Taylor, *The Uncertain Trumpet* (Nova York: Harper & Brothers, 1960), p. 6.

24. "Summary of President Kennedy's Remarks to the 496th Meeting of the National Security Control", 18 jan. 1962 (ULTRASSECRETO/liberado), em United States Department of State, *Foreign Relations of the United States, 1961-1963*, v. III: National Security Policy (Washington, DC: US Government Printing Office, 1996), p. 240.

25. A Europa Ocidental sofreria efeitos radiológicos de um ataque maciço dos Estados Unidos à União Soviética, mas provavelmente a Coreia do Sul seria atingida por partículas radioativas de forma mais grave. Ver "Chief of Naval Operations Cable to Commander-in-Chief Atlantic Fleet, Commander-in-Chief Pacific Fleet, Commander-in-Chief US Naval Forces Europe", 20 nov. 1960 (ULTRASSECRETO/liberado), NSA, p. 1.

26. O livro de David Halberstam sobre esse grupo excepcionalmente autoconfiante permanece clássico: *The Best and the Brightest* (Nova York: Ballantine, 1992).

27. "Evaluation of Strategic Offensive Weapons Systems", Weapon Systems Evaluation Group Report n. 50, 27 dez. 1960 (ULTRASSECRETO/DADOS RESTRITOS/liberado), NSA.

28. Ver ibid., Enclosure "F", p. 19.

29. Longos excertos da Enclosure "C", a seção da WSEG R-50 sobre comando e controle, encontram-se em Wainstein et al., "Evolution of US Strategic Command and Control", pp. 239-47.

30. Ibid., p. 243.

31. Ibid., p. 242.

32. Citado em ibid.

33. Citado em ibid.

34. Ibid., p. 243.

35. Citado em ibid., p. 239.

36. Ibid., p. 284.

37. Citado em ibid., p. 241.

38. Meu relato sobre esse alarme falso baseia-se em "'Missile Attack' Terror Described", *Oakland Tribune*, 11 dez. 1960; "When the Moon Dialed No. 5, They Saw World War III Begin",

Express and News (San Antonio), 11 dez. 1960; John G. Hubbell, "You Are under Attack!, The Strange Incident of October 5", *Reader's Digest*, abr. 1961, pp. 37-9; e Donald MacKenzie, *Mechanizing Proof: Computing, Risk, and Trust* (Cambridge, MA: MIT Press, 2001), pp. 23-4. MacKenzie conseguiu uma entrevista com o tenente-brigadeiro Kuter para a história oral que, em grande medida, confirmou os relatos contemporâneos sobre o incidente.

39. Citado em "You Are under Attack!".
40. Citado em MacKenzie, *Mechanizing Proof*, p. 23.
41. Citado em "You Are under Attack!".
42. Percy se perguntou mais tarde que tipo de decisão poderia ter sido tomada se os sinais de radar não tivessem sido reconhecidos como alarme falso. Ver Einar Kringlen, "The Myth of Rationality in Situations of Crisis", *Medicine and War*, v. I (1985), p. 191.
43. Citado em Wainstein et al., "Evolution of US Strategic Command and Control", p. 243.
44. Citado em ibid., p. 246.
45. McNamara soube, semanas depois de assumir o cargo, que os problemas de comando e controle na Europa eram graves. Essas citações foram extraídas de um relatório que lhe foi entregue no último trimestre de 1961 pelo brigadeiro Earle E. Partridge, um oficial reformado da Força Aérea a quem fora solicitada uma investigação de questões relativas a comando e controle. "Interim Report on Command and Control in Europe", National Command and Control Task Force, out. 1961 (ULTRASSECRETO/liberado), NSA, p. 2.
46. Ver ibid.
47. Ver ibid., p. 4.
48. Ver ibid., pp. 3-4.
49. Ver ibid., p. 5.
50. Ibid.
51. Ibid., p. 6.
52. "Memorandum from the President's Special Assistant for National Security Affairs (Bundy) to President Kennedy", 30 jan. 1961 (ULTRASSECRETO/liberado), em *Foreign Relations of the United States, 1961-1963*, v. VIII: National Security Policy, p. 18.
53. Ver "Report of Ad Hoc Subcommittee on US Policies Regarding Assignment of Nuclear Weapons to NATO: Includes Letter to President Kennedy and Appendices", Joint Committee on Atomic Energy, Congress of the United States, 11 fev. 1961 (SECRETO/DADOS RESTRITOS/liberado), NSA.
54. O assessor, Thomas Schelling, é citado em Webster Stone, "Moscow's Still Holding", *New York Times*, 18 set. 1988.
55. Minha descrição da visita da comissão a bases da Otan e da criação dos conectores de ação permitida baseia-se em "Report on US Policies Regarding Assignment of Nuclear Weapons to NATO"; "Letter, from Harold M. Agnew, to Major General A. D. Starbird, Director of Military Applications, US Atomic Energy Commission", 5 jan. 1961 (SECRETO/DADOS RESTRITOS/liberado); Clinton P. Anderson, com Milton Viorst, *Outsider in the Senate: Senator Clinton Anderson's Memoirs* (Nova York: World, 1970), pp. 165-73; "Command and Control Systems for Nuclear Weapons: History and Current Status", System Development Department I, Sandia Laboratories, SLA--73-0415, set. 1973 (SECRETO/DADOS RESTRITOS/liberado); "PAL Control of Theater Nuclear Weapons", M. E. Bleck, P. R. Souder, Command and Control Division, Sandia National Laboratories, SAND82-2436, mar. 1984 (SECRETO/DADOS ANTERIORMENTE RESTRITOS/liberado); Peter Stein e Pe-

ter Feaver, *Assuring Control of Nuclear Weapons: The Evolution of Permissive Action Links* (Cambridge, MA: Center for Science International Affairs, John F. Kennedy School of Government, Harvard University e University Press of America, 1987); Stevens, "Origins and Evolution of S^{2}C at Sandia", pp. 50-2; e minha entrevista com Harold Agnew, que participou da viagem à Europa e teve papel importante na adoção dos PALS.

56. Entrevista coletiva à imprensa em 3 de fevereiro de 1960, em *Public Papers of the Presidents of the United States: Dwight D. Eisenhower, Containing the Public Messages and Statements of the President, January 1, 1960 to January 20, 1961* (Washington, DC: Office of the Federal Register, 1961), p. 152.

57. Citado em Anderson, *Outsider in the Senate*, p. 170.

58. Ver Trachtenberg, *Constructed Peace*, p. 170.

59. Entrevista de Agnew.

60. Transcrição, Executive Session, Joint Committee on Atomic Energy, Meeting n. 87-1-4, 20 fev. 1960, NSA, p. 73.

61. Ibid., p. 66.

62. Ibid., p. 47.

63. "Report on US Policies Regarding Assignment of Nuclear Weapons to NATO", p. 33.

64. Fiquei sabendo dessa tentativa graças a Thomas Reed, ex-secretário da Força Aérea e assessor do presidente Ronald Reagan. Reed menciona brevemente esse episódio em um livro que escreveu em coautoria com Danny B. Stillman, ex-diretor da Divisão de Inteligência Técnica de Los Alamos: *The Nuclear Express: A Political History of the Bomb and Its Proliferation* (Minneapolis: Zenith, 2009), pp. 79-80. A história é contada muito mais detalhadamente em Bruno Tertrais, "A Nuclear Coup? France, the Algerian War and the April 1961 Nuclear Test", Fondation pour la Recherche Stratégique, esboço, 2 out. 2011.

65. Citado em Tertrais, "A Nuclear Coup?", p. 11.

66. "Report on US Policies Regarding Assignment of Nuclear Weapons to NATO", p. 45.

67. Transcrição, Executive Session, Joint Committee on Atomic Energy, Meeting n. 87-1-4, p. 82.

68. Ver Nash, *Other Missiles of October*, p. 56.

69. Citado em ibid., p. 3.

70. Entrevistas de Agnew, Stevens e Peurifoy.

71. Entrevista de Agnew. As bombas não possuíam interruptores com sensibilidade à trajetória, portanto podiam detonar sem ter de cair de um avião. O senador Anderson salientou que na Base Aérea de Vogel, na Holanda, "um fio de segurança projetado para manter o interruptor de disparo aberto fora puxado acidentalmente de uma arma nuclear e esse dispositivo, se caísse, teria explodido". Ver Anderson, *Outsider in the Senate*, p. 172. "Letter, from Harold M. Agnew", p. 8; "Report on US Policies Regarding Assignment of Nuclear Weapons to NATO", p. 37.

72. Ver "Incidents and Accidents", Incident n. 3, p. 21.

73. Ver ibid., Incident n. 1, p. 52.

74. Ver ibid., Incident n. 1, p. 70.

75. Ver "Letter, from Harold M. Agnew", p. 2.

76. "Report on US Policies Regarding Assignment of Nuclear Weapons to NATO", p. 38.

77. Ibid., p. 2.

78. Ver ibid. e "Incidents and Accidents", Incident n. 3, p. 38. Pude confirmar o local onde ocorreu o acidente.
79. "Report on US Policies Regarding Assignment of Nuclear Weapons to NATO", p. 39.
80. Ver ibid., p. 32.
81. Entrevista de Agnew.
82. Muitas armas contêm dois desses interruptores, um deles sobressalente, para assegurar que pelo menos um funcionará. Ver "Command and Control Systems for Nuclear Weapons", p. 13.
83. Ibid., p. 14.
84. Ibid., p. 13.
85. Citado em "Subject: Atomic Stockpile, Letter, from John H. Pender, Legal Adviser, Department of State, to Abram J. Chayes, Legal Adviser, Department of State", 16 jul. 1961 (ULTRASSECRETO/liberado), NSA, p. 4.
86. Citado em ibid.
87. Ibid.
88. Ver Carl Kaysen, "Peace Became His Profession", em Walter A. Rosenblith (Org.), *Jerry Wiesner: Scientist, Statesman, Humanist* (Cambridge, MA: MIT Press, 2003), p. 102.
89. A citação está em "Memorandum for the President, from Jerome B. Wiesner, May 29, 1962", em "PAL Control of Theater Nuclear Weapons", p. 84.
90. Ibid.
91. Ibid.
92. Ver Stein e Feaver, *Assuring Control of Nuclear Weapons*, pp. 36-7.
93. "As decisões de março de 1961", escreveu Desmond Ball, "determinaram, em grande medida, o caráter da postura da força estratégica dos Estados Unidos para a década seguinte." As decisões mais importantes foram tomadas durante as duas primeiras semanas do mês. Ver Ball, *Politics and Force Levels*, pp. 107-26. A citação é da página 21.
94. A comparação foi entre cinco armas de um megaton e uma de dez megatons — e as armas menores, mais numerosas, produziram maior dano ao explodir. Ver Enthoven, *How Much is Enough?*, pp. 179-84.
95. Ver Ball, *Politics and Force Levels*, pp. 45-6.
96. Ver ibid., pp. 46-7, 116-7.
97. Citado em "Statement of Robert S. McNamara on the RS-70", Senate Armed Services Committee, 14 mar. 1962 (ULTRASSECRETO/liberado), NSA, p. 12. Esse documento, por alguma razão, escapou da caneta de um censor do Pentágono; ele revela o poder explosivo nuclear e a precisão dos principais sistemas de armas estratégicas da época. Essas informações encontram-se na página 18.
98. Encontrei pela primeira vez essa citação no esplêndido livro de Fred Kaplan, *Wizards of Armageddon: The Untold Story of the Small Group of Men Who Have Devised the Plans and Shaped the Policies on How to Use the Bomb* (Stanford: Stanford University Press, 1991), p. 255. Ela provém de um artigo de White sobre os meninos prodígios que dirigiam o Pentágono, "Strategy and the Defense Intellectuals", *Saturday Evening Post*, 4 maio 1963.
99. Políticas às quais Eisenhower resistira fortemente tornaram-se rotina no começo do governo Kennedy. Durante a campanha presidencial, Kennedy prometera que o SAC teria um alerta no ar ininterrupto. Para os detalhes das novas políticas de alerta do SAC, ver "History of Headquarters Strategic Air Command, 1961", SAC Historical Study n. 89, Headquarters, Strategic

Air Command, Offutt AFB, Nebraska, jan. 1962 (ULTRASSECRETO/liberado), NSA, pp. 58-65. Para as promessas de campanha de Kennedy, ver Ball, *Politics and Force Levels*, p. 18.

100. Citado em Jack Raymond, "M'Namara Scores Defense Discord", *New York Times*, 21 abr. 1963. McNamara deixara claro desde o início sua oposição à rivalidade entre as Forças Armadas.

101. Citado em "Memorandum from Secretary Defense McNamara to the Chairman of the Joint Chiefs of Staff (Lemnitzer)", 23 maio 1962 (ULTRASSECRETO/liberado), *Foreign Relations of the United States, 1961-1963*, v. III: National Security Policy, p. 297.

102. Ver "History of the XW-51 Warhead", SC-M-67-683, AEC Atomic Weapon Data, jan. 1968 (SECRETO/DADOS RESTRITOS/liberado), p. 10.

103. O documento que o Exército apresentou como réplica às perguntas de McNamara foi fortemente censurado, e no entanto a justificativa para buscarem tantas armas nucleares parece clara. O Exército queria derrotar os soviéticos em campo na Europa Ocidental usando "armas de ação rápida e morte rápida". E o autor do relatório tinha consciência de que o pedido podia parecer exorbitante. A citação integral diz: "À primeira vista, a quantidade de armas sugerida parece ser indevidamente alta". De qualquer modo, os argumentos do Exército não foram persuasivos. Ver "Requirements for Tactical Nuclear Weapons", Special Studies Group (JCS), Project 23, C 2379, out. 1962 (ULTRASSECRETO/DADOS RESTRITOS/liberado), p. 55.

104. Taylor critica a "resistência emocional em algumas instâncias" a fornecer dezenas de milhares de pequenas armas nucleares a soldados americanos na Europa. Ver "Memorandum from the President's Military Representative (Taylor) to President Kennedy", 25 maio 1962 (ULTRASSECRETO/liberado), *Foreign Relations of the United States, 1961-1963*, v. VIII: National Security Policy, pp. 299-300. Citação na p. 300.

105. Segundo a Força Aérea, a União Soviética possuiria até 950 mísseis de longo alcance em meados de 1964 e 1200 até meados de 1965. No entanto, os soviéticos só foram ter mais de 209 mísseis de longo alcance em fins dos anos 1960. Citado em Raymond L. Garthoff, "Estimating Soviet Military Intentions and Capabilities", em Gerald K. Haines e Robert E. Leggett (Orgs.), *Watching the Bear: Essays on CIA's Analysis of the Soviet Union* (Washington, DC: Central Intelligence Agency Center for the Study of Intelligence, 2003), p. 141.

106. Citado em ibid.

107. Um eminente projetista de mísseis soviético escreveu o mais respeitado relato sobre o que veio a ser conhecido como a "Catástrofe de Nedelin". Ver Boris Chertok, *Rockets and People*, v. I: Creating a Rocket Industry (Washington, DC: Nasa History Series, 2006), pp. 597-641.

108. Ver Osgood Caruthers, "Chief of Rockets Killed in Soviet", *New York Times*, 26 out. 1960.

109. Ver "Transcript of the Kennedy News Conference on Foreign and Domestic Matters", *New York Times*, 9 fev. 1961.

110. Citado em "The Ballistic Missile Decisions", Robert L. Perry, The RAND Corporation, out. 1967, p. 14.

111. Wiesner achava que uns duzentos mísseis seriam suficientes. Ver Ball, *Politics and Force Levels*, p. 85.

112. Citado em Herbert F. York, *Race to Oblivion: A Participant's View of the Arms Race* (Nova York: Simon & Schuster, 1970), p. 152.

113. O assessor era Herbert F. York. Citado em Herken, *Counsels of War*, p. 153.
114. "Memorandum for the Chairman, Joint Chiefs of Staff; Subject: Command and Control", Robert S. McNamara, 21 ago. 1961 (ULTRASSECRETO/liberado), NSA, p. 1.
115. "Letter, from Secretary of Defense McNamara to President Kennedy", 20 fev. 1961 (ULTRASSECRETO/liberado), em *Foreign Relations of the United States, 1961-1963*, v. VIII: National Security Policy, p. 39.
116. Wainstein et al., "Evolution of US Strategic Command and Control", p. 292.
117. Paul Baran, "On a Distributed Command and Control System Configuration", USAF Project RAND, RM-2632, *Research Memorandum*, 31 dez. 1960, p. 19.
118. Ver Paul Baran, "On Distributed Communications Networks", The RAND Corporation P-2626, set. 1962.
119. "Memorandum for the President, Subject: National Deep Underground Command Center as a Key FY 1965 Budget Consideration", Robert S. McNamara, 7 nov. 1964 (ULTRASSECRETO/liberado), NSA, pp. 2, 4.
120. Ibid., p. 3.
121. Ibid., p. 1.
122. Thomas Schelling mencionou-me em um e-mail essa preocupação com a ausência de comunicações seguras entre a Casa Branca e o Kremlin, seu papel na criação da *hot line* e sua admiração pelo romance *Alerta vermelho*.

O LIMIAR [pp. 304-33]

1. "Text of President Kennedy's Address to the United Nations General Assembly", *New York Times*, 26 set. 1961.
2. Ibid.
3. Ibid.
4. Ibid.
5. Ibid.
6. Citado em "Memorandum of Conference with President Kennedy", 20 set. 1961 (ULTRASSECRETO/liberado), em *Foreign Relations of the United States, 1961-1963*, v. VIII: National Security Policy, p. 130.
7. Ver "Memorandum from the President's Military Representative (Taylor) to President Kennedy", 19 set. 1961 (ULTRASSECRETO/liberado), em ibid., pp. 126-9.
8. Ibid., p. 128.
9. Para os acontecimentos em Berlim durante os anos Kennedy, ver McGeorge Bundy, *Danger and Survival: Choices about the Bomb in the First Fifty Years* (Nova York: Random House, 1988), pp. 358-90; Vladislav M. Zubok, "Khrushchev and the Berlin Crisis (1958-1962)", *Cold War International History Project — Working Paper Series*, Working Paper n. 6, Washington, DC, maio 1993; Trachtenberg, *Constructed Peace*, pp. 251-351; Aleksandr Fursenko e Timothy Naftali, *Khrushchev's Cold War: The Inside Story of an American Adversary* (Nova York: W. W. Norton, 2006), pp. 338-408; e Frederick Kempe, *Berlin 1961: Kennedy, Khrushchev, and the Most Dangerous Place on Earth* (Nova York: G. P. Putnam's Sons, 2011).

10. Citado em Fursenko e Naftali, *Khrushchev's Cold War*, p. 364.

11. Citado em ibid.

12. O historiador Marc Trachtenberg sugere que a estratégia nuclear de Eisenhower talvez tenha sido mais "flexível" do que se afirmou posteriormente. Mas a pressão para desferir um ataque nuclear total contra a União Soviética — assim que soldados americanos e soviéticos estivessem lutando em um campo de batalha europeu — teria sido enorme. Ver Trachtenberg, *Conflict & Strategy*, pp. 209-12.

13. Citado em Trachtenberg, *Constructed Peace*, p. 289.

14. "Telegram from the Supreme Allied Commander, Europe (Norstad) to Secretary of Defense McNamara", 25 abr. 1961 (ULTRASSECRETO/liberado), em United States Department of State, *Foreign Relations of the United States, 1961-1963*, v. XVI: Eastern Europe: Cyprus; Greece; Turkey (Washington, DC: Government Printing Office, 1994), p. 699.

15. Citado em Kempe, *Berlin 1961*, p. 129.

16. "Text of Kennedy Appeal to Nation for Increases in Spending and Armed Forces", *New York Times*, 26 jul. 1961.

17. Citado em Zubok, "Khrushchev and the Berlin Crisis", p. 25.

18. Citado em Kaplan, *Wizards of Armageddon*, p. 297.

19. "Memorandum of Conversation with Mr. Henry Rowen, Deputy Assistant Secretary of Defense for International Security Affairs", 25 maio 1961 (ULTRASSECRETO/liberado), *Foreign Relations of the United States, 1961-1963*, v. VIII: National Security Policy, p. 82.

20. "Memorandum for General Maxwell Taylor, Military Representative to the President, Subject: Strategic Air Planning and Berlin", 5 set. 1961 (ULTRASSECRETO/liberado), NSA, p. 3.

21. Ver ibid., "Annex B, SIOP-62 An Appreciation", Tabela IX, p. 12.

22. "Strategic Air Planning and Berlin", p. 3.

23. Ibid., "Annex A, An Alternative to SIOP-62", p. 3.

24. Ibid., "Annex A", p. 6.

25. Ibid., "Annex A", p. 3.

26. O general de exército Lemnitzer fez esses comentários durante uma reunião com o presidente Kennedy em 13 de setembro de 1961. Embora as observações não se refiram especificamente à proposta de Kaysen, Lemnitzer a recebera na semana anterior e não gostara. A citação está em "SIOP-62 Briefing", p. 50.

27. Citado em "Bomber on the Stump", *Time*, 18 out. 1968.

28. Citado em Sagan, "SIOP-62: The Nuclear War Plan Briefing", p. 22.

29. Ver Steven J. Zaloga, *The Kremlin's Nuclear Sword: The Rise and Fall of Russia's Strategic Nuclear Forces, 1945-2000* (Washington, DC: Smithsonian Institution Press, 2002), pp. 241-7.

30. "Strategic Air Planning and Berlin, Annex A, An Alternative to SIOP-62", p. 10.

31. Ibid.

32. Dois meses antes, Kaysen calculara quantas vidas americanas poderiam ser salvas por um programa de defesa civil em grande escala. Na ausência de bunkers e abrigos, Kaysen constatou que o uso de cem armas soviéticas contra cidades americanas mataria entre 62 milhões e 100 milhões de pessoas. A população americana, na época, era de aproximadamente 180 milhões de pessoas. Ver "Carl Kaysen, Memorandum for Mr. Bundy, Subject: Berlin Crisis and Civil Defense", 7 jul. 1961, NSA, Appendix, p. 3.

33. Khruschóv fizera essa comparação durante seu encontro com Kennedy em Viena em 1961. Citado em "Memorandum of Conversation, Subject: Germany and Berlin; Possible Visit by Khrushchev", 18 out., US Department of State, *Foreign Relations of the United States, 1961-1963*, v. XV: Berlin Crisis, 1962-1963 (Washington, DC: Government Printing Office, 1994), p. 372.

34. Citado em Kempe, *Berlin 1961*, p. 379.

35. Citado em "Memorandum to General Lemnitzer, from Maxwell D. Taylor", 19 set. 1961 (ULTRASSECRETO/liberado), NSA.

36. Ver "Memorandum of Conference with President Kennedy", 20 set. 1961, p. 130.

37. Ibid.

38. "Text of Kennedy's Address to United Nations."

39. Citado em Alfred Goldberg, Steven L. Rearden, Doris M. Condit, *History of the Office of the Secretary of Defense: The McNamara Ascendancy, 1961-1965* (Washington, DC: Government Printing Office, 1984), p. 162.

40. "Minutes of Oct. 10, 1961 Meeting", 10 out. 1961 (ULTRASSECRETO/liberado), em US Department of State, *Foreign Relations of the United States, 1961-1963*, v. XIV: Berlin Crisis, 1961-1962 (Washington, DC: Government Printing Office, 1993), p. 489.

41. "Letter from President Kennedy to the Supreme Commander, Allied Powers Europe (Norstad)", 20 out. 1961 (ULTRASSECRETO/liberado), em ibid., p. 523.

42. Para uma noção do impasse militar entre Forças Armadas americanas e soviéticas, ver Sydney Gruson, "Soviet Advance: 33 Vehicles Are Mile from Crossing Point Used by Americans", *New York Times*, 27 out. 1961; Sydney Gruson, "US Tanks Face Soviet's at Berlin Crossing Point", *New York Times*, 28 out. 1961; Sydney Gruson, "US and Russians Pull Back Tanks from Berlin Line", *New York Times*, 29 out. 1961; e Kempe, *Berlin 1961*, pp. 455-81.

43. Para a história da "rainha das bombas", contada por dois de seus projetistas, ver Viktor Adamsky e Yuri Smirnov, "Moscow's Biggest Bomb: The 50-Megaton Test of October 1961", *Cold War International History Project Bulletin*, outono 1994.

44. Ver "Transit of Pressure Waves through New Zealand from the Soviet 50 Megaton Bomb Explosion", E. Farkas, New Zealand Meteorological Service, *Nature*, 24 fev. 1962, pp. 765-6.

45. Bundy, *Danger and Survival*, p. 363.

46. Haviam sido instalados sensores para o Sistema de Alarme Antibomba em Thule, mas ainda não estavam ativados. Para detalhes sobre o incidente de Black Forest, ver "History of Headquarters Strategic Air Command, 1961", pp. 27-9.

47. Citado em Jerry T. Baulch, "Faulty Alert Never Reached Top Command", *Washington Post and Times Herald*, 4 abr. 1962.

48. O discurso de McNamara em Atenas é um documento importante da história da Guerra Fria. O pronunciamento também recebeu meu nível favorito de classificação: COSMIC TOP SECRET [imensuravelmente ultrassecreto, em tradução livre]. A citação está em "Defense Policy: Statement Made on Saturday 5 May by Secretary McNamara at the NATO Ministerial Meeting in Athens", North Atlantic Council, 5 maio 1962 (ULTRASSECRETO/RESTRITO OTAN/liberado), NSA, p. 9.

49. Ibid., p. 6.

50. Mantendo uma força nuclear independente do controle da Otan, a França ganhou uma influência desproporcional ao seu tamanho e poder. Por mais que os Estados Unidos pudessem tentar empreender uma guerra limitada e restringir seus ataques a forças militares soviéticas,

uma decisão francesa de usar armas nucleares contra cidades soviéticas inexoravelmente acarretaria uma guerra total. A estratégia francesa era conhecida como "Dissuasão do Forte pelo Fraco". "Eles entenderam que agora temos o dedo no gatilho", disse em uma ocasião o presidente francês Charles de Gaulle. "Estamos nos tornando tão temíveis quanto um homem que anda por um depósito de munição com um isqueiro [...]. Obviamente, se ele o acender, será o primeiro a explodir. Mas também explodirá todo mundo em volta." A citação está em Bruno Tertrais, "Destruction Assurée: The Origins and Development of French Nuclear Strategy, 1945-1981", em *Getting Mad*, pp. 73-4.

51. "Statement at Athens", p. 7.
52. Ibid.
53. Citado em Fursenko e Naftali, *Khrushchev's Cold War*, p. 442.
54. Ibid.
55. Dezenas de livros foram escritos sobre a crise dos mísseis de Cuba. A meu ver, estes são os mais interessantes e fascinantes: Aleksandr Fursenko e Timothy Naftali, *"One Hell of a Gamble": Khrushchev, Castro, and Kennedy, 1958-1964* (Nova York: W. W. Norton, 1997); Graham Allison e Philip Zelikow, *Essence of Decision: Explaining the Cuban Missile Crisis* (Nova York: Longman, 1999); Ernest R. May e Philip D. Zelikow, *The Kennedy Tapes: Inside the White House during the Cuban Missile Crisis* (Nova York: W. W. Norton, 2002); Max Frankel, *High Noon in the Cold War: Kennedy, Khrushchev, and the Cold War* (Nova York: Ballantine, 2005); e Michael Dobbs, *One Minute to Midnight: Kennedy, Khrushchev, and Castro on the Brink of Nuclear War* (Nova York: Knopf, 2008). Fursenko e Naftali incluíram habilmente material de arquivos soviéticos. Frankel fez a cobertura da crise para o *New York Times* e traz uma noção em primeira mão do drama. Allison e Zelikow usam a crise como um recurso para examinar questões mais amplas de liderança e comportamento do governo. *The Kennedy Tapes*, embora se baseie em transcrições editadas, permite que muitos dos principais atores falem por si. E Dobbs comunica o simples fato de que se trata de uma história incrível, com riscos que dificilmente poderiam ser maiores.
56. Citado em Fursenko e Naftali, *"One Hell of a Gamble"*, p. 188.
57. Ibid.
58. A União Soviética possuía aproximadamente vinte mísseis de longo alcance em 1962. Citado em Allison e Zelikow, *Essence of Decision*, p. 92.
59. "Letter from Chairman Khrushchev to President Kennedy", 22 abr. 1961, em US Department of State, *Foreign Relations of the United States, 1961-1963*, v. VI: Kennedy-Khrushchev Exchanges (Washington, DC: Government Printing Office, 1996), p. 12.
60. "Text of Soviet Statement Saying That Any US Attack on Cuba Would Mean War", *New York Times*, 12 set. 1962.
61. Qualquer que fosse o verdadeiro motivo de Khruschóv para instalar os mísseis, eles tinham capacidade para destruir os centros de comando e controle americanos dando pouquíssimas chances de um alerta prévio. E isso tornava sua presença ainda mais inaceitável para o governo Kennedy. Ver May et al., "History of the Strategic Arms Competition", parte 2, pp. 663-8.
62. "Off the Record Meeting on Cuba", 16 out. 1962, em US Department of State, *Foreign Relations of the United States, 1961-1963*, v. XI: Cuban Missile Crisis and Aftermath (Washington, DC: Government Printing Office, 1996), p. 61.
63. May e Zelikow, *Kennedy Tapes*, p. 111.

64. Ibid., p. 113.
65. Ibid.
66. Ibid., p. 117.
67. Ibid., p. 122.
68. "Text of Kennedy's Address on Moves to Meet the Soviet Build-Up in Cuba", *New York Times*, 23 out. 1962.
69. Ibid.
70. Citado em "Strategic Air Command Operations in the Cuban Crisis of 1962", Historical Study, v. 1, n. 90 (1963) (ULTRASSECRETO/liberado), NSA, p. 49.
71. Citado em ibid., p. 97.
72. Citado em ibid., p. vii.
73. Segundo o historiador Philip Nash, "os Jupiters continuaram a representar um dos mais graves problemas de comando e controle do arsenal ocidental". McNamara inquietava-se tanto com a possibilidade de uso não autorizado dos mísseis que ordenou que não fossem disparados, mesmo como resposta a um ataque soviético à Itália ou à Turquia. Ver Nash, *Other Missiles of October*, pp. 125-7.
74. "Letter from Chairman Khrushchev to President Kennedy", 24 out. 1962, em *Foreign relations of the United States, 1961-1963*, v. I: Kennedy-Khrushchev Exchanges, p. 170.
75. Citado em Al Seckel, "Russell and the Cuban Missile Crisis", *Russell: The Journal of Bertrand Russell Studies*, v. 4, n. 2 (inverno 1984-5), p. 255.
76. Robert S. McNamara, *Blundering into Disaster: Surviving the First Century of Nuclear Age* (Nova York: Pantheon, 1987), p. 11.
77. Ver Fursenko e Naftali, *"One Hell of a Gamble"*, p. 188.
78. Citado em Nash, *Other Missiles of October*, p. 157.
79. Nash relata esplendidamente como o governo Kennedy encobriu a verdade e espalhou a mentira de que não fora feito nenhum acordo secreto com Khruschóv. Ver Nash, *Other Missiles of October*, pp. 150-71.
80. "Text of Kennedy Speech to a Class at American U.", *Washington Post and Times Herald*, 11 jun. 1963.
81. Para a história e o funcionamento da *hot line*, ver Desmond Ball, "Improving Communications Links between Moscow and Washington", *Journal of Peace Research*, v. 8, n. 2 (1991), pp. 135-59; e Haraldur Pór Egilsson, "The Origins, Use and Development of Hot Line Diplomacy", *Netherland Institute of International Relations*, Issue 85, em Discussion Papers in Diplomacy, n. 85, mar. 2003.
82. Citado em Egilsson, "Origins, Use and Development of Hot Line", pp. 2-3.
83. Citado em "Strategic Air Command Operations in the Cuban Crisis", p. 48.
84. Para os detalhes da batalha legal entre Peter George e os criadores de *Limite de segurança*, ver "Everybody Blows Up".
85. O título completo em inglês do filme *Dr. Fantástico* é *Dr. Strangelove or: How I Learned to Stop Worrying and Love the Bomb* [Dr. Strangelove ou: como aprendi a deixar de me preocupar e amar a bomba]. O roteiro é de Stanley Kubrick, Peter George e Terry Southern. O filme foi dirigido por Kubrick e lançado pela Columbia Pictures em 1964.
86. Sidney Hook, *The Fail-Safe Fallacy* (Nova York: Stein and Day, 1963), p. 14.

87. A citação está na contracapa de *The Fail-Safe Fallacy*.
88. Roswell L. Gilpatric, "'Strangelove'? 'Seven Days'? Not Likely", *New York Times*, 17 maio 1964. Um artigo também tranquilizador fora publicado no ano anterior em um suplemento da edição de domingo do jornal *Los Angeles Times* e em dezenas de outros grandes jornais. Ver Donald Robinson, "How Safe is Fail Safe? Are We in Danger of an Accidental War?", *This Week Magazine*, 27 jan. 1963.
89. "Cable, to General Curtis E. LeMay, from General Thomas S. Power" (SECRETO/liberado), NSA, 17 fev. 1964.
90. Rubel foi trabalhar no Pentágono durante o governo Eisenhower e permaneceu nos primeiros anos do governo Kennedy, por fim ocupando o cargo de secretário assistente de pesquisa e engenharia da Defesa. Ele me explicou em detalhes o problema dos procedimentos de lançamento do Minuteman e suas críticas ao SIOP. Para um homem de 93 anos, sua memória é espantosa. Em um livro recente, *Doomsday Delayed: USAF Strategic Weapons Doctrine and SIOP-62, 1959-1962, Two Cautionary Tales* (Nova York: Hamilton, 2008), Rubel descreve sua primeira instrução sobre o SIOP. Qualifica a experiência como "uma descida às trevas mais profundas, um submundo de penumbra governado por uma mentalidade de grupo disciplinada, meticulosa e vigorosamente indiferente, focada em aniquilar metade das pessoas que vivem em quase um terço da superfície da Terra". E ele nunca se livrou dessa impressão por completo. Rubel também discorreu sobre questões relacionadas a armas nucleares em uma história oral para a John F. Kennedy Library. A transcrição inteira foi classificada como secreta, e eu a solicitei recorrendo à Lei da Liberdade de Informação.
91. "The Development of the SM-80 Minuteman", Robert F. Piper, DCAS Historical Office, Deputy Commander for Aerospace Systems, Air Force Systems Command, abr. 1962 (SECRETO/DADOS RESTRITOS/liberado), NSA, p. 68.
92. A citação está no resumo de um historiador da Força Aérea sobre a posição dessa Força Armada. Ver ibid., p. 70.
93. A equipe foi chefiada por James C. Fletcher, que depois chefiou a Nasa. Para o trabalho da comissão de Fletcher, ver ibid., p. 71, e Rubel, *Doomsday Delayed*, pp. 17-21.
94. Os interruptores de lançamento do Minuteman baseavam-se em motores chanfrados que giravam um único entalhe quando era enviado o pulso elétrico adequado. Quando as chaves de lançamento eram giradas, transmitia-se uma série de pulsos específicos e, assim que eles eram recebidos, os motores chanfrados giravam os entalhes, completavam um circuito e lançavam todos os mísseis. Mas uma série de pequenas sobrecargas de força podia imitar esses pulsos e ativar os motores, que podiam girar silenciosamente, um entalhe por vez, ao longo de dias ou até meses, sem que as tripulações de lançamento percebessem. Por fim, quando o último entalhe girasse, cinquenta mísseis decolariam subitamente. Entrevista de Rubel.
95. O engenheiro era Paul Baran, que depois se tornaria um dos inventores da comutação de pacotes. Citado em Stewart Brand, "Founding Father", *Wired*, mar. 2011.
96. Citado em Ball, *Politics and Force Levels*, p. 194.
97. Ver Dobbs, *One Minute to Midnight*, pp. 276-9; e "Strategic Air Command Operations in the Cuban Crisis", pp. 72-3.
98. "State-Defense Meeting on Group I, II and IV Papers", p. 12.
99. Ibid.

100. Ibid.

101. Em grande medida, foi mantida a política da delegação prévia da era Eisenhower. Ver "Memorandum for the President's Special Assistant for National Security Affairs (Bundy) to President Johnson", 23 set. 1964 (ULTRASSECRETO/liberado), em US State Department, *Foreign Relations of the United States, 1964-1968*, v. X: National Security Policy (Washington, DC: Government Printing Office, 2002), p. 158.

102. "Draft Memorandum from Secretary of Defense McNamara to President Johnson", 6 dez. 1963 (ULTRASSECRETO/liberado), em *Foreign Relations of the United States, 1961-1963*, v. VIII: National Security Policy, p. 549.

103. Ibid.

104. Ver Enthoven, *How Much is Enough*, pp. 207-10.

105. "Transcript, Interview with Robert McNamara, March 1986, Part 2 of 5", WGBH Media Library and Archives.

106. Ibid.

107. Para os detalhes do SIOP-4, adotado pelo governo Johnson em 1966 e ainda em vigor quando McNamara deixou o cargo, ver William Burr, "The Nixon Administration, the 'Horror Strategy' and the Search for Limited Nuclear Options 1969-1972", *Journal of Cold War Studies*, v. 7, n. 3 (2005), pp. 42-7.

108. No fim do governo Eisenhower, os Estados Unidos possuíam cerca de 19 mil armas nucleares. Em 1967 o tamanho do arsenal atingira o máximo: 31 255 armas. Quando McNamara deixou o cargo, o número diminuíra ligeiramente: 29 561. Ver "Declassification of Certain Characteristics of the United States Nuclear Weapon Stockpile", US Department of Energy, dez. 1993, e "Fact Sheet, Increasing Transparency in the US Nuclear Stockpile", US Department of Defense, 3 maio 2010.

109. Em 1960 os Estados Unidos tinham em torno de 3 mil armas táticas instaladas na Europa Ocidental; em 1968, aproximadamente 7 mil. Ver Robert S. Norris, William M. Arkin e William Burr, "Where They Were", *Bulletin of the Atomic Scientists*, nov./dez. 1999, p. 29.

110. O estilo de administração de cima para baixo que McNamara trouxe para a Guerra do Vietnã quase garantiu a derrota americana. "Os homens que conceberam o sistema e tentaram administrá-lo eram tão brilhantes quanto um grupo de gestores produzidos pelo establishment da defesa de qualquer país em qualquer época", observou o historiador militar Martin van Creveld, "mas suas tentativas de privilegiar o custo-benefício acarretaram uma das guerras menos eficientes da história." McNamara e seus assessores determinavam não só os alvos a serem atacados, mas também as regras para quando uma missão seria cancelada em razão do mau tempo e o nível de treinamento que os pilotos precisavam ter. Para Van Creveld, "estudar o comando como ele funcionou no Vietnã quase basta para fazer alguém perder a esperança na inteligência dos homens". Ver Martin van Creveld, *Command in War* (Cambridge, MA: Harvard University Press, 1985), pp. 232-60. As citações encontram-se na página 260.

111. "'McNamara's War' Tag OKd by Defense Chief", *Los Angeles Times*, 25 abr. 1964.

112. Embora em 1968 LeMay fosse considerado ultraconservador, para os padrões de hoje ele seria um liberal da velha guarda. Ver Jerry M. Flint, "LeMay Supports Legal Abortions", *New York Times*, 24 out. 1968; "Wallace Keeps Silent on LeMay Racial View", *Los Angeles Times*, 24 out. 1968; e Jerry M. Flint, "LeMay Says He Believes in Equal Opportunity", *New York Times*, 29 out. 1968.

113. Vale a pena citar na íntegra os sentimentos expressos por LeMay sobre a guerra limitada: "Gostaria agora de apresentar algumas doutrinas básicas sobre a guerra", ele escreveu. "Primeiro, a guerra, em qualquer proporção, não importa quão limitada seja, é um assunto extremamente sério e perigoso. A guerra nunca é 'econômica' em termos de dólares e sangue. Pessoas são mortas. Para elas, a guerra é total. Não se pode dizer às esposas, filhos e pais enlutados que a atual guerra do Vietnã, por exemplo, é um exercício de contrainsurgência no qual os Estados Unidos estão fazendo um esforço limitado. A morte é definitiva, e não se deve pedir a rapazes recrutados que façam esse supremo sacrifício a menos que o governo os apoie cem por cento. Se não fizermos nosso melhor, como explicar isso às pessoas que os amam? Nossos objetivos devem ser definidos com clareza suficiente para justificar as baixas que estamos tendo". Curtis E. LeMay, *America Is In Danger* (Nova York: Funk & Wagnalls, 1968), p. 305.

114. "Excerpts from Comments by Wallace and LeMay on the War and Segregation", *New York Times*, 4 out. 1968.

115. Ibid.

116. Citado em "LeMay, Supporter of Dissent, Seems Upset by Hecklers", *New York Times*, 25 out. 1968.

117. Citado em Jerry M. Flint, "LeMay Fearful Communists Threaten American Values", *New York Times*, 31 out. 1968.

AMBIENTE ANORMAL [pp. 334-61]

1. Para o acidente de Yuba City, ver *Airmunitions Letter*, n. 136-11-56H, Headquarters, Ogden Air Material Area, 19 abr. 1961 (SECRETO/DADOS RESTRITOS/liberado), pp. 2-18; "Joint Nuclear Accident Coordinating Center Record of Events" (SOMENTE PARA USO OFICIAL/liberado), s.d.; e Maggelet e Oskins, *Broken Arrow*, pp. 173-93.

2. Citado em Maggelet e Oskins, *Broken Arrow*, p. 176.

3. O relatório observou também que o B-52 tinha "uma estrutura vazada que se desintegra facilmente com o impacto". Ver "Accidents Environments", T. D. Brumleve, J. T. Foley, W. F. Gordon, J. C. Miller, A. R. Nord, Sandia Corporation, Livermore Laboratory, SCL-DR-69-86, jan. 1970 (SECRETO/DADOS RESTRITOS/liberado), p. 58.

4. Para as explosões de mísseis que ocorreram durante a série de testes conhecida como Operação Dominic, ver Hansen, *Swords of Armageddon*, v. IV, pp. 382-445; "Operation Dominic I, 1962", US Atmospheric Nuclear Weapons Tests, Nuclear Test Personnel Review, Defense Nuclear Agency, fev. 1983; Reed e Stillman, *Nuclear Express*, pp. 136-7; e Maggelet e Oskins, *Broken Arrow*, v. II, pp. 96-8.

5. Quatro dos seis testes do míssil terminaram antes do que deveriam. O Projeto 8C da série Fish Bowl da Dominic fora cuidadosamente planejado para determinar os efeitos de uma detonação nuclear sobre o protetor térmico e outros componentes de um veículo de reentrada. "O experimento não foi concluído", comentou com decepção um relato, "porque após cerca de um minuto de voo o míssil explodiu." Um dos dois testes bem-sucedidos teve resultados inesperados. Durante o lançamento do Starfish Prime, uma ogiva de 1,4 megaton foi detonada a uma altitude de aproximadamente 400 mil metros. O pulso eletromagnético foi muito mais forte do que o

esperado e danificou três satélites, interrompeu as comunicações radiofônicas no Pacífico e apagou as luzes das ruas na ilha havaiana de Oahu, a 1,3 mil quilômetros de distância. Ver "Operation Dominic: Fish Bowl Series", M. J. Rubenstein, Project Officers Report — Project 8C, Reentry Vehicle Tests, Air Force Special Weapons Center, 3 jul. 1963 (SECRETO/DADOS RESTRITOS/liberado), p. 6; "United States High-Altitude Test Experiences: A Review Emphasizing the Impact on the Environment", Herman Hoerlin, monografia para LASL, Los Alamos National Laboratory, out. 1976; e "Did High-Altitude EMP Cause the Hawaiian Streetlight Incident?", Charles Vittitoe, Electromagnetic Applications Division, Sandia National Laboratories, System Design and Assessment Notes, nota 31, jun. 1989.

 6. Para detalhes sobre a explosão de Medina, ver "Run! Three Do; Injures are Minor", *San Antonio Express*, 14 nov. 1963; "'Just Running': Panic in Streets for Few Moments", *San Antonio Light*, 14 nov. 1963; "Tons of TNT Explode in Weapons Plant", *Tipton* (Indiana) *Daily Tribune*, 14 nov. 1963; Hansen, *Swords of Armageddon*, v. VII, p. 272; Maggelet e Oskins, *Broken Arrow*, v. II, pp. 98-100.

 7. Para detalhes sobre a Flecha Quebrada de Cumberland, ver *Airmunitions Letter*, n. 136-11-56N, Headquarters, Ogden Air Material Area, 10 mar. 1964 (SECRETO/DADOS RESTRITOS/liberado), pp. 2-17; Dan Whetzel, "A Night to Remember", *Mountain Discoveries* (outono-inverno 2007); Maggelet e Oskins, *Broken Arrow*, p. 198.

 8. Para detalhes sobre a Flecha Quebrada de Bunker Hill, ver "B-58 with Nuclear Device Aboard Burns; One Killed", *Anderson* (Indiana) *Herald*, 9 dez. 1964; "Memorial Services Held at Air Base", *Logansport* (Indiana) *Press*, 10 dez. 1964; "Saw Flash, Then Fire, Ordered Plane Abandoned, Pilot Recalls", *Kokomo* (Indiana) *Morning Times*, 11 dez. 1964; "A Review of the US Nuclear Weapon Safety Program — 1945 to 1986", R. N. Brodie, Sandia National Laboratories, SAND 86-2955, fev. 1987 (SECRETO/DADOS RESTRITOS/liberado), p. 13; "Remedial Action and Final Radiological Status, 1964 B-58 Accident Site, Grissom Air Reserve Base, Bunker Hill, Indiana", Steven E. Rademacher, Air Force Institute for Environment, Safety, and Occupational Health Risk Analysis, dez. 2000; e Maggelet e Oskins, *Broken Arrow*, pp. 204-10. Após um acidente que expôs cinco bombas de hidrogênio ao combustível em chamas do avião a jato, a Força Aérea disse ao *Kokomo Morning Times* que "não tinha havido perigo" de contaminação por radiação.

 9. Ver "Accidents and Incidents", Incident n. 2, p. 182; e "Review of the US Nuclear Weapon Safety Program", p. 14. O relato mais minucioso encontra-se em Maggelet e Oskins, *Broken Arrow*, v. II, pp. 101-9.

 10. A história desse acidente, mantida em segredo por tanto tempo, foi contada em detalhes por Jim Little, um suboficial reformado com uma longa carreira no manejo de armas nucleares para a Marinha americana. Little viu o avião cair do convés do *Ticonderoga*. Seu relato do acidente encontra-se em Maggelet e Oskins, *Broken Arrow*, v. II, pp. 113-6, e em seu livro *Brotherhood of Doom: Memoirs of a Navy Nuclear Weaponsman* (Bradenton, FL: Booklocker, 2008), pp. 113-4.

 11. Citado em Little, *Brotherhood of Doom*, p. 114.

 12. Webster voara em dezessete missões de combate no Vietnã e se casara no ano anterior. Um de seus grandes amigos dos tempos de colégio, Roger Ailes, que mais tarde seria presidente da Fox News, criou um fundo com o nome de Webster para conceder bolsas de estudo. Ver William K. Alcorn, "Webster Scholarship to Help City Youths", *Youngstown* (Ohio) *Vindicator*, 3 jul. 2006.

13. O presidente Kennedy também pediu para ser mantido a par do "progresso que vem sendo feito para equipar todas as armas nucleares Mark 7 alocadas para aviões no alerta em terra com dispositivos de segurança dotados de sensor de velocidade". Ele retomou mais a fundo a questão apenas nove dias antes de seu assassinato, ordenando a adoção de regras de segurança para cada arma do arsenal. Essas regras teriam de ser aprovadas pelo secretário da Defesa e compartilhadas por escrito com o presidente dos Estados Unidos. Ver "National Security Action Memorandum No. 51, Safety of Nuclear Weapons and Weapons Systems", 8 maio 1962 (SECRETO/DADOS RESTRITOS/liberado), NSA; e "National Security Memorandum No. 72, Safety Rules for Nuclear Weapon Systems", 13 nov. 1963 (SECRETO/DADOS RESTRITOS/liberado).

14. Donald MacKenzie menciona o "efeito Titanic" no contexto de design de software. "Quanto mais se acredita que um sistema seja seguro, mais catastróficos os acidentes aos quais ele está sujeito", ele lembrou. E, como corolário desse modo de pensar, MacKenzie argumenta que os sistemas só se tornam mais seguros quando seus perigos estão sempre sendo levados em conta. Ver o ensaio de MacKenzie, "Computer-Related Accidental Death" em *Knowing Machines*, pp. 185-213. O efeito Titanic é examinado nas páginas 211 a 213.

15. O engenheiro do Sandia chamava-se John Kane, e neste caso sua habilidade para arrombar fechaduras superava a dos técnicos da Agência de Segurança Nacional. Ver Stevens, "Origins and Evolution of S^2C", p. 71.

16. Eu soube da falibilidade da ogiva W-47 quando entrevistei Bob Peurifoy e Bill Stevens. Alguns dos detalhes encontram-se em Hanse, *Swords of Armageddon*, v. VI, pp. 433-41. Hansen chamou a W-47, quando desprovida da fita de segurança, de "uma explosão à procura de um acidente". Sybil Francis abordou brevemente o assunto em "Warhead Politics: Livermore and the Competitive System of Nuclear Weapons Design", tese de ph.D., Massachussetts Institute of Technology, Department of Politic Science, 1995, pp. 152-3.

17. Citado em Francis, "Warhead Politics", p. 153.

18. Citado em Hansen, *Swords of Armageddon*, v. VI, p. 435.

19. O acidente de Palomares foi a Flecha Quebrada mais divulgada da Guerra Fria. Além de semanas de cobertura em jornais e revistas, o evento inspirou um admirável livro de Flora Lewis, uma conhecida correspondente estrangeira: *One of Our H-Boms Is Missing* (Nova York: McGraw-Hill, 1967). Randall C. Maydew, um dos engenheiros do Sandia que ajudaram a encontrar a arma, escreveu depois sobre a busca em *America's Lost H-Bomb! Palomares, Spain, 1966* (Manhattan, KS: Sunflower University Press, 1977). Barbara Moran fez bom uso de documentos obtidos graças à Lei da Liberdade de Informação para escrever *The Day We Lost the H-Bomb: Cold War, Hot Nukes, and the Worst Nuclear Weapons Disaster in History* (Nova York: Ballantine, 2009). Baseei-me nessas obras, como também em uma descrição pormenorizada dos acontecimentos decorrentes do acidente — "Palomares Summary Report", Field Command, Defense Nuclear Agency, Kirtland Air Force Base, 15 jan. 1975 —, e em outras fontes publicadas.

20. Ver "Palomares Summary Report", p. 18.

21. Citado em ibid., p. 184.

22. Citado em ibid., p. 185.

23. Citado em ibid., p. 203

24. Citado em ibid.

25. Citado em ibid.

26. Citado em "The Nuke Fluke", *Time*, 11 mar. 1966.
27. "Palomares Summary Report", p. 50.
28. Citado em ibid., p. 56.
29. Segundo a Agência de Defesa Nuclear, foram removidos cerca de 830 metros cúbicos. Citado em ibid., p. 65.
30. Ibid., nota de rodapé, p. 51.
31. Para esses e outros atos visando controlar a opinião pública, ver David Stiles, "A Fusion Bomb over Andalucia: US Information Policy and the 1966 Palomares Incident", *Journal of Cold War Studies*, v. 8, n. 1 (2006), pp. 49-67.
32. Citado em "How They Found the Bomb", *Time*, 13 maio 1966.
33. Citado em Lewis, *One of Our H-Bombs Is Missing*, p. 182.
34. Para a orgulhosa exibição, ver ibid., p. 234; Stiles, "Fusion Bomb over Andalucía", p. 64.
35. Citado em Hanson W. Baldwin, "Chances of Nuclear Mishap Viewed as Infinitesimal", *New York Times*, 27 mar. 1966.
36. Citado em ibid.
37. "The Nuclear Safety Problem", T. D. Brumleve, Advanced System Research Department 5510, Sandia Corporation, Livermore Laboratory, SCL-DR-67, 1967 (SECRETO/DADOS RESTRITOS/liberado), p. 5.
38. Ibid., p. 5.
39. A Flecha Quebrada de Thule recebeu muito menos atenção nos Estados Unidos do que a de Palomares. Mas o acidente em Thule continua a ser alvo de interesse na Dinamarca porque a queda do avião não só contaminou solo dinamarquês com plutônio, mas também suscitou questões sobre o comportamento do governo dinamarquês. A meu ver, dois documentos liberados para consulta são especialmente interessantes. O primeiro é "Project Crested Ice: The Thule Nuclear Accident", v. 1, SAC Historical Study n. 113, History and Research Division, Headquarters, Strategic Air Command, 23 abr. 1969 (SECRETO/DADOS RESTRITOS/liberado), NSA. O outro é "Project Crested Ice", uma edição especial da revista *USAF Nuclear Safety* publicada em 1970. Esta segunda obra traz muitas fotos que mostram as dificuldades de descontaminar uma vasta área do Ártico. Também são úteis algumas investigações recentes por autores dinamarqueses: "The Marshal's Baton: There Is No Bomb, There Was No Bomb, They Were Not Looking for a Bomb", Svend Aage Christensen, Danish Institute for International Studies, DIIS Report, 2009, n. 18, 2009; e Thorsten Borring Olesen, "Tango for Thule: The Dilemmas and Limits of the 'Neither Confirm Nor Deny' Doctrine in Danish-American Relations, 1957-1968", *Journal of Cold War Studies*, v. 13, n. 2 (primavera 2011), pp. 116-47. E aprendi muito com os documentos em Maggelet e Oskins, *Broken Arrow*, v. II, pp. 125-50.
40. Para detalhes sobre o acidente e o resgate, ver "Crested Ice: The Thule Nuclear Accident", pp. 5-8; "The Flight of Hobo 28", em *USAF NUCLEAR SAFETY*, edição especial, v. 65 (parte 2), n. 1 (jan./fev./mar. 1970), pp. 2-4; Neil Sheehan, "Pilot Says Fire Forced Crew to Quit B-52 in Arctic", *New York Times*, 28 jan. 1968; e Alfred J. D'Amario, *Hangar Flying* (Bloomington, IN: Author House, 2008), pp. 233-54. D'Amario, que foi copiloto no voo, descreve vividamente como é abandonar um B-52 em chamas no Ártico.
41. Citado em "Crested Ice: The Thule Nuclear Accident", p. 7.
42. Citado em G. S. Dresser, "Host Base Support", em *USAF Nuclear Safety*, p. 25.

43. A velocidade do vento era de nove nós (16,6 quilômetros por hora), a temperatura, 30,5 graus negativos e, segundo um gráfico de sensação térmica compilado pelo National Weather Service, isso significa que a sensação térmica era de aproximadamente 42 graus negativos. Ver "Host Base Support", p. 25.

44. Ibid., p. 25.

45. Ibid.

46. Ver Keith Edwards, "Sons Recall Father's Story of Survival in Greenland after SAC Bomber Crash", *Kennebec Journal*, 17 mar. 2010.

47. Citado em Leonard J. Otten, "Removal of Debris from Thule", em *USAF Nuclear Safety*, p. 90.

48. Essas afirmações são refutadas convincentemente por "The Marshal's Baton. There Is No Bomb, There Was No Bomb, They Were Not Looking for a Bomb".

49. Citado em Thomas O'Toole, "4H-Bombs Lost as B-52 Crashes", *Washington Post and Times Herald*, 23 jan. 1968.

50. Ver Olesen, "Tango for Thule", pp. 123-31.

51. Em um artigo recente para o boletim da base — *The Thule Times*, publicado pelo Air Force Space Command —, um tenente-coronel reformado, Ted Adam Morris, descreveu uma viagem à Groenlândia em maio de 1955. Morris e sua tripulação voaram para lá em um bombardeiro B-36, aterrissaram e executaram treinamentos para pôr a bordo uma bomba de hidrogênio Mk7 carregada, da reserva de guerra, que estava guardada na base. A prática de voar para Thule sem armas nucleares e trazê-las a bordo parece ter sido rotineira. "E todos aqueles bunkers de munição?", Adams escreveu. "Talvez você pense que estavam lá para os groenlandeses usarem no lugar dos iglus." Ver Ted Adams, "Strategic Air Command at the Top of the World", *Thule Times*, 1 nov. 2001.

52. Ver Norris, Arkin e Burr, "Where They Were?", p. 32.

53. Bill Stevens me falou sobre o interesse de Walske na segurança das armas. Na época, Walske também chefiava o Comitê de Ligação Militar da Comissão de Energia Atômica. Ver Stevens, "Origins and Evolution of S^2C", p. 85.

54. Entrevista de Stevens.

55. Ver "Standards for Warhead and Bomb Premature Probability MC Paragraphs", em Appendix G, ibid., p. 216.

56. Ibid.

57. "Letter, to Brigadier Military Applications, US Atomic Energy Commission, from Carl Walske, Chairman of the Military Liaison Committee to the US Atomic Energy Commission, 14 mar. 1968", Appendix G, ibid., p. 215.

58. A arma, apelidada de "Atomic Annie", foi disparada no teste de Grable, parte da operação UPSHOT-KNOTHOLE, durante a primavera de 1953.

59. Para os animais e objetos inanimados submetidos à detonação do canhão atômico no teste de Grable, ver "Shots Encore to Climax: The Final Four Tests of the UPSHOT-KNOTHOLE Series, 8 May-4 June 1953", United States Atmospheric Nuclear Weapon Tests, Nuclear Test Personnel Review, Defense Nuclear Agency, DNA 6018F, 15 jan. 1982, pp. 127-58; e "Military and Civil Defense Nuclear Weapons Effects Projects Conducted at the Nevada Test Site: 1951-1958", Barbara

Killian, Technical Report, Defense Threat Reduction Agency, maio 2011. Detalhes do teste de Grable são mencionados ao longo deste último relatório.

60. Para as pessoas que participaram do teste, ver "Shots Encore to Climax", pp. 120-7.

61. A lista "oficial" de Flechas Quebradas do Pentágono atualmente menciona 32 acidentes de 1950 a 1980. Segundo o Departamento de Defesa, um "acidente envolvendo armas nucleares" é "um evento inesperado", que pode ter qualquer uma das seguintes consequências: "Lançamento, disparo ou uso acidental ou não autorizado [...] de um sistema de arma com capacidade nuclear" que possa acarretar a eclosão de uma guerra; uma detonação nuclear; "detonação não nuclear ou combustão de uma arma nuclear ou de um componente de arma radioativa"; contaminação radioativa; "apreensão, roubo ou perda de uma arma nuclear", incluindo o lançamento de uma bomba; "risco real ou implícito para o povo". Mas no mínimo um terço dos acidentes da lista do Pentágono envolvia armas nucleares que não estavam totalmente montadas e não podiam liberar energia nuclear. Acidentes muito mais perigosos, embora menos impressionantes — como jogar bombas Mark 7 completamente armadas —, foram omitidos na lista. Inúmeros acidentes corriqueiros representaram para o povo grave risco real e implícito. Para a lista oficial, ver "Narrative Summaries of Accidents Involving US Nuclear Weapons, 1950-1980", US Department of Defense, s.d.

62. Bill Stevens prefere pecar por falta e não por excesso, por isso se baseia na definição de "acidente" dada pelo Pentágono. Um relatório sobre armas do Sandia usou o termo de modo mais abrangentemente, incluindo eventos "que podem ter importância para a segurança". Para o número desses eventos, ver Brumleve, "Accident Environments", p. 154.

63. "Accidents and Incidents", Incident n. 8, p. 29.

64. Ibid., Incident n. 17, p. 63.

65. Citado em "Accident Environments", p. 69.

66. No Sandia, a sigla BWF [*blinding white flash* — clarão branco ofuscante] era usada para designar essa frase, e ninguém queria ver o tal clarão.

67. Stan Spray não foi a fonte dessa informação.

68. O Sandia achava esses "Testes de Almirante" desnecessários; quando a radiação eletromagnética acionou os motores de um míssil a bordo de um porta-aviões, o laboratório mudou de ideia. Ver Stevens, "Origins and Evolution of S^2C", pp. 58-60.

69. Ver "Accidents and Incidents", Incident n. 2, p. 122.

70. Ver ibid., Accident n. 2, pp. 51-2; Incident n. 39, p. 69; Incident n. 41, pp. 86-7.

71. Meu relato sobre o trabalho do Departamento de Segurança Nuclear baseia-se nas entrevistas de Stevens, Peurifoy e outros engenheiros do Sandia que acompanharam as investigações. Spray contribuiu para alguns artigos sobre questões de segurança que foram examinadas: "The Unique Signal Concept for Detonation Safety in Nuclear Weapons, UC-706", Stanley D. Spray, J. A. Cooper, System Studies Department, Sandia National Laboratories, SAND91-1269, 1993; e "History of US Nuclear Weapon Safety Assessment: The Early Years", Stanley D. Spray, Systems Studies Department, Sandia National Laboratories, SAND96-1099C, Version E, 5 maio 1996.

72. Ver "Project Crescent: A Study of Salient Features for an Airborne Alert (Supersafe) Bomb, Final Report, D. E. McGovern, Exploratory Systems Department I, Sandia Laboratories, SC-WD-70-879, abr. 1971 (SECRETO/DADOS RESTRITOS/liberado).

73. "Project Crescent", p. 7.
74. Entrevista de Peurifoy.
75. Ver "Memo, Conceptual Study of Super-Safety", Colonel Richard H. Parker, United States Air Force, Assistant Director for Research and Development, Division of Military Application, 14 maio 1968, em "Project Crescent", p. 101.
76. Entrevista de Peurifoy.
77. Ver Stevens, "Origins and Evolution of S²C", pp. 115-6.
78. "To Major General Ernest Graves, Assistant General Manager for Military Application, Division of Military Application, us Atomic Energy Commission, from G. A. Fowler, Vice President, Systems, Sandia Laboratories, Subject: Safety of Aircraft Delivered Nuclear Weapons Now in Stockplie", 15 nov. 1974 (SECRETO/DADOS RESTRITOS/liberado).

PARTE CINCO — DAMASCO

EQUILÍBRIO E DESEQUILÍBRIO [pp. 365-87]

1. Entrevista com Skip Rutherford.
2. Ibid.
3. Falei com um dos soldados, que preferiu permanecer anônimo, e ele confirmou o relato de Rutherford.
4. Entrevista com David H. Pryor.
5. Dan Glickman me descreveu seus esforços para aposentar o Titan II. Fico feliz que ele tenha guardado uma cópia do relatório do incidente de Damasco e a doado à Wichita State University, assim como seus outros documentos do Congresso.
6. Minha descrição do acidente em Rock, Kansas, baseia-se principalmente em "Report of Missile Accident Investigation: Major Missile Accident, Titan II Complex 533-7, Assigned to 381st Strategic Missile Wing, McConnell Air Force Base, Kansas", redigido na Base da Força Aérea em McConnell, Kansas, de 22 de setembro a 10 de outubro de 1978. Albert A. Kamas, um advogado de Wichita que representou pessoas prejudicadas pelo acidente, não só compartilhou suas lembranças do evento, mas também me enviou documentos, recortes de jornal e videotapes de notícias. Julie Charlip, que fez a cobertura do acidente para o *Wichita Eagle*, gentilmente me cedeu sua reportagem. E o coronel Ben G. Scallorn, que chefiou a investigação do acidente, conversou comigo sobre suas conclusões.
7. Ver David Goodwin, "Victim of AF Missile Accident Wanted Only to Be a Mechanic", *Wichita Eagle*, 18 jan. 1979.
8. "Major Missile Accident, Titan II Complex 533-7", depoimento do segundo-tenente Charles B. Frost, Tab U-4, p. 3.
9. Ibid.
10. Citado em ibid.
11. Ibid.
12. Ibid.
13. Citado em ibid., depoimento do segundo-tenente Richard I. Bacon Jr., Tab U-7.

14. Citado em ibid., depoimento de Frost, Tab U-4, p. 3.
15. Citado em ibid., p. 5.
16. Citado em ibid., p. 4.
17. Ibid.
18. Ibid., p. 5.
19. Citado em ibid.
20. Ibid.
21. Citado em ibid.
22. Ibid.
23. Citado em ibid., depoimento do primeiro-tenente Keith E. Matthews, Tab U-3, p. 4.
24. Ibid., p. 5.
25. Evidentemente era possível passar pelo alçapão da saída de emergência usando um traje RFHCO. "O soldado Jackson trocou de capacete", diz o relatório, "e foi até a base do duto de ventilação (alçapão da saída de emergência), mas não encontrou a entrada do centro de controle." Jackson nunca tinha estado ali antes e desceu até encontrar água empoçada no fundo. A escuridão e a nuvem de oxidante — e não o tamanho do duto nem o alçapão da saída de emergência — impediram-no de chegar ao centro de controle. A citação se encontra na página 8 do relatório. Ver também o depoimento do sargento John C. Mock Jr., Tab U-25, pp. 1-2. Mock era chefe de uma equipe do PTS e supervisor, mas também nunca descera por uma saída de emergência.
26. Ver "Major Missile Accident", Titan II Complex 533-7", p. 10.
27. Segundo Jeff Kennedy, o oxidante fluiria mais depressa sem o filtro, e a tarefa seria concluída em menos tempo. Algumas equipes do PTS eram propensas a transgredir as regras. Mas, para seguir atalhos sem serem flagradas, também precisavam remover o anel de vedação. Do contrário, a tubulação poderia entupir e provocar um vazamento, como aconteceu durante o acidente de Rock, Kansas. Entrevista de Kennedy. Ver também Julie Charlip, "Missile Workers a Special Breed", *Wichita Eagle*, 31 maio 1981.
28. Depois do acidente, a Força Aérea montou uma equipe com especialistas de grupos aeroespaciais como Boeing, Nasa, Martin Marietta e outros para examinar os RFHCOs envolvidos no acidente de Rock, Kansas. Constataram, entre outras coisas, que os trajes eram vulneráveis na "interface luva-punho", especialmente quando um forte jato de líquido era aplicado nessa parte. Selar a interface com fita isolante de vinil, decidiu o grupo, seria uma possível "solução de curtíssimo prazo". Ver "Class A Ground Launch Missile Mishap Progress Report No. 61", Eight Air Force Accident Investigation Board, McConnell Air Force Base, 24 set. 1978; e Julie Charlip, "Missile Suit Flawed, Says AF Report", *Wichita Eagle*, 20 fev. 1979.
29. Ver Goodwin, "Victim of AF Missile Accident".
30. Ibid.
31. "Major Missile Accident, Titan II Complex 533-7", p. 11.
32. Citado em Moody, *Building a Strategic Air Force*, p. 469.
33. A única ogiva W-56 no Minuteman tinha uma potência aproximada de 1,2 megaton. As ogivas W-62 levadas pelos mísseis Minuteman III tinham, na época, potência aproximada de 170 quilotons. Cada Minuteman III continha três dessas ogivas, com potência combinada ligeiramente superior a meio megaton. A ogiva de nove megatons levada pelo Titan II era muito mais potente.

34. Citado em Walter Pincus, "Aging Titan II Was Time Bomb Ready to Go Off", *Washington Post*, 20 set. 1980.

35. Entrevista de Rutherford. Ver também Pincus, "Aging Titan II Was Time Bomb".

36. "Letter, from Colonel Richard D. Osborn, Chief Systems Liaison Division, Office of Legislative Liaison, to Senator David Pryor", 7 nov. 1979, David H. Pryor Papers, Universidade do Arkansas em Fayetteville.

37. Ibid. As sirenes poderiam ser especialmente perigosas "quando ficava escuro", argumentou Osborn.

38. O Comando Aéreo Tático (TAC) considerava um avião "totalmente apto para missão" se pudesse estar pronto para voar dentro de um dia. Em 1978, cerca de 35% dos caças F-15 do TAC estavam totalmente aptos para missão; em 1956 a parcela era de 56%. Citado em Marshall L. Michel III, "The Revolt of the Majors: How the Air Force Changed after Vietnam", dissertação apresentada à Auburn University, Auburn, Alabama, 15 dez. 2006, pp. 290-1.

39. Em 1961 trabalhavam no SAC 280 582 pessoas; em 1978, eram 123 042. O dado para 1961 é citado em Polmar, *Strategic Air Command*, p. 72. O dado de 1977 se encontra em Alwyn Lloyd, *A Cold War Legacy, 1946-1992: A Tribute to Strategic Air Command* (Missoula, MT: Pictorial Histories, 1999), p. 516.

40. Para a batalha cultural na Força Aérea, ver Mike Worden, *Rise of the Fighter Generals: The Problem of Air Force Leadership, 1945-1982* (Maxwell Air Force Base, AL: Air University Press, 1998).

41. Tom Clancy e Chuck Horner, *Every Man a Tiger* (Nova York: G. P. Putnam's Sons, 1999), p. 96.

42. Ibid., p. 86.

43. Ibid., p. 96.

44. Décadas depois, é espantoso como a cultura das drogas se disseminara pelas Forças Armadas americanas. Entre 1976 e 1981, o Departamento de Defesa quase nunca aplicava testes obrigatórios. Em consequência, um número elevado de soldados frequentemente estava drogado em serviço. E seu acesso a equipamento militar proporcionava oportunidades incomuns. Operando nas bases aéreas em Travis, Langley e Seymour Johnson, militares na ativa e reformados importaram talvez 100 milhões de dólares em heroína pura para os Estados Unidos em meados dos anos 1970. Quando esse tráfico foi coibido em 1976, um agente da Drug Enforcement Administration classificou-o como "um dos maiores contrabandos de heroína do mundo". Ver "US Breaks $100 Million Heroin Ring: Charges GI Group Used Air Bases, Crew", *Los Angeles Times*, 26 mar. 1976.

45. Citado em Marvin R. Burt, "Prevalence and Consequences of Drug Abuse among US Military Personnel: 1980", *American Journal of Drug and Alcohol Abuse*, v. 8, n. 4 (1981-2), p. 425.

46. Quase metade dos jovens alistados nos Fuzileiros Navais havia fumado maconha no mês anterior. Ver ibid., p. 428.

47. Citado em ibid., p. 425.

48. Citado em ibid.

49. Citado em ibid.

50. O estudo foi feito em dezembro de 1980. Citado em "Navy is Toughening Enforcement Efforts against Drug Abuse", *New York Times*, 10 jul. 1981.

51. Ver "Ex-GI Says He Used Hash at German Base", *European Stars and Stripes*, 18 dez. 1974.

52. Citado em "Nuclear Base Men 'Used Hash on Duty'", *Miami News*, 17 dez. 1974.

53. Citado em "Ex-GI Says He Used Hash".

54. Ver Flora Lewis, "Men Who Handle Nuclear Weapons Also Using Drugs", *Boston Globe*, 6 set. 1971.

55. Ver "GI's at Nuclear Base Face Pot Charges", *Los Angeles Times*, 4 out. 1972.

56. Ver "3 Atom Guards Called Unstable; Major Suspended", *New York Times*, 18 ago. 1969; e "Unstable Atom Guards Probed", *Boston Globe*, 18 ago. 1969.

57. Citado em "Unstable Atom Guards".

58. Citado em "Men Who Handle Nuclear Weapons".

59. Ver ibid. Um tripulante de outro submarino de míssil balístico achava muito arriscado fumar maconha no mar por causa do cheiro forte. Os alojamentos exíguos do submarino inspiraram uma alternativa. "Uso bolinha quase o tempo todo, mas como diversão especial, por exemplo, quando estou de guarda, uso um pouco de mescalina", disse o tripulante. Citado em Duncan Campbell, *The Unsinkable Aircraft Carrier: American Military Power in Britain* (Londres: Michael Joseph, 1984), p. 224.

60. Ver G. G. Giarchi, *Between McAlpine and Polaris* (Londres: Routledge & Kegan Paul, 1984), p. 197.

61. Ver "Pot Smoking Sailors Go Home", *Ocala* [Florida] *Star Banner*, 24 jan. 1977.

62. Ver Andrew McCallum, "Cowall Caught between Polaris Sailors and McAlpine's Fusiliers", *Glasgow Herald*, 26 abr. 1984.

63. Citado em Lewis, "Men Who Handle Nuclear Weapons".

64. Ver Clancy e Horner, *Every Man a Tiger*, p. 135.

65. Ver Bill Prochnau, "With the Bomb, There Is No Answer", *Washington Post*, 1 maio 1982. Segundo Prochnau, a prisão ocorreu em fins dos anos 1970.

66. Ver "Marijuana Discovery Leads to Missile Base Suspensions", *New York Times*, 14 jul. 1977; e "15 Suspended after Marijuana Is Found in Titan Silo", *Los Angeles Times*, 15 jul. 1977.

67. Citado em Herbert L. Abrams, "Sources of Instability in the Handling of Nuclear Weapons", em Frederic Solomon e Robert Q. Marston (Orgs.), *The Medical Implications of Nuclear War* (Washington, DC: National Academy Press, 1986), p. 513.

68. Das 114 mil pessoas autorizadas nesse ano sob o Programa de Confiabilidade de Pessoal, 1728 perderam sua autorização devido ao uso de drogas — quase 1,5%. Ver ibid., p. 514.

69. Entrevista de Moser.

70. Ver "Drug Probe at Whiteman Air Base", *St. Joseph Missouri News Press*, 9 set. 1979; e "Enlisted Airmen Suspended", *Hutchinson* [Kansas] *News*, 21 nov. 1980.

71. Entrevista de Moser.

72. "Memorandum from the President's Assistant for National Security Affairs (Kissinger) to President Nixon", 18 ago. 1970, em United States State Department, *Foreign Relations of the United States, 1969-1976*, v. XXXIV: National Security Policy, 1969-1972 (Washington, DC: Government Printing Office, 2011), p. 555.

73. Henry A. Kissinger, *White House Years* (Nova York: Simon & Schuster, 1979), p. 1221.

74. Ver Pincus, "Aging Titan II Was Time Bomb".

75. Citado em Trachtenberg, *History & Strategy*, p. 257.

76. Ver Zaloga, *Kremlin's Nuclear Sword*, p. 241.

77. Ver ibid., p. 244.

78. Para uma descrição do sistema de bunkers, ver *Soviet Military Power: An Assessment of the Threat* (Washington, DC: Government Printing Office, 1988), pp. 59-62.

79. Ver Burr, "'Horror Strategy'", pp. 38-52. Para o pensamento estratégico de Nixon e Kissinger, baseei-me principalmente no excelente artigo de Burr e em Terry Terriff, *The Nixon Administration and the Making of US Nuclear Strategy* (Ithaca: Cornell University Press, 1995).

80. Citado em "US Strategic Objectives and Force Posture Executive Summary", National Security Council, Defense Program Review Committee, 3 jan. 1972 (ULTRASSECRETO/liberado), NSA, p. 29.

81. Citado em ibid., p. 28.

82. Citado em Burr, "'Horror Strategy'", p. 63.

83. Kissinger se perguntava como a União Soviética poderia desferir um ataque assim contra os Estados Unidos; mas suas dúvidas quanto à sensatez dessa ação se aplicavam igualmente aos planos de guerra americanos da época. "Ter como única opção matar 80 milhões de pessoas é o cúmulo da imoralidade", ele declarou em outra reunião. Para a primeira citação, ver "Review of US Strategic Posture", NSC Review Group Meeting, 29 maio 1969 (ULTRASSECRETO/liberado), NSA, p. 12. Para a segunda, ver "Memorandum for Mr. Kissinger, Subject, Minutes of the Verification Panel Meeting Held August 9, 1973", 15 ago. 1973 (SUPERSECRETO/INFORMAÇÃO DELICADA/SENHA/liberado), NSA, p. 8.

84. Para informações sobre o modelo de computador, ver N. D. Cohen, "The Quick Count System: A User's Manual", RAND Corporation, RM-4006-PR, abr. 1964. Aprendi sobre o sistema Quick Count [contagem rápida] em outro relatório, "destinado a auxiliar os que possuem conhecimento rudimentar sobre escolha de alvos e os efeitos de armas nucleares, mas necessitam de um modo rápido de computar danos civis para a Europa Ocidental". Ver "Aggregate Nuclear Damage Assessment Techniques Applied to Western Europe", H. Avrech e D. C. McGarvey, RAND Corporation, Memorandum RM-4466-ISA, Prepared for the Office of the Assistant Secretary of Defense/International Security Affairs, jun. 1965 (SOMENTE PARA USO OFICIAL/liberado). Entre as páginas 19 e 23 há um guia para as possíveis baixas por explosões nas 24 maiores cidades da Europa Ocidental, calculadas com base no sistema de contagem rápida. A tabela que apresenta as prováveis "Mortalidades Incrementais", "Ordem das Armas" e "Mortalidades Cumulativas" é um bom exemplo de uma serena e eficiente loucura burocrática.

85. "Recovery from Nuclear Attack, and Research and Action Programs to Enhance Recovery Prospects", Jack C. Greene, Robert W. Stokely e John K. Christian, International Center for Emergency Preparedness, for Federal Emergency Management Agency, dez. 1979. A tabela que traça o caminho de obstáculos pós-ataque está na página 7.

86. Ibid., pp. 22-3.

87. Ver "Minutes of the Verification Panel Meeting", p. 2.

88. Citado em Terriff, *Nixon and the Making of US Nuclear Strategy*, p. 76.

89. Citado em Burr, "'Horror Strategy'", p. 62.

90. Outro relatório ultrassecreto constatou que, antes de os mísseis soviéticos explodirem, "é possível que nenhum presidente possa ter certeza, dada a presente configuração de aviso, de que um ataque está acontecendo ou de que uma retaliação é justificada". A primeira afirmação é

citada em Wainstein et al., "Evolution of US Strategic Command and Control", p. 424; a segunda, em ibid., p. 408.

91. Citado em "The Worldwide Military Command and Control System: A Historial Perspective (1960-1977)", Historical Division, Joint Secretariat, Joint Chiefs of Staff, set. 1980 (SECRETO/liberado), NSA, p. 121.

92. Ver "Countervailing Strategy Demands Revision of Strategic Forces Acquisition Plans", Comptroller General of the United States, Masad-81-355, ago. 1981, pp. 24-5.

93. Ver "Strategic Command, Control, and Communications: Alternative Approaches for Modernization", Congress of the United States, Congressional Budget Office, out. 1981, pp. 15-6; e May et al., "History of the Strategic Arms Competition", parte 2, pp. 605-6.

94. Para os crescentes problemas do WWMCCS, ver "Worldwide Military Command and Control System: Historical Perspective", pp. 93-112; e o capítulo intitulado "Three WWMCCS Failures" em David Pearson, *The World Wide Military Command and Control System: Evolution and Effectiveness* (Maxwell Air Force Base, AL: Air University Press, 2000), pp. 71-92.

95. Citado em Wainstein et al., "Evolution of Strategic Command and Control", p. 432.

96. May et al., "History of the Strategic Arms Competition, parte 2, p. 607.

97. Os detalhes desse plano arriscado e malsucedido se encontram em Scott D. Sagan e J. Suri, "The Madman Nuclear Alert", *International Security*, v. 27, n. 4 (2003), pp. 150-83.

98. Citado em ibid., p. 156.

99. Para o alerta DEFCON 3 em 1973, ver Scott D. Sagan, "Nuclear Alerts and Crisis Management", *International Security*, v. 9, n. 4 (primavera 1985), pp. 122-31.

100. O alerta DEFCON 3 era parte de uma estratégia complexa que tinha em vista não só a União Soviética, mas também a liderança de Egito e Israel. Kissinger gostou do resultado e observou em suas memórias: "Tínhamos emergido como o fator central na diplomacia". Ver Henry A. Kissinger, *Years of Upheaval* (Nova York: Simon & Schuster, 1982), p. 612.

101. Citado em Sagan, "Alerts and Crisis Management", p. 124.

102. A oposição de Iklé a lançar mísseis rapidamente era parte de uma crítica mais ampla à política estratégica americana. Ver Fred Charles Iklé, "Can Nuclear Deterrence Last Out the Century?", *Foreign Affairs*, jan. 1973, pp. 267-85.

103. "The US ICBM Force: Current Issues and Future Options", C. H. Builder, D. C. Kephart e A. Laupa, relatório preparado para o United States Air Force Project RAND, R-1754-PR, out. 1975 (SECRETO/DADOS ANTERIORMENTE RESTRITOS/liberado), NSA, p. 81.

104. Ver "Minutes, National Security Council Meeting, Subject, Salt (and Angola), 22 dez. 1975" (ULTRASSECRETO/INFORMAÇÃO DELICADA/liberado), NSA, p. 9.

105. Ibid.

106. Ibid.

107. O conteúdo da bola de futebol do presidente é descrito em Bill Gulley e Mary Ellen Reese, *Breaking Cover: The Former Director of the White House Military Office Reveals the Shocking Abuse of Resources and Power That Has Been the Custom in the Last Four Administrations* (Nova York: Simon & Schuster, 1980). Apesar do subtítulo bombástico, o livro provavelmente traz a mais acurada descrição da bola de futebol da época.

108. Ver Carroll, *House of War*, pp. 354-6. A citação é da página 355. Para os receios quanto ao dedo de Nixon no botão, ver também o ótimo livro de Janne E. Nolan, *Guardians of the Arse-*

nal: *The Politics of Nuclear Strategy* (Nova York: Republic Book, 1989), pp. 122-3. Alguns chefes do Estado-Maior Conjunto julgaram que o comentário de Schlesinger era um aviso de que Nixon poderia tentar dar um golpe de Estado. Ver Mark Perry, *Four Stars: The Inside Story of the Forty- -Year Battle between the Joint Chiefs of Staff and America's Civilian Leaders* (Boston: Houghton Mifflin, 1989), pp. 257-9.

A FITA ERRADA [pp. 388-414]

1. Para suas tentativas de mudar os planos nucleares americanos, ver William E. Odom, "The Origins and Design of Presidential Decision-59: A Memoir", em Sokolski, *Getting Mad*, pp. 175-96.
2. Ibid., pp. 176-7.
3. Ibid., pp. 180, 183.
4. Ibid., p. 194.
5. Ibid.
6. Ver "Retaliatory Issues for the US Strategic Nuclear Forces", Congress of the United States, Congressional Budget Office, jun. 1978, p. 6.
7. Sokolski, *Getting Mad*, p. 180.
8. Ver Carroll, *House of War*, pp. 362-4, e Thomas Powers, "Choosing a Strategy for World War III", *Atlantic Monthly*, nov. 1982.
9. Logo depois de assumir a presidência, Carter pediu ao secretário da Defesa, Harold Brown, que fizesse um estudo sobre o que aconteceria se os Estados Unidos e a União Soviética possuíssem apenas de duzentos a 250 mísseis estratégicos cada um. O estudo abordou mas não resolveu uma das principais questões da dissuasão: quantas armas são suficientes? "Alguns dizem que a capacidade de destruir uma única cidade importante — por exemplo, Moscou ou Nova York — bastaria para dissuadir um líder racional", observa o estudo. "Outros afirmam que uma capacidade de destruição assegurada de 80% ou mais dos alvos da economia e da indústria dos adversários é necessária e crítica." Ver Brian J. Auten, *Carter's Conversion: The Hardening of American Defense Policy* (Columbia, MO: Universidade de Missouri Press, 2008), p. 146; e "Memorandum for the President, Subject, Implications of Major Reductions in Strategic Nuclear Forces, from Harold Brown", 28 jan. 1977 (SECRETO/liberado), NSA, p. 2.
10. Carter também clamara pela abolição das armas nucleares em dezembro de 1974, quando anunciou sua candidatura à presidência. Ver Auten, *Carter's Conversion*, p. 95; e "Text of Inauguration Address", *Los Angeles Times*, 21 jan. 1977.
11. Richard Pipes, "Why the Soviet Union Thinks It Could Fight and Win", *Commentary*, jul. 1977, pp. 212-34.
12. O ex-consultor científico do presidente Kennedy, Jerome Wiesner, resumiu as dificuldades que a União Soviética teria para vencer uma guerra nuclear contra os Estados Unidos. "Mesmo depois de um ataque de surpresa, *a força dos Estados Unidos seria ligeiramente maior que a da União Soviética*", Wiesner observou. De fato, se todos os mísseis terrestres nos Estados Unidos fossem destruídos, seus mísseis instalados em submarinos ainda poderiam atacar a União Soviética com o equivalente a 3,5 mil megatons — quase dez vezes a força explosiva que o governo

Kennedy outrora julgara suficiente para aniquilar a sociedade soviética. Para esses cálculos, ver Jerome Wiesner, "Russian and Amercian Capabilities", *Atlantic Monthly*, jul. 1982.

13. Segundo um estudo feito em 1979 para a Comissão de Relações Exteriores do Senado, um ataque Soviético a silos de mísseis e bases de submarinos nos Estados Unidos mataria entre 2 milhões e 20 milhões de pessoas em um mês. A grande variação das probabilidades para o número de mortes se deve à imprevisibilidade do padrão das partículas radioativas, que poderia sofrer grande influência de ventos, chuvas e outras condições climáticas na época do ataque. Ver "A Counterforce Attack against the United States", em "The Effects of Nuclear War", Office of Technology Assessment, Congress of the United States, maio 1979, pp. 81-90. As estimativas de mortalidade se encontram na página 84.

14. Em julho de 1980, o presidente Carter endossou uma nova "Política de Emprego de Armas Nucleares" ultrassecreta. Conhecida como Diretriz Presidencial/NSC-59, essa política determinava uma mudança na escolha de alvos — uma renovada ênfase na contraforça, na guerra limitada e na destruição de forças do Pacto de Varsóvia enquanto elas se movessem no campo de batalha. Procurava "compensar", resistir com força igual a qualquer ataque soviético. Também procurava dar a Carter o poder de ordenar o ataque assim que recebesse o alerta. Ver Odom, "The Origins and Design of Presidential Decision-59" e "Presidential Directive/NSC-59", 25 jul. 1980 (ULTRASSECRETO/INFORMAÇÃO DELICADA/liberado), NSA.

15. Para uma descrição mais precisa do plano do governo Carter para o MX, ver "MX Missile Basing", Congress of the United States, Office of Technology Assessment, set. 1981. E, para uma ideia dos debates sobre mísseis na época, ver John D. Steinbruner e Thomas M. Garwin, "Strategic Vulnerability: The Balance between Prudence and Paranoia", *International Security*, v. 1, n. 1 (verão 1976), pp. 138-81; William C. Potter, "Coping with MIRV in a Mad World", *Journal of Conflict Resolution*, v. 22, n. 4 (1978), pp. 599-626; Wayne Biddle, "The Silo Busters: Misguided Missiles, the MX Project", *Harper's*, dez. 1979; e William H. Kincade, "Will MX Backfire?", *Foreign Policy*, n. 37 (inverno 1979-80), pp. 43-58.

16. Ver "MX Missile Basing", pp. 64-5.

17. Citado em ibid., p. 61.

18. Citado em ibid., p. 75.

19. Ibid., pp. 13-4.

20. Para o alarme falso de novembro, ver "NORAD's Missile Warning System: What Went Wrong?", Comptroller General of the United States, Report to the Chairman, Committee on Government Operations, House of Representatives, Comptroller General of the United States, Masad-81-30, 15 maio 1981; "Report on Recent False Alerts from the Nation's Missile Attack Warning System", US Senate, Committee on Armed Services, Ninety-Sixth Congress, First Session, 9 out. 1980; e Scott D. Sagan, *The Limits of Safety: Organizations, Accidents, and Nuclear Weapons* (Princeton: Princeton University Press, 1993), pp. 225-32.

21. Houve 1544 conferências sobre exibição de míssil de "rotina" em 1979. Citado em "Report on Recent False Alerts", p. 4.

22. Ibid.

23. Ibid., p. 5.

24. Ibid.

25. Segundo uma investigação subsequente, "dados sobre um cenário de teste foram inadvertidamente inseridos nos computadores com alerta on-line de mísseis, o que gerou alarmes

falsos". Também poderíamos dizer que foi a fita certa, inserida no lugar errado, no momento errado. Ver "NORAD's Warning System: What Went Wrong?", p. 13. Ver também A. O. Sulzberger Jr., "Error Alerts US Forces to a False Missile Attack", *New York Times*, 11 nov. 1979.

26. Ver "NORAD's Information Processing Improvement Program — Will It Enhance Mission Capability?", Controller General of the United States, Report to the Congress, 21 set. 1978.

27. Ver "NORAD's Warning System: What Went Wrong?", p. 8.

28. Ver "NORAD's Information Processing Improvement Program", pp. 13-4.

29. Ibid., p. 7.

30. Ibid.

31. Ver "AF Guards Disciplined in Drug Probe", *Washington Post*, 17 jan. 1980.

32. Ver "False Alarm on Attack Sends Fighters into Sky", *New York Times*, 10 nov. 1979.

33. Para os detalhes do telefonema dado de madrugada a Brzezinski, ver Robert M. Gates, *From the Shadows: The Ultimate Insider's Story of Five Presidents and How They Won the Cold War* (Nova York: Simon & Schuster, 2006), pp. 114-5. Gates narra bem a história, mas combina a causa do alarme falso de junho com a do alarme falso anterior, em novembro. Tentei confirmar essa história com Brzezinski, que recusou dar entrevista para este livro. Mas ele discutiu o acidente com o almirante Stansfield Turner, diretor da CIA na época. Ver Stansfield Turner, *Caging the Nuclear Genie: An American Challenge for Global Security* (Nova York: Westview, 1997), p. 17.

34. Ver Gates, *From the Shadows*, p. 114. Turner, *Caging the Nuclear Genie*, p. 17; Sagan, *Limits of Safety*, pp. 231-2.

35. Ver "Report on Recent False Alerts", p. 7.

36. Ibid.

37. Citado em "Missile Alerts Traced to 46¢ Item", *New York Times*, 18 jun. 1980.

38. Entrevista de Peurifoy.

39. Entrevista de Peurifoy. Stevens confirma essa resposta.

40. Essa citação está em um documento que Peurifoy usou durante briefings sobre segurança de armas nucleares no Sandia. Em uma única página ele reuniu citações do Departamento de Defesa, da Força Aérea e de outros afirmando que o arsenal nuclear americano era seguro. As fontes originais, das quais foram extraídas as citações, estão arquivadas no Sandia. Estou certo de que as citações são exatas. Na página 116 de "Origins and Evolution of S^{2}C", Stevens escreve que a resposta do Pentágono à Carta Fowler "pode ser caracterizada principalmente como uma protelação de ações a pretexto de requerer estudos sobra a segurança de cada arma envolvida".

41. Citado em "Sandia Briefing Document".

42. Citado em ibid.

43. Ver "Command and Control Systems for Nuclear Weapons", p. 40.

44. Ibid., p. 12.

45. Bruce G. Blair revelou esse fato em 2004, e a combinação fácil de lembrar foi confirmada por um engenheiro do Sandia.

46. Entrevista de Peurifoy.

47. Ibid.

48. O chargista é Sidney Harris e a charge foi originalmente publicada na *Playboy* de março de 1972, p. 208.

49. Entrevista de Stevens.

50. O sistema se chamava "barreira de espuma viscosa anti-invasores". Além da espuma viscosa, outras "barreiras ativas" estavam sendo cogitadas para proteger as armas nucleares, entre elas: fumaça gelada, espuma aquosa e espuma rígida. Para uma comparação entre essas barreiras ativas e seus méritos, ver "An Activated Barrier for Protection of Special Nuclear Materials in Vital Areas", Ronald E. Timm, James E. Miranda, Donald L. Reigle e Anthony D. Valente, Argonne National Laboratory, 1984.

51. Entrevistas de Peurifoy e Stevens.

52. O tempo necessário para dar a partida nos motores do B-52 era um dos mais decisivos para o avião decolar antes que os mísseis soviéticos chegassem — ou ser destruído em terra. Para alguns dos outros fatores, ver "Nuclear Hardness and Base Escape", Rayford P. Patrick, Engineering Report No. S-112, Headquarters Strategic Air Command, Directorate of Aircraft Maintenance, 31 mar. 1981.

53. Ver "Minutes, National Security Council Meeting, Subject, Salt (and Angola), December 22, 1975" (ULTRASSECRETO/INFORMAÇÃO DELICADA/liberado), NSA, p. 5.

54. Uma parte do estudo foi liberada para consulta, e fiz uma solicitação com base na Lei da Liberdade de Informação para obter o resto do texto: "An Examination of the US Nuclear Weapon Inventory", R. N. Brodie, 30 nov. 1977 (SECRETO/DADOS RESTRITOS).

55. Ibid.

56. Ibid.

57. Citado em "Pentagon Says Even Vast Effort by Soviet Can't Stop New Missile", *New York Times*, 15 nov. 1978.

58. Meu relato sobre o acidente de Grand Forks se baseia em uma entrevista com Jeffrey A. Zink e em "USAF Mishap Report, Parking Spot A-10, Grand Forks Air Force Base", Headquarters, Fifteenth Air Force, 29 set. 1980.

59. Entrevista de Zink.

60. Ibid.

61. Ibid.

62. Ibid.

63. Citado em ibid.

64. Citado em ibid.

65. Citado em ibid.

66. Citado em ibid.

67. O relatório sobre o acidente menciona rajadas de até trinta nós, e um nó equivale a 1,85 quilômetro por hora. "USAF Mishap Report", p. 1.

68. Entrevista com Tim Griffis.

69. Citado na entrevista de Tim Griffis.

70. Ibid.

71. Ibid.

72. Ibid.

73. Citado em "USAF Mishap Report", p. N-6.

74. Citado em ibid., p. N-6.

75. Citado na entrevista de Griffis.

76. Citado em ibid.

77. Ver Reed Karaim, "Nearly a Nuclear Disaster — Wind Shifted Fire on B-52 Away from the Bomb, Experts Say", *Seattle Times*, 13 ago. 1991. Um mapa mostrou a possível área de contaminação.

78. Além de quase contaminar Grand Forks com plutônio e/ou causar uma detonação nuclear nas proximidades, a porca que faltava causou danos de 442,6 mil dólares ao avião. Ver "B52H s/n 60-0059 Mishap Engine Investigation" e "Certificate of Damage", em "USAF Mishap Report".

79. Ver Congressional Record — Senate, 16 set. 1980, pp. 25468-70.

80. Citado em ibid., p. 25469. Ver também Tom Hamburger e Elizabeth Fair, "9 Accidents in State since January 1978", *Arkansas Gazette*, 28 set.

81. Ver Hamburger e Fair, "9 Accidents Recorded" e Pincus, "Aging Titan II Was Time Bomb".

82. Citado em "Aging Titan II Was Time Bomb".

83. Congressional Record, p. 25468.

84. Ibid.

85. "Assessment report: Titan II LGM 25 C, Weapon Condition and Safety", preparado para Senate Armed Services Committee and House Armed Services Committee, maio 1980.

86. Citado em ibid., p. 1.

87. Ibid., p. 3.

88. Ibid., pp. 2-3.

89. Ibid., Apêndice C, p. 38.

90. Ibid., p. 9.

91. As ações movidas por Malinger e pelas viúvas de Erby Hepstall e Robert J. Thomas foram depois decididas por acordos extrajudiciais. Segundo uma reportagem, os fornecedores da Defesa concordaram em pagar a Malinger e a cada um dos outros autores de ação cerca de 500 mil dólares. Ver "Lawsuits from '78 Titan Accident Settled Out of Court by Air Force", *Lawrence (Kansas) Journal-World*, 8 jan. 1981.

92. Entrevista de Rutherford.

93. Ibid.

94. Citado em ibid.

95. Ibid.

96. Citado em ibid.

97. Ibid.

98. Citado em ibid.

99. Ibid.

100. Citado em ibid.

101. Ibid.

COMO O INFERNO [pp. 415-39]

1. Entrevista de Greg Devlin.
2. Entrevista de Kennedy.

3. "Report, Major Missile Accident, Titan II Complex 374-7", depoimento de Jimmy D. Wiley, sargento, Tab U-100, p. 3.

4. Entrevista de Moser.

5. Entrevista de King.

6. Ibid.

7. Entrevista de Hutto.

8. "Report, Major Missile Accident, Titan II Complex 374-7", depoimento de Thomas A. Brocksmith, sargento, Tab U-9, p. 4.

9. Entrevista de Holder.

10. Entrevista de Sandaker.

11. "Report, Major Missile Accident, Titan II Complex 374-7", depoimento de Archie G. James, sargento, Tab U-42, p. 2.

12. Entrevista de Devlin.

13. Ibid.

14. Ibid.

15. "Report, Major Missile Accident, Titan II Complex 374-7", depoimento de John G. Devlin, cabo da Força Aérea, Tab U-18, p. 4.

16. Citado na entrevista de Devlin.

17. Entrevista de Childers.

18. Ibid. e "Report, Major Missile Accident, Titan II Complex 374-7", depoimento do soldado Gene M. Schneider, Tab U-87, p. 3.

19. Citado em ibid., depoimento de Allan D. Childers, tenente, Tab U-13, p. 6.

20. Ibid., testemunho de Jimmy E. Roberts, sargento, p. 2.

21. Citado na entrevista de Green.

22. Don Green obteve uma longa gravação das comunicações por rádio no Complexo de Lançamento 374-7 depois do acidente. A gravação foi feita por um civil e entregue anonimamente à KATV-TV em Little Rock. Transcrições parciais também foram publicadas no jornal: "Radio Conversations Detail Rescue Effort by Air Force", *Arkansas Gazette*, 20 set. 1980. Sou grato a Green por me fazer uma cópia da fita. Nela se ouve o pedido de socorro de Kennedy.

23. Transcrição, comunicação de rádio da Força Aérea, 19 set. 1980.

24. Ibid.

25. Ibid.

26. Ibid.

27. Ibid.

28. Ibid.

29. Ibid.

30. Entrevista de Kennedy.

31. Citado na entrevista de Kennedy.

32. Ibid. e "Report, Major Missile Accident, Titan II Complex 374-7", depoimento de Jeffrey K. Kennedy, sargento, Tab U-46, p. 14.

33. Entrevista de Kennedy.

34. Ibid.

35. Citado em "Report, Major Missile Accident, Titan II Complex 374-7", depoimento de George H. Short, capitão, Tab U-90, p. 3.
36. Citado em ibid.
37. Ibid., depoimento de Roberts, Tab U-77, p. 4.
38. Ibid., depoimento de Roberts, Tab U-77, p. 5.
39. Citado em ibid., depoimento de Roberts, Tab U-77, p. 5.
40. Ibid., depoimento de Roberts, Tab U-77, p. 5.
41. Entrevista de Sandaker.

CONFIRMAR OU NEGAR [pp. 440-57]

1. Entrevista com Matthew Arnold.
2. Citado em ibid.
3. A descrição das atividades do curso em Redstone e Indian Head baseia-se não só na minha entrevista com Arnold, mas também em entrevistas com outros técnicos da EOD que estudaram nesses dois lugares mais ou menos no mesmo período. Também aprendi algumas coisas sobre descarte de bombas com Peurifoy e Stevens.
4. Ver "Local Officials Couldn't Get Information from Military", *Arkansas Gazette*, 20 set. 1980.
5. Transcrição, comunicações radiofônicas da Força Aérea.
6. Entrevista de Anglin.
7. Citado em ibid.
8. Ver "Fact Sheet, Phosgene Carbonyl Chloride, Military Designations: CG", US Army Chemical Materials Agency (s.d.).
9. Comunicações radiofônicas da Força Aérea.
10. Ibid.
11. Ibid.
12. Essa anedota me foi contada pelo senador David Pryor e mais tarde confirmada pelo vice-presidente Walter Mondale.
13. Meu relato sobre o atendimento ao acidente e os procedimentos de segurança em Damasco baseia-se em entrevistas de Bob Peurifoy, William H. Chambers, Matt Arnold e outros técnicos da EOD.
14. Entrevista de Chambers.
15. Ver Art Harris, "Residents Near Site of Missile Explosion Complain of Illness", *Arkansas Democrat*, 26 set. 1980.
16. Citado em "Air Force Says 'No' to Plea for Inspection", *Arkansas Democrat*, 21 set. 1980.
17. Ver Lamar James, "Civilians 'Got Cold Shoulder' from Military, Deputy Says", *Arkansas Gazette*, 21 set. 1980.
18. Ver "Air Forces Says 'No' to Plea for Inspection".
19. Citado em Don Johnson, "Clinton to Talk to Air Force Officials", *Arkansas Democrat*, 21 set. 1980.

20. Citado em "Mondale Avoids Admiting Missile Armed with Warhead", *Arkansas Gazette*, 20 set. 1980.

21. "Transcript, News Conference by Secretary of the Air Force Hans Mark, Friday, September 19, 1980, 4:00 PM, the Pentagon", David H. Pryor Papers, University of Arkansas, Fayetteville.

22. Ibid.
23. Ibid.
24. Ibid.
25. Ibid.

26. A CNN era a única rede nacional de notícias com uma câmera ao vivo no local. Ver Reese Schonfeld, *Me Agaisnt the World: The Unauthorized Story of the Founding of CNN* (Nova York: Cliff Street, 2001), pp. 182-6.

27. Citado em Ellen Debenport, "Air Force Could Have Confirmed Warhead's Presence", United Press International, 26 set. 1980.

28. Ver "The Air Force on Nukes", *Arkansas Gazette*, 24 set. 1980.

29. Art Buchwald, "Arrivederci, Arkansas", *Los Angeles Times*, 2 out. 1980.

30. Citado em "Russians Say Accidental Nuclear Explosion Could Touch Off War", Associated Press, 21 set. 1980.

31. Citado em "Congressman Wants Inquiry of Missile Silos", *Arkansas Democrat*, 20 set. 1980.

32. Citado em "Titan Warhead Taken to Air Base", *Arkansas Gazette*, 23 set. 1980.

FIM [pp. 458-83]

1. Reagan obteve em torno de 51% dos votos populares e 489 votos do Colégio Eleitoral; Carter ficou, respectivamente, com 41% e 49 votos. Para uma noção contemporânea das implicações políticas, ver David S. Broder, "A Sharp Right Turn: Republicans and Democrats Alike See New Era in '80 Returns", *Washington Post*, 6 nov. 1980.

2. Citado em Lou Cannon, "Reagan Assures VFW He'll Restore Defenses", *Boston Globe*, 19 ago. 1980.

3. Em 1980 os Estados Unidos gastaram aproximadamente 134 bilhões de dólares com defesa; em 1985, foram cerca de 253 bilhões. E no ano seguinte o gasto chegou a 273 bilhões. Citado em "National Defense Budget Estimates for FY 2013", Table 7-1, p. 247.

4. Para as origens do anticomunismo de Reagan e sua oposição aos acordos de controle de armas com a União Soviética, ver Paul Lettow, *Ronald Reagan and His Quest to Abolish Nuclear Weapons* (Nova York: Random House, 2005), pp. 10-8.

5. Citado em ibid., p. 15.
6. Citado em ibid., p. 17.
7. Entrevista de Iklé.
8. Iklé, "Can Nuclear Deterrence Last Out the Century?", p. 281.
9. Ibid., p. 281.
10. Fred C. Iklé, "The Prevention of Nuclear War in a World of Uncertainty", *Policy Sciences*, v. 7, n. 2 (1976), p. 250.

11. "Report of Missile Accident Investigation: Major Missile Accident, 18-19 September 1980, Titan II Complex 374-7, Assigned to 308th Strategic Missile Wing, Little Rock Air Force Base, Arkansas", redigido em Little Rock Air Force Base, Arkansas, e Barksdale Air Force Base, Louisiana, 14-19 dez. 1980, Eight Air Force Missile Investigation Board, dez. 1980; e "Titan II Weapon System: Review Group Report", dez. 1980.

12. Ver "Report, Major Missile Accident, Titan II Complex 374-7", pp. 18-20; Tab. I-8, pp. 1-4.

13. Ibid., Tab I-8, pp. 2-3.

14. Citado em "Titan II Review Group Report", pp. 16, B-7, C-25.

15. Ibid., pp. 17, B-8.

16. Ibid., pp. B-8, B-9, C-29.

17. Ibid., pp. B-9, B-10.

18. Ibid., p. C-28.

19. Ibid., pp. 17, C-40.

20. Ibid., p. C-40.

21. Ibid., p. C-35.

22. Ibid., pp. E-73, E-74.

23. Ibid., p. D-4.

24. Ibid.

25. Ibid., p. 33.

26. Ibid., p. 1

27. Ibid., p. x.

28. Entrevista de Kennedy.

29. Por coincidência, um dos poucos estudos pormenorizados sobre o perigo do oxidante foi publicado na mesma semana da explosão no Complexo de Lançamento 374-7. Fora escrito por físicos da Força Aérea. Ver "The McConnell Missile Accident: Clinical Spectrum of Nitrogen Dioxide Exposure", Lieutenant Colonel Charles C. Yockey, MC, USAF; Major Billy M. Eden, MC, USAF; Colonel Richard B. Byrd, MC, USAF, *Journal of the American Medical Association*, v. 244, n. 11 (12 set. 1980).

30. Anderson contou depois a Morley Safer, um correspondente do noticiário *60 Minutes*, que a Força Aérea só divulgou informações sobre como tratar vítimas de exposição a oxidante "três ou quatro dias" após o incidente em Damasco. Anderson foi entrevistado para a reportagem "Titan" do *60 Minutes* de 8 nov. 1981.

31. "Report, Major Missile Accident, Titan II Complex 374-7", depoimento de Michael A. Hanson, Tab U-30, p. 7.

32. Entrevista de Kennedy.

33. Entrevista de Powell.

34. Para as reprimendas a Kennedy, ver Richard C. Gross, "Titan II Accident: Air Force Reprimand for Heroics", United Press International, 12 fev. 1981; e Walter Pincus, "'Hero' of Titan II Missile Explosion Is Reprimanded by Air Force", *Washington Post*, 12 fev. 1981.

35. De fato, um vídeo de treinamento do SAC sobre o Titan II encorajava os soldados a transgredir a regra em certas situações. Segundo o narrador do vídeo: "Em condições de operação normais, nunca se permite um indivíduo sozinho onde há proibição de circular desacompa-

nhado. Entretanto, em uma emergência, um indivíduo desacompanhado pode ter de agir para salvar vidas ou equipamentos, havendo alguma possibilidade. Se você estiver trabalhando perto de uma zona com proibição de circular desacompanhado e vir uma emergência nessa zona, deve agir *por conta própria* para salvar o componente ou o equipamento passível de danos, se possível. Sim, sua ação será uma violação direta da política dos dois homens do SAC, e você terá de prestar contas por ela como tal. No entanto, sua ação — contanto que tenha sido executada em uma situação de emergência — é esperada e tolerada". Essa "exceção" à regra é explicada em "Nuclear Surety Program, Initial Training, Part 1: History — An Overview", Aerospace Audiovisual Service, US Air Force (s.d.). A fita se encontra nos arquivos do Titan Missile Museum. Segundo Chuck Penson, arquivista e historiador do museu, o vídeo muito provavelmente foi gravado entre 1976 e 1979.

36. Powell não foi acusado de usar uma chave catraca em vez de uma chave de torção — porque o soquete caiu antes que a chave pudesse ser "usada". Ver Carol Griffee, "Airman at Silo is Disciplined", *Arkansas Gazette*, 13 fev. 1981.

37. Entrevistas de Kennedy e Devlin.

38. Carter falou demoradamente comigo sobre suas negociações com a Força Aérea na questão do manejo dos mísseis Titan II no Arkansas.

39. Citado em Bill Carter e Judi Turner, *Get Carter: Backstage in History from JFK's Assassination to the Rolling Stones* (Nashville: Fine's Creek, 2006), p. 208.

40. Entrevistas de Kennedy, Devlin e Sandaker. Ver também Walter Pincus, "Eight Honoured as Heroes in '80 Titan Missile Blast", *Washington Post*, 23 maio 1981.

41. Entrevista de Kennedy. Ver também John S. Day, "Behind an Effective Lawmaker — A Good Staff", *Bangor Daily News*, 19 mar. 1982.

42. Citado em ibid.

43. Entrevista de Devlin.

44. Entrevista de Peurifoy.

45. "Letter, to Lieutenant General Howard W. Leaf, Inspector General, Headquarters, United States Air Force, from Harold P. Smith, Jr., President, the Palmer Smith Corporation, July 17, 1981" (SECRETO/DADOS RESTRITOS/liberado), p. 2.

46. Entrevista de Peurifoy.

47. Citado em "Economy Can't Absorb Defense Increase", *Washington Post*, 18 out. 1981.

48. Citado em "Modernizing US Strategic Offensive Forces: The Administration's Program and Alternatives", CBO Study, Congressional Budget Office, Congress of the United States, maio 1983, p. 1.

49. O governo Reagan planejava aumentar o número de ogivas de 8,8 mil para 14 mil. Citado em ibid., p. xvi.

50. Ver McGeorge Bundy, "Common Sense and Missiles in Europe", *Washington Post*, 20 out. 1981.

51. Citado em Pearson, *WWMCCS: Evolution and Effectiveness*", p. 264.

52. "Text of the President's Defense Policy Statement: 'Our Plan' to 'Strenghten and Modernize the Strategic Triad'... ", *Washington Post*, 3 out. 1981.

53. Depoimento de Donald C. Latham, subsecretário interino da Defesa (Comunicações, Comando, Controle e Inteligência), em "Strategic Force Modernization Programs", Hearings

before the Subcommittee on Strategic and Theater Nuclear Forces of the Committee on Armed Services, United State Senate, Ninety-seventh Congress, First Session, 1981, p. 239.

54. Citado em Bruce G. Blair, *Strategic Command and Control: Redefining the Nuclear Threat* (Washington, DC: Brookings Institution, 1985), p. 264.

55. Iklé compreendia, mais do que a maioria das autoridades do Pentágono, a importância fundamental do sistema de comando e controle nuclear. Mais uma vez, um novo governo recebeu a notícia de que os Estados Unidos não teriam capacidade de controlar suas forças estratégicas depois de um ataque de surpresa da União Soviética. Um estudo feito na primavera de 1981 pelo dr. James P. Wade Jr., um subsecretário da Defesa, concluiu que o sistema de comando e controle não podia assegurar "uma resposta inicial eficaz a um ataque nuclear aos Estados Unidos", não era capaz de combater em uma guerra nuclear prolongada e não podia garantir "a capacidade de sobreviver, resistir ou se comunicar da autoridade no comando nacional". As implicações do estudo de Wade eram, essencialmente, as mesmas do WSEG R-50, de mais de vinte anos antes: a única guerra nuclear que os Estados podiam ter esperança de vencer seria aquela em que atacassem primeiro. As citações em meu relato sobre o estudo de Wade não são do documento. Provêm de um resumo dele que se encontra em um documento recentemente obtido pelo National Security Archive. Ver "A Historical Study of Strategic Connectivity, 1950-1981", Joint Chiefs of Staff Special Historical Study, Historical Division, Joint Chiefs of Staff, jul. 1982 (ULTRASSECRETO/liberado), NSA, pp. 64-5.

56. Citado em John D. Steinbruner, "Nuclear Decapitation", *Foreign Policy*, n. 45 (inverno 1981-2), p. 25.

57. Para detalhes sobre os ambiciosos planos da Marinha, ver Pearson, *WWMCCS: Evolution and Effectiveness*, pp. 287-9; e Lowell L. Klessig e Victor L. Strite, *The ELF Odyssey: National Security Versus Environmental Protection* (Boulder, CO: Westview, 1980).

58. A rede de antenas ELF teria ocupado 52 mil quilômetros quadrados dos cerca de 168 mil quilômetros quadrados de Wisconsin. Ver Klessig e Strite, *ELF Odyssey*, p. 14.

59. Para uma breve descrição dos novos programas encabeçados, em parte, pelo coronel Oliver North, ver Thomas C. Reed, *At the Abyss: An Insider's History of the Cold War* (Nova York: Ballantine, 2004), pp. 245-6.

60. Ver Desmond Ball, "Can Nuclear War Be Controlled?", Adelphi Paper n. 169, International Institute for Strategic Studies, 1981.

61. Ver Steinbruner, "Nuclear Decapitation".

62. Ver Blair, *Strategic Command and Control: Redefining the Nuclear Threat*.

63. Ver Paul Bracken, *The Command and Control of Nuclear Forces* (New Haven, CT: Yale University Press, 1983).

64. Ver Daniel Ford, *The Button: The Pentagon's Strategic Command and Control System — Does It Work?* (Nova York: Simon & Schuster, 1985).

65. Para a citação de um especialista em segurança, ver Ford, *The Button*, p. 64.

66. Ver "Strategic Force Modernization Programs", p. 59.

67. Ver Richard Halloran, "Officer Reportedly Kept Job Despite Contact with Soviet", *New York Times*, 4 jun. 1981.

68. Citado em George Lardner Jr., "Officer Says Cooke Lived Up to Immunity Agreement Terms", *Washington Post*, 9 set. 1981. Em uma ação judicial fértil em detalhes bizarros, Cooke fez

um acordo com a Força Aérea, confessou ter espionado e se livrou de ser processado. Na época, a Força Aérea estava mais preocupada com a possível existência de uma rede de espionagem soviética do que com a necessidade de aprisionar esse jovem oficial. Mas, quando ficou claro que não existia uma rede de espionagem e que Cooke agira sozinho, a Força Aérea decidiu processá-lo. Todas as acusações contra Cooke foram subsequentemente consideradas improcedentes pela US Court of Military Appeals [Tribunal Militar dos Estados Unidos] devido à "má conduta da acusação". Ver George Lardner Jr., "Military Kills Lt. Cooke Case", *Washington Post*, 23 fev. 1982, e "A Bargain Explained", *Washington Post*, 27 fev. 1982.

69. Ver "Item 010: Toxic Vapor Sensors (Fixed and Portable)", em "Titan II Action Item Status Reports", Headquarters, Strategic Air Command, 1 ago. 1982.

70. A Força Aérea decidiu que o custo estimado de 18 milhões de dólares para o acréscimo de câmeras "não justificava os benefícios diminutos". Ver "Item 0134: L/D TV Camera", em ibid.

71. A necessidade de colocar "itens de segurança modernos" nas ogivas W-53 precisou ser contrabalançada pelo custo: cerca de 21,4 milhões de dólares para os 52 mísseis Titan II restantes. Muitos dos mísseis seriam desativados antes que o trabalho pudesse ser concluído. E nenhuma das ogivas foi modificada. Elas continuaram a encimar os mísseis Titan II por mais seis anos. Ver "Item 090: Modify W-53", em ibid.

72. Citado em Ronald L. Soble, "Cranston Demands Official Justify View That US Could Survive a Nuclear War", *Los Angeles Times*, 22 jan. 1982.

73. Citado em Lawrence S. Wittner, *Toward Nuclear Abolition: A History of the World Disarmament Movement, 1971 to the Present* (Stanford: Stanford University Press, 2003), p. 131. Wittner é o mais renomado historiador dos esforços internacionais para eliminar as armas nucleares.

74. Citado em Leonard Downie Jr., "Thousands in London Protest Nuclear Arms", *Washington Post*, 25 out. 1981.

75. Citado em John Vinocur, "250,000 at Bonn Rally Assail US Arms Policy", *New York Times*, 11 out. 1981.

76. Jonathan Schell, *The Fate of the Earth and The Abolition* (Stanford: Stanford University Press, 2000), p. 149.

77. Sagan começou a se preocupar com os efeitos da guerra nuclear sobre a atmosfera em 1982 e, agora que o aquecimento global é uma ameaça iminente, parece antiquada a preocupação dos americanos da geração passada com a possibilidade de o mundo se tornar perigosamente frio. Mas a ameaça do inverno nuclear nunca se dissipou. E cálculos recentes indicam que a detonação de cinquenta bombas atômicas em áreas urbanas produziria partículas pretas de carbono suficientes para causar outra "Curta Era do Gelo". Para uma síntese dos textos de Sagan sobre o tema, ver Carl Sagan e Richard Turco, *A Path Where No Man Thought: Nuclear Winter and the End of the Arms Race* (Nova York: Random House, 1990). Para as mais recentes descobertas sobre o impacto global de uma guerra nuclear sobre o meio ambiente, ver Alan Robock, "Nuclear Winter Is a Real and Present Danger", *Nature*, v. 473 (19 maio 2011).

78. As estimativas sobre a multidão variam de mais de 550 mil a quase 750 mil. Ver Paul L. Montgomery, "Throngs Fill Manhattan to Protest Nuclear Weapons", *New York Times*, 13 jun. 1982; e John J. Goldman e Doyle McManus, "Largest Ever US Rally Protests Nuclear Arms", *Los Angeles Times*, 13 jun. 1982.

79. Ver Judith Miller, "Democrats Seize Weapons Freeze as Issue for Fall", *New York Times*, 20 jun. 1982.

80. Citado em Wittner, *Toward Nuclear Abolition*, p. 189.

81. Ibid., p. 177.

82. Citado em Frances FitzGerald, *Way Out There in the Blue: Reagan, Star Wars, and the End of the Cold War* (Nova York: Touchstone, 2001), p. 191.

83. Em *The Dead Hand: The Untold Story of the Cold War Arms Race and Its Dangerous Legacy* (Nova York: Doubleday, 2009), David E. Hoffman faz um trabalho magistral ao descrever a ameaça nesse ano em que um líder soviético idoso e paranoico enfrentou um presidente americano confiante e aparentemente belicoso. Os acontecimentos de 1983 são relatados nas páginas 54 a 100. Robert M. Gates apresenta uma perspectiva de quem viu em primeira mão; ele era vice-diretor de inteligência da CIA naquele ano. Ver "1983: The Most Dangerous Year", um capítulo de *From the Shadows*, pp. 258-77.

84. Para outra perspectiva sobre os acontecimentos de 1983 e o papel da KGB nesses eventos, ver Benjamin B. Fisher, "A Cold War Conundrum: The 1983 Soviet War Scare", Central Intelligence Agency, Center for the Study of Intelligence, 1997.

85. Ver "Cold War Conundrum"; e Peter Schweizer, *Victory: The Secret Strategy That Hastened the Collapse of the Soviet Union* (Nova York: Atlantic Monthly Press, 1994). Como Fischer observa, *Victory* pode não oferecer uma explicação convincente para o colapso da União Soviética, mas o livro traz uma descrição precisa das atividades secretas do governo Reagan contra os soviéticos.

86. Citado em Francis X. Clines, "Reagan Denounces Ideology of Soviet as 'Focus of Evil'", *New York Times*, 9 mar. 1983.

87. Citado em Fischer, "Cold War Conundrum".

88. Citado em Flora Lewis, "Leashing His Fury, Reagan Surprises and Calms Allies", *New York Times*, 11 set. 1983.

89. Ver Hoffman, *Dead Hand*, pp. 6-11.

90. Ver David Hoffman, "'I Had a Funny Feeling in My Gut'; Soviet Officer Faced Nuclear Armageddon", *Washington Post*, 10 fev. 1999.

91. Citado em Joseph B. Fleming, "Anti-Missile Movement Vows to Fight On", United Press International, 23 out. 1983.

92. Ver Pearson, *WWMCCS: Evolution and Effectiveness*, pp. 315-7; e "JTF Operations since 1983", George Stewart, Scott M. Fabbri e Adam B. Siegel, CRM 94-42, Center for Naval Analyses, jul. 1994, pp. 23-31.

93. Ver "JTF Operations since 1983", p. 28.

94. Ver Gates, *From the Shadows*, pp. 270-3; Hoffman, *Dead Hand*, pp. 94-5; Fischer, "Cold War Conundrum".

95. O agente era Oleg Gordievsky. Ele trabalhava não só para a KGB, mas também para a inteligência britânica. Sua citação está em Fischer, "Cold War Conundrum".

96. Ver Hoffman, *Dead Hand*, p. 94.

97. Citado em Robert D. McFadden, "Atomic War Film Spurs Nationwide Discussion", *New York Times*, 22 nov. 1983.

98. Ver Phyllis Mensing, "5 Die in B-52 Fire at Air Base", Associated Press, 27 jan. 1983.

99. Entrevista de Peurifoy.

100. "'Hot' Topic!, Nuclear AID [Accidents, Incidents, Deficiencies] Topics", *USAF Nuclear Surety Journal*, n. 90-01, p. 5.

101. Ibid.

102. Ibid.

103. Entrevistas de Peurifoy e Stevens. Ver também Stevens, "Origins and Evolution of S²C", pp. 116-8.

104. Ver Reed, *At the Abyss*, pp. 233-4.

105. Dois livros bem fundamentados concluem que Reagan esperava proteger os Estados Unidos de um ataque nuclear e livrar o mundo de armas nucleares. Os livros sugerem que a dura retórica de Reagan sobre a Guerra Fria escondia um lado mais brando e pacífico. No entanto, as duas obras não inserem em um contexto político mais amplo os esforços subsequentes de Reagan no campo do controle de armas. As enormes manifestações antinucleares nos Estados Unidos e na Europa Ocidental são mencionadas em apenas três das cerca de oitocentas páginas nesses livros — e com desdém. Em 5 de outubro de 1982, o presidente Reagan afirmou que o movimento para o congelamento das armas nucleares foi "inspirado [...] por pessoas que desejam o enfraquecimento dos Estados Unidos". As gigantescas manifestações realizadas logo depois sem dúvida influenciaram seu comportamento posterior, e o mesmo fez sua mulher, Nancy, ferrenha defensora das negociações para o controle das armas. A transformação de Reagan em um declarado defensor da abolição das armas nucleares, embora sincera, seguiu, e não liderou, a opinião pública americana. Embora escrito sem acesso a muitos documentos depois liberados para consulta, o livro de Frances FitzGerald, *Way Out There in the Blue*, tem uma perspectiva mais abrangente. Ver Lettow, *Ronald Reagan and His Quest to Abolish Nuclear Weapons*; Martin Anderson e Annelise Anderson, *Reagan's Secret War: The Untold Story of his Fight to Save the World from Nuclear Disaster* (Nova York: Crown, 2009); e Rich Jaroslovsky, "Reagan Blasts Nuclear Freeze Movement, Saying Some Seek 'Weakening of America'", *Wall Street Journal*, 5 out. 1982.

106. "President's Speech on Military Spending and a New Defense", *New York Times*, 27 jan. 1983.

107. Thomas Reed, um dos consultores de segurança nacional de Reagan, achou que o filme "subestimou [...] os horrores da guerra nuclear". Ver Reed, *At the Abyss*, pp. 250, 255.

108. "Transcript of Statement by President", *New York Times*, 18 abr. 1982.

109. "Memorandum of Conversation, Hofdi House, Reykjavik, 3:25-6:00, October 12, 1986", United States Department of State (SECRETO/INFORMAÇÃO DELICADA/liberado), p. 9, em George P. Shultz e Sidney D. Drell, *Implications of the Reykjavik Summit on Its Twentieth Anniversary* (Stanford: Hoover Institution Press, 2007), p. 210.

110. Ver ibid., pp. 211-5.

111. Entrevista de Peurifoy.

112. Uma descrição mais detalhada da inércia burocrática se encontra em Stevens, "Origins and Evolution of S²C", pp. 162-6.

113. Citado em ibid., p. 164.

114. Ver R. Jeffrey Smith, "Defective Nuclear Shells Raise Safety Concerns; US Secretly Repairing Weapons in Europe", *Washington Post*, 23 maio 1990; "Pentagon Urged to Ground Nuclear Missile for Safety", *Washington Post*, 24 maio 1990; "Pentagon to Await Missile Safety Study; Weapons Will Remain on 'Alert' Bombers", *Washington Post*, 25 maio 1990.

115. Citado em "Pentagon to Await Missile Safety Study".

116. Citado em R. Jeffrey Smith, "A-Missiles Ordered Off Planes; Weapons Grounded Pending Completion of Safety Review", *Washington Post*, 9 jun. 1990.

117. "Report of the Panel on Nuclear Weapons Safety of the Committee on Armed Services, House of Representatives, 101st Congress, Second Session", Sidney D. Drell, Chairman, John S. Foster Jr., and Charles H. Townes, dez. 1990. Para o depoimento de Drell e uma discussão sobre as conclusões do grupo, ver "The Report of the Nuclear Weapons Safety Panel", Hearing before the Committee on Armed Services, House of Representatives. 101st Congress, Second Session, 18 dez. 1990.

118. O grupo apontou o SRAM como causa de "grande preocupação", alertando que um incêndio poderia desencadear "uma possível dispersão de plutônio, ou mesmo a produção de uma detonação nuclear". "Report of the Panel on Nuclear Weapons Safety", p. 25.

119. Ibid., p. 33.

120. "Report to the Congress: Assessment of the Safety of US Nuclear Weapons and Related Nuclear Test Requirements", R. E. Kidder, Lawrence Livermore National Laboratory, 26 jul. 1991.

121. Ibid., p. 4.

122. Para a decisão de mudar o SIOP e reduzir o número de alvos na União Soviética, ver Colin Powell e Joseph E. Persico, *My American Journey* (Nova York: Ballantine, 1996), pp. 540-1; e Reed, *At the Abyss*, pp. 278-84, 287-92.

123. Citado em Reed, *At the Abyss*, p. 283.

124. "Speech to the Canadian Network against Nuclear Weapons", George Lee Butler, Montreal, 11 mar. 1999.

125. Citado em R. Jeffrey Smith, "Retired Nuclear Warrior Sounds Alarms on Weapons", *Washington Post*, 4 dez. 1996.

126. Ver "Memorandum for the Chairman, Joint Chiefs of Staff, from General George L. Butler, Commander in Chief, United States Strategic Command, Subject: Renaming the Single Integrated Operational Plan (SIOP)", 2 set. 1992 (CONFIDENCIAL/liberado). Esse documento foi obtido graças à Lei de Liberdade de Informação por Hans M. Kristensen, diretor do Nuclear Information Project da Federação de Cientistas Americanos.

127. Para a tentativa de golpe, ver William E. Odom, *The Collapse of the Soviet Military* (New Haven: Yale University Press, 1998), pp. 305-46; Hoffman, *Dead Hand*, pp. 369-76; e Mikhail Tsypkin, "Adventures of the 'Nuclear Briefcase': A Russian Document Analysis", *Strategic Insights*, Center for Contemporary Conflict, Naval Postgraduate School, v. 3, n. 9 (2004).

128. Ver "Remarks by President Bush on Reducing US and Soviet Nuclear Weapons", *New York Times*, 28 set. 1991.

129. Citado em Steve Kline, "SAC, America's Nuclear Strike Force, Is Retired", Associated Press, 2 jun. 1992.

EPÍLOGO [pp. 484-509]

1. O sucinto e inquietante relato de Charles Perrow sobre o acidente em Three Mile Island se encontra em seu livro *Normal Accidents: Living with High-Risk Technologies* (Princeton: Princeton University Press, 1999), pp. 15-31.

2. Ibid., pp. 43-4.
3. Ibid.
4. Ibid., pp. 43-6.
5. Ibid., p. 10.
6. Ibid., pp. 89-100.
7. Ibid., p. 4.
8. Ibid., p. 10.
9. Ibid.
10. Sagan, *The Limits of Safety*, p. 62.
11. Ibid., pp. 78-80.
12. Citado em ibid., p. 110.
13. Citado em ibid.
14. Ibid., pp. 135-8.
15. Ibid., p. 251.
16. Ibid.
17. Ibid., p. 264.
18. Ibid., p. 266.
19. Perrow, *Normal Accidents*, p. 11.
20. O ensaio se encontra em Langdon Winner, *The Whale and the Reactor: A Search for Limits in an Age of Hight Technology* (Chicago: University of Chicago Press, 1989), pp. 19-39.
21. Ibid., p. 34.
22. A Lei de Energia Atômica de 1946 determinou que "todos os dados relacionados à fabricação ou utilização de armas nucleares" fossem sigilosos e criou uma categoria legal para essas informações: Restricted Data [Dados Restritos]. Uma emenda à lei, em 1954, acrescentou outra categoria de dados secretos — Formerly Restricted Data [Dados Anteriormente Restritos] — que se refere sobretudo a uso militar, capacidade e instalações de armas nucleares. Apesar do significado aparente do nome, os Formerly Restricted Data ainda são informações secretas que não podem ser liberadas ao público sem permissão do Departamento de Energia e do Departamento de Defesa. Para um vislumbre do mundo orwelliano do sigilo nuclear, ver Howard Morland, "Born Secret", *Cardozo Law Review*, v. 26, n. 4 (mar. 2005), pp. 1401-8; "Restricted Data Declassification Decisions, 1946 to the Present", RDD-8, US Department of Energy, Office of Health, Safety and Security, Office of Classification, 1 jan. 2002 (SOMENTE PARA USO OFICIAL/liberado); e "Transforming the Security Classification System", Report to the President from the Public Interest Declassification Board, nov. 2012.

23. O documento, citado anteriormente, é "Accidents and Incidents Involving Nuclear Weapons: Accidents and Incidents during the Period of 1 July 1957 through 31 March 1967", Technical Letter 20-3, Defense Atomic Support Agency, 15 out. 1967 (SECRETO/DADOS RESTRITOS/liberado).

24. Ibid., Incident n. 33, p. 14.
25. Ibid., Incident n. 3, p. 53.
26. Ibid., Incident n. 11, p. 34.
27. Ibid., Incident n. 51, p. 89.
28. A plataforma de lançamento foi evacuada e, quando técnicos voltaram ao local, desco-

briram que "travas de segurança" ainda retinham o veículo de reentrada no topo do míssil. "A causa do incidente", concluiu o relatório, "foi desobediência a regras prescritas para o míssil Thor." Ver ibid., Incident n. 42, p. 87.

29. Ibid., Incident n. 9, p. 72.

30. Ver Pete Earley, *Family of Spies: Inside the John Walker Spy Ring* (Nova York: Bantam, 1988), p. 358.

31. Conhecidas como as "decodificações de Venona", elas ajudaram a descobrir os nomes ou codinomes de aproximadamente duzentos americanos que espionavam para a União Soviética. O chefe do Estado-Maior Conjunto, general de exército Omar Bradley, decidiu não contar ao presidente Truman. O motivo era mais burocrático do que ominoso. "Temos aqui o sigilo governamental em sua essência", escreveu depois o senador Daniel Patrick Moynihan. "Departamentos e agências guardam informações, e o governo se torna uma espécie de mercado." Os que conhecem os segredos têm grande influência nesse mercado. Para a decisão de manter Truman no escuro, ver Daniel Patrick Moynihan, *Secrecy: The American Experience* (New Haven: Yale University Press, 1998), pp. 59-73. A citação está na página 73.

32. Ver ibid., p. 16; e James Earl Haynes e Harvey Klehr, *Verona: Decoding Soviet Espionage in America* (New Haven: Yale University Press, 2000), pp. 47-56.

33. Ver *Secrecy: Report of the Commission on Protecting and Reducing Government Secrecy* (Washington, DC: Government Printing Office, 1997). Citado em Moynihan, *Secrecy*, p. 2.

34. Ver Scott Shane, "US Reclassifies Many Documents in Secret Review", *New York Times*, 21 fev. 2006.

35. Para o trágico legado da produção soviética de armas, ver Vladislav Larin, "Mayak's Walking Wounded", *Bulletin of the Atomic Scientists* (set./out. 1999), pp. 20-7, e John M. Whitely, "The Compelling Realities of Mayak", em Russell J. Dalton, Paula Garb, Nicholas P. Lovrich, John C. Pierce e John M. Whiteley (Orgs.), *Critical Masses: Citizens, Nuclear Weapons Production, and Environmental Destruction in the United States and Russia* (Cambridge, MA: MIT Press, 1999), pp. 59-96.

36. Citado em Whitely, Dalton et al., *Critical Masses*, p. 67.

37. Bruce G. Blair escreveu o melhor guia para o sistema soviético. Seu trabalho sobre o tema se encontra em *The Logic of Accidental War* (Washington, DC: Brookings Institution, 1993), pp. 59-167, e *Global Zero Alert for Nuclear Forces* (Washington, DC: Brookings Institution, 1995). Blair também escreveu a introdução para um dos poucos textos nessa área redigidos por um especialista russo: Valery E. Yarynich, C^3: *Nuclear Command, Control Cooperation* (Washington, DC: Center for Defense Information, 2003). Duas outras fontes, embora obsoletas, contêm muitas informações fascinantes. Ver Stephen M. Meyer, "Soviet Nuclear Operations", em Ashton Carter, John D. Steinbruner e Charles A. Zraket (Orgs.), *Managing Nuclear Operations* (Washington, DC: Brooking Institution, 1987); e Stephen J. Cimbala, *Soviet C^3* (Washington, DC: AFCEA International Press, 1987).

38. Blair, *The Logic of Accidental Nuclear War*, p. 107.

39. Ver Blair, *Global Zero Alert*, pp. 51, 56; C^3, pp. 137-45, 157-9, 245-8; e Hoffman, *Dead Hand*, pp. 152-4, 421-3.

40. Entrevista de Sidney Drell.

41. Para uma ótima análise do súbito interesse na segurança das armas nucleares, ver Frank

von Hippel, "Test Ban Debate, Round Three: Warhead Safety", *Bulletin of Atomic Scientists*, abr. 1991.

42. Os senadores estavam discutindo uma emenda a uma lei sobre obras de energia e água. Ver "Amendment No. 2833, Energy and Water Development Appropriations Act", Senate, 3 ago. 1992, Congressional Record, 102nd Congress (1991-1992), pp. S11171-S11222.

43. Ibid., p. S11172. O senador era J. Bennett Johnston Jr., um democrata de Louisiana.

44. Ibid., p. S11184. O senador era Pete Domineci, republicano do Novo México.

45. Ibid., pp. S11186-S11187. O senador era William Cohen, republicano do Maine.

46. Ver Eric Schmitt, "Experts Say Test Ban Could Impair Nuclear-Arms Safety", *New York Times*, 8 out. 1999. A National Academy of Sciences publicou recentemente um relatório contestando esse argumento. Ver *The Comprehensive Nuclear Test Ban Treaty — Technical Issues for the United States*, Committee on Reviewing and Updating Technical Issues Related to the Comprehensive Nuclear Test Ban Treaty, National Research Council of the National Academies (Washington, DC: National Academies Press, 2012).

47. Um relatório de 2007 afirmou que a ogiva Reliable Replacement Warhead (RRW) seria "muito mais do que 'apenas ecológica'". A nova arma reduziria "danos potenciais ao meio ambiente e [...] aumentaria a segurança dos trabalhadores". Apesar da importância desses objetivos, o presidente Obama eliminou o financiamento para a RRW em 2009. Ver "Nuclear Warheads: The Reliable Replacement Warhead Program and the Life Extension Program", Jonathan Medalia, CRS Report for Congress, Congressional Research Service, 3 dez. 2007, p. 20.

48. Entrevista de Peurifoy.

49. Ver "Pit Lifetime", JSR-06-335, Mitre Corporation, 11 jan. 2007.

50. Entrevista de Agnew.

51. "A questão de segurança", dizia, "é se um acidente durante o manejo de um míssil operacional [...] poderia detonar o propelente, que, por sua vez, poderia levar [os altos-explosivos] na ogiva a detonar, causando a dispersão de plutônio, ou mesmo desencadear uma força explosiva que ultrapassasse o padrão dos dois quilos." Ver "Report of the Panel on Nuclear Weapons Safety", pp. 26-30. A citação se encontra na página 29. Para um exame mais detalhado do problema, ver John R. Harvey e Stefan Michalowski, "Nuclear Weapons Safety: The Case of Trident", *Science and Global Security*, v. 4 (1994), pp. 261-337.

52. Entrevista de Peurifoy.

53. Ver James C. Slife, *Creech Blue: General Bill Creech and the Reformation of the Tactical Air Forces, 1978-1984* (Maxwell Air Force Base, AL: Air University Press and the College of Aerospace Doctrine, Research and Education, 2004).

54. Ver John T. Correll, "The Air Force in the Vietnam War", Air Force Association, dez. 2004, p. 26.

55. Essa estimativa é minha. A Força Aérea se recusou a me fornecer uma lista de perdas em combate desde 2003. "USAF Manned Aircraft Losses 1990-2002", compilada pela Air Force Historical Research Agency, menciona dezessete aeronaves de asa fixa derrubadas nesse período — três em missões sobre a ex-Iugoslávia e catorze na Operação Tempestade no Deserto. Outros três aviões foram derrubados entre 2003 e o outono de 2008, segundo "Cost of Airframes", de Michael C. Sirak, *Air Force Magazine*, 27 out. 2008. Depois de procurar nos Unites States Air Force Class A Aerospace Mishap Reports os dados para os anos 2009 a 2012, não consegui encontrar outro caso

de aeronave de asa fixa tripulada abatida por fogo inimigo. Talvez algumas das quedas, na verdade, estejam relacionadas a combate. Não obstante, o feito da Força Aérea é notável, considerando que seus pilotos tinham executado mais de meio milhão de investidas contra o Iraque e o Afeganistão até a primavera de 2008. Essa estatística provém de um gráfico de Tamar A. Mehuron e Heather Lewis, "The Mega Force", *Air Force Magazine*, jun. 2008.

56. O significado da expressão "sem aviso" claramente evoluiu no decorrer dos anos. Segundo uma investigação de 2008 sobre como a Força Aérea estava administrando seu arsenal nuclear, "inspeções conhecidas como 'sem aviso' só começam 72 horas depois de a unidade ter sido notificada". A investigação foi chefiada pelo ex-secretário da Defesa James Schlesinger. Ver "Report of the Secretray of Defense Task Force on DoD Nuclear Weapons Management, Phase I: The Air Force's Nuclear Mission", set. 2008, p. 37.

57. Ibid., p. 27. Segundo um estudo sobre como a Força Aérea remeteu a Taiwan por engano espoletas de ogiva nuclear em vez de baterias de helicóptero, às vezes esses oficiais não só eram menos graduados como também não tinham qualificação para suas tarefas. "Existem alguns líderes com experiência nuclear reduzida, ultrapassada ou nula", concluiu o estudo, "que exercem cargos de chefia no projeto nuclear da Força Aérea." Esse estudo é citado em "The Unauthorized Movement of Nuclear Weapons and Mistaken Shipment of Classified Missile Components: An Assessment", Michelle Spencer, Aadina Ludin e Heather Nelson, USAF Counterproliferation Center, jan. 2012, p. 86.

58. Citado em Joby Warrick e Walter Pincus, "Missteps in the Bunker", *Washington Post*, 23 set. 2007.

59. Ver Spencer et al., "Unauthorized Movement and Mistaken Shipment", pp. 13-4.

60. As ogivas foram carregadas em 29 de agosto e descobertas no dia seguinte. Para o relato oficial sobre o que aconteceu, ver "Report on the Unauthorized Movement of Nuclear Weapons", Defense Science Board Permanent Task Force on Nuclear Weapons Surety, Department of Defense, Washington, DC, fev. 2008. Para um exame abrangente das falhas de gestão que resultaram na negligência com as ogivas, ver "The Unauthorized Shipment of Nuclear Weapons and Mistaken Shipment of Classified Missile Components: An Assessment", Michelle Spencer, A. Ludin e H. Nelson, The Counterproliferation Papers, Future Warfare Series No. 56, USAF Counterproliferation Center, jan. 2012. Joby Warrick e Walter Pincus escreveram um ótimo artigo sobre o incidente: "Missteps in the Bunker", *Washington Post*, 23 set. 2007. E Rachel Maddow inclui mais detalhes inquietantes sobre o caso em seu livro *Drift: The Unmooring of American Military Power* (Nova York: Crown, 2012), pp. 231-8.

61. "Report on the Unauthorized Movement", p. 5. A confusão foi generalizada. Nem o chefe da tripulação do avião nem o piloto do B-52 haviam sido treinados para lidar com armas nucleares. E investigadores descobriram que as seis armas nucleares "passaram por uma barreira de segurança [...] mas ninguém fez a verificação enquanto elas passavam". A citação está em Spencer et al., "Unauthorized Movement and Mistaken Shipment", p. 12.

62. "No passado havia a exigência de uma troca formal de custódia, verificada fisicamente por números de série, registrada e assinada em um documento formal quando armas eram passadas da tripulação de preparação para a de comboio, depois para o chefe da tripulação e por fim para a tripulação do avião", observou a Comissão de Ciência do Departamento de Defesa. Mas

em algum momento esses procedimentos foram abandonados — e o deslocamento de armas nucleares fora do iglu deixou de ser registrado. "Report on the Unauthorized Movement", p. 5.

63. Para os detalhes desse incidente, ver "United States Air Force Missile Accident Investigation Board report", Minuteman III Launch Facility AO6, 319th Missile Squadron, 90th Operations Group, 90th Missile Wing, F. E. Warren Air Force Base, Wyoming, 23 maio 2008, Robert M. Walker, President, Accident Investigation Board, 18 set. 2008.

64. Ibid., p. 4.

65. Ibid.

66. O Departamento de Defesa está tentando, com diferentes graus de êxito, fazer o acompanhamento de seu vasto arsenal de armas, componentes e equipamentos com a tecnologia "Item Unique Identification" (IUID) — o tipo de código de barras usado há anos em supermercados e lojas de eletrônicos. "Na área de Material Relacionado a Armas Nucleares (NWRM)", declarou em 2010 o chefe do Centro de Armas Nucleares da Força Aérea, "continuamos a aumentar e a aperfeiçoar um Controle de Inventário Total." O militar prometeu "controlar todos os NWRM com identificadores únicos e disciplina na cadeia de fornecimento", mas alertou que "nos anos vindouros haverá descobertas ocasionais de ativos recém-revelados". Presumivelmente, agora as armas vêm sendo escaneadas, acompanhadas e armazenadas no lugar certo. Ver "Defense Logistics: Improvements Needed to Enhance DOD's Management Approach and Implementation of Item Unique Identification Technology", United States General Accountability Office, Report to the Subcommittee of Readiness, Committee on Armed Services, House of Representatives, maio 2012; e "Status of the Air Force Nuclear Security Roadmap", Brigadier General Everett H. Thomas, Commander, Air Force Nuclear Weapons Center, Presentation to the Strategic Forces Subcommittee, Armed Services Committee, House of Representatives, 111th Congress, 21 jan. 2010, pp. 5-6.

67. Citado em Tim Weiner, "The $2 Billion Bomber Can't Go Out in the Rain", *New York Times*, 23 ago. 1997.

68. O último B-52 foi fabricado em 1962 e continua voando. Ver John Andrew Prime, "B-52 Bomber Marks Major Milestones in 2012", *Air Force Times*, 9 abr. 2012.

69. Ver David Majumdar, "Upgrades to Keep B-52s Flying through 2040", *Air Force Times*, 4 out. 2011.

70. O WWMCCS nunca funcionou bem. Um estudo de 1979 concluiu que seu programa de processamento de dados automatizado "não atendia" a necessidades locais ou nacionais, "não era confiável" e "não pode transferir dados [...] com eficiência". Fora isso, era ótimo. O advento das comunicações digitais trouxe o fim do WWMCCS. Ver "The World Wide Military Command and Control System — Major Changes Needed in Its Automated Data Processing Management and Direction", Comptroller General of the United States, Report to the Congress, 14 dez. 1979, p. ii.

71. Ver "Global Command and Control System Adopted", news release, United States Department of Defense, n. 552-96, 26 set. 1996.

72. Ver "General Dynamics Awarded $1M DIRECT Emergency Action Message System Support Contract", PR Newswire, 23 maio 2001; e "DIRECT Messaging System Overview", General Dynamics C4 Systems (s.d.).

73. Para detalhes do incidente, ver David S. Cloud, "Pentagon Cites Hardware Glitch in

ICBM Outage", *Los Angeles Times*, 27 out. 2010, e Michelle Tan, "Equipment Failure Cited in Warren Incident", *Air Force Times*, 5 maio 2011.

74. Ver "Resilient Military Systems and the Advanced Cyber Threat", Task Force Report, Defense Science Board, Department of Defense, jan. 2013, pp. 7, 42, 85.

75. Ver "Hearing to Receive Testimony on US Strategic Command and US Cyber Command in Review of the Defense Authorization Request for Fiscal Year 2014 and the Future Years Defense Program", Committee on Armed Services, United States Senate, 113th Congress, 12 mar. 2013, p. 10.

76. Ver ibid.

77. Ver ibid., p. 22.

78. Ver Mark Bowden, *The Finish: The Killing of Osama Bin Laden* (Nova York: Atlantic Monthly Press, 2012), pp. 216-64.

79. Ver National Commission on Terrorist Attacks upon the United States, *The 9/11 Commission Report: Final Report of the National Commission on Terrorist Attacks upon the United States* (Nova York: W. W. Norton, 2004), pp. 1-46.

80. O World Trade Center foi atingido pelo primeiro avião às 8h46min40; o segundo avião colidiu com o prédio às 9h03min11; e o voo 93 da United Airlines caiu em um campo próximo a Shanksville, Pennsylvania, às 10h03min11. Esses 77 minutos e 31 segundos foram uma eternidade — em comparação com o tempo em que o sistema de comando e controle americano devia responder decisivamente a um ataque de míssil soviético. Para a cronologia dessa manhã de setembro, ver *9/11 Commission Report*, pp. 32-3.

81. Ibid., p. 40.

82. "O presidente e o vice-presidente afirmaram", diz o relatório, "desconhecer que os caças haviam sido tirados às pressas de Andrews a pedido do Serviço Secreto e fora da hierarquia militar de comando." Ibid., p. 44.

83. Esses números são de Hans Kristensen, diretor do Projeto de Informação Nuclear da Federação de Cientistas Americanos. Há muitos anos Kristensen vem sendo uma fonte confiável e um estudioso incansável das questões nucleares. Ver Hans M. Kristensen, "Trimming Nuclear Excess: Options for Further Reductions of US and Russian Nuclear Forces", Federation of American Scientists, Special Report No. 5, dez. 2012, p. 5.

84. Citado em Hans M. Kristensen e Robert S. Norris, "US Nuclear Forces, 2013", *Bulletin of the Atomic Scientists* (mar./abr. 2013), p. 77.

85. Citado em ibid.

86. Citado em ibid.

87. Citado em ibid.

88. Citado em ibid.

89. Para a mais detalhada investigação atual do OPLAN, ver Hans M. Kristensen, "Obama and the Nuclear War Plan", Federation of the American Scientists Issue Brief, fev. 2010.

90. Citado em ibid., p. 7.

91. Ibid., p. 3.

92. Ibid., p. 5.

93. Ver Walter Pincus, "Nuclear Complex Upgrades Related to START Treaty to Cost $180 Billion", *Washington Post*, 14 maio 2010.

94. Citado em Kristensen, "Trimming Nuclear Excess", p. 10.

95. Para uma visão geral das potências nucleares mundiais, o tamanho de seus arsenais e seus planos de modernização, ver Ian Kearns, "Beyond the United Kigdom: Trends in the Other Nuclear Armed States", Discussion Paper 1 da BASIC Trident Commission, nov. 2011. O programa de armas francês é descrito na página 20.

96. Com mais 65 ogivas armazenadas, o total é 225. Citado em Richard Norton-Taylor, "Britain's Nuclear Arsenal is 225 Warheads, Reveals William Hague", *Guardian* (UK), 26 maio 2010.

97. Citado em Hans M. Kristensen e Robert S. Norris, "Chinese Nuclear Forces, 2011", *Bulletin of the Atomic Scientists*, 1 nov. 2011, p. 81. No momento, há um consenso de que a China está aumentando o tamanho de seu arsenal. Mas as afirmações de que os chineses têm 3 mil ogivas escondidas no subsolo parecem improváveis. Para a política da dissuasão mínima tradicional da China, ver M. Taylor Fravel e Evan S. Medeiros, "China's Search for Assured Retaliation: The Evolution of Chinese Nuclear Strategy and Force Structure", *International Security*, v. 35, n. 2 (outono 2010), pp. 7-44. Para uma interpretação muito diferente das políticas nucleares chinesas, ver Bret Stephens, "How Many Nukes Does China Have?", *Wall Street Journal*, 24 out. 2011.

98. Ver Stephens, "How Many Nukes" e William Wan, "Georgetown Students Shed Light on China's Tunnel System for Nuclear Weapons", *Washington Post*, 29 nov. 2011.

99. Ver Mary Beth Nikitin, "North Korea's Nuclear Weapons: Technical Issues", CRS Report for Congress, Congressional Research Service, 3 abr. 2013, p. 4.

100. Citado em ibid., p. 15.

101. Citado em Sagan, *Limits of Safety*, p. 266. A citação apareceu originalmente em Gary Milhollin, "Building Saddam Hussein's Bomb", *New York Times*, 8 mar. 1992.

102. Para a deterioração das forças estratégicas russas e os efeitos potencialmente desestabilizadores, ver David E. Mosher, Lowell H. Schwartz, David R. Howell e Lynn E. Davis, *Beyond the Nuclear Shadow: A Phased Approach for Improving Nuclear Safety and US-Russian Relations* (Santa Mônica, CA: RAND, 2003).

103. Sobre esse falso alarme, que ocorreu anos depois do fim da Guerra Fria, ver David Hoffman, "Cold War Doctrines Refuse to Die", *Washington Post*, 15 mar. 1998.

104. Essa é minha opinião, e infelizmente há muitos escritos que a apoiam. *Inside Nuclear Asia* (Stanford: Stanford University Press, 2009), organizado por Scott D. Sagan, contém dois ensaios particularmente bons: "Revisionist Ambitions, Conventional Capabilities, and Nuclear Instability: Why Nuclear South Asia Is Not Like Cold War Europe", de S. Paul Kapur, e "The Evolution of Pakistani and Indian Doctrine", de Sagan. Outro ótimo livro é *Eating Grass: The Making of the Pakistani Bomb*, de Feroz Hassan Kham (Stanford: Stanford Security Series, 2012). O livro de Paul Bracken *The Second Nuclear Age: Strategy, Danger, and the New Power Politics* (Nova York: Times, 2012) contém um capítulo provocativo sobre o risco de guerra nuclear no sul da Ásia. Bracker estuda a importância do comando e controle há mais de trinta anos. O trabalho do acadêmico britânico Shaun Gregory parece especialmente relevante neste momento. Antes de investigar os esforços paquistaneses para manter em segurança suas armas nucleares, Gregory escreveu um livro sobre acidentes com armas nucleares e outro sobre o comando e controle de forças da Otan. Aprendi muito em minhas conversas com Gregory e com suas obras, especialmente "The Security of Nuclear Weapons in Pakistan", Pakistan Se-

curity Research Unit, Brief Number 22, 18 nov. 2007; "The Terrorist Threat to Pakistan's Nuclear Weapons", *CTC Sentinel*, Combating Terrorism Center at West Point, jul. 2009, pp. 1-4; e "Terrorist Tactics in Pakistan Threaten Nuclear Weapon Safety", *CTC Sentinel*, Combating Terrorism Center at West Point, jun. 2011, pp. 4-7.

105. Citado em Bracken, *The Second Nuclear Age*, p. 162.

106. As estimativas vão de noventa a 110. Citado em Paul K. Kerr e Mary Beth Nikitin, "Pakistan's Nuclear Weapons: Proliferation and Security Issues", CRS Report for Congress, Congressional Research Service, 19 mar. 2013, p. 5.

107. Ver Gregory, "Terrorist Tactics in Pakistan", pp. 5-6.

108. Ibid., pp. 6-7.

109. Citado em Stephen I. Schwartz (Org.), *Atomic Audit: The Costs and Consequences of US Nuclear Weapons Since 1940* (Washington, DC: Brookings Institution, 1998), p. 102.

110. Em outras palavras, se uma única arma nuclear tivesse sido roubada ou detonada, representaria pouco mais de um milésimo de 1% de todo o arsenal.

111. Devido a variações entre os registros de arsenal dos países, qualquer comparação entre suas taxas de acidente seria imprecisa. Ainda assim, os números que foram compilados dão uma noção do domínio relativo da tecnologia. Como constataram os autores desse estudo, a "diferença nas taxas de acidente entre países desenvolvidos e em desenvolvimento é notável". Os locais de trabalho nos países desenvolvidos são muito mais seguros; talvez 350 mil pessoas por ano morram em serviço, principalmente em países em desenvolvimento. Ver Päivi Hämäläinen, Jukka Takala e Kaija Leena Saarela, "Global Estimates of Occupational Accidents", *Safety Science*, n. 44 (2006), pp. 137-56.

112. Segundo o estudo, a taxa de acidentes industriais nos Estados Unidos é de 3959 por 100 mil trabalhadores e na Índia, de 8763 por 100 mil. Ibid., pp. 145, 147.

113. A taxa no Irã é de 12845 por 100 mil. Ibid., p. 153.

114. A taxa no Paquistão é de 15809 por 100 mil. Ibid., p. 148.

115. George P. Shultz, William J. Perry, Henry A. Kissinger e Sam Nunn, "A World Free of Nuclear Weapons", *Wall Street Journal*, 4 jan. 2007.

116. Ibid.

117. Citado em Madeleine Albright e Igor Ivanov, "A New Agenda for US-Russia Cooperation", *New York Times*, 30 dez. 2012.

118. Para um ótimo relato sobre o movimento antinuclear atual, ver Philip Taubman, *The Partnership: Five Cold Warriors and Their Quest to Ban the Bomb* (Nova York: HarperCollins, 2012). Para um exame detalhado de como poderia ocorrer esse desarmamento, ver "Modernizing US Nuclear Strategy, Force Structure and Posture", Global Zero US Nuclear Policy Commission, maio 2012. E, para um ponto de vista diametralmente contrário, ver Rebeccah Heindrichs e Baker Spring, "Deterrence and Nuclear Targetting in the 21st Century", Backgrounder of Arms Control and Nonproliferation, The Heritage Foundation, 30 nov. 2012.

119. "Remarks by President Barack Obama, Hradcany Square, Prague, Czech Republic", The White House, Office of the Press Secretary, 5 abr. 2009.

120. Ibid.

121. Ibid.

122. Nunn tinha 68; Perry, oitenta; Kissinger, 83; e Schultz, 86.

123. Para uma análise sobre como o governo Bush planejava usar armas nucleares, ver Charles L. Glaser e Steve Fetter, "Counterforce Revisited: Assessing the Nuclear Posture Review's New Missions", *International Security*, v. 30, n. 2 (outono 2005), pp. 84-126.

124. Harold Brown e John Deutch, "The Nuclear Disarmament Fantasy", *Wall Street Journal*, 19 nov. 2007.

125. Ibid.

126. James Wood Forsyth Jr., coronel B. Chance Saltzman, USAF; e Gary Schaub Jr., "Remembrance of Things Past: The Enduring Value of Nuclear Weapons", *Strategic Studies Quarterly*, v. 4, n. 1 (primavera 2010), p. 82.

127. Um relatório dos dois grupos sugere que, no futuro, os Estados Unidos precisarão de apenas quinhentas armas nucleares para dissuasão. Ver Hans M. Kristensen, Robert S. Norris e Ivan Oelrich, "From Counterforce to Minimal Deterrence: A New Nuclear Policy on the Path Toward Eliminating Nuclear Weapons", Federation of American Scientists and the Natural Resources Defense Council, Occasional Paper No. 7, abr. 2009, p. 44.

128. A conduta de matar civis como um ato de vingança — depois de seus líderes terem desferido um ataque nuclear — sempre foi um assunto incômodo para os teóricos da dissuasão. Em um livro recente, o autor Ron Rosenbaum questionou a ética de um ataque nuclear retaliatório e exortou as tripulações de missilheiros a desobedecer a qualquer ordem de lançamento. "Nada justifica seguir ordens de genocídio." Para uma análise provocativa da questão, ver John D. Steinbruner e Tyler Wigg-Stevenson, "Reconsidering the Morality of Deterrence", CISSM Working Paper, Center for International and Security Studies at Maryland, University of Maryland, mar. 2012; e Ron Rosenbaum, *How the End Begins: The Road to a Nuclear World War III* (Nova York: Simon & Schuster, 2011). A citação se encontra na página 260.

Referências bibliográficas

Relatórios

"Acceptable Premature Probabilities for Nuclear Weapons", Headquarters Field Command, Armed Forces Special Weapons Project, FC/10570136, 1º out. 1957 (SECRETO/DADOS RESTRITOS/liberado).

"Accident Environments", T. D. Brumleve, Chairman, Task Group on Accident Environments, Sandia Laboratories, SCL-DR-69-86, jan. 1970 (SECRETO/DADOS RESTRITOS/liberado).

"Accidental War: Some Dangers in the 1960s", Mershon Center for Education in National Security, Housmans (s.d.). "Accidents and Incidents Involving Nuclear Weapons: Accidents and Incidents during the Period 1 July 1957 through 31 March 1967", Technical Letter 20-3, Defense Atomic Support Agency, 15 out. 1967 (SECRETO/DADOS RESTRITOS/liberado).

"An Activated Barrier for Protection of Special Nuclear Materials in Vital Areas", Ronald E. Timm, James E. Miranda, Donald L. Reigle e Anthony D. Valente, Argonne National Laboratory, 1984.

"The Aftermath of a Single Nuclear Detonation by Accident or Sabotage: Some Problems Affecting US Policy, Military Reactions, and Public Information", Fred Charles Iklé com J. E. Hill, *Research Memorandum*, Project RAND, US Air Force, Santa Mônica, Califórnia, 8 maio 1959, RM-2364 (SECRETO/DADOS RESTRITOS/liberado).

"Aggregate Nuclear Damage Assessment Techniques Applied to Western Europe", H. Avrech e D. C. McGarvey, RAND Corporation, Memorandum RM-4466-ISA, Prepared for the Office of the Assistant Secretary of Defense/International Security Affairs, jun. 1965 (SOMENTE PARA USO OFICIAL/liberado).

"AGM-69A, SRAM Explosive Components Surveillance Program Summary Report FY74 Service Life

Estimate", Charles E. Stanbery et al., Aeronautical Systems Division, Wright-Patterson Air Force Base, AD-A014 428, jan. 1975.

"Air Force Blue Ribbon Review of Nuclear Weapons Policies and Procedures", Polly A. Peyer, Headquarters, United States Air Force, 8 fev. 2008.

"The Air Force Role in Five Crises, 1958-1965: Lebanon, Taiwan, Congo, Cuba, Dominican Republic", Bernard C. Nalty, USAF Historical Division Liaison Office, jun. 1968 (ULTRASSECRETO/liberado), NSA.

"The Air Force and Strategic Deterrence, 1961-1960", George F. Lemmer, USAF Historical Division Liaison Office, dez. 1967 (SECRETO/DADOS ANTERIORMENTE RESTRITOS/liberado), NSA.

"The Air Force and the Worldwide Military Command and Control System, 1961-1965 (U)", Thomas A. Sturm, Usaf Historical Division Liaison Office, ago. 1966 (SECRETO/LIBERADO), NSA.

"Airpower and the Cult of the Offensive", John R. Carter, Cadre Paper, College of Aerospace Doctrine, Research, and Education, Air University Press, Maxwell Air Force Base, Alabama, out. 1998.

"Alcohol & Drug Use in the Marine Corps in 1983", Peter H. Stoloff e Renee K. Barnow, Center for Naval Analyses, CNR 90, v. 1, jul. 1984.

"Analytical Support for the Joint Chiefs of Staff: The WSEG Experience, 1948-1976", John Ponturo, Institute for Defense Analysis, International and Social Studies Division, IDA Study S-507, jul. 1979.

"Assessing the Capabilities of Strategic Nuclear Forces: The Limits of Current Methods", Bruce W. Bennett, N-1441-NA, RAND Corporation, jun. 1980.

"Assessment Report: Titan II LGM 25 C, Weapon Condition and Safety", Prepared for the Senate Armed Services Committee and House Armed Services Committee, maio 1980.

"Attack Warning: Better Management Required to Resolve NORAD Integration Deficiencies", Report to the Chairman, Subcommittee on Defense, Committee on Appropriations, House of Representatives, United States General Accounting Office, jul. 1989.

"The Ballistic Missile Decisions", Robert L. Perry, RAND Corporation, out. 1967.

"Ballistic Missile Staff Course Study Guide", 4315th Combat Crew Training Squadron, Strategic Air Command, Vandenberg Air Force Base, 1 jul. 1980.

"Beyond the United Kingdom: Trends in the Other Nuclear Armed States", Ian Kearns, Discussion Paper 1, Basic Trident Commission, nov. 2011.

"A Brief Survey of the Evolution of Ideas About Counterforce", Alfred Goldberg, Prepared for US Air Force Project RAND, Memorandum RM-5431-PR, out. 1967 (rev. mar. 1981), NSA.

"Command, Control, and Communications Problems", Ronald A. Finkler et al., WSEG Report 159, v. I: Summary, Institute for Defense Analyses, Science and Technology Division, fev. 1971 (ULTRASSECRETO/liberado).

"Command and Control for North American Air Defense, 1959-1963", Thomas A. Sturm, Usaf Historical Division Liaison Office, SHO-S-65/18, jan. 1965 (SECRETO/liberado).

"Command and Control of Soviet Nuclear Weapons: Dangers and Opportunities Arising from the August Revolution", Hearing before the Subcommittee on European Affairs of the Committee on Foreign Relations, United States Senate, 102nd Congress, First Session, 24 set. 1991.

"Command and Control Systems for Nuclear Weapons: History and Current Status", Systems Development Department I, Sandia Laboratories, SLA-73-0415, set. 1973 (SECRETO/DADOS RESTRITOS/liberado).

"Countervailing Strategy Demands Revision of Strategic Force Acquisiton Plans", Comptroller General of the United States, MASAD-81-355, 5 ago. 1981.

"Custody", Assistant to the Secretary of Defense (Atomic Energy), Office of the Secretary of Defense, 10 nov. 1960 (ULTRASSECRETO/DADOS RESTRITOS/liberado), NSA.

"Defense Logistics: Improvements Needed to Enhance DOD's Management Approach and Implementation of Item Unique Identification Technology", United States Government Accontability Office, Report to the Subcommittee on Readiness, Committee on Armed Services, House of Representatives, maio 2012.

"Department of Defense Authorization for Appropriations for Fiscal Year 1986", Hearings before the Committee on Armed Services United States Senate, Ninety-ninth Congress, 1st Session, 1985.

"Deterrence and Survival in the Nuclear Age", Security Resources Panel of the Science Advisory Committee, Washington, DC, 7 nov. 1957 (ULTRASSECRETO/liberado), NSA.

"The Development of the SM-68 Titan", Warren E. Greene, Historical Office, Deputy Commander for Aerospace Systems, Air Force Systems Command, ago. 1962 (SECRETO/DADOS ANTERIORMENTE RESTRITOS/liberado), NSA.

"The Development of the SM-80 Minuteman", Robert F. Piper, DCAS Historical Office, Deputy Commander for Aerospace Systems, Air Force Systems Command, abr. 1962 (SECRETO/DADOS RESTRITOS/liberado), NSA.

"The Development of Strategic Air Command, 1946-1976", J. C. Hopkins, Office of the Historian, Strategic Air Command, 21 mar. 1976.

"Dig High-Altitude EMP Cause the Hawaiian Streetlight Incident?", Charles Vittitoe, Electromagnetic Applications Division, Sandia National Laboratories, System Design and Assessment Notes, Note 31, jun. 1989.

"Effect of Civilian Morale on Military Capabilities in a Nuclear War Environment: Enclosure 'E', The Relationship to Public Morale of Information About the Effects of Nuclear Warfare", WSEG Report No. 42, Weapons Systems Evaluation Group, Joint Chiefs of Staff, 20 out. 1959 (CONFIDENCIAL/liberado).

"The Effects of Atomic Bombs on Hiroshima and Nagasaki", United States Strategic Bombing Survey, 30 jun. 1946 (SECRETO/liberado).

"The Effects of Nuclear War", Office of Technology Assessment, Congress of the United States, maio 1979.

"Electric Initiators: A Review of the State of the Art", Gunther Cohn, Franklin Institute, Prepared for the Picatinny Arsenal, nov. 1961, AD266014 (CONFIDENCIAL/liberado).

"Enclosure 'I' Changes in the Free World", Weapons Systems Evaluation Group Report No. 50, 18 nov. 1960 (ULTRASSECRETO/DADOS RESTRITOS/liberado).

"The Evaluation of the Atomic Bomb as a Military Weapon", Enclosure "A", the Final Report of the Joint Chiefs of Staff Evaluation Board for Operation Crossroads, 30 jun. 1947 (ULTRASSECRETO/liberado).

"Evaluation of Programmed Strategic Offensive Weapons Systems", Weapons Systems Evaluation

Group Report No. 50, Washington, DC, 27 dez. 1960 (ULTRASSECRETO/DADOS RESTRITOS/liberado), NSA.

"The Evolution of US Strategic Command and Control and Warning 1945-1972", L. Wainstein, Project Leader, C. D. Cremeans, J. K. Moriarity e J. Ponturo, Study S-467, International and Social Studies Division, Institute for Defense Analyses, jun. 1975 (ULTRASSECRETO/DADOS RESTRITOS /liberado).

"Exploiting and Securing the Open Border in Berlin: The Western Secret Services, the Stasi, and the Second Berlin Crisis, 1958-1961", Paul Maddrell, Woodrow Wilson International Center for Scholars, Cold War International History Project, Working Paper n. 58, fev. 2009.

"Factors Affecting the Vulnerability of Atomic Weapons to Fire", Full-Scale Test Report No. 2, Armour Research Foundation of Illinois Institute of Technology, Armed Forces Special Weapons Project Report No. 1066, fev. 1958 (SECRETO/DADOS RESTRITOS/liberado).

"The Feasibility of Population Targeting", R. H. Craver, M. K. Drake, J. T. McGahan, E. Swick e J. F. Schneider, Science Applications, Inc., Prepared for the Defense Nuclear Agency, 30 jun. 1979 (SECRETO/DADOS RESTRITOS/liberado).

"Final Evaluation Report, MK IV MOD FM BOMB", Mk IV Evaluation Committee, Sandia Laboratory, Report No. SL-82, 1949, 13 set. 1949 (SECRETO, DADOS RESTRITOS/liberado).

"Final Titan II Operational Data Summary", Rev 3, TWR Space Technology Laboratories, set. 1964.

"From Counterforce to Minimal Deterrence: A New Nuclear Policy on the Path Toward Eliminating Nuclear Weapons, Hans M. Kristensen, Robert S. Nortis, Ivan Oelrich, Federation of American Scientists & The Natural Resources Defense Council, Occasional Paper No. 7, abr. 2009.

"Hearing to Receive Testimony on US Strategic Command and US Cyber Command in Review of the Defense Authorization Request for Fiscal Year 2014 and the Future Years Defense Program", Committee on Armed Services, United States Senate, 113th Congress, 12 mar. 2013.

"Historical Analysis of Command and Control Actions in the 1962 Cuban Missile Crisis", Enclosure A, C&C Internal Memorandum No. 40, 14 ago. 1964 (ULTRASSECRETO/liberado), NSA.

"A Historical Study of Strategic Connectivity, 1950-1981", Joint Chiefs of Staff Special Historical Study, Historical Division, Joint Chiefs of Staff, jul. 1982 (ULTRASSECRETO/liberado), NSA.

"History of Air Defense Weapons, 1942-1962", Richard F. McMullen, Historical Division Office of Information, Headquarters, Air Defense Command, ADC Historical Study No. 14, 1962.

"A History of the Air Force Atomic Energy Program: 1943-1953", USAF Historical Division, 1959 (ULTRASSECRETO/DADOS RESTRITOS/liberado), NSA.

"History of Air Research and Development Command, July-December 1960", v. III, Historical Division, Air Research & Development Command, United States Air Force (s.d.) (SECRETO/DADOS RESTRITOS/liberado).

"History of the Custody and Deployment of Nuclear Weapons: July 1945 through September 1977", Office of the Assistant to the Secretary of Defense (Atomic Energy), fev. 1978 (ULTRASSECRETO/DADOS RESTRITOS/DADOS ANTERIORMENTE RESTRITOS/liberado).

"History of the Early Thermonuclear Weapons: Mks 14, 15, 16, 17, 24 and 29", Information Research Division, Sandia National Laboratories, RS 3434/10 (SECRETO, DADOS RESTRITOS/liberado), jun. 1967.

"History of Headquarters Strategic Air Command, 1961", SAC Historical Study No. 89, Headquarters, Strategic Air Command, jan. 1962 (ULTRASSECRETO/liberado), NSA.

"History of the Joint Strategic Target Planning Staff: Background and Preparation of SIOP-62", History & Research Division, Headquarters, Strategic Air Command, 1963 (ULTRASSECRETO/liberado), NSA.

"History of the Joint Strategic Target Planning Staff: Preparation of SIOP-63", History & Research Division, Headquarters, Strategic Air Command, jan. 1964 (ULTRASSECRETO/liberado), NSA.

"History of the Joint Strategic Target Planning Staff SIOP-4 J/K, jul. 1971-jun. 1972, Dr. Walton S. Moody, Strategic Air Command, History & Research Division (s.d.) (ULTRASSECRETO/DADOS RESTRITOS/liberado).

"History of the Little Rock Area Office, Corps of Engineers Ballistic Missile Construction Office, 5 October 1960-31 July 1963", Arthur R. Simpson, Army Engineers Ballistic Missile Construction Office, 1963.

"The History of Nuclear Weapons Safety Devices", David H. Plummer e William H. Greenwood, Sandia National Laboratories, trabalho apresentado à Joint Propulsion Conference, American Institute of Aeronautics and Astronautics, jul. 1998.

"History of the Redstone Missile System", John W. Bullard, Historical Division, Army Missile Command, AMC 23M, 15 out. 1965.

"History of the Strategic Air Command, 1 January 1958-30 June 1958", Historical Study No. 73, v. 1: Headquarters, Strategic Air Command (s.d.) (ULTRASSECRETO/DADOS RESTRITOS/liberado).

"History of the Strategic Air Command, June 1958-July 1959", Historical Study No. 76, v. I: Headquarters, Strategic Air Command (s.d.) (ULTRASSECRETO/DADOS RESTRITOS/liberado).

"History of the Strategic Air Command: Historical Study #73ªA SAC Targeting Concepts", Historical Division, Office of Information, Heardquarters, Strategic Air Command, 1959 (ULTRASSECRETO/liberado), NSA.

"History of the Strategic Arms Competition, 1945-1972", Ernest R. May, John D. Steinbruner e Thomas W. Wolfe, Office of the Secretary of Defense, Historical Office, mar. 1981 (ULTRASSECRETO/DADOS RESTRITOS/liberado).

"History of US Nuclear Weapon Safety Assessment: The Early Years", Stanley D. Spray, Systems Studies Department, Sandia National Laboratories, SAND96-1099C, Version E, 5 maio 1996.

"History of the XW-51 Warhead", SC-M-67-683, AEC Atomic Weapon Data, jan. 1968 (SECRETO/DADOS RESTRITOS/liberado).

"Hydronuclear Experiments", Robert N. Thorn, Donald R. Westervelt, Los Alamos National Laboratories, LA-10902-MS, fev. 1987.

"Information Bulletin: Intrusion Detection System, AN/TPS-39(V), Radar Surveillance Equipment", Atlas-Titan, Radar Surveillance Security System, Sylvania Electronic Systems, West Mountain View, Califórnia, dez. 1964.

"Interim Report on Command and Control in Europe", United States Department of Defense, National Command and Control Task Force, out. 1961 (ULTRASSECRETO/liberado), NSA.

"Job Attitudes: How SAC Personnel Compare with the Rest of the Air Force", Stephen D. Bull III, Air Command and Staff College, Air University, Maxwell Air Force Base, Alabama, 1986.

"JTF Operations Since 1983", George Stewart, S. M. Fabbri e A. B. Siegel, CRM-94-42. Center for Naval Analyses, jul. 1994.

"Jupiter: Development Aspects — Deployment", John C. Brassell, Historical Office, Mobile Air Material Area, Brookley Air Force Base, set. 1962 (SECRETO/liberado), NSA.

"Lessons Learned from Early Criticality Accidents", Richard E. Malenfant, Los Alamos National Laboratory, Submitted for Nuclear Criticality Technology Safety Project Workshop, Gaithersburgh, Maryland, 14-15 maio 1996.

"Living in the Question? The Berlin Nuclear Crisis Critical Oral History", Benigna Berger Gould, Institute of Slavic, East European, and Eurasian Studies, UC Berkeley, Working Paper, mar. 2003.

"The Magnitude of Initial Postattack Recovery Activities", Richard L. Goen, Stanford Research Institute, Prepared for the Office of Civil Defense, Office of the Secretary of the Army, dez. 1971.

"The Manhattan Project: Making the Atomic Bomb", F. G. Gosling, National Security History Series, United States Department of Energy, jan. 2010.

"Manual for Handling Missile Propellants", Facilities Engineering Department, Pan American World Airways, Guided Missiles Range Division, Patrick AFB, Florida, 1958.

"The Marshal's Baton: There Is No Bomb, There Was No Bomb, They Were Not Looking for a Bomb", Svend Aage Christensen, Danish Institute for International Studies, DIIS Report, No. 18, 2009.

"Military Applications of Nuclear Technology", Part 1, Hearing before the Subcommittee on Military Applications, Joint Committee on Atomic Energy, Ninety-third Congress, 16 abr. 1973.

"Military and Civil Defense Nuclear Weapons Effects Projects Conducted at the Nevada Test Site: 1951-1958", Barbara Killian, Defense Threat Reduction Agency DTRA-IR-10-57, maio 2011.

"Minimum Nuclear Deterrence Research: Final Report", Gregory Giles, C. Cleary, M. Ledgerwood, Defense Threat Reduction Agency, Advanced Systems and Concepts Office, 15 maio 2003.

"Minutes of the Eleventh Explosives Safety Seminar", v. 2, Sheraton-Peabody Hotel, Memphis, Tennessee, Armed Services Explosives Safety Board, 9-10 set. 1969.

"Missile Launch/Missile Officer (LGM-25): Missile Systems", Students Study Guide 3OBR1821F/3121F-v1 a 4, v. I de II, Department of Missile and Space Training, Sheppard Technical Training Center, set. 1968.

"Missile Liquid Propellant Systems Maintenance Specialist", v. 3, Propellant Transfer System, CDC 4551, Extension Course Institute, Air Training Command, fev. 1983.

"Missile Procurement, Air Force", United States Congress, Hearings before the Subcommittee on Defense, House Committee of Appropriations, 16 maio 1961 (SECRETO/liberado), NSA.

"Missile Silo Fire at Little Rock AFB, Arkansas" e "Fire Protection Problems for Special Atmospheres — Including Oxygen", Federal Fire Council, Minutes of Annual Meeting, Washington, DC, 5 abr. 1967.

"Modernizing US Nuclear Strategy, Force Structure and Posture", Global Zero US Nuclear Policy Commission Report, maio 2012.

"Modernizing US Strategic Offensive Forces: The Administration's Program and Alternatives", CBO Study, Congressional Budget Office, Congress of the United States, maio 1983.

"MX Missile Basing", Office of Technology, United States Government Printing Office, set. 1981.

"MX Missile Basing Mode", Hearings before a Subcommittee of the Committee on Appropriations, United State Senate, Ninety-sixth Congress, Second Session, Special Hearing, Department of Defense, 1980.

"National Defense Budget Estimates for FY 2013", Office of the Under Secretary of Defense (Comptroller), mar. 2012.

"NATO in the 1960's", National Security Council, 8 nov. 1960 (ULTRASSECRETO/liberado), NSA.

"Nonstrategic Nuclear Weapons", Amy F. Woolf, CRS Report for Congress, Congressional Research Service, 14 fev. 2012.

"NORAD's Information Processing Improvement Program: Will It Enhance Mission Capability?", Elmer B. Staats, Comptroller General of the United States, Report to Congress, General Accounting Office, LCD-78-117, 21 set. 1978.

"NORAD's Missile Warning System: What Went Wrong?", Comptroller General of the United States, Report to Congress, General Accounting Office, MASAD-81-30, 15 maio 1981.

"North Korea's Nuclear Weapons: Technical Issues", Mary Beth Nikitin, CRS Report for Congress, Congressional Research Service, 3 abr. 2013.

"Nuclear Hardness and Base Escape", Rayford P. Patrick, USAF, Engineering Report, No. 5-112, Directorate of Aircraft Maintenance, Headquarters, Strategic Air Command, 31 março 1981.

"The Nuclear Safety problem", T. D. Brumleve, Advanced System Research Department 5510, Sandia Corporation, Livermore Laboratory, SCL-DR-67, 1967 (SECRETO/DADOS RESTRITOS/liberado).

"Nuclerar Warheads: The Reliable Replacement Warheard Program and the Life Extension Program", Jonathan Medalia, CRS Report for Congress, Congressional Research Service, 3 dez. 2007.

"Nuclear Weapon Safety", Sandia Corporation com a cooperação do Los Alamos Scientific Laboratory e do Ernest O. Lawrence Radiation Laboratory, SC-4630 (WD), out. 1961 (SECRETO/DADOS RESTRITOS/liberado).

"Nuclear Weapon Specialist, v. 4: Bomb Maintenance", CDC 46350, Extension Course Institute, Air Training Command, jul. 1980 (SOMENTE PARA USO OFICIAL).

"Nuclear Weapon Specialist, v. 5: Rockets, Missiles, and Reentry Systems", CDC 46350, Extension Course Institute, Air Training Command, nov. 1980 (SOMENTE PARA USO OFICIAL).

"Nuclear Weapons Engineering and Delivery", Los Alamos Technical Series, v. 23, LA-1161, jul. 1946 (SECRETO/liberado).

"Nuclear Weapons Testing at the Nevada Test Site: The First Decade", John C. Hopkins and Barbara Killian, Defense Threat Reduction Agency, maio 2011.

"On a Distributed Command and Control System Configuration", Paul Baran, US Air Force, Project RAND, *Research Memorandum*, RM-2632, 31 dez. 1960.

"On Distributed Communications Networks", Paul Baran, RAND Corporation, P-2626, set. 1962.

"On the Risk of an Accidental or Unauthorized Nuclear Detonation", Fred Charles Iklé, Gerald J.

Aronson e Albert Madansky, *Research Memorandum*, US Air Force Project RAND, RM-2251, 15 out. 1958 (CONFIDENCIAL/DADOS RESTRITOS/liberado).

"On Weapons Plutonium in the Arctic Environment (Thule, Greenland)", Mats Eriksson, Risø National Laboratory, Roskilde, Dinamarca, Risø-R-1321 (EN), abr. 2002.

"Operation Castle, Project 3.2: Crater Survey, Headquarters, Field Command, Armed Forces Special Weapons Project, jun. 1955 (SECRETO/DADOS ANTERIORMENTE RESTRITOS/liberado).

"Operation Dominic: Fish Bowl Series", Project Officers Report — Project 8C, Reentry Vehicles Testes, M.J. Rubenstein, Air Force Special Weapons Center, 3 jul. 1963 (SECRETO/DADOS RESTRITOS/liberado).

"Operation Dominic I, 1962", United States Atmospheric Weapons Tests, Nuclear Test Personnel Review, Defense Nuclear Agency, fev. 1983.

"Operation Dominic II, Shot Small Boy, Project Officers Report — Project 7.14: Bomb Alarm Detector Test", Cecil C. Harvell, Defense Atomic Support Agency, 19 abr. 1963 (CONFIDENCIAL/DADOS ANTERIORMENTE RESTRITOS/liberado).

"Operation Ivy 1952", United States Atmospheric Nuclear Weapon Tests, Nuclear Test Personnel Review, Defense Nuclear Agency, DNA 6036F, 1 dez. 1982.

"Operation Upshot-Knothole, 1953", United States Atmospheric Nuclear Weapon Tests, Nuclear Test Personnel Review, Defense Nuclear Agency, DNA 6014, 11 jan. 1982.

"The Origins and Evolution of S^2C at Sandia National Laboratories, S1949-1996", William L. Stevens, Consultant to Surety Assessment Center, Sandia National Laboratories, SAND99-1308, set. 2001 (SOMENTE PARA USO OFICIAL).

"Our Nation's Nuclear Warning System: Will It Work if We Need It?", Hearing before a Subcommittee of the Committee on Government Operations, House of Representatives, Ninety-ninth Congress, First Session, 26 set. 1985.

"Pakistan's Nuclear Weapons: Proliferation and Security Issues", Paul K. Kerr e Mary Beth Nikitin, CRS Report for Congress, Congressional Research Service, 19 mar. 2013.

"PAL Control of Theater Nuclear Weapons", Mark E. Bleck e Paul R. Souder, Command and Control Division, Sandia National Laboratories, SAND-2436, mar. 1984 (SECRETO/DADOS RESTRITOS/liberado).

"Palomares Summary Report", Field Command, Defense Nuclear Agency, Kirtland Air Force Base, Novo México, 15 jan. 1975.

"Peace Is Our Profession: Alert Operations and the Strategic Air Command, 1957-1991", Office of the Historian, Headquarters, Strategic Air Command, 7 dez. 1991.

"Pit Lifetime", JSR-06-335, MITRE Corporation, 11 jan. 2007.

"Plutonium Hazards Created by Accidental or Experimental Low-Order Detonation of Nuclear Weapons", W. H. Langham, P. S. Harris e T. L. Shipman, Los Alamos Scientific Laboratory, LA-1981, dez. 1995 (SECRETO/DADOS RESTRITOS/liberado).

"The Postattack Population of the United States", Ira S. Lowry, RAND Corporation, Prepared for the Technical Analysis Branch, United States Atomic Energy Commission, RM-5115-TAB, dez. 1966.

"A Preliminary Report on the B-52 Accident in Greenland on January 21, 1968", Jørgen Koch, Symposium on Radiological Protection of the Public in Nuclear Mass Disasters, Interlaken, Suíça, maio 1968.

"A Primer on US Strategic Nuclear Policy", David M. Kunsman e Douglas B. Lawson, Sandia National Laboratories, SAND2001-0053, jan. 2001.

"Progress Report to the Joint Committee on Atomic Energy, Part III: Weapons", United States Atomic Energy Commission, jun.-nov. 1952 (ULTRASSECRETO/DADOS RESTRITOS/liberado).

"Project Crescent: A Study of Salient Features for an Airborne Alert (Supersafe) Bomb", Final Report, D. E. McGoverns, Exploratory Systems Department I, Sandia Laboratories, SC-WD--70-879, abr. 1971 (SECRETO/DADOS RESTRITOS/liberado).

"Project Crested Ice: The Thule Nuclear Accident", v. 1, SAC Historical Study n. 113, History & Research Division, Headquarters, Strategic Air Command, 23 abr. 1969 (liberado), NSA.

"Project Crested Ice: USAF B-52 Accident at Thule, Greenland, 21 January 1968", Defense Nuclear Agency, 1968 (SECRETO/DADOS RESTRITOS/liberado).

"Protecting US Power to Strike Back in the 1950's and 1960's", A. J. Wohlstetter, F. S. Hoffman e H. S. Rowen, US Air Force Project RAND R-290, 1º set. 1956 (SOMENTE PARA USO OFICIAL).

"The Quick Count System: A User's Manual", N. D. Cohen, RAND Corporation, RM-4006-PR, abr. 1964.

"Reconsidering the Morality of Deterrence", John D. Steinbruner e Tyler Wigg-Stevenson, CISSM Working Paper, Center for International and Security Studies at Maryland, University of Maryland, mar. 2012.

"Record of Decision: BOMARC Missile Accident Site, McGuire Air Force Base, New Jersey", Gary Vest, McGuire Air Force Base, Nova Jersey, 20 nov. 1992.

"Recovery from Nuclear Attack and Research and Action Programs to Enhance Recovery Prospects", Jack C. Greene, Robert W. Stokely e John K. Christian, International Center for Emergency Preparedness, Prepared for the Federal Emergency Management Agency, Washington, DC, dez. 1979.

"Reevaluating Nuclear Safety and Security in a Post 9/11 Era", Lisa Brown e Paul Booker, Sandia Report, Sandia National Laboratories, jul. 2005.

"Remedial Action and Final Radiological Status, 1964 B-58 Accident Site, Grissom Air Reserve Base, Bunker Hill, Indiana", Steven E. Rademacher, Air Force Institute for Environment, Safety, and Occupational Health Risk Analysis, IERA-SD-BR-SR-2000-0017, dez. 2000.

"Report of Ad Hoc Committee on US Policies Regarding Assignment of Nuclear Weapons to NATO; Includes Letter to President Kennedy and Appendices", Joint Committee on Atomic Energy, Congress of the United States", 11 fev. 1961 (ULTRASSECRETO/DADOS RESTRITOS/liberado), NSA.

"Report to Congress: Assessment of the Safety of US Nuclear Weapons and Related Nuclear Test Requirements", R. E. Kidder, Lawrence Livermore National Laboratory, 26 jul. 1991.

"Report of Missile Accident Investigation: Major Missile Accident, 18-19 September 1980, Titan II Complex 374-7, Assigned to 308th Strategic Missile Wing, Little Rock Air Force Base, Arkansas", Conducted at Little Rock Air Force Base, Arkansas, and Barksdale Air Force Base, Louisiana, 14-19 dez. 1980.

"Report of Missile Accident Investigation: Major Missile Accident, Titan II Complex 533-7, Assigned to 381st Strategic Missile Wing, McConnell Air Force Base, Kansas", Conducted at McConnell Air Force Base, Kansas, 22 set.-10 out. 1978.

"A Report to the National Security Council by the Executive Secretary on Basic National Security Policy", NSC 162/2, 30 out. 1953 (ULTRASSECRETO/liberado).

"The Report of the Nuclear Weapons Safety Panel", Hearing before the Committee on Armed Services, House of Representatives, 101st Congress, Second Session, 18 dez. 1990.

"Report of the Panel on Nuclear Weapons Safety of the Committee on Armed Services, House of Representatives, 101st Congress, Second Session", Sidney D. Drell, Chairman; John S. Foster Jr. e Charles H. Townes, dez. 1990.

"Report on Recent False Alerts from the Nation's Missile Warning System", United States Senate, Committee on Armed Services, Ninety-sixth Congress, First Session, 9 out. 1980.

"Report of the Secretary of Defense Task Force on DoD Nuclear Weapons Management, Phase I: The Air Force's Nuclear Mission", James A. Blackwell Jr., Executive Director, set. 2008.

_____, "Phase II: Review of the DoD Nuclear Mission", James A. Blackwell Jr., Executive Director, dez. 2008.

"Report on the Unauthorized Movement of Nuclear Weapons", Defense Science Board Permanent Task Force on Nuclear Weapons Surety, Department of Defense, Washington, DC, fev. 2008.

"Report of USAF Aerospace Safety Missile Accident Investigation Board, Missile Accident LGM-25C--62-006, Site 373-4", Little Rock Air Force Base, Arkansas, 9 ago. 1965.

"Requirements for Tactical Nuclear Weapons", Special Studies Group, Joint Chiefs of Staff, Project 23, out. 1962 (ULTRASSECRETO/DADOS RESTRITOS/liberado).

"Rescue Mission Report", Joint Chiefs of Staff, Special Operations Review Group, 16 jul. 1979.

"Resilient Military Systems and the Advanced Cyber Threat", Task Force Report, Defense Science Board, Department of Defense, jan. 2013.

"Restricted Data Declassification Decisions, 1946 to the Present", RDD-8, US Department of Energy, Office of Health, Safety, and Security, Office of Classification, 1 jan. 2002 (SOMENTE PARA USO OFICIAL/liberado).

"Retaliatory Uses for the US Strategic Forces", Congressional Budget Office, jun. 1978.

"A Review of Criticality Accidents", William R. Stratton, Los Alamos Scientific Laboratory, LA-3611, jan. 1967.

"A Review of Criticality Accidents", Thomas P. McLaughlin, Sean P. Monahan, Normal L. Pruvost, Vladimir V. Frolov, Boris G. Ryazanov e Victor I. Sviridov, Los Alamos National Laboratory, LA-13638, maio 2000.

"A Review of the US Nuclear Weapons Safety Program — 1945 to 1986", R. N. Brodie, Sandia National Laboratories, SAND86-2955, fev. 1987 (ULTRASSECRETO/DADOS RESTRITOS/liberado).

"The SAC Alert Program, 1956-1959", Headquarters Strategic Air Command, jan. 1960 (SECRETO/liberado), NSA.

"Security of US Nuclear Weapons Overseas: Where Does It Stand?", Comptroller General of the United States, Report to the Chairman, Subcommittee on Energy, Nuclear Proliferation, and Federal Services, Committee on Governmental Affairs, United States Senate, General Accounting Office, C-EMD-81-2, 3 nov. 1980.

"The Security of Nuclear Weapons in Pakistan", Shaun Gregory, Pakistan Security Research Unit, Brief Number 22, 18 nov. 2007.

"Selection and Use of Strategic Bases", A. J. Wohlstetter, F. S. Hoffman, R. J. Lutz e H. S. Rowen, US Air Force Project RAND, R-266, abr. 1954 (SECRETO/liberado).

"Shots Encore to Climax: The Final Four Tests of the UPSHOT-KNOTHOLE Series, 8 May-4 June 1953", United States Atmospheric Nuclear Weapons Tests, Nuclear Test Personnel Review, Defense Nuclear Agency, 1982.

"60th Anniversary of Trinity: First Manmade Nuclear Explosion, July 16, 1945", Public Symposium, National Academy of Sciences, 14 jul. 2005.

"Source Book on Plutonium and Its Decontamination", F. C. Cobb e R. L. Van Hemert, Field Command, Kirtland AFB, Defense Nuclear Agency, DNA 3272T, 24 set. 1973.

"Soviet Intentions 1965-1985, v. I: An Analytical Comparison of US — Soviet Assessments During the Cold War", J. G. Hines, E. M. Mishulovich e J. F. Shull, BDM Federal Inc., 22 set. 1995 (liberado), NSA.

"Soviet Intentions 1965-1985, v. II: Soviet Post-Cold War Testimonial Evidence", J. G. Hines, E. M. Mishulovich e J. F. Shull, BDM Federal Inc., 22 set. 1995 (liberado), NSA.

"A Soviet Paramilitary Attack on US Nuclear Forces — A Concept", L. G. Gref, A. L. Latter, E. A. Martinelli e H. P. Smith, R & D Associates, Prepared for the Defense Advanced Research Projects Agency, nov. 1974 (SECRETO/liberado).

"Status of the Air Force Nuclear Security Roadmap", Brigadier General Everett H. Thomas, Commander, Air Force Nuclear Weapons Center, Presentation to the Strategic Forces Subcommittee, House Armed Services Committee, House of Representatives, 111th Congress, 21 jan. 2010.

"Status of the MX Missile System", Hearing before the Committee on Armed Services, House of Representatives, Ninety-sixth Congress, Second Session, 1 maio 1980.

"Strategic Air Command and the Alert Program: A Brief History", Dr. Henry M. Narducci, Office of the Historian, Headquarters, Strategic Air Command, Offutt AFB. Nebraska, 1 abr. 1988.

"Strategic Air Command Operations in the Cuban Crisis of 1962", Historical Study, v. 1, n. 90, fev. 1963 (ULTRASSECRETO/DADOS RESTRITOS/liberado), NSA.

"Strategic Air Command Participation in the Missile Program, 1 January 1958-30 June 1958", Historical Study N. 72, Historical Division, Office of Information, Headquarters, Strategic Air Command, 1958 (SECRETO/liberado).

"Strategic Command, Control, and Communications: Alternative Approaches for Modernization" a CBO Study, Congressional Budget Office, out. 1981.

"Strategic Warning System False Alerts", Hearing before the Committee on Armed Services, House of Representatives, Ninety-sixth Congress, Second Session, 24 jun. 1980.

"Striking First, Preemptive and Preventive Attack in US National Security Policy", Karl P. Mueller, Jasen J. Castillo, Forrest E. Morgan, Negeen Pegahi e Brian Rosen, RAND, Project Air Force, Santa Mônica, Califórnia, 2006.

"A Study on Evaluation of Warhead Safing Devices", Headquarters, Field Command, Armed Forces Special Weapons Project, FC/03580460, 31 mar. 1958 (SECRETO/DADOS RESTRITOS/liberado).

"Subject: Report of Special Weapons Incident [W40] BOMARC Site, McGuire AFB, New Jersey", Detachment 6, 2702D Explosive Ordnance Disposal Squadron, USAF, to 2702 EOD Sq, Wright-Patterson AFB, 13 jun. 1960 (ULTRASSECRETO/DADOS RESTRITOS/liberado).

"A Summary of NASA and USAF Hypergolic Propellant Related Spills and Fires", B. M. Nufer, National Aeronautics and Space Administration, Nasa/TP-2009-214769, jun. 2009.

"A Summary of the Program to Use Environmental Sensing Devices to Improve Handling Safety Protection for Nuclear Weapons", William L. Stevens e C. Herman Mauney, Sandia Corporation, jul. 1951 (SECRETO/DADOS RESTRITOS/liberado).

"A Survey of Nuclear Weapon Safety Problems and the Possibilities for Increasing Safety in Bomb and Warhead Design", preparado pela Sandia Corporation com a assessoria e assistência do Los Alamos Scientific Laboratory e do Ernest O. Lawrence Radiation Laboratory, da Universidade da Califórnia, RS 3466/26889, fev. 1959 (SECRETO/DADOS RESTRITOS/liberado).

"Survey of Weapon Development and Technology" (WR708), Sandia National Laboratories, Corporate Training and Development, fev. 1998 (SECRETO/DADOS RESTRITOS/liberado).

"Tech Area II: A History", Rebecca Ulrich, Sandia National Laboratories, SAND98-1617, jul. 1998.

"Thule-2003 — Investigation of Radioactive Contamination", Sven P. Nielsen e Per Roos, Risø National Laboratory, Roskilde, Dinamarca, Risø-R-1549 (EN), maio 2006.

"Titan II Action Item Status Report", Headquarters, Strategic Air Command, 1 ago. 1982.

"Titan II Class A Mishap Report: Serial Number 62-0006, 18 set. 1980, Damasco, Arkansas", Eight Air Force Mishap Investigation Board, 30 out. 1980.

"Titan II Launch Facility Accident Briefing, Little Rock Air Force Base, Arkansas", Charles F. Strang, Minutes of the Ninth Explosives Safety Seminar, Naval Training Center, San Diego, Califórnia, 15-17 ago. 1967.

"Titan II Storable Propellant Handbook", Bell Aerosystems Company, Prepared for Air Force Ballistic Systems Division, mar. 1963.

"Titan II Weapon System: Review Group Report", dez. 1980.

"Transforming the Security Classification System", Report to the President from the Public Interest Declassification Board, nov. 2012.

"Trimming Nuclear Excess: Options for Further Reductions of US and Russian Nuclear Forces", Hans M. Kristensen, Federation of American Scientists, Special Report n. 5, dez. 2012.

"The Unauthorized Movement of Nuclear Weapons and Mistaken Shipment of Classified Missile Components: An Assessment", Michelle Spencer, A. Ludin, H. Nelson, The Counterproliferation Papers, Future Warfare Series, n. 56, USAF Counterproliferation Center, jan. 2012.

"The Unique Signal Concept for Detonation Safety in Nuclear Weapons", Stanley D. Spray e J. A. Cooper, System Studies Department, Sandia National Laboratories, SAND91-1269, jun. 1993.

"United States Air Force Missile Accident Investigation Board Report, Minuteman III Launch Facility A06, 319 Missile Sq., 90 Op. Group, 90 Missile Wing, F. E. Warren AFB, Wyoming, May 23, 2008", Robert M. Walker, President, Accident Investigation Board, 18 set. 2008.

"United States Defense Policies in 1961", House Document No. 502, Library of Congress, Legislative Reference Service, US Government Printing Office, 7 jun. 1962.

"United States High-Altitude Test Experiences: A Review Emphasizing the Impact on the Environment", Herman Hoerlin, LASL Monograph, Los Alamos National Laboratory, out. 1976.

"United States Nuclear Tests: July 1945 Through September 1992", United States Department of Energy, Nevada Operations Office, dez. 2000.

"USAF Ballistic Missiles, 1958-1959", Max Rosenberg, USAF Historical Division Liaison Office, jul. 1960 (SECRETO/DADOS RESTRITOS/liberado), NSA.

"USAF Ballistic Missile Programs, 1962-1964", Bernard C. Nalty, USAF Historical Division Liaison Office, abr. 1966 (ULTRASSECRETO/DADOS RESTRITOS/liberado), NSA.

_____. "1964-1966", mar. 1967 (ULTRASSECRETO/DADOS RESTRITOS/liberado).

"USAF Ballistic Missile Programs, 1969-1970", Jacob Neufeld, Office of Air Force History, jun. 1971 (ULTRASSECRETO/DADOS RESTRITOS/liberado), NSA.

"USAF Mishap Report, Parking Spot A-10, Grand Forks Air Force Base", Headquarters Fifteenth Air Foce, 29 set. 1980.

"The US ICBM Force: Current Issues and Future Options", C. H. Builder, D. C. Kephart, A. Laupa, Report Prepared for US Air Force Project RAND, R-1754-PR, out. 1975 (SECRETO/DADOS ANTERIORMENTE RESTRITOS/liberado), NSA.

"US Strategic Nuclear Weapons and Deterrence", C. Johnston Conover, RAND Corporation, Santa Mônica, Califórnia, ago. 1977.

"US Tactical Nuclear Weapons in Europe after NATO's Lisbon Summit: Why Their Withdrawal Is Desirable and Feasible", Tom Sauer e Bob Van Der Zwaan, Discussion Paper No. 2011-015, Belfer Center for Science and International Affairs, Harvard Kennedy School, 2011.

"The View from Above: High-Level Decisions and the Soviet-American Strategic Arms Competition, 1945-1950", Samuel R. Williamson Jr., com colaboração de Steven L. Rearden, Office of the Secretary of Defense, out. 1975 (ULTRASSECRETO/liberado).

"Vulnerability Program Summary: Joint DOD-AEC Weapon Vulnerability Program", Armed Forces Special Weapons Project, FC/010 maio 1958 (SECRETO/DADOS RESTRITOS/liberado).

"Weapon System Familiarization, LGM-25 (Titan II)", Course O7R1821F/3121F, Technical Training, Sheppard Air Force Base, Texas, jan. 1965.

"WSEG Report No. 50, Evaluation of Strategic Offensive Weapons System", Weapons System Evaluation Group, ODDR&E, 27 dez. 1960 (ULTRASSECRETO/liberado), NSA 00422.

"The Worldwide Military Command and Control System: A Historical Perspective (1960-1977)", Historical Division, Joint Secretariat, Joint Chiefs of Staff, set. 1980 (SECRETO/liberado).

"The World Wide Military Command and Control System: Major Changes Needed in Its Automated Data Processing Management and Direction", Comptroller General of the United States, Report to the Congress, General Accounting Office, 14 dez. 1979.

"Worldwide Survey of Alcohol and Nonmedical Drug Use among Military Personnel: 1982", R. M. Bray, L. L. Guess, R. E. Mason, R. L. Hubbard, D. G. Smith, M. E. Marsden e J. V. Rachel, Research Triangle Institute, jul. 1983.

"The Yields of Hiroshima and Nagasaki Nuclear Explosion", John Malik, Los Alamos National Laboratory, LA-8819, set. 1985.

Artigos de jornal

ADAMSKY, Victor; SMIRNOV, Yuri. "Moscow's Biggest Bomb: The 50-Megaton Test of October 1961". *Cold War International History Project Bulletin*, n. 4, outono 1994.

ALLARD, Dean C. "Interservice Differences in the United States, 1945-1950: A Naval Perspective". *Airpower Journal*, inverno 1989.

ALPEROVITZ, Gar; BIRD, K. "A Theory of Cold War Dynamics: US Policy, Germany, and the Bomb". *History Teacher*, v. 29, n. 3, maio 1966. pp. 281-300.

ANDERSON, Herbert L. "Metropolis, Monte Carlo, and the MANIAC". *Los Alamos Science*, outono 1986.

ASADA, Sadao. "The Shock of the Atomic Bomb and Japan's Decision to Surrender—A Reconsideration". *Pacific Historical Review*, v. 67, n. 4, nov. 1998. pp. 477-52.

BACEVICH, A. J. "The Paradox of Professionalism: Eisenhower, Ridgway, and the Challenge to Civilian Control, 1953-1955". *Journal of Military History*, v. 61, n. 2, abr. 1997. pp. 303-44.

BALL, Desmond. "Can Nuclear War Be Controlled?". Adelphi Paper n. 169, International Institute for Strategic Studies, 1981.

_____. "US Strategic Forces: How Would They Be Used?". *International Security*, v. 7, n. 3, 1982. pp. 31-60.

_____. "Nuclear War at Sea". *International Security*, v. 10, n. 3, 1985. pp. 3-31.

_____. "Controlling Theatre Nuclear War". *British Journal of Political Science*, v. 19, n. 3, jul. 1989. pp. 303-27.

_____. "Improving Communications Links between Moscow and Washington". *Journal of Peace Research*, v. 28, n. 2, 1991. pp. 135-59.

BELLETTO, Steven. "The Game Theory Narrative and the Myth of the National Security State". *American Quarterly*, v. 61, n. 2, jun. 2009. pp. 333-57.

BERNSTEIN, Barton J. "The Quest for Security: American Foreign Policy and International Control of Atomic Energy, 1942-1946". *Journal of American History*, v. 60, n. 4, mar. 1974. pp. 1003-44.

_____. "Eclipsed by Hiroshima and Nagasaki: Early Thinking about Tactical Nuclear Weapons". *International Security*, v. 15, n. 4, 1991. pp. 149-73.

_____. "The Alarming Japanese Buildup on Southern Kyushu, Growing US Fears, and Counterfactual Analysis: Would the Planned November 1945 Invasion of Southern Kyushu Have Occurred?". *Pacific Historical Review*, v. 68, n. 4, 1999. pp. 561-609.

_____. "Reconsidering the 'Atomic General': Leslie R. Groves". *Journal of Military History*, v. 67, n. 3, jul. 2003. pp. 883-920.

BETTS, Richard K. "A Nuclear Golden Age? The Balance before Parity". *International Security*, v. 11, n. 3, 1986. pp. 3-32.

BIDDLE, Tami Davis. "Dresden 1945: Reality, History, and Memory". *Journal of Military History*, abr. 2008. pp. 413-49.

BLACKETT, P. M. S. "Nuclear Weapons and Defence: Comments on Kissinger, Kennan, and King-Hall", *International Affairs* (Royal Institute of International Affairs), v. 34, n. 4, out. 1958. pp. 421-34.

BRANDS, H. W. "The Age of Vulnerability: Eisenhower and the National Insecurity State". *American Historical Review*, v. 94, n. 4, out. 1989. pp. 963-89.

BRAY, R. M.; MARSDEN, M. E; PETERSON, M. R. "Standardized Comparisons of the Use of Alcohol, Drugs, and Cigarettes among Military Personnel and Civilians". *American Journal of Public Health*, v. 81, n. 7, jul. 1991. pp. 865-9.

BRAY, R. M.; HOURANI, L. L. "Substance Use Trends among Active Duty Military Personnel: Findings from the United States Department Health Related Behavior Surveys, 19802005". *Addiction*, v. 102, n. 7, 2007. pp. 1092-101.

BRESLER, Robert J.; GRAY, R. C. "The Bargaining Chip and SALT". *Political Science Quarterly*, v. 92, n. 1, 1977. pp. 65-88.

BRIGGS, Herbert W. "World Government and the Control of Atomic Energy". *Annals of the American Academy of Political and Social Science*, v. 249, Social Implications of Modenr Modern Science, jan. 1947. pp. 42-53.

BRODIE, Bernard. "The McNamara Phenomenon". *World Politics*, v. 17, n. 4, 1965. pp. 672-86.

BUHITE, Russell D.; HAMEL, W. Christopher. "War for Peace: The Question of an American Preventive War Against the Soviet Union, 1945-1955". *Diplomatic History*, v. 14, n. 4, 1990. pp. 367-84.

BURR, William. "The Nixon Administration, the 'Horror Strategy' and the Search for Limited Nuclear Options, 1969-1972". *Journal of Cold War Studies*, v. 7, n. 3, 2005. pp. 34-78.

_____; RICHELSON, J. T. "Whether to 'Strangle the Baby in the Cradle': The United States and the Chinese Nuclear Program, 1960-1964". *International Security*, v. 25, n. 3, 2000. pp. 54-99.

BURT, Marvin R. "Prevalence and Consequences of Drug Abuse among US Military Personnel, 1980". *American Journal of Drug and Alcohol Abuse*, v. 8, n. 4, 1981-82. pp. 419-39.

CARTER, Donald Alan. "Eisenhower Versus the Generals". *The Journal of Military History*, n. 71, out. 2007. pp. 1169-99.

COLMAN, Jonathan. "The 1950 'Ambassador Agreement' on USAF Bases in the UK and British Fears of US Atomic Unilateralism". *Journal of Strategic Studies*, v. 30, n. 2, abr. 2007. pp. 285-307.

DYER, Davis. "Necessity as the Mother of Convention: Developing the ICBM, 1954-1958". *Business and Economic History*, v. 22, n. 1, 1993. pp. 194-209.

EARLE, Edward Mead. "H. G. Wells, British Patriot in Search of a World State". *World Politics*, v. 2, n. 2, jan. 1950. pp. 181-208.

EGGILSON, Haradur Pór. "The Origins, Use and Development of Hot Line Diplomacy". Netherlands Institute of International Relations, n. 85. In: Discussion Papers in Diplomacy.

ELLIOT, David C. "Project Vista and Nuclear Weapons in Europe". *International Security*, v. 11, n. 1, verão 1986. pp. 163-83.

ENTHOVEN, Alain C. "Defense and Disarmament: Economic Analysis in the Department of Defense". *American Economic Review*, v. 53, n. 2, 1963. pp. 413-23.

_____. "US Forces in Europe: How Many? Doing What?". *Foreign Affairs*, v. 53, n. 3, 1975. pp. 513-32.

EVANGELISTA, Matthew. "Stalin's Postwar Army Reappraised". *International Security*, v. 7, n. 3, 1982. pp. 110-38.

_____. "The 'Soviet Threat': Intentions, Capabilities, and Context". *Diplomatic History*, v. 22, n. 3, 1998. pp. 439-49.

FORSYTH JR., James Wood; SALTZMAN, B. C.; SCHAUB JR., G. "Remembrance of Things Past: The Enduring Value of Nuclear Weapons". *Strategic Studies Quarterly*, v. 4, n. 1, primavera 2010. pp. 74-89.

FRANKEL, Sherman. "Aborting Unauthorized Launches of Nuclear-Armed Ballistic Missiles Through Postlaunch Destruction", *Science & Global Security*, v. 2, n. 1, 1990. pp. 1-20.

FRAVEL, M. Taylor; MEDEIROS, Evan S. "China's Search for Assured Retaliation: The Evolution of Chinese Nuclear Strategy and Force Structure". *International Security*, v. 35, n. 2, outono 2010. pp. 48-87.

GARWIN, Richard L. "New Weapons/Old Doctrines: Strategic Warfare in the 1980s". *Proceedings of the American Philosophical Society*, v. 124, n. 4, 1980. pp. 261-5.

GAVIN, Francis J. "The Myth of Flexible Response: United States Strategy in Europe During the 1960s". *International History Review*, v. 23, n. 4, dez. 2001. pp. 847-75.

GENTILE, Gian P. "Advocacy or Assessment? The United States Strategic Bombing Survey of Germany and Japan". *Pacific Historical Review*, v. 66, n. 1, fev. 1997. pp. 53-79.

_____. "Planning for Preventive War, 1945-1950". *Joint Force Quarterly*, primavera 2000. pp. 68-74.

GIANGRECO, D. M. "Casualty Projections for the US Invasions of Japan, 1945-1946: Planning and Policy Implications". *Journal of Military History*, v. 61, n. 3, 1997. pp. 521-81.

_____. "'A Score of Bloody Okinawas and Iwo Jimas': President Truman and Casualty Estimates for the Invasion of Japan". *Pacific Historical Review*, v. 72, n. 1, fev. 2003. pp. 93-132.

GIBSON, J. William. "Redeeming Vietnam: Techno-Thriller Novels of the 1980s". *Cultural Critique*, n. 19, *The Economics of War*, outono 1991. pp. 179-202.

GIMBEL, John. "US Policy and German Scientists: The Early Cold War". *Political Science Quarterly*, v. 101, n. 3, 1986. pp. 433-51.

GLASER, C. L.; FETTER, S. "Counterforce Revisited: Assessing the Nuclear Posture Review's New Missions". *International Security*, v. 30, n. 2, 2005. pp. 84-126.

GONCHAROV, G. A. "American and Soviet H-Bomb Development Programmes: Historical Background". *Phisics-Uspekhi*, v. 39, n. 10, 1996. pp. 1033-44.

GRAYBAR, Lloyd J. "The 1946 Atomic Bomb Tests: Atomic Diplomacy or Bureaucratic Infighting?". *Journal of American History*, v. 72, n. 4, mar. 1986. pp. 888-907.

GREGORY, Shaun. "The Security of Nuclear Weapons in Pakistan". Palistan Security Research Unit, Brief n. 22, 18 nov. 2007.

GUIDOTTI, Ronald A. "Thermal Batteries: A Technology Review and Future Directions". Sandia National Laboratory, apresentado na 27th International SAMPE Technical Conference, 9-12 out. 1995, SAND95-1313C.

_____; MASSET, P. "Thermally Activated ('Termal') Battery Technology, Part I: An Overview". *Journal of Power Sources*, v. 161, n. 2, 2006. pp. 1443-9.

HÄMÄLÄINEN, P.; TAKALA, J.; SAARELA, K. L. "Global Estimates of Occupational Accidents". *Safety Science*, n. 44, 2006. pp. 137-56.

HARLOW, Francis H.; METROPOLIS, N. "Computing and Computers: Weapons Simulation Leads to the Computer Era". *Los Alamos Science*, inverno-primavera 1983. pp. 132-41.

HARVEY, John R.; MICHALOWSKI, Stefan. "Nuclear Weapons Safety: The Case of Trident". *Science and Global Security*, v. 4, 1994. pp. 261-337.

HARVEY, Mose L. "Lend-Lease to Russia: A Story That Needs to Be Told Like It Was". *Russian Review*, v. 29, n. 1, jan. 1970. pp. 81-6.

HERKEN, Gregg. "A Most Deadly Illusion: The Atomic Secret and American Nuclear Weapons Policy, 1945-1950". *Pacific Historical Review*, v. 49, n. 1, fev. 1980. pp. 51-76.

HERRING JR.; George C. "Lend-Lease to Russia and the Origins of the Cold War, 1944-1945". *Journal of American History*, v. 56, n. 1, jun. 1969. pp. 93-114.

HEWITT, Kenneth. "Place Annihilation: Area Bombing and the Fate of Urban Places". *Annals of the Association of American Geographers*, v. 73, n. 2, jun. 1983. pp. 257-84.

HOLT, George C. "The Conference on World Government". *Journal of Higher Education*, v. 17, n. 5, maio 1946. pp. 227-35.

HOLT, Hamilton. "The League to Enforce Peace". *Proceedings of the Academy of Political Science in the City of New York*, v. 7, n. 2, *The Foreign Relations of the United States: Part I*, jul. 1917. pp. 65-9.

_____. "The League of Nations Effective". *Annals of the American Academy of Political and Social Science*, v. 96, *The Place of the United States in a World Organization for the Maintenance of Peace*, jul. 1921. pp. 1-10.

HOOKS, Gregory. "The Rise of the Pentagon and US State Building: The Defense Program as Industrial Policy". *American Journal of Sociology*, v. 96, n. 2, set. 1990. pp. 358-404.

HUGHES, Jeff. "The Strath Report: Britain Confronts the H-Bomb, 1954-1955". *History and Technology*, v. 19, n. 3, 2003. pp. 257-75.

HUNTINGTON, Samuel P. "Interservice Competition and the Political Roles of the Armed Services". *American Political Science Review*, v. 55, n. 1, março 1961. pp. 40-52.

IKLÉ, Fred. "The Effect of War Destruction upon the Ecology of Cities". *Social Forces*, v. 29, n. 4, maio 1951. pp. 383-91.

_____. "The Social Versus the Physical Effects from Nuclear Bombing", *Scientific Monthly*, v. 78, n. 3, março 1954. pp. 182-7.

_____. "When the Fighting Has to Stop: The Arguments About Escalation". *World Politics*, v. 19, n. 4, jul. 1967. pp. 692-707.

_____. "Can Nuclear Deterrence Last Out the Century?". *Foreign Affairs*, v. 51, n. 2, jan. 1973. pp. 267-85.

_____. The Prevention of Nuclear War in a World of Uncertainty". *Policy Sciences*, v. 7, n. 2, 1976. pp. 245-50.

JOHNSON, Robert H. "Periods of Peril: The Window of Vulnerability and Other Myths". *Foreign Affairs*, v. 61, n. 4, primavera 1983. pp. 950-70.

JONES, Matthew. "Targetting China: US Nuclear Planning and 'Massive Retaliation' in East Asia, 1953-1955", *Journal of Cold War Studies*, v. 10, n. 4, 2008. pp. 37-65.

KANWAL, Gurmeet. "Are Pakistan's Nuclear Warheads Safe?". Pakistan Security Research Unit, Brief n. 27, 24 jan. 2008.

KINKADE, William H. "Repeating History: The Civil Defense Debate Renewed". *International Security*, v. 2, n. 3, 1978. pp. 99-120.

KISSINGER, Henry A. "Force and Diplomacy in the Nuclear Age". *Foreign Affairs*, v. 34, n. 3, abr. 1956. pp. 349-66.

KOMER, Robert W. "What 'Decade of Neglect'?". *International Security*, v. 10, n. 2, 1985. pp. 70-83.

KRAMER, Mark. "The Soviet Union and the 1956 Crises in Hungary and Poland: Reassessments and New Findings". *Journal of Contemporary History*, v. 33, n. 2, abr. 1988. pp. 163-214.

KRINGLEN, Einar. "The Myth of Rationality in Situations of Crisis". *Medicine and War*, v. 1, 1985. pp. 187-94.

MCNAMARA, Robert S. "The Military Role of Nuclear Weapons: Perceptions and Misperceptions". *Foreign Affairs*, v. 62, n. 1, 1983. pp. 59-80.

METROPOLIS, N. "The Age of Computing: A Personal Memoir". *Daedalus, A New Era in Computation*, v. 121, n. 1, 1992. pp. 119-30.

MIAN, Zia; RAMANA, M. V.; RAJARAMAN, R. "Plutonium Dispersal and Health Hazards from Nuclear Weapon Accidents". *Current Science*, v. 80, n. 10, 2001. pp. 1275-84.

MOORE, Richard. "The Real Meaning of the Words: A Pedantic Glossary of British Nuclear Weapons". UK Nuclear History Working Paper, n. 1, Mountbatten Centre for International Studies, mar. 2004.

MORLAND, Howard. "Born Secret". *Cardozo Law Review*, v. 26, n. 4, mar. 2005. pp. 1401-8.

NEUFELD, Michael J. "The End of the Army Space Program: Interservice Rivalry and the Transfer of the von Braun Group to Nasa, 1958-1959". *Journal of Military History*, v. 69, n. 3, jul. 2005. pp. 737-58.

NEWMAN, Robert P. "Ending the War with Japan: Paul Nitze's 'Early Surrender' Counterfactual". *Pacific Historical Review*, v. 64, n. 2, maio 1995. pp. 167-94.

_____. "Hiroshima and the Trashing of Henry Stimson". *New England Quarterly*, v. 71, n. 1, mar. 1998. pp. 5-32.

OAKES, Guy. "The Cold War Conception of Nuclear Reality: Mobilizing the American Imagination for Nuclear War in the 1950's". *International Journal of Politics, Culture, and Society*, v. 6, n. 3, 1993. pp. 339-63.

_____; GROSSMAN, A. "Managing Nuclear Terror: The Genesis of American Civil Defense Strategy", *International Journal of Politics, Culture, and Society*, v. 5, n. 3, 1992. pp. 361-403.

OLESEN, Thorsten Borring. "Tango for Thule: The Dilemmas and Limits of the 'Neither Confirm Nor Deny' Doctrine in Danish-American Relations, 1957-1968". *Journal of Cold War Studies*, v. 13, n. 2, primavera 2011. pp. 116-47.

PARK, You-Me. "Compensation to Fit the Crime: Conceptualizing a Just Paradigm of Reparation for Korean 'Comfort Women'". *Comparative Studies of South Asia, Africa, and the Middle East*, v. 30, n. 2, 2010. pp. 204-13.

PEARLMAN, Michael D. "Unconditional Surrender, Demobilization, the Atomic Bomb". US Army Command and General Staff College, Combat Studies Institute, 1996.

PERKINS, Ray. "Bertrand Russell and Preventive War". *Russell: The Journal of Bertrand Russell Studies*, v. 14, n. 2, 1994. pp. 135-53.

PINES, Maya. "The Magic Carpet of Inertial Guidance". *Harper's Magazine*, v. 224, n. 1342, mar. 1962. pp. 72-81.

POTTER, William C. "Coping with MIRV in a MAD World". *Journal of Conflict Resolution*, v. 22, n. 4, 1978. pp. 599-626.

PRADOS, John. "The Navy's Biggest Betrayal". US Naval Institute, *Naval History Magazine*, v. 24, n. 3, 2010.

PREBLE, Christopher A. "Who Ever Believed in the 'Missile Gap'?': John F. Kennedy and the Politics of National Security". *Presidential Studies Quarterly*, v. 33, n. 4, dez. 2003. pp. 801-26.

QUESTER, George H. "Through the Nuclear Strategic Looking Glass, or Reflections off the Window of Vulnerability". *Journal of Conflict Resolution*, v. 31, n. 4, 1987. pp. 725-37.

RALPH, William W. "Improvised Destruction: Arnold, LeMay, and the Firebombing of Japan". *War in History*, v. 13, n. 4, 2006. pp. 495-522.

ROBOCK, Alan. "Nuclear Winter Is a Real and Present Danger". *Nature*, v. 473, 19 maio 2011. pp. 275-6.

ROMAN, Peter J. "Ike's Hair-Trigger: US Nuclear Predelegation, 1953-60". *Security Studies*, v. 17, n. 4, verão 1998. pp. 121-64.

ROSENBERG, David Alan. "American Atomic Strategy and the Hydrogen Bomb Decision". *Journal of American History*, v. 66, n. 1, jun. 1979. pp. 62-87.

_____. "The Origins of Overkill: Nuclear Weapons and American Strategy, 1945-1960". *International Security*, v. 7, n. 4, 1983. pp. 3-71.

_____; MOORE, W. B. "'A Smoking Radiating Ruin at the End of Two Hours': Documents on American Plans for Nuclear War with the Soviet Union, 1954-55". *International Security*, v. 6, n. 3, 1981. pp. 3-38.

SAGAN, Scott D. "SIOP-62: The Nuclear War Plan Briefing to President Kennedy". *International Security*, v. 12, n. 1, verão 1987. pp. 22-51.

_____. "Nuclear Alerts and Crisis Management". *International Security*, v. 9, n. 4, primavera 1985. pp. 122-31.

_____; SURI, J. "The Madman Nuclear Alert". *International Security*, v. 27, n. 4, 2003. pp. 150-83.

SCOTT, Len; SMITH, S. "Lessons of October: Historians, Political Scientists, Policy Makers and the Cuban Missile Crisis". *International Affairs*, v. 70, n. 4, out. 1994. pp. 659-84.

SEARLE, Thomas R. "'It Made a Lot of Sense to Kill Skilled Workers': The Firebombing of Tokyo in March 1945". *Journal of Military History*, v. 66, n. 1, jan. 2002. pp. 103-33.

SECKEL, Al. "Russell and the Cuban Missile Crisis". *Russell: Journal of the Bertrand Russell Studies*, v. 4, n. 2, inverno 1984. pp. 253-61.

SKIDMORE, David. "Carter and the Failure of Foreign Policy Reform". *Political Science Quarterly*, v. 18, n. 4, 1993. pp. 699-729.

STEINBRUNER, John D. "Nuclear Decapitation". *Foreign Policy*, n. 45, inverno 1981-2. pp. 16-28.

_____; GARWIN, T. M. "Strategic Vulnerability: The Balance between Prudence and Paranoia". *International Security*, v. 1, n. 1, 1976. pp. 138-81.

STILES, David. "A Fusion Bomb over Andalucía: US Information Policy and the 1966 Palomares Incident". *Journal of Cold War Studies*, v. 8, n. 1, 2006. pp. 49-67.

SUTTON, George P. "History of Liquid Propellant Rocket Engines in the United States". *Journal of Propulsion and Power*, v. 19, n. 6, 2003. pp. 978-1007.

TERTRAIS, Bruno. "A Nuclear Coup? France, the Algerian War and the April 1961 Nuclear Test". Fondation pour la Recherche Stratégique, esboço, 2 out. 2011.

THOMPSON, Kenneth W. "The Coming of the Third World War: A Review Essay". *Political Science Quarterly*, v. 94, n. 4, 1979. pp. 669-77.

TRACHTENBERG, Marc. "The Influence of Nuclear Weapons in the Cuban Missile Crisis". *International Security*, v. 10, n. 1, 1985. pp. 137-63.

_____. "The 'Accidental War' Question". Department of History — University of Pennsylvania, 14 fev. 2000.

TSYPKIN, Mikhail. "Adventures of the 'Nuclear Briefcase': a Russian Document Analysis". *Strategic Insights*, v. 3, n. 9, 2004.

TWIGGE, Stephen; SCOTT, L. "Learning to Love the Bomb: The Command and Control of British Nuclear Forces, 1953-1964". *Journal of Strategic Studies*, v. 22, n. 1, 1999. pp. 29-53.

VARESH, Ron. "Electronic Detonators: EBW and EFI". *Propellants, Explosives, Pyrotechnics*, n. 21, 1996. pp. 150-4.

WALKOWICZ, T. F. "Strategic Concepts for the Nuclear Age". *Annals of the American Academy of Political and Social Science*, v. 299, Air Power and National Security, maio 1955. pp. 118-27.

WALSH, John. "McNamara and the Pentagon: Limits of the 'Management View'". *Science (New Series)*, v. 72, n. 2987, 4 jun. 1971. pp. 1008-11.

WEATHERSBY, Kathryn. "Should We Fear This? Stalin and the Danger of War with America". Woodrow Wilson International Center for Scholars-Cold War International History Project, Working Paper n. 39, jul. 2002.

WEISS, Eric D. "Cold War Under the Ice: The Army's Bid for a Long-Range Nuclear Role, 1959-1963". *Journal of Cold War Studies*, v. 3, n. 3, 2001. pp. 31-58.

WELLERSTEIN, Alex. "Patenting the Bomb: Nuclear Weapons, Intellectual Property, and Technological Control". *Isis*, v. 99, n. 1, março 2008. pp. 57-87.

WELLS JR., Samuel F. "The Origins of Massive Retaliation". *Political Science Quarterly*, v. 96, n. 1, 1981. pp. 31-52.

WOOLVEN, Robin. "UK Civil Defence and Nuclear Weapons, 1953-1959". UK Nuclear History Working Paper n. 2, Mountbatten Centre for International Studies (s.d.).

YOCKEY, Charles C.; EDEN, B. M.; BYRD, R. B. "The McConneell Missile Accident: Clinical Spectrum of Nitrogen Dioxide Exposure". *Journal of the American Medical Association*, v. 244, n. 11, 12 set. 1980. pp. 1221-3.

YOUNG, Ken. "A Most Special Relationship: The Origins of Anglo-American Nuclear Strike Planning". *Journal of Cold War Studies*, v. 9, n. 2, 2007. pp. 5-31.

_____. "No Blank Cheque: Anglo-American (Mis)understandings and the Use of English Airbases". *Journal of Military History*, v. 71, n. 4, 2007. pp. 1133-67.

_____. "US Atomic Capability and the British Forward Bases in the Early Cold War". *Journal of Contemporary History*, v. 42, n. 1, jan. 2007. pp. 117-36.

ZUBOK, Vladislav M. "Khrushchev and the Berlin Crisis (1958-1962)". *Cold War International History Project—Working Paper Series*, Working Paper n. 6, Washington, DC, maio 1993.

Dissertações e teses

FITZPATRICK, Anne. *Igniting the Elements: The Los Alamos Thermonuclear Project, 1942-1952*. Los Alamos National Laboratory, LA-13577-T, jul 1999. Tese.

FRANCES, Sybil. *Warhead Politics: Livermore and the Competitive System of Nuclear Weapons Design*. Massachusetts Institute of Technology, Department of Political Science, 1995. Tese.

ISEMANN, James Louis. *To Detect, to Deter, to Defend:The Distant Early Warning (DEW) Line and Early Cold War Defense Policy, 1953-1957*. Kansas State University, Department of History, 2009. Dissertação.

JODOIN, VINCENT J. *Nuclear Cloud Rise and Growth*. Air University, Air Force Institute of Technology, jun. 1994. Dissertação (Pós-graduação em Engenharia).

MICHEL, Marshall L. III. *The Revolt of the Majors: How the Air Force Changed after Vietnam*. Alabama, Auburn University, 15 dez. 2006. Dissertação.

POMEROY, Steven Anthony. *Echos That Never Were: American Mobile Intercontinental Ballistic Missiles, 1956-1983*. Auburn, Alabama, Auburn University, 7 ago. 2006. Dissertação.

Coletânea de documentos

CANTELON, Philip L.; HEWLETT, Richard G.; WILLIAMS, Robert C. *The American Atom: A Documentary History of Nuclear Policies from the Discovery of Fission to the Present*. Philadelphia: University of Pennsylvania Press, 1991.

COSTER-MULLEN, John. *Atom Bombs: The Top Secret Inside Story of Little Boy and Fat Man*. Waukesha, WI: John Coster-Mullen, 2009.

ETZOLD, Thomas E.; GADDIS, John Lewis. *Containment: Documents on American Policy and Strategy, 1945-1950*. Nova York: Columbia University Press, 1978.

FERRELL, Robert H. (Org). *Harry S. Truman and the Bomb: A Documentary History*. Worland, WY: High Plains, 1996.

HANSEN, Chuck. *The Swords of Armageddon (Digital Collection)*. Sunnyvale, CA: Chklea Publications, 2007.

KORT, Michael. *The Columbia Guide to Hiroshima and the Bomb*. Nova York: Columbia University Press, 2012.

MAGGELET, Michael H.; OSKINS, James C. *Broken Arrow: The Declassified History of US Nuclear Weapons Accidents*. Raleigh, NC: Lulu, 2007.

_____. *Broken Arrow*, v. II: A Disclosure of Significant US, Soviet, and British Nuclear Weapon Incidents and Accidents, 1945-2008. Raleigh, NC: Lulu, 2010.

MAY, Ernest; ZELIKOW, Philip D. *The Kennedy Tapes: Inside the White House During the Cuban Missile Crisis*. Nova York: W. W. Norton, 2002.

MERRILL, Dennis (Org.). *Documentary History of the Truman Presidency*, v. 1: The Decision to Drop the Atomic Bomb on Japan. Bethesda, MD: University Publications of America, 1995.

PUBLIC PAPERS of the Presidents of the United States: Dwight D. Eisenhower, Containing the Public Messages and Statements of the President, January 1, 1960 to January 20, 1961. Washington, DC: Office of the Federal Register, 1961.

STEURY, Donald P. (Org.). *Intentions and Capabilities: Estimates on Soviet Strategic Forces, 1953-1983*. Washington, DC, History of Staff, Center for the Study of Intelligence, Central Intelligence Agency, 1996.

UNITED STATES STATE DEPARTMENT. *Foreign Relations of the United States: Diplomatic Papers, 1945*, v. V: Europe. Washington, DC: Government Printing Office, 1967.

_____. *Foreign Relations of the United States, 1946*, v. I: General, The United Nations. Washington, DC: Government Printing Office, 1972.

_____. *Foreign Relations of the United States, 1946*, v. VI: Eastern Europe; The Soviet Union. Washington, DC: Government Printing Office, 1969.

_____. *Foreign Relations of the United States, 1955-1957*, v. XIX: National Security Policy. Washington, DC: Government Printing Office, 1990.

UNITED STATES STATE DEPARTMENT. *Foreign Relations of the United States, 1958-1960*, v. III: National Security Policy, Arms Control and Disarmament. Washington, DC: Government Printing Office, 1996.

_____. *Foreign Relations of the United States, 1961-1963*, v. VI: Kennedy-Khrushchev Exchanges. Washington, DC: Government Printing Office, 1996.

_____. *Foreign Relations of the United States, 1961-1963*, v. VIII: National Security Policy. Washington, DC: Government Printing Office, 1996.

_____. *Foreign Relations of the United States, 1961-1963*, v. XI: Cuban Missile Crisis and Aftermath. Washington, DC: Government Printing Office, 1996.

_____. *Foreign Relations of the United States, 1961-1963, Berlin Crisis*, v. XV: 1961-1962. Washington, DC: Government Printing Office, 1993.

_____. *Foreign Relations of the United States, 1961-1963, Berlin Crisis*, v. XV: *1962-1963*. Washington, DC: Government Printing Office, 1994.

_____. *Foreign Relations of the United States, 1961-1963*, v. XVI: Eastern Europe; Cyprus; Greece; Turkey. Washington, DC: Government Printing Office, 1994.

_____. *Foreign Relations of the United States, 1969-1976*, v. XXXIV: National Security Policy, *1969--1972*. Washington, DC: Government Printing Office, 2011.

Cartas, diários, memórias e histórias orais

ADAMS, Chris. *Inside the Cold War: A Cold Warrior's Reflections*. Maxwell Air Force Base, Alabama: Air University Press, set. 1999.

ALVAREZ, Luiz W. *Alvarez: Adventures of a Physicist*. Nova York: Basic Books, 1987.

ANDERSON, Clinton P.; VIORST, Milton. *Outsider in the Senate: Senator Clinton Anderson's Memoirs*. Nova York: World, 1970.

BADASH, Lawrence; HIRSCHFELDER, Joseph O.; BROIDA, Herbert P. (Orgs.). *Reminiscences of Los Alamos, 1943-1945*. Boston: D. Reidel, 1980.

BOYLE, Peter G. (Org.). *The Churchill-Eisenhower Correspondence, 1953-1955*. Chapel Hill: University of North Carolina Press, 1990.

BRIAN, Denis. *The Voice of Genius: Conversation with Nobel Scientists and Other Luminaries*. Nova York: Basic Books, 2001.

BROWN, Harold. *Thinking About National Security: Defense and Foreign Policy in a Dangerous World*. Boulder, CO: Westview, 1983.

BRZEZINSKI, Zbigniew. *Power and Principle: Memoirs of the National Security Advisor, 1977-1981*. Nova York: Farrar, Straus & Giroux, 1983.

BUNDY, McGeorge. *Danger and Survival: Choices About the Bomb in the First Fifty Years*. Nova York: Random House, 1988.

CARTER, Bill; TURNER, Judi. *Get Carter: Backstage in History from JFK's Assassination to Rolling Stones*. Nashville, TN: Fine's Creek, 2006.

CARTER, Jimmy. *White House Diary*. Nova York: Farrar, Straus & Giroux, 2010.

CHERTOK, Boris. *Rockets and People*, v. II: Creating a Rocket Industry. Washington, DC: Nasa History Series, 2006.

CLANCY, Tom; HORNER, Chuck. *Every Man a Tiger*. Nova York: G. P. Putnam's Sons, 1999.

CLINTON, Bill. *My Life.* Nova York: Knopf, 2004.

COURCHENE, Douglas E. *Pioneers with Intent: Memoirs of an Air Force Fighter.* Tyndall Air Force Base, FL: Air Force Civil Engineer Support Agency, jul. 2003.

D'AMARIO, Alfred J. *Hangar Flying.* Bloomington, IN: AuthorHouse, 2008.

ENTHOVEN, Alain C.; SMITH, K. Wayne. *How Much Is Enough? Shaping the Defense Program, 1961--1969.* Santa Mônica, CA: RAND Corporation, 1971.

FERRELL, Robert H. (Org.). *The Eisenhower Diaries.* Nova York: W. W. Norton, 1981.

GATES, Robert M. *From the Shadows: The Ultimate Insider's Story of Five Presidents and How They Won the Cold War.* Nova York: Simon & Schuster, 2006.

GROVES, Leslie R. *Now It Can Be Told: The Story of the Manhattan Project.* Nova York: Da Capo, 1982.

GULLEY, Bill; REESE, Mary Ellen. *Breaking Cover.* Nova York: Simon & Schuster, 1980.

JORDAN, Hamilton. *Crisis: The Last Year of the Carter Presidency.* Nova York: G. P. Putnam's Sons, 1982.

KELLY, Cynthia C. (Org.). *The Manhattan Project: The Birth of the Atomic Bomb in the Words of Its Creators, Eyewitnesses, and Historians.* Nova York: Black Dog and Leventhal, 2007.

KISSINGER, Henry A. *White House Years.* Nova York: Simon & Schuster, 1979.

_____. *Years of Upheaval.* Nova York: Simon & Schuster, 1982.

_____. *Years of Renewal.* Nova York: Touchstone, 1999.

KISTIAKOWSKY, George B. *A Scientist at the White House: The Private Diary of President Eisenhower's Special Assistant for Science and Technology.* Cambridge, MA: Harvard University Press, 1976.

KOHN, Richard H.; HARAHAN, Joseph P. (Orgs.). *Strategic Air Warfare: An Interview with Generals Curtis E. LeMay, Leon W. Johnson, David A. Burchinal, and Jack J. Catton,* Washington, DC: Office of Air Force History, 1988.

LEAVITT, Lloyd R. *Following the Flag: An Air Force Officer Provides an Eyewitness View of Major Events and Policies During the Cold War.* Maxwell Air Force Base, AL: Air University Press, 2010.

LEMAY, Curtis E.; SMITH, Dale O. *America Is in Danger.* Nova York: Funk and Wagnalls, 1968.

_____; KANTOR, MacKinlay. *Mission with LeMay: My Story.* Garden City, NY: Doubleday, 1965.

LILIENTHAL, David E. *The Journals of David E. Lilienthal,* v. II: The Atomic Energy Years, 1945-1950. Nova York: Harper & Row, 1964.

LITTLE, James S. *Brotherhood of Doom: Memoirs of a Navy Nuclear Weaponsman.* Bradenton, FL: Booklocker, 2008.

MCNAMARA, Robert; VANDEMARK, Brian. *In Retrospect: The Tragedy and Lessons of Vietnam.* Nova York: Vintage, 1996.

MEYER, Cord. *Facing Reality: From World Federalism to the CIA.* Nova York: Harper & Row, 1980.

MILLIS, Walter; DUFFIELD, E. S. (Orgs.). *The Forrestal Diaries.* Nova York: Viking, 1951.

NICHOLS, Kenneth D. *The road to Trinity: A Personal Account of How America's Nuclear Policies Were Made.* Nova York: William Morrow, 1987.

NUTTER, Ralph H. *With the Possum and the Eagle: The Memoir of a Navigator's War over Germany and Japan.* Denton, TX: University of North Texas Press, 2002.

O'KEEFE, Bernard J. *Nuclear Hostages.* Boston: Houghton Mifflin, 1983.

POWELL, Colin; PERSICO, Joseph E. *My American Journey.* Nova York: Random House, 1995.

POWER, Thomas S.; ARNHYM, Albert A. *Design for Survival.* Nova York: Coward-McCann, 1964.

PRYOR, David; HARRELL, Don. *A Pryor Commitment: The Autobiography of David Pryor.* Little Rock, AR: Butler Center, 2008.

REED, Thomas C. *At the Abyss: An Insider's History of the Cold War.* Nova York: Ballantine, 2004.

RUBEL, John H. *Doomsday Delayed: USAF Strategic Weapons Doctrine and SIOP-62, 1959-1962, Two Cautionary Tales.* Nova York: Hamilton, 2008.

_____. *Reflections on Fame and Some Famous Men.* Santa Fe, NM: Sunstone, 2009.

SCHONFELD, Reese. *Me and Ted against the World: The Unauthorized Story of the Founding of CNN.* Nova York: HarperCollins, 2001.

SHEFF, David; GOLSON, G. Barry (Orgs.). *All We Are Saying: The Last Major Interview with John Lennon and Yoko Ono.* Nova York: St. Martin's Griffin, 2000.

SWEENEY, Charles W.; ANTONUCCI, James A.; ANTONUCCI, Marion K. *War's End: An Eyewitness Account of America's Last Atomic Mission.* Nova York: Avon, 1997.

VANCE, Cyrus. *Hard Choices: Critical Years in America's Foreign Policy.* Nova York: Simon & Schuster, 1983.

WOMACK, John. *Titan Tales: Diary of a Titan II Missile Crew Commander.* Franklin, NC: Soliloquy, 1997.

YORK, Herbert F. *Making Weapons, Talking Peace: A Physicist's Odyssey from Hiroshima to Geneva.* Nova York: Basic Books, 1987.

_____. *Race to Oblivion: A Participant's View of the Arms Race.* Nova York: Simon & Schuster, 1970.

Livros

ABELLA, Alex. *Soldiers of Reason: The RAND Corporation and the Rise of the American Empire.* Nova York: Harcourt, 2008.

ABRAHAMSON, James L.; CAREW, Paul H. *Vanguard of American Atomic Deterrence: The Sandia Pioneers, 1946-1949.* Westport, CT: Praeger, 2002.

ACKLAND, Len. *Making a Real Killing: Rocky Flats and the Nuclear West.* Albuquerque, NM: University of New Mexico Press, 1999.

AIR FORCE MISSILEERS: Victors in the Cold War. Paducah, KY: Association of the Air Force Missileers, Turner, 1998.

ALLISON, Graham. *Nuclear Terrorism: The Ultimate Preventable Catastrophe.* Nova York: Times, 2004.

_____; ZELIKOW, Philip. *Essence of Decision: Explaining the Cuban Missile Crisis.* Nova York: Longman, 1999.

ALPEROVITZ, Gar. *The Decision to Use the Atomic Bomb.* Nova York: Vintage, 1996.

AMBROSE, Stephen E. *Eisenhower, Soldier and President: The Renowed One-Volume Life.* Nova York: Simon & Schuster, 1990.

AMMERMAN, Robert T.; OTT, Peggy J.; TARTER, Ralph E. (Orgs.). *Prevention and Societal Impact of Drug and Alcohol Abuse.* Mahwah, NJ: Lawrence Erlbaum Associates, Inc., 1999.

ANDERSON, Martin; ANDERSON, Annelise. *Reagan's Secret War: The Untold Story of His Fights to Save the World from Nuclear Disaster.* Nova York: Crown Publishers, 2009.

ANDREW, Chistropher; MITROKHIN, Vasili. *The Sword and the Shield: The Mitrokhin Archive and the Secret History of the KGB.* Nova York: Basic Books, 1999.

_____. *The World Was Going Our Way: The KGB and the Battle for the Third World.* Nova York: Basic Books, 2005.

ARBATOV, Alexei; DVORKIN, Vladimir. *Beyond Nuclear Deterrence: Transforming the US-Russian Equation.* Washington, DC: Carnegie Endowment for International Peace, 2006.

ARMACOST, Michael H. *The Politics of Weapons Innovation: The Thor-Jupiter Controversy.* Nova York: Columbia University Press, 1969.

AUSTEN, Brian J. *Carter's Conversion: The Hardening of American Defense Policy.* Columbia, MO: University of Missouri Press, 2008.

AYSON, Robert. *Thomas Schelling and the Nuclear Age: Strategy as Social Science.* Nova York: Frank Cass, 2004.

BALL, Adrian. *Ballistic and Guided Missiles.* Londres: Frederick Muller, 1960.

BALL, Desmond. *Politics and Force Levels: The Strategic Missile Program of the Kennedy Administration.* Berkeley: University of California Press, 1980.

_____; RICHELSON, Jeffrey. *Strategic Nuclear Targetting.* Ithaca, NY: Cornell University Press, 1986.

BARLOW, Jeffrey G. *Revolt of the Admirals: The Fight for Naval Aviation, 1946-1950.* Washington, DC: Government Reprints Press, 2001.

BERHOW, Mark A. *US Strategic and Defensive Missile Systems, 1950-2004.* Oxford, UK: Osprey, 2005.

BERNSTEIN, Jeremy. *Plutonium: A History of the World's Most Dangerous Element.* Washington, DC: Joseph Henry, 2007.

BIRD, Kay; SHERWIN, Martin J. *American Prometheus: The Triumph and Tragedy of J. Robert Oppenheimer.* Nova York: Vintage, 2006.

BLAIR, Bruce G. *Strategic Command and Control: Redefining the Nuclear Threat.* Washington, DC: Brookings Institution, 1985.

_____. *The Logic of Accidental War.* Washington, DC: Brookings Institution, 1993.

_____. *Global Zero Alert for Nuclear Forces.* Washington, DC: Brookings Institution, 1995.

BLECHMAN, Barry (Org.). *Technology and the Limitation of International Conflict.* Washington, DC: Foreign Policy Institute, School of Advanced International Studies, Johns Hopkins University, 1989.

BLISS JR., Edward (Org.). *In Search of Light: The Broadcasts of Edward R. Murrow 1938-1961.* Nova York: Knopf, 1967.

BOROWSKI, Harry R. *A Holow Threat: Strategic Air Power and Containment before Korea.* Westport, CT: Greenwood, 1982.

BOWDEN, Mark. *The Finish: The Killing of Osama bin Laden.* Nova York: Atlantic Monthly, 2012.

BOWER, Tom. *The Paperclip Conspiracy: The Hunt for the Nazi Scientists.* Boston: Little, Brown, 1987.

BOYER, Paul. *By the Bomb's Early Light: American Tought at the Dawn of the Atomic Age.* Chapel Hill, NC: University of North Carolina Press, 1994.

BRACKEN, Paul. *The Command and Control of Nuclear Forces.* New Haven, CT: Yale University Press, 1983.

BRACKEN, Paul. *The Second Nuclear Age: Strategy, Danger, and the New Power Politics*. Nova York: Times, 2012.

BRENNAN, Frederick Hazlitt. *One of Our H Bombs Is Missing*. Nova York: Fawcett, 1955.

BRIGHT, Christopher J. *Continental Defense in the Eisenhower Era: Nuclear Antiaircraft Arms and the Cold War*. Nova York: Palgrave MacMillan, 2010.

BRYANT, Peter. *Red Alert*. Nova York: Ace, 1958.

BRZENZINSKI, Matthew. *Red Moon Rising: Sputnik and the Hidden Rivalries That Ignited the Space Age*. Nova York: Henry Holt, 2007.

BUNN, George; CHYBA, Christopher F. (Orgs.). *US Nuclear Weapons Policy: Confrontinf Today's Threats*. Washington, DC: Brookings Institution, 2006.

BURDICK, Eugene; WHEELER, Harvey. *Fail-Safe*. Nova York: McGraw-Hill, 1962.

BURNHAM, John C. *Accident Prone: A History of Technology, Psychology, and Misfits of the Machine Age*. Chicago: University of Chicago Press, 2009.

BURROWS, William E. *By Any Means Necessary: America's Secret Air War in the Cold War*. Nova York: Farrar, Straus, & Giroux, 2001.

CALL, Steve. *Selling Air Power: Military Aviation and Popular Culture after World War II*. College Station, TX: Texas A&M University Press, 2009.

THE CAMPAIGNS *of the Pacific War: United States, Strategic Bombing Survey (Pacific)*. Washington, DC: Government Printing Office, 1946.

CAMPBELL, Duncan. *The Unsinkable Aircraft Carrier: The Implications of American Military Power in Britain*. Londres: Michael Joseph, 1984.

CAROTHERS, James. *Caging the Dragon: The Containment of Underground Nuclear Explosions*. Alexandria, VA: Defense Nuclear Agency, 1995.

CARROLL, James. *House of War: The Pentagon and the Disastrous Rise of American Power*. Boston: Mariner, 2006.

CARTER, Ashton; STEINBRUNER, John D.; ZRAKET, Charles A. (Orgs.). *Managing Nuclear Operations*. Washington, DC: Brookings Institution, 1987.

CIENCIALA, Anna M.; LEBEDEVA, Natalia S.; MATERSKI, Wojciech (Orgs.). *Katyn: A Crime without Punishment*. New Haven, CT: Yale University Press, 2008.

CIMBALA, Stephen J. (Org.). *Soviet C3*. Washington, DC: AFCEA International Press, 1987.

CIRINCIONE, Joseph. *Bomb Scare: The History & Future of Nuclear Weapons*. Nova York: Columbia University Press, 2007.

CLEARWATER, John. *Canadian Nuclear Weapons: The Untold Story of Canada's Cold War Arsenal*. Toronto: Dundurn, 1998.

CLODFELTER, Mark. *Beneficial Bombing: The Progressive Foundations of American Air Power 1917-1945*. Lincoln, NE: University of Nebraska Press, 2010.

COFFEY, Thomas M. *Iron Eagle: The Turbulent Life of General Curtis LeMay*. Nova York: Crown Publishers, 1986.

COHEN, Stephen F. *Soviet Fates and Lost Alternatives: From Stalinism to the New Cold War*. Nova York: Columbia University Press, 2009.

THE COMPREHENSIVE *Nuclear Test Ban Treaty: Technical Issues for the United States*. Committee on Reviewing and Updating Technical Issues Related to the Comprehensive Nuclear

Test Ban Treaty, National Research Council of the National Academies. Washington, DC: National Academies, 2012.

CONDIT, Kenneth W. *The Joint Chiefs of Staff and National Policy:* v. II: 1947-1949. Washington, DC: Office of Joint History, Office of the Chairman of Joint Chiefs of Staff, 1996.

CORERA, Gordon. *Shopping for Bombs: Nuclear Proliferation, Global Insecurity, and the Rise and Fall of the A.Q. Khan Network*. Nova York: Oxford University Press, 2006.

COURTOIS, Stéphane et al. *The Black Book of Communism: Crimes, Terror, Repression*. Trad. de Mark Kramer. Cambridge, MA: Harvard University Press, 1999.

CRAVEN, Wesley Frank; CATE, James Lea (Orgs.). *The Army Air Forces in World War II:* v. 5: The Pacific: Matterhorn to Nagasaki, June 1944 to August 1945. Washington, DC: Office of Air Force History, 1983.

DALTON, Russell J. et al. (Orgs.). *Critical Masses: Citizens, Nuclear Weapons Production, and Environmental Destruction in the United States and Russia*. Cambridge, MA: MIT, 1999.

DAVIS, Vincent. *The Admirals Lobby*. Chapel Hill, NC: University of North Carolina Press, 1967.

DEFENSE'S NUCLEAR Agency: 1947-1997. Washington, DC: Defense Threat Reduction Agency, US Department of Defense, 2002.

DELGADO, James P. *Nuclear Dawn: From the Manhattan Project to the Bikini Atoll*. Oxford, UK: Osprey, 2009.

DEL TREDICI, Robert. *At Work in the Fields of the Bomb*. Nova York: Harper & Row, 1987.

DEVORKIN, David H. *Science with a Vengeance: How the Military Created the US Space after World War II*. Nova York: Springer, 1992.

DOBBS, Michael. *One Minute to Midnight: Kennedy, Khrushchev, and Castro on the Brink of Nuclear War*. Nova York: Alfred A. Knopf, 2008. [Ed. bras.: *Um minuto para a meia-noite: Kennedy, Kruchev e Castro à beira da guerra nuclear*. Rio de Janeiro: Rocco, 2009.]

DOBSON, Joel. *The Goldsboro Broken Arrow: The Story of the 1961 B-52 Crash, the Men, the Bombs, the Aftermath*. Raleigh, NC: Lulu, 2011.

DOWER, John W. *War Without Mercy: Race and Power in the Pacific War*. Nova York: Pantheon, 1987.

_____. *Embracing Defeat: Japan in the Wake of World War II*. Nova York: W. W. Norton, 2000.

DREA, Edward; BRADSHER, Greg; HANYOCK, Robert et al. *Researching Japanese War Crime Record: Introductory Essays*. Washington, DC: Nazi War Crimes and Japanese Imperial Government Records Interagency Working Group, US National Archives, 2006.

DRELL, Sidney D. *In the Shadow of the Bomb: Physics and Arms Control*. Nova York: American Institute of Physics, 1993.

_____. *Nuclear Weapons, Scientists, and the Post-Cold War Challenge: Selected Papers on Arms Control*. Hackensack, NJ: World Scientific, 2007.

_____; GOODBY, James E. *The Gravest Danger: Nuclear Weapons*. Stanford, CA: Hoover Institution, 2003.

_____; SHULTZ, George P. (Orgs.). *Implications of the Reykjavik Summit on Its Twentieth Anniversary: Conference Report*. Stanford, CA: Stanford University, 2007.

DUIGNAN, Peter; RABUSHKA, Alvin. *The United States in the 1980s*. Stanford, CA: Hoover Institution, 1980.

DUMAS, Lloyd J. *Lethal Arrogance: Human Fallibility and Dangerous Technologies.* Nova York: St. Martin's, 1999.

DYSON, George. *Project Orion: The True Story of the Atomic Spaceship.* Nova York: Henry Holt, 2002.

EDEN, Lynn. *Whole World on Fire: Organizations, Knowledge & Nuclear Weapons Devastation.* Ithaca, NY: Cornell University Press, 2004.

EDWARDS, Paul N. *The Closed World: Computers and the Politics of Discourse in Cold War America.* Cambridge, MA: MIT, 1996.

FARQUHAR, John Thomas. *A Need to Know: The Role of Air Force Reconnaissance in War Planning, 1945-1953.* Montgomery, AL: Air University Press, fev. 2004.

FEAVER, Peter Douglas. *Guarding the Guardians: Civilian Control of Nuclear Weapons in the United States.* Itacha, NY: Cornell University Press, 1992.

FERGUSON, Charles D.; POTTER, William C. *The Four Faces of Nuclear Terrorism.* Nova York: Routledge, 2005.

FERRELL, Robert H. *Harry S. Truman: A Life.* Columbia, MO: University of Missouri Press, 1994.

FITZGERALD, Frances. *Way Out There in the Blue: Reagan, Star Wars and the End of Cold War.* Nova York: Touchstone, 2001.

FORD, Daniel. *The Button: The Pentagon's Strategic Command and Control System — Does It Work?* Nova York: Simon & Schuster, 1985.

FRANK, Richard B. *Downfall: The End of the Imperial Japanese Empire.* Nova York: Penguin, 1999.

FRANKEL, Max. *High Noon in the Cold War: Kennedy, Khrushchev, and the Cuban Missile Crisis.* Nova York: Ballantine, 2004.

FREEDMAN, Lawrence. *The Evolution of Nuclear Strategy.* Nova York: Palgrave Macmillan, 2003.

FRIEDRICH, Jörg. *The Fire: The Bombing of Germany, 1940-1945.* Nova York: Columbia University Press, 2006.

FURMAN, Necah Stewart. *Sandia National Laboratories: The Postwar Decade.* Albuquerque, NM: University of New Mexico Press, 1990.

FURSENKO, Aleksandr; NAFTALI, Timothy. *"One Hell of a Gamble": Khrushchev, Castro, and Kennedy, 1958-1964.* Nova York: W. W. Norton, 1997.

_____. *Khruschev's Cold War: The Inside Story of an American Adversary.* Nova York: W. W. Norton, 2006.

FUTRELL, Robert F. *Ideas, Concepts, Doctrine,* v. I: Basic Thinking in the United States Air Force 1907-1960. Maxwell Air Force Base, AL: Air University Press, 1989.

_____. *Ideas, Concepts, Doctrine,* v. II: Basic Thinking in the United States Air Force 1961-1984. Maxwell Air Force Base, AL: Air University Press, 1989.

GADDIS, John Lewis. *The Cold War: A New History.* Nova York: Penguin, 2007.

_____. *George F. Kennan: An American Life.* Nova York: Penguin, 2011.

GANGULY, Šumit; KAPUR, S. Paul. *India, Pakistan, and the Bomb: Debating Nuclear Stability in South Asia.* Nova York: Columbia University Press, 2010.

GARWIN, Richard L.; CHARPAK, George. *Megawatts and Megatons: The Future of Nuclear Power and Nuclear Weapons.* Chicago: University of Chicago Press, 2002.

GEORGE, Peter. *Commander-1.* Nova York: Delacorte, 1965.

GHAMARA-TABRIZI, Sharon. *The Worlds of Herman Kahn: The Intuitive Science of Thermonuclear War.* Cambridge, MA: Harvard University Press, 2005.

GIARCHI, G. G. *Between McAlpine and Polaris.* Londres: Routledge & Kegan Paul, 1984.

GIBSON, Chris. *Vulcan's Hammer: V-Force Projects and Weapons Since 1945.* Manchester, Inglaterra: Hikoki Publications, 2011.

GIBSON, James N. *Nuclear Weapons of the United States: An Illustrated History.* Atglen, PA: Schiffer, 1996.

GILBERT, Martin. *The Second World War: A Complete History.* Nova York: Holt Paperbacks, 2004.

GLASSTONE, Samuel (Org.). *The Effects of Nuclear Weapons.* Washington, DC: US Government Printing Office, 1964.

GOLDBERG, Alfred; REARDEN, Steven L.; CONDIT, Doris M. *History of the Secretary of Defense: The McNamara Ascendancy, 1961-1965.* Washington, DC: Government Printing Office, 1984.

GOTTFRIED, Kurt; BLAIR, Bruce G. (Orgs.). *Crisis Stability and Nuclear War.* Nova York: Oxford University Press, 1988.

GRAYLING, A. C. *Among the Dead Cities: The History and Moral Legacy of the WWII Bombing of Civilians in Germany and Japan.* Nova York: Walker, 2006.

GREENE, Benjamin P. *Eisenhower, Science Advice, and the Nuclear Test Ban Debate, 1945-1963.* Stanford, CA: Stanford University Press, 2007.

GREGORY, Shaun R. *The Hidden Cost of Deterrence: Nuclear Weapons Accidents.* Washington, DC: Brassey's, 1990.

_____. *Nuclear Command and Control in NATO: Nuclear Weapons Operations and the Strategy of Flexible Response.* Nova York: Palgrave Macmillan, 1996.

GUSTERSON, Hugh. *Nuclear Rites: A Weapons Laboratory at the End of the Cold War.* Berkeley, CA: University of California Press, 1998.

_____. *People of the Bomb: Portraits of America's Nuclear Complex.* Minneapolis, MN: University of Minnesota Press, 2004.

HACKER, Barton C.; GRIMWOOD, James M. *On the Shoulders of Titans: A History Project of Gemini.* Washington, DC.: National Aeronautics and Space Administration, Scientific and Technical Information Office, 1977.

HACKETT, John. *The Third World War: August 1985.* Nova York: Macmillan, 1978.

HAINES, Gerald K.; LEGGETT, Robert E. (Orgs.). *Watching the Bear: Essays on CIA's Analysis of the Soviet Union.* Washington, DC: Central Intelligence Agency for the Study of Intelligence, 2003.

HALBERSTAM, David. *The Best and the Brightest.* Nova York: Ballantine, 1992.

HALL, R. Cargill (Org.). *Case Studies in Strategic Bombardment.* Washington, DC: Air Force Historical Studies Office, 1998.

HASEGAWA, Tsuyoshi. *Racing the Enemy: Stalin, Truman, and the Surrender of Japan.* Cambridge, MA: Balknap, 2005.

HASTINGS, Max. *Retribution: The Battle for Japan, 1944-45.* Nova York: Vintage, 2009.

HAYNES, James Earl; KLEHR, Harvey. *Venona: Decoding Soviet Espionage in America.* New Haven, CT: Yale University Press, 2000.

HENDRICKSON, Paul. *The Living and the Dead: Robert McNamara and Five Lives of a Lost War.* Nova York: Vintage, 1997.

HENNESSY, Peter. *The Secret State: Whitehall and the Cold War.* Nova York: Penguin, 2003.

HEPPENHEIMER, T. A. *Countdown: A History of Space Flight.* Nova York: John Wiley & Sons, 1997.

HERKEN, Gregg. *The Winning Weapon: The Atomic Bomb in the Cold War 1945-1950.* Nova York: Vintage, 1982.

_____. *Counsels of War.* Nova York: Oxford University Press, 1987.

HERSEY, John. *Hiroshima.* São Paulo: Companhia das Letras, 2002.

HERSHBERG, James G. *James B. Conant: Harvard to Hiroshima and the Making of the Nuclear Age.* Stanford, CA: Stanford University Press, 1993.

HEWLETT, Richard G.; ANDERSON JR., Oscar E. *The New World, 1939/1946: A History of the United States Atomic Energy Commission,* v. I. University Park, PA: Pennsylvania State University Press, 1962.

_____; DUNCAN, Francis. *Atomic Shield, 1947/1952: A History of the United States Atomic Energy Commission,* v. II. University Park, PA: Pennsylvania State University Press, 1969.

_____; HOLL, Jack M. *Atoms for Peace and War, 1953/1961: Eisenhower and the Atomic Energy Commission, A History of the United States Atomic Energy Commission,* v. III. Berkeley, CA: University of California Press, 1989.

HISTORY OF THE EIGHTIES: Lessons for the Future. Washington, DC: Federal Deposit Insurance Corporation Division of Research and Statistics, 1997.

HODDESON, Lilian et al. *Critical Assembly: A Technical History of Los Alamos During the Oppenheimer Years, 1943-1945.* Nova York: Cambridge University Press, 1993.

HOFFMAN, David E. *The Dead Hand: The Untold Story of the Cold War Arms Race and Its Dangerous Legacy.* Nova York: Doubleday, 2009.

HOLLOWAY, David. *Stalin and the Bomb: The Soviet Union and Atomic Energy, 1939-1956.* New Haven, CT: Yale University Press, 1994.

HOOK, Sidney. *The Fail-Safe Fallacy.* Nova York: Stein and Day, 1963.

HUBLER, Richard G. *SAC: The Strategic Air Command.* Nova York: Duell, Sloan and Pearce, 1958.

HUGHES, Thomas P. *Rescuing Prometheus: Four Monumental Projects That Changed the Modern World.* Nova York: Vintage, 1998.

_____. *American Genesis: A Century of Invention and Technological Enthusiasm, 1870-1970.* Chicago: University of Chicago Press, 2004.

HUNT, Linda. *Secret Agenda: The United States Government, Nazi Scientists, and Project Paperclip 1945 to 1990.* Nova York: St. Martin's, 1991.

IKLÉ, Fred Charles. *The Social Impact of Bomb Destruction.* Norman, OK: University of Oklahoma Press, 1958.

_____. *Every War Must End.* Nova York: Columbia University Press, 2005.

_____. *Anihilation from Within: The Ultimate Threat to Nations.* Nova York: Columbia University Press, 2006.

JOHNSON, Leland. *Sandia National Laboratories: A History of Exceptional Service in the Nation Interest.* Albuquerque, NM: Sandia National Laboratories, 1997.

JOHNSON, Stephen. *The United States Air Force and the Culture of Innovation: 1945-1965.* Washington, DC: Air Force History and Museums Program, 2002.

JOHNSTON, Phyllis Finton. *Bill Clinton's Public Policy for Arkansas: 1979-1980.* Little Rock, AR: August House, 1982.

KHAN, Herman. *On Thermonuclear War.* Princeton: Princeton University Press, 1960.

KAPLAN, Fred. *The Wizards of Armageddon: The Untold Story of the Small Group of Men Who Have Devised the Plans and Shaped the Policies on How to Use the Bomb.* Stanford, CA: Stanford University Press, 1991.

KAPLAN, Michael; KAPLAN, Ellen. *Chances Are...: Adventures in Probability.* Nova York: Penguin, 2006.

KAUFMAN, Burton I.; KAUFMAN, Scott. *The Presidency of James Earl Carter, Jr.* Lawrence, KS: University Press of Kansas, 2006.

KAUFMAN, Scott. *Plans Unraveled: The Foreign Policy of the Carter Administration.* DeKalb, IL: Northern Illinois University Press, 2008.

KAUFMANN, William W. *The McNamara Strategy.* Nova York: Harper & Row, 1964.

KEARNY, Cresson H. *Nuclear War Survival Skills: What You and Your Family Can Do — Before... and After.* Coos Bay, OR: NWS Research Bureau, 1982.

KEENEY, L. Douglas. *The Doomsday Scenario: The Official Doomsday Scenario Written by the United States Government during the Cold War.* St. Paul, MN: MBI, 2002.

_____. *15 Minutes: General Curtis LeMay and the Countdown to Nuclear Annihilation.* Nova York: St. Martin's, 2011.

KEMPE, Frederick. *Berlin 1961: Kennedy, Khrushchev, and the Most Dangerous Place on Earth.* Nova York: G.P. Putnam's Sons, 2011. [Ed. bras.: *Berlim, 1961: Kennedy, Khruschóv e o lugar mais perigoso do mundo.* São Paulo: Companhia das Letras, 2013.]

KHAN, Feroz Hassan. *Eating Grass: The Making of the Pakistan Bomb.* Stanford, CA: Stanford University Press, 2012.

KISSINGER, Henry A. *Nuclear Weapons and Foreign Policy.* Nova York: Harper and Brothers, 1957.

KLESSIG, Lowell L.; STRITE, Victor L. *The ELF Odyssey: National Security Versus Environmental Protection.* Boulder, CO: Westview, 1980.

KOTZ, Nick. *Wild Blue Yonder: Money, Politics, and the B-1 Bomber.* Princeton: Princeton University Press, 1988.

KOZAK, David C.; CIBOSKI, Kenneth N. (Orgs.). *The American Presidency: A Policy Perspective from Readings and Documents.* Chicago: Nelson Hall, 1987.

KOZAK, Warren. *LeMay: The Life and Wars of General Curtis LeMay.* Washington, DC: Regnery, 2009.

KRUGLER, David F. *This Is Only a Test: How Washington, DC Prepared for Nuclear War.* Nova York: Palgrave Macmillan, 2006.

KUEHL, Warren F. *Hamilton Holt: Journalist, Internationalist, Educator.* Gainesville, FL: University of Florida Press, 1960.

KUNSMAN, David M.; LAWSON, Douglas B. *A Primer on US Strategic Nuclear Policy.* Albuquerque, NM: Sandia National Laboratories, 2001.

LANGEWIESCHE, William. *The Atomic Bazaar: The Rise of the Nuclear Poor.* Nova York: Farrar, Straus, & Giroux, 2007.

LAPP, Ralph E. *The Voyage of the Lucky Dragon.* Nova York: Harper & Brothers, 1958.

LARUS, Joel. *Nuclear Weapons Safety and the Common Defense.* Columbus, OH: Ohio State University Press, 1967.

LEACH, Norman S. *Broken Arrow: America's First Lost Nuclear Weapon.* Calgary, Ontario: Red Deer, 2008.

LEIGHTON, Richard M. *History of the Office of the Secretary of Defense,* v. III: Strategy, Money, and the New Look, 1953-1956. Washington, DC: Historical Office of the Secretary of Defense, 2001.

LETTOW, Paul. *Ronald Reagan and His Quest to Abolish Nuclear Weapons.* Nova York: Random House, 2005.

LEWIS, Flora. *One of Our H-Bomb Is Missing...* Nova York: McGraw-Hill, 1967.

LIGHT, Michael. *100 Suns.* Nova York: Alfred A. Knopf, 2003.

LLOYD, Alwyn. *A Cold War Legacy: A Tribute to Strategic Air Command, 1946-1992.* Missoula, MT: Pictorial Histories, 1999.

LOEBER, Charles R. *Building the Bombs: A History of the Nuclear Weapons Complex.* Albuquerque, NM: Sandia National Laboratories, 2002.

LONGQUEST, John C.; WINKLER, David F. *To Defend and Deter: The Legacy of the United States Cold War Missile Program.* Washington, DC: Department of Defense, Legacy Resource Management Program, Cold War Project, 1996.

LOWE, Keith. *Inferno: The Fiery Destruction of Hamburg, 1943.* Nova York: Scribner, 2007.

MACKENZIE, Donald. *Inventing Accuracy: A Historical Sociology of Nuclear Missile Guidance.* Cambridge, MA: MIT, 1993.

_____. *Knowing Machines: Essays on Technical Change.* Cambridge, MA: MIT, 1998.

_____. *Mechanizing Proof: Computing, Risk, and Trust.* Cambridge, MA: MIT, 2001.

_____; WAJCMAN, Judy (Orgs.). *The Social Shaping of Technology: Second Edition.* Filadélfia: Open University Press, 1999.

MADDOW, Rachel. *Drift: The Unmooring of American Military Power.* Nova York: Crown Publishers, 2012.

MAKHIJANI, Arjun; HU, Howard; YIH, Katherine. *Nuclear Wastelands: A Global Guide to Nuclear Weapons Production and Its Health and Environmental Effects.* Cambridge, MA: MIT, 2000.

MARANISS, David. *First in His Class: A Biography of Bill Clinton.* Nova York: Simon & Schuster, 1996.

MASTERS, Dexter; WAY, Katharine. *One World or None: A Report to the Public on the Full Meaning of the Atomic Bomb.* Nova York: New Press, 2007.

MASTNY, Vojtech. *The Cold War and Soviet Insecurity: The Stalin Years.* Nova York: Oxford University Press, 1996.

MAYDEW, Randall C. *America's Lost H-Bomb! Palomares, Spain, 1966.* Manhattan, KS: Sunflower University Press, 1997.

MCCAMLEY, Nick. *Cold War Secret Nuclear Bunkers: The Passive Defence of the Western World During the Cold War.* Barnsley, South Yorkshire: Pen & Sword Military Classics, 2007.

MCCULLOUGH, David. *Truman.* Nova York: Simon & Schuster, 1992.

MCFARLAND, Stephen L. *America's Pursuit of Precision Bombing: 1910-1945.* Tuscaloosa, AL: University of Alabama Press, 2008.

MCNAMARA, Robert. *Blundering into Disaster: Surviving the First Century of the Nuclear Age.* Nova York: Pantheon, 1987.

MCPHEE, John. *The Curve of Binding Energy.* Nova York: Farrar, Straus & Giroux, 1974.

MEILINGER, Phillip S. (Org.). *The Paths of Heaven: The Evolution of Airpower Theory.* Maxwell Air Force Base, AL: Air University Press, 1997.

MIDGLEY JR., John J., *Deadly Ilusions: Army Policy for Nuclear Battlefield.* Boulder, CO: Westview, 1986.

MILLER, Richard L. *Under the Cloud: The Decades of Nuclear Testing.* The Woodlands, TX: Two--Sixty, 1991.

MILLER, Roger G. (Org.). *Seeing off the Bear: Anglo-American Air Power Cooperation during the Cold War.* Washington, DC: Air Force History and Museums Program, 1995.

MOJTABAI, A. G. *Blessed Assurance: At Home with the Bomb in Amarillo, Texas.* Boston: Houghton Mifflin, 1986.

MOODY, Walton S. *Building a Strategic Air Force.* Washington, DC: Air Force History and Museums Program, 1995.

MOORE, Richard. *Nuclear Illusion, Nuclear Reality: Britain, the United States, and Nuclear Weapons, 1958-64.* Nova York: Palgrave Macmillan, 2010.

MORAN, Barbara. *The Day We Lost the H-Bomb: Cold War, Hot Nukes, and the Worst Nuclear Weapons Disaster in History.* Nova York: Ballantine, 2009.

MORGAN, Mark L.; BERHOW, Mark A. *Rings of Supersonic Steel: Air Defenses of the United States Army, 1950-1979.* Bodega Bay, CA: Hole in the Head, 2002.

MORRIS, Roger. *Partners in Power: The Clintons and Their America.* Nova York: Henry Holt, 1996.

MOSHER, David E. et al. *Beyond the Nuclear Shadow: A Phased Approach for Improving Nuclear Safety and US.-Russian Relations.* Santa Mônica, CA: RAND, 2003.

MOYNIHAN, Daniel Patrick. *Secrecy: The American Experience.* New Haven, CT: Yale University Press, 1998.

MUMFORD, Lewis. *The Myth of the Machine: The Pentagon of Power.* Nova York: Harcourt Brace Jovanovich, 1970.

NALTY, Bernard C. (Org.). *Winged Shield, Winged Sword: A History of the United States Air Force,* v. I: 1907-1950. Washington, DC: Air Force History and Museums Program, 1997.

_____ (Org.). *Winged Shield, Winged Sword: A History of the United States Air Force,* v. II: 1950--1977. Washington, DC: Air Force History and Museums Program, 1997.

NALTY, Bernard C.; SHINER, John F.; WATSON, George M. *With Courage: The US Army Air Forces in World War II.* Washington, DC: Air Force History and Museums Program, 1994.

NASH, Philip. *The Other Missiles of October: Eisenhower, Kennedy, and the Jupiters, 1957-1963.* Chapel Hill, NC: University of North Carolina Press, 1997.

NATIONAL COMMISSION ON TERRORIST ATTACKS UPON THE UNITED STATES. *The 9/11 Commission Report: Final Report of the National Commission on Terrorist Attacks Upon the United States.* Nova York: W. W. Norton, 2004.

NEIDER, Charles (Org.). *Man against Nature.* Nova York: Harper & Brothers, 1954.

NEUFELD, Jacob. *The Development of Ballistic Missiles in the United States Air Force, 1945-1960.* Washington, DC: Office of Air Force History, 1990.

NEUFELD, Michael J. *Von Braun: Dreamer of Space, Engineer of War.* Nova York: Vintage, 2008.

NIE, Jing-Bao et al. (Orgs.). *Japan's Wartime Medical Atrocities: Comparative Inquiries in Science, History, and Ethics.* Nova York: Routledge, 2010.

NOLAN, Janne E. *Guardians of the Arsenal: The Politics of Nuclear Strategy.* Nova York: New Republic, 1989.

NUCLEAR WAR: What's in It for You?/Ground Zero. Nova York: Pocket, 1982.

OBERG, James E. *Uncovering Soviet Disasters: Exploring the Limites of Glasnost.* Nova York: Random House, 1988.

ODOM, William E. *The Collapse of the Soviet Military.* New Haven, CT: Yale University Press, 1998.

PEARLMAN, Michael D. *Unconditional Surrender, Demobilization, and the Atomic Bomb.* Fort Leavenworth, KS: US Army Command and General Staff College, Combat Studies Institute 1996.

PEARSON, David. *The World Wide Military Command and Control System: Evolution and Effectiveness.* Maxwell Air Force Base, AL: Air University Press, 2000.

PENSON, Chuck. *The Titan II Handbook: A Civilian's Guide to the Most Powerful ICBM America Ever Built.* Tucson, AZ: Chuck Penson, 2008.

PERROW, Charles. *Normal Accidents: Living with High-Risk Technologies.* Princeton: Princeton University Press, 1999.

_____. *The Next Catastrophe: Reducing Our Vulnerabilities to Natural, Industrial, and Terrorist Disasters.* Princeton: Princeton University Press, 2007.

PERRY, Mark. *Four Stars: The Inside Story of the Forty-Year Battle between the Joint Chiefs of Staff and America's Civilian Leaders.* Boston: Houghton Mifflin, 1989.

PISZKIEWICZ, Dennis. *Wernher von Braun: The Man Who Sold the Moon.* Westport, CT: Praeger, 1998.

PODVIG, Pavel (Org.). *Russian Strategic Nuclear Forces.* Cambridge, MA: MIT, 2004.

POLMAR, Norman (Org.). *Strategic Air Command: People, Aircraft, and Missiles.* Annapolis, MD: Nautical and Aviation Publishing Company of America, 1979.

_____; NORRIS, Robert S. *The US Nuclear Arsenal: A History of Weapons and Delivery Systems Since 1945.* Annapolis, MD: Naval Institute Press, 2009.

POOLE, Willard S. *History of the Joint Chiefs of Staff: The Joint Chiefs of Staff and National Policy,* v. VIII: 1961-1964. Washington, DC: Office of Joint History, Office of the Chairman of Joint Chiefs of Staff, 2011.

PRIEST, Dana; ARKIN, William M. *Top Secret America: The Rise of the New American Security State.* Nova York: Little, Brown, 2011.

PRY, Peter Vincent. *War Scare: Russia and America on the Nuclear Brink.* Westport, CT: Praeger, 1999.

REDMOND, Kent C.; SMITH, Thomas M. *From Whirlwind to Mitre: The R&D Story of the SAGE Air Defense Computer.* Cambridge: MIT, 2000.

REED, Thomas C; STILLMAN, Danny B. *The Nuclear Express: A Political History of the Bomb and Its Proliferation.* Minneapolis, MN: Zenith Press, 2009.

RHODES, Richard. *The Making of the Atomic Bomb.* Nova York: Simon & Schuster, 1986.

_____. *Dark Sun: The Making of the Hydrogen Bomb.* Nova York: Simon & Schuster, 1995.

_____. *Arsenals of Folly: The Making of the Nuclear Arms Race.* Nova York: Alfred A. Knopf, 2007.

RICHELSON, Jeffrey T. *Defusing Armageddon: Inside NEST, America's Secret Nuclear Bomb Squad.* Nova York: W. W. Norton, 2009.

ROSENBAUM, Ron. *How the End Begins: The Road to a Nuclear World War III*. Nova York: Simon & Schuster, 2011.

ROSENBLITH, Walter A. (Org.). *Jerry Wiesner: Scientist, Statesman, Humanist*. Cambridge, MA: MIT Press, 2003.

ROSS, Steven T. *American War Plans, 1945-1950: Strategies for Defeating the Soviet Union*. Portland, OR: Frank Cass, 1996.

SAGAN, Carl; TURCO, Richard. *A Path Where no Man Thought: Nuclear Winter and the End of the Arms Race*. Nova York: Random House, 1990.

SAGAN, Scott D. *Moving Targets: Nuclear Strategy and National Security*. Princeton: Princeton University Press, 1989.

_____. *The Limits of Safety: Organizations, Accidents, and Nuclear Weapons*. Princeton: Princeton University Press, 1993.

_____ (Org.). *Inside Nuclear South Asia*. Stanford, CA: Stanford University Press, 2009.

_____; WALTZ, Kenneth N. *The Spread of Nuclear Weapons: A Debate Renewed*. Nova York: W. W. Norton, 2003.

SANGER, David E. *The Inheritance: The World Obama Confronts and the Challenges to American Power*. Nova York: Harmony, 2009.

SAVRANSKAYA, Svetlana; BLANTON, Thomas; ZUBOK, Vladislav (Orgs.). *Masterpieces of History: The Peaceful End of the Cold War in Europe, 1989*. Nova York: Central European University Press, 2010.

SCHAFFEL, Kenneth. *The Emerging Shield: The Air Force and the Evolution of Continental Air Defense, 1945-1960*. Washington, DC: Office of Air Force History, United States Air Force, 1991.

SCHELL, Jonathan. *The Fate of the Earth and the Abolition*. Stanford, CA: Stanford University Press, 2000.

_____. *The Seventh Decade: The New Shape of Nuclear Danger*. Nova York: Metropolitan, 2007.

SCHELLING, Thomas C. *Arms and Influence*. New Haven. CT: Yale University Press, 2008.

SCHNABEL, James F. *The Joint Chiefs of Staff and National Policy:* v. I: 1945-1947. Washington, DC: Office of the Chairman of Joint Chiefs of Staff, 1996.

SCHWARTZ, Stephen I. (Org.). *Atomic Audit: The Costs and Consequences of US Nuclear Weapons Since 1940*. Washington, DC: Brookings Institution, 1998.

SCHWEIZER, Peter. *Victory: The Reagan Administration's Secret Strategy That Hastened the Collapse of the Soviet Union*. Nova York: Atlantic Monthly, 1994.

SHAMBROOM, Paul. *Face to Face with the Bomb: Nuclear Reality after the Cold War*. Baltimre, MD: Johns Hopkins University Press, 2003.

SHEEHAN, Neil. *A Fiery Peace in a Cold War: Bernard Schriever and the Ultimate Weapon*. Nova York: Random House, 2009.

SHERWIN, Martin J. *A World Destroyed: Hiroshima and Its Legacies*. Stanford, CA: Stanford University Press, 2003.

SHIN, Gi-Wook; PARK, Soon-Won; YANG, Daqing (Orgs.). *Rethinking Historical Injustice and Reconciliation in Northeast Asia: The Korean Experience*. Nova York: Routledge, 2007.

SHULTZ, George P.; DRELL, Sidney D. *Implications of the Reykjavik Summit on Its Twentieth Anniversary*. Stanford: Hoover Institution, 2007.

SHULTZ, George P.; DRELL, Sidney D. *The Nuclear Enterprise: High-Consequences Accidents: How to Enhance Safety and Minimize Risks in Nuclear Weapons and Reactors.* Stanford, CA: Hoover Institution, 2012.

SHULTZ, George; GOODBY, James E. (Orgs.). *Reykjavik Revisited: Steps Toward a World Free of Nuclear Weapons.* Stanford, CA: Hoover Institution, 2008.

_____ (Orgs.). *Deterrence: Its Past and Future.* Stanford, CA: Hoover Institution, 2001.

SHURCLIFF, W. A. *Bombs at Bikini: The Official Report of Operation Crossroads.* Nova York: Wm. H. Wise, 1947.

SLIFE, James C. *Creech Blue: General Bill Creech and the Reformation of the Tactical Air Forces, 1978-1984.* Maxwell Air Force Base, AL: Air University Press and the College of Aerospace Doctrine, Research and Education, 2004.

SMITH, Mark E., III. *American Defense Policy.* Baltimore, MD: Johns Hopkins University Press, 1968.

SMITH, P. D. *Doomsday Men: The Real Dr. Strangelove and the Dream of the Superweapon.* Nova York: St. Martin's, 2007.

SMITH, Richard K. *Seventy-Five Years of Inflight Refueling: Highlights, 1923-1998.* Washington, DC: Air Force History and Museums Program, 1998.

SMITH, Starr. *Jimmy Stewart: Bomber Pilot.* Minneapolis, MN: Zenith, 2005.

SMYTH, Henry DeWolf. *Atomic Energy for Military Purposes: The Official Report on the Development of the Atomic Bomb Under the Auspices of the United States Government, 1940-1945.* Princeton: Princeton University Press, 1945.

SOKOLSKI, Henry D. (Org.). *Getting MAD: Nuclear Mutual Assured Destruction, Its Origins and Practice.* Carlisle, PA: Strategic Studies Institute, US Army, Army War College, 2004.

SOLOMON, Frederic; MARSTON, Robert Q. (Orgs.). *The Medical Implications of Nuclear War.* Washington, DC: National Academy, 1986.

SOVIET MILITARY POWER: An Assessment of the Threat. Washington, DC: US Department of Defense, Government Printing Office, 1988.

SPARROW, John C. *History of Personnel Demobilization in the United States Army.* Washington, DC: Department of the Army, 1952.

STEIN, Peter; FEAVER, Peter. *Assuring Control of Nuclear Weapons: The Evolution of Permissive Action Links.* Cambridge, MA: Center for Science and International Affairs, John F. Kennedy School of Government, Harvard University, and University Press of America, 1987.

STEURY, Donald P. (Org.). *Intentions and Capabilities: Estimates on Soviet Strategic Forces, 1953--1983.* Washington, DC: History Staff, Center for the Study of Intelligence, Central Intelligence Agency, 1996.

STUMPF, David K. *Titan II: History of a Cold War Missile Program.* Fayeteville, AR: University of Arkansas Press, 2000.

SUTTON, George P.; BIBLARZ, Oscar. *Rocket Propulsion Elements: Seventh Edition.* Nova York: John Wiley & Sons, 2001.

TANNENWALD, Nina. *The Nuclear Taboo: The United States and the Non-Use of Nuclear Weapons Since 1945.* Nova York: Cambridge University Press, 2007.

TAUBMAN, Philip. *The Partnership: Five Cold Warriors and their Quest to Ban the Bomb.* Nova York: HarperCollins, 2012.

TAYLOR, Maxwell D. *The Uncertain Trumpet.* Nova York: Harper & Brothers, 1960.

TECHNICAL MANUAL, USAF Model LGM-25C, Missile System Operation. Tucson, AZ: Arizona Aerospace Foundation, 2005.

TERRIFF, Terry. *The Nixon Administration and the Making of US Nuclear Strategy*. Ithaca, NY: Cornell University Press, 1995.

THOMAS, Evan. *Ike's Bluff: President Eisenhower's Secret Battle to Save the World*. Nova York: Little, Brown, 2012.

THOMPSON, Nicholas. *The Hawk and the Dove: Paul Nitze, George Kennan, and the History of the Cold War*. Nova York: Henry Holt, 2009.

TILLMAN, Barret. *LeMay*. Nova York: Palgrave Macmillan, 2009.

TRACHTENBERG, Marc. *History & Strategy*. Princeton, Princeton University Press, 1991.

_____. *A Constructed Peace: The Making of the European Settlement, 1945-1963*. Princeton: Princeton University Press, 1999.

TUCHMAN, Barbara W. *The Guns of August*. Nova York: Ballantine, 1994.

TUCKER, Todd. *Atomic America: How a Deadly Explosion and a Feared Admiral Changed the Course of Nuclear History*. Nova York: Free, 2009.

TURNER, Stansfield. *Caging the Nuclear Genie: An American Challenge for Global Security*. Nova York: Westview, 1997.

TWIGGE, Stephen; SCOTT, Len. *Planning Armageddon: Britain, the United States and the Command of Western Nuclear Forces, 1945-1964*. Amsterdã, Holanda: Hardwood Academic Publishers, 2000.

THE UNITED STATES Strategic Bombing Surveys: European War, Pacific War. Montgomery. Maxwell Air Force Base, AL: Air University Press, out. 1987.

VAN CREVELD, Martin. *Command in War*. Cambridge, MA: Harvard University Press, 1985.

_____. *The Age of Airpower*. Nova York: Public Affairs, 2011.

VANDERBILT, Tom. *The Survival City: Adventures among the Ruins of Atomic America*. Princeton: Princeton Architectural, 2002.

VOLKOGONOV, Dmitri. *Stalin: Triumph and Tragedy*. Nova York: Grove Weidenfeld, 1988.

WAKABAYASHI, Bob Tadashi. *The Nanking Atrocity: Complicating the Picture*. Nova York: Berghahn, 2007.

WALKER, Chuck; POWELL, Joel. *ATLAS: The Ultimate Weapon by Those Who Built It*. Ontario, Canadá: Apogee, 2005.

WALKER, Stephen. *Shockwave: Countdown to Hiroshima*. Nova York: Harper Perennial, 2005.

WATSON, George M. *The Office of the Secretary of the Air Force, 1947-1965*. Washington, DC: Center for Air Force History, 1993.

WEART, Spencer. *Nuclear Fear: A History of Images*. Cambridge, MA: Harvard University Press, 1988.

WELLS, H. G. *The World Set Free: A Story of Mankind*. Nova York: E. P. Dutton, 1914.

WELSOME, Eileen. *The Plutonium Files: America's Secret Medical Experiments in the Cold War*. Nova York: Dial, 1999.

WERRELL, Kenneth P. *The Evolution of the Cruise Missile*. Maxwell Air Force Base, AL: Air University Press, 1985.

WILLIAMS, Christian. *Lead, Follow, or Get Out of the Way: The Story of Ted Turner*. Nova York: Times, 1981.

WILLS, Garry. *Bomb Power: The Modern Presidency and the National Security State*. Nova York: Penguin, 2010.

WILSON, Ward. *Five Myths About Nuclear Weapons*. Boston: Houghton Mifflin Harcourt, 2013.

WINNER, Langdon. *The Whale and the Reactor: A Search for Limits in an Age of High Technology*. Chicago: University of Chicago Press, 1989.

WITTNER, Lawrence S. *Resisting the Bomb: A History of the World Nuclear Disarmament Movement, 1954-1970*. Stanford, CA: Stanford University Press, 1997.

_____. *Toward Nuclear Abolition: A History of the World Disarmament Movement, 1971 to the Present*. Stanford, CA: Stanford University Press, 2003.

WORDEN, Mike. *Rise of the Fighter Generals: The Problem of Air Force Leadership, 1945-1982*. Maxwell Air Force Base, AL: Air University Press, 1998.

WYNN, Humphrey. *The RAF Strategic Nuclear Deterrent Forces: Their Origins, Roles and Deployment, 1946-1969*. Londres: Stationery Office Publications Centre, 1994.

YARYNICH, Valry C. *C³: Nuclear Command, Control Cooperation*. Washington, DC: Center for Defense Information, 2003.

YENNE, Bill. *S. A. C.: A Primer of Modern Strategic Airpower*. Novato, CA: Presidio, 1985.

YOUNGER, Stephen M. *The Bomb: A New History*. Nova York: HarperCollins, 2009.

ZALOGA, Steven J. *The Kremlin's Nuclear Sword: The Rise and Fall of Russia's Strategic Nuclear Forces, 1945-2000*. Washington, DC: Smithsonian Institution, 2002.

ZELIZER, Julian E., *Taxing America: Wilbur D. Mills, Congress, and the State, 1945-1975*. Nova York: Cambridge University Press, 2000.

Índice remissivo

007 contra a chantagem atômica (filme), 344

Able Archer 83 (exercício de comando e controle), 473
abrigos antiaéreos/bunkers, 169, 184, 187, 252, 279-80, 283, 307, 351, 380, 387, 467, 491; britânicos, 184; bunker da Otan, 184; bunker do comando do SAC, 182; bunker do Hotel Greenbrier, 184; caverna Kindsbach (Alemanha), 184; construção na era Eisenhower, 182-4, 396; da União Soviética, 380; "High Point" da FCDA, 183-4, 279-80; mensagem da FCDA sobre, 169; monte Weather, 183; para o presidente americano, 183, 302; Site R para autoridades americanas, 183, 279-80, 301, 392-3, 395, 467; sob o Pentágono, 302, 331
Acampamento de Mulheres pela Paz, 470
Acheson, Dean, 150, 307
acidente no Complexo de Lançamento 373-4 do Titan II (Searcy, Arkansas, 1965): "complexo fantasma", 46; incêndio súbito, 47-50, 256; míssil reciclado do, 56

acidente no Complexo de Lançamento 374-7 do Titan II (Damasco, Arkansas; 1980): alçapão da saída de emergência, 92-4, 263, 268; brecha na porta antiexplosão, 243; busca da ogiva, 445, 448; cobertura pela mídia, 443-4, 455-6; como "acidente normal", 487; consequências para a equipe, 462; derrubada acidental do soquete e vazamento de combustível, 31, 80, 84, 88, 135, 462; desajuste das luzes de alerta, 58, 81, 88, 90, 237; descontaminação após o, 417, 452; desligamento da energia para o míssil, 90, 243; equipe de desativação de armas, 448-51; equipe do PTS abandonada no complexo, 423, 428; equipe do PTS entra no complexo, 268-70, 416-7; evacuação de civis na cidade, 138, 258, 430, 444; evacuação do complexo, 92-4, 135, 243-4; explosão do Titan II, 419-20; falha nas plataformas de trabalho, 53-5; falha no tanque de água, 55, 90; fuga da explosão, 419-27; incêndio no silo, 81, 90, 128, 135; inexperiência de autoridades, 133, 239, 242, 267;

659

mapeamento de corredor tóxico, 83; plano da empresa Martin Marietta para, 264-5; plano de atendimento para o, 144, 241, 246, 256, 262-8; problema da pressão baixa no tanque de oxidante, 29, 53, 56; problemas de comunicação, 239, 245, 269, 417, 428; relatórios da Força Aérea sobre, 460; remoção da ogiva, 456; resgate de feridos, 427, 431-9; sistema de detecção de vapor, 57, 81-3; tratamento de feridos, 438-9, 446; vapor de combustível no ar do lado de fora do complexo, 94; vapor de combustível no interior do complexo, 80, 88; ventilador, 418, 461; vítimas do, 455, 462

acidente no Complexo de Lançamento 533-7 do Titan II (Rock, Kansas, 1978), 366-73; ações judiciais de vítimas, 412; causa do, 366-7, 373; falhas durante emergência, 368-71; vítimas, 373

acidentes: "acidente normal", teoria do, 486-7; detonação de bombas, 198, 215, 349; dispersão de plutônio em, 213, 277, 336, 343, 349, 400, 411, 455; documentação oficial sobre (1957-67), 489; durante treinamentos, 198, 219, 337, 351, 367-73; e caixas de controle, 201, 274, 465; e carga/descarga/movimentação de armas, 197, 213; e falha em avião, 197, 213, 273-6, 290, 334, 337, 407-10; e interruptor pronto/seguro, 274, 326, 347, 401; e mísseis Thor, 335; e reabastecimento aéreo, 341; em porta-aviões, 339; em usinas nucleares, 139, 477, 484; erro de cálculo da potência do Shrimp, 163; erros de alvo em testes, 177; explosão do míssil R-16 soviético, 297; nas instalações de Los Alamos, 120; número de (1950-68), 354; número de (1950-7), 195; quedas de bombas de avião, 195, 213-6, 219, 274, 335, 343, 448; relacionados a manutenção, 80, 188, 366, 447, 474, 499; terminologia dos índios americanos para categorizar, 354; urânio versus plutônio, 192

"Acidentes e incidentes envolvendo armas nucleares" (documento), 489

Acordo Provisório sobre Certas Medidas a Respeito da Limitação de Armas Estratégicas Ofensivas (Estados Unidos/União Soviética), 385

acumulador de hidrogênio, 453

Aderhold, David W., 53, 82

Administração de Pesquisa e Desenvolvimento de Energia, 397

Administração Federal da Defesa Civil (FCDA), 20, 169

advogados das Forças Armadas ver Procuradoria-Geral da Justiça Militar (JAG)

AEC ver Comissão de Energia Atômica

Aerozine-50, combustível de míssil, 28, 244

Afeganistão, 476, 496, 500, 504; invasão soviética do, 36, 394, 469

África, 344

AFSWP ver Projeto de Armas Especiais das Forças Armadas

Agência de Apoio Atômico do Departamento de Defesa, 490

Agência Nuclear de Defesa (DNA), 345, 397

Agência Telegráfica da União Soviética (TASS), 23, 298, 317

Agnew, Harold, 17, 160-1, 286, 289, 291-3, 359, 494

agricultura e contaminação por radiação, 165, 345

Alemanha, 61, 66, 101, 103, 106-10, 119, 145, 175, 184, 204, 210-1, 250, 286, 306-8, 376, 385, 466, 472, 474-5, 500-1; cientistas espaciais recrutados pelos Estados Unidos, 210; nazista, 68; Ocidental, 109, 184, 250, 305-6, 308, 385, 466, 472, 474-5; Oriental, 158, 217, 305-6, 308, 311-4, 473, 479

alerta no ar, 207-10, 216-9, 273, 295, 320, 324, 326, 341, 346, 351, 385, 396; fim do, 351, 358

Alerta vermelho (Peter George), 217-8, 231, 303, 325, 327

Alexander, Bill, 454

alfa, medidores de partículas, 442, 445
Aljava Vazia, 354
alternativa do diabo, A (Forsyth), 38
Alvarez, Luiz, 65
Ambiente Terrestre Semiautomático (SAGE), 22, 181-2, 280, 282
AN/FSQ-7, computadores, 181
Anami, Korechika, general, 79
Anderson, Gregory W., soldado, 373
Anderson, James S., dr., 461
Anderson, John B., 38
Anderson, Orvil, brigadeiro, 108
Anderson, Roger E., 40
Andropov, Yuri, 471-2, 476
Anglin, Gus, 16, 86-8, 138, 258, 419, 420, 444, 454
"Apelo aos Povos do Mundo" (Holt), 100
Archies (unidades de radar), 73, 76, 162
Área de Bombas e Artilharia de Alamogordo, 59
Argélia, 288
Arizona, complexos de lançamento do Titan II no, 51, 378
Arkansas: acidente em usina nuclear do, 139; acidentes com Titan II no *ver* acidente no Complexo de Lançamento 373-4 do Titan II (Searcy, Arkansas, 1965) e acidente no Complexo de Lançamento 374-7 do Titan II (Damasco, Arkansas, 1980); Clinton como governador do, 140; complexos de lançamento do Titan II no, 43, 47; Departamento de Serviços de Emergência do Arkansas, 138
armas nucleares: acidentes relacionados a *ver* acidentes; armas de núcleo selado, 189, 191, 194-6, 199, 201, 209, 212, 218, 276, 339, 403, 488; controle e abolição de *ver* controle de armas; desarmamento, movimento pelo, 101; da União Soviética *ver* União Soviética; fornecedores da Defesa, 126, 210, 412; números no mundo (2013), 500; Ogiva Substituta Segura (RRW), 494; ordem de ataque nuclear *ver* comando e controle;

problemas de segurança *ver* prevenção de acidentes; riscos de acidente; sigilo do governo americano *ver* sigilo; *ver também* bomba atômica; bomba de hidrogênio; mísseis; *armas específicas por nome*
Armas nucleares e política externa (Kissinger), 228
armas simuladas, usadas em unidade de EOD, 209, 442, 447-8
armas táticas, 158, 285, 296, 312, 353, 483, 501; arsenal soviético (2013), 503; aumento da produção de, 331; defensores de, 156, 228, 285, 296, 312, 315, 382; general Taylor sobre, 296; LeMay como oponente de, 157; perigos de acidentes nucleares com, 315; soviéticas (em Cuba), 323
armas turbinadas, 155, 189; *ver também* Genie (foguete); Mark 28, bomba
armazenagem de armas nucleares: arsenal da Otan (2013), 500; depósitos da AEC, 114, 126, 151-2, 185; depósitos situados perto de bases do SAC, 126; "iglus", 187, 193, 208, 212, 287, 290, 331, 337, 360, 400; justificativa para múltiplos locais, 185-6; núcleos de reatores armazenados separadamente, 185-7, 209
Arnold, Henry H. "Hap", marechal do ar, 100
Arnold, Matthew, 440, 446, 451, 457
Aronson, Gerald J., 220-1
Arsenal de Redstone, 250, 253, 440
Ártico, mar: teste soviético no, 314
Ásia, 103, 502-3
Assembleia Geral das Nações Unidas, 100
Associação de Prefeitos dos Estados Unidos, 471
Associação dos Cientistas de Los Alamos, 104
Associação Nacional dos Evangélicos, 471
Atlas, míssil, 21, 210-1, 224, 233, 250-2, 255, 294, 297, 486
"Avaliação da bomba atômica como arma militar" (relatório ultrassecreto), 107
avaliação de padronização, equipe de, 54
Ayala, Eric, 53, 81

B-29, bombardeiros, 70, 72-4, 76-7, 109, 111-2, 114, 123-4, 197-8
B-36, bombardeiros, 112, 160-2, 195-6, 215
B-47, bombardeiros, 160, 176, 198-9, 212-5, 238, 275-6, 294, 307, 320
B-52, bombardeiros, 23, 40, 133, 177-8, 189, 218-9, 233, 238, 242, 273-6, 279, 294-6, 314, 320, 324, 326, 334-5, 337, 339, 341-52, 358-9, 375, 385, 401-5, 408-12, 447-8, 474, 479, 497-8
baía dos Porcos (Cuba), 306-7
Bainbridge, Kenneth, 68
Ball, Desmond, 468
Baran, Paul, 300
Barnish, Francis R., sargento, 274
Barry, Harold L., capitão, 195
Baruch, Bernard, 105
Base da Força Aérea em Barksdale (Louisiana), 84, 443, 447-8, 450, 457, 497
baterias térmicas, 188-9, 201, 212, 255, 274, 356, 401
Batzel, Roger, dr., 411
Bélgica, 103, 500
Bell & Howell Company, 281
Bendix Aviation Corporation, 126
Benson, Ezra Taft, 184
berílio, 66, 120, 442, 494
Bcrlim: bloqueio soviético de, 110, 118, 306; Muro de Berlim, 14, 311, 479; Ocidental, 305-9, 311-3, 317; Oriental, 305, 308, 312-3; ponte aérea, 110, 118
beta, medidores de partículas, 442, 445
Bethe, Hans, 60, 64
Bigham, Robert, primeiro-tenente, 334-5
Bikini, atol de, 107, 118, 121, 163, 177
Bin Laden, Osama, complexidade do ataque a, 499
Birmânia, 70
Bison, bombardeiros, 178
Blair, Bruce G., 468, 491
Blue Danube (bomba atômica britânica), 167
BMEWS *ver* Sistema de Alerta Prévio de Mísseis Balísticos

Bockscar, 77
Boeing, 19, 211, 383, 409, 472
Boeschenstein, Harold, 184
Bolshakov, Georgi, 313
BOMARC (míssil antiaéreo), 19, 179-80, 276-7
bomba atômica, 17, 19, 60-1, 67-8, 70-1, 73-4, 76, 79, 100-8, 111-2, 114, 118, 124, 148-50, 167, 169, 183, 185, 188, 191, 196, 198-200, 214, 219, 221-2, 224, 286, 355, 488; ausência de especificações sobre armas atômicas e, 122; bombardeio do Japão, 75-8; criação da *ver* Projeto Manhattan; desenvolvimento pelos soviéticos, 111; energia atômica e potência da, 62-3; erros de alvo, 77, 107; filmagem da, 160; fonte de alimentação de geradores elétricos e, 63; questão do controle por militares ou civis, 103, 113; tentativas de controle de armas e, 100-1, 103, 105; testes pós-Segunda Guerra Mundial, 107; tipos de danos causados pela, 78; vítimas da, 75, 78
bomba de hidrogênio, 17, 19, 38, 148-55, 160-70, 177, 180, 188-9, 199-200, 212-3, 215, 218-9, 225, 227, 230, 275-6, 324, 338-9, 343, 345, 350, 401, 448, 465, 470; bombardeio-teste em Namu, 177; dificuldades de lançamento, 160-3, 189; evolução do projeto, 187-9, 212; fabricação pelos soviéticos, 151; fonte da potência (fusão termonuclear), 148, 153; oponentes e defensores da, 149; perigos das partículas radioativas da, 164-7; proibição de teste por Eisenhower, 227; relatório Strath, 168, 184; Shrimp/Bravo, teste, 163; Teller-Ulam, projeto, 153; temores públicos da, 168; teste da, 155; *ver também bombas específicas em* Mark
"bomba de mala"/bomba de mochila", 441
"bomba supersegura", ideia de, 358
Bomba Tsar (bomba atômica soviética), 314
bombardeio estratégico, 113, 117, 156, 233
bombas de madeira, 189
Bombing Encyclopedia (Força Aérea dos Estados Unidos), 21, 232

Bonesteel, Charles H., general de exército, 226
Borchgrave, Arnaud de, 38
Bowling, Russell, capitão, 198
Boylan, Buddy, 427
Bracken, Paul, 468
Bradbury, Norris, 123, 192, 227
Bradley, Omar, general de exército, 113-4, 150
Brasil: floresta amazônica, 249
Braun, Wernher von, 210, 249
Bravo, teste, 163-7
Brigadas Móveis de Incêndio, 19, 257
Brocksmith, Thomas A., sargento, 16, 94, 245-6, 257-8, 267, 423, 430
Brown, Harold, 136, 279, 390, 449, 507
Brumleve, Thomas, 347
Brzezinski, Zbigniew, 394-5
Buchanan, Ivans, capitão, 342
Buchwald, Art, 456
Bundy, McGeorge, 284, 308, 314
bunkers *ver* abrigos antiaéreos
Burke, Arleigh, almirante, 229, 232, 278
burn bot (tanque de propano), 129
Bush, George H. W.: e controle de armas, 482, 506
Bush, George W.: caos do Onze de Setembro, 500; criação de armas nucleares, 494, 507
Butler, George Lee, tenente-brigadeiro, 481-3

Cabo Canaveral (Flórida), 205, 210, 249, 355
caixas de controle, 201, 274, 465
Camboja, 70
Campanha pelo Congelamento das Armas Nucleares, 470
Campanha pelo Desarmamento Nuclear (CND), 20, 216, 469; e o logotipo do símbolo da paz, 216
Canadá, 19, 21, 62, 102, 178-9, 190, 196, 295
canhão atômico, 353
cargas nucleares de profundidade, 284
Caribe, 472
Carlson, Carl, 17, 201-2
Carnahan, Charles E., 264

cartão de crédito, invasão do complexo de lançamento com, 259
Carter, Bill, 464
Carter, Jimmy: clima nos Estados Unidos durante a presidência de, 37-9, 41, 391; crescimento do arsenal sob, 391; e Clinton, 141; e controle de armas, 389-90; "estratégia de compensação" de, 391
Casa Branca, 38, 114, 140, 167, 183, 218, 231, 236, 279, 299, 302-3, 305, 307, 311-2, 321-2, 324, 330, 380, 382-3, 389, 395, 469, 476, 479, 499-500; abrigo antiaéreo sob a, 183
Casimir Pulaski (navio americano), 377
Castro, Fidel, 316
Caxemira, 503
Cazaquistão, 111, 298
Centro Alternativo de Comando Militar, 301
Centro de Comando Militar Nacional, 392, 395
Centro de Comando Nacional Subterrâneo, 302, 331
Centro de controle do Titan II, 50, 57, 452
Centro de Logística Aérea em Ogden (Utah), 84, 238
Cervantes Jr., Manuel, 338
césio-137, 165
Challe, Maurice, marechal, 288
Chambers, William, 450-1
chaves: e bases no exterior, 212, 287; para o lançamento de mísseis, 51, 186, 327
checklists (medida de segurança), 35, 82, 92, 118-9, 123, 139, 220, 238, 287, 324, 402, 452
Chelyabinsk-65, acidente em (Rússia), 491
Cheney, Dick, 479-81, 500
Chernenko, Konstantin, 476
Chernobyl, acidente da usina nuclear de, 477
Childers, Allan D., segundo-tenente, 15; atendimento no acidente do Titan II, 58, 81, 88, 136, 141; descontaminação de, 452; em serviço no Titan II, 32, 35, 42-4; evacua o complexo do Titan II, 91-4; explosão do Titan II, 422, 426; informações biográficas, 33, 35; no "complexo fantasma", 46; retorno

ao centro de controle após explosão, 453; sobre a natureza do acidente, 88, 128
China, 14, 68, 70, 100, 112, 211, 232, 234, 330, 499, 501, 503, 506; armas nucleares da (2013), 501; como alvo de míssil dos Estados Unidos, 35; promessa de "não usar primeiro", 501
Chipre, ilha de, 288
Christal, Ronald W., sargento, 417, 424, 426
Chrome Dome, Operação, 295, 334, 341
Chrysler Corporation, 211
Churchill, Winston, 66, 106, 108, 167-8
cidades, destruição por bombas e impacto social nas, 145-8
Cingapura, 70
Clark, Charles E., capitão, 243
Clark, Judy, 85
Clark, Steve, 139
Clay, Lucius D., general de exército, 110
Clay, Raymond, major, 334
Clesner, George, tenente, 343
Clinton, Bill: como governador do Arkansas, 139-41, 458; e acidente do Titan II, 266, 413, 454
Clinton, Hillary Rodham, 141
cloro (alvejante): como neutralizador de arma biológica/química, 440; como neutralizador de propelente, 133
CND *ver* Campanha pelo Desarmamento Nuclear
CNN (Cable News Network): cobertura do acidente do Titan II, 455-6
Collins, Larry, 38
Colombo, Cristóvão, 253
Comando Aéreo Estratégico (SAC), 17-8, 22-3, 33, 101, 114-5, 118-20, 133, 139, 144, 152, 156-8, 178-9, 185, 187, 189, 202, 205-7, 209, 215, 218, 225, 230, 232-3, 238, 241, 286-7, 294, 299, 307, 319-20, 324, 341, 351, 358, 374-6, 378, 382, 384-5, 388, 391, 397-8, 402, 405, 410, 412, 422, 443, 447, 457, 463, 465, 481, 483, 496, 498, 504; alerta no ar, 207-9, 216, 218, 295, 346, 351; bases no exterior, 177; bunker de comando do, 182; chefes do, 115, 251, 382, 392, 410, 467; deficiências do (1949), 114, 118; depósitos de bomba situados perto de bases do, 126; filme (*Comandos do ar*) sobre o, 176; fim do, 483, 496; função do, 114; interruptor codificado, 398; negativismo dos pilotos em relação ao, 375; plano de ataque soviético (1955), 177; poder na era Eisenhower, 159; procedimento de lançamento do Titan II, 51; Programa de Confiabilidade de Pessoal, 326, 378; Sistema de Controle Operacional Estratégico (SOCS), 182; sucessor do, 498; *ver também* Butler, George Lee, tenente-brigadeiro; LeMay, Curtis E., tenente-brigadeiro; Little Rock, posto de comando do SAC em; Omaha, posto de comando do SAC em
Comando Aéreo Tático (TAC), 23, 495
Comando de Ataque Global, 498
Comando de Transporte Aéreo Militar, 133, 422
comando e controle: ausência de planos pós-ataque, 170, 279, 282, 302, 331, 382, 394, 500; avaliação por Kennedy/McNamara, 299-303, 307, 330; avaliação por Nixon/Kissinger, 380-2, 388; Comando de Ataque Global, 498; e bases no exterior, 212; e Eisenhower, 186, 193, 234; e SAC *ver* Comando Aéreo Estratégico (SAC); e Truman, 103, 113, 151, 185; elementos do, 120; exercício confundido com lançamento de arma, 473; métodos soviéticos, 491-3; modernização por Reagan, 467; ordem de ataque emitida pelo presidente *ver* presidente dos Estados Unidos; Plano de Operações (OPLAN), 21, 500-1, 507; Plano Operacional Integrado Único (SIOP), 232, 308; Planos de Reação Estratégica Nacional, 482; política de "lançamento mediante aviso", 384, 386; problemas da Otan, 283; problemas de comunicação do, 182, 473; questão do controle por civis ou militares, 103, 113, 120, 152, 185-7,

193, 235, 382; Relatório n. 50 do WSEG sobre inadequação do (1961), 279; sistema do Pentágono para (2013), 20; Sistema Global de Comando e Controle, 498; Sistema Mundial de Comando e Controle Militar (WWMCCS), 300, 330; teoria do "acidente normal" aplicada ao, 486-7

Comando Espacial da Força Aérea, 508

Comando de Defesa Aeroespacial da América do Norte (NORAD), 21, 180-1, 281-2, 314, 392-5, 404, 407, 505

Comandos do ar (filme), 176-7

combustível sólido, dispositivos de, 31, 163, 190, 239, 252, 294

Comissão de Energia Atômica (AEC), 18-9, 104, 114, 122, 126, 149, 151-2, 157, 162, 167-8, 185-7, 191-2, 195, 202, 208-9, 213, 218, 227, 235-6, 340, 343, 345-6, 350, 354, 358, 360, 396-7

Comissão de Perigo Presente, 390, 394, 459

Comissão de Planejamento de Alvos Estratégicos, 231, 389, 481

Comissão de Regulamentação Nuclear (NRC), 21, 139

Comitê do Senado para as Forças Armadas, 505

compensação, estratégia de, 391

Complexo de Lançamento 374-5 do Titan II (Springhill), 36, 42, 439

Complexo de Lançamento 374-7 do Titan II (Damasco): abandono do, 508; equipe de combate do, 32; explosivos/inflamáveis no, 31; projeto do, 31, 52; segurança na entrada, 44; túnel que conduz ao míssil, 46; verificação diária de turno (DSV), 53-5; *ver também* acidente no Complexo de Lançamento 374-7 do Titan II (Damasco, Arkansas, 1980)

complexo fornecedor integrado, 126

complexo militar-industrial, 227, 477

complexos de lançamento de míssil, 32, 42, 132, 137, 248, 251, 256, 260, 461; localização dos, 248; prática administrativa da "convergência", 248; primeiro complexo subterrâneo, 251

complexos de lançamento do Titan II, 32, 256; centro de controle, 50, 57, 452; e prática administrativa da "convergência", 248; invasão com cartão de crédito, 259; localização dos, 43; materiais na construção dos, 248; papel da equipe de apoio, 31; portas antiexplosão, 45; procedimento de manutenção padronizado, 31; segurança na entrada, 44; sistema de ventilação dos, 53; tanques de água nos, 55, 90; *ver também* Titan II (míssil)

computadores: em sistema de alerta, 181; ENIAC, 20, 180; falhas e acidentes, 499; lançamento de armas controlado por computador, 475, 492; MANIAC e MANIAC II, 155, 180; questão da invasão por hackers, 499; Sistema de Controle Operacional Estratégico (SOCS), 182; Sistema Global de Comando e Controle, 498; Whirlwind, 181

comunismo, 103, 112, 122, 150, 385, 390, 459

condições de prontidão de defesa (DEFCON), escala, 20, 320-1, 386, 487

Conectores de Ação Permitida (PALs), 22, 320, 340, 398, 466

Conferência de Avaliação de Ameaça, 392, 395

Conferência de Reykjavik, 477

"conhecimento compartilhado", código de, 291

Conselho Mundial da Paz, 211

Conselho Nacional de Igrejas, 471

contraforça, estratégia da, 230, 295, 507; de líderes do SAC, 157, 159, 230, 295; e Bush (G. W.), 507; limitação de danos como, 459; mísseis necessários para, 329; renomeada como "limitação de danos", 459

controle de armas, 13, 390-1, 459, 466, 474, 489, 501; Acordo Provisório sobre Certas Medidas a Respeito da Limitação de Armas Estratégicas Ofensivas (Estados Unidos/União Soviética), 385; apoio militar inicial ao, 101, 110, 113; Bush (George H. W.) e,

482; Carter e, 389; Reagan e Gorbatchóv, esforços de, 476-7; testes nucleares proibidos por Eisenhower, 226; Tratado de Interdição Completa de Ensaios Nucleares (Nações Unidas), 493-4; Tratado de Interdição Parcial de Ensaios Nucleares (Grã-Bretanha, Estados Unidos e União Soviética), 324; Tratado de Mísseis Antibalísticos (Estados Unidos/União Soviética), 385; Tratado sobre Limite de Proibição de Testes (Estados Unidos/União Soviética), 385; *ver também* desarmamento, movimento pelo

"convergência", prática administrativa da, 248

Cooke, Christopher M., 469

"cookies", 51, 53, 92

Coral Sea (porta-aviões), 152

Coreia do Norte, 14, 125, 234, 351, 501, 506; armas nucleares da (2013), 501-2, 506

Coreia do Sul, 125, 151, 278

Corpo de Engenheiros do Exército, 248

Corpo de Observação Terrestre da Força Aérea, 112

corrida armamentista, 70, 102, 150-1, 195, 211, 226, 298, 305, 325, 329, 379, 385, 389, 459, 468, 470, 472, 477

Cosa Nostra, 316

Cotter, Donald R., 291-2, 396-7

Cotton, Joseph W., sargento, 265

Creech, Wilbur L., tenente-brigadeiro, 495-6

Crise dos Mísseis de Cuba, 36, 322, 324, 328-9, 379, 394, 486

Crisis Investing: Opportunities and Profits in the Coming Great Depression (Casey), 38

Criss, Curtis R., capitão, 348-9

Crowder, Larry, 259-60

cruzeiro, mísseis de, 391, 403, 466, 469-70, 477, 496-7, 501

Cuba, 36, 306, 316-24, 328-9, 379, 394, 472, 486

D'Amario Jr., Alfred, major, 347-8

Daghlian, Harry, 121

Damasco (Arkansas), acidente do Titan II em *ver* acidente no Complexo de Lançamento 374-7 do Titan II (Damasco, Arkansas, 1980)

Dash-1 (manual técnico), 35, 81, 84, 239

Davy Crockett (fuzil), 284, 293, 296, 307

De Gaulle, Charles, 288, 306

DEFCON *ver* condições de prontidão de defesa, escala de

defesa civil, 169-70, 182, 277; exercícios da Operação Alerta (1955), 169-70; *ver também* Administração Federal da Defesa Civil (FCDA)

defesas militares dos Estados Unidos: armas nucleares das (2013), 501; bombardeiros, número de (1960), 178; crescimento após lançamento do *Sputnik* pela União Soviética, 204-6, 249-50; desmobilização pós-Segunda Guerra Mundial, 106, 112, 114; estratégia da contraforça, 157, 229-30, 295, 507; falhas (1949), 111; falhas (1953), 158; falhas (anos 1980), 37; ordem de ataque nuclear *ver* comando e controle

Departamento de Administração e Orçamento, 398

Departamento de Controle de Poluição e Ecologia, 454

Departamento de Energia, 140, 397, 443, 465, 478-9, 490, 492-4

Departamento de Saúde do Arkansas, 139, 443, 454

Departamento de Serviços de Emergência do Arkansas, 138

desarmamento, movimento pelo: ausência de apoio dos Estados Unidos, 506; Campanha pelo Desarmamento Nuclear (CND), 20, 216, 469; caráter mundial do, 469-70; dissuasão mínima como alternativa, 507; por autoridades da era da Guerra Fria (2007-), 505

desativação de armas, 440-3, 448-51

descontaminação, 31, 48, 184, 215, 350, 417, 452; após a explosão do Titan II, 417, 452;

dificuldades relacionadas ao plutônio, 344, 350
"destruição assegurada", estratégia de, 329-30, 341, 379, 459; e destruição mutuamente assegurada (MAD), 21, 330, 379
detecção de vapor, sistema de, 21, 57-8, 81-3, 91, 469
detector de radiação de baixa energia em campo (FIDLER), 350
détente, 385, 391, 459, 469
Deutch, John M., 507
deuterídio de lítio, 163, 166
deutério, 153, 155, 163, 189
Devlin, Greg, cabo da Força Aérea, 16, 261-2, 268, 270, 415-6, 425-30, 433, 452, 463-5; ação judicial por, 465; e a explosão do Titan II, 424, 427; entra no local do acidente do Titan II, 268-70, 415; informações biográficas, 261; tratamento de ferimento, 428, 463
DEW ver Linha Remota de Alerta Prévio
dia seguinte, O (filme), 473, 476
Dinamarca, 351-2
DIRECT ver Sistema Sobressalente de Transmissão Automática de Mensagens de Emergência para o Sistema Terminal de Comando e Controle da Defesa
Discoverer (satélite), 297
disparidade de mísseis, 204, 227, 234, 297-9, 312, 390, 396
Dissuasão Estratégica e Ataque Global, 501
dissuasão, estratégia da: fatores psicológicos na, 150; fundamentação da, 35, 101; gradual, 228; mínima, 389, 391, 503, 507
Divisão de Prontidão em Emergências, 16, 422, 445
Dobrynin, Anatoly, 317, 322-3, 324
Dodson Jr., Glenn A., 338
doença da radiação: e morte de Slotin, 121; em habitantes da ilha de Rongelap, 166; irreversibilidade de, 165; japoneses e, 78; na tripulação do *Dragão Afortunado*, 166
"dois homens", regra/política dos, 29-30, 52, 54, 77, 142, 144, 245-6, 259, 326, 337, 372, 409, 430, 435, 437, 463
Dole, Robert, 366, 412, 456
Dornberger, Walter, 210
DOUBLESTAR (plano de guerra), 110
Douglas Aircraft Company, 146
Douglas, Paul H., 325
Doutrina Truman, 107, 122
Dower, John W., 70
Dr. Fantástico (filme), 324-5, 332, 492
Dragão Afortunado (barco pesqueiro japonês), 166-7
Drell, Sidney, 480, 492, 495, 505
drogas, uso por militares, 376-8
DSV ver verificação diária de turno
DUL ver lançamento deliberado não autorizado
Dulles, John Foster, 158, 228

"efeito Titanic", 340
Egito, 109, 386
Ehlinger, Marvin J., 336
Einstein, Albert, 61, 150; oposição a armas nucleares, 100, 150
Eisenhower, Dwight D.: construção de bunker/abrigo, 182-4; dilema do comando e controle, 186-7, 193, 234-5; experiência militar de, 157; Operação Alerta (1955), 169-70; política de segurança nacional de, 158-9, 167, 218, 228-35; programas de mísseis de, 211; proibição de testes nucleares por, 226; sobre complexo militar-industrial, 227
El Salvador, 316
Ellis, Larry, 420
Ellis, Richard H., tenente-brigadeiro, 242, 410, 467
"elo fraco-elo forte", tecnologia de segurança do, 358-9, 398-9, 404, 474, 478, 481, 492
Elugelab, ilha de, 155, 163
Emery, David, 464
energia atômica, 103, 105, 109, 191, 215, 352, 396; formação da política interna norte-americana sobre, 103, 105; potência da bomba atômica, 62-3

English, Richard L., 16; busca da ogiva, 445, 448; no local do acidente do Titan II, 426; ordem de evacuação por, 422; posição de, 426, 445; resgate de feridos por, 433, 435, 437
ENIAC (computador), 20, 180
Enola Gay (bombardeiro), 74-5
Enthoven, Alain, 279
Enyu, ilha de, 163
Epperson, Lee, 141
equipamento de proteção da Categoria I, 29; *ver também* Traje para Manuseio de Combustível de Míssil (RFHCO)
Equipe A do Sistema de Transferência de Propelente (PTS), 53, 56, 135, 240, 268, 418; bodes expiatórios pós-acidente, 463; e acidente do Titan II, 81-2, 90-1, 93; membros da, 15, 29, 53
Equipe B do Sistema de Transferência de Propelente (PTS), 243, 245, 247, 266-7, 416, 427, 429; bodes expiatórios pós-acidente, 463; entrada no complexo do Titan II, 270; equipamento da, 133, 240, 245; membros da, 16, 133; morte de membro da, 455, 462; no local do acidente do Titan II, 265; problemas de comunicação da, 245-6; resgate de tripulação ferida, 435-9
Equipe de Atendimento a Alarme de Míssil (MART), 20, 84, 257, 259-60
Equipe de Busca em Emergência Nuclear (NEST), 450
equipe de combate, 32, 36, 42, 44, 83, 88, 93, 128, 131-2, 134, 238-9, 367
equipe de instrutores, 35, 42, 46
Equipe K (equipe de apoio do Titan II), 20, 239, 243, 245-6, 418; e acidente do Titan II, 239, 243-4, 262, 270, 418; função da, 239
Equipes do Sistema de Transferência de Propelente (PTS), 49, 56, 128, 131, 136, 240, 263, 379, 462-4; perigos do trabalho, 56, 366; protocolo de reparo para, 31; regras violadas por, 130, 142-4, 463; uso do traje RFHCO, 29

ERASER (plano emergencial de guerra), 110
Erb, Georg Otto, 188
Erro Circular Provável, 254
erro humano e acidentes, 49, 200, 219-20, 222, 224, 289, 404, 455, 475, 484
Escola Naval de Remoção de Armas Explosivas, 440
Espanha, 177, 187, 342-6
espionagem, 111, 311, 490; brecha na segurança do Titan II e, 469; espiões soviéticos, 111, 153, 312, 490
espoletas de radar (usadas em bombas atômicas), 162-3
Estônia, 479
estrôncio-90, 165-6
Europa, 21, 38-9, 61, 100, 103, 106-7, 109-13, 115, 117, 122, 151, 156-8, 160, 167, 171, 190, 205, 210-3, 217, 222, 227-8, 234, 283-5, 290, 292, 296-7, 309, 311-2, 317, 321, 331, 381-2, 385, 403, 466, 469-70, 472-3, 476-7, 479, 482, 491, 503
exaustores, 82-3, 245, 247, 262-3, 269, 368, 424

F-89 Scorpion (interceptadores), 179
Fail-Safe Fallacy (Hook), 325
"falha segura", 208, 218, 325, 340
"falhas de modo comum", 488
Farrell, Thomas F., general de brigada, 61, 67
Fat Man (bomba atômica), 76-7, 118, 163
Fate of the Earth, The (Schell), 470
fatores psicológicos: decisão presidencial de ataque nuclear e, 386-7; e risco de acidentes nucleares, 220-2; estratégia da guerra psicológica, 471; na estratégia de dissuasão, 150; reação de soldados em experimento de explosão atômica, 353; uso de drogas/álcool por militares, 376-8
FCDA *ver* Administração Federal da Defesa Civil
Federação dos Cientistas Americanos, 104
Fermi, Enrico, 60, 64, 149, 160
Filipinas, 70, 383
Finlândia, 103
fissão nuclear, 19, 148, 153

Flechas Quebradas, 354, 399, 443, 489, 491, 493
FLEETWOOD (plano de guerra), 110
floresta amazônica brasileira, 249
Força Aérea dos Estados Unidos (USAF): negligência com segurança de armas nucleares (2003-), 496; poder na era Eisenhower, 159; rivalidade da Marinha com a, 110-2, 210, 231; sistema de comando e controle (2009-), 498; surgimento da, 23; *ver também* Comando Aéreo Estratégico (SAC)
Força de Atendimento em Desastres, 16, 133-4, 245, 257, 265, 422, 426, 428, 438, 445
Ford Motor Company, 275
Ford, Daniel, 468
fornecedores da Defesa, 126, 210, 227, 412; *ver também* Martin Marietta (empresa)
Forrestal, James, 102, 111-2, 114
Forsyth, Frederick, 38
Foster Jr., John S., 480
Fowler, Glenn, 359-60, 396; "Carta Fowler", 360-1, 396-7
França, 14, 103, 109, 117, 194, 204, 211, 288, 316, 478; armas nucleares da, 315, 501
Franke, William B., 232
Frisch, Otto, 67
Frost, Charles B., segundo-tenente, 367-71
Fuchs, Klaus, 153, 162
Fuller, Ronald O., sargento, 15, 35, 53-5, 84, 90-4, 257, 422, 423, 446; abandonado no complexo do Titan II, 446; atendimento no acidente do Titan II, 82, 84; designado para o Titan II, 32, 42, 54; e a explosão do Titan II, 422; evacua o complexo do Titan II, 91-4
fusão termonuclear, 19, 153-4, 160

Gaither, H. Rowan, 205
gama, medidores de partículas, 442, 445
Gates, Thomas B., 279
Gavin, James M., general de divisão, 159
Gemini (nave espacial), 256, 509
General Dynamics Corporation, 210
General H. H. Arnold Special, The (avião), 112

Genie (foguete), 189-94, 197, 201, 361, 403, 489
George (bomba de hidrogênio), 155
George, Peter, 217, 325
Gerboise Verte (teste nuclear francês), 288
Gilpatric, Roswell L., 325
Glenn, John H., 479
Glickman, Dan, 366
Godfrey, Arthur, 176, 184
Goldwater, Barry, 456
Gorbatchóv, Mikhail, 476-9, 482-3; e o marxismo-leninismo, 476
Gore Sr., Albert A., 287
governo mundial, 61, 99-101, 106, 108, 126
GPS *ver* Sistema de Posicionamento Global
Grã-Bretanha, 14, 22, 62, 102, 109, 116, 123, 151, 167-8, 177, 187-8, 207, 211-2, 216-8, 233, 250, 285, 309, 316, 323-4, 336, 377, 469, 478, 489; armas nucleares da (2013), 501; defesa britânica na Guerra Fria, 109; movimento pelo desarmamento nuclear, 469; primeira bomba atômica, 167; relatório Strath, 168, 184; Segunda Guerra Mundial e, 68; *ver também* Real Força Aérea (RAF)
Granada, invasão de (Caribe), 472
Graves Jr., Ernest, brigadeiro, 360, 396
Gray, Gary, 454
Gray, Jimmie D., coronel, 435, 439
Gray, Reginald, 433
Grécia, 288, 315
Green, Donald V., sargento, 16; demonstração de falha na segurança do Titan II, 259; e a explosão do Titan II, 430; informações biográficas, 258; medalha por heroísmo concedida a, 464; no local do acidente do Titan II, 266, 429-31; posição de, 258; resgate de feridos por, 434-6
Greenwell, Michael L., soldado, 372
Gregg, Walter, 213-5
Griffis, Tim, 408-10
Groenlândia, 109, 177, 179, 206, 281, 295, 314, 347-8, 351

Gromyko, Andrei, 105
Groves, Leslie R., general de divisão, 17, 62, 67, 74, 101, 103-4, 108, 112, 121
Grupo de Ajuda em Acidentes, 421, 449-51, 456
Grupo de Avaliação de Sistemas de Armas do Pentágono (WSEG), 23, 279, 282, 299, 384
Grupo Drell para Estudo da Segurança de Armas Nucleares, 480-1, 492, 494
Grupo Revisão do Sistema de Arma do Titan II, 461
Guantánamo, base naval americana em, 323
Guatemala, 316
Guerra Árabe-Israelense (1973), 386
Guerra da Coreia, 55, 186, 197, 241, 244, 288, 333, 385
Guerra do Vietnã, 33-4, 37, 70, 139, 241, 331-3, 339, 351, 358, 375-6, 382, 385, 458, 496
Guerra dos Seis Dias (1967), 383
Guerra Fria, 13-4, 22, 35, 39, 106, 184, 223, 228, 313, 324-5, 471, 477, 481-2, 486, 490-1, 496, 502-6, 508-9; bloqueio soviético de Berlim, 110, 118, 306; clima nos Estados Unidos durante a era Carter, 37-9, 41, 391; Cortina de Ferro, 106; Crise dos Mísseis de Cuba, 36, 322, 324, 328-9, 379, 394, 486; declínio da influência dos Estados Unidos, 37; dissuasão durante *ver* dissuasão, estratégia da; fim da, 479, 483; na América Latina, 316; União Soviética e raízes da, 106
"guerra limitada", estratégia de, 229, 231, 295, 333, 467, 492
Guerra nas Estrelas *ver* Iniciativa de Defesa Estratégica
Guest, William S., contra-almirante, 346
guiagem inercial, sistema de, 25-4

"Há política nos artefatos?" (Winner), 488
Hackett, John, Sir, general da reserva, 38-9
Haldeman, H. R., 385
Halfmoon (plano emergencial de guerra), 109, 110
Hall, Roger, 338

Halsey, William F., almirante, 113
Hamm, Roger A., soldado, 53, 81, 83
Hammarskjöld, Dag, 304
Hanson, Michael A., sargento, 16; atendimento no acidente do Titan II, 133, 268, 416, 418; como chefe de equipe do PTS, 133, 243, 265, 268; e a explosão do Titan II, 424, 426; ordem para ligar a ventilação, 418, 462; tratamento de ferimento, 429
Harmon, Hubert H., major-brigadeiro, 111
Harris, Arthur "Bombardeiro", major-brigadeiro, 69
Hastings, Donald E., sargento, 48
Haug, John, capitão, 348
Heineman, Charles T., cabo da Força Aérea, 15, 53, 57, 80, 83, 91, 127, 240, 243
Hepstall, Erby, soldado, 367, 369-73
Herlihy, Ed, 215
Herter, Christian A., 285
"High Point" (bunker norte-americano), 183-4, 279-80
hipergólicos, propelentes, 28, 297
Hiroito, imperador do Japão, 79
Hiroshima, bombardeio atômico de, 17, 71, 74-9, 100, 103, 118, 121, 123, 126, 147-8, 160, 164, 166, 230, 323, 353, 376, 470
Hitler, Adolf, 61, 102, 319
Hoffman, Abbie, 40
Holanda, 211, 500
Holder, Rodney, sargento, 15; abandonado no complexo do Titan II, 446; atendimento no acidente do Titan II, 57, 82, 84, 243; e a explosão do Titan II, 422; evacua o complexo do Titan II, 91-4; informações biográficas, 55; no "complexo fantasma", 46; serviço no Titan II, 32, 42, 54; sobre a natureza do acidente, 128
Holifield, Chet, 287-8
Holloway, Bruce K., tenente-brigadeiro, 382
holocausto nuclear, 14, 230, 315, 322, 482
Holsey, Ray, 197-8
Holt, Hamilton, 99-100, 108-9
Holtom, Gerald, 216

Hook, Sidney, 325
Hoover, Herbert, 71
Hopkins, Frank F., major, 347-9
Horner, Chuck, 375-6
Hornig, Donald F., 65, 67, 356
Hound Dog (míssil), 320, 361
Hukle, Rex: ação judicial por, 464; deixado na estrada, 429; e a explosão do Titan II, 424-5, 427; entrada no local do acidente do Titan II, 268, 415; medalha por heroísmo concedida a, 464
Humphrey, George M., 170
Humphrey, Hubert H., 332
Hungria, 205, 479
Huser, Hilary F., 336
Hussein, Saddam, 36, 502
Hutto, Sam, 16, 136-8, 258, 421; e a explosão do Titan II, 421; informações biográficas, 136

IBM (International Business Machines), 125, 181-2, 233, 280-1, 381, 405
"iglus" (bunkers de armazenagem), 187, 193, 208, 212, 287, 290, 331, 337, 360, 400
Igreja Católica Romana, 471
Iklé, Fred Charles, 18, 145-8, 219-20, 222-4, 292, 335, 381, 386, 397, 459-60, 468
implosão por radiação, 154-5
Índia, 14, 109, 253, 503-4, 506; ameaça nuclear da, 503, 505
Inglaterra *ver* Grã-Bretanha
Iniciativa de Defesa Estratégica (Guerra nas Estrelas), 471, 476-7
Instituto de Tecnologia de Massachusetts (MIT), 21, 181, 190, 279
International Institute for Strategical Studies, 37
interruptor barométrico, 72, 162, 255, 274, 289, 361
interruptor pronto/seguro, 274-5, 326, 347, 401
Introvert (projeto de arma nuclear), 64
"inverno nuclear", 470

Irã, 36-7, 106, 203, 456, 458, 501; conflito Irã-Iraque, 36; crise dos reféns (1980), 36-7, 458; Guardas Revolucionários do, 36; programa nuclear do (2013), 501
Iraque, 36, 483, 496; conflito Irã-Iraque, 36; programa de armas nucleares, 502
Islândia, 109, 477
Israel, 14, 383, 506; armas nucleares de (2013), 501; Guerra Árabe-Israelense (1973), 386; Guerra dos Seis Dias (1967), 383
Itália, 109, 212, 250, 285-6, 290, 307, 318, 323, 356, 500

Jackson, Henry "Scoop", 204
Jackson, Middland R., soldado, 372
JAG *ver* Procuradoria-Geral da Justiça Militar
James, Archie, sargento: e a explosão do Titan II, 423, 427; no local do acidente do Titan II, 417; tratamento de ferimentos, 428
"janela de vulnerabilidade", 390, 392
Japão, 70-2, 75-9, 100-1, 103, 113, 117, 119, 166, 177, 197, 276, 278, 383; bombardeio atômico do, 75-8; bombardeio incendiário de Tóquio, 70; Segunda Guerra Mundial e, 68, 70; *ver também* Hiroshima; Nagasaki
Jeppson, Morris, 74-5
Jogos Olímpicos de Moscou (1980), 36-7
Johnson, Leary, capitão, 338
Johnson, Leonard D., 338
Johnson, Louis A., 112, 150
Johnson, Lyndon B., 332, 346; sobre disparidade de mísseis, 204-5
Johnston, ilha, 335-6
Johnston, Lawrence, 65
Jones, Parker F., 275
Jones, Thomas K., 469
Jones, William A., coronel, 16; e a explosão do Titan II, 428; inexperiência em desastres, 133, 422; no local do acidente do Titan II, 134; ordem de evacuação, 422; posição, 133
Junta de Investigação de Acidentes da Força Aérea, 49
Jupiter, mísseis, 210-1, 224-5, 233, 250, 254,

285-8, 290, 294, 307, 318, 321-3, 356, 486, 489

Kansas, acidente do Titan II no *ver* acidente no Complexo de Lançamento 533-7 do Titan II (Rock, Kansas, 1978)

KATV (emissora), 88, 134

Kaysen, Carl, 308-10, 315

Kehler, C. Robert, tenente-brigadeiro, 499

Kemp, Jack, 41

Kennan, George F., 102, 106, 110

Kennedy, Edward M., 37

Kennedy, Jeff, 16, 127-32; ação judicial por, 465; afastamento por incapacidade negado, 463; chegada ao local do acidente do Titan II, 135; confiança na porta antiexplosão, 266; e a explosão do Titan II, 419, 427, 431; entrada no local do acidente do Titan II, 135, 141-3, 416; informações biográficas, 129; medalha por heroísmo concedida a, 464; oposição ao plano de socorro ao Titan II, 267, 416; relação com Powell, 135; resgatado do complexo, 431-3; sobre acobertamento do acidente do Titan II, 461; sobre erros no atendimento no acidente do Titan II, 462; tratamento de ferimentos, 438, 446, 455, 461; violação de regras por, 142-4, 246, 463

Kennedy, John F., 278, 284, 293, 296-7, 299, 307-10, 312, 317-8, 320-2, 324, 328, 340, 459; crise de Berlim, 306; Crise dos Mísseis de Cuba, 306; discursos sobre a paz, 304, 311, 323; e a invasão da baía dos Porcos, 306; plano para ataque à União Soviética, 305, 309

Kennedy, Robert F., 313, 316-7, 323

Kennedy, Russell, coronel, 242

Kenney, George C., tenente-brigadeiro, 101, 115

KGB (serviço secreto soviético), 316, 471, 473, 482

KGFL (rádio AM): sobre o acidente do Titan II, 84-8, 443-4

Khariton, Yuli Borisovich, 111

Khruschóv, Nikita, 204-5, 281-2, 297, 306-7, 309, 311, 313-4, 316-7, 319, 321-4, 486; campanha pela paz, 211; crise de Berlim e, 306, 310, 313; Crise dos Mísseis de Cuba e, 317, 319, 486; sobre acidente nuclear, 216, 222; sobre estratégia "cidades não", 316

Kidder, Ray E., 481

Killian, James R., 190

Kinderman, Joseph A., major, 245-6

King, Sid, 16, 86, 265, 455; e a explosão do Titan II, 419-20; e a transmissão da explosão do Titan II, 443; informações biográficas, 85; no local do acidente do Titan II, 84-8, 134, 264

Kissinger, Henry A., 228-9, 315, 379-80, 382, 385-6, 388, 390, 478, 505

Kistiakowsky, George B., 17, 64, 66, 67, 234

Knacke, Theodor W., 161

Kokura, 71, 76-7

Koop, Theodore F., 184

Korean Airlines, voo 007 da, 472

Korzenko, John G., soldado, 372

Kosovo, 496

Kremlin (União Soviética), 290, 298-9, 303, 312, 321-2, 324, 384, 390, 459, 471-2, 490, 502

Kulka, Bruce, capitão, 214

Kuter, Laurence S., tenente-brigadeiro, 281

Kwait, 496

Kyoto, 71

laboratórios de armas, 17, 202, 352, 360, 399, 480, 492-4, 501

Lança Torta, 354

lançamento deliberado não autorizado (DUL), 20, 475

"lançamento mediante aviso", 384, 386, 389, 502

Lapierre, Dominique, 38

Lay Jr., Beirne, 176

Lay, Gary, 47, 49

Leaf, Howard W., tenente-brigadeiro, 404

Leavitt Jr., Lloyd R., major-brigadeiro, 17; e

cobertura da mídia, 456; inexperiência com o Titan II, 242; informações biográficas, 241; posição de, 144, 241
Lehr, Herbert M., sargento, 59-60
Lei da Liberdade de Informação, 489-90
Lei de Energia Atômica (1946), 104, 152, 285, 489
Lei de Energia Atômica (1954), 187, 285
LeMay, Curtis E., tenente-brigadeiro, 18; e *Comandos do ar* (filme), 176; informações biográficas, 115; melhoramentos no SAC por, 115, 118-20; opinião sobre defesa civil, 178; oposição ao Titan II, 252; sobre a Crise dos Mísseis de Cuba, 318, 323; sobre a estratégia da contraforça, 157, 229; sobre a falibilidade de mísseis, 249; sobre armas mais poderosas, 157, 229, 295; zombaria pública de, 332
Lemnitzer, Lyman, general de exército, 309-10
Lester, Gregory W., 53, 81, 83, 91, 242
Letônia, 479
Liberty (navio americano), 383
Líbia, 496
Light Jr., James E., brigadeiro, 450
Lilienthal, David E., 18, 114, 122, 149-50
"limitação de danos", estratégia de, 459
Limite de segurança (filme), 324, 325
Limits of Safety, The (Sagan), 486-7
Lindbergh, Charles A., 115
Linha Remota de Alerta Prévio (DEW), 21, 179-81, 206, 280
Linthicum, Mirl, soldado, 367-8, 372
Lista Nacional de Alvos Estratégicos, 232
Little Boy (bomba atômica), 74-6, 118, 123, 160
Little Rock, posto de comando do SAC em, 16; chefe do, 128; comunicação do acidente com o Titan II, 83, 239; inexperiência com o Titan II, 239; mobilização da Força de Atendimento em Desastres, 133; ordem de evacuação dada pelo, 243
Lituânia, 479
Livingston, David L., cabo da Força Aérea, 16;

ação judicial da família de, 464; e a explosão do Titan II, 418, 427, 432; entra no local do acidente do Titan II, 268, 416; informações biográficas, 261; medalha por heroísmo concedida a, 464; morte de, 455, 462; premonição de morte, 260; resgatado do local do acidente, 432, 436-8; tratamento de ferimentos, 438, 446, 462
Livro Negro (Manual de Resoluções do SIOP), 387
Lockheed, 211
"Looking Glass" (aeronave), 301, 331
Los Alamos (Novo México): acidente com material radioativo em, 120-1; competição com Livermore, 187; criação da bomba de hidrogênio, 148-55, 160-70; deficiências do laboratório de, 121; definição de segurança de ponto único, 225; espiões soviéticos em, 111, 153
Lovejoy, Frank, 176
LOX *ver* oxigênio líquido
Luftwaffe, 68-9
Lutz, Floyd T., 336

Macmillan, Harold, 216, 306
Maioria Moral (grupo evangélico), 38
Malásia, 70
Malinger, Carl, soldado, 367, 369-74
manganês, 165
MANIAC (computador), 21, 155, 180
MANIAC II (computador), 180
manutenção, acidentes relacionados a, 80, 188, 366, 447, 474, 499
Mao Tsé-tung, 112, 125
mapeamento de corredor tóxico, 83
Marinha dos Estados Unidos: armazenamento de armas em navios, 186; era Eisenhower, 159; oposição à "blitz atômica", 113; rivalidade com Força Aérea, 110-2, 210, 231; sistema Polaris, 210-1, 229, 231-2, 280, 293-5, 301, 320, 340-1, 377, 389; submarinos Trident, 466, 494
Mark 17, bomba, 189

Mark 28, bomba, 189, 224-7, 275, 290, 320, 343, 345, 348-50, 356, 361, 399, 401-4, 407-8, 411, 465, 474, 478, 488-9, 493
Mark 3, bomba, 76, 107, 111, 120-4
Mark 36, bomba, 212-3
Mark 39, bomba, 274, 276-7, 320, 334
Mark 4, bomba, 125-6, 196-8
Mark 43, bomba, 338-9
Mark 5, bomba, 126
Mark 53, bomba, 337-8, 361, 441
Mark 54, bomba, 441
Mark 6, bomba, 126, 196, 198, 214-5
Mark 7, bomba, 126, 286, 288-90, 336
Mark, Hans S., dr., 366, 454
Marrocos, 177, 187, 194, 207, 212-3, 248, 383
Marshall, ilhas, 107, 125, 166, 248
Martin Company, 211
Martin Marietta (empresa), 247, 264, 266, 270, 412, 464-5; ações judiciais contra, 412, 464; fabricação do Titan II por, 247; oposição ao plano de atendimento do Titan II, 264
Marx, Richard, capitão, 349
marxismo-leninismo, 476
"matar nações", conceito de, 109
material físsil, 63, 72, 75, 104, 125, 149, 155, 157, 189, 227, 305, 442-3, 506
Matthews, Keith E., primeiro-tenente, 367-8, 370-1
Mattocks, Adam C., primeiro-tenente, 273
Maultsby, Charles, major, 486-7
Maydew, Randall C., 345
May-Johnson, projeto de lei, 103
Mazzaro, Michael, capitão, 15; ansiedade de, 257; atendimento no acidente do Titan II, 58, 80, 243; e a explosão do Titan II, 422, 426; em serviço no Titan II, 32, 42; entrada no local do acidente do Titan II, 136, 141-4; evacua local do Titan II, 91-4, 135
McCloy, John, 307
McCone, John A., 218
McCormick, Thomas, major, 337
McDonald, George, 59
McMahon, Brien, 104, 150

McNamara, Robert S., 18; avaliação da estratégia nuclear, 277-80, 282-3, 285, 293; e a crise de Berlim, 307, 311; e a Crise dos Mísseis de Cuba, 321-2; e a Guerra do Vietnã, 331; e revisão do comando e controle, 299-303, 306-9; estratégia "cidades não", 315, 329; estratégia da "destruição assegurada", 329, 379, 459; medo de acidentes, 275-6, 328, 340; política de defesa de, 293-9, 379; sobre abolição de armas nucleares, 506; sobre mísseis Jupiter na Turquia, 321-3, 486
McRaven, William H., 500
Melgard, Robert B., tenente-coronel, 486
Mercer, Benny, 454
Messinger, Larry G., major, 342
Meyer, Donald, 376
Meyer, Nicholas, 473
mídia: e transmissão do acidente do Titan II, 443-4, 455-6
Mike (bomba de hidrogênio), 155, 157, 160, 166
Miklaszewski, Jim, 456
Mills, Wilbur D., 43
minas terrestres nucleares, 284
Mine Safety Appliance Company (MSA), sistema de detecção de vapor, 21, 57-8, 81, 83, 91
Minuteman, mísseis, 210-1, 239, 252, 279, 294, 299, 302, 326-8, 338-9, 374, 378, 380, 384, 391, 398, 468, 472, 474, 483, 496-500
mísseis: Atlas, 250; com múltiplas ogivas, 379-80, 391; complexos de lançamento de ver complexos de lançamento de míssil; de cruzeiro, 391, 403, 466, 469-70, 477, 496-7, 501; falhas de projeto/dificuldade para detectar, 249; física da trajetória de, 252; Jupiter, 210-1, 224-5, 233, 250, 254, 285-8, 290, 294, 307, 318, 321-3, 356, 486, 489; Peacemaker, 466, 468; Pershing II, 391, 466-7, 469-70, 472-5; Redstone, 249-50; Snark, 249; Titan I, 210; Titan II, 251-5; V-2, 188, 210, 250, 253
mísseis antiaéreos, 159, 179, 181, 202, 295, 316,

351, 377, 402; Crise dos Mísseis de Cuba, 36, 322, 324, 328-9, 379, 394, 486; Falcon, 320; Genie, 189, 197, 201, 320, 361, 403, 489; justificação para os, 190; Nike, 179
mísseis balísticos intercontinentais (ICBM), 20, 34, 37, 43, 206, 386; alcance dos, 20; Atlas como o primeiro, 250; da União Soviética, 203-5, 297-8; Minuteman, 210, 252, 294, 299, 380; MX, 391; Titan I, 210, 251; Titan II, 251-5
mísseis de alcance intermediário: em bases da Otan, 211, 250, 285; Jupiter, 210-1, 224-5, 233, 250, 254, 285-8, 290, 294, 307, 318, 321-3, 356, 486-9; mísseis soviéticos, 297, 309, 316; Polaris, 210-1, 229, 231-2, 280, 293-5, 301, 320, 340-1, 377, 389; Thor, 210-1, 224, 250, 285, 294, 335-6, 489
Mísseis de Ataque de Curto Alcance (SRAM), 23, 403-4, 407-8, 411, 447, 474-5, 478-80, 491
MIT *ver* Instituto de Tecnologia de Massachusetts
Miterrand, François, 478
Mitsubishi, Fábrica de Material Bélico, 78
Mock, John C., sargento, 372
Moe, Gordon, 478-9
Mondale, Walter, 141, 413, 449, 454
monitor de Thule, 296, 349
Monsanto Chemical Company, 126
Montanus, Stephen, primeiro-tenente, 343
Morgenstern, Oskar, 199
Morris, James L., coronel: aguardando ordens, 256, 265; chegada ao local do acidente do Titan II, 135; como chefe de manutenção, 16; e a explosão do Titan II, 424, 428; e plano de atendimento para o Titan II, 128, 135, 240, 267; plano para salvar o míssil, 144, 246
Moser, John T., coronel, 16; chegada ao local do acidente do Titan II, 237; inexperiência com o Titan II, 239, 267; informações biográficas, 238; ordem de evacuação dada por, 243; posição de, 128, 237; sobre número de acidentes com o Titan II, 412
Moses, Franklin, sargento, 445

Moss, Robert, 38
Mowles, Donald G., 259-60
Moynihan, Daniel Patrick, 490
Mueller, Donald P., capitão, 16, 257, 428-9, 433, 436, 438
Mumbai, 503
mundo ou nenhum, Um (coletânea de ensaios), 100-1
Munição de Demolição Atômica Especial (SADM), 284; *ver também* Mark 54, bomba
Murrow, Edward R., 100, 184
música popular, 39
MX (mísseis), 391-2, 399, 466, 480

Nações Unidas (ONU), 100-1, 105, 107, 109, 152, 167, 282, 304-5, 311, 317, 323, 493, 502, 506
Nagasaki, bombardeio atômico de, 71, 77-9, 100, 103, 107, 111, 118, 121, 123, 145, 148, 155, 163-4, 166, 470
Namu, ilha de, 177
Nasa, 256, 455
Nathan Hale (navio americano), 377
navios-piquete, 179-80
Nedelin, Mitrofan Ivanovich, marechal, 297-8
NEST *ver* Equipe de Busca em Emergência Nuclear
nêutrons, reação nuclear e, 62-4, 66, 73, 120, 149, 154-5, 164-5, 189, 341, 494
Newton, Isaac, 252
Nicarágua, 316
Nichols, Kenneth D., general de brigada, 151-2, 186
Nike (mísseis antiaéreos), 179-80, 191, 377, 489
9/11 Commission Report, 500
nitrogênio, 29, 53, 56-7, 81, 144, 164, 474
Nitze, Paul H., 312
Nixon, Richard M., 38, 332, 379-80, 382, 385-6, 390, 393, 480; ameaçando usar armas nucleares, 385; instabilidade mental de, 387
NORAD *ver* Comando de Defesa Aeroespacial da América do Norte

675

Normal Accidents (Perrow), 485
Norstad, Lauris, tenente-brigadeiro, 285-6, 292, 307, 312-3
Noruega, 282, 502
Notch, The (posto de comando), 301
Nova Zelândia, 314
NRC *ver* Comissão de Regulamentação Nuclear
"número B. E.", 21, 232
Nunn, Sam, 505

O'Keefe, Bernard J., 76, 163-4, 166
Obama, Barack: ataque a Bin Laden, 499; sobre o fim das armas nucleares, 506
Odom, William E., general de brigada, 388-9, 394-5
OFFTACKLE (plano de guerra), 110
Ofstie, Ralph A., contra-almirante, 113
Ogiva Substituta Segura (RRW), 494
óleo mineral, prevenção de explosão com, 133
Omaha, Posto de Comando do SAC em, 17; comunicação do acidente com o Titan II, 84, 238, 265; e aprovação do plano de emergência para o Titan II, 144; inexperiência com o Titan II, 242; melhoramentos de LeMay no, 118-9; vice-comandante do, 241
ONU *ver* Nações Unidas
Onze de Setembro, atentados terroristas de (2001), 500
Operação Alerta (1955), 169-70
Operação Chrome Dome, 295
Operação Fúria Urgente, 473
Operação Gomorra, 69
Operação Mangusto, 316
Operação Neptune Spear, 499
Operação Ryan, 471
Operação Tailwind, 178
OPLAN *ver* Plano de Operações
Oppenheimer, J. Robert, 17, 60, 64, 67-8, 73-4, 103, 105, 122, 149, 156-7
Organização do Tratado do Atlântico Norte (Otan): armas nucleares dadas por Eisenhower, 211, 286, 288; bunker/abrigo da, 184; e Guerra Fria, 156; locais de armazenagem (2013), 500; objetivo da, 21; problemas de comando e controle, 283
Orr, Verne, 464
Osborn, Richard D., coronel, 375
Osborne, Robert K., 225-7
Otan *ver* Organização do Tratado do Atlântico Norte, oxidantes: Complexo de Lançamento 533-7, acidente, 366; perigos para a humanidade, 28, 56, 86-7, 130, 373, 446, 464; tetróxido de nitrogênio, 28, 49, 461; trava de segurança, 52; vazamento em trailer com oxidante (1978), 86, 137
oxigênio líquido (LOX), 21, 251, 297

padronização: como medida de segurança do SAC, 31, 119, 126, 238, 485; equipe de avaliação de padronização, 54
Panetta, Leon, 499
Paquistão, 14, 499, 503-4, 506; ameaça nuclear do, 503-4; vulnerabilidade a terroristas, 504
paraquedas, 134, 161-2, 196, 214, 224, 241-2, 273-4, 276, 335, 337, 342-3, 345-6, 348, 448, 451; lançamento de bomba de hidrogênio em, 161-3, 274, 286
Parish, Ralph e Reba Jo, 137-8, 265, 508
Parsons, William S., capitão de mar e guerra, 74-6
partes por milhão (PPM), números de substâncias, 22, 262-3, 267, 270, 417-8
Partridge, Earle E., brigadeiro, 109
Payne, Robert, major, 337, 428
paz mundial, 99, 104, 126, 216, 227, 229, 319, 390, 476
Peacemaker, mísseis, 466, 468
Pearl Harbor, ataques japoneses a, 78, 103, 119, 175
Peedin, Parker, capitão, 337
Pentágono, 20, 107, 109, 111-2, 120, 125, 150, 167, 177, 183, 186, 194, 199, 203, 205, 217, 226, 231, 234, 242, 252, 276-7, 279, 282-3, 292, 294-6, 299-302, 310, 324, 327, 330-2, 344, 346, 351, 354, 360, 374, 376, 379, 382-5, 392-9, 403, 412, 454, 456, 465, 467-8, 473,

479-81, 483, 487, 490-4, 498, 500, 505; poder sobre armas nucleares, 397; sistema de ordem de ataque nuclear (2013), 20
Percy, Charles H., 281-2
Perímetro, sistema (rede soviética de sensores e computadores), 492
Perrow, Charles B., 484-5, 488
Perry, William J., 505
Pershing II, mísseis, 391, 466-7, 469-70, 472-5
Peterson, Peter G., 281
Peterson, Val, 169-70
Petit Jean, Companhia Elétrica, 246-7
Petrov, Stanislav, tenente-coronel, 472
Peurifoy, Bob, 17; e avaliação da ogiva do Titan II, 421, 450-1; esforços pela segurança das armas, 224, 347, 358-9, 399, 465, 478, 492; informações biográficas, 124; posição de, 358, 478; projetos de desenvolvimento de bombas, 125, 161, 188, 353; sobre estratégia futura, 507
Philby, Kim, 490
Phillips, Tom, 85-6, 265, 419
Pipes, Richard, 390
Placa Queimada, briefing da, 396, 403-4
Plano de Operações (OPLAN), 21, 500-1, 507
Plano Marshall, 107
Plano Operacional Integrado Único (SIOP), 22, 232-5, 278, 280, 282, 296, 301, 308-11, 330, 375, 380, 382, 384, 387-9, 402, 463, 467, 481-2, 501; ações presidenciais no, 387-9; alvos do, 233; avaliação por Kennedy/McNamara, 278, 308, 330; avaliação por Nixon/Kissinger, 380, 388; desenvolvimento e implementação do, 232-5; Manual de Resoluções (Livro Negro), 387; revisão do (1991), 481
Planos de Reação Estratégica Nacional, 482
Plumb, Jeffrey, soldado, 15, 29-1, 53, 56, 80-3, 91, 135; ordem de evacuação, 80; queda acidental do soquete, 31, 80; tarefa de reparo do Titan II, 27-31, 53
plutônio, 19, 59-60, 63-6, 72, 121-4, 192, 194, 228, 336, 343-5, 349-50, 358-42, 448; capacidade explosiva do, 62; dificuldade de descontaminação, 344, 350; liberação em acidentes nucleares, 213, 277, 336, 343-4, 349, 411, 455; montagem do primeiro dispositivo nuclear, 59; núcleos compostos com urânio e, 125; perigos à humanidade, 77, 120, 192; risco de liberação acidental, 192, 199, 290, 359, 481, 488, 495
Polaris, sistema, 210-1, 229, 231-2, 280, 293-5, 301, 320, 340-1, 377, 389
Polônia, 68, 103, 106, 473, 479
portas antiexplosão, 45-50, 81-4, 91-2, 130, 132, 136, 142, 184, 242-3, 245-6, 260, 263, 266, 268, 368-70, 372-3, 415-8, 453
Porto Rico, 249
Poseidon, míssil, 380
Posto de Comando Aerotransportado de Emergência Nacional, 301-2, 383, 393
Posto de Comando Flutuante de Emergência Nacional, 301-2
Powell, Colin, 480-1, 483, 506
Powell, David, cabo da Força Aérea, 15; atendimento no acidente do Titan II, 136, 142; ordem de evacuação, 80; queda acidental do soquete, 31, 80, 84, 88, 135, 462; relação com Jeff Kennedy, 135; reprimenda pós-acidente, 463; tarefa de reparo do Titan II, 27-31, 53; uso de ferramenta errada, 135
Power, Thomas S., tenente-brigadeiro, 18; e a Crise dos Mísseis de Cuba, 320; e alerta no ar, 207; posição de, 207, 286; revisão do SIOP barrada por, 330; sobre a estratégia da contraforça, 295; sobre ataque aos soviéticos, 305, 311; sobre falibilidade do Atlas, 251
precipitação radioativa, 66, 164-7, 170, 192, 296; inicial *versus* retardada, 165; perigos para a humanidade, 165
presidente dos Estados Unidos: abrigo durante ataque, 170, 183, 302, 331; ordem de ataque nuclear pelo, 104, 177, 193, 218, 235, 284, 293, 299-300, 315, 324, 328, 330, 387, 394, 500; *ver também presidentes específicos*
prevenção de acidentes: altos-explosivos in-

sensíveis para, 359, 495; argumento da segurança *versus* confiabilidade contra a, 201, 292, 340; atividades de Peurifoy, 224, 347, 358, 399, 465; avaliação de armas pós--acidente para, 401; briefing da Placa Queimada, 396, 403-4; caixas de controle novas, 465; "Carta Fowler", 360-1, 396-7; conectores de ação permitida (PALS) para, 320, 340, 398, 466; e bomba "supersegura", 358; princípios básicos de segurança estabelecidos (1970), 357; programa do Sandia para, 352; reequipagem de armas antigas, 359, 397, 465, 469, 474, 478; resistência militar/burocrática a, 202, 292, 340, 360, 397, 465, 495; segurança do elo fraco-elo forte, 358, 398, 404, 474, 481, 492; sistema do SAC *ver* checklists; padronização; "dois homens", regra/política dos

Primeira Guerra Mundial, 61, 72, 99, 108, 116, 446; como guerra de trincheiras, 68

"probabilidade de matar" (PK), 22, 190, 381

Procuradoria-Geral da Justiça Militar (JAG), 21, 134

Programa de Confiabilidade de Pessoal, 326, 378

"Proibição da Bomba" (lema internacional), 211

proibição de testes *ver* controle de armas

Project Brass Ring, 160

Project Caucasian, 161

Project Greek Island (bunker), 184

Project Paperclip, 161

Projeto 56 (investigação sobre a segurança de armas de núcleo selado), 191-2

Projeto Crescente, 358

Projeto de Armas Especiais das Forças Armadas (AFSWP), 19, 123-4, 150, 152, 195, 199--200, 219, 226, 354

Projeto ELF, 467

Projeto Manhattan, 62-3, 71, 74, 101-4, 118, 121, 149, 151, 157, 164; arrependimento pela bomba, 103; e oponentes da bomba, 70; espiões soviéticos no, 111, 490; evolução do projeto da bomba, 63-4, 66, 72-3; fabricação da primeira bomba nuclear, 59-60; formação do, 61; membros do, 60, 62, 64, 160; plutônio para o, 63; projeto da bomba de hidrogênio, 149; projeto e construção da bomba atômica, 72; sigilo dos Estados Unidos sobre uso da bomba, 103; teste Trinity, 60, 64-6, 71-2, 76, 120, 234, 356

Projeto Vista, 156-7

propaganda soviética sobre armas nucleares, 111, 213, 215, 217, 469

propelentes, 28-30, 56, 90, 131, 239, 251, 297, 422, 430; Aerozine-50, combustível de míssil, 28, 244; ameaça à humanidade, 28, 56, 131; *burn bot*, 129; combustível sólido, 163, 294; controle da pressão do tanque, 82; durante reciclagem, 129; hipergólicos, 28, 297; mapeamento da nuvem tóxica, 83, 244; misturados para lançamento do Titan II, 28; neutralização em caso de perigo, 133; oxigênio líquido (LOX), 251, 297; tetróxido de nitrogênio, 28, 49, 461; trava de segurança, 52; vazamentos e verificação de pressão, 82

prótons, 62

Pryor, David H., 365-6, 374-5, 412-3, 449, 454, 456

psicológica, guerra, 471; *ver também* fatores psicológicos

PTPMU *ver* Unidade de Monitoração de Pressão do Tanque de Propelente

PTS *ver* Sistema de Transferência de Propelente

Pueblo (navio americano), 351, 383

Quarles, Donald A., 18, 194-5, 199, 202, 252

QUICK COUNT (modelo estatístico computadorizado), 381

quinto cavaleiro, O (Collins e Lapierre), 38

R-16, míssil, 297-8

Rabi, Isidor, 149

Radford, Arthur W., 113

raios e risco de acidente, 65, 67, 250, 355, 403, 461, 498
raios gama, 78, 164-5, 350, 442
raios X, 153-4, 350
Ramoneda, Paul, sargento, 197-8
Ramsey, Norman F., 60
RAND (Research and Development), 18, 22, 146-8, 177, 219, 223, 228, 279, 292, 300, 303, 308, 315, 325, 329, 381, 386, 397, 459
Rathgeber, David, tenente, 418
Rausch, Gene, 410
Raven Rock, montanha (bunker/abrigo na) *ver* Site R
RDS-1, bomba atômica, 111
RDS-6, bomba termonuclear, 158
reação nuclear, 61-2, 160; *ver também* fissão nuclear; fusão termonuclear
Reagan, Ronald, 18, 38-9, 175, 458-9, 466-8, 471-2, 476-8; ações em prol do controle de armas, 476-7; campanha presidencial, 38, 141; crescimento militar sob, 458-60, 466, 495; e movimento pelo desarmamento, 469-70; estratégia da guerra psicológica, 471; invasão de Granada, 473; modernização do comando e controle, 467
Real Força Aérea (RAF), 22, 69, 124, 146, 167, 217, 233-4, 250, 470
reciclagem de mísseis, 56, 129, 131, 366-8; no Complexo de Lançamento 374-7 do Titan, 56; perigos durante a reciclagem, 129
Rede da Polícia de Segurança, 257, 267, 269
Rede para Mísseis em Risco Potencial, 83, 238, 241-2, 257, 262-4, 267
Redstone, míssil, 249-50
Reedy, George, 204
reequipagem de armas antigas, 359, 397, 465, 469, 474, 478
Ref-co *ver* Traje para Manuseio de Combustível de Míssil (RFHCO)
relatório Strath, 168, 184
Remoção de Armas Explosivas (EOD), 20, 349, 400-1, 440-3, 445-8, 450-1, 457; atendimento no acidente do Titan II, 447; equipamento usado pela, 442; função da, 289; treinamento da, 440-3
Reserva da Força Aérea, 175, 177
"resposta flexível", estratégia de, 228, 231, 278, 303, 382, 468
Revere, Paul, 139
revolta dos almirantes, 113, 159
RFHCO *ver* Traje para Manuseio de Combustível de Míssil
Rhinelander (Wisconsin), 177
Richards, Eugene H., major, 274
Ridgway, Matthew B., general de exército, 159
risco de acidentes: armas mais letais, estudo sobre (1977), 403; classificação de armas (1991), 481; de detonação em grande escala, 126, 192, 196, 219, 293, 481; de invasão do complexo de lançamento, 259; de lançamento controlado por computador, 475; e armas do submarino Trident, 495; e armas nucleares da Otan, 286, 331, 400, 486; e bomba Mark 28, 227, 290, 361, 399, 401, 411, 465, 488; e bombas armazenadas, 200; e deficiências de treinamento, 29, 47, 115, 188, 289, 366, 393; e dispersão de plutônio, 192, 199, 290, 359, 481, 488, 495; e invasão de computador por hackers, 499; e manutenção, 130, 188, 461; e mísseis Jupiter, 224, 285, 318, 356, 489; e mísseis Minuteman, 326, 338, 398, 497; e mísseis reciclados, 56, 129; e problemas de comunicação, 182; e sabotagem, 219, 222, 288, 331, 383; e sistemas perigosos, 484; e SRAMS, 475, 480; e tempestade de raios, 65, 67, 250, 355, 403, 461, 498; e Titan II *ver* Titan II; e transtornos psicológicos, 220, 222; e uso de drogas/álcool por militares, 376-8; e voos do U-2, 486; "efeito Titanic", 340; erro humano, 49, 200, 219, 222, 224, 289, 404, 455, 475, 484; falhas de modo comum, 488; falhas no sistema de alerta, 281-3, 314, 318, 392-4; Grupo Drell sobre Segurança de Armas Nucleares, 480; inquérito da AEC (1957), 195; investigação do Genie, 191; probabili-

dade de detonação acidental, 352; probabilidades aceitáveis do AFSWP, 199; problemas de segurança da Força Aérea dos Estados Unidos (2003-), 496, 498; relatórios da RAND sobre, 147, 219, 292; segurança de ponto único, 191, 200, 225, 349; teoria do "acidente normal", 486

"Riscos militares aceitáveis de detonação acidental de armas atômicas" (relatório), 199

Roberts, Jimmy E., sargento, 16; e a explosão do Titan II, 430; medalha por heroísmo concedida a, 464; no local do acidente do Titan II, 266, 429-31; resgate de feridos por, 434

Robertson, Michael J., coronel, 446

Rock (Kansas), acidente do Titan II em ver acidente no Complexo de Lançamento 533-7 do Titan II (Rock, Kansas, 1978)

roentgens (unidade de medida de radiação), 165, 167

Romênia, 479

Romig, James, sargento, 373

Rongelap, atol de (ilhas Marshall), 166

Rooney, Michael J., primeiro-tenente, 342

Roosevelt, Franklin D., 61, 68, 70-1, 183

Rose, Frank, 180

Rossborough, David G., sargento, 16, 426-7, 433, 435-6, 438; no local do acidente do Titan II, 426-7; resgate de feridos por, 427, 433

Rowen, Henry, 279, 308

RRW ver Ogiva Substituta Segura

Rubel, John H., 327-8

Rubin, Jerry, 40

Rudolph, Arthur, 210

Rusden, Michael J., primeiro-tenente, 244

Rusk, Dean, 302, 313, 323, 329

Russell, Bertrand, 108, 198, 217, 242, 321

Rússia, 13, 100, 102, 149, 307, 351, 491, 499, 502, 506; alarme falso (1955), 502; armas nucleares da (2013), 501; ver também União Soviética

Rutherford, James L. "Skip", 365-6, 374, 413-4

Ryan, John Dale, tenente-brigadeiro, 346

Saara, deserto do, 288
sabotagem, 67, 219, 224-5, 258, 340, 383
SAC ver Comando Aéreo Estratégico
Sagan, Carl, 470
Sagan, Scott D., 486-7
SAGE ver Ambiente Terrestre Semiautomático
Sakharov, Andrei, 151
Sandaker, James R., 16; e a explosão do Titan II, 423, 427, 429; posição de, 132; resgate de feridos por, 431, 435-9, 464
Sandia, Laboratório, 17-8, 123-6, 152, 160-3, 188, 194-5, 199, 201-2, 209, 215, 219, 224-5, 274-5, 291, 293, 335, 339-40, 343, 345, 347, 353-6, 358-61, 396-7, 399-401, 403-4, 450, 466, 475, 478-9, 492; ações em prol da segurança das armas, 352; ambiente de trabalho no, 162; crescimento do, 162; criação da bomba de hidrogênio, 160-70; estabelecimento do, 123; produção das bombas Mark 4 a Mark 16, 125
SANGUINE (projeto de antenas subterrâneas da Marinha), 467
satélites, 147, 383, 392-3, 395, 467-8; satélites espiões, 297; sistema de alerta por, 331
Saunders, Hubert A., 48-9
Scallorn, Ben G., coronel, 17; como oficial de manutenção no complexo, 256; e plano de atendimento para o Titan II, 247, 263, 269; informações biográficas, 247
Schell, Jonathan, 470
Schelling, Thomas, 303
Schlesinger, James R., 386-8
Schneider, Gene, 427
Schreier, Theodore, capitão, 196
Scowcroft, Brent, 386
Searcy (Arkansas), acidente do Titan II ver acidente no Complexo de Lançamento 373-4 do Titan II (Searcy, Arkansas, 1965)
Segunda Guerra Mundial, 18, 22-3, 27, 33, 103, 111-3, 115, 122, 145-7, 157, 159, 161, 175, 180, 183-4, 188, 197, 210, 233, 235, 241,

253, 285, 308, 319, 357, 385, 450, 459, 478; e União Soviética, 102; início da, 68; padrões bombardeios aéreos da, 68

"segurança de ponto único", 192, 200, 225-7, 277, 286, 289, 340-1, 349; *ver também* prevenção de acidentes

segurança, riscos à *ver* riscos de acidente

Serrano, Miguel, segundo-tenente, 15; atendimento no acidente do Titan II, 81; de serviço no Titan II, 35, 42; evacuação do complexo do Titan II, 93

Sete dias de maio (filme), 332

Shelton, Eugene, major, 274

Short, George, capitão: e a explosão do Titan II, 426-8; resgate de feridos por, 433

Short, Lou, 420

Shoup, David, almirante de esquadra, 319

Shrimp (dispositivo de combustível sólido), 163-4, 166

Shultz, George P., 477

Sibéria, 112, 242, 282, 487

sigilo: "Acidentes e incidentes envolvendo armas nucleares" (documento), 489; documentos reclassificados, 490; necessidade de sigilo sobre armas nucleares, 104, 193, 226; sobre acidente do Titan II, 138, 265, 443, 449, 454-6; sobre acidentes nucleares, 138, 213, 215; sobre o objetivo do Projeto Manhattan, 103

Silas Mason Company, 126

símbolo da paz: como logotipo do grupo antiguerra, 20, 216

simulação de invasão, 259

SIOP *ver* Plano Operacional Integrado Único

sirenes, 44, 57, 80-2, 93, 127, 207, 314, 367, 374-5, 393, 404, 406-7, 412, 446, 461, 483

Síria, 501

Sistema de Alarme Antimísseis da Defesa, 331

Sistema de Alerta Prévio de Mísseis Balísticos (BMEWS), 19, 206, 280-2, 314, 318

Sistema de Comando e Controle Pós-Ataque, 301

Sistema de Comunicações de Emergência por Mísseis, 302

Sistema de Controle Operacional Estratégico (SOCS), 22, 182

Sistema de Posicionamento Global (GPS), 467

Sistema de Transferência de Propelente (PTS), 22, 29, 366; *ver também* Equipe A do Sistema de Transferência de Propelente (PTS); Equipe B do Sistema de Transferência de Propelente (PTS)

Sistema Mundial de Comando e Controle Militar (WWMCCS), 23, 300, 383, 498

Sistema Sobressalente de Transmissão Automática de Mensagens de Emergência para o Sistema Terminal de Comando e Controle da Defesa (DIRECT), 20, 499

Site Able (depósito da AEC), 126, 152, 160, 396

Site Baker (depósito da AEC), 126, 152

Site Charlie (depósito da AEC), 126

Site R (bunker norte-americano), 183, 279-80, 301, 392-3, 395, 467

Slemon, C. Roy, marechal do ar, 281-2

Slotin, Louis, 60-1, 120-1, 441; doença e morte por radiação, 121, 441; montagem da primeira arma nuclear, 60

Smith, Dale O., coronel, 109

Smith, R. Jeffrey, 480

Snapp, Calvin, sargento, 349

Snark (míssil), 249

Snyder, Ronald, sargento, 343

Sobolev, Arkady A., 216

"Sobre o risco de uma detonação nuclear acidental ou não autorizada" (relatório), 219

Social Impact of Bomb Destruction, The (Iklé), 147

Spaatz, Carl A., tenente-brigadeiro, 101

Spann, Silas, sargento: confiança na porta antiexplosão, 266; e a explosão do Titan II, 423, 426-7; no local do acidente com o Titan II, 417

Spray, Stan, 17, 355-7, 396, 401, 403, 421, 488

Sputnik (satélite soviético), 19, 203, 206-8, 210-1, 249-50, 285, 298, 340

SRAM *ver* Mísseis de Ataque de Curto Alcance
SS-20 (mísseis), 466
SS-9 (mísseis), 379
Stálin, Ióssif, 66, 103, 125, 151, 205
Stanton, Frank, 184
Steele, Bob, 413-4
Steffes, Eugene, capitão, 197-8
Steinbruner, John D., 468
Stevens, William L., 17, 353-5, 358, 397, 400-1, 475, 480, 488-9
Stevenson, Adlai, 323
Stewart, Jimmy, 175-7, 218, 294
Stimson, Henry, 71, 102
Strath, William, 167; relatório Strath, 168, 184
Stratotanker (avião), 238
Strauss, Lewis L., 149-50, 168-9, 186
Street, St. Clair, brigadeiro, 106
subterrâneos, abrigos *ver* abrigos antiaéreos/bunkers
Suíça, 145
Superbomba *ver* bomba de hidrogênio
Svitenko, Leonard, capitão, 349
Sweeney, Charles W., major, 77
Symington, Stuart, 178
Szilárd, Leó, 61-2, 70-1

"Take Charge and Move Out" (TACAMO), aviões, 23, 301
Tallman, Joseph, 427, 429
TASS *ver* Agência Telegráfica da União Soviética
TATB (explosivo), 23, 359
Tatom, Sam, 454
Taylor, Maxwell D., general de exército, 18; e a Crise dos Mísseis de Cuba, 322; sobre "resposta flexível", 228, 231, 278; sobre armas táticas, 296; sobre atacar os soviéticos, 305
Tchecoslováquia, 107, 385, 479
televisão, 39
Teller, Edward, 17, 60, 149, 152-5, 160, 341; criação da bomba atômica, 60, 64; criação da bomba de hidrogênio, 149, 153-5
Terceira Guerra Mundial: Agosto de 1985 (Hackett), 38

terroristas: Bush e o caos do Onze de Setembro, 500; e armas nucleares, 400; vulnerabilidade do Paquistão a, 504
tetróxido de nitrogênio, 28, 49, 461
Thatcher, Margaret, 478
Thomas, Frank, 413-4
Thomas, Robert J., sargento, 367, 369-73
Thor, mísseis, 210-1, 224, 250, 285, 294, 335-6, 489
Three Mile Island, acidente na usina nuclear de, 456, 484
Thule, Base Aérea de (Groenlândia), 281
Ticonderoga (porta-aviões), 339
Tinian, campo de aviação de, 74-7, 123
tipsies: e simulação de invasão, 259; função das, 44
Titan I (míssil), 210; propelentes do, 251
Titan II (míssil): acidentes no Arkansas *ver* acidente no Complexo de Lançamento 373-4 do Titan II (Searcy, Arkansas, 1965) e acidente no Complexo de Lançamento 374-7 do Titan II (Damasco, Arkansas, 1980); acidentes no Kansas *ver* acidente no Complexo de Lançamento 533-7 do Titan II (Rock, Kansas, 1978); alvos do, 35; capacidade de destruição, 251, 255; características do projeto, 252; cmenda para sirene de alarme, 374; empresa fabricante do, 247; estágios de lançamento do, 28, 251, 254; Força Aérea sobre segurança do, 412; mistura de propelentes, 28; ogiva do *ver* W-53, ogiva; padrão/mecânica do voo, 254; perigos do, 365, 374; perigos dos propelentes do, 28; precisão comparada à de outros mísseis, 255; procedimento/protocolo de lançamento, 35; reciclagem do, 56; regra dos "dois homens" para o lançamento do, 52; sistema de guiagem, 252-4; tamanho do, 27-8; tempo para atingir o alvo, 52; tentativas de desativação, 294, 374, 379, 469; travamento com válvula de segurança, 52; *ver também* complexos de lançamento do Titan II

"torres Texas" (radares), 179-80
Townes, Charles H., 480
Townley, Robert, major, 337
traição, A (Borchgrave & Moss), 38
traje antirradiação, 442, 445
Traje para Manuseio de Combustível de Míssil (RFHCO), 22, 30-1, 53, 81, 83, 86, 91, 130-1, 133, 142, 240-1, 243, 247, 256, 262-3, 267-70, 367, 369-73, 412, 415-8, 425, 427-8, 432, 435, 437, 445, 461
Tratado de Interdição Completa de Ensaios Nucleares (Nações Unidas), 493-4
Tratado de Interdição Parcial de Ensaios Nucleares (Grã-Bretanha, Estados Unidos e União Soviética), 324
Tratado de Mísseis Antibalísticos (Estados Unidos/União Soviética), 385
Tratado do Atlântico Norte, 112; *ver também* Organização do Tratado do Atlântico Norte (Otan)
Tratado sobre Limite de Proibição de Testes (Estados Unidos/União Soviética), 385
travamento de armas nucleares, sistemas de *ver* conectores de ações permitidas (PALS)
Travis, Robert F., brigadeiro, 197-8
treinamentos: acidentes durante, 198, 219, 337, 351, 367-73; das equipes do PTS, 29, 129, 366, 373; *Dash-1* (manual técnico), 35, 81, 84, 239; de equipe de combate, 36, 42; do instrutor de equipe, 35, 42; em desativação de armas, 440-3
Trident (submarino), 391, 466, 494-5, 500-1
Trinity, teste, 60, 64-6, 71-2, 76, 120, 234, 356
trítio, 153, 155, 189, 356, 442, 451; medidor de, 442
TROJAN (plano de guerra), 110-1
Truman, Harry S.: aprovação da bomba atômica, 71, 76; "blitz atômica" preventiva contra soviéticos, 109, 111-2, 114, 156; Doutrina Truman, 107, 122; e criação da bomba de hidrogênio, 150-2; questão do controle de armas, 101-7

Tsar, Bomba *ver* Bomba Tsar (bomba atômica soviética)
Tulloch, Walter S., major, 273
Turquia, 212, 250, 288, 290, 307, 318, 321-3, 486, 500
Twining, Nathan, tenente-brigadeiro, 231-2

U-2 (aviões espiões), 226, 242, 297, 317, 322, 486-7
Ulam, Stanislaw, 153-5, 160
Uncertain Trumpet, The (Taylor), 278
União Soviética: abrigos subterrâneos da, 380; acidentes nucleares na, 297-8, 477, 491; aumento da produção nuclear (anos 1970), 379; bloqueio de Berlim pela, 110, 118, 306; bomba de hidrogênio, 151-2; Bomba Tsar (mais potente arma nuclear já fabricada), 314; bombardeiros, número de (1960), 179; comando e controle pela, 491-3; détente, 385, 391; disparidade de mísseis e, 297-9, 312; espiões soviéticos, 111, 153, 312, 490; fim da, 483; invasão do Afeganistão pela, 36, 394, 469; líderes soviéticos, 491-2; *ver também* Andropov, Yuri; Gorbatchóv, Mikhail; Khruschóv, Nikita; Stálin, Ióssif; mísseis balísticos intercontinentais, 203-5, 297-8; mísseis SS, 379, 466; primeira bomba atômica soviética (1949), 111; propaganda sobre armas nucleares americanas, 111, 213, 215, 217, 469; reformas de Gorbatchóv, 476-9; Segunda Guerra Mundial e, 102; sistema Perímetro, 492; *Sputnik* (satélite), 203-4, 206, 210-1, 285, 340; *ver também* Rússia; Guerra Fria
Unidade de Monitoração de Pressão do Tanque de Propelente (PTPMU), 22, 82, 89-92, 142, 243, 263
United States (porta-aviões), 112
urânio, 19, 61, 63, 66, 72-5, 123, 153-4, 192, 274, 336, 350, 448, 501; núcleos compostos com plutônio e, 125; número de prótons do, 62; segurança em comparação com

plutônio, 192; tipo (urânio-235) para reação nuclear, 63
USAAF (United States Army Air Forces — Forças Aéreas do Exército dos Estados Unidos), 69-70, 73; substituída pela nova Força Aérea dos Estados Unidos em 1947, 23; *ver também* Força Aérea dos Estados Unidos (USAF)

V-2 (míssil), 188, 210, 250, 253
Vandenberg, Base da Força Aérea em, 248, 251, 295, 486, 508
Vandenberg, Hoyt, tenente-brigadeiro, 152
Vanguard (foguete), 205
VanKirk, George, 409-10
veículo de reentrada, 36, 42, 47, 255, 339, 427, 450-1
Veículo de Reentrada Múltiplo Independentemente Dirigível (MIRV), 21, 380
verificação diária de turno (DSV), 53
Victory through Air Power (filme de Walt Disney), 111
Vietnã *ver* Guerra do Vietnã
Você e o Titan II (filme de treinamento), 47

W-25, ogiva, 403
W-47, ogiva, 340-1
W-49, ogiva, 224-5, 353
W-53, ogiva, 27, 30, 244, 361, 403, 412, 441, 448, 450-1, 455, 461, 468-9
W-76, ogiva, 494
W-87, ogiva, 495
W-88, ogiva, 494-5
Walker, John, 490
Wallace, George C., 332
Wallace, Ronald O., sargento, 48
Wallace, Wayne, major, 417, 423, 427-8
Walske, Carl, 352, 358
Walters, Barbara, 40
Washington Post, The, 480

Watergate, escândalo, 37-8, 387
Watkins, James, D., 479-80
Watson Jr., Thomas J., 281
Webb, James, 114
Webster, Douglas M., tenente, 339
Weinberger, Caspar, 459, 468
Weisskopf, Victor, 60, 67
Wells, H. G., 61
Wells, Jackie, capitão, 243
Wendorf, Charles J., capitão, 342
Wessel, Glen H., cabo da Força Aérea, 368-71
Whirlwind (computador), 181
White, Frank, 141
White, Thomas D., tenente-brigadeiro, 295
Wiesner, Jerome, 293, 298
Wiley, Jimmy D., sargento, 417-8
Willinghurst, Richard D., 53, 82
Wilson, Charles E., 193
Wilson, Frank, 443
Winner, Langdon, 488-9
Wohlstetter, Albert, 177
Wong, Danford M., 369-71
Wooten, Melvin, sargento, 337
World Set Free, The (Wells), 61
World Trade Center, 500
Wright Field (campo de aviação em Dayton, Ohio), 118
WSEG *ver* Grupo de Avaliação de Sistemas de Armas do Pentágono
WWMCCS *ver* Sistema Mundial de Comando e Controle Militar

Yangel, Mikhail, 298
Yeltsin, Boris, 502
Yokohama, 70-1
Yount, David A., capitão, 48

Zink, Jeffrey A., tenente-coronel, 404-8, 411
Zona do Interior (ZI), 23, 178-9, 187

ESTA OBRA FOI COMPOSTA PELA SPRESS EM MINION E IMPRESSA EM OFSETE
PELA RR DONNELLEY SOBRE PAPEL PÓLEN SOFT DA SUZANO PAPEL E CELULOSE
PARA A EDITORA SCHWARCZ EM OUTUBRO DE 2015